浙江商务年鉴 2022

ZHEJIANG COMMERCE YEARBOOK

《浙江商务年鉴》编辑委员会　编

ZHEJIANG UNIVERSITY PRESS
浙江大学出版社
·杭州·

图书在版编目（CIP）数据

浙江商务年鉴. 2022 / 《浙江商务年鉴》编辑委员
会编. — 杭州：浙江大学出版社，2022.11
　　ISBN 978-7-308-23167-1

　　Ⅰ. ①浙… Ⅱ. ①浙… Ⅲ. ①商务－浙江－2022－年
鉴 Ⅳ. ①F727.55-54

中国版本图书馆CIP数据核字(2022)第192064号

浙江商务年鉴2022

ZHEJIANG SHANGWU NIANJIAN 2022

《浙江商务年鉴》编辑委员会　编

责任编辑	马一萍
责任校对	陈逸行
封面设计	周　灵
出版发行	浙江大学出版社
	（杭州天目山路148号　邮政编码：310007）
	（网址：http://www.zjupress.com）
排　　版	杭州林智广告有限公司
印　　刷	浙江海虹彩色印务有限公司
开　　本	889mm×1194mm　1/16
印　　张	35.25
插　　页	40
字　　数	1100千
版 印 次	2022年11月第1版　2022年11月第1次印刷
书　　号	ISBN 978-7-308-23167-1
定　　价	268.00元

浙江大学出版社市场运营中心联系方式：(0571) 88925591；http://zjdxcbs.tmall.com

2021年12月16日，高质量推进中国（浙江）自由贸易试验区建设大会在杭州召开，浙江省委书记、中国（浙江）自由贸易试验区工作领导小组组长袁家军出席会议并讲话。

6月7日，长三角开放平台联动合作论坛在宁波举办。

6月11日，浙江省山区26县开放平台共建发展对接会在杭州举办。

10月27日，以"新格局 新使命 新担当"为主题的第二届中国自由贸易试验区发展论坛在杭州举办。

4月29—30日，全省供应链协同创新推进工作现场会在宁波召开。

4月30日，"奋进新时代 爱尚新生活 浙里来消费"2021年全国消费促进月·浙江站启动仪式在杭州联动全省各地盛大启幕。

6月9日，以"内外贸融合、双循环驱动、一体化发展"为主题的内外贸一体化展览在宁波举行。

> 6月7日，浙江数字贸易展首次亮相中国—中东欧国家博览会。

> 7月30日，"2021全国'数商兴农'暨电子商务公共服务惠民惠企走进浙江（新昌）"活动成功举办。

> 9月17—18日，全省数字生活新服务工作推进会在湖州德清召开。

6月7日，第二十三届中国浙江投资贸易洽谈会之江论坛暨第六届中国浙江欧洲数字经济和高新技术产业高峰对接会在宁波举行。

6月8日，第二届中国—中东欧国家博览会暨国际消费品博览会在宁波开幕。

9月3日，2021年中国国际服务贸易交易会浙江主宾省活动日在北京国家会议中心举行。

6月7日，第二十三届中国浙江投资贸易洽谈会之江论坛现场签约仪式在宁波举办，共签约项目88个，总投资173亿美元。

9月3日，浙江省商务厅主办的浙江省现代服务业对外开放投资合作交流会在北京举行。

11月5日，第四届进博会浙江省重大项目签约仪式在上海举行，现场集中签约重大外资项目24个，总投资64.8亿美元，重大采购项目4个，采购项目金额12.3亿美元。

4月20日，浙江省交易团组织召开第129届广交会线上巡展暨外贸形势座谈会。

6月8—11日，2021年浙江国际进口商品海淘汇在宁波国际会议展览中心举办。

11月7日，浙江省重点进口平台推介会在上海成功举办。

6月8日，中国—中东欧国家"丝路电商"发展高峰论坛在宁波成功举办，论坛举行了中国—中东欧电子商务合作对话机制启动仪式。

6月9日，"丝路鸣笛"—中欧（义新欧）班列高质量发展论坛在宁波举行。

7月15日，2021年国际工程发展高峰论坛在浙江东阳召开。

7月2日，浙江省商务厅召开庆祝中国共产党成立100周年暨"七一"表彰大会，庆祝中国共产党百年华诞。

9月10日，全省商务系统"诵赞百年路 起航新征程"——迎国庆红色经典诵读大赛总决赛在杭州举办。

10月9日，浙江省商务厅在浙江展览馆举办"庆祝建党100周年浙江商务改革发展成就展暨全省商务系统书画摄影展"。

钱塘区金沙湖

杭州钱塘新区

钱塘新区智慧谷

2019 年 4 月 2 日，省政府正式批复同意设立杭州钱塘新区，4 月 18 日新区挂牌成立；2021 年 4 月 9 日，杭州市实施部分行政区划优化调整，钱塘新区正式成为行政区。全区规划控制总面积 531.7 平方公里，其中陆域 436 平方公里、钱塘江水域约 95.7 平方公里，下辖 7 个街道，人口106 万。2021 年，入选浙江省首批高能级战略平台培育名单，全省六大新区综合评价第一、全省经开区考核第一，获评全省优秀经开区、优秀高新区，并在全国经开区综合考评中获得了全国第九的历史最好成绩。

作为全省首个整合设立的新区和最年轻的行政区，钱塘区肩负了重要的目标任务，省政府批复文件明确钱塘要打造成为世界级智能制造产业集群、长三角地区产城融合发展示范区、全省标志性战略性改革开放大平台、杭州湾数字经济与高端制造融合创新发展引领区。

钱塘积累扎实的产业基础，2021 年地区生产总值突破1200 亿元，规上工业总产值突破 3000 亿元，形成了半导体、生命健康、智能汽车及智能装备、新材料、航空航天等五大主导产业。实体化运作九大产业平台，累计招引世界 500 强企业 75 家，拥有规上工业企业 616 家，其中百亿以上 4 家、10 亿元以上 61 家、亿元以上 316 家，培育总部企业 17 家、上市企业 18 家。

钱塘拥有丰富的创新资源，建有全省最大规模的高教园区，集聚了 14 所高校，20 余万在校大学生，实施"浙子回归梦钱塘"工程，启用高校产学研联盟中心和全省创

2021 年 7 月 23 日，钱塘新区举行揭牌仪式

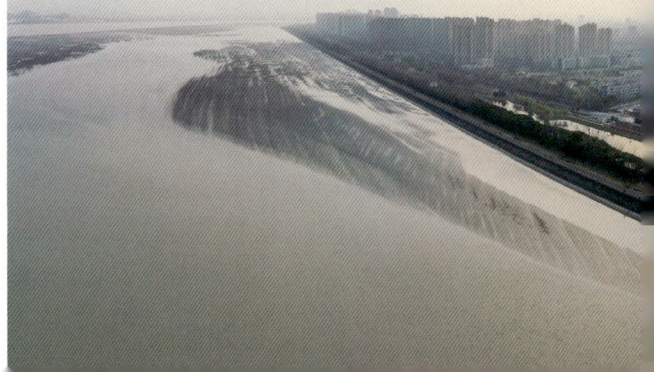

钱塘新区金沙湖

钱塘新区金沙湖湖畔中心

钱塘新区田园风貌

钱塘新区智慧谷

新创业教育实践基地，入选省级产教融合示范基地。高标准建设钱塘科学城，建成投用各类创新平台220万平方米，先后引进中科院医学所、钱塘科创中心等高端研究机构30余个，集聚各类领军型人才281人，国家高新技术企业、省级科技中小型企业、省级以上研发机构分别达到802家、1422家、215家。

　　钱塘形成了一定的城市配套，拥有杭州唯一出海码头，杭湖宁、苏绍等多条高速公路在此汇集，地铁1号线、7号线、8号线、德胜东路高架、之江东路等重大交通设施建成投用，艮山东路过江隧道、运河二通道等"九纵十横"加速成网。下沙都市氛围浓厚，江东生态资源丰富，区内拥有121所中小学、幼儿园和2家三甲综合性医院，一批商业综合体相继运营，亚运轮滑馆、大剧院、文体中心、邻里中心等一批重点配套基本完成，城市有机更新和美丽乡村建设统筹推进，"一江春水穿城过"的别样精彩逐步显现。

钱塘新区下沙江滨

宁波经济技术开发区

宁波经济技术开发区 1984 年经国务院批准设立，是全国首批 14 家国家级经济技术开发区之一，经过几次扩区整合，现与北仑行政区深度融合。2022 年 1 月，新的宁波经济技术开发区管委会挂牌运作，为正厅级的市政府派出机构，并挂宁波保税区管委会、宁波北仑港综合保税区管委会、宁波梅山综合保税区管委会、宁波大榭开发区管委会、浙江自贸试验区宁波片区管委会牌子，形成"一套班子、六块牌子"的管理体制。全区土地面积 614.57 平方公里，现有常住人口 83 万，下辖 11 个街道。开发区设有北仑、大榭、穿山、梅山四大港区，与 100 多个国家和地区的 600 多个港口有贸易往来，是宁波舟山港主要作业泊位所在地。2020 年 9 月，中国（浙江）自由贸易试验区宁波片区落户开发区。

宁波舟山港

目前，开发区形成了以汽车、装备、石化、钢铁、能源等为主体的临港产业集群，集聚了集成电路、高端装备、新材料等新兴产业。谋划建设了灵峰现代产业园、芯港小镇万亩千亿新产业平台、临港经济示范区等产业平台。培育了吉利、申洲、海天等一批实力企业，拥有规上工业企业 1000 家，产值超百亿元企业 10 家，境内外上市公司 20 家，国家级专精特新"小巨人"35 家，单项冠军企业 11 家。

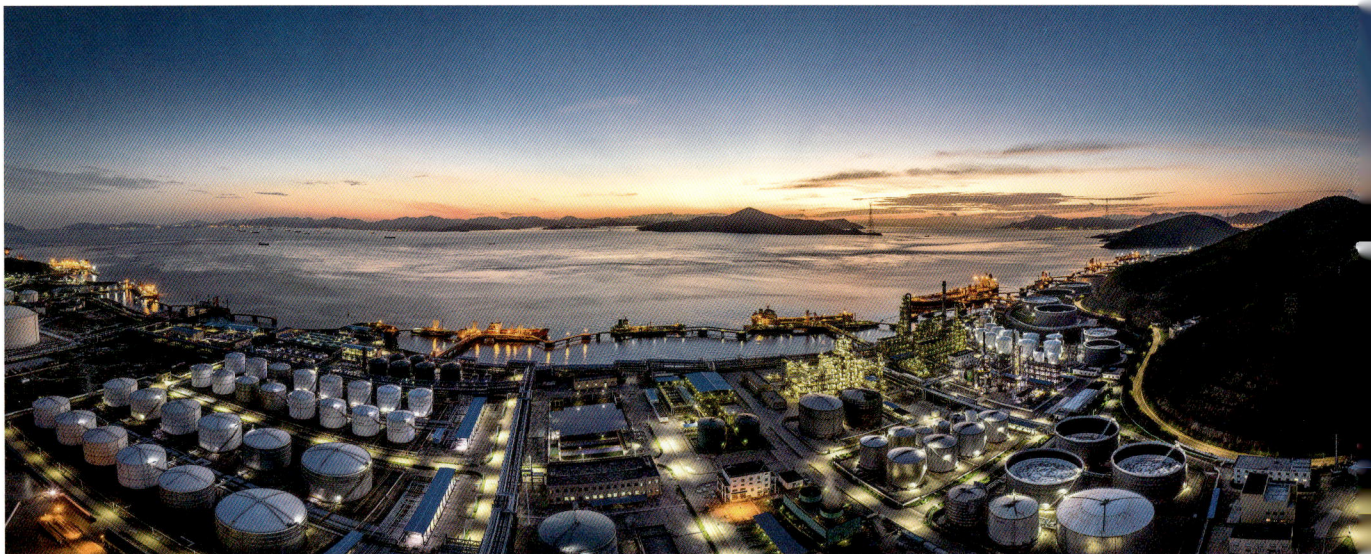

大榭绿色化工

2022 年上半年，实现地区生产总值 1219.2 亿元，增长 5.2%，分别高于省、市平均 2.7、2.3 个百分点，规上工业总产值、外贸进出口、财政总收入等 10 项主要经济指标总量继续保持全市首位。其中：财政总收入 558.82 亿元，增长 18.2%，高于市平均 19.1 个百分点，一般公共预算收入 266.90 亿元，增长 11.1%，高于市平均 14.7 个百分点；规上工业总产值 2743.2 亿元，增长 13.6%；限上商品销售额 9664.2 亿元，增长 12.1%；固定资产投资总额 199.7 亿元，增长 14.3%；实现外贸进出口总额 2176.9 亿元，同比增长 8.8%。

保税东区夜景

中国（浙江）自贸试验区宁波片区

宁波舟山港

万华高性能材料研究院

杭州余杭经济技术开发区

1993 年 11 月浙江省余杭经济开发区设立。1997 年 7 月底，余杭开发区与余杭市下沙经济区合并，组成新的余杭开发区。2002 年 3 月 27 日，杭州经济技术开发区临平园区、余杭开发区、余杭高新技术产业园区三大区块合并为"杭州临平工业区"并揭牌。2002 年 7 月 19 日杭州临平工业区与余杭开发区合二为一，建立中共杭州临平工业区工作委员会和杭州临平工业区管理委员会。2004 年 10 月 10 日，余杭经济开发区与临平街道合署办公。2006 年 1 月 1 日，杭州经济技术开发区临平园区更名为杭州钱江经济开发区，同时保留杭州工业新区名称。2012 年 7 月 30 日，经国务院批准，余杭开发区升级为国家级经济技术开发区，定名为余杭经济技术开发区。2015 年 11 月，杭州市委、市政府整合杭州余杭经济技术开发区和杭州钱江经济开发区，成立杭州余杭经济技术开发区（钱江经济开发区）。开发区托管东湖街道，下辖 38 个村（社区）和 1 个社区公共服务站，总面积 76.94 平方公里。

IN PARK 产业园

2021 年，开发区实现规模工业总产值 1061.77 亿元，首次突破千亿大关，同比增长 23.2%；实现规上工业增加值 313.69 亿元，增长 16.8%。实现规模高新技术产业增加值 272.87 亿元，增长 17.2%；实现有效投资 155.64 亿元，增长 46.7%，其中工业投资 59.15 亿元，增长 24%；实现财政总收入 66.6 亿元，同比增长

开发区产业新城鸟瞰

IN PARK 产业园

茧·SPACE 园区

21.9%；实现地方财政收入 35.2 亿元，同比增长 16.6%。引进固定资产总投资亿元以上制造业项目 32 个，10 亿元以上制造业项目 4 个；引进外资总额 1.146 亿，其中高技术外资占比 74%。开发区在商务部 2021 年国家级经开区综合考评中名列第 24 位，成功进入国家级开发区第一方阵。

余杭经济技术开发区管委会

绍兴柯桥经济技术开发区

　　绍兴柯桥经济技术开发区地处杭州湾南岸湾区经济带的核心区域，是绍兴柯桥的北大门，西临杭州，距萧山国际机场 25 公里，东连宁波，北接上海，杭州湾环线高速、沪杭甬高铁、嘉绍跨海大桥和浙东大运河贯穿互通。经过二十多年发展，开发区已拥有全国生产规模最大、产业链最完整、市场销量最大和设备最先进的大纺织产业集群，基本形成了 PTA（化纤）、纺织印染、新材料（薄膜、碳纤维）、金属制造（装备机械、汽车核心配件）和环保能源等五大主导产业。

　　2021 年，绍兴柯桥经济技术开发区实现规上工业总产值 1766 亿元，同比增长 10.97%；限上批零销售额 1044.85 亿元，同比增长 35.93%；固定资产投资 178.53 亿元，同比增长 12.35%，其中工业投资 134.68 亿元；规上工业增加值 424.43 亿元，同比增长 22.5%；财政总收入 149.11 亿元，同比增长 17.1%；自营出口 754.04 亿元。辖区内入驻企业达 4.4 万多家，其中规模以上工业企业 789 家，国家重点扶持的高新技术企业 378 家。

中国轻纺城创意园

2021 年 8 月，浙江省商务厅公布 2020 年度浙江省经济开发区综合考评成绩，绍兴柯桥经济技术开发区荣登榜单第 5 位，首次挺进全省国家级经开区"前五强"；蝉联全市省级以上功能区考核"四连冠"。获评浙江省"两业"融合发展试点单位、浙江省开发区产业链"链长制"示范试点单位、浙江省先进开发区。

柯桥经济技术开发区全景

科创大走廊

人才项目签约仪式

健康岛项目规划鸟瞰

湖州南太湖新区

2006 年 8 月 2 日，习近平同志在担任浙江省委书记期间专程到湖州调研南太湖综合治理开发工作，并发表了 5000 余字的即兴讲话，为南太湖的开发建设指明了方向。2018 年南太湖新区被列入浙江省大湾区战略中重点打造的四大新区之一，2019 年 6 月 2 日，南太湖新区正式挂牌成立，新区总面积 225 平方公里，空间范围包括原湖州南太湖产业集聚区核心区，湖州经济技术开发区、湖州太湖旅游度假区全部区域，吴兴区环渚街道部分区域，以及长兴县境内的部分弁山山体，下辖 6 个街道，人口 30 万左右。

规划建设南太湖新区是湖州积极践行全省四大建设，加快融入长三角一体化国家战略，实现高质量赶超发展的大手笔、大举措，也是近年来湖州市委市政府作出的最

开发区鸟瞰

大、最重要的决策部署，是撬动湖州未来发展的重要战略支点。南太湖新区按照省委、省政府和市委、市政府的要求，主动对标一流新区，着力把新区打造成为全国践行"两山"理念示范区、长三角区域发展重要增长极、浙北高端产业集聚地、南太湖地区美丽宜居新城区。2021 年，全年完成地区生产总值

282.4 亿元，增长 9.5%；财政总收入 73.5 亿元，增长 22.4%；地方财政收入 45.7 亿元，增长 30.1%；完成固定资产投资 292.3 亿元，增长 25.6%；完成规上工业增加值 69.9 亿元，增长 12%。

2022 年是党的二十大召开之年，也是落实"十四五"规划的关键之年。南太湖新区将全面贯彻落

太湖风光

长田漾湿地公园（上）
太湖旅游度假区（下）

实习近平总书记"一定要把南太湖建设好"重要指示精神，按照忠实践行"八八战略"、奋力打造"重要窗口"的要求，坚决贯彻省第十五次党代会和市第九次党代会精神，聚焦"四个定位"，深入开展"三聚三保三落实"行动，坚定决心信心，保持战略定力，保持工作思路和布局的延续性，继续围绕项目干，奋战每一天，攻坚每一项，以高质量的项目建设推进新区高质量发展，为全市奋力建设绿色低碳共富社会主义现代化新湖州贡献更多新区力量！

湖州上港码头

花漾营地

富阳经济技术开发区

　　富阳经济技术开发区（以下简称开发区）成立于1992年5月，是经浙江省人民政府批准的首批省级开发区之一。2012年10月，经国务院批准，升级为国家级开发区，并定名为富阳经济技术开发区，为杭州市四个国家级开发区之一。2021年综合实力列全国217家国家级经开区第64位、全省20家国家级经开区第7位。开发区直接管辖银湖、东洲、场口、新登、金桥鹿山五个新区，规划面积106平方公里。五个新区组团开发、特色鲜明，不同业态产业在五大新区内即可实现梯度布局，整体上形成了"一主两翼两新区"的发展格局。

　　2021年，开发区"四上企业"（规模以上工业企业、资质等级建筑业企业、限额以上批零住餐企业、国家重点服务业企业）实现营业收入2074.7亿元，比上年增长19.4%。实现规模以上工业总产值1003.1亿元；规模以上工业增加值191亿元，增长18.5%；高新产业增加值144.7亿元，增长20.8%。制造业投资额30.6亿元，

浙江省中医院富阳院区

硅谷小镇

银湖科技城创意路夜景

鹏成新能源项目厂房

高新产业投资额25.6亿元。入库税收收入44.2亿元（不含房地产、建筑业、金融业企业税收），其中，制造业企业入库税收31.5亿元。截至2021年底，区内实际经营企业共有7739家，规模以上工业企业340家，占全区的52.8%；共有主板上市企业4家、拟上市培育企业36家，产值百亿级企业2家，十亿级企业10家。

富阳开发区银湖新区

宁波杭州湾经济技术开发区

宁波杭州湾经济技术开发区因桥而谋、与桥同兴，是贯彻落实省委"八八战略"的发展大平台。开发区着力建设高能级先进制造创新区、高层次创新创业活力区、高水平浙沪合作示范区、高品质产城融合样板区，努力打造成为现代化美丽园区、国际化前湾之芯、高端化活力智城，争创宁波"开发区样本"模范生，争当浙江建设"重要窗口"排头兵。2019年开发区获评首批浙江省美丽园区示范园区，2021年宁波杭州湾"汽车产业链"获评浙江省开发区产业链"链长制"示范试点单位。2021年度全国国家级经济技术开发区综合考评排名中宁波杭州湾经开区位列51位，其中地区生产总值、进出口总额、营业收入30亿元以上制造业企业数量、年度发明专利4项指标位列全国前30强。

宁波杭州湾经开区2021年实现地区生产总值1474亿元，同比增长16.6%；实现规上工业总产值3774亿元，同比增长28.9%；实现固定资产投资480.7亿元，同比增长31.9%；实现外贸进出口总额747.9亿元，同比增长28.4%。全年共落户各类项目148个，总投资395.2亿元，其中制造业项目39个，总投资278.1亿元，占比达70%以上，主要分布在汽车零部件、数字经济、新材料、高端装备等领域。抢抓"后疫情时代"的发展大变局，加大对世界500强、行业龙头企业等标志性项目招引力度，引进超亿元项目53个，超10亿元项目11个，超50亿元项目2个。聚力攻坚外资招引，全年新设外资企业22家，实现合同外资9.7亿美元，同比增长70.2%，绝对值和增幅均创新区历史新高。

宁波杭州湾经开区坚持抓好产业链补链强链，加快构建产业发展新格局。持续壮大优势产业集群。全力以赴稳汽车，全年汽车制造业实现产值1014.4亿元，同比增长7.6%，

世纪城宜居板块

中心湖湿地公园

"万亩千亿"汽车智创小镇

智能汽车产业平台在全省"万亩千亿"平台综合考核中蝉联第一。大力培育数字经济新产业，数字经济产业园成功入选省小微企业园，实现规上数字经济核心产业增加值19.1亿元、增长64.1%，增速宁波市第一；实现软件与信息服务业收入129.1亿元，增长43.36%，增速宁波市第二。

智能化汽车装配车间

高端汽车生产基地

杭州湾跨海大桥

丽水经济技术开发区

丽水经济技术开发区于1993年设立，2014年升级为国家级经济技术开发区。近年来通过平台"二次创业"、落实"十字方针"，实现了跨越式高质量发展，总面积下一步由原来的110平方公里扩大到217.24平方公里。2021年GDP增长19.8%，规上企业研发经费投入增长31.1%，固定资产投资增长46.5%，财政总收入和一般公共预算收入分别增长27.3%和27.2%，主要经济指标持续在全市领跑，在全国国家级经开区排名历史性跨越前进了75位。2021年规上工业产值329.4亿元，增长39.5%；税收收入25.6亿元，增长31.51%。已培育形成半导体全链条、精密制造、健康医药、时尚产业、数字经济等五大产业集群，将全力打造中国滚动功能部件生产基地、中国水性合成革生产基地、第三代功率半导体以及光电子生产基地、"一二三产融合"的健康医药产业基地、中国未来建筑科技产业基地和以生产性服务业为主的数字经济产业集群等具有丽水特色、高识别度和标志性的"产业金名片"。步入"十四五"，丽水经济技术开发区将坚定不移创新实践"绿水青山就是金山银山"理念，始终高举发展的行动旗帜，坚定厉行"丽水之干"，对标建设共同富裕示范区要求，拼尽全力跳起来摘桃子，"十四五"期间GDP和一般公共预算收入计划年均增长20%，固定资产投资累计完成1000亿元以上，规上工业总产值（营收）达到1000亿元以上，R&D占比继续保持5%以上，力争跨入"全国五十强、全省十强"经开区行列，建成高能级战略平台和"万亩千亿"新产业平台。

中欣晶圆开工仪式

诺贝尔奖专家工作站揭牌

全球时尚生态合成革数字改革正式启动

2021 中国经济营商环境十大创新示范区颁奖现场

第一批产业大脑建设试点任务书签订仪式

山海协作工作座谈会

人才技术峰会

超大规模集成电路制造用超高纯钽项目投产仪式在丽水经济技术开发区同创（丽水）特种材料有限公司电子束炉生产区举行

台州湾经济技术开发区

台州湾经济技术开发区地处浙江中部沿海，台州湾北岸，陆域面积146平方公里，海域面积1200平方公里。开发区交通条件优越，228国道、351国道、台金高速、沿海高速、金台铁路建成通车；海洋资源丰富，共有500平方米以上岛屿128个，海岛陆域面积18平方公里，岛屿岸线总长164公里，头门岛是国务院批复的《浙江海洋经济发展示范区规划》中重点建设的港口物流岛和重要能源资源储运基地。前身是2006年省政府批准设立的浙江台州化学原料药产业园区临海区块。2017年3月31日，开发区整合提升为省级经济开发区；2021年6月17日升级为国家级经济技术开发区，定名为台州湾经济技术开发区。2021年12月9日，经国务院批复设立台州综合保税区。紧盯平台建设，不断提升发展能级，自贸区联动创新区、跨境电商综试区、口岸开放等各项工作稳步推进。

建设大港口

头门港距国际主航道13.5海里，两侧自然水深8至13米，规划岸线总长28.8公里，可布置万吨级以上深水泊位84个，年吞吐量达1.61亿吨，是台州港核心港区。首座2万吨兼靠3万吨的码头于2014年12月26日建成投运，2018年起步码头一期滚装功能改造完成，码头二期全面完工投用。2021年完成吞吐量613.21万吨，同比增长63%。一期进港航道、铁路上岛和疏港公路复线等工程正在加速推进，届时将有力提升头门港核心地位，完善港区集疏运体系，加快临海融入"大湾区"建设的步伐。

发展大产业

积极推进生态环境问题整改，努力打造世界级原料药绿色生产基地样板区，奋力创建医化园区转型升级示范区。依托吉利汽车临海产业园，逐步拓宽汽车行业版图，带动全市整车和零部件行业发展，打造中国最具竞争力的自主品牌汽车产业核心集聚区。紧盯战略性新兴产业培育"千亿计划"，加快推进"万亩千亿"台州新材料产业园建设。目前，开发区共有四上企业131家，上市公司及上市公司全资子公司24家，过会企业1家，国家级高新技术企业43家，形成医药化工、汽车制造两大支柱产业。2021年完成工业总产值440亿元；完成规上工业总产值416.3亿元；完成税收24.8亿元。

打造新城区

为有力支持产业和港口发展，实现生产、生活、生态"三生融合"，我们实施了临港新城建设。临港新城规划30万人口，目前4平方公里城市启动区的场地填筑完成，高品质的道路、绿化、亮化完工，新城框架基

港口码头

吉利公司

台州综保区

本拉开，白沙湾标准海塘，海岸公园一期、二期建成；白沙湾滨海湿地生态修复项目获中央财政部 2019 年度海岛及海域保护资金 1.8 亿元补助，经过短暂开放，已成为新兴网红打卡地。我们坚持公共服务设施建设先行，将最优质的教育、文化、卫生资源嫁接到了开发区，百年名校哲商小学头门港分校已建成投用，与阳光控股教育集团合作设立的临海市培文学校头门港校区现已正式开学；汽车文化综合体、洲际酒店、九年一贯制学校、企业公寓都在加快推进。

招引大项目

开发区始终坚持招商引资一号工程，依托自身优势，狠抓招商引资，大力发展战略性海洋新兴产业和高新技术产业，努力成为全省海洋经济发展新高地。我们深化"三服务"活动，对企业实行全站式服务，帮助企业按下发展"快进键"。同时面对土地供应紧张局面，我们积极调整招商引资思路，推进"零地"招商。丰树产业园、路商新能源、物德宝尔、联盛化学、星河环保、红狮水泥等一批优质项目相继签约落地。

"义新欧"班列

白沙湾

舟山高新技术产业园区
（舟山港综合保税区、舟山航空产业园）

舟山高新技术产业园区是全省经济开发区整合提升后重点打造的平台之一，规划总面积42.02平方公里（包括本岛北部区块31.97平方公里、朱家尖区块7.88平方公里、衢山区块2.17平方公里），其中25.67平方公里划入浙江自贸区重点建设范畴。经过多年发展，园区已有企业2万家，其中规上企业200余家，先后培育国家级高新技术企业30余家，科技中小企业百余家。目前，园区正聚焦新材料、新能源、新制造三大方向加快发展，努力建设千亿级产业集群工业平台。其中，石化新材料方向依托2.52平方公里的绿色石化基地拓展区建设新材料产业园，重点发展电子信息材料、轻量化材料相关产业。已引入了亚洲规模最大的百万吨级聚苯乙烯生产基地项目，以及显示/半导体用塑料母粒及光学板材项目、高性能合金、靶材新材料及正渗透膜制造等多个项目，并初步形成了产业链闭环。清洁能源方向依托千万吨级LNG加注及接收站项目、百亿级投资的异质结太阳能电池及组件项目、40亿燃气发电项目、氢能源产业链制造园舟山项目，进一步打造低碳清洁能源及装备制造基地。先进制造方向依托全球继电器龙头宏发集团东部生产基地、全市第二家民营主板上市企业浙江黎明、富通住友海洋工程用缆产业基地、中铁宝桥钢结构生产基地项目、机械智造园等一批龙头型企业和基地型项目，打造高精特新先进制造业集群。

园区内含两大发展平台：舟山港综合保税区和舟山航空产业园。

舟山港综合保税区

2012年9月29日经国务院正式批复设立，功能定位为"一中心（建设成为我国大宗商品的国际物流配送中心）、两基地（富有特色的现代海洋产业基地、我国重要的进口商品基地）"。依托自贸区先行先试政策优势和自身区位优势，舟山港综保区正积极打造万亿级大宗商品贸易平台。总规划面积5.85平方公里，采取"一区三片"模式，设置本岛分区、衢山分区和空港分区。其中本岛分区2.83平方公里，重点发展保税仓储物流、

舟山航空产业园

舟山港综合保税区码头

舟山高新技术产业园区管委会办公大楼

保税加工、跨境电商、融资租赁等相关商贸服务，已汇集全市约 70% 的油品企业，年度贸易额超五千万；重点打造东北亚保税船用燃油供应中心，助推舟山跃升全球第六大加油港。衢山分区规划面积 2.17 平方公里，重点打造东北亚铁矿石仓储、中转、加工、分拨分销中心。拥有 40 万吨矿船泊位的鼠浪湖矿石中转码头已成为我国最大海上铁矿石保税配矿中转基地。空港分区规划面积 0.85 平方公里，波音 737MAX 飞机完工和交付中心项目已落地，重点发展飞机生产制造相关的保税加工、物流、服务功能。

舟山航空产业园

2017 年 3 月批复设立的省级经济开发区域，核准面积 7.88 平方公里。园区将依托 737MAX 飞机完工和交付中心项目，吸引高端制造业、现代服务业产业集群，主要规划发展整机制造、大部件与系统集成、零部件制造、附属制造、运营保障、现代服务六大产业，打造具有完整产业链和业态的航空产业园。

舟山高新区内企业浙江黎明智造股份有限公司上市

编辑说明

一、《浙江商务年鉴（2022）》（以下简称《年鉴》）由浙江省商务厅《年鉴》编辑委员会组织编纂。

二、《年鉴》是一部全面反映浙江省商务发展情况的资料性年刊，主要记述了2021年浙江省商务发展的基本概况，共设正文9编。

1. 文献和重要文件：收录了浙江省商务厅厅长韩杰在全省商务工作会议上的报告摘要，以及2021年浙江省出台的商务领域重要文件共14篇。

2. 概述：共刊载了18篇文章。包括《2021年浙江省国民经济和社会发展统计公报》《2021年浙江省商务运行形势分析》《2021年浙江省电子商务发展报告》《2021年浙江省会展业发展报告》等14篇文章、浙江商务大事记以及国家税务总局浙江省税务局、国家外汇管理局浙江省分局、杭州海关2021年工作运行情况分析3篇文章。

3. 商务统计：提供了2021年浙江省国内贸易、对外贸易、利用外资、对外经济合作、电子商务、开放平台以及其他共7方面的统计资料。

4. 调研报告：刊载了《长三角协同高水平对外开放研究》等调研报告共10篇。

5. 市、县（市、区）商务发展：提供了2021年浙江省11个市、21个扩权县（市、区）商务发展情况。

6. 开发区发展概况：提供了2021年浙江省17个国家级开发区、3个海关特殊监管区以及部分省级开发区的发展情况。

7. 省级商务研究、服务机构工作概况：介绍了2021年浙江省商务厅下属单位工作情况。

8. 重大会展、活动概况：介绍了2021年省内外重大商务会展参展情况和重要商务活动概况。

9. 商务表彰榜：收集了浙江省人民政府办公厅公布的2021年落实有关重大政策措施真抓实干成效明显地方名单等共26个。

三、《年鉴》刊登的文章和资料由浙江省商务系统及省级有关部门、开发区有关部门负责人及专业人员撰稿和提供。

四、《年鉴》中提及的浙江省对外贸易、服务贸易、利用外资、对外投资、对外经济合作等经济活动，"对外"指对境外。

目 录
CONTENTS

第一编 文献与重要文件

文 献

重要文件

第二编 概　述

第三编　商务统计

国内贸易

对外贸易

利用外资

对外经济合作

电子商务

开放平台

其他

第四编　调研报告

第五编　市、县（市、区）商务发展

各市商务发展

各扩权县（市、区）商务发展

第六编　开发区发展概况

国家级开发区

部分海关特殊监管区

部分省级开发区

第七编　省级商务研究、服务机构工作概况

第八编　重大会展、活动概况

第九编　商务表彰榜

第一编

文献与重要文件

浙江省商务厅厅长韩杰在全省商务工作会议上的报告摘要

（2022 年 1 月 10 日）

一、2021 年商务高质量发展取得新成效

2021 年是具有特殊重要意义的一年，是我们党的百年华诞。面对世界变局和世纪疫情的叠加冲击，浙江省商务厅认真贯彻省委省政府决策部署，忠实践行"八八战略"、奋力打造"重要窗口"，扎实推进高质量发展建设共同富裕示范区，统筹疫情防控和商务发展，全力以赴稳外贸稳外资促消费，商务发展稳中有进、稳中向好，好于预期，取得了新成效，实现了"十四五"良好开局，为全省经济社会发展大局作出重要贡献。

消费市场平稳复苏。 1—11 月，全省实现社会消费品零售总额 26562 亿元，同比增长 11.1%；实现网络零售额 22077 亿元，增长 11.4%。

对外贸易保持稳定。 1—11 月，全省货物贸易进出口总额 3.76 万亿元，增长 22.9%，进出口规模首次超过上海居全国第三位。其中，出口增长 20.1%，占全国份额为 13.9%，保持基本稳定；进口首次超过 1 万亿元，增长 31.2%。

服务贸易稳定增长。 1—11 月，全省服务进出口 4946 亿元，增长 39.6%，占国际贸易总额的比重为 11.6%，比 2020 年提高了 0.4 个百分点。

引进外资增长强劲。 1—11 月，全省实际使用外资 163.6 亿美元，增长 15.5%。

对外投资合作健康有序。 1—11 月，对外实际投资额 105.2 亿美元。完成对外承包工程营业额 72 亿美元，增长 30.0%。

新业态新模式蓬勃发展。 1—11 月，跨境电商进出口额 2708.3 亿元，增长 31.1%；其中，出口 1907.9 亿元，增长 42.7%。市场采购出口增长 21.6%，占比达 12.1%。

开放平台作用日益显现。 1—11 月，自贸试验区新增注册企业近 3.9 万家；实际使用外资增长 54.2%。开发区货物贸易占全省 46.7%，实际外资占全省 51.3%。"义新欧"中欧班列全年开行 1904 列，居全国第三位。

（一）着力实施重大战略

全力推进数字化改革。 聚焦"152"跑道，形成"1+6+N"总体架构。浙里好家政入选全省"最佳应用"，浙江海外仓服务在线作为全国唯一的"海外智慧物流平台"，在第 130 届广交会上向全国推广。加强上下联动，聚焦"三个贯通"，推动数字贸易"单一窗口"、国际集装箱"一件事"、散装水泥专用车辆安全共治、数字生活服务等场景应用在全省复制推广。共同富裕示范区建设扎实开局。出台商务领域实施意见，在萧山、德清等地区开展试点。加快山区 26 县开放平台建设，33 对开发区签署共建协议；指导遂昌等 8 个县（区）创建省级开发区；牵头推进文成、云和、衢江 3

个县（区）"一县一策"编制工作。印发县域商业体系建设实施方案，新增 12 个国家电子商务进农村综合示范县。深入建设"一带一路"重要枢纽。加强产业链全球合作，对外并购补链、延链、强链项目 103 个。新布局柬埔寨华立农业园，捷克站经贸合作平台功能显现，全省域推进中国—中东欧国家经贸合作示范区建设，持续推进本土民营跨国公司培育。积极参与长三角一体化。嘉善 QFLP 试点正式落地。成立长三角自贸试验区联盟，实现浙沪跨港区供油，深化长三角油气交易市场期限联动。加强长三角国际经贸风险防范等合作，举办长三角地区农产品产销线上对接洽谈会。

（二）着力提振消费市场

加快建设商贸新流通，杭州、宁波入选全国供应链示范城市，15 家企业入选全国示范。新增 10 个示范智慧商圈，评定两批 73 个现代商贸特色镇和 165 个示范村，新增 13 个"5+10+15"便民生活服务圈，宁波列入全国首批一刻钟便民生活圈试点。全力拓展消费新场景，开展消费振兴十大行动，出台提振大宗消费释放农村消费实施意见，会同省发展改革委出台第二轮汽车以旧换新政策。举办消费促进活动 3500 多场，各地发放消费券逾 15 亿元，拉动消费 2300 多亿元；推进"美好生活·浙播季"活动，新增 15 个省级直播基地；实施老字号拓新工程，打造大运河老字号超级 IP。打造消费新地标，累计培育省级高品质步行街 16 条，认定嘉兴南湖等首批 13 个夜经济样板地。深入实施数字生活新服务行动，认定 2 个先行市、14 个标杆县（市、区）、81 个特色镇，新增 87 家新零售示范企业。推动内外贸一体化改革试点，评选内外贸一体化"领跑者"企业 166 家和试点产业基地 25 个，举办出口转内销活动 400 多场，创建绿色商场 75 个。加强应急保供，全省合力支持上虞等地抗疫保供。推进散装水泥和预拌砂浆发展，散装水泥率达到 85%。城镇生活垃圾回收利用率达 60%。

（三）着力推动贸易高质量发展

出台《推进贸易高质量发展三年行动计划》。滚动实施三轮拓市场百日攻坚行动，举办网上交易会 680 场。大力发展外贸新业态新模式，3 个市场采购试点新增地区出口增幅均在 40% 以上；在全国率先开展公共海外仓培育，全省海外仓达 670 余个，占全国比重超 1/3。新增 10 个国家外贸转型升级基地。制定 RCEP 生效实施工作清单，培训企业 2 万余家。扩大优质商品和服务进口，新增 1 个省级进口贸易促进创新示范区和 26 个重点进口平台。持续应对中美经贸摩擦，对美出口保持较快增长。在全国率先探索省域贸易调整援助制度建设试点，创新推进外经贸合规体系建设。出台集装箱调运相关政策，缓解外贸企业"一箱难求"困难。

（四）着力打造高质量外资集聚地

统筹内外资招引，制订进一步加强招商引资工作的指导意见。强化重大项目招引，新增投资总额超亿美元大项目 121 个，比 2020 年增加 33 个；47 个项目列入国家重大外资项目库，其中 17 个项目得到用地保障。围绕数字经济、生命健康、新材料等领域，举办国际生物医药（杭州）创新峰会等精准招商活动 180 场，韩国大邱生命健康总部、德国采埃孚等一批重大项目签约。大力优化营商环境，杭州获批开展营商环境创新试点，国际投资"单一窗口"上线，贯彻落实外资研发中心享受进口设备免税政策，完善外商投诉和服务机制。

（五）着力推进开放平台建设

自贸试验区实现高质量发展。国务院《中国（浙江）自由贸易试验区扩展区域方案》和省级《中国（浙江）自由贸易试验区深化改革开放实施方案》落地率均超 90%，发布 30 个最佳制度创新实践案例。全力打造大宗商品资源配置基地，1—11 月实现油品炼化能力 7100 万吨，储备能力超 4600 万吨，油气贸易额超 9900 亿元。保税燃料油加注达 496.5 万吨，舟山成为全球第六大加油港。获批全国首张非国营成品油出口资质，共获原油非国有贸易进口配额 3200 万吨。获批开展新型国际离岸贸易。创新推出"异地货站"模式，货邮吞吐量增长 15%。12 家数字贸易企业入选全国首批"企业外联"APP 试点白名单。构建生物医药创新高地，钱塘区块集聚医药企业 1300 余家。新设 4 个联动创新区，实现省内联动创新区全覆盖。着力提升开放平台能级。台州湾经济技术开发区升格为国家级经济技术开发区，新增台州综合保税区，新增国际产业合作园培育试点 9 个。对 81 条产业链"链长制"试点示范进行评审。完善开发区评价体系，对排名靠后的 5 家开发区进行约谈。

（六）着力打造全球数字贸易中心

推动省委省政府出台《关于大力发展数字贸易的若干意见》。获批举办首届全球数字贸易博览会。出台跨境电子商务高质量发展行动计划，持续推进"店开全球"万店培育，全省出口活跃网店达 15.5 万家，全省域获批跨境电商零售进口试点，在 61 个产业集群开展跨境电商发展试点，公布省级跨境电商知名品牌 89 个，每季度开展跨境电商综试区评价工作。创新发展数字服务贸易，建设杭州滨江国家数字服务出口基地，浙江数字文化国际合作区入选第二批国家文化出口基地。深化杭州服务贸易创新发展试点，"数智化"在线商事调解模式入选国务院最佳实践案例。成立浙江省数字贸易标准化技术委员会，编制《数字贸易定义集》。

（七）着力办好重大经贸活动

成功举办第二届中国—中东欧国家博览会暨消博会、浙洽会，进口采购成交意向达 108 亿元，签约项目 97 个。深度参与第四届中国国际进口博览会，充分承接溢出效应，意向采购金额 71.9 亿美元。积极参与首届消博会，意向成交额达 609 亿元。精心组织 6481 家企业参加第 130 届广交会，展位数居全国第一。作为唯一主宾省参与 2021 服贸会，签约项目 61 个，意向贸易投资

额 23.2 亿美元。举办第四届世界油商大会暨大宗商品投资贸易推广月。以主题省身份参加第二届中非经贸博览会，7 个案例入选中非经贸合作案例集。

（八）着力提升商务治理能力现代化

全省商务系统精心组织开展党史学习教育，创新形式，发布"我身边的优秀共产党员"38 期，开展网络微党课 33 期，播放量达 112 万次。纵深推进从严治党，加强清廉商务建设，持续开展"三为""九联系"和"做红色义工·铸党建联盟"等活动。编制出台"十四五"商务高质量发展规划、新型贸易规划和 8 个其他规划。积极推进法治政府建设，组建浙江省涉外法律服务联盟。举办全省商务和招商局长培训班，加强省厅与市县干部互学互派，锻造高素质专业化商务干部队伍。

二、2022 年商务主要工作安排

总体来看，2022 年商务发展面临的形势更趋错综复杂，面临着需求收缩、供给冲击、预期转弱三重压力，面临高基数上持续稳增长的压力。全球疫情反复冲击下，世界经济增长低于预期，出口、消费都面临着需求拉动不足的问题。供应链受阻，企业面临缺芯、缺舱、缺工和原材料价格上涨等问题，新旧动能转换中，部分新动能有放缓趋势。市场预期不稳，全省出口订单指数、信心指数分别处于"微景气""微弱不景气"区间；全球供应链产业链重构影响国际投资，我省制造业使用外资增长放缓。但也要看到，当前支撑商务平稳健康发展的积极因素也很多。一是我国经济韧性强。拥有完整的产业体系、强大的国内市场、丰富的人力资源、便利的基础设施，经济长期向好的基本面没有改变。二是国家宏观政策支持有力。中央经济工作会议推出了七个方面有利于经济稳定的政策，省委也出台了稳经济的组合拳，稳外贸稳外资促消费是"五大政策包"之一，对经济持续恢复形成支撑。三是重大战略

带来新的发展机遇。"一带一路"、长三角一体化、碳达峰碳中和等国家战略，特别是我省正在高质量发展建设共同富裕示范区，深入推进数字化改革，筹备亚运会，都为商务高质量发展提供了新机遇。在这种形势下，做好今年商务工作，要切实做到"四个坚持"。

一是坚持稳字当头、稳中求进。商务工作涉及国内、国际两个市场，出口、消费、投资三大需求，是经济发展的重要组成部分。要坚持底线思维，把稳住商务发展作为一项重大政治任务来抓，确保商务各项主要指标运行在合理区间，为全省大局作贡献。

二是坚持高质量发展。不能穿新鞋、走老路，必须完整准确全面贯彻新发展理念，构建新发展格局，推动高质量发展，要更多依靠改革、开放、创新，加快质量变革、效率变革、动力变革，实现质的稳步提升和量的合理增长。

三是坚持开放合作。商务部门是对外开放的排头兵，扩大高水平开放是应尽之责。我们要主动对标 CPTPP 等高标准国际经贸规则，加快制度型开放，以高水平开放促进深层次改革、推动高质量发展。

四是坚持系统观念。经济社会发展是一个相互关联的复杂系统，要防止出现 1+1<2，不要把分兵把关变成只顾自己不及其余。要注重商务为民，要以企业和群众的获得感来检验商务工作成效。要围绕高质量发展建设共同富裕示范区、数字化改革等重大战略，多出标志性成果。

2022 年全省商务工作总体要求是：坚持以习近平新时代中国特色社会主义思想为指导，认真贯彻中央经济工作会议、省委经济工作会议和全国商务工作会议精神，坚持稳中求进工作总基调，完整准确全面贯彻新发展理念，服务构建新发展格局，坚持以供给侧结构性改革为主线，统筹疫情防控和经济社会发展，统筹发展和安全，围绕"六稳""六保"，提振居民消费，稳住外贸外资基本盘，保持商务运行在合理区间，推动商务高质量发展，建设国际贸易枢纽，推进高水平对外开放，畅通国内国际双循环，打造有商务辨识度的标志性成果，为全省大局作出新的更大贡献，以优异成绩迎接党的二十大胜利召开。

2022 年全省商务工作主要预期目标为：社会消费品零售总额增长 6% 左右，网络零售额增长 8% 左右；外贸进出口占全国份额基本稳定，出口份额保持稳定；服务贸易增长 3% 以上；数字贸易额 6000 亿元；实际使用外资 180 亿美元；对外投资健康有序。做好全年商务工作，关键要用好政策这个"船"和"桥"。要对标对表中央的七大政策和省里的"五大政策包""四张要素清单"，结合商务实际，实施好跨周期调节，把握政策机遇，打好政策组合拳，出台新一轮稳外贸稳外资促消费政策。

一是加大财政金融政策争取力度。积极承接国家稳外贸一系列政策措施，争取本级财政政策给予商务工作更大支持；要落实好金融助力商务的各项政策，将出口信用保险、小微企业贷款应延尽延、再贷款再贴现、汇率避险等政策落实落细，力争新增稳外贸贷款 10% 以上，政府统保平台费率整体水平下降 10% 以上。

二是落实微观政策激发市场主体活力。要不折不扣落实减费降税的各项政策措施，保住市场主体；要加强主体培育，推动市场主体升级。

三是结构政策要畅通循环、优化供给。围绕招大引强、制造业"腾笼换鸟、凤凰涅槃"，实施招商引资相关政策，强化要素保障；要实施消费新政，千方百计激活居民消费。

四是改革开放政策要激发发展动力。落实外商投资负面清单制度，吸引更多跨国公司来浙江投资；制订落实 RCEP 三年行动计划，对标 CPTPP、DEPA，加大自贸试验区压力测试，实施自贸试验区贸易投资便利化改革创新等政策。

2022 年，重点抓好 9 方面工作。

（一）抢抓战略机遇，打造商务硬核成果

当前，我省正在扎实推进共同富裕示范区建

设，深入实施数字化改革，参与长三角一体化等国家战略。浙江商务工作一直走在全国前列，要打造一批具有商务辨识度和全国影响力的标志性成果。

一是扎实推进共同富裕示范区建设。聚焦扩中、提低，深化商务领域试点。持续推进贸易高质量发展，提高商贸企业的就业带动力。推动山区26县跨越式高质量发展，新增文成等8个省级经济技术开发区，项目化清单式推进33个结对开发区开展合作，探索建立3条以上产业链"双链长制"试点。实施"数商兴农"共富行动，加快县域商业体系建设，改造升级一批县城商贸综合服务中心，推动社区商业标准化。

二是纵深推进数字化改革。进一步梳理核心业务，完善数字商务底座，推动体系架构迭代升级。加强系统集成，打造"贸易大脑＋未来市场"。紧扣"一本账"，迭代升级浙里好家政、浙里自贸、海外仓智慧物流平台等重大场景应用，加快单用途预付卡监管、数字贸易"单一窗口"等场景应用建设，推出更多管用好用实用的重大应用。持续激发基层创造力，推动更多应用上升到全省层面。

三是高质量推进长三角一体化发展。深化长三角自贸试验区联动发展，加强长三角期现一体化油气交易市场建设，推动浙沪跨港区船用保税燃料油加注常态化运行。支持绿色生态一体化示范区嘉善片区、长三角（湖州）产业合作区、杭海国际数字贸易新城建设。

（二）激活居民消费，建设新型消费中心

坚持扩大内需这个战略基点，顺应消费升级趋势、优化消费供给、促进消费提质扩容，充分激发消费市场活力。

建立健全消费监测评估体系。完善优化消费高质量发展指标评估体系，加强对服务消费、人均消费支出、税收等相关指标的分析研判，多维度精准反映消费市场运行情况。

优化消费供给。制订新一轮消费促进政策，支持各地发放数字消费券。鼓励各地出台促进汽车消费、家电下乡、以旧换新等有力举措，稳定家具、建材、家电等大宗商品消费。推进老字号企业创新，打响"国货新潮·品质生活"品牌。提振餐饮消费，坚决制止餐饮浪费行为，开展"百县千碗"美食进街区系列活动。持续打响"浙里来消费"品牌，组织好国际消费季、网上年货节、金秋购物节等促销活动。

发展服务消费。持续抓好数字生活新服务，新增10个样板县、50个特色镇。鼓励零售模式创新，累计提升培育200家新零售示范企业。打造一刻钟商贸便民生活服务圈，持续推动连锁、生鲜等便民商业设施以及教育、文化、医疗、养老、体育等生活服务设施进社区。办好第三届浙江家政节。

打造消费新场景。抓住亚运契机，支持杭州建设国际消费中心城市，举办亚洲美食节，推动老字号进亚运村，支持设立首店、旗舰店、概念店，引入国际知名IP，建设一批国际消费街区。深化2个全国示范步行街建设，累计培育省级步行街20条左右。推动夜经济试点城市建设，提升夜间经济品质，累计创建20个左右夜经济样板城市。认定8个省级示范智慧商圈。

鼓励绿色消费。完善再生资源回收体系，鼓励发展"互联网＋回收"等新业态新模式。创新制定新能源汽车、绿色家电等绿色产品消费支持政策。培育100家绿色餐厅，创建30个以上绿色商场。积极推广和应用散装水泥，散装水泥率达85.5%。城镇生活垃圾回收利用率60%以上。

（三）完善现代商贸流通体系，提升流通效率

优化商贸网络布局，推进城乡一体现代流通体系建设，加快内外贸一体化发展，打造商业流通变革枢纽。

大力培育商贸流通主体。加快培育大型连锁商贸企业，推进传统商贸企业数字化改造，商贸流通有效投资达1000亿元以上。推进吴兴等三个地区实施商品市场优化升级专项行动。办好"之江创客"电子商务双创大赛等活动，挖掘更多创新主体。

推进县域商业体系建设。打造杭州、金华等国家级和区域级流通节点，认定30个现代商贸特色镇，推进60个商贸发展示范村。深化国家电子商务进农村综合示范工作，完善全省农村商贸流通骨干网络，"快递村村通"覆盖率达到100%。新增冷库库容500万立方米。

开展供应链协同创新与应用。力争新增1个全国示范城市，10家全国示范企业。在4个以上城市试点推广数字供应链创新服务场景应用。打造20个左右供应链协同创新综合体。

深化内外贸一体化改革试点。全力争取内外贸一体化改革国家试点。强化主体示范引领，新培育300家领跑者企业，30个内外贸一体化改革试点产业基地。借助广交会、进博会等重点展会平台，推动供需对接。加强信用保险政策创新，进一步扩大内贸信保覆盖面。

（四）稳定外贸增长，推动贸易高质量发展

围绕贸易链、产业链、物流链、服务链，集聚贸易主体，提升产业韧性，畅通国际物流，完善贸易生态体系，加快建设国际贸易枢纽，推动贸易行稳致远。

加强外贸主体培育。实施新一轮外贸主体培育行动，全年新增外贸主体10000家以上，新增有外贸实绩的企业5000家。集聚一批融合生产研发、贸易成交和金融结算的贸易总部企业。

大力开拓国际市场。大力实施"浙货行天下"工程，稳住欧美日等传统市场，积极开拓"一带一路"等新兴市场，组织参与50个重点展会，举办110场网上交易会。

大力发展外贸新业态新模式。实施市场采购贸易创新提升专项行动，加快数字化转型。落实外综服地方标准，引导外综服企业健康有序发展。加快海外仓全球布局，加大对建设使用海外仓的

支持，新增省级公共海外仓25个；推广海外仓智慧物流平台，上线海外仓累计达300个。创新保税维修方式，争创国家离岸贸易中心城市。

加快外贸转型升级。高质量建设70个国家级外贸转型升级基地，积极申报新一批基地。加强自主品牌建设，推动更多企业由贴牌向品牌出海转变，"浙江出口名牌"累计达到900个以上。推进绿色贸易发展，培育低碳外贸企业，支持湖州等条件成熟的地区先行先试。

扩大进口。精心组织参加第五届进博会，提升配套活动质量，放大溢出效应。深化进口贸易促进创新示范区和重要进口平台建设，积极争取新一轮国家试点。办好海淘汇、青田进口博览会等一系列进口促进活动。

实施RCEP三年行动计划。加快拓展RCEP市场，增强与日本等国的经贸合作。加强宣传培训，用足用好原产地累积规则、关税减让等措施。支持温州、台州、义乌等地探索建设RCEP高水平开放合作示范区。

（五）加快数字变革，打造全球数字贸易中心

全球数字贸易中心是全球数字变革高地的重要支柱。要按照"458"系统架构，抢抓数字贸易发展机遇，推进规则重塑、价值重塑、优势重塑。

加快政策实施。落实省委省政府关于大力发展数字贸易的若干意见，做强产业体系，大力发展平台体系，着力完善生态体系，建立健全制度体系，提升监管体系等，打造数字贸易全产业链。加强国际一流数字经济企业招引，集聚一批具有国际影响力的数字贸易企业。

高质量举办首届全球数字贸易博览会。按照高质量、高标准、高水平、可持续的要求，打造成为参与全球贸易规则制定、展示数字经济发展成果的高水平盛会。精心筹备开幕论坛，高水平办好中心展示馆和企业展，打造数贸会线上平台，开展一系列体验活动，提高观展体验，促成更多成交和数字贸易头部企业落地。

推动跨境电商高质量发展。开展跨境电商"店开全球""品牌出海""独立站领航"三项行动，加快传统贸易数字化转型，新增 20000 家出口网店，培育支持 200 个跨境电商品牌和独立站。统筹推进全省域跨境电商综试区改革创新，开展综合评价。深化跨境电商产业集群试点，建设 10～15 个具有一定规模的跨境电商示范产业园。加快跨境电商生态体系建设，构建灵活便捷的跨境电商供应链体系、人才体系、金融体系、物流体系。跨境电商进出口额增长 30%。

深化服务贸易创新发展。大力发展数字金融、数字内容、数字物流，抓好国家数字服务出口基地和文化出口基地建设，争创国家数字贸易示范区。全面深化杭州国家服务贸易创新发展试点，争创首批国家服务贸易创新发展示范区。推进 37 个省级服务贸易发展基地建设。加强服务贸易促进，组织好服贸会等 17 个重点展会。实施展览业高质量发展三年行动计划。

（六）加大统筹力度，形成稳外资拓内资合力

坚持项目为王，完善招商引资机制，着力招大引强，优结构，提质量，力争招引总投资超 10 亿元的省外内资、1 亿美元以上外资项目各 100 个。

完善招商工作机制。建立健全全省统筹、省级部门分工合作、市县主动承接的招商工作体系，构建"一把手"招商、重大项目招引协调、项目流转、信息通报、考核激励五大机制。制定全省招大引强激励办法。

加强高质量项目招引。加快建立全省招大引强项目库，扩大制造业对外开放，力争制造业使用外资比重超三分之一；瞄准欧美日等发达国家、世界 500 强和行业龙头企业靶向发力，新增世界 500 强项目 20 个。用好国务院稳外资协调机制和省招大引强专班，强化土地等要素保障，争取更多项目纳入国家重大外资项目库。牢固树立绿色低碳理念，设立能耗准入门槛，严控"两高"项目。

拓展招商引资渠道。加强北京、上海和新加坡、德国等商务代表处建设，健全国内外招商网络。加强投资促进，深化展会招商，强化中介招商，创新开展资本招商，围绕重点产业链，举办一系列招商活动。

持续优化营商环境。积极争取国家服务业扩大开放综合试点，力争在电信、医疗等领域率先实现突破。迭代升级国际投资"单一窗口"。建立健全重大项目省领导联系机制，开展全流程服务。健全外资企业投诉工作机制，开展外资企业服务月活动，组织 5 场外资企业圆桌会。

（七）高质量建设自贸试验区，打造对外开放新高地

坚持服务国家战略，坚持对标国际先进，坚持系统集成创新，迭代升级"三机制"，加快联动创新，提升开放平台能级，打造 10 个重大标志性成果。

加快数字自贸区建设。争取数字人民币试点，率先在杭州亚运会、义乌小商品城等场景进行内部封闭试点，建设浙江数据国际交易市场并实质性运营。持续迭代浙里自贸应用，上线更多场景应用。

推进油气全产业链创新发展。加快打造大宗商品资源配置基地，争取石油储备改革创新试点。推进舟山绿色石化基地建设二期项目全面建成投产。深化国际油气交易中心建设，推动仓单质押融资实质性开展。力争到 2022 年，油品储备能力、炼油能力、油气贸易额分别达 4900 万吨、7500 万吨 / 年和 1 万亿元，保税燃料油加注量突破 600 万吨。

增强自贸试验区重要枢纽作用。推进宁波舟山港世界一流强港建设，建设义乌"第六港区"，推动宁波舟山港试点实施启运港退税政策，集装箱吞吐量达 3100 万标箱，航空货运量超 100 万吨。

实施高水平开放压力测试。建立对标对表机制，对标 CPTPP、DEPA 等高标准国际经贸规则

和上海临港、海南等国内先进自贸区，研究制定并向上争取改革措施清单，提出省级具体举措，在数字经济、知识产权、竞争中立等方面开展压力测试。

加快制度集成。全面落实自贸试验区外商投资准入负面清单。推动杭州、宁波、义乌国际机场利用第五航权，试点多式联运"一单制"改革。加快推出油气"期现结合"业务产品，推动本外币合一银行账户体系试点 4 个片区全覆盖。贯彻实施《中国（浙江）自由贸易试验区条例（修订）》，出台容错纠错办法配套细则。

提升开发区发展能级。完善整合提升制度体系建设，规范开发区从创建、运营、整合提升、考评的全生命周期管理。加强开发区综合考评结果应用，实现动态调整、黄牌警示、末位淘汰。持续推动《浙江开发区条例》立法。力争 1 家开发区进入全国前十。指导综合保税区错位发展，出台全省综保区实施意见，应用好综保区发展绩效评估结果。推动产业链"链长制"试点全覆盖和示范"有进有出"，探索建设 3 条绿色低碳产业链"链长制"试点。完善国际产业合作园培育体系和建设体系，抓住 RCEP 机遇，着力推进中日（平湖）、中韩（衢州）等国际产业合作园建设。推动 10 个联动创新区高质量发展。

（八）促进国际产能合作，共建"一带一路"重要枢纽

引导企业参与全球产业链供应链重塑，促进对外投资合作平稳有序发展，谋划推进一批"小而美"的民生项目，推动共建"一带一路"高质量发展取得新成效。

深化与中东欧国家合作。加快全省域中国—中东欧国家经贸合作示范区建设，高水平举办第三届中国—中东欧国家博览会，打造中国机会特色馆，共享发展机遇。加大政策支持力度，扩大中东欧商品进口，力争增长 50%。

加大培育本土跨国公司。鼓励有条件有实力的企业有序"走出去"，开展高水平对外并购，深

化跨国并购回归产业园建设，做强浙江总部。完善走出去服务体系，加快金融、咨询、会计、法律等生产性服务业国际化步伐。

优化境外经贸合作区布局。高质量建设境外经贸合作区，新增 1 个省级园区。强化园区服务和承载功能，支持浙江中小企业在境外集聚发展。推进捷克站、迪拜站等海外系列站建设。支持境外园区与国内经济开发区、国际产业合作园对接，打造一批"双循环"合作枢纽。

加强重点国别合作。深化浙新经贸交流合作，筹备举办中非经贸合作论坛，打造中日韩经贸合作新平台。推动 50 个补链延链强链国际合作项目。推动对外承包工程提质增效，加强绿色低碳和民生领域项目合作，力争营业额平稳增长。

推动"义新欧"中欧班列高质量发展。抓好"义新欧"中欧班列货源组织、业务拓展、基础设施改造提升，争创中欧班列集结中心示范工程，提升班列造血能力，确保全年开行超过 2000 列。

（九）强化风险防控，坚决守住高质量发展底线

树立底线思维，增强风险防控能力，健全应对机制，有效防范化解商务领域风险，筑牢商务高质量发展安全屏障。

加强贸易救济调查。开展国家多主体协同应对贸易摩擦综合试验区建设，推进贸易调整援助国家试点，实施企业外经贸合规体系建设三年行动计划，启动培育百家合规先行企业。深化"浙"里有"援"法律服务，做好大案要案应对。

防范国际投资合作风险。落实好《外商投资安全审查办法》等制度，密切关注重点外资项目撤资风险。强化境外投资突发事件应对和风险防控，实施"丝路护航"行动，切实维护我省企业海外利益。

保障国内贸易稳定运行。强化生活必需品应急保供体系建设，优化应急商品储备。加强对商贸流通企业安全生产指导，做好加油站、商场等

商务领域安全生产工作。

积极防范商务领域企业经营风险。迭代升级"订单＋清单"预警监测系统，加强内贸、外贸、外资等领域预测预警，做到心中有"数"。强化美国对华政策动向跟踪研判，持续打好中美经贸摩擦攻坚战。密切关注新冠疫情、国际政局变动、美联储加息、供应链中断、自然灾害影响等风险，加强综合应对，稳定企业经营。

浙江省人民政府办公厅关于印发

浙江跨境电子商务高质量发展行动计划的通知

浙政办发〔2021〕32号

各市、县（市、区）人民政府，省政府直属各单位：

《浙江跨境电子商务高质量发展行动计划》已经省政府同意，现印发给你们，请认真贯彻执行。

浙江省人民政府办公厅

2021年6月4日

（此件公开发布）

浙江跨境电子商务高质量发展行动计划

为贯彻落实党中央、国务院关于推进贸易高质量发展的决策部署，培育我省对外贸易竞争新优势，特制定本行动计划。期限为2021—2023年。

一、总体要求

加快推进我省跨境电子商务供应链智慧化、贸易便利化和服务优质化，把跨境电子商务打造成为我省参与双循环的新动力、开展制度创新的新引擎和稳外贸的重要支柱。全省跨境电子商务进出口总额突破5000亿元、年均增长30%以上；培育和引进5家以上年交易规模逾百亿元的跨境电子商务平台、50家以上年销售规模逾10亿元的标杆企业、500家以上年销售规模逾亿元的"金牌卖家"和5万家以上出口活跃网店，跨境电子商务知名品牌达到200个以上。聚焦国际贸易新渠道、新主体、新品牌、新队伍、新空间，将我省建设成为平台集聚、主体云集、服务高效、生态完善的跨境电子商务强省。

二、主要任务

（一）大力支持跨境电子商务平台发展，打造国际贸易新渠道

1. 发展各类跨境电子商务平台。

培育和引进综合性电子商务平台，带动制造商、贸易商、服务商以及支付、物流企业发展，完善跨境电子商务生态圈。鼓励有条件的企业自建行业性垂直平台和独立站，培育自主品牌、自有渠道、自有用户群，提升核心竞争力。［责任单位：省商务厅，各市、县（市、区）政府。列第一位的为牵头单位，下同］

2. 加强与境外跨境电子商务平台合作。

鼓励国际主流、区域性跨境电子商务平台在浙江设立运营服务机构，建立服务浙江企业的沟通维权机制，开展多维度资源对接。支持我省企业通过收购或参股等方式在境外建设跨境电子商务平台，有机融入当地贸易生态圈。（责任单位：省商务厅）

（二）培育龙头企业和中小网商，打造国际贸易新主体

3. 壮大应用主体规模。

加大对细分类目销售冠军企业的培育力度，大力招引头部企业在浙江设立总部或区域总部。支持传统外贸、制造和流通企业通过开展跨境电子商务推动数字化转型。支持专业批发市场向线上线下互动、内外贸一体化方向发展。支持老字号、历史经典产品等拓展海外线上市场。鼓励创业青年积极投身跨境电子商务创业创新。［责任单位：省商务厅、省人力社保厅、省市场监管局、团省委，各市、县（市、区）政府］

4. 推进"产业集群＋跨境电子商务"发展。

以打造品牌、构建产业链供应链为抓手，建设好省级产业集群跨境电子商务发展试点。加快提升制造业数字化、智能化水平，为适应跨境电子商务小单、高频、定制等特点提供支撑。支持符合条件的跨境电子商务企业申报认定高新技术企业。［责任单位：省商务厅、省经信厅、省科技厅、省财政厅，各市、县（市、区）政府］

（三）支持数字化营销，打造自主国际新品牌

5. 推动企业品牌化、品质化发展。

支持跨境电子商务企业开展境外商标注册和国际认证，鼓励有条件的企业收购外国知名品牌。引导企业加强维修、退换货等售后服务能力，提升消费者满意度。（责任单位：省商务厅、省市场监管局、杭州海关、宁波海关）

6. 推进数字化营销。

支持企业借助境外社交媒体、搜索引擎、短视频等开展品牌推广。推广跨境直播新模式，鼓励跨境电子商务平台、商家上线直播。探索开辟商用跨境网络通道。支持跨境电子商务平台开辟浙江商家专区。大力发展线上展会，打响"浙江出口网上交易会"品牌。（责任单位：省商务厅、省委网信办）

（四）加快人才培养和引进，打造国际贸易新队伍

7. 加强人才培养和社会培训。

构建政府、高校、社会、企业多方联动的跨境电子商务人才培养体系。鼓励高校成立跨境电子商务学院或设立相关专业，支持社会培训机构开展跨境电子商务技能培训。（责任单位：省教育厅、省人力社保厅、省商务厅）

8. 壮大多层次人才队伍。

把跨境电子商务相关领域人才纳入紧缺人才目录，鼓励各地出台更大力度的住房、就医、就学等方面人才配套政策。鼓励企业引进高层次人才，运用激励措施更好留住人才、用好人才。组织开展企业家跨境电子商务专项培训，提升企业家数字化应用能力。把跨境电子商务知识纳入党政领导干部培训内容，提升政府部门管理服务能力。［责任单位：省委组织部、省人力社保厅、省商务厅，各市、县（市、区）政府］

（五）扩大开放合作，开创高质量发展新空间

9. 加强国际交流合作。

借助中国—中东欧国家博览会等经贸平台开展跨境电子商务推介、招商和贸易活动。加强与各类投资和贸易促进机构合作，拓展境外工作联系网络。[责任单位：省商务厅、省外办、省贸促会，各市、县（市、区）政府]

10. 推进区域跨境电子商务协作。

加强省内外海关合作，便利我省以跨境电子商务监管方式报关的货物到省外转关。支持义乌市打造长三角地区铁路运邮中转中心，支持宁波市发挥海运物流优势，扩大优质服务输出。（责任单位：省商务厅、省交通运输厅、杭州海关、宁波海关、省邮政管理局）

11. 探索国际规则和标准合作。

探索跨境数据有序流动等方面的规则，参与世界海关组织、世界贸易组织等对电子商务规则的研究。在中国—中东欧国家合作机制等国际合作对话机制下，探索共建跨境电子商务规则。发挥国际标准化组织电子商务交易保障技术委员会作用，支持行业协会、企业研制相关标准和技术规范。（责任单位：省市场监管局、省委网信办、省商务厅、杭州海关、宁波海关）

（六）推进供应链智慧化

12. 构建跨境电子商务物流体系。

打造与跨境电子商务发展相适应的公海铁空立体式物流通道。加快发展国际快船、中欧班列等运输模式，开辟更多跨境电子商务专线。加快构建国际快递智能骨干网络，推进国际邮件互换局和国际快件监管中心省内布局，提升邮快件集散能力。培育和引进龙头快递物流服务商，鼓励建设集货仓。[责任单位：省交通运输厅、省商务厅、省邮政管理局，各市、县（市、区）政府]

13. 加强航空物流通道建设。

优化全省货运机场货运功能和空间规划布局。加大国际航线开发力度，构建横向错位、纵向分工、国内通达、全球可达的航空货运协作网络。提升航空口岸货物安检和通关效率，逐步实现24小时预约通关。（责任单位：省交通运输厅、杭州海关、宁波海关、省邮政管理局、民航浙江安全监管局、省机场集团）

14. 大力建设海外仓。

鼓励企业通过自建或租赁等方式建设海外仓，提升海外仓体系化综合服务能力。强化境外资源共享，深化省级公共海外仓建设，扩大企业服务面。[责任单位：省商务厅、省邮政管理局，各市、县（市、区）政府]

15. 积极发展供应链金融。

深化供应链创新与应用试点，探索建立跨境数字供应链协同平台。鼓励银行创新金融产品，探索开展各类电子商务贷款业务。研究推出出口信保新模式。推动上规模的电子商务企业进入资本市场。（责任单位：人行杭州中心支行、省商务厅、省地方金融监管局、浙江银保监局、宁波银保监局）

（七）推进贸易便利化

16. 深化监管体制机制创新。

完善国际贸易"单一窗口"，创新监管方式，提升跨境电子商务通关便利化水平。推进跨境电子商务与市场采购等外贸新业态融合发展，便利跨境电子商务货物出口。推动完善现有监管模式下税收、外汇等方面的配套政策，积极向国家相关部委争取先行先试政策。（责任单位：杭州海关、宁波海关、省税务局、人行杭州中心支行）

17. 便利跨境电子商务支付结算。

支持电子商务企业通过银行系统直联模式办理收结汇业务，允许电子商务企业凭交易电子信息进行跨境结算，鼓励使用人民币计价结算，降低结算成本。引导非银行支付机构提供多元化电子商务领域支付服务。（责任单位：人行杭州中心支行）

18. 培育跨境电子商务进口新优势。

积极争取进口正面清单扩增、购买限额提高和医药等特殊品类商品准入管理试点政策。加快

推进保税仓储设施建设。探索跨境电子商务零售进口业态创新，发展保税仓直播销售等模式。优化退货流程，建立高效、安全、便捷的跨境电子商务进出口退货通道。抓好质量安全风险监测，创新商品溯源方式，加强消费者权益保护。（责任单位：省商务厅、省市场监管局、杭州海关、宁波海关）

（八）推进服务优质化

19.提供优质公共服务。

完善跨境电子商务综合试验区线上综合服务平台。鼓励建设公共服务中心。支持各方参与服务体系建设，加强资源整合，打造本地化全链条服务。推动区块链、人工智能、5G等新技术应用，探索解决跨境信息流、物流、资金流中存在的信用、支付等方面问题。［责任单位：省商务厅、省经信厅、省科技厅，各市、县（市、区）政府］

20.建设跨境电子商务产业园。

强化土地等要素保障，鼓励各地规划建设一批产业特色鲜明、功能配套完善的跨境电子商务产业园。招引大型平台建设线下产业园。推荐优秀的产业园参评国家电子商务示范基地。［责任单位：省商务厅、省经信厅、省自然资源厅、杭州海关、宁波海关、省邮政管理局，各市、县（市、区）政府］

（九）营造良好的发展环境

21.创新治理机制。

坚持包容审慎的监管原则，加快推进商务信用体系和重要产品追溯体系建设，建立健全基于信用评价的分类管理机制。支持杭州互联网法院、跨境电子商务商品质量安全风险监测国家中心、商事仲裁机构建设，进一步完善治理体系。（责任单位：省商务厅、省司法厅、省市场监管局、杭州海关、宁波海关）

22.加强组织保障。

各市、县（市、区）政府要承担起推进跨境电子商务发展的主体责任，强化财政支持，完善配套政策。省电子商务工作领导小组各成员单位要主动服务，推进重大事项、关键政策和制度创新，及时协调解决问题。

附件：浙江跨境电子商务高质量发展重点工作清单（略）

浙江省人民政府办公厅关于推进
中欧（义新欧）班列高质量发展的指导意见

浙政办函〔2021〕28号

各设区市、义乌市人民政府、省级有关单位：

中欧（义新欧）班列（以下简称义新欧班列）是我省推进"一带一路"倡议标志性工程，也是推动我省加快形成海陆联动、东西互济对外开放格局的重要举措。为进一步推进义新欧班列高质量发展，经省政府同意，现提出如下指导意见。

一、总体要求

按照"一个品牌、两个平台、全省统筹、错位发展"的总体思路，以高质量、可持续、市场化为方向，以数字化、特色化、精品化为突破口，着力在夯实基础、提高效益、拓展服务上下功夫，将义新欧班列建成具有较强影响力的区域带动引擎、国际互通窗口、现代物流枢纽，打造我省面向内陆、向西开放的重要载体。到2025年，义新欧班列双向开行超过3000列，回程班列占比超过30%，进出口货值逐年提高。

二、主要任务

（一）推进中欧班列枢纽节点城市建设

积极谋划金华、义乌铁路口岸基础设施提升和区块拓展工作，加快推进金华铁路南站口岸、义乌铁路口岸二期监管区建设，争取将金华或义乌纳入中欧班列枢纽节点城市集结中心示范工程，不断提升义新欧班列平台能级，推进区域性、功能型铁路枢纽建设。（责任单位：省发展改革委、省商务厅、杭州海关、省海港集团、金华市、义乌市政府。）

（二）推进义新欧班列海外物流分拨中心建设

支持义新欧班列运营平台以轻资产加盟或重资产投建等方式，分区域、有重点地在马德里、杜伊斯堡、布拉格、列日、莫斯科、明斯克等主要节点城市建设海外物流分拨中心，提升班列境外货物集散能力和物流服务水平。大力发展回程班列，打造全流程双向物流体系。（责任单位：省海港集团、金华市、义乌市政府）

（三）提升义新欧班列信息化水平

结合我省数字化改革，推进义新欧数字班列建设，打造从前端客户订舱、询价，到中端集装箱入库、仓储、装卸，到后端客户可视化跟踪的全流程信息化系统，实现班列信息流、商流、物流、资金流四流合一，以信息化建设提升义新欧班列服务能级。（责任单位：省商务厅、省海港集团、金华市、义乌市政府）

（四）拓展义新欧班列多元化服务

围绕跨境电子商务等新业态新模式，打造快速直达的精品班列和定点、定线、定车次、定时、定价的公共班列。开展租箱、拼箱、仓储、前后端短驳配送等服务模，推动班列服务从"站到站"向"门到门"转变。利用宁波舟山港过境中转优势，探索开展海铁、公铁、空铁联运等全程多式联运运输模式。（责任单位：省海港集团、金华市、义乌市政府）

（五）拓展义新欧班列产业链条

充分利用中国（浙江）自由贸易试验区政策优势，推动班列运输与进口市场培育协同发展，大力拓展"保税＋进口""保税＋转口"贸易模式，探索开展冷链运输等业务。推动我省企业加快国际化布局，积极推广"义新欧班列＋企业号"运营模式。对接跨境电子商务等数字经济新兴产业，延伸班列服务价值链。（责任单位：省海港集团、金华市、义乌市政府）

（六）提升义新欧班列金融服务能力

积极探索赋予义新欧班列铁路运单金融属性，鼓励金融机构与班列运营平台联动，加大针对铁路运单的金融产品开发力度。积极参与国家铁路提单物权化改革试点。（责任单位：省地方金融监管局、省商务厅、省海港集团、金华市、义乌市政府）

（七）推进义新欧班列区域协作

鼓励义新欧班列运营平台与国内中欧班列枢纽节点城市通过海铁、公铁联运等多种形式开展合作，实现优势互补、共赢发展。探索成立长三角中欧班列联盟，打造长三角中欧班列优势互补、业务协同、资源共享的合作共同体。（责任单位：省海港集团、省商务厅、义乌市政府）

（八）加强义新欧班列运营平台效能建设

以数字化手段提升义新欧班列运营平台管理水平和内控能力，进一步推动班列运营平台降本增效，不断提升平台企业核心竞争力和开放度。（责任单位：省海港集团、金华市、义乌市政府）

三、工作保障

（一）加大财政支持力度

按照财政部关于中欧班列财政补助退坡管理要求，在完成省政府年度目标任务前提下，义新欧班列财政补贴由省与金华市、义乌市同比例分担。金华市、义乌市要制定财政资金使用管理办法，完善财政补贴绩效评价体系，建立健全班列补助动态评估和调整机制，不断提高财政资金使用绩效。（责任单位：省财政厅、省商务厅、金华市、义乌市政府）

（二）提升口岸服务能力

争取设立进口汽车指定口岸和进境粮食指定监管场地等，打造浙中地区政策叠加、功能复合的铁路口岸功能区，进一步完善国际贸易"单一窗口"铁路运输项目国家试点工程，为义新欧班列提供一对一、一站式、一条龙定制服务，不断提升班列通关效率。（责任单位：杭州海关、金华市、义乌市政府）

（三）强化全省统筹协调机制

坚持优势互补、错位发展，对班列运营平台开行计划、运行线路、揽货价格进行统筹管理，促进平台间良性互动，强化省级部门协同推进机制和省市县联动工作机制。（责任单位：省商务厅、省海港集团、义乌市政府）

附件：（略）

浙江省人民政府办公厅

2021 年 5 月 24 日

中共浙江省商务厅党组关于印发
开展党史学习教育实施方案的通知

浙商务党组〔2021〕3 号

厅属各党组织：

2021 年是中国共产党成立 100 周年。根据《中共中央关于在全党开展党史学习教育的通知》精神和《中共浙江省委关于开展党史学习教育的实施方案》部署要求，就我厅开展党史学习教育，制定如下工作方案，现印发给你们。

一、总体要求

开展党史学习教育，是党中央立足党的百年历史新起点、统筹中华民族伟大复兴战略全局和世界百年未有之大变局、为动员全党全国满怀信心投身全面建设社会主义现代化国家而做出的重大决策。厅属各党组织要把党史学习教育作为当前首要政治任务，认真抓好贯彻落实。

1. 基本遵循。

坚持马克思列宁主义、毛泽东思想、邓小平理论、"三个代表"重要思想、科学发展观、习近平新时代中国特色社会主义思想为指导，深入学习贯彻党的十九大和十九届二中、三中、四中、五中全会精神和省委十四届七次、八次全会精神，紧紧围绕学懂弄通做实党的创新理论，坚持学习党史与学习新中国史、改革开放史、社会主义发展史相贯通，做到学史明理、学史增信、学史崇德、学史力行，引导广大党员、干部增强"四个意识"、坚定"四个自信"、做到"两个维护"，不断提高政治判断力、政治领悟力、政治执行力，

在忠实践行"八八战略"、奋力打造"重要窗口"，争创社会主义现代化先行省中守正创新抓机遇、锐意进取开新局，从党的百年伟人征程中汲取推进商务高质量发展的智慧和力量，为全面建设社会主义现代化国家、实现中华民族伟大复兴中国梦做出应有贡献。

2. 目标要求。

教育引导全体党员围绕学党史、悟思想、办实事、开新局，守好红色根脉、传承优良传统、奋力争先创优、扛起"五大历史使命"，争当学史悟思的排头兵、增信崇德的排头兵、为民办事的排头兵、勇开新局的排头兵，争做构建新发展格局的攻坚队、数字化改革的攻坚队、商务高质量发展的攻坚队、机关党建大跃升的攻坚队，以实际行动和优异成绩庆祝建党 100 周年。

3. 总体安排。

党史学习教育贯穿 2021 年全年，面向全体党员，以处级以上领导干部为重点。厅党组 3 月上中旬召开动员大会，结束时召开总结大会。从动员大会到"七一"庆祝大会，重点学习习近平总书

记在党史学习教育动员大会上的重要讲话精神，[1] 全面开展学习、教育活动；从"七一"庆祝大会到总结大会，重点学习习近平总书记在庆祝中国共产党成立100周年大会上的重要讲话精神，[2] 深化对党的历史的系统把握，全面落实实践要求。把党史学习教育与学习贯彻《习近平在浙江》、习近平总书记对商务工作的指示批示和最新重要讲话精神结合起来，充分考虑学习教育期间，重点任务较多、重大商务活动较多、境外机构及人员较多的特点，采取理论与实际相结合、线下与线上相结合、境内与境外相结合的方法，确保学习教育横向到边、纵向到底，全覆盖。

二、主要任务

着眼全党全国，突出红船味、浙江味、商务特色，深入开展党史学习教育，深刻铭记中国共产党百年奋斗的光辉历程，深刻认识中国共产党为国家和民族做出的伟大贡献，深刻感悟中国共产党始终不渝为人民的初心宗旨，系统掌握中国共产党推进马克思主义中国化形成的重大理论成果，学习传承中国共产党在长期奋斗中铸就的伟大精神；深刻领会中国共产党成功推进革命、建设、改革的宝贵经验，学深悟透中国共产党坚持党对一切工作领导的政治优势，真正掌握中国共产党创造经得起实践、人民、历史检验实绩的担当本领；深刻把握在党的坚强领导下，浙江商务充分发挥优势、克服短板，坚持发扬"孺子牛、拓荒牛、老黄牛"精神，干在实处、走在前列、勇立潮头，一任接着一任干，不断推进商务高质量发展的奋斗历程，更好地扛起浙江"五大历史使命"和商务改革发展重任，为实现第二个百年奋斗目标、建设社会主义现代化先行省做出积极贡献。

（一）开展"我在红船起航地学党史"专题学习活动

目标要求：强化中国革命红船起航地的政治责任，通过中心组学习、专题培训、主题党日、理论研讨等形式，推动全厅党员深入学习习近平总书记关于党史的系列重要讲话、论述、著作，全面学习百年党史资料，到12月底实现全体党员参加专题学习、阅读党史读本全覆盖。

重点举措：

1. 开展厅党组理论学习中心组专题学习。

以"跟着总书记学党史"为主题，3月中旬以前，围绕习近平总书记在党史学习教育动员大会上的重要讲话精神、中央有关文件精神，以集中学习、交流研讨的形式开展专题学习。7月中旬以前，围绕习近平总书记庆祝中国共产党成立100周年大会上的重要讲话精神，用好省内红色资源，采取专家辅导、现场学习、集中研讨等多种形式组织专题学习。（责任单位：机关党委、办公室）

2. 开展党史学习专题培训。

以"走进红色学府学党史"为主题，8月份，分两期举办党员干部暑期理论读书班，组织全厅党员、干部到省委党校或红船学院参加学习培训，学习党史知识，提升理论素养。（责任单位：机关党委）

3. 开展基层党支部学党史主题党日活动。

以"沿着红色足迹学党史"为主题，组织厅属各党支部赴省内党史现场学习基地开展主题党日活动，让广大党员走进纪念馆、博物馆、革命遗址遗迹，重温党的光辉历程；结合支部学习，邀请50年以上党龄老党员结合自身参加革命、建设、改革的奋斗历程讲述党的历史，开展"听老党员讲党课"活动；将学习党史与学习新中国史、改革开放史、社会主义发展史结合起来，与学习中国共产党在浙江的百年奋斗史结合起来，与学习浙江的对外开放、商贸发展历程结合起来，组织厅"学党史·迎百年"知识测试和"新时代大学习·跟着总书记读好书"讲书大赛，进一步推动党史学习教育入脑入心。（责任单位：机关党委、厅团委、厅工会、人事处、厅属各党支部）

预期成果：通过专题学习，推动广大党员、干部理论素养得到提升，对中国共产党为什么"能"、马克思主义为什么"行"、中国特色社会主义为什么"好"，尤其是习近平新时代中国特色社会主义思想科学性真理性的认识进一步深化；历史思维得到强化，唯物史观进一步树牢，对一些重大历史问题的模糊认识和片面理解得到有效澄清，对历史虚无主义辨析和批驳的能力得到提升；系统观念得到巩固，对党史、新中国史、改革开放史和社会主义发展史的认识更加全面，对百年党史中浙江贡献的把握更加完整，对浙江商务发展历程的认识更加清晰，作为中国革命红船地党员的责任感、使命感进一步增强。

（二）开展"追寻'真理的味道'"专题宣讲活动

目标要求：围绕学习教育重点内容，充分用好我省从陈望道首译《共产党宣言》中文全译本到当代中国马克思主义在浙江生动实践的丰富党史素材，开展党史宣讲进企业、进农村、进机关、进校园、进社区、进网络"六进"活动，讲好浙江革命红船起航地的故事、改革开放先行地的故事、习近平新时代中国特色社会主义思想重要萌发地的故事，讲好"八八战略"一张蓝图绘到底的故事。到12月底实现每一位党员都接受一场以上党史宣讲教育，厅党组班子成员带头为全厅党员或者分管处室党支部党员作一次党课报告，处级以上党员干部在所在党支部作一场党史宣讲。

重点举措：

1. 举办"商务讲坛"定期宣讲。

每月举办一期"商务讲坛"，邀请省委宣讲团成员和专家教授到厅机关宣讲党史、新中国史、改革开放史和社会主义发展史，帮助党员干部进一步理解把握。（责任单位：机关党委）

2. 组织党支部书记集中宣讲。

以"牢记初心·践行忠诚"为主题，结合党史学习教育，以宣讲党史、展示成就、谋划发展等

为主要内容，组织党支部书记为所在支部讲好专题党课，并向省直机关工委报送优秀案例，参加省直机关党支部书记党课集中宣讲比赛。（责任单位：机关党委、厅属各党支部）

3. 开展红色经典诵读活动。

精选一批红色经典著作，组织基层各党支部利用主题党日活动或支部党员大会，进行集中学习和诵读，下半年举办一次红色经典诵读比赛，继承和发扬党的优良传统和作风，热情讴歌中国共产党领导中国革命和建设取得的伟大成就。（责任单位：机关党委、行业商协会党委、厅团委、厅属各党支部）

预期成果：通过专题宣讲，引导全厅党员深刻认识小小红船之所以能成为巍巍巨轮，根本在于科学真理的指引、正确道路的选择，"四个自信"得到进一步增强；深刻认识中华民族之所以能实现从站起来、富起来到强起来的历史性飞跃，浙江大地之所以能实现从一穷二白向高水平全面小康的历史性转变，根本在于党的领导，"四个意识"得到进一步增强；深刻认识党的十八大以来之所以能够取得历史性成就，浙江从实施"八八战略"到建设"重要窗口"之所以发生全面深刻的变化，根本在于习近平同志的科学擘画，"两个维护"的坚定性得到进一步增强，全厅党员、干部沿着习近平总书记指引的路子走下去的信心信念更加坚定。

（三）开展"忆党史·守初心·建窗口"专题宣传教育活动

目标要求：围绕中国共产党在浙江的百年奋斗史，深入挖掘蕴藏在之江大地的红色资源，利用媒体平台、网络引导、展览展示、文艺演出等形式，宣传一大批在峥嵘岁月中涌现出的先进人物、事迹、典型，开展一系列守初心担使命的专题活动，立体化展示浙江干在实处、走在前列、勇立潮头的创新创造，凝聚全社会奋力打造"重要窗口"的磅礴力量。

重要举措：

1. 总结宣传商务高质量发展成就。

在"浙洽会"召开期间，结合举行中国—中东欧博览会，组织一次浙江对外开放成果展，充分展示近年来浙江对外开放取得的成效。结合召开高质量推进自由贸易试验区大会，举办"打造'重要窗口'一周年浙江自贸试验区赋权扩区新成效"小型主题展览，深化对习近平总书记考察浙江重要讲话精神的贯彻落实。（责任单位：外资处、自贸区处、自贸中心）

2. 开展"我在世界看祖国"喜迎建党100周年大型宣传活动。

联合浙江日报报业集团举办"我在世界看祖国"大型宣传活动，通过开展"百名对外投资合作企业党组织书记讲党课""百个丝路明珠微摄影"、讲述"百个丝路小故事"、进行云展览等形式，进一步弘扬丝路精神，讲好丝路故事，展示丝路成果，推动中外经济文化交流。（责任单位：对外投资与经济合作处）

3. 开展"精神传承、思想升华"——"六个一"党员教育活动。

围绕习近平同志在浙江工作时提出的"到南湖看一次展览，听一次党课，学一次党章，观一次专题片，瞻仰一次红船，重温一次入党誓词"[3]的倡议，有序组织党员干部到南湖革命纪念馆开展"六个一"主题教育活动，厅属各党组织可结合实际，就近就地利用红色资源开展"进行一次现场宣誓、聆听一个历史故事、诵读一段文献史料、观看一部纪录影片、参加一次场景体验、进行一项互动教学"等活动。（责任单位：机关党委、厅属各党支部）

4. 举办"共忆党史、共话商务、共谋发展"老干部座谈会。

邀请厅离退休干部结合自身经历谈感受，讲好不忘初心、牢记使命的红船故事，"无中生有"、创业创新的发展故事，腾笼换鸟、凤凰涅槃的改革故事，海纳百川、融通世界的开放故事。（责任单位：人事处）

5. 开展"商务群英谱——我身边的优秀共产党员"先进典型宣传。

借助微信公众号平台，每周刊发一名厅优秀共产党员先进事迹，引导全厅党员干部向身边典型学习，营造比学赶超氛围；借助抖音平台，每周录制推出一期优秀共产党员宣讲党史视频，不断掀起学习教育热潮。"七一"前夕，召开全厅干部大会，对2020年度五星级党支部和优秀共产党员进行表彰奖励。（责任单位：机关党委、省商务发展研究会）

6. 举办书写新时代全省商务系统书画摄影竞赛。

围绕"传承好传统·书写新时代·展现新形象"主题，采取线上与线下相结合方式，在全省商务系统组织开展一次书画、摄影比赛，并从中遴选100幅优秀作品，进行网上巡展，充分展现全省商务部门不忘初心、牢记使命，始终听党话、跟党走，不断开拓创新、锐意进取的商务铁军新形象。（责任单位：机关党委、厅工会、省商务发展研究会）

7. 开展群众性主题宣传教育活动。

以"党旗在基层一线高高飘扬"为主题，组织"百年潮涌"系列宣传教育活动。广泛开展微党课教育，以深入学习宣传贯彻习近平新时代中国特色社会主义思想，讲述建设"重要窗口"的使命担当，展现干在实处、走在前列、勇立潮头的精神风采为重点，征集拍摄"微党课"视频，参加省直机关青年理论宣讲大赛暨微党课比赛。在团员青年中举办"不忘初心跟党走、青春共筑中国梦"庆祝中国共产党成立100周年主题团日活动，进一步营造团结奋进、开创新局的浓厚氛围。"七一"前，录制报送"党旗在基层一线高高飘扬"线上文艺会演节目视频。在微信公众号推出"党史上的今天"栏目，每日发布发生在当天的历史事件，提升学习实效。（责任单位：机关党委、厅团委、厅工会、省商务发展研究会）

预期成果：通过专题宣传教育，推动广大党员干部深刻感受我们党走过的光辉历程、付出的巨大牺牲、展现的巨大勇气、彰显的巨大力量，党的意识、党员意识得到进一步升华；深刻感受革命先辈、先进典型彰显的精神力量、思想力量、人格力量、实践力量，见贤思齐、比学赶超的自觉性主动性进一步增强；深刻感受对党的忠诚之心、对人民的赤子之心，就体现在平凡岗位的坚守与奉献，将初心使命转化为奋力打造"重要窗口"、推进商务高质量发展具体行动的思想认识进一步深化。

（四）开展"我为群众办实事、我为企业解难题、我为基层减负担"专题实践活动

目标要求：将实践活动作为党史学习教育的重要内容，以推进商务领域数字化改革为总牵引，以全面打造"三服务"2.0版为主抓手，大力开展"我为群众办实事、我为企业解难题、我为基层减负担"专题实践活动，切实推动解决一批群众、企业和基层最关心最直接最现实的问题，不断增强人民群众的获得感、幸福感、安全感。

重点举措：

1. 开展"我为群众办实事"活动。

以"党员在身边、温暖千万家"为主题，组织开展党员服务群众实践活动，深入实施为民、惠民工程，多为群众办实事、做好事。重点是"深化一活动、实施一工程、推进一行动"，即：①深化"做红色义工、铸党建联盟"主题实践活动。按照"四个一"标准，升级打造"做红色义工、铸党建联盟"活动2.0版，深入街道社区开展各类志愿服务、点亮"微心愿"，做到"清单化"列出项目、"精准化"提供服务，让党旗在基层一线高高飘扬。6月前，联合天水街道等武林商圈党建联盟成员单位，召开"做红色义工、铸党建联盟"活动三周年总结表彰大会，推动红色义工活动提质增效。②实施家政服务安心工程。借鉴新冠疫情防控"健康码"做法，在家政从业人员执证上岗要求基础上，综合家政人员身份信息、健

康信息、培训信息、工作经历信息和信用信息等，建成"浙家政"综合服务平台，启用浙家政"安心码"，向10余万家政从业人员匹配发放"安心码"，为全省消费者提供更加优质的家政服务。③推进"乐享数字生活"专项行动。联合组织协调相关部门、协会和数字企业，推广数字生活新服务理念，推动"六个数字"（数字商贸、数字出行、数字学习、数字文旅、数字健康、数字政务）进入全省600个以上社区（村），为群众带来商贸流通、健康医疗、文化旅游、教育培训、交通出行等方面的数字化体验、培训和服务，让广大群众真正获益数字化建设的发展红利。（责任单位：商贸运行处、电子商务处、机关党委）

2. 开展"我为企业解难题"活动。

按照"整体智治、唯实唯先"的理念，坚持省市县一体、部门间协同、政银企社联动，围绕外贸企业融资难融资贵、减轻企业税费负担、营造公平竞争环境、完善政策执行方式等传统性问题以及企业如何融入双循环、出口怎样转内销、产业怎样补链强链等新挑战、新问题，常态化落实"助企八条""暖心八条"，及时研究出台新的政策举措，建立健全专班服务、政策快速兑现、考核评价等有效机制，着力破除企业生产经营中的痛点难点堵点。具体开展"1+5"行动方案，"1"指一个活动总牵引。即开展"深化拓展三服务、商务发展开新局"主题活动；"5"指五个子服务项目。即①开展"踏寻党建足迹，我为企业解难题"活动。结合厅领导"九联系"、"百名干部联千企"等部署安排，组织党员干部从一大会址和革命红船起航地出发，踏寻浙江建党先辈们的足迹，深入百年来革命先辈们生活、工作过的地方瞻仰学习，传承发扬立党为公、忠诚为民的奉献精神，为基层企业和群众办实事解难事，升级打造"三服务"2.0版。②开展"浙是你的家"外资企业服务活动。搭建我省各级商务、招商部门与外资企业的沟通平台，积极宣传产业及投资政策，为外资招引、项目落地、企业投产和经营提供高

效服务，及时回应和解决外资企业的诉求，优化营商环境。③开展浙企出海"丝路护航"行动。开展4场以上"丝路护航"专场活动，向200家以上企业提供专业化的跨境投资经营咨询服务；开展2场以上海外疫情防控专家云讲座，向境外企业、境外园区提供专业指导，协助外经企业外派人员接受疫苗接种；启动"浙企出海"综合服务平台建设，推进对外投资合作服务手段智慧化、服务功能系统化、服务资源集成化；支持境外经贸合作区布局建设，引导中小民营企业入驻海外园区抱团发展；积极培育本土民营跨国公司，联合金融机构出台专项支持方案。④开展"浙"里有"援"外经贸法律服务活动。采取律师驻点服务、法律微课堂、援企现场行、法律服务月、云上大讲堂、呼叫中心等系列活动将法律服务以品牌化方式进行拓展和深化，提升外贸企业抗风险能力。⑤开展"一箱难求"破题行动。针对国际航运垄断经营、集装箱短缺、物流成本暴涨等问题，依托省出口专班物流保障机制，建立外贸出口企业货运白名单制度，排摸企业出运诉求，推动货代行业加强与国际船东、船代合作，加大运力投放，提升集装箱集疏运效率。（责任单位：办公室、对外贸易发展处、贸易救济调查局、外商投资处、对外投资与经济合作处、机关党委、外贸中心）

3. 开展"我为基层减负担"活动。

深入落实《关于持续解决形式主义突出问题为基层减负的若干措施》和《浙江省村（社区）减负清单指引（2020版）》，进一步树立党员干部"实干在一线、关爱在基层"的鲜明导向。继续做好结对帮扶工作，选派年轻干部到发展薄弱村担任农村指导员或进行挂职指导，助力乡村振兴；选派优秀干部到基层商务部门挂职，帮助推进基层商务发展。进一步精简"文山会海"，严格实行发文"三核"制度，对没有实质内容、可发可不发的文件，一律不发，每月对机关各处室办理限时办结文件进行通报，每季度对机关各处室的发文数量进行排名公布；严格会议管理，对每年召开的

会议进行前置审核、严格把关，尽量减少各类会议活动，提倡开短会、讲短话，提高会议实效。科学统筹调研服务活动，对基层调研和"三服务"活动进行计划管理，做好统筹安排，原则上一个月内不安排2个以上工作组到同一个县（区、市）进行调研和"三服务"活动，一年内不在同一个县（区、市）开展2个以上试点活动，切实减轻基层负担。（责任单位：办公室、人事处）

预期成果：通过专题实践活动，推动全省广大党员以人民为中心的发展思想进一步深化，为群众办实事的能力进一步提升，促进党员干部提素质；以数字化改革撬动为民办实事理念、方法、机制持续优化，闭环式全程服务、体系化联动服务、滴灌式精准服务逐步完善，促进人民群众享实惠；"三服务"迭代升级，助力企业、群众、基层解难题取得新成效，促进党员群众心连心；群众关切得到及时回应，群众情绪得到有效纾解，党员、群众心往一处想、劲往一处使，促进"重要窗口"建设聚力。

（五）召开专题组织生活会

目标要求：围绕党史学习教育开展情况，严格落实组织生活会要求，开展一次批评与自我批评；紧盯找差距、补短板，撰写一份自我剖析材料；围绕强化整改、务求实效，列出问题清单和整改清单，确保真改实改、改出成效。

重点举措：围绕投身党史学习教育情况，从《习近平在浙江》中得到启迪，紧密结合投身忠实践行"八八战略"、奋力打造"重要窗口"，争创社会主义现代化先行省的情况，召开严肃认真、形式多样的专题组织生活会，深入查摆不足和差距，遵循"团结—批评—团结"方针，组织开展批评与自我批评。扎实开展"党性体检、民主评议"，交流学习体会，进行党性分析，检验党史学习结果。认真列出问题清单、整改清单，抓好整改落实。领导干部要严格执行双重组织生活会制度，以党员身份参加组织生活，一起学习讨论、一起交流心得、一起接受思想教育，确保取得扎实成效。

（责任单位：机关党委、厅属各党组织）

预期成果：通过专题组织生活会，推动全省广大党员对自身历史视野、历史思维、历史素养进行一次全面检视，党史学习教育终身化的政治自觉进一步强化；对自身熟练运用唯物史观把握大局大势情况进行一次深刻检视，推动政治判断力、政治领悟力、政治执行力进一步提升；对自身党的先进性、纯洁性进行一次深度检视，全面增强争当学史悟思、增信崇德、为民办事、勇开新局的排头兵的行动自觉。

三、组织领导

党史学习教育按照中央和省委的统一部署，在厅党组领导下，由直属机关党委牵头负责。成立党史学习教育领导小组，厅主要领导担任组长。领导小组下设办公室，办公室设在直属机关党委，具体负责日常工作（具体安排见附件）。

1. 压紧压实责任。

厅属各党组织要高度重视、精心组织，成立相应领导机构和工作机构，党组织书记担任领导机构主要负责人，切实履行第一责任人职责。领导干部首先要抓好自身的学习教育，发挥"头雁效应"、做好表率，一级带一级、层层抓落实。要按照整体智治、高效协同的理念方法，形成闭环管理机制，确保高质量完成目标任务。

2. 加强督促指导。

厅党史学习教育领导小组，采取随机抽查、督导调研等方式，对厅属各单位开展党史学习教育情况进行督促指导，确保学习教育质量。做好简报编发工作，及时反映厅属各党组织党史学习教育推进动态情况。

3. 突出政治引领。

要以两个历史决议等中央文件精神为依据，牢牢把握党的历史发展的主题和主线、主流和本质，旗帜鲜明反对历史虚无主义，引导干部群众树立正确的历史观、民族观、国家观、文化观。厅属各党组织开展党史学习教育情况将作为党建工作考核重点内容。

4. 注重宣传引导。

充分运用厅门户网站、政务网、微信公众号、抖音等宣传媒介，广泛宣传党中央精神和省委有关部署，及时反映党史学习教育的好做法好经验好成果，加强正面引导，强化舆论监督，营造开展党史学习教育的浓厚氛围。

5. 坚持效果导向。

发扬马克思主义优良学风，重视学习教育方式方法创新，切实增强针对性和实效性。坚持系统观念，把学习党史与推动工作紧密结合起来，着眼稳外资、稳外贸、促消费、自贸区建设和商务领域数字化改革等重点工作，将学习成效转化为实践动力，以优异的成绩庆祝建党 100 周年。

附件：（略）

中共浙江省商务厅党组

2021 年 3 月 16 日

注释：

[1] 习近平：《在党史学习教育动员大会上的讲话》，《求是》2021 年第 7 期，第 4-17 页。

[2] 习近平：《在庆祝中国共产党成立 100 周年大会上的讲话》《求是》2021 年第 14 期，第 4-14 页。

[3] 习近平：《弘扬"红船精神"走在时代前列》，《求是》2017 年第 24 期，第 3-7 页。

浙江省商务厅关于印发
《浙江省外商投资企业投诉工作办法》的通知

浙商务发〔2021〕3号

各市、县（市、区）商务局、投资促进局（中心）：

《浙江省外商投资企业投诉工作办法》已经 2021 年 1 月 8 日省商务厅第一次厅长办公会议审议通过，现印发你们，请结合实际认真贯彻执行。

浙江省商务厅

2021 年 1 月 12 日

浙江省外商投资企业投诉工作办法

第一章 总则

第一条 为及时、公正、有效地处理外商投资企业投诉，保护外商投资合法权益，持续优化外商投资环境，根据《中华人民共和国外商投资法》《中华人民共和国外商投资法实施条例》和商务部《外商投资企业投诉工作办法》，特制定本办法。

第二条 在本省行政区域内的外商投资企业投诉的受理、处理工作，适用本办法。

第三条 本办法所称外商投资企业投诉，是指：

（一）依法设立的外商投资企业、外国投资者（以下统称投诉人）认为行政机关（包括法律、法规授权的具有管理公共事务职能的组织）及其工作人员（以下统称被投诉人）的行政行为侵犯其合法权益，向投诉工作机构申请协调解决的行为；

（二）投诉人向投诉工作机构反映投资环境方面存在的问题，建议完善有关政策措施的行为。

前款所称投诉工作机构，是指浙江省县级以上地方人民政府指定的负责受理外商投资企业投诉的部门或者机构。

本办法所称外商投资企业投诉，不包括外商投资企业、外国投资者申请协调解决与其他自然人、法人或者其他组织之间民商事纠纷的行为。

第四条 投诉工作机构应当坚持公平公正合

法、实行属地为主、分级负责、归口管理原则，及时处理投诉人反映的问题，协调完善相关政策措施。

第五条 投诉人应当如实反映投诉事实，提供证据，积极协助投诉工作机构开展投诉处理工作。

第六条 投诉人依照本办法规定申请协调解决其与行政机关之间争议的，不影响其在法定时限内提起行政复议、行政诉讼等程序的权利。

第七条《中华人民共和国外商投资法》第二十七条规定的商会、协会可以参照本办法，向投诉工作机构反映会员提出的投资环境方面存在的问题，并提交具体的政策措施建议。

第二章　投诉工作机构

第八条 浙江省人民政府指定浙江省商务厅作为省级投诉工作部门。

各县级以上地方人民政府指定的负责受理外商投资企业投诉的部门或者机构，承担本行政区域外商投资企业投诉处理工作。

发展改革、公安、财政、人力资源社会保障、自然资源、环境保护、税务、市场监督管理、海关、外汇管理等行政主管部门按照职责分工，配合做好外商投资企业投诉处理工作。

第九条 浙江省商务厅负责全省外商投资企业投诉处理工作的协调、指导和监督，并负责处理下列投诉事项：

（一）涉及省政府有关部门及其工作人员行政行为的；

（二）建议省政府有关部门完善相关政策措施的；

（三）在本省范围内有重大影响，省商务厅认为可以由其处理的。

浙江省商务厅设立浙江省外商投诉中心（以下简称省外商投诉中心），设在浙江省国际投资促进中心，负责协助处理前款规定的投诉事项。同时，在浙江省商务厅的指导下，组织与外商投资

有关的政策法规宣传，开展外商投资企业投诉工作培训，推广投诉事项处理经验，提出相关政策建议，督促各市做好外商投资企业投诉工作，积极预防投诉事项的发生。

省外商投诉中心应配备专职人员负责上述工作，并确保必要的经费支持。

第十条 各级外商投资企业投诉工作机构履行下列职责：

（一）受理投诉人以及上级有关部门交办、转办、督办的投诉事项；

（二）定期召集相关部门研究外商投诉处理工作，协调相关部门处理重大投诉事项；

（三）向上级主管部门报告外商投诉的重大问题，通报各有关单位被投诉和处理投诉的情况，提出意见和建议；

（四）负责本地区外商投资企业投诉统计、情况分析，及时提出完善政策和改进工作的建议；

（五）指导本行政区域内下级投诉处理机构的工作，督办影响较大的投诉事项；

（六）完成上级交办的其他投诉事项。

第十一条 各级人民政府应加强外商投资企业投诉处理工作，根据当地实际，应有相应的机构并配备专职或兼职人员负责投诉处理工作，提供必要的经费支持。

第三章　投诉的提出与受理

第十二条 投诉人提出投诉事项，应当提交书面投诉材料。投诉材料可以现场提交，也可以通过信函、传真、电子邮件等方式提交。

各级投诉工作机构应当公布其地址、电话和传真号码、电子邮箱、网站等信息，便利投诉人提出投诉事项。

第十三条 属于本办法第三条第一款第（一）项规定的投诉的，投诉材料应当包括下列内容：

（一）投诉人的姓名或者名称、通讯地址、邮编、有关联系人和联系方式，主体资格证明材

料，提出投诉的日期；

（二）被投诉人的姓名或者名称、通讯地址、邮编、有关联系人和联系方式；

（三）明确的投诉事项和投诉请求；

（四）有关事实、证据和理由，如有相关法律依据可以一并提供；

（五）是否存在本办法第十六条第（七）、（八）、（九）项所列情形的说明。

属于本办法第三条第一款第（二）项规定的投诉的，投诉材料应当包括前款第（一）项规定的信息、投资环境方面存在的相关问题以及具体政策措施建议。

投诉材料应当用中文书写。有关证据和材料原件以外文书写的，应当提交准确、完整的中文翻译件。

第十四条 投诉人可以委托他人进行投诉。投诉人委托他人进行投诉的，除本办法第十三条规定的材料以外，还应当向投诉工作机构提交投诉人的身份证明、出具的授权委托书和受委托人的身份证明。授权委托书应当载明委托事项、权限和期限。

第十五条 投诉材料不齐全的，投诉工作机构应当在收到投诉材料后 7 个工作日内一次性书面通知投诉人在 15 个工作日内补正。补正通知应当载明需要补正的事项和期限。

第十六条 投诉具有以下情形的，投诉工作机构不予受理：

（一）投诉主体不属于外商投资企业、外国投资者的；

（二）申请协调解决与其他自然人、法人或者其他组织之间民商事纠纷，或者不属于本办法规定的外商投资企业投诉事项范围的；

（三）不属于本投诉工作机构的投诉事项处理范围的；

（四）经投诉工作机构依据本办法第十五条的规定通知补正后，投诉材料仍不符合本办法第

十三条要求的；

（五）投诉人伪造、变造证据或者明显缺乏事实依据的；

（六）没有新的证据或者法律依据，向同一投诉工作机构重复投诉的；

（七）同一投诉事项已经由上级投诉工作机构受理或者处理终结的；

（八）同一投诉事项已经由信访等部门受理或者处理终结的；

（九）同一投诉事项已经进入或者完成行政复议、行政诉讼等程序的。

第十七条 投诉工作机构接到完整齐备的投诉材料，应当在 7 个工作日内做出是否受理的决定。

符合投诉受理条件的，应当予以受理并向投诉人发出投诉受理通知书。

不符合投诉受理条件的，投诉工作机构应当于 7 个工作日内向投诉人发出不予受理通知书并说明不予受理的理由。属于本办法第十六条第一款第（三）项情形的，投诉工作机构可以告知投诉人向有关投诉工作机构提出投诉。

第四章 投诉处理

第十八条 投诉工作机构在受理投诉后，应当与投诉人和被投诉人进行充分沟通，了解情况，依法协调处理，推动投诉事项的妥善解决。

第十九条 投诉工作机构进行投诉处理时，可以要求投诉人进一步说明情况、提供材料或者提供其他必要的协助，投诉人应当予以协助；投诉工作机构可以向被投诉人了解情况，被投诉人应当予以配合。

根据投诉事项具体情况，投诉工作机构可以组织召开会议，邀请投诉人和被投诉人共同参加，陈述意见，探讨投诉事项的解决方案。投诉工作机构根据投诉处理工作需要，可以就专业问题听取有关专家意见。

第二十条 根据投诉事项不同情况，投诉工作机构可以采取下列方式进行处理：

（一）推动投诉人和被投诉人达成谅解（包括达成和解协议）；

（二）与被投诉人进行协调；

（三）向县级以上人民政府及其有关部门提交完善相关政策措施的建议；

（四）投诉工作机构认为适当的其他处理方式。

投诉人和被投诉人签署和解协议的，应当写明达成和解的事项和结果。依法订立的和解协议对投诉人和被投诉人具有约束力。被投诉人不履行生效和解协议的，依据《中华人民共和国外商投资法实施条例》第四十一条的规定处理。

第二十一条 投诉工作机构应当在受理投诉之日起 60 个工作日内办结受理的投诉事项。涉及部门多、情况复杂的投诉事项，可以适当延长处理期限。

第二十二条 有下列情况之一的，投诉处理终结：

（一）投诉工作机构依据本办法第二十条进行协调处理，投诉人同意终结的；

（二）投诉事项与事实不符的，或者投诉人拒绝提供材料导致无法查明有关事实的；

（三）投诉人的有关诉求没有法律依据的；

（四）投诉人书面撤回投诉的；

（五）投诉人不再符合投诉主体资格的；

（六）经投诉工作机构联系，投诉人连续 30 日无正当理由不参加投诉处理工作的。

投诉处理期间，出现本办法第十六条第（七）、（八）、（九）项所列情形的，视同投诉人书面撤回投诉。

投诉处理终结后，投诉工作机构应当在 3 个工作日内将投诉处理结果书面通知投诉人。

第二十三条 投诉事项自受理之日起一年未能依据本办法第二十二条处理终结的，投诉工作机构应当及时向本级人民政府报告有关情况，提出有关工作建议。

第二十四条 投诉人对地方投诉工作机构做出的不予受理决定或者投诉处理结果有异议的，可以就原投诉事项逐级向上级投诉工作机构提起投诉。上级投诉工作机构可以根据本机构投诉工作规则决定是否受理原投诉事项。

第二十五条 投诉工作机构应当建立健全内部管理制度，依法采取有效措施保护投诉处理过程中知悉的投诉人的商业秘密、保密商务信息和个人隐私。

第二十六条 投诉工作机构在协调处理投诉过程中发现有关政府部门、单位工作人员违纪、违法或犯罪的，应当移交纪检监察机关或司法机关依法查处。

第五章　投诉工作管理监督

第二十七条 投诉工作机构应当建立投诉档案管理制度，及时、全面、准确记录有关投诉事项的受理和处理情况，按年度进行归档。

第二十八条 各县（市、区）级投诉工作机构应当每两个月向上一级投诉工作机构上报本地区投诉工作情况，包括收到投诉数量、处理进展情况、已处理完结投诉事项的详细情况和有关政策建议等。

各设区市投诉工作机构应当在单数月当月前 3 个工作日内向省外商投诉中心上报前两个月本地区投诉工作情况。

第二十九条 被投诉人有责任配合投诉工作机构工作，违反本办法规定，有下列行为之一造成严重后果，依据法律法规规定需予以处理的，由有关行政主管部门依法予以查处：

（一）超越职权、滥用职权或者依法应当作为而不作为的；

（二）因故意或者重大过失导致认定事实或者适用法律、法规错误，侵害投诉人合法权益的；

（三）无正当理由推诿、敷衍、拖延投诉处

理工作的；

（四）对投诉处理意见未提出异议又拒不纠正的；

（五）威胁、刁难、打击报复投诉人的。

第三十条 投诉工作机构及其工作人员在处理外商投资企业投诉过程中滥用职权、玩忽职守、徇私舞弊的，或者泄露、非法向他人提供投诉处理过程中知悉的商业秘密、保密商务信息和个人隐私的，依据《中华人民共和国外商投资法》第三十九条的规定处理。

第三十一条 投诉人通过外商投资投诉工作机制反映或者申请协调解决问题，任何单位和个人不得压制或者打击报复。

第六章 附则

第三十二条 香港特别行政区、澳门特别行政区、台湾地区投资者以及定居在国外的中国公民所投资企业投诉工作，参照本办法办理。

第三十三条 本办法由浙江省商务厅负责解释。

第三十四条 本办法自 2021 年 2 月 1 日起施行。根据《浙江省人民政府办公厅关于开展省政府及省政府办公厅行政规范性文件和政策性文件清理工作的通知》，《浙江省外商投资企业投诉处理暂行办法》（浙政办发〔2005〕116 号）已经废止。

浙江省商务厅关于下发
2021 年内贸流通工作三大行动计划的通知

浙商务发〔2021〕27 号

各市商务局：

为深入贯彻《2021 年商务部内贸流通工作三大行动》（商建发〔2021〕21 号）文件精神，结合我省内贸工作实际，特制定本行动计划，望抓好贯彻落实。

一、总体要求

以习近平新时代中国特色社会主义思想为指导，全面贯彻党的十九大和十九届二中、三中、四中、五中全会、中央经济工作会议和省委十四届八次全会精神，按照"八八战略"和全国、全省商务工作会议的总体要求，把握新发展阶段，贯彻新发展理念，构建新发展格局，坚持扩大内需，全面促进消费，完善现代商贸流通体系，加快补短板强弱项，推动内贸流通高质量发展，为服务乡村振兴战略，构建国内大循环为主题、国内国际双循环相互促进的新发展格局提供有力支撑。

二、消费提质扩容行动计划

1. 打造高品质消费集聚区。

建设具有国际影响力、高端消费品牌集聚、消费业态融合创新、吸引境外消费回流的新引擎。开展省市两级智慧商圈创建，推动城市商圈服务"五化"改造，引领"六大"商圈场景智慧化创新

应用。深化国省两级高品质步行街试点，创建一批历史有根、文化有脉、商业有魂、经营有道、品牌有名的高品质步行街。深化省级夜间经济城市试点，提升夜间经济品质，打造沉浸式、体验式、健康绿色夜间消费集聚区。

2. 持续擦亮"浙里来消费"金名片。

打造"消费促进月""金秋购物节"等品牌展会，支持地方在做好疫情防控的前提下，有序组织各类促消费活动。鼓励各大电商平台、商业企业、品牌企业等市场主体举办线上线下融合的年货节、美食节、旅游节、文化节、音乐节、体博会等特色促销活动，丰富"云逛街""云购物"消费体验，营造浓厚促销氛围，释放消费潜力。

3. 促进汽车等大宗消费。

出台《浙江省商务厅等 16 部门关于提振大宗消费重点消费促进释放农村消费潜力的贯彻意见》，扩大新车销售，推动杭州放开非主城区小客车限购，有序增加小客车号牌指标投放，加快已取得指标消费者落地购买。继续实施汽车以旧换新活动，加快二手车流通，支持各地规范有序开

展报废机动车回收拆解企业资质认定。

4. 便利城市居民日常消费。

积极发展社区商业，推动全省便民生活服务圈建设，全省新增 10 个以上 "1 分钟便利店 +10 分钟农贸市场 +15 分钟超市" 的社区便民生活服务圈（每市完成 1 个以上）。将浙家政综合服务平台纳入省委社会领域数字化治理体系项目，接入 "浙里办" 端口赋能，重点发挥 "安心码" 功能作用，建成覆盖各级相关部门、市场主体、行业协会的家政全流程立体式监管网络。

5. 加快实施数字生活新服务。

推动数字生活新服务先行市、样板县（市、区）、特色镇建设。推动线上线下融合发展，继续推进新零售标杆城市创建，以新服务满足新消费。制定实施数字商贸三年行动计划，继续推进 "网上菜场" "网上餐厅" "网上超市" 等六个网上建设。开展 "千家企业云化、百万商家上线" 行动，推动实体商贸服务业数字化升级。积极谋划数字生活节庆等线上线下活动，打造数字化消费场景。持续开展 "美好生活浙播季" 专项行动，推进 "五个一批" 建设。

6. 完善消费发展环境。

鼓励平台企业、行业组织等研究制定新型消费服务标准，强化消费信用体系建设。加强《浙江省生活垃圾管理条例》宣传贯彻，整合提升分拣中心，完善回收网点布局，培育再生资源回收主体，创新回收模式，提高回收水平。推进商超、餐饮（外卖）、电商平台、展会等商务领域塑料污染治理，建设输液瓶袋回收监管平台，研究加强输液瓶袋回收管理政策。开展绿色商场创建培训和评估，拟定商务领域美丽浙江、大气污染防治考核工作指标。

三、流通降本增效行动计划

7. 培育壮大流通主体。

培育具有全球竞争力的现代流通企业，推动流通企业创新发展、兼并重组、资源整合、要素集聚、内外联通，提高产业集中度和国际竞争力。提升中小商贸业企业活力，鼓励中小企业在集采集配、营销推广、技术管理等领域共享经验、协同发展。指导电商平台中小企业赋能，促进发展特色经营和精细化服务。推动电子商务企业创新和规范发展，培育数字商务企业。实施中华老字号保护发展工程，构建老字号保护、传承、创新、发展长效机制，支持老字号做精做强。

8. 构建现代物流供应链。

继续推进全国、全省供应链创新与应用试点建设工作，培育一批物流供应链示范企业。鼓励物流企业与商贸、农业、工业等行业主体加强深层次合作，推动下游企业与上游供应商、生产商等平台的无缝对接和智能管控。支持各地发挥本地产业优势，通过龙头带动、组建联盟、搭建智慧平台、引入供应链专业服务企业等方式，构建现代供应链体系。推动供应链服务企业、物流企业嵌入采购、生产、物流、销售全环节，打通产业上下游，提供招商、运营、数据平台等一体化、全渠道分销与供应链服务。

9. 持续推动标准化建设。

支持一批如义乌小商品市场、永康国际五金城等产业链供应链服务功能强大，经营特色突出，被商务部列入重点商品市场的商品市场，开展商品市场优化升级专项行动。制定实施 2021 年度标准化工作要点，会同省市场监管局出台推进商贸流通业标准化工作 3 至 5 年实施意见。开展第二批商贸流通重点领域标准化行为良好示范企业。推动省级地方标准修制定和标准化试点项目建设。支持省物流协会开展商贸物流行业调研工作，复制推广城乡高效配送专项行动试点典型经验，促进我省商贸物流企业降本增效。

10. 推进内外贸一体化发展。

围绕完善内外贸一体化的调控体系，在内外贸的法律法规监管、经营资质、质量标准、检验检疫、认证认可方面加强政策供给。进一步强化示范引领，培育壮大具有国际竞争力的流通龙头企业。建立健全内外贸一体化发展企业规模、组织结构、行业地位等相关标准，培育一批两种资源利用好、两个市场切换畅、内外产品销得快的内外贸一体化发展示范区、示范企业、示范平台，为外贸企业提供示范引领。全年计划培育 100 家内外贸一体化示范企业，建设 10 个内外贸一体化产业示范区，新增 50 家新零售示范企业。进一步完善各类推进平台载体，抓住中国—中东欧国家博览会契机，举办好内外贸一体化专馆展览，大力实施"浙货行天下"工程，开展"百城千企万亿销售"和浙江外贸优品"六进"行动，支持适销对路的出口产品开拓国内市场，支持引导国内的流通企业、电商平台企业布局全球市场。

11. 完善应急保供体系。

完善应急保供体系。梳理充实重点保供企业名录，配强一线信息员队伍。加强市场运行监测，及时发布商品信息，合理引导市场预期。加强舆论宣传，推动落实"公筷公勺"和"制止餐饮浪费"两个行动。指导企业加强产销对接，拓宽货源渠道，做好多部门运输协同保障。建设全省统一的生活必需品市场保供稳价数字化监测平台，推广实施"四报告"制度，建立极端条件下"11+1+N"联保联供机制和跨省沟通协调机制，确保市场平衡运行。适时投放政府储备和启动价格补贴机制。

四、农村商业行动计划

12. 加快农村商业设施建设。

推动县（市、区）根据《关于完善商业网点规划管理的指导意见》（浙商务联发〔2019〕114号）等文件精神要求，制定出台新一轮商业网点规划，统筹推进城乡商业网点布局和商业设施建设。强化商贸领域招商引资工作力度，结合现代商贸特色镇、商贸发展示范村创建、认定和特色镇、示范村标准化建设，培育一批现代与特色融合、镇村协调发展的乡镇商贸建设样板，引导更多大型商贸流通企业下沉资源，大力改善农村消费环境，促进乡镇消费扩容升级。

13. 健全农产品流通网络。

结合商务部农商互联工作，针对我省生鲜农产品冷链流通率低、冷链基础设施薄弱、功能和布局失衡、冷链流通环节存在缺链、短链等问题，支持建设一批农产品产后商品化处理设施，引导更多农产品重点流通和供应链企业，加大对冷链物流冷库、冷藏车等基础设施投入，加快形成我省生鲜农产品"产地预冷、冷链运输，市内配送中心、终端销售"的全过程冷链物流配送体系。继续推进公益性农产品市场认定工作，加快和健全我省农产品骨干流通网络建设。发挥省农产品发展基金等我省战略性基金作用，支持一批农批市场通过数字赋能，向智慧化、标准化、数字化和现代化方向转型升级，进一步提高农产品流通效率。

14. 推动农村电商富农惠民。

深入开展国家电商进农村综合示范，继续推进电商专业村、示范村和示范站点建设，进一步提升电商服务覆盖率。联合推进农产品电商品牌培育工程，培育一批农产品网络区域品牌和企业品牌。大力推动优质电商企业、服务企业与农村农企农民对接，全面推广"村播"模式，发展农产品"生鲜电商＋冷链宅配"，拓宽农村产品销售渠道。推动"快递进村"，实现建制村电商快递服务全覆盖，畅通农产品进城、工业品和服务下乡双向流通渠道，推进数字生活新服务进农村，更好满足农村居民生活和消费需求。加强同对口帮扶地区的沟通协作，通过资源对接、人才培训等活动进一步巩固帮扶成果，扩大帮扶地区电商进农村覆盖面。

15. 提升产销对接平台能级。

改变长三角农产品产销对接会的办展模式，以省、市两级与部分重点县共同举办的方式，进一步扩大展会规模，提升展会层次，支持我省更多农产品加工、流通企业，特别是 26 县和对口地区相关企业参加展会，并邀约更多采购商参会，使展会真正成为衔接产销，对接农户，促进长三角地区农产品高效流通的高能级平台。鼓励各地利用省内贸切块资金，支持农产品流通企业参加境内外展会，通过展会获取订单，不断增强我省农产品流通企业实力，促进农业增效、农民增收。

浙江省商务厅

2021 年 3 月 31 日

浙江省商务厅关于印发全省商务系统
高质量发展建设共同富裕示范区实施方案的通知

浙商务发〔2021〕69号

各市、县（市、区）商务主管部门：

　　为贯彻落实省委十四届九次全会精神，推动《浙江高质量发展建设共同富裕示范区实施方案（2021—2025）》在商务领域落实落细，现将《浙江省商务系统高质量发展建设共同富裕示范区实施方案》印发给你们，请结合实际认真贯彻实施。

浙江省商务厅

2021年8月17日

浙江省商务系统高质量发展建设
共同富裕示范区实施方案

　　为全面贯彻《中共中央国务院关于支持浙江高质量发展建设共同富裕示范区的意见》精神，落实省委省政府决策部署和《浙江高质量发展建设共同富裕示范区实施方案（2021—2025年）》（以下简称《全省实施方案》），系统推进商务领域高质量发展建设共同富裕示范区，为忠实践行"八八战略"、奋力打造"重要窗口"，争创社会主义现代化先行省，高质量发展建设共同富裕示范区，做出更大商务贡献，现制定实施方案。

一、指导思想和目标任务

　　深入学习贯彻习近平新时代中国特色社会主义思想和习近平总书记关于浙江工作的重要指示批示精神，贯彻落实省委十四届九次全会精神，以敢为人先、攻坚破难的使命担当，全力打好新发展格局组合拳，推动《全省实施方案》中涉及商务领域的工作率先落地。全力稳住外贸外资基本盘，推动贸易高质量发展；在推动数字贸易发展、打造全球数字贸易中心上抢先一步；在更高层次对外开放、吸引全球高端要素上先行示范；在促进消费、扩大居民消费、创造高品质生活上推陈出新；在促进区域均衡发展、推动产业协同上谋划实招，为率先探索建设共同富裕美好社会贡献商务力量。

二、明确工作机制

组建由厅主要领导任组长，其他厅领导任副组长，厅各处室（单位）共同参与的商务系统高质量发展建设共同富裕示范区工作领导小组。在领导小组框架下，组建工作专班，专班下设6个专题组，分别为综合组、数字消费组、数字贸易组、高水平开放组、区域均衡发展组、保障和督查组。

三、逐条对照落实

对照《全省实施方案》，逐条分解落实涉及商务领域的目标指标和重点任务，明确责任处室（单位）（见附件1）。

（一）目标指标1项

《全省实施方案》目标指标共56项，涉及商务部门的有1项，为居民人均消费支出（2021年33798元、2022年34700元、2025年40000元）。省级责任单位为省商务厅、省发展改革委，责任单位为数字消费组。

（二）重点任务16项

《全省实施方案》重点任务共八个方面52条，细化分解为224项，涉及商务部门的有16项。主要集中在大力建设全球数字变革高地、打造全球高端要素引力场、扩大居民消费和有效投资、加快建设"一带一路"重要枢纽4个方面，其中扩大居民消费和有效投资为省商务厅牵头工作。

1. 大力建设全球数字变革高地。

省级责任单位为省经信厅、省委网信办、省发展改革委、省大数据局、省市场监管局，责任单位为数字贸易组。

2. 打造全球高端要素引力场。

省级责任单位为省委组织部、省人力社保厅、省科技厅、省地方金融监管局、省商务厅、省市场监管局、省邮政管理局、省科协、省农信联社，责任单位为数字消费组。

3. 扩大居民消费和有效投资。

省级责任单位为省商务厅、省发展改革委、省财政厅、省市场监管局、浙江证监局，责任单位为数字消费组、高水平开放组。

4. 加快建设"一带一路"重要枢纽。

省级责任单位为省发展改革委、省商务厅、省交通运输厅、省地方金融监管局、人行杭州中心支行、省外汇管理局、省人大常委会法工委，责任单位为高水平开放组、数字贸易组、区域均衡发展组。

（三）重大改革诉求（向上争取）3项

《全省实施方案》重大改革诉求清单共6个方面50项，涉及商务部门的有3项。

1. 支持浙江自贸试验区开展系列改革创新。主要包括争取原油进口弹性配额、央企油气交易结算回归、运行良好的保税油经营企业牌照升级，开展数据跨境流动试点，开放数字文化服务贸易试点，支持建设数字贸易先行示范区等。

省级责任单位为省商务厅、省发展改革委、省委网信办、省委宣传部，责任单位为自贸区处。

2. 支持建设内外贸一体化改革试点省，推动中信保等保险公司在浙江率先开展内贸信用保险产品试点。

省级责任单位为省商务厅、省银保监局，责

任单位为商贸处。

3.结合浙江自贸试验区建设,率先争取在浙江开放数字出版、数字影视等数字文化服务贸易新模式新业态试点,对自贸试验区范围内文化企业依托互联网平台"走出去"给予支持。

省级责任单位为省委宣传部、省商务厅,责任单位为服贸处。

(四)突破性抓手2项

《全省实施方案》重大改革诉求清单共八个方面60项,涉及商务部门的有2项。数字生活新服务,省级责任单位为省商务厅,责任单位为电商处;贸易高质量发展行动,省级责任单位为省商务厅,责任单位为贸发处。

四、建立四张清单

在《全省实施方案》的基础上,围绕加快山区26县开放平台建设、自贸试验区发展、推动贸易高质量发展、加快数字贸易发展、实施数字生活新服务、内外贸一体化改革、建设中国—中东欧国家经贸合作示范区、补齐乡村商贸流通短板等重点领域,建立商务领域自身重大改革诉求(向上争取)、重点任务、突破性抓手、创新试点等4张工作清单(第一批)(见附件2、3、4)。探索开展试点县(市、区)建设和结对工作,组织开展试点项目评选。

五、抓好保障落实

(一)健全工作机制

建立健全表格化、清单式工作推进机制,制定重点任务清单、突破性抓手清单、重大改革清单,明确任务责任,并根据工作推进情况及时迭代升级。按照省委省政府要求,不断完善商务领域的有关评价体系和目标指标体系,加强动态监测和问题反馈整改。厅巡查专班要做好重点工作推进情况的督查巡查。

(二)加强系统谋划

各单位都要围绕高质量发展建设共同富裕示范区,对照目标、要求和任务,谋划出台配套举措与政策。要积极探索与共同富裕紧密契合的工作载体,特别是在数字化改革引领高水平对外开放、山海协同联动开放、城乡现代化流通体系建设、居民高品质生活等重点领域,谋划出新,打造一批具有商务辨识度的共同富裕品牌工程。

(三)强化力量统筹

要积极统筹全省商务系统工作,协同推进参与共同富裕示范区建设,支持各地结合实际开展探索,鼓励沿海与山区、先发和后发地区共建发展,打造协同合作的特色亮点。同时,要及时总结推广好经验、好做法,善于发现最佳实践案例,形成比学赶超、争先创优的良好氛围。

附件:(略)

浙江省商务厅关于印发
浙江省商务数字化改革工作实施方案的通知

浙商务发〔2021〕17号

各市、县（市、区）商务主管部门、投资促进主管部门，厅机关各处室、厅属各单位：

现将《浙江省商务数字化改革工作实施方案》印发给你们，请结合实际，认真贯彻落实。特此通知。

浙江省商务厅

2021年3月12日

浙江省商务数字化改革工作实施方案

按照省委十四届八次全会决策部署，贯彻落实全省数字化改革大会精神，现就加快推进全省商务数字化改革制订如下方案。

一、指导思想

以习近平新时代中国特色社会主义思想为指导，全面贯彻落实党的十九届五中全会精神和省委十四届八次全会精神，忠实践行"八八战略"，奋力打造"重要窗口"，以数字化改革撬动商务系统在经济调节、市场监管、公共服务、社会管理等领域各方面改革，推进商务治理的体制机制、组织架构、方式流程、手段工具全方位系统性重塑，推动商务治理科学化、精准化、协同化、高效化。

二、主要目标

把数字化改革贯穿到商务发展全过程各方面，聚焦"七个关键"，统筹推进数字技术应用和制度创新，推动核心业务流程再造、协同高效，构建整体智治体系，破除制约创新发展的瓶颈，激发发展活力，加快实现商务高质量发展。

到2021年底，作为省级数字政府建设的一部分，初步形成纵向贯通、横向协同、上接国家、覆盖全省的数字商务系统。相关数据实现按需共享、有序开放，双循环应用基本上线，数字贸易体制机制建设见成效，数字生活新服务、数字自贸区建设不断推进。

到 2022 年底，以大数据为支撑的政府决策科学化、治理精准化、公共服务高效化水平显著提高，实现商务板块"掌上办事""掌上监管""掌上治理"。

到 2025 年底，全面形成党建统领的整体智治体系，基本建成全球数字变革的新高地，实现更高水平的投资贸易自由化、便利化，形成更高水平开放型经济治理新体制，参与国际经济合作和竞争新优势更加凸显。

三、主要任务

对照我省数字化改革总体工作要求，按照"四横四纵"工作体系和两个"掌上"（前端）统一架构设计，着力推进打造双循环应用、建立健全数字贸易体制机制、数字生活新服务、建设数字自贸区、机关整体智治等重点任务。

（一）建设产业链供应链畅通的制造枢纽

推进供应链创新试点，优化物流分拨中心、末端配送等网点布局，打造一批国家级和区域级流通节点城市，构建高效的现代流通网络。打通城乡流通渠道，完善农产品流通骨干网，支持市县建设区域性仓储物流集散中心。推进冷链物流创新发展，率先构建骨干基地—物流园区—分拨中心—配送网点四级功能布局体系。培育一批具有全球竞争力的现代流通企业和商贸枢纽型市场，支持商贸流通企业和物流快递企业全国布局。大力实施制造业产业基础再造和产业链提升工程，推动标志性产业链做长做宽、做优做强，提升龙头企业引领力，加快形成一批有竞争力的产业集群。构建数字开发区，持续推进开发区优化提升，深化开发区产业链"链长制"建设。推进先进制造业与现代服务业深度融合，加快发展科技服务、软件与信息服务、创意设计、商务会展等高端服务业。（责任单位：流通处、服贸处、开发区处、自贸区处）

（二）打造内外贸有效贯通的市场枢纽

推动内外贸一体化重点应用场景建设，全面实施"同线同标同质"行动，创建自有线上品牌，深入实施"浙货行天下"工程，支持出口企业上线开拓国内市场。支持市场采购贸易与跨境电子商务融合发展，支持企业共建共享公共海外仓。迭代升级"订单+清单"监测预警管理系统，完善订单监测体系、出口预判模型、五级预警服务体系、三级联动订单预警响应机制，深化建设"订单贷"、国际集装箱"一件事"等应用场景。打造"一带一路"数字枢纽，深化境外经贸合作区和系列站建设，推动"义新欧"班列提质扩量。提升"四体联动"应对贸易救济预警和产业安全监测。积极推进宁波中国—中东欧贸易监测预警。构建现代智慧物流体系，实施快递进村、进厂、出海"两进一出"工程，做强城乡数字化配送网络。（责任单位：商贸处、电商处、贸发处、贸管处、服贸处、外经处、自贸区处、贸易救济局、外贸中心）

（三）打造新模式新业态的商业变革枢纽

加快实施数字生活新服务行动，大力发展消费新业态新模式，不断提高商贸流通数字化、网络化、智能化水平，推动生活性服务业数字化转型，重点在健康、养老、育幼、文化、旅游、体育、家政等业态向高品质、多样化升级。推动地标商圈、步行街、历史风情街区等品质化改造，发展社区商业，加快打造"5分钟便利店+10分钟农贸市场+15分钟超市"的社区生活服务圈，持续打造放心消费和品质消费环境，优化浙家政综合服务系统，建设生活必需品市场保供系统，逐步形成以"一图两码三平台"为骨干的数字生活新服务生态体系。（责任单位：电商处、消费处、商贸处）

（四）构建高端要素高效协同的配置枢纽

实施新一轮扩大有效投资行动，千方百计招引外资大项目好项目，加强重点产业链招商，高质量建设国际产业合作园，促进实际使用外资稳步增长。深化本土民营跨国公司培育，支持企业做强总部和全球布局，充分利用国际国内两个市场两种资源。迭代升级浙江国际投资"单一窗口"，建设"浙企出海+"综合服务平台，推进招商引资信息系统和驻外代表处信息网络建设。编制发布浙江省开放指数。（责任单位：外资处、外经处、开发区处、法规处）

（五）推进服务贸易数字化转型

深入开展服务贸易创新发展试点，建强数字贸易园区基地。推动数字技术赋能传统服务贸易，使物流、客流、资金流和信息流更畅通更便捷。推动服务外包向高技术、高品质、高效益、高附加值转型升级，加快信息服务、技术贸易等新兴服务贸易发展，探索以高端服务为先导的"数字+服务"新业态新模式。发展动漫游戏、数字出版等数字商品贸易，提升国际影响力。（责任单位：服贸处、自贸区处）

（六）搭建跨境电商全产业链创新平台

支持各类产业主体积极开展跨境电商业务模式创新，推动原有产业与跨境电商融合联动发展。壮大省内各类跨境电商平台，支持企业在境外新设本土平台，鼓励自建行业性垂直平台，探索建设以供应链合作为主的B2B国际贸易平台。鼓励企业开展智能化、个性化、定制化生产，发展C2M等新模式。推进跨境电商与市场采购、外贸综合服务企业等外贸新业态融合发展。大力建设跨境电子商务综合试验区，支持跨境电商产业园建设成为跨境电商示范中心。支持企业以市场化方式推进e-WTP数字清关系统和全球布局。支持企业在浙江设立全球退换货中心仓。（责任单位：电商处、贸发处、电商中心）

（七）优化数字贸易发展生态

打造全球数字贸易云展会平台。对标新加坡e-Port，建设数字化港口，建立智慧口岸通关与服务体系，进一步丰富国际贸易"单一窗口"功能，将服务贸易管理事项纳入"单一窗口"管理。

着力建设国家数字服务出口基地、国家文化出口基地等示范园区，举办全球数字贸易博览会，加大服务业对外开放。建设浙江省数字贸易统计监测体系，开展数字贸易监测、统计、分析。研究构建数字贸易发展测度评估模型，适时发布数字贸易发展白皮书。打造以服务贸易为先行，以数字贸易为核心，以自由贸易为导向的数字自贸3T创新综合体。（责任单位：自贸区处、服贸处、商务研究院）

（八）探索数字贸易规则标准

建设浙江省数字贸易标准化技术委员会，推进数字贸易领域标准规范的研究制定。积极构建兼顾安全和效率的数字贸易规则，简化数据要素流动管理程序，推动行业间规则、标准行业互信互认，加强产业间的知识和技术要素的共享。探索在数据交互、业务互通、监管互认、服务共享等方面的国际合作及数字确权等数字贸易的规则研究。探索数据跨境安全有序流动试点。（责任单位：服贸处、商务研究院）

（九）推进数字自贸区建设

加快自贸试验区数字驾驶舱建设，动态反映自贸试验区各项经济运行指标，实现一舱掌握自贸运行情况，为自贸试验区信息发布机制、项目推进机制、评估推广机制的建设提供数字化和大数据支撑。汇聚部门数据，实现自动判别线内线外、区内产业状况动态更新展示、自贸区企业精准画像。注重资金自由便利化，以金融服务为突破口开展与相关金融机构和部门的多场景业务协同应用，利用中欧投资协定推进对外并购数字化交易。推动区内重点项目建设进度、资金安排、要素保障、安全管理等全流程数字化改造。（责任单位：自贸区处、服贸处、外经处、自贸中心）

（十）推进机关整体智治系统建设

运用系统观念、系统方法和数字化手段推进机关全方位、系统性、重塑性改革，全面梳理、重点分析核心业务，建立健全规范化、模块化、数字化、高效协同、闭环管理的工作运行机制，聚力打造"数字赋能、多跨协同"的系列应用场景，建立优质便捷的政务服务体系，全面推进"互联网+监管"，提升商务运行监测分析系统，建设双循环运行态势感知中心，更好地服务企业、服务群众、服务基层。（责任单位：办公室、法规处、综合处、财务处、人事处、机关党委）

四、实施保障

（一）加强组织领导

成立厅主要领导为组长、厅领导班子成员为副组长、分管办公室厅领导日常牵头，各处室（单位）主要负责人为成员的商务厅数字化改革领导小组，成立领导小组办公室，配备与任务相当的专班工作力量。按照一个重点任务，一个工作专班的要求，各重点任务成立工作专班，建立协同推进机制。

（二）明确责任分工

厅数字化改革领导小组办公室负责厅数字化改革的统筹协调、推进督办，抓好数字化改革基础设施、技术标准、网络安全和基础运维工作。各重点任务牵头处室负责重点任务的推进，各处室（单位）负责项目的具体实施。

（三）建立工作机制

对标我省数字化改革的先进经验和优秀项目，建立数字化改革信息发布、项目推进、评估推广三个机制。

浙江省商务厅等16部门关于提振大宗消费重点消费促进释放农村消费潜力的贯彻意见

浙商务联发〔2021〕22号

各市、县（市、区）商务局、发展改革委（局）、经信局、公安局、财政局、自然资源局、生态环境局、建设局、交通运输局、农业农村局、文化和旅游局、市场监管局、税务局、人民银行、银保监分局、邮政管理局：

为贯彻落实《商务部等12部门关于提振大宗消费重点消费促进释放农村消费潜力若干措施的通知》提升传统消费，培育新型消费，促进消费提质扩容，特制定本意见。

一、稳定和扩大汽车消费

（一）释放汽车消费潜力

顺应消费升级需求，优化汽车限购措施，推动杭州全面放开非主城区小客车限购，有序增加小客车号牌指标投放，优先满足无车家庭需要，适当调整号牌指标有效期，加快已取得指标消费者落地购买。继续实施汽车以旧换新活动，推广和鼓励新能源汽车消费。推动各市研究制订"汽车下乡"补助政策，组织开展新一轮汽车下乡，鼓励有条件的地区对农村居民购买3.5吨及以下货车、1.6升及以下排量乘用车给予财政资金补贴。（省发展改革委、省公安厅、省生态环境厅、省交通运输厅、省商务厅按职责分工负责，地方各级人民政府负责）

（二）改善汽车使用条件

推进一批城镇老旧小区改造提升，加快小区停车位（场）及充电设施建设，在保障城市生态和安全的条件下，经科学论证，可合理利用闲置厂房、楼宇建设立体停车场，按照一定比例配建充电桩。加大公交、出租等公共领域燃油车置换为新能源汽车力度，加快新能源汽车充电桩（加氢）等新型基础设施建设。鼓励充电桩运营企业适当下调充电服务费。加快推进车联网（智能网联汽车）基础设施建设和改造升级，开展自动驾驶通勤出行、智能物流配送等场景示范应用。（省发展改革委、省经信厅、省建设厅、省自然资源厅、省交通运输厅、省邮政管理局按职责分工负责，地方各级人民政府负责）

（三）优化汽车管理和服务

优化机动车安全技术检验机构资质认定条件，试点推行一类、二类汽车维修企业等具备条件的机构通过计量认证后依法开展非营运小微型载客汽车检验。便利二手车流通，落实二手车经销有关增值税优惠政策。鼓励具备条件的加油站发展非油品业务，提供汽车维修保养、清洗美容及简餐、应急药箱、手机充电、免费开水等便民服务；将全自动洗车机列入加油站设备设施管理范畴，不纳入城市违章建筑物管理。鼓励高速公路服务区丰富商业业态，提升商品和服务供给品质，打造交通出行消费集聚区。（省市场监管局、省公安厅、省自然资源厅、省交通运输厅、省商务厅、浙江省税务局按职责分工负责，地方各级人民政府负责）

二、促进绿色循环消费

（四）激活家电家具家居更新消费潜力

完善废旧家电回收处理体系，推动家电更新消费。加大金融支持力度，鼓励对居民购买绿色智能家电、智能家居、节水器具等绿色智能产品提供信贷支持，鼓励有条件的地区对淘汰旧家电家具并购买绿色智能家电、环保家具给予补贴。（省发展改革委、省财政厅、省生态环境厅、省商务厅、人行杭州中心支行按职责分工负责，地方各级人民政府负责）

（五）深化废旧物资回收体系建设

贯彻《浙江省生活垃圾管理条例》，整合提升分拣中心，完善回收网点布局，培育再生资源回收主体，创新回收模式，提高回收水平，力争2021年我省城镇生活垃圾回收利用率53%以上，农村生活垃圾回收利用率50%以上。推动"互联网+旧货""互联网+资源循环"。落实乡镇街道设置大件垃圾、废旧家电投放指定场所或预约再生资源回收经营者进行回收，放宽废旧物资回收车辆、家具配送车辆进城、进小区限制。（省发展

改革委、省建设厅、省商务厅、省农业农村厅按职责分工负责，地方各级人民政府负责）

三、提振餐饮消费

（六）大力提振餐饮消费

推动餐饮业数字化、国际化、品牌化、标准化发展，打造一批示范企业、一批名师、一批品牌、一批标准，引领高品质餐饮消费。推动餐桌文明，保障用餐安全，实施"光盘行动"，支持餐饮企业建设"特色餐厅""阳光厨房"。鼓励餐饮住宿企业拓展在线互动服务、网络预订、网上支付、自助订餐结算等营销渠道，探索"半成品"美味送到家，推进外卖精细化发展，满足市场消费新需求。纵深推进"诗画浙江·百县千碗"工程建设，培育一批特色美食小镇、街区、示范店、体验店，带动美食消费升级。鼓励金融机构、商贸流通企业帮助餐饮企业降低运营成本。完善餐饮服务标准，鼓励各地组织"美食节""消费季"活动，餐饮行业适时推出时令菜品、储值优惠、打折促销活动，共同提振消费，增强信心。（责任单位：省商务厅、省文化和旅游厅、省市场监管局、人行杭州中心支行按职责分工负责，地方各级人民政府负责）

四、补齐农村消费短板弱项

（七）完善农产品流通体系

加强农村流通基础设施建设，合理规划农产品批发市场、农贸市场、连锁超市及其他农产品零售网点，推动农商互联，支持农产品分拣、加工、包装、冷藏等一体化集配设施建设，改造提升3000个左右村级物流服务站点。发展县乡村共同配送，推动降低物流成本，推广"村邮站+快递超市+简易金融"模式，鼓励农村邮政网点向快递超市转型。加快农村电子商务产业集聚发展，建设电子商务专业村，引导返乡入乡人员创业创

新和农民就地创业创新。实施快递业"两进一出"工程，支持各类快递服务站、智能快件箱、共享驿站、农村驿站等建设，打通城乡末端配送"最后一公里"。（省发展改革委、省财政厅、省农业农村厅、省商务厅、人行杭州中心支行、省邮政管理局按职责分工负责，地方各级人民政府负责）

（八）加快发展乡镇生活服务

支持建设立足乡村、贴近农民的生活消费服务综合体，提供购物、餐饮、文化娱乐、旅游休闲、农产品收购、农产品加工、商品配送、废旧物资回收等多种服务，把乡镇建成服务农民的区域中心。（省商务厅、省农业农村厅按职责分工负责，地方各级人民政府负责）

（九）优化农村消费环境

建立健全跨部门协同监管机制，下沉执法监管力量，依法打击假冒伪劣、虚假宣传、价格欺诈等违法行为，规范农村市场秩序。依托乡镇人民政府健全基层消费维权网络体系，引导设立消费维权服务站，及时调解处理消费纠纷。（省市场监管局牵头负责，地方各级人民政府负责）

五、强化政策保障

（十）完善惠企政策措施

高效落实国家各项惠企政策，谋划实施省级新一批降本减负举措。按规定减免房产税、城镇土地使用税，允许连锁企业单个门店享受小微企业租金减免政策。持续降低企业用电价格，推动流通企业工商用电同价政策尽快全面落实。鼓励有条件的地区对受疫情冲击严重的流通企业给予专项补贴。（省发展改革委、省经信厅、省财政厅、省市场监管局、浙江省税务局、人行杭州中心支行按职责分工负责，地方各级人民政府负责）

（十一）加大金融支持力度

深入实施融资畅通工程，鼓励金融机构增加制造业中长期贷款和信用贷款，加大对民营和小微企业金融支持力度，全面实施小微企业信贷"增氧计划"和金融服务"滴灌工程"，推动降低企业综合融资成本，持续提升民营和小微企业金融服务水平。推动农户小额信用贷款服务提质扩面，进一步满足农户消费需求。鼓励金融机构在依法合规、风险可控的前提下，规范创新消费信贷产品和服务。鼓励相关保险机构为企业开展信用销售提供风险保障。（人行杭州中心支行、浙江银保监局按职责分工负责）

各地区、各有关部门要切实加强组织领导，明确责任分工，细化工作举措，推动相关政策措施尽快落地见效，进一步促进消费回升和潜力释放。

浙江省商务厅
浙江省发展和改革委员会
浙江省经济和信息化厅
浙江省公安厅
浙江省财政厅
浙江省自然资源厅
浙江省生态环境厅
浙江省住房和城乡建设厅
浙江省交通运输厅
浙江省农业农村厅
浙江省文化和旅游厅
浙江省市场监督管理局
国家税务总局浙江省税务局
中国人民银行杭州中心支行
中国银行保险监督管理委员会浙江监管局
浙江省邮政管理局

2021 年 3 月 15 日

浙江省商务厅等 10 部门关于
推进山区 26 县开放平台共建发展的指导意见

浙商务联发〔2021〕98 号

各市、县（市、区）商务、发改、经信、教育、科技、财政、人力社保、自然资源、地方金融监管、银保监主管部门，各开发区管委会：

推进山区 26 县开放平台共建发展是贯彻落实省委、省政府解决区域发展不平衡不充分问题的决策部署，是实现山区 26 县跨越式高质量发展的有效举措，是忠实践行"八八战略"，"念好新时代山海经"，加快打造"共同富裕先行示范区"的重要抓手。为加快推进山区 26 县开放平台共建发展，特制定本指导意见。

一、基本原则

开放合作，共建共享。坚持自主发展与外部支持相结合，以数字化改革推动开放平台经济数据、产业信息共享共用，致力于打造一体化平台，实现项目共引、产业共建。

因地制宜，绿色发展。坚持经济效益和生态效益相结合，立足山区 26 县自身产业基础和产业发展需要，精准对接重点产业、优势产业、特色产业、绿色产业。

政府引导，市场运作。发挥各级政府统筹引导的职能，加快推进各类要素和支持政策向山区 26 县开放平台集聚，以市场化手段推动共建模式设定、共引项目落地。

二、工作目标

建立浙江省开放平台南北帮扶、东西共建的工作机制，充分发挥开放平台带动引领作用。到 2025 年，实现山区 26 县开发区达到如下目标：固定资产投资增速达到全省开发区平均增速；规上工业亩均税收达到 45 万元；规上工业亩均工业增加值达到 130 万元；进出口总额增速达到全省开发区平均增速；实际利用外资稳步增长，为当地经济发展增添新动能（见表 1）。

三、工作机制

会同省山海协作领导小组办公室及省级有关

表1 "十四五"时期山区26县经济开发区目标体系

序号	指标名称	2025年目标
1	固定资产投资增速	达到全省开发区平均增速
2	规上工业亩均税收	45万元
3	规上工业亩均工业增加值	130万元
4	进出口总额增速	达到全省开发区平均增速
5	实际利用外资	稳步增长

部门建立省市县联动的开放平台合作共建机制，以山海协作为基础，以产业相近、关联为原则，推动先进开发区（特别是国家级经济技术开发区）与山区26县开放平台结对并签订合作共建协议，省商务厅、各地商务主管部门配备服务专员负责指导和服务。

四、工作举措

1. 以"数字化改革"推动体制机制创新，推进整合提升。

推动山区26县开放平台抢抓全省数字化改革机遇，指导共建园区围绕综合管理、精准招商、安全生产、绿色环保等场景应用打造一体化平台；发挥自贸试验区联动创新区在改革创新方面的引领作用，推动体制机制创新，激发自身活力；按照《浙江省开发区（园区）名单（2021年版）》，支持具备条件的山区县创建省级经济开发区，联合省级相关部门重点指导创建规划；优先支持合作共建成效显著的先进省级经济开发区申报国家级经济技术开发区；支持具备条件的地区申报综合保税区。[责任单位：省商务厅，有关市、县（市、区）商务主管部门，有关开发区管委会]

2. 探索产业链"双链长制"，实现项目共引、产业共建。

指导共建开放平台、飞地园区制定产业共建发展规划和招商指引，探索共建产业链"双链长制"试点；推进结对双方围绕共建产业、特色产业

开展联合招商和产业链上下游整合等活动，推动共建项目在结对开放平台和飞地园区落地；省、市主管部门积极搭建各类招商推介平台，支持山区26县在高能级平台上开展招商推介活动，组织重点企业赴结对地区开展经贸投资洽谈。[责任单位：省商务厅、省发展改革委，有关市、县（市、区）商务主管部门（投资促进局），有关开发区管委会]

3. 探索"碳达峰""碳中和"在山区县率先破题、提前布局。

遵循绿色发展的理念，以洁净水源、清洁空气、适宜气候等自然本底条件，推进山区26县开放平台适度发展数字经济、生命健康、电子元器件等环境敏感型产业，指导山区26县开放平台创建绿色低碳产业链"链长制"试点，支持特色生态产业平台建设，打造美丽园区，制定相关产业专项规划和招商指南。[责任单位：省商务厅，有关市、县（市、区）商务主管部门（投资促进局），有关开发区管委会]

4. 建设标准化园区，推动"5+X"特色化发展。

支持山区26县开放平台打造一条特色产业链，一个创新研发中心，一个完整的农商互联供应链体系，一个电商产业中心，一条特色街区。支持山区26县开放平台探索引进外资的山区模式，创建国际产业合作园，发展直播电商、社交电商、跨境电商等新业态新模式，扩大消费帮扶成效。[责任单位：省商务厅、省发展改革委，有关市、县（市、区）商务主管部门，有关开发区管委会]

5. 推动产业项目入库，加强用地指标保障。

根据省级相关部门支持山区 26 县发展的产业项目入库标准和用地计划指标等要素支持政策，加强产业引导，加大招商力度，推动省级重大产业项目向山区 26 县开放平台布局，推动山区 26 县开放平台符合条件的重大产业项目（尤其是共建产业项目）优先纳入省级相关部门重大项目库，强化用地计划指标等方面保障；推动山区 26 县开放平台外资项目申请国家重大外资项目用地计划指标。（责任单位：省发展改革委、省自然资源厅、省商务厅、省经信厅）

6. 加大财政、金融支持，探索绿色金融政策。

统筹商务相关财政专项资金，围绕国家电子商务进农村综合示范、农商互联、供应链创新与应用试点、跨境电商产业集群试点、数字生活新服务样板创建，加大对山区 26 县支持；引导省级产业基金重点支持山区 26 县重大产业项目和共建产业项目；鼓励各银行保险机构主动对接山区 26 县建设项目，推动各类贷款担保基金和贴息资金向山区 26 县开放平台倾斜，支持山区 26 县符合条件的企业申办订单贷；积极探索"生态资产权益抵押＋项目贷"模式，支持区域内生态环境提升及绿色产业发展。（责任单位：省财政厅、省地方金融监管局、浙江银保监局、省商务厅）

7. 深化干部人才交流，强化创新要素保障。

支持开发区及相关企业参与全省人才招聘大会，重点做好专业型招商人才招引；支持山区 26 县开放平台和企业开展各类专业培训；鼓励山区 26 县开放平台招商干部赴驻外商务代表处挂职和学习锻炼，推动境外招商资源优先向山区 26 县开放平台倾斜；落实省商务厅与山区 26 县开放平台之间、共建开放平台之间的干部挂职和学习锻炼。（责任单位：省人力社保厅、省教育厅、省商务厅，有关开发区管委会）

8. 围绕"六个共建"落实"三大机制"，加强考评引导。

指导共建开放平台按照"共建一个招商平台、共建一支招商队伍、共建一块飞地园区、共建一条产业链、共建一支产业基金、共建一批产业项目"的目标，落实季度信息发布机制、评估推广机制、重大项目推进机制，重点围绕招商发布、项目签约、项目落地做好工作指导和服务。建立共建发展年度专项考评制度，将开放平台共建发展工作评价结果纳入省山海协作工程考核办法、全省开放平台综合考评和全省商务工作综合考评。［责任单位：省商务厅、省发展改革委，有关市、县（市、区）商务主管部门，有关开发区管委会］

附件：（略）

浙江省商务厅
浙江省山海协作领导小组办公室
（浙江省发展和改革委员会代章）
浙江省经济和信息化厅
浙江省教育厅
浙江省科学技术厅
浙江省财政厅
浙江省人力资源和社会保障厅
浙江省自然资源厅
浙江省地方金融监督管理局
中国银行保险监督管理委员会浙江监管局

2021 年 7 月 14 日

浙江省商务厅等 17 部门关于印发浙江省加强县域商业体系建设促进农村消费实施方案（2021—2025 年）的通知

浙商务联发〔2021〕130 号

各市、县（市、区）商务局、农办、发展改革委（局）、经信局、公安局、财政局、自然资源局、住建局、交通运输局、农业农村局、文化和旅游局、人民银行、市场监管局、银保监分局、邮政管理局、乡村振兴局、供销社，省级有关部门：

为贯彻全国农村商业建设工作现场会和商务部等 17 部门《关于加强县域商业体系建设促进农村消费的意见》（商流通发〔2021〕99 号）精神，并经征求相关省级部门意见，现将《浙江省加强县域商业体系建设促进农村消费实施方案（2021—2025 年）》印发给你们，请结合实际认真贯彻实施。

浙江省商务厅　　　　　中共浙江省委浙江省人民政府
　　　　　　　　　　　　农业和农村工作领导小组办公室
浙江省发展和改革委员会　　　浙江省经济和信息化厅
　　　浙江省公安厅　　　　　　　浙江省财政厅
　　浙江省自然资源厅　　　　浙江省住房和城乡建设厅
　　浙江省交通运输厅　　　　　浙江省农业农村厅
　　浙江省文化和旅游厅　　　中国人民银行杭州中心支行
浙江省市场监督管理局　中国银行保险监督管理委员会浙江监管局
　　浙江省邮政管理局　　　　　浙江省乡村振兴局
　　　　　　　　　　　　　浙江省供销合作社联合社

2021 年 11 月 2 日

浙江省加强县域商业体系建设
促进农村消费实施方案（2021—2025 年）

为深入贯彻商务部等 17 部门《关于加强县域商业体系建设促进农村消费的意见》（商流通发〔2021〕99 号）文件精神，结合我省实际，特制定本实施方案。

一、总体方案

（一）总体要求

以习近平新时代中国特色社会主义思想为指导，深入贯彻党的十九大和十九届二中、三中、四中、五中全会精神，认真落实党中央、国务院决策部署，立足新发展阶段，贯彻新发展理念，构建新发展格局。忠实践行"八八战略"，奋力打造"重要窗口"，率先探索建设共同富裕示范区。以渠道下沉和农产品上行为主线，推动资源要素向农村市场倾斜，完善农产品现代流通体系，畅通工业品下乡和农产品进城双向流通渠道，推动县域商业高质量发展，实现农民增收与消费提质良性循环。

（二）基本原则

一是要坚持县域统筹，分层分类实施。县城重点强化综合商业服务能力，改造提升综合商贸服务中心和物流配送中心；乡镇重点强化区域服务功能，建设乡镇商贸中心，推动购物、娱乐、休闲等业态融合，向周边农村拓展服务；村重点强化便民服务能力，引导大型商贸流通企业向村庄延伸供应链服务，优化商品供给。

二是要坚持数字赋能，不断丰富业态。通过数字化改造和供应链赋能等方式，推动传统农村商贸流通体系加快融入现代商贸流通体系，提高发展质量和内涵，丰富业态，以满足广大农村居民多样化、便利化消费需求。

三是要坚持市场导向，提升服务能力。顺应县域人口发展变化趋势和居民消费习惯，在强化政府引导的同时，要根据市场需要，推动资源下沉，逐步完善县乡（镇）村三级商业网络，畅通工业品下乡和农产品进城渠道，使农村成为安居乐业的美丽家园，吸引更多城市居民下乡消费。

（三）发展目标

"十四五"期间，通过深入实施"县域商业体系建设行动"，到 2025 年，建成一批国家级和区域级的流通节点县级城市，全省乡镇商贸综合体（服务中心）覆盖率 100%，区域性仓储物流集散中心覆盖率 100%，县域公益性农产品批发市场覆盖率 100%。培育 50 家左右农产品供应链核心链主企业，生鲜农产品冷链流通率超过 35%，村级快递网覆盖率 100%，县乡（镇）村商贸物流骨干基地—物流园区—分拨中心—配送网点四级流通功能布局体系基本建成。全省县乡（镇）村三级商业流通基础设施建设更加完善，城乡互通更加顺畅，商品流通更加高效，业态更加丰富，基本形成以县城为中心、乡镇为重点、村为基础的农村商业体系发展格局（见表 1）。

表1 浙江省县域商业体系建设主要发展指标（2021—2025年）

类别	序号	指标	单位	2025年
商业流通基础设施	1	新建或改造提升县城商贸综合体（含服务中心）	家	>100
	2	新建或改造提升县域物流集散配送中心（含共享仓储设施）	家	>100
	3	新建或改造提升乡镇商贸综合体（含服务中心）	家	>500
	5	新建或改造提升新型乡村便利店	家	>2000
特色商品产业基地	6	农产品商品化预处理覆盖率	%	100
	7	公益性农产品批发市场覆盖率	%	100
商贸流通数字建设	8	农产品一级批发市场数字化建设率	%	100
	9	乡镇物流仓储中心数字化建设率	%	100
	10	农产品网络零售额	亿元	1800
农产品供应链体系建设	11	县镇村四级物流配送体系覆盖率	%	100
	12	培育农产品供应链链主企业	家	50
	13	县域农产品冷链物流网覆盖率	%	100
	14	新增冷库库容	万立方米	1500
	15	新增冷链物流车辆	辆	3000
	16	村级快递网覆盖率	%	100
	17	生鲜农产品冷链流通率	%	>35
农村消费提质扩容	18	一刻钟便民生活服务圈覆盖率	%	80
	19	省级商贸特色镇	个	90
	20	省级商贸发展示范村	个	200
	21	省级乡村休闲旅游集聚区	个	300

二、高质量发展建设共同富裕县域商业体系，加速推进农村山区跨越式发展

（一）高标准完善县城商业设施

把县域作为统筹农村商业发展的重要切入点，结合商业网点规划、批发零售业改造提升、智慧商圈建设和高品质步行街改造提升等工程，加大对山区26县政策支持力度，积极引导支持本地商贸流通和连锁经营龙头企业下沉资源，高标准建设完善一批县城商贸综合体（包括服务中心）、物流集散配送中心和大型共享仓储设施。"十四五"期间，各县（市、区）要分类、分期改造提升至少1家县城商贸综合体（包括服务中心）、1家物流集散配送中心和1家大型共享仓储设施，带动本地农产品市场、农村商业和中小企业快速发展，激发县域经济和商业流通竞争活力。[省商务厅、省交通运输厅、省建设厅、各市、县（市、区）人民政府等分工负责]

（二）高水平建设乡镇商贸中心

鼓励企业通过自建、合作等方式，高起点建设完善一批现代化的乡镇商贸综合体（包括服务中心），把乡镇打造成整体性带动农村商业的联动节点和网络枢纽，提升乡镇对周边农村商业市场的辐射和拉动作用，健全农村流通网络，改善乡镇消费环境，推动购物、娱乐、休闲等业态进一步融合，更好满足农村居民对消费升级需求。"十四五"期末，新建或改造提升乡镇商贸中心500家以上，覆盖全省100%以上乡镇。[省商务

厅、省建设厅、各市、县（市、区）人民政府等分工负责〕

（三）高起点打造农村商业网点

立足本土资源优势、人文特色和消费特点，推动乡愁产业和建设新型农村商业网点融合发展，打造一批农文旅商结合，展示乡土特色、烙上乡愁印记、体现乡情温度的高质量乡村商业设施。通过技术赋能、特许经营、供应链整合等方式，改造家庭夫妻店等传统网点，发展新型乡村便利店。加速网商进村，延伸村级快递渠道，通过线上线下融合的直销方式，满足农民就近销售、便利消费的需求。支持供销社建设村综合服务社，以及在山区农村发展流动日消品下乡、农资进村、农产品进城服务，打通群众生产生活服务"最后一公里"。支持邮政企业建设村级邮政综合服务站点，丰富商业流通功能，扩大商业服务渠道。"十四五"期间，实现辖区内行政村新型商业便利店、网商进村和邮政综合服务站全覆盖。〔省商务厅、省农业农村厅、省文化和旅游厅、省邮政管理局、省供销社、省邮政公司、各市、县（市、区）人民政府等分工负责〕

三、高质量建设扩增农业特色产业基地，培育壮大新型农村商业主体

（四）建设扩增特色产业基地

立足我省地方特色优质农产品和特色农产品优势区建设，推动全省优质特色农产品产业基地建设工程，建成一批年产值超过几十亿甚至超百亿元的优势特色产业集群，推动产业形态由"小特产"升级为"大产业"，空间布局由"平面分布"转型为"集群发展"，形成结构合理、链条完整的优势特色产业集群。按照全产业链建设要求，推动生产、加工、流通一体化发展，为县域商业体系的高质量发展提供内在支撑。（省农业农村厅、

省供销社、省商务厅等分工负责）

（五）壮大新型农业经营主体

突出规模化、集约化、标准化、绿色化、市场化导向，实施新型农业经营主体高质量发展行动，到2025年，新型农业经营主体总数稳定在20万家以上。坚持和完善家庭经营的基础性地位，突出抓好家庭农场和农民合作社发展，实施"户转场、场入社、社提升"行动，到2025年，家庭农场稳定在11万家以上，县级以上农民合作社示范社稳定在5000家以上。深化"两进两回"行动，实施十万农创客培育工程，积极引导大学生、返乡青年、退役军人、乡贤等返乡入乡从事农业农村领域的创业创新，深化完善大学生到现代农业领域创业就业补助政策。实施农业龙头企业倍增计划，打造1000家省级农业龙头企业，鼓励龙头企业通过"公司+农户""公司+农民合作社+家庭农场+农户"等方式，延长产业链、保障供应链、完善利益链。深化"三位一体"改革，大力培育农业社会化服务组织，建设全产业链综合服务中心500家，组建产业农合链500家，推广统防统治、生产托管、代耕代种等服务模式。打造一批家庭农场、农民专业合作社、农业龙头企业、社会化服务组织等新型经营主体。（省农业农村厅）

（六）培育新型农村商业人才

把新型商业人才培育计划纳入全省高素质人才队伍建设工程。通过举办创业创新和技能大赛等活动，挖掘农村商业人才，利用县域培训资源开展品牌设计、市场营销、电商应用等专业课程的培训，强化实操技能。加大商业人才的招引力度，集聚高质量的人才资源，加强跨地区人才的交流学习，提升返乡农民工、大学生、退役军人等入职农村商业服务体系的占比。（省商务厅、省农业农村厅、省教育厅、省人力社保厅、省退役军人事务厅、省妇联、省总工会、团省委等分工负责）

四、数字赋能农产品上行能力，智能畅通商品流通市场体系

（七）加强农产品产地市场建设

推进海鲜、香菇、竹笋、茶叶、蜜橘、胡柚、杨梅等我省特色优势农产品产地市场建设，促进小农户与大市场的有效对接，形成与农业生产布局相适应的产地流通体系。支持产地市场通过土地作价、投资建设等方式，融通社会财力，改造提升一批产地市场，提高保供能力和便民利民服务水平。〔省商务厅、省农业农村厅、省自然资源厅、省供销社、各市、县（市、区）人民政府等分工负责〕

（八）加速流通主渠道数字化建设

运用5G、大数据、人工智能、物联网等现代信息技术，强化数据驱动，数字化创新，智能化管理，加快推动农产品产地、集散地、销地市场和商贸流通企业数字化转型，引导企业通过组织创新、资源整合做大做强。推动农产品批发市场建设冷链加工配送中心和中央厨房等，增强流通主渠道冷链服务能力和服务内容，为县域商业体系，特别是农村商业流通体系打造全程数字化生态。2021年起，启动全省一级农批市场和龙头商贸流通企业数字化改造工程，2021年支持金华农产品批发市场、华东金华农产品物流中心等一级批发市场进行数字化建设，2025年实现全省一批市场100%完成数字化改造。（省商务厅、省经信厅、省邮政管理局、省供销社、省邮政公司等分工负责）

（九）扩大农村电商创新流通新业态

深化电子商务进农村综合示范工程、"互联网＋"农产品出村进城工程，支持农村电商持续健康发展，解决好网购快递配送问题，加快提升电商产品质量和标准。进一步扩大电子商务进农村的覆盖面，强化县级电子商务公共服务中心统筹能力，为电商企业、家庭农场、农民合作社、专业运营公司等主体提供市场开拓、资源对接、业务指导等服务，提升农村电商的应用水平。进一步完善农村电子商务公共服务体系，健全县乡村三级物流配送体系，支持有实力的电商、邮政、快递和连锁流通企业向农村下沉供应链，加快培育农村电商创业带头人，发挥电商致富的示范性、引领性作用。〔省商务厅、省科技厅、省农业农村厅、各市、县（市、区）人民政府分工负责〕

（十）提高商品化预处理能力

在农产品产区"最初一公里"的商品化预处理能力上加大投入，支持供应链龙头企业加大对农产品产地商品化预处理设施和预冷设施的项目投入，实现重点农产品商品化预处理100%。支持在产地就近建设改造集配中心、产地仓等设施，配备清洗、分拣、烘干、分级、包装等设备，鼓励农产品生产企业加大对初加工、深加工设施设备的投入，拓展延伸产业链，提升农产品附加值，实现上行能力的升级。〔省农业农村厅、省商务厅、各市、县（市、区）人民政府等分工负责〕

（十一）打造农产品全程冷链供应链闭环

围绕主干农产品冷链供应链打造全链闭环物流体系。强化冷链物流硬件支撑，在主产区建设标准化的产地预冷集配、低温加工仓储配送等设施，在主要物流节点地区建设冷链物流集散中心等设施，在主销区建设低温加工配送仓储设施。加快绿色环保的冷藏冷冻设施设备与技术应用和冷库封闭式交接货通道、月台、货架标准化改造，支持冷链运输车辆购置更新，逐步形成相互衔接、有机结合、互为支撑的冷链硬件设施体系。支持冷链物流信息平台建设，整合农产品生产、加工、流通企业冷链设施资源，提升冷链物流信息化水平，提高设施利用率和流通效率。引导供销社和电商、邮政、快递等企业建设前置仓、分拨仓、配备冷藏和低温配送设备。科学布局农产品骨干企业冷链物流基地，提高冷链物流规模化、集约化、组织化、网络化水平。到"十四五"期末，全省新增冷库库容1500万立方米、冷藏车3000辆，生鲜农产品冷链流通率超过35%。（省发展改革

委、省农业农村厅、省商务厅、省交通运输厅、省市场监管局、省建设厅、省邮政管理局、省供销社、省邮政公司等分工负责）

（十二）增强农资三农服务能力

进一步鼓励各类农资市场主体发展直供直销、连锁经营、统一配送等现代流通方式，引导农资企业提高线上线下融合销售比例，发挥供销系统农资流通主渠道作用，推动传统农资向现代综合服务商转型，强化新型农资企业的服务功能。支持供销系统、邮政乡镇网点巩固基层农资供应、农资配送、农产品收购等传统业务，因地制宜开展生产性服务。（省供销社、省农业农村厅、省邮政公司等分工负责）

五、丰富农村消费市场需求，提升农村消费服务供给

（十三）丰富农村消费市场需求

以农民需求为导向，开发适合农村市场的各类消费品，包括家电、家居、汽车等生活消费品，促进农村耐用消费品的更新换代。不断改善农村消费环境，完善包括道路、供电、水源、通信等各类基础设施的建设。实施消费助农计划，释放农村消费潜力，培育新型消费选项，鼓励信息消费、数字消费、绿色消费、定制消费等新业态更好融入农村市场。[省经信厅、省交通运输厅、省水利厅、省发展改革委、省商务厅、各市、县（市、区）人民政府等分工负责]

（十四）提升农村消费服务供给

加大政策支持，引导社会资本积极参与，加快城乡协调发展的便民生活服务圈建设，发展乡村夜间经济，尽快形成全方位多层次的乡村消费服务供给能力。统筹布局城乡融合新型消费网络网点，提升乡镇商贸综合体（服务中心）和农村集贸市场的服务水平，形成更好的消费吸引力，逐步提升农村的消费水平。[省商务厅、各市、县（市、区）人民政府等分工负责]

（十五）优化县域文旅消费品质

进一步提升文旅、民俗资源丰富的乡镇推动商旅文娱体融合发展，打造品牌文旅产品和活动，形成新的消费增长点。综合特色农业基地、特色古镇文化、特色民俗遗产、特色森林景区等资源，打造服务配套、设施现代化的乡村休闲旅游集聚区。通过美丽乡村建设和共同富裕示范区建设，打造新型特色镇、特色乡村，发展沉浸式红色文化旅游，通过数字化视觉影像、场景再现和全景体验，提升县域文旅消费品质。（省文化和旅游厅、省农业农村厅、省商务厅等分工负责）

六、规范农村市场秩序，强化市场监管

（十六）规范农村市场秩序

完善高效的商业流通体系离不开规范化制度化的市场秩序的维护，建立有序的农业生产资料市场和农产品市场是农村商品流通体系的基本保障。要推进农资领域信用体系的建设，积极引导市场主体加强行业自律，推行守法经营和质量公开承诺制，规范经营行为。建立健全农产品质量安全监督管理、检验检测和进货检查验收等制度，规范经营行为，保障农产品质量安全。（省市场监管局、省商务厅、省农业农村厅、省供销社等分工负责）

（十七）强化农村市场执法监督

强化对农村商品流通市场的监管，依法查处商品销售中掺假使假、以假充真、以次充好、假冒伪劣的行为，以确保农村商业经营场所安全。把农村食品安全放在更重要位置，严格落实食品安全生产经营许可制度，加强对食品生产经营者食品安全现场检查和抽查，严厉打击假冒伪劣食品的违法违规行为。进一步完善市场监管联动机制，加强源头治理，加大执法力度，落实企业进货查验责任和质量承诺制度，依法查处无证无照经营行为。持续加强农资市场监管，推动县域消

费环境实现大的改观。利用各方资源，夯实基层消费维权体系，发挥社会监督作用。（省市场监管局、省农业农村厅、省公安厅、省供销社等分工负责）

七、完善政策机制和保障实施措施

（十八）分层级分步骤推进县域商业体系建设

县域商业体系建设是一项综合性的系统工程，各级党委和政府部门要作为加快农业农村现代化建设的重要任务来落实，高度重视、周密部署、逐步推进，要把县域商业体系建设工作摆在突出位置，建立专门领导小组和工作协调机制，组织专班落实执行。要贯彻新发展理念，坚持高质量发展，因地制宜，实事求是，遵循市场规律，尊重农民意愿，不能低水平重复建设，不搞面子工程、形象工程，杜绝烂尾工程。要立足县域，面向农村，依据商务部等国家部委、省商务厅等省级部门出台的意见和实施方案，结合各级"十四五"规划开展工作，坚持"有标准有底数、可量化可考核"，实事求是制定建设目标和任务，量化工作目标，细化工作标准，提出实施方案，加强分级分类管理。各地的建设发展目标，要按年份细化任务、明确责任，制定时间表和路线图，形成上下联动的工作格局。［省商务厅、省自然资源厅、省建设厅、省农业农村厅、各市、县（市、区）人民政府等分工负责］

（十九）完善政策机制和保障实施措施

各级政府要因地制宜、精准施策，逐步完善政策机制和保障措施。围绕县域商业体系建设和促进农村消费，各级政府要结合所在地目标任务，出台针对性的扶持政策，包括土地、资源、财政、交通运输、金融服务、人才培训等等。要统筹规划和用好中央与各地财政的惠农专项资金及各类扶持政策，将农产品产地流通设施建设等纳入乡村振兴保障范围，健全管理制度，发挥政策最大效果，让农民真正受益。要创新投融资模式，有序引导金融和社会资本投入县域商业体系建设。加强银企合作，鼓励金融机构提供资金结算、供应链融资、财务管理等服务。鼓励各类金融机构加大对商业流通企业的信贷投放，提高信用贷款占比，加大小额信用贷款发放力度。要为县域商业体系建设营造更好的便利化营商环境，配置更好的保障性优势资源。［省商务厅、省财政厅、人行杭州中心支行、浙江银保监局、省交通运输厅、省文化和旅游厅、省自然资源厅、省供销社、各市、县（市、区）人民政府等分工负责］

（二十）健全标准统计和强化指导考核

分阶段分步骤实施县域商业体系建设专项行动要突出整体规划、完善制度和总结指导。对国有企业承担的公益性流通网络建设任务，在业绩考核中要给予支持。各级政府要加强统筹协调和指导，建立信息、数据呈报制度，定期交流建设情况，及时总结经验，及时反映问题，及时出台解决方案。要发挥考核指挥棒作用，量化考核结果，做到奖优罚劣。加强对农产品市场分级管理，建立健全农村消费相关指标体系，推动农产品市场立法工作。［省商务厅、省发展改革委、省农业农村厅、省市场监管局、省统计局、省司法厅、省建设厅、省国资委、各市、县（市、区）人民政府等分工负责］

附件：（略）

浙江省商务厅等 16 部门关于印发
加快推进内外贸一体化发展若干意见的通知

浙商务联发〔2021〕182 号

各市、县（市、区）人民政府：

经省政府同意，现将《关于加快推进内外贸一体化发展的若干意见》印发给你们，请认真组织实施。

浙江省商务厅   浙江省发展和改革委员会

浙江省经济和信息化厅   浙江省教育厅

浙江省科学技术厅   浙江省司法厅

浙江省财政厅   浙江省人力资源和社会保障厅

浙江省交通运输厅   浙江省文化和旅游厅

浙江省市场监督管理局 浙江省地方金融监督管理局

浙江省工商业联合会 中国人民银行杭州中心支行

中国银保监会浙江监管局 中国出口信用保险公司浙江分公司

2021 年 12 月 31 日

关于加快推进内外贸一体化发展的若干意见

内外贸一体化是立足新发展阶段、贯彻新发展理念、服务构建新发展格局的重要举措，是促进国内国际双循环，便利企业统筹用好国内国际两个市场的必然要求。为深入贯彻党中央、国务院和省委、省政府有关决策部署，推动我省在内外贸一体化发展中走在前列，现提出如下意见。

一、总体要求

以习近平新时代中国特色社会主义思想为指导，忠实践行"八八战略"、奋力打造"重要窗口"，以供给侧结构性改革为主线，以扩大内需为战略基点，加快建设国内大循环的战略支点、国内国际双循环的战略枢纽。坚持政府引导、市场为主，以数字化改革驱动企业组织体系、融合生态体系、政府治理体系变革，在率先实现共同富裕进程中畅通经济良性循环，率先实现内外贸法律法规、监管体制、经营资质、质量标准、检验检疫、认证认可等高水平衔接，推动构建高标准市场体系和经济高质量发展。

力争用三年左右时间，全省内外贸一体化调控体系更加健全，市场主体一体化发展水平显著提升，政府治理和服务能力持续优化。培育形成100家内外贸一体化改革试点产业基地、1000家内外贸一体化"领跑者"企业，新增1万亿销售规模。

二、推动内外贸产品供需互促

（一）进一步发挥品牌引领作用

构建品牌产品、品牌企业、品牌产业、区域公共品牌培育体系，提升品牌建设能力。引导外贸企业从贴牌生产向研发设计、自有品牌、收购知名品牌等多元经营战略转化，提高自主品牌产品出口比重。进一步扩大"品字标"等品牌影响力和市场竞争力。（牵头单位：省市场监管局、省商务厅）

（二）推动产业集群内外协同发展

加强关键核心技术攻关和产业化，全面推进补链强链固链，推动供应链在国内外多元布局，实现独立自主和风险可控。加快"未来工厂"引领的智能制造创新发展，构建智能化柔性快反供应链体系，精准适配国内国际需求。在先进产业集群、外贸出口转型升级基地、国家电子商务示范基地等基础上培育建设一批内外贸一体化改革试点产业基地。（牵头单位：省经信厅、省科技厅、省商务厅）

（三）促进国内国际标准互认

对标国际标准和国外先进标准，发展企业标准、团体标准、地方标准。支持企业、社会团体、科研机构等在空白领域探索研究先进适用标准，积极参与各类国际性专业标准组织，加快制定一批国际标准。提高浙江标准与国际标准的一致性程度，推动在海外推广应用。（牵头单位：省市场监管局、省商务厅）

（四）推进"同线同标同质"工程

鼓励指导企业通过自我声明或第三方评价等方式发展"同线同标同质"（以下简称"三同"）产品。建设"三同服务在线"平台，强化与"三同"促进联盟等社会组织合作，积极提供标准信息、认证检测、合格评定等业务培训和技术服务。组织开展"三同"产品的宣传推广活动，搭建平台专区。（牵头单位：省市场监管局、省经信厅、省商务厅）

三、强化内外贸主体示范引领

（五）培育国际化双循环企业

开展"领跑者"行动，培育壮大一批具有国际竞争力、内外贸一体化并重的双循环示范企业。鼓励有条件的大型商贸、物流企业"走出去"，加强资源整合配置，优化国际营销体系。支持企业转变业务模式和管理体系，在内外贸产品开发、渠道拓展、品牌建设等方面整合资源，加大人才引育力度。（牵头单位：省商务厅）

（六）推动商品市场创新融合发展

深入实施商品市场优化升级专项行动，推进吴兴、义乌、永康等试点建设，打造特色鲜明的国际商品集散中心。发挥市场采购、跨境电商等新业态新模式作用，加强内外贸一体经营的主体培育、设施优化、服务提升和数字化改造等工作。组织举办省内外产销对接、市场对接等活动，进一步优化浙货流通循环体系。（牵头单位：省商务厅、省市场监管局）

（七）发挥新时代浙商优势

引导民营企业积极开展内外贸一体化经营，在服务构建新发展格局中实现企业发展。充分发挥海内外协会商会等作用，拓展国内国际营销网络。鼓励行业协会商会制定发布内外贸一体化产品和服务标准，提升市场专业化服务能力。（牵头单位：省工商联）

四、促进国内国际市场高效联通

（八）深入推进"浙货行天下"工程

开展"百城千企万亿销售"和浙江外贸优品"进社区、进政采云、进步行街、进商场、进超市、进平台"行动，不断丰富出口产品国内营销渠道。在全国重点省会城市及物流枢纽节点城市，布局建设一批集展示交易、品牌营销、仓储物流等功能为一体的线上线下销售平台。充分利用电商平台渠道，开设内外贸一体化专区，开展"外贸企业上线直通车""百网万品拓市场""浙造好物""春雷计划"等系列活动。（牵头单位：省商务厅）

（九）发挥重点贸易促进平台作用

充分借助广交会、进博会等国内重点进出口展会开展组展招商工作，推动外贸进出口企业与商贸流通企业开展供需对接。积极举办内外贸融合交易会。（牵头单位：省商务厅）

（十）挖掘扩大内需潜力

顺应品质化数字化消费升级新趋势，积极扩大进口，提升绿色消费、智能消费、健康消费、个性消费等供给。大力发展服务消费，深化服务业领域对外开放。吸引国际知名品牌首店、旗舰店、概念店等入驻，加快发展"首店经济"。围绕"浙里来消费"主题，丰富"浙里行""浙里展""浙里游"等消费载体，开展系列促销活动。（牵头单位：省商务厅、省发展改革委）

五、营造优良一体化生态环境

（十一）加强金融服务保障

进一步扩大出口信用保险和国内贸易信用保险的覆盖面，对同时经营国内外市场的企业加强各险种协同支持，开展政策性内贸信用保险产品试点。加强供应链金融创新应用，依托应收账款、存货、仓单、订单、保单等创新金融产品，大力发展普惠金融，加大对国内国际贸易的信贷支持。（牵头单位：省地方金融监管局、人行杭州中心支行、浙江银保监会）

（十二）打造内外贸融合发展高能级平台

推进中国（浙江）自贸试验区新一轮高质量发展，对标 CPTPP、DEPA 等国际先进规则，以制度型开放推进内外贸融合。推广综合保税区增值税一般纳税人资格试点。发挥经济技术开发区、新区等开放平台和产业集聚区作用，促进内外贸体制机制对接和一体化发展。（牵头单位：省商务厅）

（十三）构建内畅外联现代物流网络

强化宁波舟山港等海港辐射带动作用，拓展内外贸集装箱市场，提升重要大宗商品资源配置能力。加快建设国际货站，培育航空总部、智慧物流及关联产业。做强国际陆港与中欧班列通道。推进 2 个"123 快货物流圈"（国内 1 天、周边国家 2 天、全球主要城市 3 天送达，城乡 1 小时、省内 2 小时、长三角主要城市 3 小时送达）建设，提升物流枢纽功能，打造国内外商品集散中心。（牵头单位：省交通运输厅）

（十四）加强人才队伍建设

增强职业教育适应性，加强产教融合、校企合作，创新推广"外语＋职业技能"等人才培养模式，推进相关专业升级与数字化改造。大力引进和培养熟悉国内外法律、市场环境、渠道建设、管理运营的专业人才和复合型人才，进一步健全终身职业技能培训制度，为企业提高内外贸一体化经营能力提供人才和技能支撑。（牵头单位：省人力社保厅、省教育厅）

六、提升政府一体化治理能力

（十五）实施最严格的知识产权保护制度

提高知识产权转移转化成效，提升企业创新

发展和开拓国内外市场的积极性。加强并完善知识产权领域地方立法工作，实施知识产权侵权惩罚性赔偿制度，加大损害赔偿力度。统筹推进知识产权司法保护、行政保护、协同保护和源头保护，争取开展国家知识产权保护试点示范区建设。（牵头单位：省市场监管局）

（十六）协同建设内外贸信用体系

依托信用"531X"工程 2.0 版，加快推进内外贸领域信用信息归集，强化与公共信用信息及金融、税务、市场监管、海关、外汇等部门及行业信用体系协同互动。完善信用分类监管，加强重点领域严重失信信息公示和联合惩戒。（牵头单位：省商务厅、省发展改革委）

（十七）全面深化数字化改革

围绕企业重大需求，开发完善信用保险、贸易融资、品牌培育、市场开拓、供应链服务、政策兑现等功能模块，不断丰富拓展。提升内外贸主体、销售规模、科技、品牌等数据系统集成和智能分析水平，实现省市县乡四级联动贯通，提升内外贸一体化治理能力。（牵头单位：省商务厅）

七、保障措施

（十八）强化政策支持力度

统筹利用商务促进专项资金，加强贸易政策与产业、财政、金融、科技等政策融合，加大政策支持力度。按照"区域+项目清单"方式，对示范试点相关主体予以支持。（牵头单位：省商务厅、省财政厅）

（十九）鼓励开展先行先试

支持结合地方特色和重点产业，聚焦内外贸一体化的特定领域、特定环节开展试点，率先在内外贸法律法规、监管体制、经营资质、质量标准、检验检疫、认证认可等相衔接方面探索创新。（牵头单位：省商务厅）

（二十）建立考核评价体系

从主体、规模、结构、竞争力等方面，探索建立内外贸一体化评价体系，逐年开展评估并更新完善。（牵头单位：省商务厅）

浙江省外贸工作领导小组办公室关于印发
《浙江省推进贸易高质量发展三年行动计划
（2021—2023年）》的通知

浙外贸组办〔2021〕3号

省出口专班成员单位、各市、县（市、区）商务局：

《浙江省推进贸易高质量发展三年行动计划》已经省出口专班（省稳外贸稳外资协调机制）第十四次会议审议通过，现印发给你们，请对照抓好贯彻落实。

浙江省外贸工作领导小组办公室

（浙江省商务厅代章）

2021年9月29日

浙江省推进贸易高质量发展三年行动计划
（2021—2023年）

为贯彻落实《中共浙江省委、浙江省人民政府关于推进贸易高质量发展的实施意见》《国务院办公厅关于加快发展外贸新业态新模式的意见》文件要求，培育参与国际经济合作和竞争新优势，率先探索构建新发展格局，制定本行动计划。

一、总体要求

围绕新发展阶段、新发展理念、新发展格局，全力稳住外贸基本盘，加快贸易创新发展，着力强化科技创新、产业创新、制度创新和业态模式创新，着力推进商品结构、市场布局、贸易方式和经营主体优化，着力深化开放平台、营商环境和治理体系建设，率先形成贸易与产业投资深度融合、货物贸易与服务贸易协调发展、进口出口并重、线上线下互促的贸易高质量发展格局，探索建设贸易主体集聚、资源高效配置、辐射带动周边的国际贸易中心。

到 2023 年，全省进出口实现量稳质升，出口占全国份额保持基本稳定，进口占全国份额稳步提升，贸易结构更趋优化，抗风险能力全面提高，国内国际两个市场联通功能不断增强。

二、主要举措

（一）贸易产业融合行动

1. 加强科技创新。

聚焦重点外贸产业及前沿技术，每年实施"尖峰、尖兵、领雁、领航"四大攻关计划项目。实施新一轮科技企业"双倍增"行动计划，认定一批符合条件的外贸企业为高新技术企业。提升高技术产品出口比重，完善高技术产品进出口统计目录。（责任单位：省科技厅、省商务厅、杭州海关、宁波海关）

2. 提升传统产业竞争优势。

深入实施传统制造业改造提升 2.0 版，形成一批经典产业、时尚产业、支柱产业，保持劳动密集型产品出口领先优势。推进农业贸易高质量发展基地建设。落实绿色低碳贸易标准和认证体系，大力发展高质量、高附加值的绿色产品贸易，严格管理高污染、高耗能、高排放产品出口。（责任单位：省经信厅、省发展改革委、省生态环境厅、省农业农村厅、省商务厅、省市场监管局）

3. 大力发展油气全产业链。

加快建设绿色石化基地、油气储备基地。争取开展油气储备体制改革试点。加快建设集国际贸易、油气金融、跨境结算于一体的国际油气贸易中心。积极引进国内外专业贸易商，做大做强以油品、液化天然气（LNG）、液化石油气（LPG）为主导的能源进口、出口、转口和国内贸易。［责任单位：省发展改革委（省能源局）、省商务厅、

省地方金融监管局、省粮食物资局、杭州海关、宁波海关］

4. 协同推进贸易和产业数字化。

选取若干外贸重点行业和标志性产业链，建设"产业大脑"和"未来工厂"，汇集资源要素、生产制造、贸易流通等外贸供应链各环节数据，构建智能化、个性化、定制化的柔性快反供应链体系。（责任单位：省经信厅、省商务厅、省大数据局）

5. 加强品牌建设。

推动有条件的地区、行业和企业建立品牌推广中心。开展国际商标注册宣传培训指导。评选新一批"浙江出口名牌"。提升自主品牌产品出口比重。（责任单位：省市场监管局、省商务厅、杭州海关、宁波海关）

6. 大力实施标准化战略。

组织开展贸易领域国家级、省级标准化试点项目。推动制定和修订一批国际标准、国家标准、地方标准和团体标准。（责任单位：省市场监管局、省商务厅）

7. 高质量推进外贸转型升级基地建设。

鼓励建设具备研发、检测、营销等功能的公共服务平台，制定实施支持举措，带动形成特色鲜明、优势突出、集约化发展的外贸产业集群。到 2023 年，国家级外贸转型升级基地达到 80 家以上。（责任单位：省商务厅）

（二）"品质浙货行销天下"行动

8. 推进重点市场贸易畅通。

滚动开展拓市场百日攻坚行动，研究制定开拓多元化市场工作方案。持续跟踪 25 个主要进出口市场，更新完善"一国一策"。（责任单位：省商务厅、省贸促会、出口信用保险浙江分公司）

9. 加快国际会展业发展。

深入实施"万企百展"行动，围绕"一带一路"等重点出口市场，举办系列境外自办展。组织参与广交会、服贸会、进博会、消博会、东盟博览会等重要展会。加强与知名会展企业及国际

会展组织的合作，不断提升省内品牌会展项目的国际影响力。动态调整重点展会目录。（责任单位：省商务厅、省财政厅、省贸促会）

10. 充分利用新技术新渠道。

运用数字技术和数字工具，持续提升浙江出口网上交易会、全球数字贸易云展会、"浙江名品"线上展的精准性、适配度和覆盖面。推广国内国际展、境外代参展等新模式。推动平台企业搭建海外展馆，拓展海外销售渠道。（责任单位：省商务厅、省贸促会）

11. 加快推进国际营销网络体系建设。

鼓励外贸企业设立境外分支机构。扩大境外营销服务网点覆盖范围，积极创建国家级国际营销服务公共平台。建设完善驻外商务代表处，增设贸促系统海外联络处。加强与外国驻华使领馆的交流合作。（责任单位：省商务厅、省外办、省贸促会、省工商联）

12. 全面推进内外贸一体化。

举办出口转内销系列活动。拓展内外销产品"三同"实施范围和实现方式，创新国内贸易险等产品。积极参与内外贸融合交易会。畅通内外贸一体化流通体系，培育一批双循环示范企业。（责任单位：省商务厅、省市场监管局、出口信用保险浙江分公司）

13. 提升自贸协定利用水平。

加强对 RCEP 等自贸协定的研究推广，每年联合开展 100 场以上巡回培训。完善优惠原产地证书签证工作网络，培育一批经核准出口商。对CPTPP 等高标准自贸协定开展前瞻性政策研究和先行先试。（责任单位：省商务厅、省贸促会、杭州海关、宁波海关）

（三）国际贸易新动能培育行动

14. 实施跨境电商高质量发展行动计划。

大力培育跨境电商平台、应用主体、服务商。支持企业开展多渠道数字营销引流。拓宽跨境结算渠道，完善税收管理机制。统筹推进全省域跨境电商综试区改革创新。到 2023 年，实现跨境电子商务交易额年均增长 30% 以上。（责任单位：省电子商务工作领导小组各成员单位）

15. 实施市场采购贸易创新提升专项行动。

加强商品认定、信用评价等体系建设，探索组货人制度和一体化通关模式下的高效监管路径。培育 100 家以上示范企业和商户。制定发布市场采购贸易方式试点建设标准。到 2023 年，市场采购占全省出口比重稳定在 10% 以上，年进出口额力争达到 3500 亿元以上。〔责任单位：省商务厅、浙江省税务局、省市场监管局、人行杭州中心支行（省外汇管理局）、杭州海关〕

16. 支持外贸综合服务企业健康发展。

制定发布《外贸综合服务企业服务规范》浙江省地方标准。明确外贸综合服务绩效评价指标。落实落细集中代办退税备案工作，加大市场主体、通关、外汇、信用保险、金融支持力度。〔责任单位：省商务厅、浙江省税务局、省市场监管局、人行杭州中心支行（省外汇管理局）、浙江银保监局、省发展改革委、杭州海关、宁波海关、进出口银行浙江省分行、出口信用保险浙江分公司〕

17. 推进海外仓高质量发展。

合理有序加快重点市场海外仓布局，鼓励传统外贸企业、跨境电商和物流企业共同参与。支持企业向供应链上下游延伸服务。建设海外仓信息服务平台。到 2023 年，全省海外仓总数达到850 个，总面积达到 1000 万平方米，培育一批优秀海外仓企业。〔责任单位：省商务厅、省发展改革委、省交通运输厅、省市场监管局、省地方金融监管局、省邮政管理局、人行杭州中心支行（省外汇管理局）、浙江银保监局、出口信用保险公司浙江分公司〕

18. 打造数字贸易先行示范区。

落实《浙江省数字贸易先行示范区建设方案》。举办全球数字贸易博览会。培育壮大数字贸易业态，到 2023 年，数字贸易进出口总额超过7000 亿元，年均增长 20% 以上。（责任单位：省

商务厅、省委网信办、省经信厅）

19. 推动服务贸易创新发展。

全面深化杭州服务贸易创新发展试点，加强舟山、宁波、湖州、金华、义乌省级服务贸易创新发展试点城市地区梯队建设。建设国家数字出口基地。探索全省数字服务贸易统计。（责任单位：省商务厅、省委宣传部、省发展改革委、省经信厅、省科技厅、省卫生健康委）

20. 创新保税维修等加工贸易方式。

落实加工贸易便利化政策，组织开展加工贸易示范企业评选。支持一批符合条件的企业开展综合保税区外保税维修（1371）业务，推动自产产品维修先行先试。发展肉类、坚果、红酒、橄榄油等进口食品加工服务业务。（责任单位：省商务厅、省生态环境厅、杭州海关、宁波海关）

21. 积极探索更多业态模式创新。

加快建设国际大宗商品贸易中心，发展大宗生产资料、矿产、粮食等进口和保税仓储业务，探索开展国际大宗商品期货保税交割业务。落实《关于在中国（浙江）自由贸易试验区内开展新型离岸国际贸易业务的指导意见》。推进二手车出口，鼓励在重点市场建立公共备品备件库。发展转口贸易。［责任单位：省商务厅、省地方金融监管局、人行杭州中心支行（省外汇管理局）、杭州海关、宁波海关］

（四）外贸主体培育提升行动

22. 壮大外贸企业主体队伍。

深入实施新一轮外贸主体培育提升计划，每年新增5000家以上有进出口实绩的企业。研究确定大型骨干外贸企业名单。培育和集聚一批融合生产研发、贸易成交和金融结算中心的国际贸易总部企业。（责任单位：省商务厅）

23. 增强民营企业竞争力。

实施《浙江省民营企业发展促进条例》。完善金融服务民营企业体制机制，优化信贷产品和服务。鼓励创新型和劳动密集型中小微民营企业向供应链、价值链上游攀升。（责任单位：省经

信厅、省发展改革委、省商务厅、省地方金融监管局、省工商联、人行杭州中心支行、浙江银保监局）

24. 提升协同发展水平。

发挥省属大型国有企业的供应链核心企业作用，提升产业链供应链现代化水平。引导企业与境外产业链上下游企业加强供需保障的互利合作。培育1～2家国内领先的供应链集成服务商。（责任单位：省商务厅、省发展改革委、省经信厅、省国资委）

25. 加快培育本土跨国企业。

实施加快培育浙江本土民营跨国公司"丝路领航"行动，利用全球产业布局优势带动对外贸易发展。到2023年，培育5家领军型全球公司和第二批30家本土民营跨国公司。（责任单位：省"走出去"工作领导小组成员单位）

（五）进口贸易创新发展行动

26. 深化进口促进体系建设。

推进宁波保税区、义乌等国家进口促进创新示范区建设，支持义乌探索进口日用消费品免证正面清单管理制度改革。创建完善100个省重点进口平台。举办浙江国际进口商品海淘汇等进口促进活动。探索实施进口主体培育"雄鹰"和"雏鹰"计划。推动省进口供应链联盟建设。（责任单位：省商务厅、省财政厅、省国资委、省市场监管局、人行杭州中心支行、浙江银保监局、杭州海关、宁波海关、出口信用保险浙江分公司）

27. 优化进口结构。

用好国家和省级进口贴息政策，鼓励先进技术关键装备和零部件进口，鼓励能源资源产品、优质消费品、国内紧缺农产品进口，支持知识技术密集型服务进口。（责任单位：省商务厅、省发展改革委、省科技厅、省财政厅）

（六）贸易与双向投资互促行动

28. 稳定和扩大使用外资。

落实《外商投资法》及实施条例，充分发挥外资在推动外贸创新发展及稳定产业链供应链中

的作用，提升制造业和高新技术外资企业在出口中的比重。（责任单位：省发展改革委、省商务厅）

29. 全力促进境外投资和对外承包工程。

推进境外经贸合作区示范提升，深化迪拜站、捷克站贸易服务平台功能，布局商贸物流型境外经贸合作区。依托联盟拓市，拓宽建筑业、数字经济、新能源、电力等对外承包工程领域，带动相关装备和零部件出口。（责任单位：省商务厅）

（七）重大贸易平台示范行动

30. 推进自贸试验区创新发展。

推动一批省级权限下放，争取赋予四个片区更大改革自主权。修订《中国（浙江）自由贸易试验区条例》。加快数字自贸区建设。力争自贸试验区各片区所在市的进出口增速高于全省平均3个百分点以上。[责任单位：中国（浙江）自由贸易试验区工作领导小组各成员单位]

31. 积极推进中国—中东欧国家经贸合作示范区建设。

制定落实《高水平建设宁波中国—中东欧国家经贸合作示范区的总体方案》。全力办好中国—中东欧国家博览会。至2023年底，自中东欧国家进口累计达到70亿美元。（责任单位：宁波市人民政府、省商务厅、杭州海关、宁波海关）

32. 深化义乌国际贸易综合改革试验区建设。

统筹推进义乌国际贸易综合改革试点和自贸试验区金义片区建设。推进义乌小商品城数字化升级，加快商贸服务型国家物流枢纽、义乌国际陆港城市建设。探索市场采购贸易2.0版。到2023年，外贸进出口额达到3500亿元。（责任单位：义乌国际贸易综合改革试验区工作领导小组各成员单位）

（八）营商环境最优省建设行动

33. 加强贸易金融支持。

实施外贸小微企业信用贷款支持计划和外贸

企业阶段性延期还本付息政策。加强浙江省企业信用信息服务平台、浙江省金融综合服务平台与"订单＋清单"监测预警系统的业务协同，优化融资增信服务。安排一定额度再贷款再贴现低息资金，重点支持民营和小微外贸企业。积极推广"政府＋银行＋信保＋担保"融资新模式，探索建立进口融资担保基金。（责任单位：人行杭州中心支行、省财政厅、省商务厅、省发展改革委、省地方金融监管局、浙江银保监局、进出口银行浙江省分行、出口信用保险浙江分公司）

34. 优化口岸营商环境。

深化"提前申报""两步申报""两段准入"通关模式改革，推动杭甬两关查验作业一体化。巩固压缩通关时效，力争居全国前列。深入推进全省数字口岸一体化，全面实现五大开放港口通关全流程无纸化。进一步清理规范海运口岸收费，力争降至全国最低水平。（责任单位：省口岸办、省发展改革委、省交通运输厅、省市场监管局、杭州海关、宁波海关、省海港集团）

35. 优化退税服务。

常态化推行"非接触式"办税缴费服务。进一步巩固出口退税进度，审核办理正常出口退税的平均时间不超过5个工作日。（责任单位：浙江省税务局）

36. 提高跨境结算便利化水平。

开展更高水平贸易投资便利化试点和本外币合一银行结算账户体系试点。进一步优化人民币跨境使用政策。发挥外汇联络员机制优势，实现汇率避险企业覆盖面和衍生品业务量双提升。发挥跨境金融区块链融资优势，提升企业贸易融资办理效率。[责任单位：人行杭州中心支行（省外汇管理局）]

37. 加强知识产权保护。

构建海外知识产权纠纷应对指导工作体系，强化境内外重点展会知识产权维权援助。加强商标专利知识产权执法，开展海关"龙腾"专项行

动。支持杭州市举办 AIPPI 世界知识产权大会。（责任单位：省市场监管局、省商务厅、省贸促会、杭州海关、宁波海关）

38. 建设"四港联动"高效跨境物流体系。

打造"四港"联动智慧物流云平台。强化订舱订箱等国际物流保障。推动中欧（义新欧）班列高质量发展。拓展国际货运航线网络，提升大型全货机服务保障能力。加快发展海空铁多式联运。大力吸引航运、物流和代理企业总部落户，深化与全球航运企业共建共享合作。（责任单位：省交通运输厅、省商务厅、杭州铁路办事处、省机场集团、省海港集团）

（九）防风险促合规行动

39. 进一步发挥出口信用保险作用。

进一步扩大短期出口信用保险覆盖面，优化承保和理赔条件。加快小微政府统保平台实现省域全覆盖。加强对外贸新业态新模式新领域的支持。探索开展进口预付款信用保险。（责任单位：浙江银保监局、省商务厅、出口信用保险浙江分公司、人保财险浙江分公司等）

40. 积极应对经贸摩擦。

项目制清单化推进经贸摩擦应对工作。精准帮扶涉美"黑名单"优质企业。积极争取建设多主体协同应对贸易摩擦综合试验区。推动技术性贸易措施应对工作。（责任单位：省中美经贸摩擦应对机制成员单位）

41. 建立"3+3+2"贸易救济调查体系。

深化"浙"里有"援"法律服务、"四体联动"机制和行业预警点建设，做好救济应对指导。实施贸易调整援助试点。（责任单位：省商务厅、省财政厅）

42. 持续推进合规工作。

推进贸易政策合规。制定实施浙江省外经贸企业合规体系建设三年行动计划，培育一批浙江省合规示范企业。（责任单位：省浙江省贸易救济联席会议成员单位）

43. 加强涉外商事调解工作。

新建10个以上涉外商事调解机构和调解联络点，打造"有纠纷找贸促"品牌，加强涉外商事调解服务。（责任单位：省贸促会）

（十）外贸"整体智治"行动

44. 建设变革型组织。

深化省出口专班月度会商、专题研究、任务交办、通报督查、信息共享机制，多跨协同应对贸易发展面临的困难和问题。强化专班工作队伍建设。（责任单位：省出口专班各成员单位）

45. 推进外贸数字化改革。

迭代升级"订单＋清单"监测预警系统，探索打造"贸易大脑"。建设"订单贷"、国际集装箱"一件事""海外仓服务在线"等一批标志性场景应用。[责任单位：省商务厅、浙江省税务局、人行杭州中心支行（省外汇管理局）、杭州海关、宁波海关、省海港集团]

46. 优化政策体系。

加强贸易政策与产业、财政、金融、科技等政策融合，提升政策连续性、稳定性和可持续性。规范出口财政扶持政策。（责任单位：省出口专班各成员单位、各市人民政府）

47. 建立考核评价体系。

探索设立高质量发展指标评价体系，逐年开展评估并完善。（责任单位：省出口专班各成员单位）

浙江省数字生活新服务工作联席会议办公室关于印发《浙江省数字商贸建设三年行动计划》的通知

省级有关单位，各市、县（市区）商务主管部门：

为贯彻落实《中共浙江省委办公厅、浙江省人民政府办公厅印发〈关于实施数字生活新服务行动的意见〉的通知》（浙委办发〔2020〕24号）精神，根据省委省政府全面推进数字化改革的部署要求，浙江省商务厅制定了《浙江省数字商贸建设三年行动计划（2020—2022年）》，现予印发。省级有关单位要加强统筹指导，跨部门多业务协同配合形成合力。各市、县要把数字商贸建设作为商务系统数字化改革的突破口，成立行动领导小组或专班，制定具体实施方案大力推进。省数字生活新服务工作联席会议办公室将对行动方案落实情况进行专项督促检查并开展情况通报。

浙江省数字生活新服务工作联席会议办公室

2021 年 3 月 15 日

浙江省数字商贸建设三年行动计划（2020—2022 年）

根据省委省政府全面推进数字化改革的部署要求，为进一步推动全省生活性服务业数字化转型，以新服务带动新消费，激发居民消费潜力，营造良好的线上线下商贸流通消费环境，加快建设现代消费体系，依据《中共浙江省委办公厅、浙江省人民政府办公厅印发〈关于实施数字生活新服务行动的意见〉的通知》（浙委办发〔2020〕24号），特制定本行动方案如下。

一、总体要求

认真贯彻落实习近平总书记关于全面深化改革和数字中国建设的重大部署，围绕奋力打造"重要窗口"和加快建设数字浙江，以建设数字生活服务强省和具有国际水准的新型消费中心为目标，着力培育新模式新业态，推动数字化技术、数字化思维、数字化认知在商贸领域的广泛应用，不断提升数字化、网络化、智能化水平，形成具有浙江特色的数字商贸新优势，更好满足群众对高层次、多样化、多方面的消费需求。

二、行动目标

争取到 2022 年，全省网络零售额实现 2.5 万亿元，网络零售额相当于社会消费品零售总额的比值达到 80% 以上。"数字化＋商贸"取得重大进展，数字商贸主体不断增多，数字化能力不断增强，新模式、新业态、新场景不断涌现，全面助力建成数字生活服务强省。

三、重点任务

（一）实施"百家重点平台培育"工程

重点在服务业电商、农村农产品电商、行业及垂直电商、社交（直播）电商、专业市场 O2O、社区商业 O2O 等领域，培育形成一批特色鲜明、模式成熟、技术支撑和创新能力强，在全国领先并具有一定国际影响力和竞争力的代表性平台。继续推进"网上菜场""网上餐厅""网上超市"等六个网上建设，加快形成一批具有地方特点、服务便利的区域性本地生活平台。建立全省重点平台企业培育库，实行省市县分级管理、跟踪服务和动态调整。到 2022 年，培育 1 家具有国际水准、全国领先的综合性数字生活开放平台，20 家以上全国领先的生活性服务行业垂直平台，100 家以上区域性本地生活服务平台。

（二）开展传统商贸云化改造提升

实施"千家企业云化"行动，推动有条件的商业综合体、专业（商品）市场、大中型商场（超市）、社区商业和其他生活服务业场所进行人、货、场云化改造，推出手机 APP、小程序、二维码等线上服务平台和智能服务终端，开展营销推广、品类管理、订单管理等应用场景数字化建设，提升消费者体验服务水平。实施"百万商家上线"行动，鼓励商贸业小店与国内知名平台合作推进数字化改造，引进电子价签、智能收银系统等，推动线上与线下、商品与服务的深度融合发展。鼓励各类商家入驻生活服务和地理信息服务平台，推进浙江数字生活地图建设。

（三）推进全省零售模式创新工程

推动电子商务和实体商业、生活服务业双向融合，加快发展以供应链管理、品牌建设、线上线下一体等为特征的新零售。支持有条件的城市与知名电商平台、重点商贸流通企业合作，推进数字商业基础设施建设和新业态新模式的创新推广。鼓励电商企业（平台）向线下延伸拓展，加快传统线下业态数字化改造和转型升级，发展个性化定制、柔性化生产，推动线上线下消费高效融合。大力发展农村电子商务，推动电商平台加强与农业产业化龙头企业、农民合作社、农业社会化服务组织等对接，拓展农村产品线上销售渠道，促进农业增效、农民增收，助力乡村振兴。到 2022 年，创建 2 个以上新零售标杆城市，培育 150 家以上省级新零售示范企业。

（四）打造新型智慧商圈

聚焦服务便利化、智慧化、人性化、特色化，在重点商圈推进智慧商务、智慧设施、智慧服务、智慧营销、智慧环境、智慧管理等场景应用创新，实现政府公共服务和商圈等场所消费服务有机融合，打造一批智慧化高品质消费集聚平台。鼓励各商家积极引入新技术、新模式，搭建消费新场景，提升消费者体验感、参与感。支持运营管理方搭建商圈运营管理平台，支持搭建链接多街区、多商圈的智慧化服务平台，推动街区、商圈各类资源共享，便利消费。到 2022 年，培育 2～3 个国际化商圈和 20 个具有区域影响力的智慧商圈，商圈智慧化水平居全国前列。

（五）打造高品质数字步行街

结合高品质步行街、城市"夜经济"地标等

创建载体,利用数据技术、智能设备等推进特色街区数字化,实现本地历史文化街区、商业步行街等线下街区内餐饮、零售及各类生活服务业商户智能化升级。加快特色街区智慧化信息服务平台等项目建设,开发各类自助服务设施,将街区日常管理细化到店、管理到物、服务到人,提供交通引导、商品导购、积分促销、移动支付、停车出行、即时快递物流等智能服务,加快打造特色数字步行街区。到2022年,全省打造10条以上数字化特色步行街。

(六)推进网络直播等新业态发展

支持网络直播、社交电商、社区团购等新业态、新模式的健康规范发展。深入开展"美好生活·浙播季"专项行动,着力推动直播电商五个"一批"建设。大力推动网络直播服务产品交易平台和直播基地建设,积极培育发展MCN(多渠道网络服务)、内容创作服务等机构,加快网络直播等新媒体在商贸服务领域应用创新发展。大力推进产业公共直播间建设,加大对直播间基础配套设施建设的支持力度,促进产业公共直播间与当地产业融合互动。到2022年,在全省建设20~30个省级直播电商基地,培育10个左右具有较好直播基础的县(市、区)进行产业公共直播间试点。

(七)推进"浙江制造网上行"

以数字化、平台化、品牌化发展为引领,加快推进浙江制造企业与网络平台深度融合,帮助企业开拓国内外市场,促进企业内外贸一体化发展。重点支持国家级、省级、市级"老字号"、"品字标浙江制造"等企业与传统电商、社交电商、内容电商、专业电商、直播等的对接,鼓励各电商平台、各快递产业园区为浙江制造产品入驻提供便利,根据各自特点,开展"浙江制造"产品品牌评价活动,精选一批受消费者喜爱的浙江制造产品进行专区重点展示、集中推介。到2022年,推动5000家企业加入"浙江制造网上行"活动,实现网上销售额500亿以上。

(八)推动数字商贸基础设施建设

加快新型互联网基础设施建设,推进5G基站和物联网设施建设与应用,优先覆盖核心商圈、商贸产业园区、交通枢纽、快递产业园区等区域。做好省内物流网点布局,加快推进重点物流枢纽、骨干冷链基地、邮政快递分拨中心、应急储备基地、农村等物流设施网络布局,提升快递物流精细化管理水平。统筹规划城乡融合新型消费网络网点,加强农村消费基础设施建设,支持建设立足乡村、贴近农民的生活消费服务综合体。推动移动支付创新,完善基础设施布局,提高在商贸领域的普及应用。

(九)构建数字商贸人才保障体系

聚焦新电商产业发展,构建资源集约、结构合理、协同发展的新电商培训体系,加快培育新电商人才。支持高等学校开设电子商务、数字营销、网络与新媒体等新兴专业,培育数字商贸人才;鼓励高等学校、互联网平台企业、专业培训机构、用人单位联合开发数字商贸人才培训课程,开展订单式人才培养。加强商贸企业上线的培训和辅导,提升企业数字化转型能力。加强职业技能培训,提升商贸从业人员的数字化技能。各地要完善人才政策,探索新型人才从业评价,加大对电子商务、新零售、快递物流等领域人才支持力度。到2022年,全省开展培训1000场次以上,累计受训不少于10万人次。

(十)开展"数字生活嘉年华"活动

借助数字经济优势,围绕餐饮、体育、文化、旅游、出行、家居消费等领域,结合本地传统特色活动、线下促消费活动与重点网购节庆等活动,在"不聚集、少接触"的前提下,组织开展"数字生活嘉年华"活动,线上线下共同营造数字消费氛围,打造展现本地产业特色、文体特色的网红集市、文化展示、电竞运动等数字化活动场景,为消费者提供全新的购物体验和更为方便快捷的生活体验,实现数字化消费新发展、数字化赋能新生活。到2022年,全省共举办20场以上市级"数字生活嘉年华"活动，200场以上县（市区）级"数字生活嘉年华"活动。

四、保障措施

（一）加强组织领导

各地要把数字商贸建设工作摆在更加突出的位置，成立数字商贸行动领导小组，建立协调、联动机制，专班化统筹推进。细化制定具体实施方案，明确目标任务，形成工作闭环。省数字生活新服务工作联席会议办公室将加强对本行动计划落实情况的督促检查，及时评估实施效果并开展情况通报。

（二）加强指导服务

省级相关部门要加强统筹指导，督促各地细化政策举措，确保各项工作落实到位。整合企业、高校科研机构和智库资源，研究并分类制定商贸数字化建设标准，加快推进数字商贸规范化建设，探索形成一批可复制可推广的发展经验。

（三）加强政策支持

各地要加强对数字商贸领域重点项目建设、重点活动举办、人才引育等方面的政策支持。通过产业基金、财政资金（奖励补助）等方式引导社会各类资本加大对数字商贸领域重点项目的投资。支持银行、担保、小额贷款等机构创新融资方式，探索根据云服务使用量、智能化设备和数字化改造的投入以及数据资产认定等方式为商贸企业提供低息或贴息贷款。

（四）加强氛围营造

发展数字商贸涉及面广、内容众多、任务艰巨，涉及政府、企业、社会等不同层面，各地要迅速行动，统筹传统媒体和新媒体资源，精心策划，精准推送，全方位、多角度宣传发展数字商贸对当地经济、产业发展的重要促进作用；要及时挖掘梳理数字商贸创建典型案例，通过动态新闻和专题制作结合的方式，进行重点、深度宣传推广，形成全社会支持、参与数字商贸发展的良好氛围。

第二编

概　述

2021 年世界经济贸易形势报告

2021 年以来，全球疫情起伏反复，世界经济呈现复苏分化态势。全球能源短缺、供应链紧张、通胀上升等给经济复苏带来冲击。展望 2022 年，世界经济有望复苏，但仍面临较多不确定性。

一、当前世界经济贸易总体形势

1. 世界经济复苏分化。

2021 年以来，世界经济呈分化复苏态势（见表 1）。国际货币基金组织（IMF）在 10 月《全球经济展望》报告中预测今年全球经济增速将反弹至 5.9%，2022 年小幅回落至 4.9%，但发达经济体和发展中经济体复苏形势分化。受益于疫苗普

及和刺激政策，发达经济体经济复苏较快。由于疫苗分配不公、政策支持手段较少，除中国以外的新兴和发展中经济体经济复苏相对缓慢。IMF 认为，各经济体间经济增长分化是全球经济复苏面临的主要问题之一，发达经济体总产出预计将在 2022 年恢复至疫前趋势水平，而新兴和发展中经济体总产出水平恢复则需更长时间，到 2024 年仍无法恢复至疫前趋势水平。经合组织（OECD）

表 1 2019—2022 年世界经济增长趋势

单位：%

经济体	年份			
	2019	2020	2021	2022
世界经济	2.8	−3.1	5.9	4.9
发达国家	1.7	−4.5	5.2	4.5
美国	2.3	−3.4	6.0	5.2
欧元区	1.5	−6.3	5.0	4.3
英国	1.4	−9.8	6.8	5.0
日本	0.0	−4.6	2.4	3.2
新兴经济体和发展中国家	3.7	−2.1	6.4	5.1
俄罗斯	2.0	−3.0	4.7	2.9
中国	6.0	2.3	8.0	5.6
印度	4.0	−7.3	9.5	8.5
巴西	1.4	−4.1	5.2	1.5
南非	0.1	−6.4	5.0	2.2

注：2021 年和 2022 年数值为预测值；印度数据为财年数据。
数据来源：国际货币基金组织，《世界经济展望》，2021 年 10 月。

9月发布的经济展望报告与 IMF 相比略有差异，预计今年全球经济增速将反弹至 5.7%，2022 年小幅回落至 4.5%，并也强调全球经济复苏仍不平衡，充满不确定因素，应当加强国际合作，向低收入国家提供所需的资源，进行疫苗接种。

2. 全球贸易反弹超出预期。

世界贸易组织（WTO）10 月预计 2021 年全球货物贸易量增速将大幅反弹至 10.8%，高于 3 月预测的 8.0%，2022 年增长 4.7%（见表 2）。在全球贸易强劲增长的背后，不同区域不同类型的贸易复苏存在较大差异，中东、南美和非洲的贸易复苏相对缓慢。服务贸易复苏落后于货物贸易，尤其是旅游等行业恢复缓慢。WTO 认为全球贸易最大的下行风险仍然来自疫情反复，呼吁各成员公平分配疫苗。

3. 全球投资反弹势头强劲。

10 月联合国贸易和发展会议 UNCTAD 发布《投资趋势监测》报告显示，2021 年上半年全球外国直接投资（FDI）流量预计达到 8520 亿美元，反弹势头强于预期。其中，发达经济体 FDI 增幅显著，预计达到 4240 亿美元，是 2020 年的三倍多。分领域看，基础设施投资较为强劲，但工业投资仍然疲软，绿地投资项目数量继续减少。总体来看，全球 FDI 前景有所改善，UNCTAD 预测 2021 年全年 FDI 或将恢复至疫情前水平，但疫情持续时间，疫苗接种速度以及基础设施规划实施速度仍然是重要的不确定因素。

二、世界经济贸易发展中需要关注的问题

1. 全球能源短缺对世界经济产生负面影响。

2021 年以来，随着世界经济持续复苏，能源需求持续增加，而能源供给面临瓶颈，无法满足需求，加上绿色能源受到极端天气影响供应下降，全球能源市场面临短缺。欧洲天然气库存创新低，英国爆发"汽油荒"。能源短缺将产生连锁反应，加剧全球通胀压力，影响经济复苏进程。许多制造业企业由于能源价格大幅攀升、电力供应不足等实施限产甚至停产。原油、天然气、煤炭等能源价格持续飙升。世界银行《大宗商品市场展望》报告预测，2021 年能源价格比 2020 年提高 80% 以上。受能源价格上涨驱动，欧美等国通胀高位运行，IMF 预估 2021 年全球 CPI 将达到 4.3%，相比 2020 年提高 1.1 个百分点，其中发达国家上

表 2　2019—2022 年世界贸易增长趋势

单位：%

名称	年份			
	2019	2020	2021	2022
世界货物贸易量	0.1	−5.3	10.8	4.7
出口：北美洲	0.3	−8.6	8.7	6.9
中南美洲	−2.2	−4.7	7.2	2.0
欧洲	0.6	−7.9	9.7	5.6
亚洲	0.8	0.3	14.4	2.3
进口：北美洲	−0.6	−6.1	12.6	4.5
中南美洲	−2.6	−9.9	19.9	2.1
欧洲	0.3	−7.6	9.1	6.8
亚洲	−0.5	−1.2	10.7	2.9

注：2021 年和 2022 年数值为预测值。
数据来源：世界贸易组织，《贸易统计与展望》，2021 年 10 月。

涨幅度尤为明显，CPI 达到 2.8%，提高 2.1 个百分点。

2. 全球供应链局部紧张影响经济复苏。

2021 年以来，伴随着世界经济不断复苏，全球供应链恢复运转，但同时也面临严重瓶颈。铜、铁矿石、钢铁等原材料以及化工、半导体、消费电子、汽车等中下游行业均出现了不同程度的供应短缺和价格上涨问题。其中，半导体短缺现象日益突出，尚未出现缓解迹象。多家汽车企业大幅下调产量，例如丰田汽车将 9 月和 10 月的全球产量下调了 4 成，并将 11 月产量从计划生产的 100 万辆减少了 15%。供应链紧张影响经济复苏，WTO 认为，全球半导体供应短缺和海运不畅等问题给供应链带来压力并影响相关领域贸易。

3. 全球债务规模居高不下。

疫情造成各国债务规模上升，IMF 10 月发布的《财政监测报告》显示，2020 年全球政府、企业和家庭债务总额达 226 万亿美元，同比增长 27 万亿美元。由于发达国家经济复苏带来税收增加等，2021 年财政状况将有所好转，预计 2021 年世界整体政府债务与 GDP 之比为 97.8%，较上年下降 0.8 个百分点，但仍大幅高于 2019 年 83.6% 的水平。预计到 2026 年，世界整体政府债务余额占 GDP 之比仍将高达 96.5%，发达国家这一比例将达到 118.6%，比疫情前的 2019 年高约 15 个百分点。债务高企影响后疫情时代可持续发展，尤其是在发达国家货币政策转向的背景下，发展中国家偿债压力上升，债务违约风险增加。

三、主要国家和地区经济展望

美国 2021 年美国经济增速反弹后出现下滑。第一、二、三季度实际 GDP 按年率计算分别增长 6.3%、6.7% 和 2%。受全球供需错配、商品和能源价格上涨等因素影响，美国内通胀压力不断增加，10 月 CPI 以及核心 CPI 分别上涨 6.2%、4.6%，不仅高于前值，也超过市场预期。受高通胀等因素抑制，消费需求走弱，10 月密歇根大学消费者信心指数从 9 月的 72.8 降至 71.7。同时，制造业活动有所放缓，9 月市场数据服务公司 IHS Markit 绘出的制造业采购经理指数 PMI 为 60.5，创 2021 年 4 月以来新低。近期，美联储决定开始缩减购债规模（Taper），将从 11 月开始逐月减少 150 亿美元资产购买规模。市场普遍认为，2022 年美联储购债结束后将会加息。总体看，美国经济仍保持复苏，美联储 9 月预测 2021 年美国经济增长率为 5.9%，较 7 月预测下调 1.1 个百分点，预计 2022 年经济增长 3.8%。

欧元区 由于疫情恶化导致经济活动放缓，今年第一季度欧元区 GDP 环比下降 0.3%。不过随着疫苗接种进程加快和管制措施放松，二、三季度经济迎来反弹，GDP 环比分别增长 2%、2.2%。未来随着“下一代欧盟”计划逐步落地，支持成员国进行改革和扩大投资，对经济将起到较好提振作用。欧盟委员会 7 月将 2021 年欧元区经济增速从 5 月预测的 4.3% 提升至 4.8%，2022 年增速也从 4.4% 增至 4.5%。

日本 受疫情反复困扰，日本经济延续疲软态势。在第一季度深度下滑后，日本经济第二季度反弹幅度超过预期，但第三季度疫情恶化，经济活动重新受到限制。根据日本内阁府公布的数据，2021 年前三个季度实际 GDP 增速按年率计算分别为 -4.2%、1.9% 和 -3%，预计四季度增速将再次反弹。2021 年日本经济增长 3.7%，2022 年增长 2.2%。

新兴经济体和发展中国家 新兴经济体和发展中国家尤其是低收入发展中国家饱受疫情困扰，疫苗接种缓慢，经济增长乏力。但受到国际大宗商品价格上涨的带动，一些出口大宗商品的新兴经济体和发展中国家的短期经济前景有所改善。IMF 预测，2021 年新兴经济体和发展中国家 GDP 将增长 6.4%，较上次预测上调 0.1 个百分点。总体上看，发展中国家融资环境趋紧，通胀风险增大，债务负担上升，却无力采取更多政策支撑，复苏前景不容乐观。

主要新兴经济体经济逐步复苏但存在不确定性。**印度**经济从二季度暴发的第二波疫情中逐步恢复，但疫情走势、能源供应短缺等都是印度经济复苏中的不确定性因素。印度央行预计，2021年印度 GDP 将增长 9.5%。**巴西** 2021 年大部分地区未像 2020 年一样对经济活动采取过多限制措施，因此即使面临疫情冲击，经济仍保持增长，上半年 GDP 增长 6.4%。随着接种率提升，巴西经济前景不断改善，但通胀率急剧上升导致巴西央行多次加息，对经济增长带来一定抑制。巴西央行预测 2021 年巴西 GDP 增长 5.3%。**俄罗斯**受益于国际油价走高，外部需求不断好转，出口大幅增长，带动经济稳步复苏。近期随着疫情加重，俄消费和生产受到一定影响。与巴西类似的是，为应对不断上涨的通胀压力，俄央行采取了加息措施。俄罗斯经济与发展部 9 月预测，2021年俄罗斯经济将增长 4.2%。**南非**随着大宗商品价格上涨，经济加速复苏。但疫情和大宗商品价格未来走势给复苏带来不确定性。IMF 最新预测中将南非 2021 年经济增长预测提升了 1 个百分点至 5%。

2021 年中国宏观经济形势报告

　　2021 年以来，面对复杂严峻的国内外环境，在以习近平同志为核心的党中央坚强领导下，各地区各部门认真贯彻落实党中央、国务院决策部署，立足新发展阶段，完整、准确、全面贯彻新发展理念，加快构建新发展格局，统筹疫情防控和经济社会发展，强化宏观政策跨周期调节，有效应对疫情汛情等多重考验，国民经济持续恢复发展，主要宏观指标总体处于合理区间，就业形势基本稳定，居民收入继续增加，国际收支保持平衡，经济结构调整优化，质量效益稳步提升。

一、国民经济持续恢复，经济结构调整优化

　　初步核算，前三季度国内生产总值（GDP）823131 亿元，按可比价格计算同比增长 9.8%（见图 1）。分产业看，第一产业增加值 51430 亿元，同比增长 7.4%；第二产业增加值 320940 亿元，增长 10.6%；第三产业增加值 450761 亿元，增长 9.5%，占 GDP 比重达 54.8%。服务业新动能发展势头良好，前三季度，信息传输、软件和信息技术服务业，金融业增加值分别增长 19.3% 和 4.5%。第三产业对经济增长的贡献率为 54.2%，

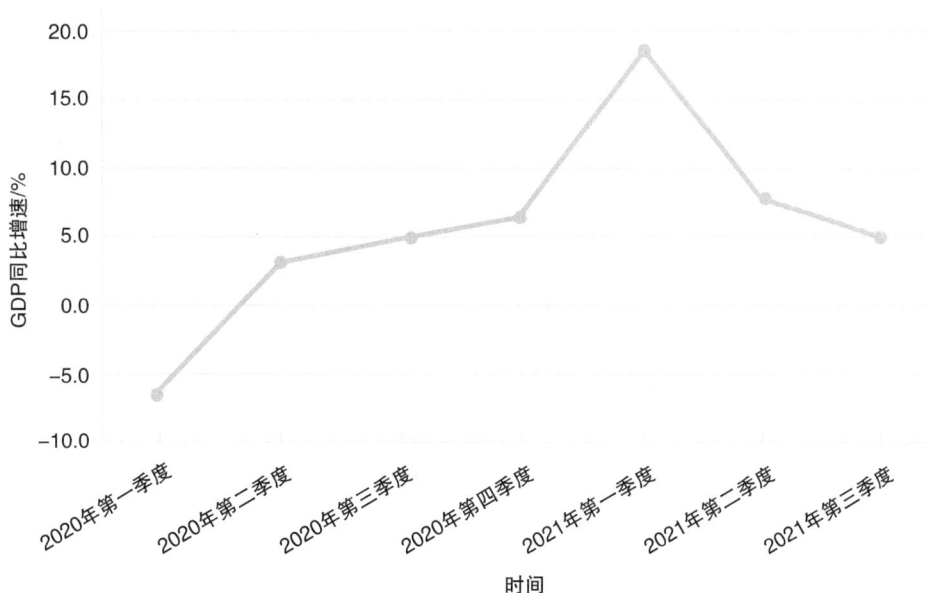

图 1　2020 年一季度—2021 年三季度中国 GDP 同比增速

数据来源：国家统计局，下同。

拉动 GDP 增长 5.3 个百分点。绿色发展持续推进，前三季度单位 GDP 能耗下降 2.3%，降幅较上半年扩大 0.3 个百分点。

二、农业生产形势较好，粮食生产有望再获丰收

前三季度，农业生产秩序保持稳定，主要农副产品供应充足。全国夏粮早稻合计 17384 万吨，同比增加 369 万吨。秋粮播种面积稳中有增，全年粮食产量有望再创历史新高，连续 7 年保持在 6.5 亿吨以上。前三季度，猪牛羊禽肉产量增长 22.4%，其中生猪生产全面恢复，猪肉产量大幅增长 38.0%。三季度末，生猪存栏 43764 万头，增长 18.2%，基本恢复到正常年份的水平。

三、工业生产持续增长，内生动力不断增强

1—10 月，工业经济总体保持平稳运行态势，企业效益持续改善。全国规模以上工业增加值同比增长 10.9%（见图 2）。规模以上工业企业产销率达到 97.7%。规模以上工业企业实现出口交货值增长 18.5%，受防疫用品需求旺盛带动，医药制造业出口交货值保持高速增长。前三季度，全国工业产能利用率为 77.6%，是近年来同期较高水平。随着一系列助企惠企政策持续发力显效，企业经营状况得到改善。前三季度，全国规模以上工业企业实现利润总额 63440.8 亿元，增长 44.7%。新动能引领作用凸显，前三季度，高技术制造业增加值增长 20.1%，持续快于整体工业。装备制造业增加值增长 16.2%，增速快于规模以上工业 4.4 个百分点，绿色低碳智能产品增长较快，新能源汽车、工业机器人、集成电路产量分别增长 172.5%、57.8%、43.1%。

四、固定资产投资基本平稳，社会领域投资快速增长

1—10 月，投资呈现稳定恢复态势，固定资产投资（不含农户）445823 亿元，同比增长 6.1%。从投资主体看，国有控股投资增长 4.1%；民间投资增长 8.5%，占总投资比重为 57.1%。分产业看，第一产业投资增长 11.1%；第二产业投资增长 11.3%，其中制造业投资增长 14.2%；第三产业投资增长 3.7%，其中基础设施投资增长 1.0%。高技术产业投资增长 17.3%，其中高技术制造业投资增长 23.5%。房地产开发投资逐步趋于稳定，

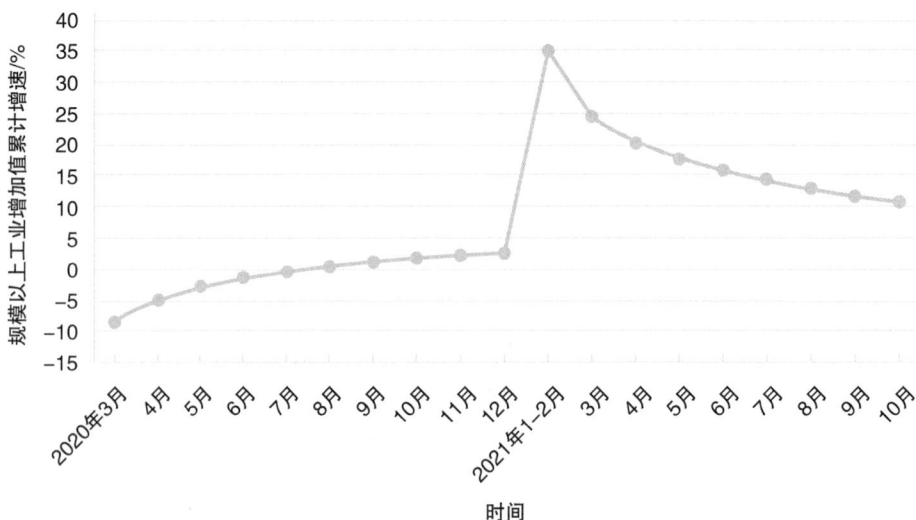

图 2　全国规模以上工业增加值累计增速

全国房地产开发投资 124934 亿元，增长 7.2%，其中住宅投资增长 9.3%。社会领域投资持续快速增长，其中卫生和教育投资分别增长 28.9%、10.1%。前三季度，资本形成总额对经济增长的贡献率为 15.6%。

五、居民消费持续恢复，升级类商品增长较快

2021 年以来，受疫情反复、极端天气等因素影响，部分消费市场复苏受限，但总体仍延续恢复态势。1—10 月，社会消费品零售总额 358511 亿元，同比增长 14.9%（见图 3）。城乡市场实现同步较快增长，城镇消费品零售额 310978 亿元，增长 15.0%；乡村消费品零售额 47533 亿元，增长 14.4%。按消费类型分，餐饮收入 37211 亿元，增长 25.7%；商品零售 321300 亿元，增长 13.8%。消费升级类商品销售增长较快，金银珠宝、文化办公用品和通信器材等商品零售分别增长 38.1%、20.5% 和 19.5%。传统零售业态商品销售稳中有升，1—10 月，限额以上便利店、超市、专业店商品零售额两年平均增速与前三季度基本持平，百货店和购物中心商品零售额两年平均增速分别加快 0.3 和 0.5 个百分点。直播电商、

短视频电商、社区团购等新型消费快速发展，全国网上零售额增长 17.4%，其中实物商品网上零售额增长 14.6%，占社会消费品零售总额的比重为 23.7%。在网络零售拉动下，1—10 月，全国快递服务企业业务量累计完成 867.2 亿件，增长 34.7%。前三季度，最终消费支出对经济增长的贡献率是 64.8%，拉动 GDP 增长 6.3 个百分点，是拉动经济增长的主要动力。

六、开放型经济快速增长，发展质量进一步提高

1—10 月，中国进出口总额 31.7 万亿元，同比增长 22.2%，其中，出口 17.49 万亿元，增长 22.5%；进口 14.18 万亿元，增长 21.8%，规模创历史同期新高。第一季度、第二季度和第三季度进出口规模分别为 8.51 万亿、9.59 万亿和 10.23 万亿元，呈逐季攀升态势。贸易结构持续优化，一般贸易进出口 19.54 万亿元，增长 25.1%，占进出口总额的比重为 61.7%，比上年同期提高 1.4 个百分点；民营企业进出口 15.31 万亿元，增长 28.1%，占外贸总值的 48.3%。外贸创新发展能力逐步增强，前三季度，跨境电商进出口增长 20.1%，市场采购出口增长 37.7%。世界贸易组织

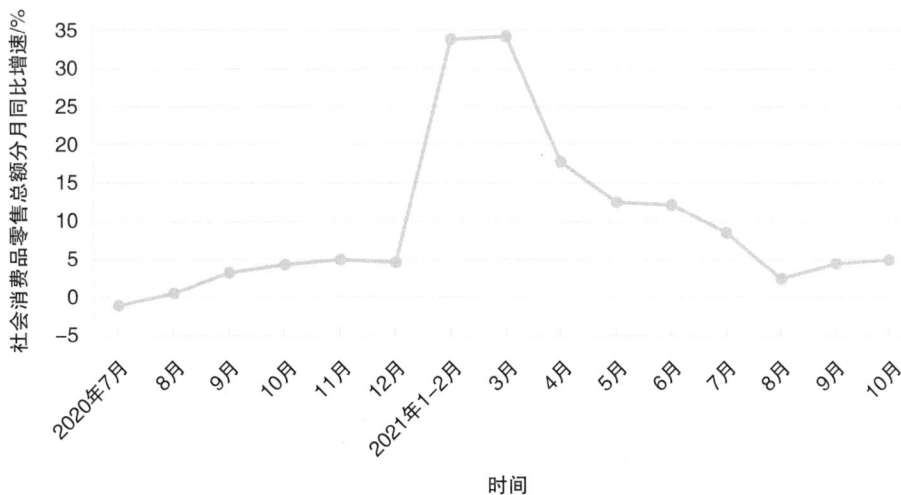

图 3　社会消费品零售总额同比增速

的数据显示，今年上半年，中国出口、进口国际市场份额分别为 14.5%、12%，创历史新高，同比分别提升 0.9 和 0.7 个百分点。

1—10 月，实际利用外资 9431.5 亿元（折合 1420.1 亿美元），同比增长 17.8%，全国新设立外商投资企业 3.9 万家，增长 32.1%（见图4）。产业结构进一步优化，服务业实际使用外资 7525.21 亿元，增长 20.3%。制造业实际使用外资扭转连续两年同比下降态势，增长 2.1%。高技术产业实际使用外资金额增长 23.7%，其中高技术服务业增长 27.9%，高技术制造业增长 10%。开放平台引资带动作用明显，全国 21 个自贸试验区、海南自由贸易港实际使用外资分别增长 33.8%、377%。

前三季度，对外非金融类直接投资 5227.6 亿元，同比下降 5.2%，降幅较上半年扩大 1.5 个百分点。对"一带一路"沿线国家投资合作持续增长，非金融类直接投资 962.3 亿元，增长 5.7%，占同期总额的 18.4%。对制造业、信息传输 / 软件和信息技术服务业、交通运输、科学研究和技术服务业等多个领域的对外投资保持增长，其中流向制造业的对外投资增长 9.3%。对外承包工程新签合同额 10329.6 亿元，下降 1.7%。对外劳务合作派出各类劳务人员 23.2 万人，9 月末在外各类劳务人员 60.4 万人。

七、居民消费价格温和上涨，工业生产者价格涨幅扩大

1—10 月，居民消费价格同比上涨 0.7%，涨幅比上半年扩大 0.2 个百分点。其中，城市上涨 0.8%，农村上涨 0.5%。分类别看，衣着上涨 0.2%，居住上涨 0.7%，生活用品及服务上涨 0.3%，交通通信上涨 3.7%，教育文化和娱乐上涨 1.7%，医疗保健上涨 0.4%，食品烟酒价格下降 0.5%，其中猪肉价格下降 29.5%，为拉动食品价格下降的主要因素。随着国内经济稳步恢复，国际大宗商品价格持续上涨，生产领域价格涨幅扩大，1—10 月，工业生产者出厂价格上涨 7.3%，工业生产者购进价格上涨 10.1%，涨幅分别比上

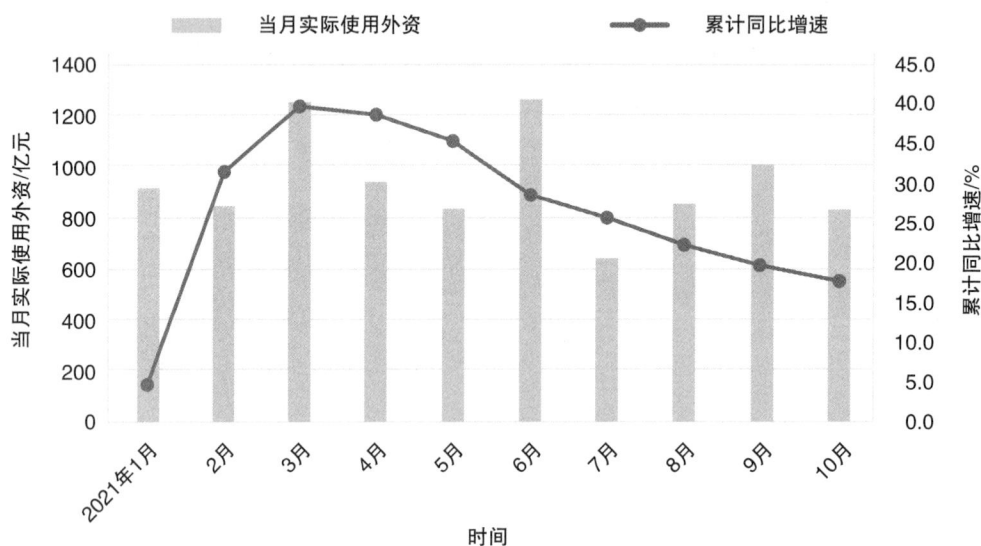

图4 2021 年 1—10 月中国实际使用外资情况

数据来源：中国商务部。

半年扩大 2.2 和 3 个百分点（见图 5）。

八、就业形势总体稳定，居民收入稳定增长

1—10 月，城镇新增就业 1133 万人，提前完成全年目标任务。全国城镇调查失业率均值为 5.1%，低于 5.5% 左右的全年宏观调控预期目标。农民工就业状况持续改善，三季度末农村外出务工劳动力总量 18303 万人，比二季度末增加 70 万人，规模基本恢复至疫情前同期水平。全国居民收入持续增长，前三季度全国居民人均可支配收入 26265 元，实际增长 9.7%，与经济增速基本同步。收入分配结构持续优化，城镇居民人均可支配收入 35946 元，实际增长 8.7%；农村居民人均可支配收入 13726 元，实际增长 11.2%。城乡居民人均可支配收入比值为 2.62，比上年同期缩小 0.05，城乡居民收入相对差距继续缩小。

九、财政金融运行稳定，宏观调控精准有效

前三季度，全国一般公共预算收入 164020 亿元，同比增长 16.3%。积极财政政策效能明显提升，基本民生保障水平稳步提升。前三季度，全国一般公共预算支出 179293 亿元，增长 2.3%。基层"三保"等重点领域支出增长较快，教育、社会保障和就业、卫生健康支出分别增长 5.2%、2.4%、2.3%。稳健货币政策精准发力，金融运行总体平稳，流动性保持合理充裕。10 月末，广义货币（M2）余额 233.62 万亿元，增长 8.7%；狭义货币（M1）余额 62.61 万亿元，增长 2.8%；流通中货币（M0）余额 8.61 万亿元，增长 6.2%。金融体系有力支持实体经济，10 月末，金融机构对实体经济发放的人民币贷款余额为 189.2 万亿元，同比增长 12%；国家外汇储备余额 3.2 万亿美元，连续 6 个月保持在 3 万亿美元以上。

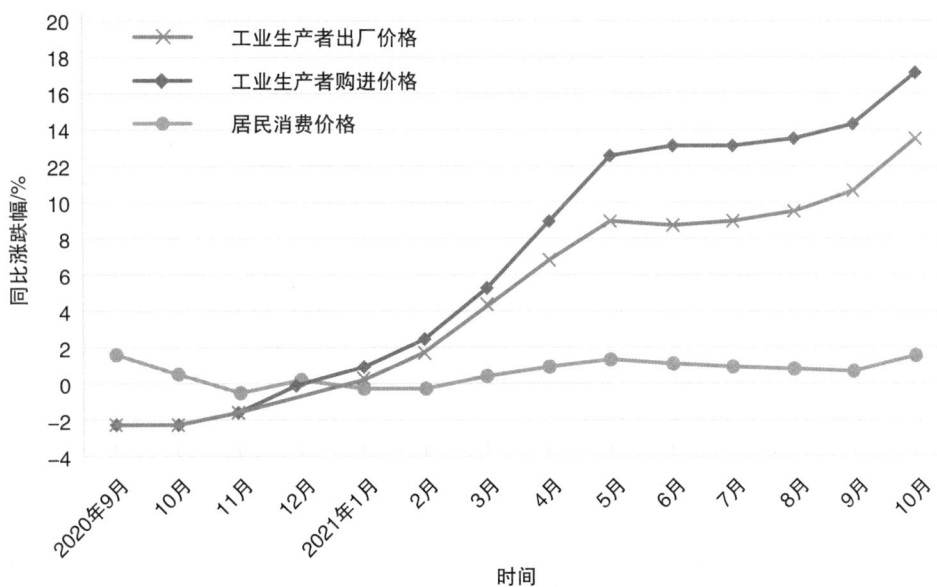

图 5　居民消费价格、工业生产者出厂价格及购进价格同比涨跌幅

2021 年国际商品市场走势报告

2021 年以来，世界经济延续复苏态势，在供需缺口扩大、经济复苏不平衡、全球流动性过剩等多种因素推动下，大宗商品价格大幅上涨。短期看，国际商品市场价格仍将维持高位运行。

一、当前国际商品市场表现

2021 年以来，世界经济供需两端非对称复苏，国际市场需求明显反弹，供给复苏相对缓慢，导致供需矛盾突出，同时，发达经济体维持宽松货币政策，进一步推动全球大宗商品价格上涨。截至 2021 年 10 月末，CRB 指数、标普高盛综合商品指数和道琼斯商品指数分别比年初上涨 42.0%、44.2% 和 30.6%，同比分别上涨 64.2%、72.4% 和 52.3%（见图 1）。

分品种看，原油价格达到近年高点，2021 年 10 月布伦特原油和美国 WTI 原油期货合约价格相继突破 80 美元/桶。有色金属价格普遍上涨，截至 10 月末，锡、铝、铜、锌、铅、镍价格分别比年初上涨 84.2%、36.3%、25.7%、24.5%、21.0% 和 12.3%。棉花、豆油、棕榈油、小麦等农产品价格大幅上涨，其中美国棉花期货价格突破 1.10 美元/磅，创近十年历史新高（见图 2）。

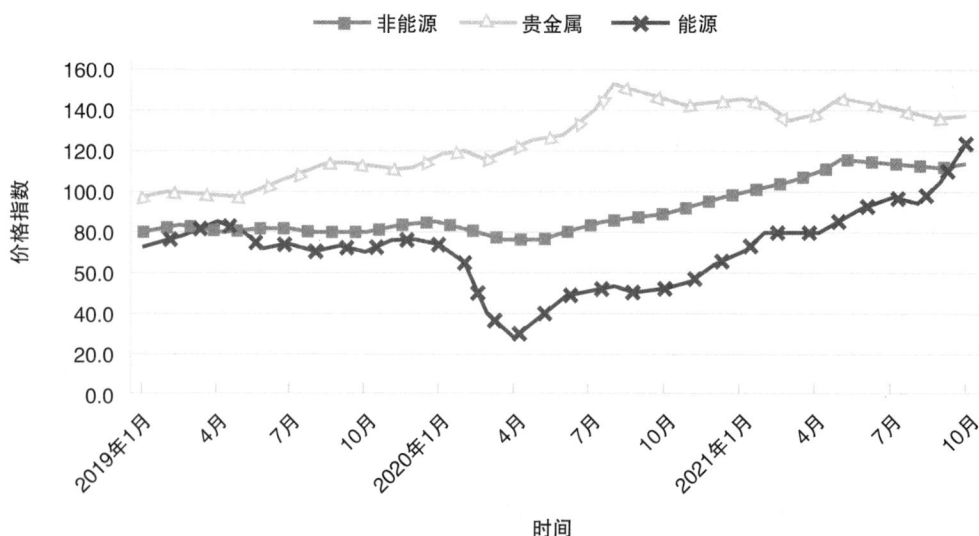

图 1 国际大宗商品市场（世界银行初级产品价格指数，美元计价，2010=100）

数据来源：世界银行大宗商品月度指数，2021 年 11 月。

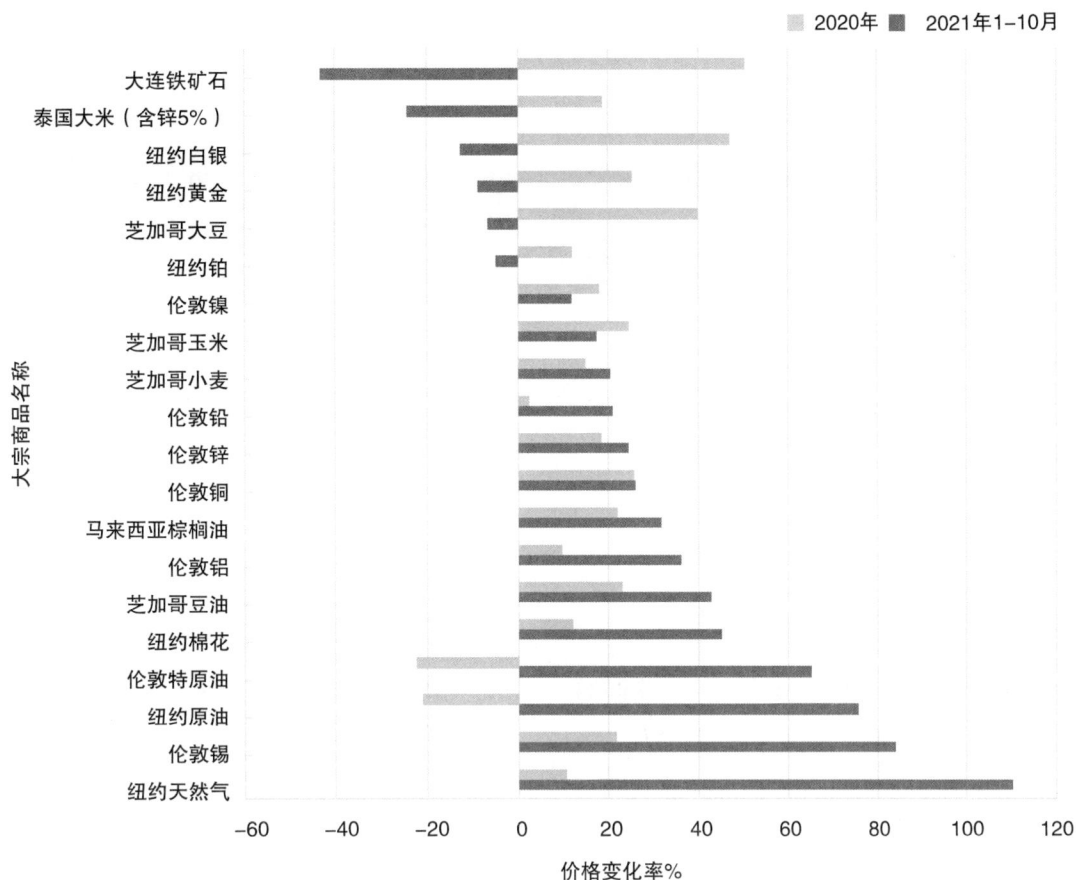

图2 2020年及2021年1—10月主要大宗商品价格变动

二、影响国际商品市场的主要因素

1. 国际市场供需失衡拉动商品价格上涨。

2021年以来，世界经济延续复苏态势，国际市场需求持续反弹，全球贸易强劲增长。世界贸易组织（WTO）10月发布的《贸易统计及展望》指出，2021年上半年，全球经济活动进一步复苏，预计2021年全球货物贸易量将增长10.8%。联合国贸易和发展会议指出，2021年上半年，受基建项目强劲需求带动，全球外国直接投资（FDI）总额达8520亿美元，反弹势头好于预期。

主要经济体制造业PMI保持扩张态势。10月全球制造业PMI达到55.7，其中美国制造业PMI为60.8，连续第17个月在荣枯线以上。欧元区、印度、日本、巴西、俄罗斯制造业PMI分别为58.3、55.9、53.2、51.7和51.6。全球制造业的强劲需求拉动大宗商品价格上涨（见图3）。

但主要供给国生产和供应恢复明显滞后于需求端恢复，供应链错配、断裂严重。能源价格持续上涨冲击各国生产活动。芯片短缺形势持续加剧，严重影响汽车、手机等下游产品生产。

2. 疫情和通胀前景不确定带来市场波动风险。

疫情发展前景仍不明朗，各国在获取疫苗服务方面仍存在巨大差异，继续影响全球供应链恢复。国际货币基金组织（IMF）10月份发布的《世界经济展望》指出通胀可能继续保持较高水平，预估2021年全球CPI涨幅将达到4.3%，相比2020年提高1.1个百分点，明年通胀或将有所缓和，但仍有较大不确定性，需警惕高通胀持续。疫情和通胀前景不确定带来大宗商品市场波动风险。

3. 全球货币政策趋紧影响大宗商品价格。

随着疫情管控常态化和全球通胀压力升温，

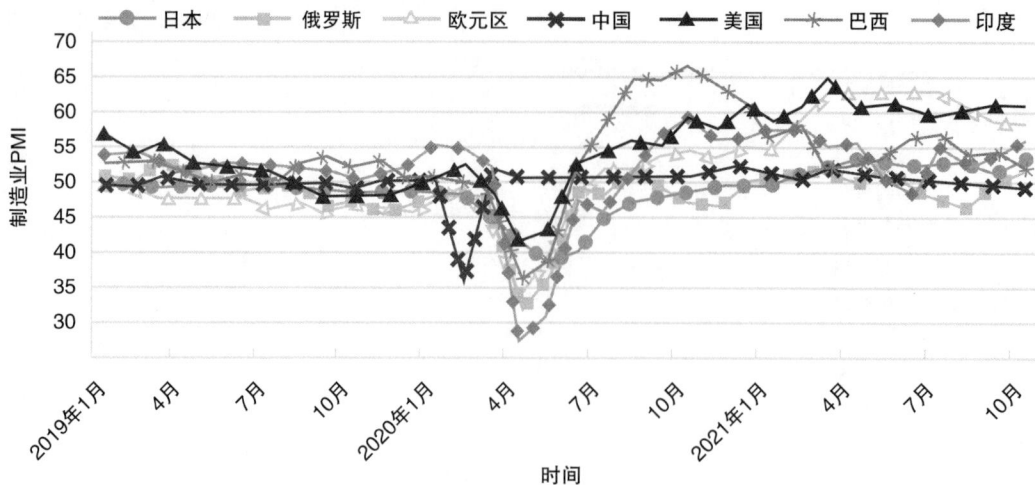

图3 全球主要经济体制造业 PMI 保持扩张态势

数据来源：中国物流与采购联合会。

主要经济体央行货币政策有收紧趋势。美联储 11 月议息会议决定开始缩减购债规模，挪威成为疫情后首个加息的发达国家。巴西加息 6 次，将利率上调至 7.75%，达 2017 年以来的高点，新西兰、墨西哥、哥伦比亚等国家相继提升基准利率。货币政策变化给大宗商品价格未来走势带来不确定性（见表 3）。

三、主要商品市场发展前景

短期看，国际商品市场价格仍将维持高位运行。

粮农产品 随着各国逐步解除疫情封锁措施，全球农产品需求旺盛，但产量相对不足，全球谷物库存下降，加之能源价格上涨，增加农业投入成本，助推农产品价格上涨。10 月，联合国粮农组织（FAO）编制的食品价格综合指数（FFPI）同比上涨 31.5%，谷物、肉类和乳制品价格指数同比分别上涨 22.9%、22.1% 和 15.5%（见图 4）。美国农业部（USDA）报告显示，2021/22 年度美国大豆播种面积和单位产量均将有所上升，总产量将达到 1.21 亿吨，南美地区大豆产量同比也将有小幅增长，全球大豆供给较为宽裕（见图 5）。受到极端天气影响，美国棉花预期产量下降，棉

表 3 国际大宗商品价格变动趋势

单位：%

名称	年份					
	2017	2018	2019	2020	2021	2022
石油	23.3	29.4	−10.2	−32.7	59.1	−1.8
非燃料初级产品	6.4	1.3	0.8	6.7	26.7	−0.9
食品	3.8	−1.2	−3.1	1.7	27.8	1.9
饮料	−4.7	−8.2	−3.8	3.3	14.1	5.8
工业用农产品	5.2	2.0	−5.4	−3.3	17.0	0.2
金属	22.2	6.6	3.7	3.5	49.7	−6.5
制成品	0.1	2.0	0.5	−3.2	5.5	4.4

注：1. 制成品：占发达国家货物出口 83% 的制成品的出口单位价值；石油：英国布伦特原油、迪拜原油和西德克萨斯原油的平均价格；非燃料初级产品：以 2002—2004 年在世界初级产品出口贸易中的比重为权数。
2. 2021 年和 2022 年数据为预测值。资料来源：国际货币基金组织

花价格连续上涨。根据美国农业部（USDA）报告，2021/22 年度全球棉花总供应量预期为 1.203 亿包，使用量预计为 1.234 亿包，期末库存降至 8710 万包，为 3 年来最低水平，库存消费比继续回落。

石油 供给方面，2021 年 7 月，OPEC+ 达成增产方案，将在 2021 年 8 月至 12 月，每月逐步增加整体产能 40 万桶／日，总共增加 200 万桶／日。但由于缺乏运营能力，且投资持续疲软，尼日利亚、安哥拉等 OPEC+ 成员国难以提高产量，增产不及预期，令原油供应依旧紧绷。伊朗受美国制裁仍未解除，美伊谈判进展停滞。受飓风和拜登政府"绿色新政"影响，美国页岩油产量恢复缓慢。据美国能源信息署（EIA）预计，2021年，全球石油产量为 9584 万桶／日，同比仅小幅增长 1.7%。需求方面，随着全球经济活动加速恢复，生产和交通等对石油产品需求大幅增长。据

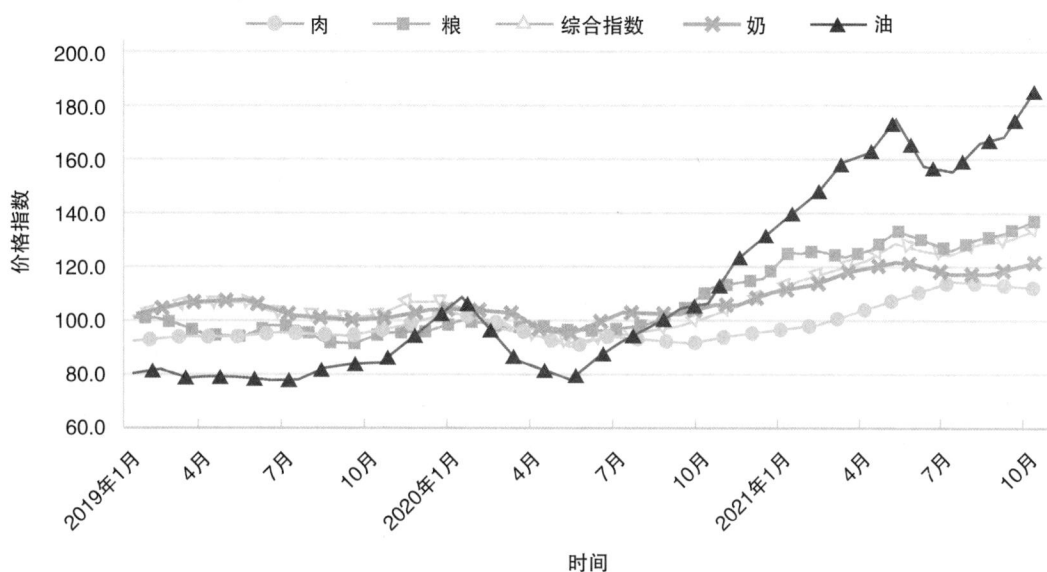

图 4　国际市场食品价格走势上涨（联合国粮农组织商品价格指数，2014—2016=100）

数据来源：联合国粮农组织。

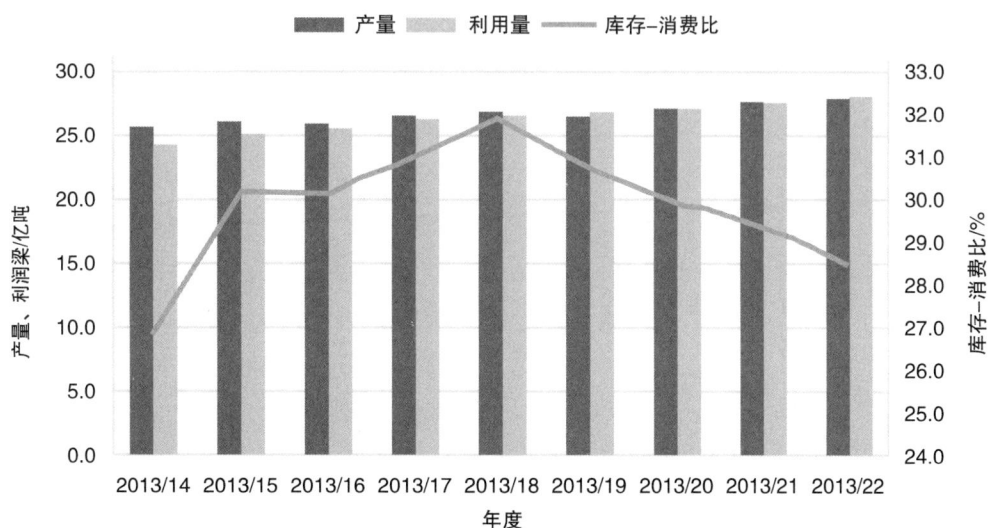

图 5　世界粮食库存消费比持续下降

数据来源：联合国粮农组织，谷物供需简报，2021 年 11 月。

美国能源信息署（EIA）预测，[2021年全球石油需求为9751.5万桶/日，比2020年增长510.5万桶/日]（见图6、图7）。

有色金属 在全球经济复苏的推动下，基本金属需求持续增长，而生产端持续受到电力短缺和运输不畅影响，有色金属价格普遍显著上涨。电动汽车、充电设备、可再生能源发电等铜下游需求持续增长，而铜矿主产国智利受罢工影响产量增长缓慢，支持铜价在短期内高位震荡，国际铜业研究组织（ICSG）表示，2021年全球铜供应缺口将达到4.2万吨。印度、巴西等铝主产国供给端持续吃紧，中国实施能耗双控政策，国内铝产能进一步压缩，在新能源汽车和光伏行业的强力拉动下，铝供需矛盾持续加剧。受加拿大、俄罗斯等国家供应链影响，镍供给端紧张态势持续。

钢铁 随着全球经济活动恢复，建筑业、制

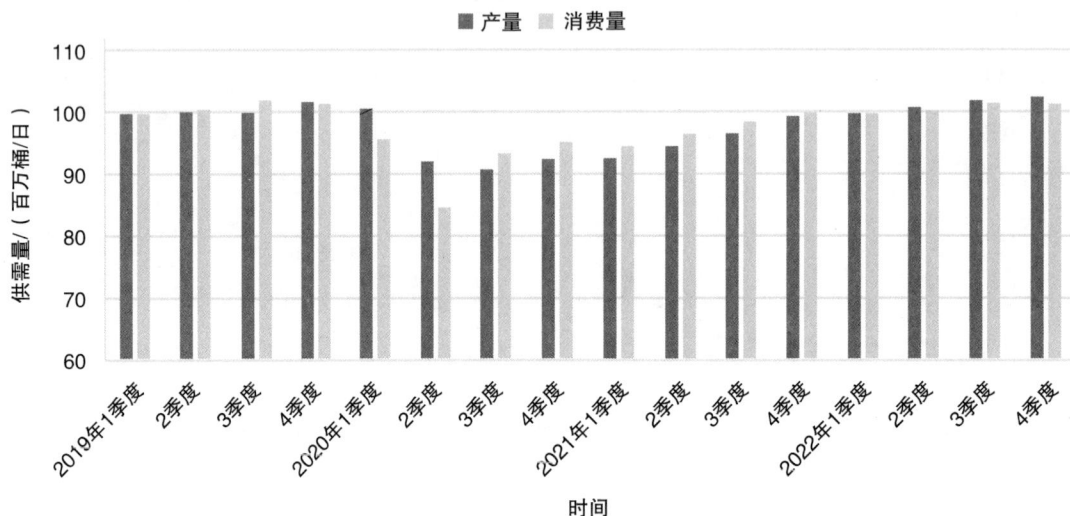

图6 世界石油市场供需失衡

数据来源：美国能源信息署，2021年10月。

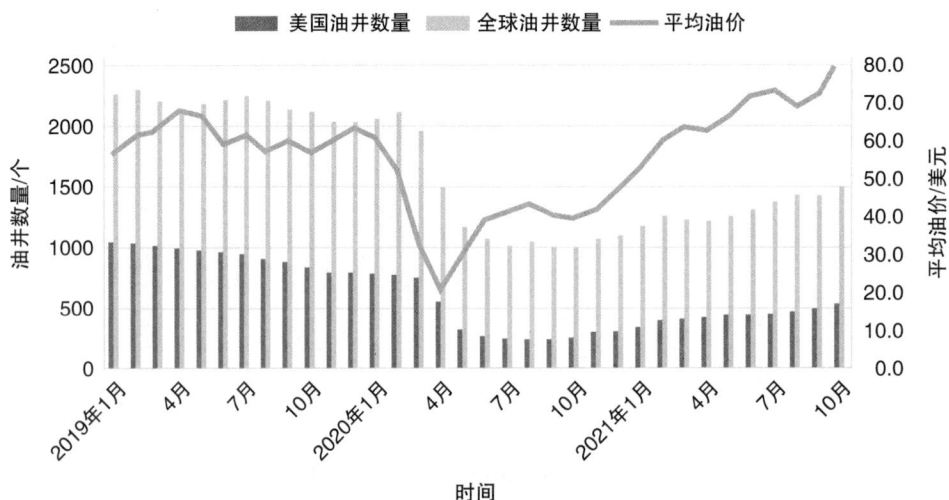

图7 全球石油产量增长缓慢

数据来源：美国贝克休斯公司，石油钻井统计，2021年11月；世界银行商品价格数据库，2021年11月。

造业对钢铁需求大幅增长，国际钢材价格持续飙升（见图 8）。10 月，英国商品研究局（CRU）钢材价格指数环比小幅下降至 324.9，同比涨幅达 75.7%，北美、欧洲和亚洲钢材价格指数分别上涨 156.3%、89.8% 和 45.4%。根据世界钢铁协会的预测，2021 年全球钢铁需求恢复超过预期，将增长 4.5%，达到 18.6 亿吨；2022 年，全球钢材需求将继续增长 2.2%，达到 19.0 亿吨。

机械设备 英国工程机械咨询公司（Off-Highway Research）9 月份预测，由于世界各国积极应对疫情，特别是中国市场快速恢复，预计 2021 年全球建筑设备销量将创下 113 万台的历史新高，总价值近 1100 亿美元，增长势头将延续到 2022 年。

工业机器人快速发展。新一代技术革命大力促进了工业机器人市场发展，碳减排需求也将推动对现代机器人技术领域投资。国际机器人联合会（IFR）预测，2021 年全球工厂中运行的工业机器人将突破 300 万台，同比增长 10%。

新能源设备 应对气候变化已成为国际共识，各国政府陆续出台减少碳排放政策，可再生能源设备强劲增长。根据国际可再生能源机构（IRENA）数据，2020 年全球可再生能源装机容量达到 260.66GW，占全球新增发电产能的 80%。

截至 2020 年底，全球可再生能源总装机容量达到 2799.1GW。据市场数据服务公司 IHS Markit 分析，从 2015 年到 2021 年，太阳能光伏（PV）系统的平均成本下降了 54%，预计 2021 年全球光伏行业将增加 158GW 装机，同比增长 34%。

信息技术产品 受疫情冲击，消费者对电子产品的更新换代周期有所延缓，同时新技术也未能激励消费者换新，PC 增长势头减缓。市场研究公司 Gartner 数据显示，2021 年第三季度，全球 PC 出货量 8410 万台，同比仅增长 1%。全球智能手机厂商正面临严峻的芯片危机，市场调研公司 Canalys 公布的资料显示，2021 年第三季度，由于组件短缺，手机供应商难以满足消费市场需求，全球智能手机出货量同比下降 6%。

2021 年以来，随着电子产品需求上升以及数字化转型趋势推动，全球芯片需求量飞速增长，芯片供需矛盾日益严峻，芯片价格上涨约 20%。国际半导体产业协会（SEMI）在世界晶圆厂商预测报告（World Fab Forecast report）中指出，2021 年全球晶圆厂商设备支出预计达到 900 亿美元，2022 年全球半导体设备投资预计将达到近 1000 亿美元历史新高。

汽车 芯片短缺问题严重，大众、丰田等数十家车企减产或停产，汽车市场供需矛盾日益突

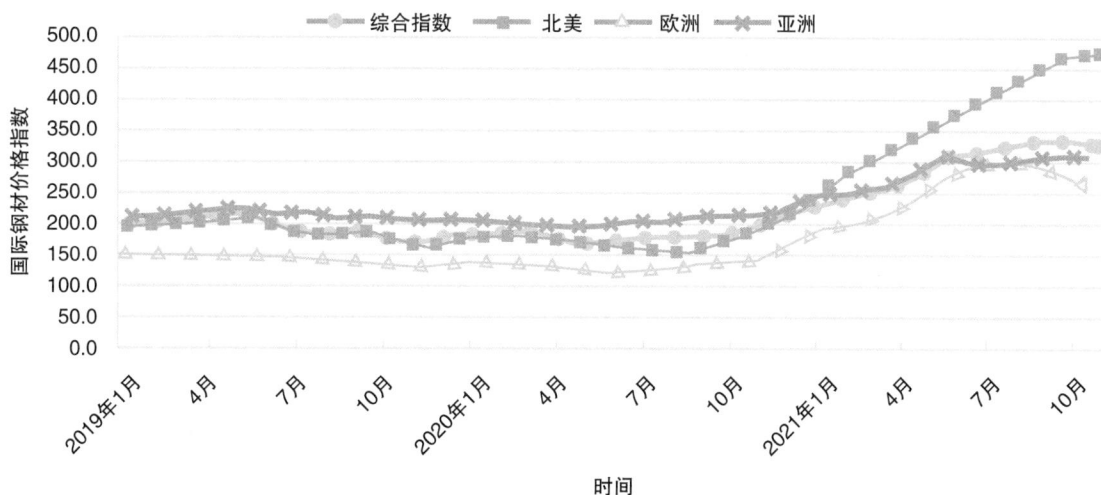

图 8 国际钢材价格指数持续上升（CRU 国际钢材价格指数）

出（见图9）。2021年1—9月，全球汽车销量为5400万辆，同比下降19%，英国和巴西汽车销量降幅超过30%。高盛预计，2021年，全球汽车产量将达到7500万辆，同比仅增长2.3%，2022年芯片短缺问题将有所缓解，全年汽车产量将增长至8500万辆。

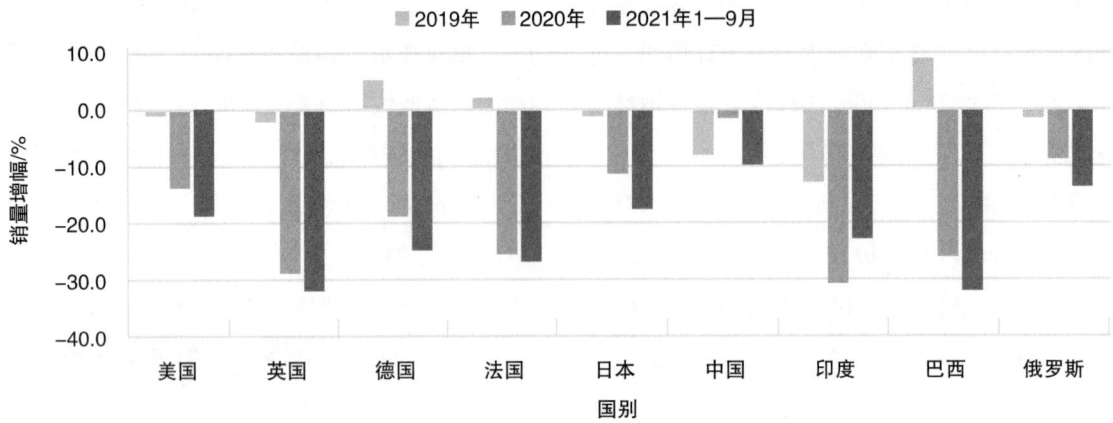

图 9 汽车市场销量大幅下降

数据来源：中国汽车工业协会。

2021 年中国对外贸易形势报告

2021 年以来，面对复杂严峻的国内外形势，在以习近平同志为核心的党中央坚强领导下，商务部坚决贯彻党的十九大和十九届历次全会精神，按照党中央、国务院决策部署，立足新发展阶段，完整、准确、全面贯彻新发展理念，服务构建新发展格局，坚持稳中求进工作总基调，扎实推进稳外贸工作，促进外贸创新发展。1—10 月，对外贸易快速增长，货物进出口规模创历史同期新高，贸易结构持续优化，增长新动能加快积聚，高质量发展稳步推进，对国民经济的带动作用进一步增强，为全球抗疫和经贸复苏作出重要贡献。

一、2021 年以来中国对外贸易发展情况

前 10 个月，中国货物进出口总额 31.7 万亿元，同比（下同）增长 22.2%。其中，出口 17.5 万亿元，增长 22.5%；进口 14.2 万亿元，增长 21.8%；顺差 3.3 万亿元，扩大 22.1%。外贸进出口、出口、进口增速均为 10 年来同期新高。与 2019 年同期相比，进出口、出口、进口分别增长 23.6%、25.1% 和 21.8%。分季度看，一、二、三季度进出口规模逐季走高，分别为 8.5 万亿元、9.6 万亿元和 10.2 万亿元（见图 1）。国际市场份额稳步提升。根据世界贸易组织（WTO）最新数据统计，上半年，中国出口和进口的国际市场份额分别约为 14.6% 和 12%，同比分别提升 0.9 个和 0.7 个百分点，继续保持世界货物贸易第一大国地位。

前 10 个月，中国外贸运行呈现如下特点。

（一）市场多元化成效明显，国际市场布局更趋优化

市场多元化持续推进，优化国际市场布局取得积极进展。前 10 个月，对主要贸易伙伴进出口均保持较快增长。

东盟继续保持中国第一大贸易伙伴地位，对东盟进出口 4.6 万亿元，增长 20.4%，占进出口总额的 14.4%，其中，出口 2.5 万亿元，增长 19.1%，进口 2.1 万亿元，增长 22.2%。对欧盟、美国、日本和韩国的进出口分别为 4.3 万亿元、3.9 万亿元、2.0 万亿元和 1.9 万亿元，分别增长 20.4%、23.4%、10.8% 和 17.7%。对前五大贸易伙伴合计进出口 16.7 万亿元，占进出口总额的 52.8%，较 2020 年同期下降 1.2 个百分点。对"一带一路"沿线国家进出口 9.3 万亿元，增长 23%，高出整体进出口增速 0.8 个百分点。对 RCEP 其他成员国进出口 9.8 万亿元，增长 18.7%，占进出口总额的 31%（见图 2）。

（二）中西部地区进出口快速增长，区域布局更趋协调

中西部地区加快对外开放步伐，基础设施和营商环境水平日益改善，开放平台拉动作用凸显。前 10 个月，中西部地区进出口 5.5 万亿元，占进

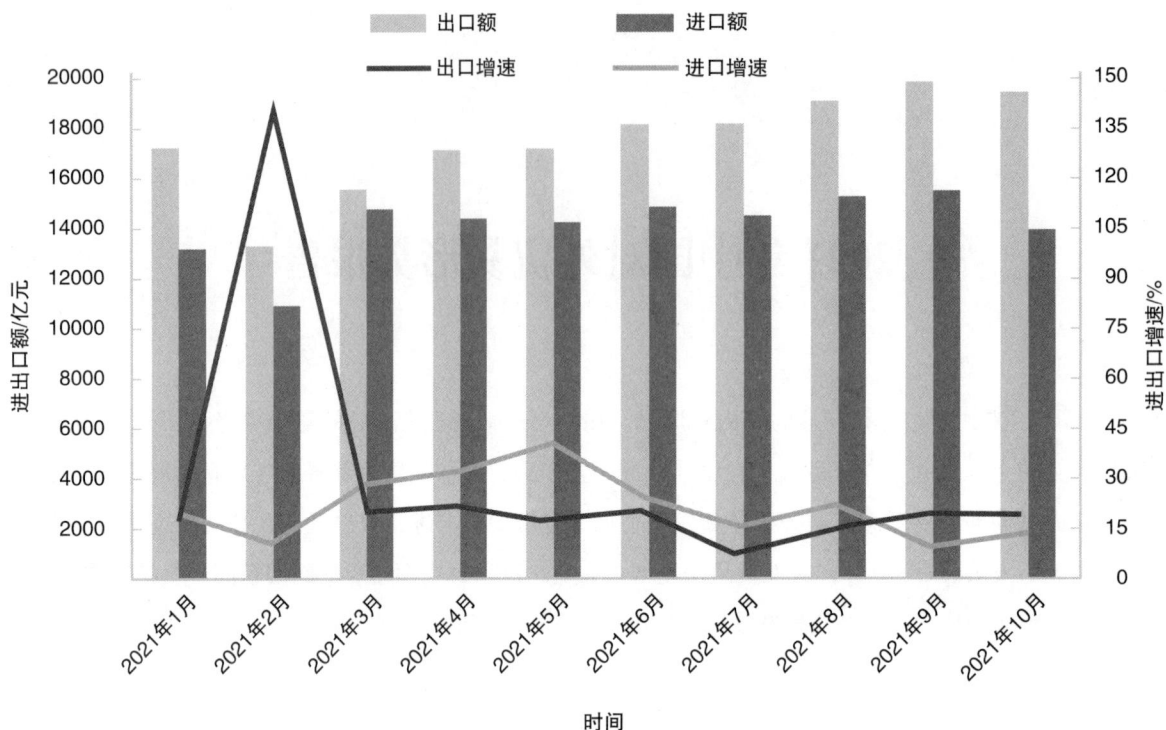

图1 2021 年以来中国月度进出口规模与增速

数据来源：中国海关统计，下同。

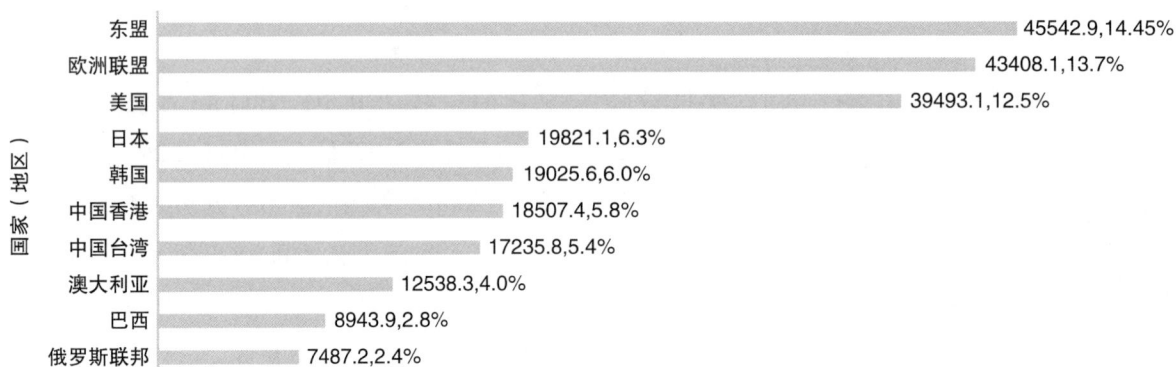

图2 2021 年前 10 个月与前十大贸易伙伴进出口金额（亿元）及占比

出口总额的 17.3%，高于 2020 年同期 0.1 个百分点；同比增长 23.2%，高出进出口总体增速 1 个百分点。其中，出口 3.3 万亿元，增长 24.4%；进口 2.2 万亿元，增长 21.4%。前三季度，中西部地区综合保税区进出口 1.8 万亿元，增长 31.9%，在全国进出口值前 10 的综合保税区中，中西部地区占据 5 席。

（三）高技术、高附加值产品出口强劲，商品结构持续优化

我国自主创新能力不断提升，出口竞争力持续增强。前 10 个月，机电产品出口 10.3 万亿元，增长 22.4%，高出整体出口增速 0.2 个百分点，占出口总值的 58.9%，较 2020 年同期提升 0.2 个百分点，拉动整体出口增速 13.2 个百分点。高质

量、高技术、高附加值产品出口快速增长，集成电路、手机、家用电器、汽车、船舶出口分别增长 23.2%、13.3%、18.8%、111.1% 和 19.5%。纺织、服装等七大类劳动密集型产品合计出口 3.2 万亿元，增长 8.1%；占出口总额的 18.3%，较 2020 年同期下降 2.3 个百分点。医药材及药品出口增长 109.2%。前三季度，中间产品出口增长 29.2%，拉动出口增长 13.2 个百分点，有力支撑了全球产业链、供应链的顺畅运转。（见表 1）

（四）进口保持较快增长，部分大宗商品进口量减价升

扩大进口取得积极成效。前 10 个月，机电

表 1　2021 年前 10 个月中国出口主要商品数量、金额及增速

商品名称	单位	数量	同比增长 /%	金额 / 亿元	同比增长 /%
自动数据处理设备及其零部件	–	–	–	13133.0	12.1
服装及衣着附件	–	–	–	8987.8	15.8
集成电路	亿个	2583.7	25.7	7918.1	23.2
纺织纱线、织物及其制品	–	–	–	7621.3	−16.0
手机	万台	76787.2	1.1	7165.8	13.3
家用电器	万台	321285.1	14.4	5326.1	18.8
塑料制品	–	–	–	5158.2	22.9
钢材	万吨	5751.8	29.5	4265.6	65.8
汽车零配件	–	–	–	3996.3	28.2
家具及其零件	–	–	–	3870.9	25.4
通用机械设备	–	–	–	2752.8	18.6
灯具、照明装置及其零件	–	–	–	2580.5	30.1
鞋靴	万双	708074.4	19.3	2461.7	25.1
玩具	–	–	–	2420.3	32.0
音视频设备及其零件	–	–	–	2125.5	11.6
汽车（包括底盘）	万辆	171.2	107.0	1798.7	111.1
成品油	万吨	5288.6	3.8	1775.1	17.1
陶瓷产品	万吨	1517.5	8.4	1575.3	19.4
液晶显示板	万个	116790.4	13.1	1508.8	36.5
箱包及类似容器	万吨	195.5	20.4	1434.3	27.0
船舶	艘	4023.0	11.9	1162.3	19.5
水产品	万吨	301.9	1.0	1113.9	7.3
医疗仪器及器械	–	–	–	1067.4	2.4
未锻轧铝及铝材	吨	4547005.1	14.3	987.4	33.6
肥料	万吨	2933.2	25.7	672.5	79.7
粮食	万吨	274.1	−10.9	92.9	−15.7
中药材及中式成药	吨	110507.0	−3.9	65.2	−3.5
稀土	吨	39967.7	39.4	34.4	78.5
农产品 ★	–	–	–	4339.6	1.7
机电产品 ★	–	–	–	103000.7	22.4
高新技术产品 ★	–	–	–	50310.9	18.9

注：农产品 ★、机电产品 ★、高新技术产品 ★ 包括本表中已列名的有关商品。

产品进口增长 13.6%，先进技术设备和关键零部件进口增长较快，集成电路、计算机及零部件进口分别增长 14.0% 和 14.2%。农产品进口增长 21.2%，重点农产品进口量增加，粮食、食用植物油、乳品进口量分别增长 23%、4.6% 和 24.1%。国际大宗商品价格上涨明显，部分商品进口量减价升，其中，进口铁矿砂 9.33 亿吨，减少 4.2%，进口均价上涨 61%；原油 4.25 亿吨，减少 7.2%，均价上涨 35.6%；大豆 7908.3 万吨，减少 5%，均价上涨 30.2%；成品油 2233.6 万吨，减少 7.1%，均价上涨 33.8%；钢材 1184.3 万吨，减少 30.3%，均价上涨 46.4%；未锻轧铜及铜材 442.9 万吨，减少 21%，均价上涨 37.4%。部分商品进口量价齐升，其中，进口煤 2.57 亿吨，增加 1.9%，进口均价上涨 27.1%；天然气 9907.4 万吨，增加 22.3%，均价上涨 11.2%。前三季度，消费品进口 1.3 万亿元，增长 14.7%，占进口总额的 10.1%。部分消费品进口增长较快，进口乘用车、首饰、手表、箱包分别增长 31.5%、63.5%、42.1% 和 55.8%。（见表 2）

（五）外贸经营主体活力增强，民营企业主力军作用突出

国内营商环境持续改善，外贸经营主体活力迸发，民营外贸企业对外贸带动作用突出。前三季度，有进出口实绩的企业达到了 52.7 万家，同比增加 3.4 万家。新增对外贸易经营者备案登记 14.2 万家，其中民营主体占 94.5%。前 10 个月，民营企业进出口 15.4 万亿元，同比增长 27.5%，高出整体增速 5.3 个百分点，占进出口总额的 48.7%，比去年同期提升 2.1 个百分点。其中，出口 10.1 万亿元，增长 26.2%，占出口总额的 57.6%，提升 1.9 个百分点；进口 5.4 万亿元，增长 30.0%，占进口总额的 37.8%，提升 2.3 个百分点。外商投资企业进出口 11.4 万亿元，增长 13.8%，占进出口总额的 36.0%，下降 2.6 个百分

点；国有企业进出口 4.8 万亿元，增长 26.3%，占进出口总额的 15.3%，提升 0.5 个百分点。

（六）一般贸易占比提升，贸易方式持续优化

前 10 个月，一般贸易进出口 19.5 万亿元，增长 25.1%，比整体进出口增速高出 2.9 个百分点，占进出口总额的 61.7%，较 2020 年同期提升 1.6 个百分点。其中，一般贸易出口 10.6 万亿元，增长 25.3%，占出口总额的 60.9%，提升 1.5 个百分点；进口 8.9 万亿元，增长 24.9%，占进口总额的 62.7%，提升 1.8 个百分点。加工贸易进出口 6.8 万亿元，增长 11.8%，占进出口总额的 21.5%，减少 2.0 个百分点。其中，出口增长 10.4%，占出口总额的 24.3%，减少 2.6 个百分点；进口增长 14.2%，占进口总额的 18.0%，减少 1.2 个百分点。此外，以保税物流方式进出口 3.96 万亿元，增长 27.9%。其中，出口 1.47 万亿元，增长 38.9%；进口 2.49 万亿元，增长 22.2%（见表 3）。

（七）新业态新模式加快发展，外贸集聚区建设取得新进展

前三季度，跨境电商进出口增长 20.1%，市场采购出口增长 37.7%，海外仓数量超 2000 个、面积超 1600 万平方米，保税维修项目建成约 130 个，涉及航空航天、船舶、精密电子等多个领域。新认定 105 家外贸转型升级基地，成为产业和贸易有机结合的重要平台。认定首批 13 家国家加工贸易产业园，推动中西部和东北地区深入参与国际循环、提升开放型经济水平。

（八）服务贸易逆差大幅收窄，结构持续优化

前三季度，中国服务贸易继续保持快速增长态势。服务进出口总额 37834.3 亿元，增长 11.6%；其中服务出口 17820.9 亿元，增长 27.3%；进口 20013.4 亿元，增长 0.5%，进口增

速实现了疫情以来的首次转正。服务出口增幅大于进口 26.8 个百分点，带动服务贸易逆差下降 62.9% 至 2192.5 亿元。服务贸易结构持续优化，知识密集型服务进出口 16917.7 亿元，增长 13.3%，占服务进出口总额的比重达到 44.7%，提升 0.7 个百分点。

表 2　2021 年前 10 个月中国进口主要商品数量、金额及增速

商品名称	单位	数量	同比增长 /%	金额 / 亿元	同比增长 /%
集成电路	亿个	5279.9	21.3	22489.6	14.0
原油	万吨	42505.5	−7.2	13297.1	25.8
铁矿砂及其精矿	万吨	93348.4	−4.2	10632.7	54.3
粮食	万吨	13795.6	23.0	3967.8	41.6
自动数据处理设备及其零部件	–	–	–	3520.0	14.2
初级形状的塑料	万吨	2833.7	−15.8	3250.6	9.8
铜矿砂及其精矿	万吨	1916.5	6.3	2994.7	48.6
汽车（包括底盘）	万辆	79.8	11.9	2880.7	17.2
大豆	万吨	7908.3	−5.0	2793.1	23.7
未锻轧铜及铜材	万吨	442.9	−21.0	2689.1	8.5
天然气	万吨	9907.4	22.3	2560.4	36.0
医药材及药品	吨	185780.0	4.9	2356.4	10.9
汽车零配件	–	–	–	2058.0	12.3
肉类（包括杂碎）	万吨	804.7	−1.5	1764.3	−0.6
煤及褐煤	万吨	25734.0	1.9	1598.7	29.5
二极管及类似半导体器件	亿个	6169.8	41.4	1575.4	20.4
美容化妆品及洗护用品	吨	397917.5	5.9	1331.4	16.8
液晶显示板	万个	143015.5	−7.6	1146.8	6.3
纸浆	万吨	2513.2	−0.2	1090.9	20.5
原木及锯材	万立方米	7752.8	1.5	1037.3	11.7
钢材	万吨	1184.3	−30.3	983.2	2.0
成品油	万吨	2233.6	−7.1	869.7	24.3
纺织纱线、织物及其制品	–	–	–	844.1	6.4
干鲜瓜果及坚果	万吨	615.3	11.4	840.0	24.2
医疗仪器及器械	–	–	–	821.6	18.4
天然及合成橡胶（包括胶乳）	万吨	547.5	−9.4	632.8	8.3
食用植物油	万吨	890.0	4.6	588.4	32.2
空载重量超过 2 吨的飞机	架	162.0	65.3	527.6	108.6
机床	台	91335.0	30.2	443.8	17.2
肥料	万吨	781.0	−12.8	146.6	−14.6
农产品 *	–	–	–	11723.5	21.2
机电产品 *	–	–	–	60099.2	13.6
高新技术产品 *	–	–	–	43749.5	14.9

注：农产品 *、机电产品 * 和高新技术产品 * 包括本表中已列名的有关商品。

表3　2021年前10个月中国进出口贸易方式情况

金额 / 亿元		出口			进口		
		同比增长 /%	占比 /%	金额 / 亿元	同比增长 /%	占比 /%	金额 / 亿元
总　值		174891.5	22.5	100	141835.2	21.8	100
贸易方式	一般贸易	106451.7	25.3	60.9	88978.1	24.9	62.7
	加工贸易	42577.2	10.4	24.3	25514.2	14.2	18.0
	其他贸易	25862.6	31.9	14.8	27343.0	18.6	19.3

2021 年浙江省国民经济和社会发展统计公报

浙江省统计局国家统计局浙江调查总队

2021 年，浙江坚持以习近平新时代中国特色社会主义思想为指导，全面贯彻党的十九大和十九届历次全会精神，深入贯彻习近平总书记重要指示批示精神，统筹疫情防控和经济社会发展，认真落实省委省政府工作要求和目标任务，坚持稳中求进工作总基调，完整准确全面贯彻新发展理念，忠实践行"八八战略"、奋力打造"重要窗口"，争创社会主义现代化先行省，高质量发展建设共同富裕示范区，经济社会发展取得新成绩，交出了高质量发展靓丽成绩单，实现"十四五"良好开局。

一、综合 [1]

据 2021 年全省 5‰人口变动抽样调查推算，年末全省常住人口 6540 万人，比上年末增加 72 万人。其中，男性人口 3418 万人，女性人口 3122 万人，分别占总人口的 52.3% 和 47.7%。全年出生人口 44.9 万人，出生率为 6.90‰；死亡人口 38.4 万人，死亡率为 5.90‰；自然增长率为

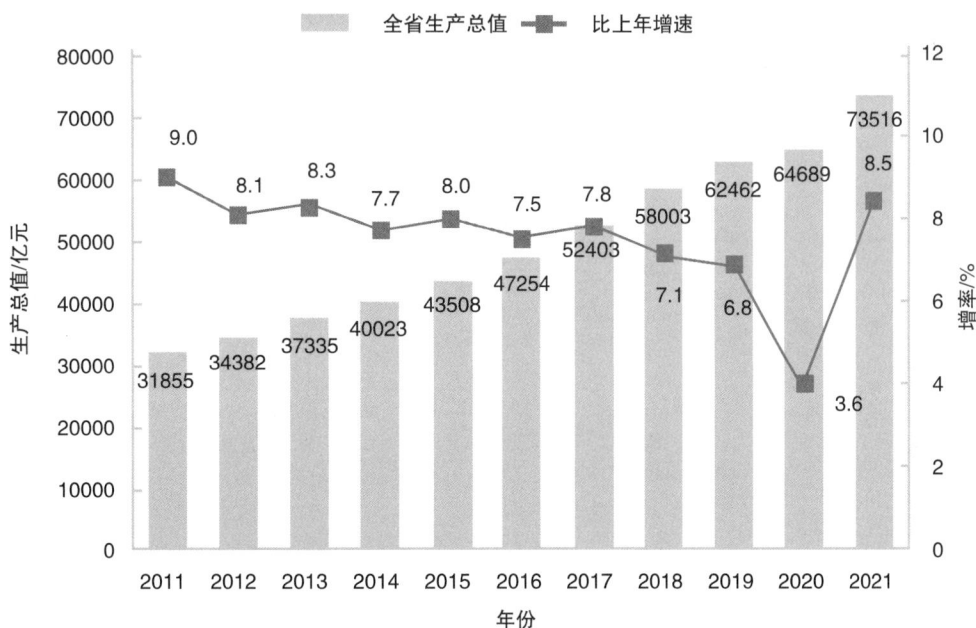

图 1　2011—2021 年全省生产总值及增长速率

1.00‰。城镇化率为72.7%。

根据国家统一初步核算，2021年全省生产总值为73516亿元，按可比价格计算，比上年增长8.5%（见图1）。分产业看，第一、二、三产业增加值分别为2209亿元、31189亿元和40118亿元，比上年分别增长2.2%、10.2%和7.6%，与2019年相比，两年平均增长1.7%、6.5%和5.9%（见图2）。一季度、上半年、前三季度全省生产总值同比分别增长19.5%、13.4%和10.6%，两年平均分别增长6.2%、6.8%和6.4%。人均地区生产总值为113032元（按年平均汇率折算为17520美元），比上年增长7.1%。经最终核实，2020年，全省生产总值为64689亿元，按可比价格计算，比上年增长3.6%，三次产业增加值结构为3.3∶40.8∶55.9。

全年居民消费价格比上年上涨1.5%，其中，城市上涨1.5%，农村上涨1.4%；消费品价格上涨1.7%，服务价格上涨1.3%（见图3）。商品零售价格上涨2.2%。工业生产者出厂价格上涨6.3%，其中，生产资料价格上涨7.9%，生活资料价格上涨0.7%；34个调查大类行业产品价格"23升3平8降"，上涨面为67.6%。购进价格上涨14.5%，九大类原材料购进价格全面上涨（见表1）。

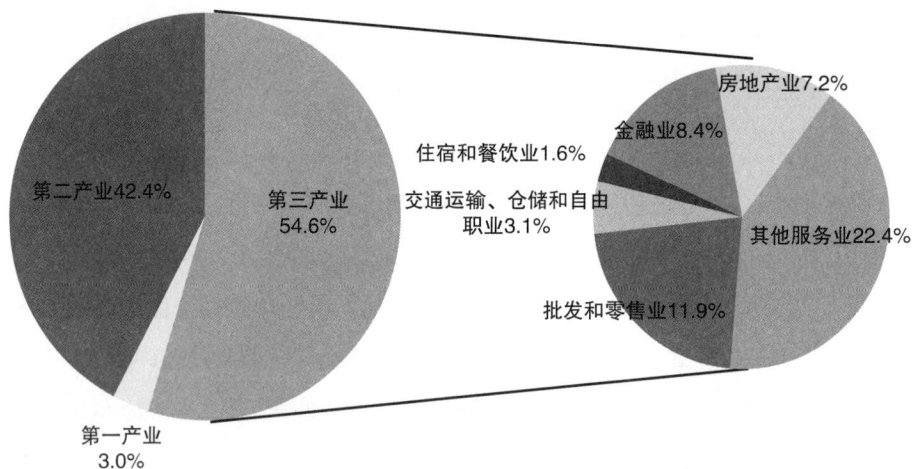

图2　2021年各产业增加值占生产总值比重

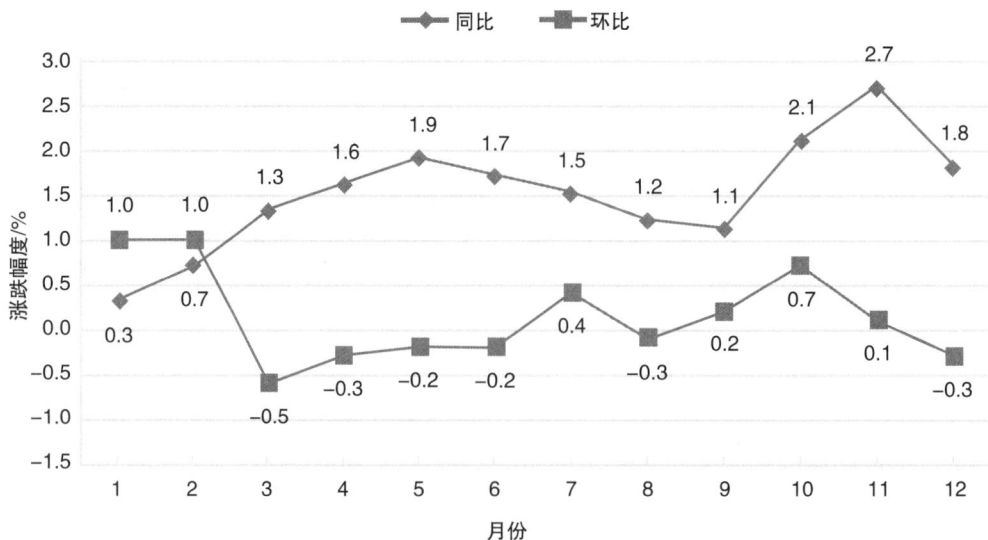

图3　2021年居民消费价格月度涨跌幅度

表 1　2021 年居民消费价格指数情况（上年 =100）

指标	全省	城市	农村
居民消费价格指数	101.5	101.5	101.4
其中：食品烟酒	100.7	100.8	100.1
其中：食品	99.8	99.9	99.3
其中：粮食	100.5	100.5	100.6
衣着	101.0	100.8	101.7
居住	100.9	100.8	101.1
生活用品及服务	101.6	101.4	102.5
交通和通信	104.1	104.2	103.6
教育文化和娱乐	103.5	103.7	102.7
医疗保健	100.8	100.5	101.6
其他用品和服务	97.1	97.1	97.1

年末就业人员预计 3900 万人，比上年增长 1.1%，占常住人口的 59.6%，比重与上年持平。全年城镇新增就业 122.4 万人，城镇调查失业率实现低于 5.5% 左右的宏观调控目标。

供给侧结构性改革继续深化。全年规模以上工业企业产能利用率为 82.5%，比上年提高 3.4 个百分点。规模以上工业中，高耗能行业增加值增长 8.3%，按可比价格计算占 30.4%，占比降低 1.3 个百分点。规模以上工业企业每百元营业收入中的费用为 9.71 元，比上年下降 0.83 元（见表 2）。高新技术产业、生态环保城市更新和水利设施、交通投资分别增长 20.5%、12.0% 和 2.4%，

工业技改投资增长 13.9%。

数字经济引领增长。全年以新产业、新业态、新模式为主要特征的"三新"经济增加值预计占 GDP 的 27.8%。数字经济核心产业增加值 8348 亿元，按可比价格计算比上年增长 13.3%。数字经济核心产业制造业增加值增长 20.0%，增速比规模以上工业高 7.1 个百分点，拉动规模以上工业增加值增长 2.9 个百分点。装备、高技术、战略性新兴、人工智能和高新技术产业增加值分别增长 17.6%、17.1%、17.0%、16.8% 和 14.0%，分别拉动规模以上工业增加值增长 7.5、2.7、5.5、0.7 和 8.7 个百分点。在战略性新兴产业中，新一代

表 2　2021 年规模以上工业分产业增加值及增速

产业	增加值 / 亿元	比上年增长 /%
规模以上工业增加值	20248	12.9
高技术产业	3202	17.1
高新技术产业	12669	14.0
装备制造业	9072	17.6
战略性新兴产业	6750	17.0
数字经济核心产业制造业	3095	20.0
节能环保创造业	2539	13.2
健康产品制造业	995	14.6
时尚制造业	1661	9.2
高端装备制造业	5023	14.2
文化制造业	598	9.5

信息技术、新能源、生物、节能环保产业增加值分别增长 18.7%、20.4%、14.4% 和 13.7%。

发展质量稳步提升。全年全员劳动生产率 [2] 预计为 19.0 万元 / 人；规模以上工业劳动生产率 28.5 万元 / 人，按可比价格计算，比上年提高 8.6%。财政总收入 14517 亿元，比上年增长 16.9%；一般公共预算收入 8263 亿元，增长 14.0%。其中，税收收入 7172 亿元，增长 14.5%，占一般公共预算收入的 86.8%。一般公共预算支出 11017 亿元，增长 9.3%。规模以上工业企业利润总额 6789 亿元，增长 21.0%，其中，高新技术、高技术、战略性新兴和数字经济核心产业利润总额分别增长 20.8%、21.3%、23.0% 和 21.0%；营业收入利润率 6.93%，为近年来较高水平。

服务业持续恢复。全年服务业增加值 40118 亿元，突破 4 万亿大关，按可比价计算，比上年增长 7.6%。规模以上服务业 [3] 企业营业收入 26929 亿元，增长 22.8%（见表 3）。10 个服务业行业门类营业收入比上年均实现增长，其中，交通运输、仓储和邮政业，租赁和商务服务业，科学研究和技术服务业营业收入分别比上年增长 40.3%、23.9% 和 18.3%，居前三位。规模以上服务业企业户均营业收入 2.2 亿元，比上年提高 0.4 亿元。年营业收入 10 亿元以上企业合计 304 家，

占规模以上服务业企业数的 2.5%，营业收入占规模以上服务业的 63.4%。

民营经济活力不断增强。全年民营经济增加值占全省生产总值的比重预计为 67%。规模以上工业民营企业增加值比上年增长 13.3%，增速高出规模以上工业 0.4 个百分点，增加值占比为 69.5%，比重提高 0.7 个百分点。规模以上服务业民营企业营业收入增长 27.2%，增速高出规模以上服务业 4.4 个百分点。民间投资占固定资产投资总额的 58.8%。民营企业货物出口 2.46 万亿元，增长 19.0%，进口 6814 亿元，增长 37.2%，分别占全省总额的 81.6% 和 60.3%。在册市场主体 868 万户，比上年增加 65.2 万户，新设民营企业 53.1 万户，增长 11.4%，占新设企业数的 94.2%，私营企业 290 万户，占企业总量的 92.5%。民营经济创造的税收占全省税收收入的 73.4%。

二、农业和农村

主要农产品稳产保供。全年粮食播种面积 1007 千公顷，比上年增长 1.3%，总产量 621 万吨，增长 2.5%；油菜籽播种面积 120 千公顷，增长 5.6%；蔬菜 664 千公顷，增长 0.7%;中药材 47 千公顷，下降 6.2%；瓜果类 88 千公顷，下

表 3　2021 年规模以上服务业企业主要行业营业收入情况

行业	营业收入 / 亿元	比上年增长 /%
总计	26929	22.8
交通运输、仓储和邮政业	6434	40.3
信息传输、软件和信息技术服务业	12168	17.4
房地产业（除房地产开发经营）	891	14.1
租赁和商务服务业	4182	23.9
科学研究和技术服务业	1839	18.3
水利、环境和公共设施管理业	318	14.2
居民服务、修理和其他服务业	271	5.3
教育	105	9.1
卫生和社会工作	317	9.9
文化、体育和娱乐业	404	16.6

降 9.2%。猪牛羊禽肉总产量 103 万吨，增长 15.2%；猪肉产量 65 万吨，增长 20.2%；禽蛋产量 31 万吨，下降 6.7%；牛奶产量 19 万吨，增长 1.2%。水产品总产量 626 万吨，增长 1.7%，其中，海水产品产量 484 万吨，增长 1.5%；淡水产品产量 142 万吨，增长 2.5%。年末生猪存栏 640 万头，增长 2.0%，存栏总量为 2017 年末的 118%；其中能繁母猪存栏 69 万头，增长 19.4%。全年生猪出栏 774 万头，增长 16.3%。

农业现代化效果显现。高标准建设现代农业园区和粮食生产功能区。累计创建省级现代农业园区 79 个、建成验收特色农业强镇 109 个，严格保护好 810 万亩粮食生产功能区。农业"双强"行动强势开局，组建农业农村"三农九方"科技联盟，发布农业主导品种 122 个、主推技术 113 项，良种覆盖率 98%、比全国平均高 3 个百分点。实施农业机械"尖兵""领雁"、首台套等攻关项目 35 个。深化"肥药两制"改革，强化"三品一标"建设，新增农产品地理标志 16 个，累计 154 个；新认定绿色食品 674 个，有效期内绿色食品 2444 个；新建国家农产品地理标志保护工程 10 个，累计 30 个；新建省级精品绿色农产品基地 10 个，累计 35 个。统筹推进百条十亿级农业全产业链创建、十万农创客培育和乡村产业"一县一平台"建设，认定国家级特色农产品优势区 10 个，省级特色农产品优势区 114 个。

新时代美丽乡村建设全面推进。持续深化"千万工程"，基本实现农村无害化卫生厕所全覆盖，生活垃圾分类处理行政村覆盖率 96%，完成农村生活污水处理设施标准化运维 1.9 万个。创建美丽乡村示范县 11 个、美丽乡村示范乡镇 110 个、特色精品村 315 个；新时代美丽乡村达标村 5512 个。健全自治法治德治智治"四治融合"的乡村治理机制，累计建成善治（示范）村 6036 个。统筹推进路、水、电、网、气、能等基础设施城乡互联互通、共建共享。具备条件 200 人以上自然村公路通达率达到 100%，农村公路优良中等路比例

超 85%；饮用水达标人口覆盖率超 95%，供水工程水质达标率超 92%，基本实现城乡同质饮水；行政村 4G 和光纤全覆盖，重点乡镇 5G 全覆盖。

农民农村共富有效提升。实施农民扩中提低行动计划，推进强村惠民，98.8% 的行政村集体经济总收入达到 20 万元且经营性收入 10 万元以上。推进城乡公共服务均等化，农村标准化学校达标率 98.6%，规范化村级卫生室比例 78.3%，居家养老服务中心实现乡镇全覆盖，新时代文明实践中心全覆盖、实践所站覆盖率 80%。实施先富带后富"三同步"行动，构建新型帮共体，实现 26 个山区县、2397 个乡村振兴重点帮促村、所有低收入农户帮扶全覆盖；健全低收入农户返贫监测预警机制，全省低收入农户年人均可支配收入增长 14.8%，高出全省农民收入增速 4.4 个百分点。开展农村实用人才和高素质农民培训 9.8 万人次，线上课程学习 315.5 万人次。

三、工业和建筑业

全年规模以上工业增加值 20248 亿元，迈上 2 万亿元新台阶，比上年增长 12.9%，两年平均增长 9.1%。其中，国有及国有控股企业比上年增长 10.0%，私营企业增长 13.1%；外商投资企业增长 14.1%，港澳台商投资企业增长 10.7%。17 个传统制造业增加值增长 11.1%。规模以上工业销售产值 91191 亿元，增长 22.8%，其中，出口交货值 15273 亿元，增长 24.5%。38 个工业行业大类中，35 个行业增加值比上年增长，增长面为 92.1%，19 个行业两位数增长。其中，金属制品（25.6%）、计算机通信电子（22.7%）、通用设备（19.0%）、电气机械（17.2%）、专用设备（14.2%）和汽车（10.0%）等 6 个行业合计拉动规模以上工业增加值增长 10.5 个百分点。规模以上工业企业新产品产值比上年增长 30.5%，新产品产值率首次突破 40%，为 40.8%，比上年提高 2.6 个百分点（见表 4）。

表 4　2021 年主要工业产品产量

产品名称	单位	产量	比上年增长 /%
布	亿米	67.6	11.5
化纤	万吨	3209.6	7.1
房间空调器	万台	1763.5	15.6
发电量	亿千瓦时	4018.4	19.3
钢材	万吨	3451.8	−9.2
水泥	万吨	13605.1	2.1
发电机组	万千瓦	930.6	20.6
电工仪器仪表	万台	11191.7	6.7
光纤	亿米	1342.0	130.3
光缆	万芯千米	6940.4	51.4
光电子器件	亿只（片、套）	655.8	14.8
锂离子电池	万只	44524.3	6.6
太阳能电池	万千瓦	5152.5	80.9
集成电路	亿块	229.7	43.6
电子元件	亿只	1607.9	45.0
微型计算机设备	万台	190.7	38.4
移动通信手持机（手机）	万台	3214.5	−11.2
其中：智能手机	万台	2936.1	−13.0
汽车	万辆	104.4	18.0
其中：新能源汽车	万辆	18.0	152.7
工业机器人	套	23363	29.6
3D 打印设备	台	1898	258.8
城市轨道车辆	辆	673	17.0

全年建筑业增加值 4225 亿元，占 GDP 的比重为 5.7%。

四、固定资产投资和房地产业

全年固定资产投资比上年增长 10.8%，两年平均增长 8.1%。三次产业投资稳步推进。第一、二、三产业投资比上年分别增长 2.7%、17.8% 和 9.0%，两年平均分别增长 35.8%、12.1% 和 6.9%。三大领域投资稳定增长。制造业投资增长 19.8%，拉动投资增长 3.4 个百分点；两年平均增长 11.3%。基础设施投资增长 2.0%，拉动投资增长 0.5 个百分点；两年平均增长 3.7%。民间投资比上年增长 8.9%，拉动全部投资增长 5.3 个百分

点；两年平均增长 5.7%。其中，民间项目投资增长 11.6%。

房地产开发投资比上年增长 8.5%，拉动投资增长 3.7 个百分点；两年平均增长 7.7%。其中，住宅投资 8802 亿元，增长 8.8%；办公楼投资 457 亿元，下降 4.7%；商业营业用房投资 890 亿元，增长 11.0%。商品房销售面积 9991 万平方米，比上年下降 2.5%，两年平均增长 3.2%。商品房销售额增长 11.1%，两年平均增长 15.2%。

五、国内贸易

全年社会消费品零售总额 29211 亿元，比上年增长 9.7%，两年平均增长 3.4%。按经营地统

计，城镇、乡村社会消费品零售分别增长 9.6% 和 10.1%，两年平均分别增长 3.2% 和 4.0%。按消费类型统计，餐饮收入增长 15.5%，商品零售增长 9.0%，两年平均分别增长 2.8% 和 3.4%。

在限额以上批发零售企业商品零售额中，饮料、烟酒、服装鞋帽针纺织品类、日用品类零售额增速平稳，比上年分别增长 20.4%、17.3%、18.3% 和 20.2%。消费结构持续提升，升级类商品[4]零售额增长 13.4%，保持较快增速。其中可穿戴智能设备、照相器材、金银珠宝类、化妆品类、通讯器材类商品零售额分别增长 92.4%、41.9%、27.2%、22.6% 和 19.5%。线上消费持续增长。限额以上批发和零售业单位通过公共网络实现的零售额比上年增长 25.9%，高于限上批发和零售业单位零售额增速 12.0 个百分点，拉动限上批发和零售业零售额增长 5.9 个百分点，占限上零售额的 25.2%，比上年提高 2.9 个百分点。

全省各类商品市场 3255 家，全年实现成交总额 23271 亿元，比上年增长 9.6%，其中，年成交额超 10 亿元的有 243 家、超百亿元的有 38 家、超千亿元的有 2 家。中国社会科学院发布的"2021 年中国商品市场综合百强榜单"和"中国商品市场十大数字化领跑者榜单"，我省分别获 33 席和 6 席，继续领跑全国。

六、对外经济

全年货物进出口 41429 亿元，其中，出口 30121 亿元，进口 11308 亿元，分别比上年增长 22.4%、19.7% 和 30.3%，分别占全国的 10.6%、13.9% 和 6.5%，年度进出口规模首次居全国第三（见表 5）。对主要市场进出口保持较快增长，其中，对欧盟、美国、东盟进出口分别增长 22.3%、20.4% 和 22.2%；对"一带一路"沿线国家进出口 1.42 万亿元，增长 22.9%；对 RCEP 国家进出口 1.04 万亿元，增长 18.5%（见表 6）。出口商品结构持续优化，机电高新产品出口比重稳步提升。机电高新产品合计（剔除交叉部分）出口 1.45 万亿元，增长 22.5%，占全省出口总值的 48.2%，比重比上年提升 1.1 个百分点。中欧（义新欧）班列开行 1904 列。高质量推动中国（浙江）自由贸易试验区建设，10 个自贸试验区所在县市区固定资产投资增长 10.6%，新增注册企业 42629 家，增长 54.5%，实际使用外资 25.3 亿美元，增长 73.1%。

全年新批外商直接投资项目 3547 个，合同外资 385 亿美元，比上年增长 9.8%，实际使用外资 183 亿美元，增长 16.2%。制造业实际使用外资 45 亿美元，下降 10.2%。第三产业外商投资项

表 5　2021 年货物进出口主要分类情况

指标	金额 / 亿元	比上年增长 /%
货物进出口总额	41429	22.4
货物出口额	30121	19.7
其中：一般贸易	23685	19.3
加工贸易	2089	17.2
其中：机电产品	13793	21.5
高新技术产品	2720	34.3
货物进口额	11308	30.3
其中：一般贸易	8870	28.8
加工贸易	903	13.3
其中：机电产品	1800	23.7

表 6　2021 年对主要市场货物进出口情况

国家和地区	出口额 / 亿元	比上年增长 /%	进口额 / 亿元	比上年增长 /%
欧盟	5769	22.9	985	18.7
美国	5513	18.1	681	42.9
东盟	3406	17.9	2007	30.2
拉丁美洲	2973	38.3	1113	31.0
非洲	2256	12.2	511	45.6
日本	965	2.4	798	18.3
德国	1291	24.6	308	20.3
韩国	792	9.7	799	15.2
澳大利亚	617	13.7	830	32.2
印度	1039	34.2	260	−3.0
巴西	690	37.1	517	37.8
越南	794	13.8	344	7.8
"一带一路"沿线国家	9912	18.7	4314	33.8
RCEP 国家	5865	13.6	4526	25.4

目 3095 个，占外商直接投资项目总数的 87.3%，合同外资 282 亿美元，增长 11.8%，占合同外资总额的 73.3%，实际使用外资 131 亿美元，增长 27.1%，占实际外资总额的 71.7%。

全年经备案核准的境外企业和机构 673 家，比上年增加 42 家。境外直接投资备案额 573 亿元，下降 20.4%。国外经济合作完成营业额 510 亿元，增长 18.7%。其中，对外承包工程完成营业额 505 亿元，增长 17.7%；新签合同额 287 亿元，增长 12.4%；共派出各类劳务人员 18741 人次，外派劳务人员实际收入 4 亿元。

七、交通运输和邮电业

全年交通运输、仓储和邮政业增加值 2252 亿元，比上年增长 10.3%。

年末全省公路总里程 12.39 万公里，其中，高速公路 5184 公里，实现陆域县县通高速。共有民航机场 7 个，全年旅客吞吐量 5183 万人，其中发送量 2659 万人。铁路、公路和水运货物周转量 12936 亿吨公里，比上年提高 5.0%；旅客周转量 714 亿人公里，增长 5.9%。全省港口[5]货物吞吐量 19.3 亿吨，增长 4.0%，其中，沿海港口 14.9

表 7　2021 年交通客货运输量

指标	单位	绝对数	比上年增长 /%
货物周转量	亿吨公里	12935	5.0
其中：铁路	亿吨公里	270	17.1
公路	亿吨公里	2637	19.3
水运	亿吨公里	10030	1.5
旅客周转量	亿人公里	714	5.9
其中：铁路	亿人公里	532	14.4
公路	亿人公里	177	−13.7
水运	亿人公里	5	9.1
民航旅客吞吐量	万人	5183	3.8

亿吨，增长 5.4%（见表 7）。宁波舟山港货物吞吐量 12.2 亿吨，连续 13 年居全球第一，集装箱吞吐量 3108 万标箱，连续 4 年全球第三，继上海港、新加坡港之后，跻身"3000 万俱乐部"港口。

年末全省小型载客汽车保有量 1726 万辆，其中私家车（个人小型、微型载客汽车）保有量 1593 万辆。

邮电业保持稳中有进的发展态势，继续走在全国前列。全年邮政业务总量[6]2232 亿元，稳居全国第二，比上年增长 28.0%。活跃的电子商务交易促进快递需求大幅增长，快递业务量 228 亿件，仅次于广东省（295 亿件），比上年增长 26.9%，占全国比重 21.0%。全年电信业务总量[7]1088 亿元，居全国第三，增长 27.3%。移动电话用户 8860 万户，普及率达 137.2 部 / 百人，居全国第三。5G 基站总数[8]达到 11.3 万个，每万人拥有 5G 基站数达 17.6 个，居全国第四，仅次于北京、上海、天津。固定互联网宽带接入用户 3117 万户，普及率达 48.3%，居全国第一。

八、金融、证券和保险

年末全部金融机构本外币各项存款余额 170816 亿元，比上年末增长 12.2%，其中人民币存款余额增长 12.0%。住户本外币存款余额 67487 亿元，增长 9.6%。全部金融机构本外币各项贷款余额 165756 亿元，增长 15.4%，其中人民币贷款余额增长 15.4%。主要农村金融机构（农村信用社、农村合作银行、农村商业银行）人民币贷款

余额 24317 亿元，比上年末增加 4084 亿元（见表 8）。

年末境内上市公司 606 家，累计融资 16063 亿元。其中，主板 434 家，占全国主板总数的 13.8%，位居全国第二；创业板 137 家，占全国创业板总数的 12.6%，位居全国第三；科创板 32 家，占全国科创板总数的 8.5%，位居全国第五；北交所 3 家，占全国北交所上市公司总数的 3.7%，位居全国第七。新三板挂牌企业 612 家，占全国新三板挂牌企业总数的 8.8%，位居全国第四。

全年保险业保费收入 2860 亿元，比上年增长 2.8%。其中，财产险保费收入 921 亿元，下降 0.5%；人身险保费收入 1939 亿元，增长 4.5%。各类赔款及给付 1030 亿元，增长 14.9%。其中，财产险赔付 619 亿元，人身险赔付 410 亿元。

九、人民生活和社会保障

根据城乡一体化住户调查，全年全体及城乡居民人均可支配收入分别为 57541 元、68487 元和 35247 元，比上年名义增长 9.8%、9.2% 和 10.4%，两年平均增长 7.4%、6.7% 和 8.6%；扣除价格因素实际增长 8.2%、7.6% 和 8.9%，两年平均实际增长 5.4%、4.8% 和 6.4%。城乡居民人均可支配收入比值为 1.94，比上年缩小 0.02。全省居民人均可支配收入中位数[9]为 51746 元，增长 12.2%。

全省居民人均生活消费支出 36668 元，比上年增长 17.2%，扣除价格因素增长 15.5%。按常

表 8　2021 年金融机构本外币存贷款情况

指标	年末数 / 亿元	比上年末增长 /%
各项存款余额	170816	12.2
其中：住户存款	67487	9.6
年金融企业存款	62550	12.6
各项贷款余额	165756	15.4
其中：住户贷款	70073	15.0
企（事）业单位贷款	94922	15.6

住地分，城镇居民人均生活消费支出为 42193 元，增长 16.6%，农村居民人均生活消费支出 25415 元，增长 17.9%，扣除价格因素分别增长 14.9% 和 16.3%（见表 9）。

年末每百户居民家庭拥有家用汽车 53.3 辆；计算机 62.5 台，其中接入互联网的计算机 58.3 台；移动电话 253.6 部，其中接入互联网的移动电话 222.0 部；彩色电视机 175.0 台、电冰箱 111.7 台、洗衣机 97.8 台、空调 217.9 台、热水器 106.7 台。

年末全省参加基本养老保险人数 4423 万人，参加基本医疗保险人数 5655 万人，参加失业保险、工伤保险、生育保险人数分别为 1793.5 万人、2741.6 万人和 1811 万人。城乡居民养老保险基础养老金最低标准提高到 180 元 / 月，因工死亡职工供养亲属抚恤金月人均提高 105 元。

年末在册低保对象 59.3 万人（不含五保），其中，城镇 6.0 万人，农村 53.3 万人。全年低保资金（含各类补贴）支出 70.7 亿元，比上年减少 4.5%；城乡低保同标，平均每人每月 941 元。

全年发行各类福利彩票 116.3 亿元，比上年减少 1.3 亿元，筹集公益金 35.9 亿元。

十、教育和科学技术

年末全省共有幼儿园 7890 所，在园幼儿 200.9 万人，比上年增长 1.1%。共有小学 3257 所，招生 67.0 万人；在校生 383.4 万人，增长 2.9%，小学学龄儿童入学率为 99.99%。小学生均校舍建筑面积 10.4 平方米；生均图书 34.1 册；每百名学生拥有教学终端 20.8 台；体育运动场（馆）面积达标的学校比例为 99.7%。共有初中 1768 所，招生 56.7 万人；在校生 166.4 万人，比 2020 年增加 2.7 万人，初中入学率为 99.97%。初中生均校舍建筑面积 23.1 平方米；生均图书 57.2 册；每百名学生拥有教学终端 35 台；体育运动场（馆）面积达标的学校比例为 99.8%。全省各类中等职业教育学校 249 所（不含技工学校），招生 18.7 万人，在校生 57.2 万人；普通高中 631 所，招生 28.5 万人，在校生 83.7 万人，毕业生 25.2 万人。

全省共有普通高校 109 所（含独立学院）。研究生（含非全日制）、本科、专科招生比例为 1：3.9：4；高等教育毛入学率为 64.8%。全年研究生（含非全日制）招生 47505 人，其中，博士生 5014 人，硕士生 42491 人。幼儿园专任教师 15.2 万人，比上年增加 0.91 万人；幼儿教师学历合格率为 99.99%。义务教育中小学专任教师 36.4 万人，增长 2.6%。中等职业教育（不含技工学校）专任教师 3.8 万人，生师比 14.6：1；专任教师学历合格率为 97.8%。双师型教师占专任教师和专业（技能）教师的比例分别为 44.9% 和 86.4%。普通高等学校专任教师中副高及以上职称教师比例为 48.5%；具有硕士及以上学位教师比例为 92%。

全年全社会研究和试验发展（R&D）经费支出与生产总值之比预计为 2.9%，比上年提高 0.02 个百分点。财政一般公共预算支出中科技支出

表 9　2021 年居民人均收支主要指标

指标	全省居民		城镇常住居民		农村常住居民	
	绝对数 / 元	比上年增长 /%	绝对数 / 元	比上年增长 /%	绝对数 / 元	比上年增长 /%
人均可支配收入	57541	9.8	68487	9.2	35247	10.4
工资性收入	32521	9.2	35412	5.5	21434	9.9
经营净收入	9294	11.8	9671	11.5	8527	12.2
财产净收入	6905	12.5	9765	11.5	1082	13.9
转移净收入	8520	8.0	10639	7.4	4205	8.6
人均生活消费支出	36668	17.2	42193	16.6	25415	17.9

579 亿元，比上年增长 22.5%。

全省有国家认定的企业技术中心 138 家（含分中心）。新建省实验室 2 家、累计 6 家，新建省技术创新中心 6 家。新认定高新技术企业 7179 家，累计有效高新技术企业 28581 家。新培育科技型中小企业 18922 家，累计 86597 家。全年专利授权量 46.5 万件，其中发明专利授权量 5.7 万件，比上年增长 13.8%。科技进步贡献率为 66%。新增"浙江制造"标准 627 个，累计 2606 个。

十一、卫生和文化体育

年末全省卫生机构 3.51 万个（含村卫生室），其中，医院 1486 个，卫生院 1055 个，社区卫生服务中心（站）4659 个，诊所（卫生室、医务室）13412 个，村卫生室 11218 个，疾病预防控制中心 103 个，卫生监督所（中心）99 个。卫生技术人员 57.6 万人，比上年末增长 5.1%，其中，执业（助理）医师 23.2 万人，注册护士 25 万人，分别增长 6.8% 和 7.3%。医疗卫生机构床位数 37.0 万张，增长 2.4%，其中，医院 32.7 万张，卫生院 1.93 万张。医院全年总诊疗 2.99 亿人次，比上年增长 15.2%。

全年诊疗服务平台预约请求量 1338 万人次，预约成功量 904 万人次，分别比上年增长 28% 和 34%，日均预约成功量 2.48 万人次；新增注册用户 961 万人，增长 109%，日均注册量为 2.63 万人；新接入医疗卫生机构 201 家，累计接入医疗卫生机构 1693 家。

年末全省县级以上公共图书馆 102 个，文化馆 101 个，文化站 1351 个，博物馆 406 个，世界遗产 4 个，县级文化馆和图书馆覆盖率均达 100%，乡镇文化站和行政村文化活动室覆盖率均达 100%，公共图书馆虚拟网络基本全覆盖。广播人口覆盖率为 99.8%，电视人口覆盖率为 99.9%。全年制作完成影片 119 部，获得公映许可证影片 45 部，电影票房收入 35.7 亿元。图书出版社 15

家，公开发行报纸 64 种，出版期刊 239 种。

浙江运动员全年共获取全国一类比赛冠军 45 个。经常参加体育锻炼[10]（不含学生）人数占总人口的 29.6%，城乡居民国民体质合格率保持在 94% 以上。省级全民健身中心 38 个、中心村全民健身广场（体育休闲公园）908 个、社区多功能运动场 1317 个。国家级体育后备人才基地 18 个、省级体育后备人才基地 64 个。国家级体育传统项目学校 8 个。省级青少年体育俱乐部 413 所。国家体育产业示范基地（运动休闲示范区）11 个、体育旅游示范基地 2 个。省级运动休闲基地 28 个、运动休闲旅游示范基地 31 个。

全年销售体育彩票 169.1 亿元，比上年增长 28.0%。

十二、资源、环境保护和社会安全

全年平均降水量为 2003.1 毫米（折合降水总量 2099.3 亿立方米）。全省水资源总量为 1343.4 亿立方米。

全年完成造林更新面积 47.5 万亩，其中迹地更新 2.8 万亩。建设战略储备林和美丽生态廊道 59.2 万亩，其中战略储备林 42.2 万亩，美丽生态廊道 17.1 万亩。根据 2021 年浙江省森林资源年度监测结果，全省森林覆盖率为 61.17%（含灌木林）。完成水土流失治理面积为 429.0 平方公里。

年末有新一代天气雷达站 17 个，气象卫星接收站 15 个，地面自动气象观测站 4329 个。全年霾平均日数 25 天，比上年减少 8 天。11 个设区城市环境空气 PM2.5 年平均浓度为 24 微克 / 立方米，比上年下降 4.0%；日空气质量优良天数比例为 84.4% ～ 99.7%，平均为 94.4%，比上年提高 0.8 个百分点。66 个县级以上城市日空气质量优良天数比例为 84.4% ～ 100%，平均为 96.9%，提高 0.5 个百分点。

296 个省控断面中，Ⅲ类及以上水质断面占 95.2%，比上年提高 1.3 个百分点；满足水环境功能区目标水质要求断面占 98.6%，提高 1.3 个百分点。按达标水量和个数统计，11 个设区城市的主要集中式饮用水水源以及县级以上城市集中式饮用水水源水质达标率均为 100%，与上年持平。148 个跨行政区域河流交接断面水质达标率为99.3%，比上年提高 0.7 个百分点。近岸海域共发现赤潮 22 次，累计影响面积 7084 平方千米，其中有害赤潮 4 次，累计面积 1714 平方千米，均未造成直接经济损失和人员伤亡。与上年相比，全年赤潮发现次数增加 10 次，累计影响面积增加5556 平方千米。

全年城市（县城）污水排放量 40.7 亿立方米，比上年增长 3.7%；污水处理量 39.6 亿立方米，增长 3.4%；污水处理率 97.3%；城市（县城）生活垃圾无害化处理率 100%；用水普及率 100%；燃气普及率 99.6%。

累计建成国家生态文明建设示范区 35 个，国家"绿水青山就是金山银山"实践创新基地 10 个，省级生态文明建设示范市 8 个，省级生态文明建设示范县（市、区）74 个。

全省规模以上工业能耗总量比上年增长6.3%，单位增加值能耗下降 5.8%。其中，千吨以上和重点监测用能企业能源消费量分别增长 3.7% 和 3.1%，单位增加值能耗分别下降 6.7% 和 6.9%。

全年发生各类生产安全事故（包括工矿商贸企业、道路运输、水上交通、渔业船舶、铁路交通、海上交通事故）1252 起、死亡 1010 人，比前两年均值（可比口径）分别下降 23.8%、22.3%，其中，道路运输共发生事故 925 起、死亡 666 人，与前两年平均数相比分别下降 22.9%、23.9%。

注释：

[1] 本公报所列各项数据均为年度初步统计数据。部分数据因四舍五入原因，存在与分项合计不等的情况。

[2] 全员劳动生产率为地区生产总值（现价）与全部就业人员年平均人数的比率。

[3] 辖区内年营业收入 2000 万元及以上服务业法人单位。包括：交通运输、仓储和邮政业，信息传输、软件和信息技术服务业，水利、环境和公共设施管理业三个门类和卫生行业大类。辖区内年营业收入 1000 万元及以上服务业法人单位。包括：租赁和商务服务业，科学研究和技术服务业，教育三个门类，以及物业管理、房地产中介服务、房地产租赁经营和其他房地产业四个行业小类。辖区内年营业收入 500 万元及以上服务业法人单位。包括：居民服务、修理和其他服务业，文化、体育和娱乐业两个门类，以及社会工作行业大类。

[4] 指化妆品类、金银珠宝类、体育娱乐用品类、书报杂志类、电子出版物及音像制品类、家用电器和音像器材类、通讯器材类。

[5] 统计范围是全部港口。

[6] 邮政业务总量按 2020 年不变价计算。

[7] 电信业务总量按 2020 年不变价计算。

[8] 5G 基站总数为建设部门口径数据。

[9] 人均可支配收入中位数是指将所有调查户按人均可支配收入水平从低到高顺序排列，处于最中间位置的调查户的人均可支配收入。

[10] 经常参加体育锻炼的人指每周参加 3 次及以上，每次锻炼时间 30 分钟以上、锻炼强度达到中等及以上的人。

2021年浙江省商务运行形势分析

浙江省商务厅

2021年，面对世界变局和世纪疫情的叠加冲击，全省商务系统认真贯彻省委、省政府决策部署，忠实践行"八八战略"、奋力打造"重要窗口"，扎实推进高质量发展建设共同富裕示范区，统筹疫情防控和商务发展，全力以赴稳外贸稳外资促消费，商务发展稳中有进、稳中向好，实现了"十四五"良好开局。2021年，消费市场平稳复苏，对外贸易保持稳定，引进外资增长强劲，对外投资合作健康有序，开放平台作用日益凸显。

据省统计局统计，2021年，全省实现社会消费品零售总额29210.5亿元，同比（下同）增长9.7%，低于全国（12.5%）2.8个百分点，较2019年同期增长7.5%，两年平均增长3.4%。实现网络零售额25230.3亿元，增长11.6%，两年平均增长13.0%；省内居民网络消费12276.3亿元，增长10.9%。

据杭州海关统计，全省实现进出口总值4.14万亿元，增长22.4%，高于全国（21.4%）1.0个百分点，两年平均增长15.9%。其中，出口3.01万亿元，增长19.7%，低于全国（21.2%）1.5个百分点，两年平均增长14.3%；进口1.13万亿元，增长30.3%，高于全国（21.5%）8.8个百分点，两年平均增长20.7%。

据商务部统计口径，全省服务贸易进出口首次突破5000亿，达5490.0亿元，增长28.1%；其中，出口3021.0亿元，增长25.3%；进口2469.0亿元，增长31.8%。

据商务部统计，全省实际使用外资183.4亿美元，增长16.2%，低于全国（20.2%）4.0个百分点，两年平均增长16.3%，占全国份额为10.6%，在全国排名保持第五。

全省经备案（核准）的境外企业和机构共计673家，增长6.7%；对外直接投资备案额89.9亿美元，下降18.5%；对外实际投资额116.9亿美元，下降7.0%；国外经济合作完成营业额80.0亿美元，增长21.5%。

一、消费市场平稳复苏

一是"共富"推动城乡市场同步恢复。2021年，全省城镇、乡村社零分别增长9.6%、10.1%，两年平均分别增长3.2%、4.0%；城镇、农村居民人均消费支出较上一年分别名义增长16.6%、17.9%，增速分别回升20.1、16.9个百分点；全省城乡居民收入比1.94，已连续9年呈缩小态势。

二是消费升级效果明显。在限上商品类别中，化妆品、金银珠宝、通讯器材等升级商品销售分别增长22.6%、27.2%和19.5%，合计拉动全省社零增长1.5个百分点；日用品类、服装鞋帽类商品销售分别增长 20.2%、18.3%。三是权重商品态势良好。汽车类、限上石油及制品类零售分别增长 9.9%、31.1%，合计拉动全省社零增长 7.7 个百分点。税务数据显示，全省中高档汽车购置税增长 8.1%。四是服务消费有序恢复。全省餐饮收入增长 15.5%，限额以上住宿、餐饮业营业额分别增长 14.0% 和 22.1%。居民消费支出中，其他用品和服务、教育文化娱乐、生活用品及服务三类支出分别增长 34.8%、30.4% 和 15.8%，势头良好。五是线上消费仍具优势。全省实现网络零售额 25230.3 亿元，增长 11.6%；省内居民网络消费 12276.3 亿元，增长 10.9%，网络零售顺差达 12954.0 亿元。全省快递服务企业业务量累计 227.8 亿件，增长 26.9%。

二、对外贸易保持稳定

一是进出口规模创历史新高。全省进出口规模均创历史新高，分别迈上 4 万亿、3 万亿和 1 万亿新台阶。进出口规模首次超过上海居全国第三。与上年相比，进出口占全国份额提升 0.1 个百分点，出口份额 13.9%，保持基本稳定。二是主要市场增长较快。全省对欧盟、美国、东盟、拉美和非洲等前 5 大市场出口分别增长 22.9%、18.1%、17.9%、38.3%、12.2%，合计占比 66.2%，合计拉动整体出口增长 13.9 个百分点。对"一带一路"沿线国家出口增长 18.7%，对 RCEP 国家出口增长 13.6%。三是机电高新占比稳步提升。机电、高新技术产品出口分别增长 21.5%、34.3%，占比分别为 45.8%、9.0%，较 2020 年同期分别提高 0.7、1.0 个百分点。同期，劳动密集型产品出口增长 11.3%，占比 31.2%，下降 2.4 个百分点。出口退税和自贸试验区红利促使钢材和成品油成为出口增长贡献最大的两个单项商品，分别增长 76.5% 和 1.1 倍，合计拉动出口增长 2.1 个百分点。四是市场采购表现良好。全省市场采购出口

增长 21.3%，占比 12.0%，较 2020 年提升 0.2 个百分点。同期，一般贸易出口增长 19.3%，占比 78.6%。五是大宗商品有力拉动进口。受国际大宗商品价格持续上涨影响，原油、铁矿砂、铜矿砂、未锻轧铜及铜材、成品油进口分别增长 65.9%、50.3%、43.3%、35.0%、8.7%，合计拉动全省进口增长 11.6 个百分点。六是数字贸易发展迅速。数字贸易额达 5279 亿元，增长 21.8%。其中：全省跨境电商进出口 3302.9 亿元，增长 30.7%；数字服务贸易进出口总额 1975.6 亿元，增长 12.5%。

三、引进外资增长强劲

一是高技术外资快速增长。高技术产业实际使用外资 79.4 亿美元，增长 67.0%，占比 43.3%；其中，高技术制造业、高技术服务业实际使用外资分别增长 21.2%、91.6%。服务业、制造业实际使用外资分别增长 27.1%、下降 4.2%。制造业实际使用外资占全省比重 24.3%，较上年（31.5%）下降 7.2 个百分点。二是主要资金来源地保持稳定。来自香港地区实际使用外资 148.4 亿美元，增长 20.2%，占比 80.9%；新加坡 7.4 亿美元，增长 4.6%；美国 2.0 亿美元，下降 24.5%。三是新设和到资大项目表现亮眼。新设投资总额超亿美元大项目 150 个，比 2020 年同期增加 32 家。实际到资 3000 万美元以上大项目 134 个，到资 120.6 亿美元，增长 19.1%。其中，到资 1 亿美元以上项目 28 个，到资 69.3 亿美元，占到资大项目 57.5%。新设世界 500 强投资企业 14 家，累计 190 家世界 500 强投资企业 667 家。

四、对外投资合作健康有序

一是制造业投资保持高位。制造业、科技研发的对外投资备案额位居前列，分别为 51.5 亿美元、11.4 亿美元，占比分别为 57.3%、12.7%。新

能源产业投资活跃，如吉利集团 3.8 亿美元并购新加坡智马达部分股权从事新能源汽车制造业，东方日升在马来西亚投资 3.0 亿美元打造太阳能电池制造基地等。二是区域投资以 RCEP 区域和欧洲为主。对 RCEP 国家投资项目 166 个，直接投资备案额占比超四成；对欧洲投资项目 84 个，直接投资备案额增长 39.5%，超越对美投资。中国—中东欧博览会带动我省对欧经贸合作，涌现出一批优质"小而美"的对欧投资项目。三是"一带一路"沿线投资质量稳步提升。在"一带一路"国家对外直接投资备案额 54.1 亿美元，占比超六成，主要集中在中国香港、新加坡和印度尼西亚。四是跨国并购回暖。全年以并购形式实现的境外投资项目 116 个，并购额 26.8 亿美元，增长 20.4%，占比 29.8%。并购主要集中在软件信息技术服务、医药研发制造、采矿等行业。

五、开放平台作用日益凸显

一是开发区稳定发展。2021 年，全省经济开发区实际利用外资 92.0 亿美元，增长 3.6%；规上工业增加值 1.4 万亿元，增长 26.6%；财政收入 5767.8 亿元，增长 20.9%。1—11 月，实现进出口总额 19613.4 亿元，增长 10.9%；其中，出口 14358.8 亿元，增长 6.3%，进口 5254.5 亿元，增长 26.1%。

二是自贸试验区引领发展。新增注册企业 4.3 万家，增长 54.5%；实际使用外资 25.3 亿美元，增长 73.1%。完成保税燃料油供应 552 万吨，增长 17.0%；船用燃料油结算量 1100 万吨，增长 29.6%。三是中欧班列强劲增长。"义新欧"中欧班列累计开行 1904 列，增长 36.1%；累计发运集装箱 157064 个标箱，增长 35.9%。其中，回程 553 列，大幅增长 1.1 倍，往返数量进一步平衡。

2021年浙江出口退税管理工作情况分析

国家税务总局浙江省税务局

2021年，浙江（含宁波）办理出口退（免）税2823.34亿元，其中办理退税2278.21亿元，比同期上升32.3%。全省（不含宁波，下同）办理出口退（免）税1952.92亿元，其中办理退税1553.79亿元，比同期上升31.7%。

一、退税管理

坚持"以数治税"理念，不断推进出口退税数字化升级和智能化改造。全面完成出口退税系统整合上线工作，将以往独立的出口退税受理、审核、核准、计划、函调等业务统一纳入金税三期税收管理系统，实现征退税信息充分共享和风险全流程监控。不断加大国际贸易"单一窗口"出口退税申报功能推广力度，升级完善国际贸易"单一窗口"出口退税申报功能，在全国率先实现服务贸易申报。持续做好"互联网＋便捷退税"系统（税务端）的推广应用和功能优化，调整报表功能口径，优化一户式分析功能，力争将"互联网＋便捷退税"系统（税务端）逐步打造成综合性数据分析和辅助管理平台。

深刻把握税收监管更精准的要求，不断提升出口退税风险防控水平，努力做到既"退得快、退得好"，又"管得住、控得牢"。提升出口退税风险识别能力。上线金税三期税收管理系统决策二包出口退税风控系统，及时开展出口退税风险管理专题培训，进一步提升出口退税干部的风险识别能力。主动探索构建多层级的出口退税风险防控机制。紧盯风险管理重点，强化风险联合防控，深入开展风险核查。

二、政策落实

全面落实出口退税政策，充分发挥出口退税职能作用，主动服务发展大局，积极促进外贸新业态新模式发展。用好国际航行船舶加注燃料油产业退税政策。支持浙江自贸区进一步扩大低硫燃料油供应规模，促进全省低硫燃料油参与国际船供油市场竞争。推进综合保税区增值税一般纳税人试点。2021年，全省6个综合保税区共认定66户增值税一般纳税人资格试点企业，其中32户企业开展增值税一般纳税人资格试点业务，有力支持区内企业更好地统筹利用国际国内两个市场、两种资源。助力市场采购贸易方式试点扩围。指导绍兴、台州、湖州等三个新获批市场采购贸易方式试点地区建设和完善市场采购贸易免税管理系统，并顺利通过国家税务总局验收。支持跨境电子商务综合试验区发展。全面落实跨境电子商务综合试验区出口退（免）税和免税政策。试点境外旅客购物离境退税便利化措施。完成第二批 34 户境外旅客购物离境退税商店的离境退税备案、系统安装测试等工作。在杭州试点推行境外旅客购物离境退税"即买即退"和退税便捷支付两项便利化措施，进一步提升境外旅客购物离境退税便利化水平。2021 年，全省已累计开具境外旅客购物离境退税申请单 32 份。

三、退税服务

始终践行以人民为中心的发展思想，大力推行优质高效便捷出口退税服务，努力构建一流出口退税营商环境。筑牢出口退税直达快享机制。对符合出口退（免）税办理条件的出口企业，审核办理正常退税的平均时间压缩至 5 个工作日以内。进一步精简出口退（免）税申报资料。顺利完成电子税务局出口退税功能（新版）改造上线，

优化表单填报，取消 12 个申报表单，实现纳税人基础信息等数据自动采集、生成，提升出口退（免）税办理便捷性和体验感。持续关注直联企业生产经营。选取典型企业，开展用工困难、经营成本预期增加等方面存在的困难调研，深入分析成因，及时研究对策。定期跟踪分析直联企业生产经营情况，预判外贸经济形势，为税收经济决策提供参考。

探索出口退税备案单证数字化管理新模式。聚焦出口企业备案单证工作繁重的痛点问题，率先在义乌成功开展出口退税单证备案数字化改革试点，改变纸质单证留存备案的现状，试点以数字化方式进行单证备案。截至 2021 年底，出口退税备案单证数字化管理试点已推广至杭州、嘉兴、台州、金华等四个市。备案单证数字化管理，有效减轻了出口企业人力与存管负担，减少了备案单证缺失、不规范等问题隐患。义乌出口退税备案单证数字化改革经验成功入围"浙江自贸试验区制度创新十佳案例"。

2021 年杭州海关运行情况分析

杭州海关

2021 年，杭州海关坚持以习近平新时代中国特色社会主义思想为指导，忠实践行"八八战略"，紧紧围绕奋力打造社会主义现代化海关"重要窗口"，全面落实浙江省委省政府工作部署，着力打好"协同高效、服务增效、通关提速、环境创优"组合拳，统筹推进口岸新冠肺炎疫情防控和促进外贸稳增长，全力为浙江开放型经济社会高质量发展作贡献。

据海关统计，2021 年，浙江省实现外贸进出口总值 4.14 万亿元，同比增长 22.4%，其中，出口 3.01 万亿元，增长 19.7%，进口 1.13 万亿元，增长 30.3%；进出口、出口、进口值，分别占同期全国总值的 10.6%、13.9% 和 6.5%，较上年分别提升 0.1、下降 0.1 和提升 0.4 个百分点；分别拉动全国进出口、出口和进口增长 2.4、2.8 和 1.8 个百分点，对全国进出口、出口的增长贡献率均居各省份第三位。

与全省外贸运行形势相适应，2021 年杭州海关监管进出口货运量 2.27 亿吨，增长 5.6%；两税入库 676.44 亿元，增长 44.0%，列全国海关第 8 位；监管运输工具 2.78 万艘（架、次），同比下降 3.2%；监管进出境人员 58.09 万人次，下降 39.2%；监管邮递物品 4294.20 万件，下降 10.1%；监管快件物品 1542.59 万件，下降 46.4%；走私犯罪刑事立案 133 起、走私违规行政立案 1250 起。

一、疫情防控和促进外贸经济稳增长

（一）严格口岸疫情防控

2021 年，杭州海关共检出地方通报确认的新冠肺炎阳性病例 366 例，在海关总署疫情防控专项考核中名列第 7。先后处置"弘进"轮等 7 起入境船舶阳性船员聚集性疫情，其中 4 月 24 日在舟山"华洋朝阳"轮检出 11 名船员新冠病毒核酸阳性，测序显示为德尔塔变异毒株，为全国口岸首次检出。12 月 18 日，在杭州萧山机场检出浙江口岸首例奥密克戎变异株。

坚持"人物同防"，严格做好入境客运航空器终末消毒和"四类人员"行李消毒的监督，从严从紧从细做好进口冷链食品和高风险非冷链集装箱货物新冠病毒核酸采样和预防性消毒监督工作。从严落实海关总署和地方联防联控各项规定，健全应急机制，开展重点风险排查，做好人员安全防护，推进全员疫苗接种，实施一线卫生检疫人员"14＋7＋7"封闭管理，确保"打胜仗、零感染"。

（二）提升综合监管效能

强化口岸正面监管，严格监管作业场所管理，持续做好口岸环节违禁品查缉、反恐和"扫黄打非"等工作。推行报关单位备案"全程网办"，实现一地申请、一次办理，截至 2021 年底，关区共有备案企业 16.26 万家，数量居全国第 2 位；新增报关单位 1.98 万家，增幅居全国海关第 3 位。深化税收征管方式改革，推行以企业为单元的税收担保，优化关税保证保险、汇总征税、自报自缴，引导企业合规自律申报，税收征管量质效稳步提升，全年税收入库 676.44 亿元，创历史新高。属地纳税人管理试点企业税收覆盖度达57.9%，试点经验全国推广，3 项税政调研建议被国务院税则委员会采纳。以查发问题为导向，严密后续监管，加强专项稽查，稽查和核查查发率分别为 53.5%、69.9%。

（三）严密国门检验检疫防线

开展"国门绿盾 2021"行动，检验检疫进出境动植物及其产品 40.04 万批，增长 27.8%，截获进境植物检疫性有害生物 2065 种次，增长 7.8%，首次截获向日葵黑茎病菌、具节山羊草、红火蚁等重要有害生物，有效防止外来物种入侵。加大进出口食品安全监管力度，稳步推进进口食品"国门守护"行动，规范实施抽样检验，严格处置问题产品和企业，全年检出进出口食品化妆品不合格 99 批次。保障 68.99 万吨远洋捕捞水产品安全入境，位居全国首位。优化进出口商品检验模式，强化风险预警和快速反应，加强进出口危化品、大宗矿产品、"两高"产品、防疫物资等重点敏感商品检验监管，检出不合格工业产品1009 批。

（四）优化口岸营商环境

扎实推进跨境贸易便利化，"两段准入"信息化监管实现海空口岸全覆盖，"两步申报"应用率达到 36.8%，杭州跨境贸易便利化指标排名提至第 11 位。推行"证照分离"改革，通过"审批改备案"方式办理报关企业备案 102 家，增长19.6%。打造"FTA 金钥匙"品牌，全年签发原产地证书 117.68 万份，签证金额 516.76 亿美元，原产地签证量保持全国首位。落实国家税收优惠政策，为新能源汽车、生物医药、集成电路等企业减免两税 20.68 亿元。引导浙江省新增知识产权海关备案 3449 项，连续第六年居全国首位，"中国海关知识产权保护展示中心（义乌）"被命名为浙江省法治宣传教育基地。统筹推进杭州亚运会筹备保障工作，指导支持桐庐马术场馆、无疫区等项目建设。

二、支持地方经济发展的创新举措

（一）支持宁波舟山港世界一流强港建设

2021 年，杭州海关落实署省对接事项，全力支持世界一流强港建设。1 月 12 日，杭州海关与宁波海关签订合作备忘录，推出支持全省出口市场采购贸易发展、助力义乌国际陆港"第六港区"建设等 22 项具体举措；同时争取总署政策赋权，与宁波海关联合出台《支持宁波舟山港打造世界一流强港 深化业务一体化工作措施》，明确统筹使用宁波舟山港各海关指定监管场地、开展特殊货物检查作业一体化试点等 10 项具体举措。这些举措相继落地，进口原木、肉类、粮食等 8 大类商品在宁波舟山港内实现自由接卸，一般贸易以及"市场采购＋一般贸易"拼箱转关业务落地实施，水水中转货物"全程转关、一次办理"成功实现，保税油跨关区直供全流程无纸化作业顺利开展，杭州、宁波两关船舶申报手续得到简化，义乌"第六港区"实现海关监管系统与港口作业系统互联互通，"视同运抵"监管模式获得推广。

（二）全力服务高水平开放

2021 年，杭州海关落实以下措施，服务高水平开放。一是持续推进自贸试验区制度创新。支持自贸试验区拓展片区发展，实现"两段准入"信息化监管在关区海空口岸全覆盖，原油、铁矿石、煤炭等大宗资源类商品进口平均验放时间缩短 1天；出台关区支持杭州、金义片区建设 34 项措施。二是推动综保区健康发展，助力台州综保区获批，指导温州、义乌、绍兴综保区一期和金义综保区二期以及湖州德清保税物流中心通过验收并封关运作。全年关区综保区实现进出口 1001.90亿元，同比增长 48.7%。三是助力"一带一路"重要枢纽建设。进一步优化通关模式，全面实施通关无纸化和自动化，推广中欧（义新欧）班列提前申报模式；梳理中欧班列二次转关操作流程，支持"义新欧+"和中欧班列多式联运业务发展；支持中欧班列枢纽站点建设，指导义乌铁路口岸海关监管作业场所和金华市浙中公铁联运港海关监管作业场所扩建改造。全年监管中欧（义新欧）班列 1904 列，同比增长 36.1%。四是落实海关总署新一轮支持长三角区域一体化发展重点举措，牵头搭建长三角区域海关风险防控"云擎"站点，推进"陆路航班"等措施落地。

（三）支持浙江自贸试验区油气产业发展

2021 年，杭州海关深入贯彻国务院关于支持浙江自贸试验区油气全产业链开放发展要求，按照海关总署统一部署，支持浙江自贸试验区高质量发展。积极推动液化天然气（LNG）纳入保税船用燃料范畴。持续推进监管制度创新，7 月 6日，首创"优化国际航行船舶进出境监管"新模式，被国务院自贸试验区工作部际联席会议办公室列入第四批全国自贸试验区"最佳实践案例"。9 月 27 日，在宁波舟山港启动全国首个保税燃料油跨关区直供无纸化试点，取消纸质保税燃料油跨关区直供相关审批单证在杭甬两关之间的流转，单次供油缩短 2 个工作日。支持长三角期现一体化油气交易市场建设，1 月 15 日，全国首票保税油品仓单质押融资业务成功落地浙江自贸试验区。支持做大做强保税供油业务，助力舟山口岸保税供油由 2016 年的 106.50 万吨跃增至 2021 年的632.70 万吨，位居全球第六。

（四）助力外贸新业态持续健康发展

2021 年，杭州海关落实以下措施，助力外贸新业态发展。一是跨境电商监管模式创新突破。2020 年 7 月 1 日起，海关总署 2020 年第 75 号公告施行，在包括杭州海关在内的 10 个直属海关开展跨境电商 B2B 出口试点，增设监管方式代码9710（跨境电子商务企业对企业直接出口）、9810（跨境电子商务出口海外仓）。2021 年 7 月 1 日，海关总署发布 2021 年第 47 号《关于在全国海关复制推广跨境电子商务企业对企业出口监管试点的公告》，要求在全国海关复制推广跨境电商 B2B出口监管试点的同时，将海外仓备案由原来只在直属海关范围内生效，推广为一地备案、全国通用。杭州海关积极推进跨境电商 B2B 出口试点，业务覆盖关区各地级市，2021 年，9710、9810模式出口货值 146.60 亿元，同比 2020 年增长近9.95 倍，9810 模式海外仓备案企业数排名全国第一。支持温州、嘉兴等地新开跨境电商零售进出口业务，率先建立跨境电商全口径统计机制，推动全国第一个跨境电商超期退货仓落户中国（杭州）跨境电子商务综合试验区。二是助力市场采购贸易快速发展。推动一般贸易以及"市场采购+一般贸易"拼箱转关业务落地，规范市场采购申报管理，升级市场综合管理系统小额小批量模块功能，指导绍兴、台州、湖州等 3 个新试点市场规范开展业务，全面实施提前申报、转关运抵、电子放行，保障市场采购货物快速通关。全年关区市场采购出口 3611.60 亿元，同比 2020 年增长21.2%，居全国第 2 位。

2021年浙江省外汇管理工作情况分析

国家外汇管理局浙江分局

2021年，是党和国家历史上具有里程碑意义的一年。面对百年变局和世纪疫情，国家外汇管理局浙江省分局深入学习贯彻总书记系列讲话和十九届五中、六中全会精神，扎实开展党史学习教育，增强"四个意识"，坚定"四个自信"，践行"两个维护"，推动形成党建与业务融合发展、全省上下联动的强大合力，全力办好外汇领域各项实事好事，各项工作稳中有进、亮点纷呈。

一、强化党建引领，以优化服务夯实履职根基

坚持把党的政治建设摆在首位。深入学习习近平总书记建党100周年庆祝大会重要讲话精神，把学习贯彻十九届五中、六中全会精神与巩固深化党史学习教育成效结合起来，以伟大建党精神指导外汇管理各项工作。提升全省外汇局系统党建合力，深入开展"我为群众办实事"活动，聚焦汇率避险、便利化政策落地等市场关切。持之以恒深化党风廉政和反腐败建设。持续深化"以案促改"，严格落实中央八项规定精神和总行正风肃纪"十条禁令"，加大谈心谈话力度，强化干部"八小时以外"管理，加强员工异常行为排查和管控。加强基层党支部建设，建立"汇学笃行"支部品牌、微党课、双周学习等系统性制度，加大支部联学共建和交流力度，以更好地发挥支部战斗堡垒作用和党员先锋模范作用。

提升依法行政水平。严格处罚程序，坚决落实好《外汇管理行政罚款裁量办法》，确保案件定性准确、程序规范、处罚适当。严格规范性文件制定程序，加强印章管理和使用，规范执法证日常使用管理，加大舆情监测力度，防止小事情发展成大事件。持续优化外汇业务在线办理，推动更多业务"网上办""一次办"，积极探索行政许可政务服务业务档案电子化，优化"好差评"评价机制。持续优化营商环境。落实总局《优化营商环境实施细则》，打造具有浙江特色的一流外汇市场营商环境，助力"重要窗口"和"共同富裕示范区"建设。

二、深化改革创新，以创造性举措促进贸易投资便利

提升贸易投资便利化。拓展贸易收支便利化试点，放宽跨国公司及异地成员企业准入条件，为480家企业办理便利化业务14万笔、金额376亿美元。资本项下便利化政策惠及半数以上企业，便利化业务笔数占比达81%，较2020年提升12个百分点。

创新新业态资金结算方式。新型离岸国际贸易业务量超过200亿美元，同比增长76%。推进"系统直连"跨境电商收结汇，推动银行凭电子单证办理业务，资金结算成本下降三分之二，速度

提升 50%。稳步推进市场采购联网自助结汇等便利化措施，全省市场采购收汇率近 100%。

优化跨境投融资方式。深化跨境资金集中运营，146 家备案企业集团跨境收支 135.6 亿美元，节约成本 9571.7 万美元。提高非金融企业跨境融资和境外放款上限，指导企业借用境外低成本资金 156.7 亿美元，同比增长 48.3%。探索跨境绿色金融服务新模式，落地 12 笔绿色跨境融资。

加快资本项目改革创新。持续开展股权投资基金跨境投资试点工作，推动杭州、宁波等地开展 QFLP 试点，在嘉善打造全国首个 QFLP 试点县域模式，吸引外资 3.5 亿美元。指导杭银理财、宁银理财分别获批 QDII 额度 1 亿美元，批准正泰财务开展即期结售汇业务。

三、优化外汇服务，以联络员队伍提升为民办事实效

外汇联络员服务到点到位。全省推广外汇联络员机制，300 余名外汇局和 5000 余名银行员工联合进企业，开展面对面、点对点、清单式政策宣导和业务指导。建立打卡、回访及考核机制，为企业解决问题近 2.4 万余个。

防范汇率风险有力有效。组织开展"汇及万家"系列活动，在全国率先编写汇率避险产品手册，总阅读超 30 万次。推动省政府出台《关于发挥政府性融资担保体系作用支持小微企业汇率避险增信服务的实施意见》，为小微企业提供担保增信，实现花小钱、办大事、稳外贸目标。推出企业信用信息网汇率避险在线服务，线上交易金额超过 30 亿美元。

促进政策落地见行见效。组织对全省银行开展临柜外汇业务暗访，发现问题并一一整改落实。优化个人外汇服务，指导全省法人银行建立个人经常项目特殊外汇业务处置制度。组织开展"坚

守百年初心 践行外汇为民"外汇知识竞赛。

区块链融资提质提速。为 4684 家企业办理出口融资 145 亿美元，业务量居全国第一。在全国率先推出出口信保保单融资，指导辖内银行实现平台全接口直联接入，深入推进区块链在资本项目便利化业务真实性审核中心运用。

四、筑牢风险底线，以零容忍态势压实外汇监管责任

数据研判中心建设显成效。成立全国首家外汇数据研判中心，自主发现并移交线索是 2020 年的两倍。运用科技手段打通跨部门数据壁垒，与公安和税务等部门联合建设"中岛"平台。

打击违法违规活动上台阶。深化打击跨境赌博和地下钱庄汇警合作机制，成功破获数十起涉汇地下钱庄案件，数量创历史新高。查处交易对手案件和罚没款金额，列全国第一。对涉案银行开展"以案倒查"，首次对责任人实施双罚。

重点领域监管核查有手段。优化经常项目重点监测企业库，处置异常线索千余条。加强资本项目事中事后监管，新增监测指标，核查异常线索近万笔。建立银行分支机构结售汇业务和外币代兑点动态名单，压实个人本外币兑换特许机构监管责任。

把牢数据质量关口。加强国际收支统计非现场核查，探索推广新的数据筛查工具。对 300 余家次银行及申报主体开展现场核查，组织开展国际收支统计劳动竞赛。加强国际收支统计制度建设，高质量做好非金融企业直接申报工作。

强化科技领域建设。加强"安全外管"建设，完善科技制度体系建设，扎实做好"两会"和建党100 周年期间网络安全保障工作，持续完善 IT 基础设施建设。推进"数字外管"建设，拓展数字央行平台数据维度，提升分析效率。

2021 年中国（浙江）自由贸易试验区发展报告

2021 年，浙江自贸试验区在习近平总书记亲切关怀、亲自推动、亲自审定下，在省委省政府坚强领导及全省上下共同努力下，率先在全国实现赋权扩区，开启了建设新征程。赋权扩区以来，省委省政府先后高规格召开扩区挂牌仪式、建设推进大会和领导小组会议，全面部署推进浙江自贸试验区 2.0 版。2021 年，浙江自贸试验区新增注册企业 42629 家，增长 54.5%；进出口总额 7725.9 亿元，增长 39.3%；实际外资 25.3 亿美元，增长 73.1%，以不到 1/400 面积贡献了全省 12.1% 新增注册企业、22.4% 进出口、16.2% 外资。

一年来，按照省委省政府决策部署，按照袁家军书记"要把自贸试验区打造成为新发展阶段畅通国内循环为主、国内国际双循环的战略平台"要求，浙江自贸试验区以数字化改革为引领，以制度创新为核心，以项目建设为支撑，奋力推动扩区建设实现良好开局。国务院发布的《中国（浙江）自由贸易试验区扩展区域方案》、省政府出台的《中国（浙江）自由贸易试验区建设实施方案》任务落地率超 90%，建设推进大会确定的七方面 36 项工作有效落实，发布了 30 个最佳制度创新实践案例，外贸、外资等开放型经济指标增速均超过 40%，高于全省平均 10 个百分点以上，制度创新促全产业链开放发展的做法被国务院发文推广。

一、立足五大功能定位，服务国家战略能力显著提升

围绕"五大功能定位"建设，以服务国家战略为目标，将自贸试验区建设与构建新发展格局相衔接，努力打造一批重大标志性成果。一是全力打造大宗商品资源配置基地，舟山、宁波片区获批建设国家大宗商品战略储运基地，浙石化二期项目即将建成，浙江国际油气交易中心上线产能预售交易模式，发布并应用"中国舟山—低硫燃料油—船供价格"，助力提升我国大宗商品定价权。二是有力提升数字经济发展示范区能级，获批全国唯一经中央批准举办的全球数字贸易博览会，成为我国在数字贸易领域的国家级展会。出台全国首部省级数字经济促进条例。三是深化新型国际贸易中心建设，获批全国首批进口贸易促进创新示范区建设，海外仓全球布局加快、规模占全国近 1/3。获批开展新型国际离岸贸易，业务规模位列全国首批 4 个试点地区首位。四是全面提升国际航运和物流枢纽，宁波舟山港预计年内实现集装箱吞吐量超 3000 万标箱。"义新欧"中欧班列全面提质增效，开行超 1800 列，跻身全国前三。五是加快建设先进制造业集聚区，推动数字安防、新材料等 7 个制造业集群进入国家重点培育名单，居全国第三。率先在全国获批建设国家传统制造业改造升级示范区。

二、坚持制度创新赋能产业发展，激发高质量发展强大动能

坚持以制度创新促产业发展，聚焦产业链建设中难点堵点，加强首创性、差别化改革探索，累计形成了 296 项改革试点经验，其中全国首创 77 项，30 项在全国复制推广，有力推动产业转型升级，吸引集聚 84 家世界 500 强企业，形成区域发展强劲增长极。一是油气贸易自由化与交易体制改革扎实推进，获批全国首张非国营成品油出口资质，实现浙沪跨港区供油、上期所战略入股浙油中心开展"期现合作"业务，实现油品年炼化能力 7100 万吨、储备能力超 4600 万吨、油气贸易额超 8000 亿元；保税燃料油加注量逆势增长 19.1%，跃升至全球第六大加油港。二是航运物流业向高端延伸，首创"港口国监督—远程复查"机制成为国际海事规则，宁波舟山首次跻身全球航运中心城市前十强；创新推出"异地货站"模式，推动货邮吞吐量同比增速超 15%。三是新型贸易业态培育壮大，创新推出"全球中心仓"模式、"易跨保"跨境电商金融服务、市场采购组货人管理制度等。

三、深化高水平开放，推动开放型经济迈向更高层次

坚持以开放促改革、促创新、促发展，全力打造营商环境更优、辐射作用更强、开放层次更高的自贸试验区。一是对标国际高标准经贸规则开展压力测试，获批全国首批"企业外联"APP 试点，落地跨境贸易投资高水平开放试点。二是打造国际化专业化平台，高规格举办中国—中东欧博览会，创新举办第四届油商大会，全新打造生物医药创新峰会，签约引进美国 GE、瑞士 ABB 等 16 个高质量外资项目。三是加快构建全省域联动发展新格局，新设立湖州、绍兴、衢州、丽水 4 个联动创新区，实现省内联动创新区全覆盖。

四、突出数字化改革牵引，推动一批多跨场景应用在自贸试验区率先突破

坚持以数字化改革为引领，加快推动数字自贸区先行突破，围绕"五大功能定位"建设，聚焦"152"跑道，率先打造一批"小切口、大牵引"的多跨场景应用并迭代升级。今年以来，共有 15 项省级数字化改革揭榜挂帅项目在浙江自贸试验区实施。油气领域，保税油加注数字化调度平台 2.0 入选全省数字化改革首批应用成果，推出油气智慧监管服务平台。数字经济领域，发布海外仓服务在线推广至全国，推出数字贸易"单一窗口"，成为全国贸易数字化应用场景样板。航运物流领域，集成推出国际集装箱"一件事"，上线"义新欧数字服务在线"，有效缓解"一箱难求"问题。强化顶层设计，高规格出台全国首个省级数字贸易文件，按照"458"系统架构，启动实施数字自贸区三年行动。

五、聚焦高效协同，工作体制机制进一步完善

在浙江自贸试验区工作领导小组机制下，按照"高效协同、整体智治"要求，会同五大专题小组、各片区建立完善了"三机制一智库一督查"的工作推进体系，形成了省市联动、高效推进自贸试验区建设的强大合力。一是细化信息发布、评估推广、项目推进"三机制"。召开 7 场新闻发布会，发布 70 项重大建设成果；组织 2 批制度创新成果评审，形成 30 项最佳实践案例；滚动推进项目建设，签约 35 个重大项目，形成争先创优氛围。二是强化智库研究。完善国际咨询委员会机制，组建成立智库合作联盟。三是强化督查考核。在全国首创开展专项督查，闭环落实"七张清单"制度。此外，高质量开展浙江自贸试验区条例修订，先后出台 64 项政策。

2021年浙江省电子商务发展报告

2021年，全省电子商务工作紧紧围绕省委、省政府决策部署和商务中心工作，以数字化改革为牵引，充分发挥电子商务在服务构建新发展格局、共同富裕、稳外贸促消费、数字贸易、防疫保供中的重要作用，进一步明确目标、突出重点、健全机制，各项工作稳步推进，整体发展水平继续走在全国前列，为促进全省经济社会发展作出了重要贡献。

一、浙江省电子商务发展总体情况

2021年，浙江省累计实现网络零售25230.3亿元，同比增长11.6%；居民网络消费12276.3亿元，同比增长10.9%；活跃网络零售网店47.5万家，活跃网店相当于注册零售网店总数的31.7%；直接解决就业岗位137.4万个，间接带动就业岗位361.4万个。2021年，全省跨境电商进出口额3302.9亿元，同比增长30.7%。其中出口2430.2亿元，增长39.3%；进口872.7亿元，增长11.6%，全省在主要第三方平台上的跨境电商出口活跃网店约14.9万家。全省拥有活跃的涉农网店2.0万家，实现农产品网络零售1238.9亿元，增长11.7%，拥有电商专业村2444个，电商镇349个。

二、2021年浙江省电子商务发展主要成效

1. 以生活服务和农村地区为重点，深入挖掘国内电商发展潜力。

当前，人民群众对高品质服务消费的需求日益旺盛，同时，农村地区的电子商务发展速度快于城市，服务业电商和农村电商已成为国内电商发展两大新增长点。浙江率先出台《关于实施数字生活新服务行动的意见》，提出发展数字商贸等"六个数字"，助力人民群众享受数字经济发展的红利和便利。**完善服务业电商工作体系**。着力构建部门协同、省市联动的数字生活新服务工作机制，由分管副省长召集省级联席会议，制定《数字生活新服务行动重点任务清单（2020—2022年）》，明确30个省级责任单位53项重点工作。建立工作评估推广、项目推进及信息发布机制，召开全省现场推进会，对首批标杆创建单位进行半年度评估和全年度验收，认定2个先行市、14个标杆县、81个特色镇，做好省级财政专项激励。面向全省政府部门举办数新专题培训班，学员132人，有效提升工作认知和本领。**抓好数字生活应用场景建设**。在全省数字化改革中，面向基层征集16个数字生活重点应用场景，以试点引领、项目带动，大力推进一刻钟数字生活便民圈、数字街区、数字生活服务站等建设。确定数字商贸"百万商家上线""数字生活嘉年华"等10大重点任务，编制《商贸企业云化改造提升工作

指引》。部署开展数字生活新服务系列宣传和优秀案例征集大赛。**促进农村电商提质增效**。浙江农村电商工作连续三年获得国务院督察激励，12个县（市）列入 2021 年国家电子商务进农村示范县，总数达 34 个，其中 16 个为山区 26 县。组建专家组对第一批示范县开展绩效综合评价，全部通过国家专家组复核。督促第二批示范县加快项目建设及资金使用进度，成立专班开展专项整改工作。指导各地在物流保障、公共服务等多方面形成一批可复制可推广的经验模式，播报"共同富裕商务经验" 20 篇。持续推进产业集聚发展，全省累计培育电商示范村 949 个，示范服务站 1634 个，电商专业村达到 2444 个，主要快递品牌进村率实现 100%。**办好系列网购促消费活动**。举办"2021 全国网上年货节"浙江专场和第三届"双品"网购节浙江专场，发动 300 家电商平台、超 10 万家商家参与，联合平台发放专属消费券。打响"美好生活·浙播季"直播活动品牌，举办年度直播盛典，新增省级直播基地 15 家，至 11 月底，全省开展 960 多场相关直播活动，直播带货产品超 14.7 万种。

2. 以综试区建设为重点，深入推进跨境电商创新发展。

浙江先后获批 10 个跨境电商综试区，率先实现省域基本覆盖。各地扎实做好各项基础性和创新性工作，取得了较好的阶段性成果。"2015 年 3 月 7 日国务院批复设立中国（杭州）跨境电子商务综合试验区"载入《中国共产党一百年大事记》。李克强总理连续三年视察我省跨境电商工作，点赞"乐歌模式、浙江经验"。**加强统筹谋划**。以省政府办公厅名义正式印发《浙江跨境电子商务高质量发展行动计划》，创新提出"335"目标和"五新三化"体系。制定《综试区综合评价办法（试行）》，由第三方按季评价。建立季度例会制度，编制综试区月报，晾晒各地好经验好做法，清单式、表格化抓好工作。积极争取金华、舟山获批综试区。**加快主体培育**。新认定第三批产业集群跨境电商发展试点，总数达 61 个，完成省级财政专项激励。持续推进"店开全球"专项行动，新增出口活跃网店 3.7 万家。出台全国首个省级跨境电商自主品牌培育政策，评选公布 89 个在海外排名靠前的知名品牌，加快培育独立站。积极稳妥应对亚马逊"封号"及欧盟 VAT 新政。**推进改革创新**。制定《浙江省跨境电商重大改革突破事项清单（2021 年）》，联动省级部门和地方深化改革创新。率先提出省级跨境电商全业态统计测算方法，公布分县数据。指导各综试区加快线上综合服务平台建设和功能迭代，全省域获批跨境电商零售进口试点，所有新增综试区均走通海关跨境电商方式出口模式，网购保税进口、海外仓出口规模稳居全国前列。聚焦配套薄弱领域，谋划建设"跨境电商金融服务在线"等一批应用场景。**完善配套支撑体系**。联合人行、外管出台《关于金融支持浙江省跨境电子商务高质量发展的指导意见》。举办第二期跨境电商师资培训班，学员 200 人。大力推进海外仓建设，初步统计，全省约有跨境电商海外仓 600 个，面积超 800 万平方。新开 12 条国际货运航线，国际货运航线总数达到 34 条。以跨境电商货源为主的义乌至布拉格、列日"义新欧"班列开行数量快速增加，"美森"快船在我省的运力占到近一半，有效支撑跨境出口。

3. 以规范发展为重点，提升电商治理服务水平。

浙江是平台经济大省，特别是电商大平台、大卖家、服务商云集。今年以来，根据中央的部署，全省多措并举推动电子商务规范健康发展。**推进合规经营**。历经四年推动，《浙江省电子商务条例》正式审议通过。配合出台"浙江平台经济 20 条意见"，协助司法部数字经济立法、省快递条例等立法工作。公布 132 家重点培育电商平台企业，引导督促平台遵法守法。谋划电商合规建设专项行动，指导直播平台发布《中国直播电商行业发展倡议书》，加强行业自律和规范管理。印发省级重点专项规划《新型贸易"十四五"发展规划》。**促进绿色发展**。深入开展塑料污染治理，督促外卖平台加强入驻商户管理，制定一次性塑料制品减量替代实施方案。推进快递包装绿色转型，鼓励电商企业通过产地直采、原装直发、聚单直发等模式，减少快递包装用量，提高包装产品与寄递物品的匹配度。**健全公共服务体系**。举办2021全国"数商兴农"暨电子商务公共服务惠民惠企走进浙江活动，启动电商公共服务"双百"行动，对接市县30余次，服务企业超过1000千家。联合省人力社保厅开展电子商务职业技能提升行动。加强对国家电子商务示范基地、示范企业的业务指导，组织6家基地参加商务部综合评价，新增1家示范基地。新认定87家新零售示范企业。加强各类电商试点资金绩效管理，对进度偏慢的试点进行实地督导和约谈。**深化"丝路电商"合作**。圆满举办中国—中东欧国家"丝路电商"发展高峰论坛，启动合作对话机制，推动企业从商品进出口再到平台、服务全面"走出去"。"之江创客"电商创业创新大赛举办海外赛区活动，吸引了300多个参赛项目。支持阿里巴巴以市场化方式推进世界电子贸易平台（eWTP）全球布局。

三、面临的发展机遇、挑战和存在的问题

2021年是中国共产党建党100周年，也是"十四五"规划的开局之年，"十四五"是我国建立新发展格局的关键时期，是我国自主创新、科技强国的关键时期。2021年将是机遇与挑战并存的一年。我省通过一系列转型升级"组合拳"，在、数字化改革、市场化改革、倒逼转型机制和发展数字经济等方面逐步形成新的先发优势。

1. 发展机遇。

电子商务作为数字经济的重要组成部分是我省经济社会发展的新引擎新动力，正迎来一次难得的发展机遇。从国际来看，当今世界正经历百

年未有之大变局，国际经济、科技、文化、安全、政治等格局都在发生深刻调整，世界进入动荡变革期，今后一个时期，我们将面对更多不确定的外部环境。电子商务作为国际贸易的一种重要方式，打破了传统贸易的一些壁垒和限制。从国内来看，新冠肺炎将对全球经济、社会格局产生深刻的影响，面对复杂的经济环境，我国提出了以国内大循环为主，国内国际双循环相互促进的新发展格局，电子商务作为双循环中的重要牵引，将迎来快速增长。从我省来看，我省正处在努力践行"八八战略"，建设共同富裕先行示范区，全面推进数字化改革，努力打造"重要窗口"的历史机遇期。浙江省是电子商务强省，电子商务作为数字经济的重要一环，已经融入社会经济的各个领域，正在引发社会经济全方位的变革。从科技革命来看，新一轮科技革命和产业变革给电商带来了机遇，当前，我国经济已由高速增长阶段转向高质量发展阶段，以人工智能、大数据、物联网、区块链为基础的新一轮科技革命为电商的持续发展提供了动力，推动以社交电商、直播电商、内容电商、社区电商为代表的电商模式创新，成为支撑电子商务中高速增长的接续性动能，进一步推动电子商务向更高阶段发展。

2. 面临的挑战。

我省电子商务发展中正面临着如何实现"两联动两促进"（即电商发展与产业发展的联动，电商发展与监管创新的联动，在促进国内消费、促进外贸增长上发挥更大作用）的挑战。一是电商发展与产业发展的联动，电子商务的发展带动了产业发展，如何推动电子商务与产业联动，发展产业电商。二是电商发展与监管创新的联动，一方面，电子商务发展过程中形成的新问题需要有创新的管理思维去解决，电子商务法律体系、电子商务统计体系、国际贸易规则、诚信体系建设、网络交易安全等工作日趋艰巨；另一方面，我省已处于电子商务发展前沿，没有现成的经验和模式可参考，需要改革创新；三是如何把握好"一个

趋势"，做大做强"三个领域"，建立健全"四个体系"。即：数字化趋势；数字生活新服务、农村电商、跨境电商三个领域；指标体系、工作体系、政策体系、评价体系四个体系。

3. 存在的问题。

快速发展的同时，我省电子商务也存在着不可忽视的问题。一是人才问题。随着物联网、人工智能、区块链、大数据、5G 网络的技术的不断发展，跨境电商、农村电商、现代物流、直播电商等不同电商模式的出现，新兴电商平台不断涌现，人才存量及人才结构明显跟不上发展需求。特别是跨境电商、直播电商领域一方面人才严重不足，同时人才的质量尚不能满足市场需求，全省各地电商人才分布不均，制约了边远地区电子商务的发展。二是发展环境有待优化。电子商务法有待进一步实施，销售假冒伪劣商品和侵犯知识产权等网络市场秩序问题依然存在，相关法律法规缺位，电商平台反垄断治理有待深化。三是管理机制有待创新。现行的体制机制与电子商务发展不相适应，政府治理缺乏有效手段，需要全方位的创新。四是新技术发展引发的问题有待研究。随着 5G 技术、人工智能技术、数据货币技术的发展，促进电商新模式的不断涌现，也带来一系列的管理等问题，有待认真研究。

四、2022 年浙江省电子商务发展展望

2022 年将迎来党的二十大，我们要切实履行政治责任，加强系统思维，做好科学谋划，坚持以习近平新时代中国特色社会主义思想为指导，认真贯彻省委经济工作会议、全省商务工作会议精神，以数字化改革为推手，努力打造"重要窗口"，高质量发展建设共同富裕示范区，以新型贸易中心建设为引领，聚焦数字生活新服务、跨境电商、农村电商三大领域，提升电子商务品质化、国际化、智能化、规范化水平，加快推动我省电子商务的高质量发展。

2022 年，电子商务工作将坚持稳中求进、服务大局，以奋勇争先、以时不我待的状态全力抓好各项工作任务，确保网络零售额增长 8% 以上、跨境电商进出口增长 30% 以上。重点要抓好以下五个方面工作。

1. 聚焦品质消费，抓好数字生活新服务。

围绕"六个数字"推进生活性服务业数字化转型，重点开展"数字商贸"建设，推动"千家企业云化"，打造 1 ～ 2 个先行市、10 个样板县、100 个特色镇。持续开展"美好生活·浙播季"专项行动，推动直播电商五个一批建设。办好"浙里国潮—网上年货节""双品购物节"等活动，带动居民网上消费迭代升级。

2. 聚焦城乡共富，抓好农村电商。

实施"数商兴农共富"行动，培育支持 100 个数商兴农富示范项目，培育 1000 名懂电商会电商的"新农人"。推进国家电子商务进农村示范县项目建设，总结推广优秀成果，提升示范效应。鼓励电商专业村提升改造，实现电商与本地特色产业融合发展，提升农村"造血"能力，有效助力乡村振兴、共同富裕。

3. 聚焦品牌出海，抓好跨境电商。

争取出台跨境电商高质量发展专项激励政策，开展跨境电商"一店一品一站"系列行动（即"店开全球""品牌出海""独立站领航"三项行动），新增 2 万家出口网店，培育支持 200 个跨境电商品牌和独立站。对照商务部考核要求，高水平、高标准推进全省域综试区建设，制定落实年度改革突破清单，力争全国上游。承接和推进"中国—中东欧"等丝路电商合作。

4. 聚焦产业集聚，抓好要素支撑。

更新年度产业基地名录，做好电商示范基地评估增补和示范企业创建工作，评定一批跨境电商示范产业园。开展 100 场以上分平台、分行业、分品类的精准性公共服务资源对接会。开展大规模"新电商"人才培训行动。积极参与国家级展会，办好全球跨境电商峰会、电商双创大赛等重

大活动，承办中国—中东欧博览会配套"丝路电商"活动，支持电商企业国际化发展。

5. 聚焦合规经营，抓好发展环境。

开展全省电子商务合规建设专项行动，做好《浙江省电子商务条例》的宣传贯彻。联合海关开展跨境电商全业态统计试点，联合省统计局完善网络零售统计监测。深入推进电商绿色发展和标准化建设。加强部门协同和部省市联动，分析研究电商新趋势，提升电商条线干部的素质能力，推进平台经济同实体经济的深入融合创新。

2021 年浙江省会展业发展报告

2021 年是中国共产党成立 100 周年，是"十四五"规划开局之年，在疫情防控常态化形势下，会展业虽然受疫情影响，但作为经济发展引擎的作用仍然突出。浙江省会展业稳中有进，在线上线下融合、数字会展、生态会展、会展创新等方面做了诸多尝试，取得了一些成绩，为保障国内外各类经贸活动正常开展，促进浙江经济复苏作出了重要贡献。

一、2021 年浙江省会展业数据

（一）展览规模逐步增大

据浙江省国际会议展览业协会不完全统计：2021 年全省举办展览 390 场次，同比减少13.9%；举办展览总面积为 481.55 万平方米，同比增长 1%；全省 50 人以上专业会议 3.1 万场，同比增长 8%；万人以上节庆活动 263 场，同比增长 6.5%。提供社会就业岗位 119.1 万人次，同比增长 1.1%（见表 1）。

1. 地区分布

从展览会举办数量和展览面积上看，杭州最多，是浙江省的核心会展城市；此外，宁波和金华举办展览数和展览面积也相对较多。浙江省各市展览会举办情况如表 2 所示。

2. 规模分布

根据统计，展览面积为 100 万～200 万平方米的地市有 2 个，分别是杭州和金华，共计展览面积 254.41 万平方米，占全省展览面积的 52.8%；展览面积为 50 万～100 万平方米的是宁波，共计展览面积 95.2 万平方米，占全省展览面积的 19.8%；其余展览面积低于 50 万平方米的占全省展览面积的 27.4%（见表 2）。

3. 类型分布

根据浙江展览活动数据统计分析，2021 全省展览项目中，贸易展占 57.8%，消费展占 26.2%，其他展占 16.0%（见图 1）。

（二）展馆建设情况

2021 年是浙江会展场馆建设大发展的一年，第六代场馆呼之欲出。会展场馆正朝着展城结合、

表 1 浙江省会展业 2017—2021 年数据比较

年份	展览/场	面积/万平方米	会议/万场	节庆/场	就业/万人次
2017	951	942.9	4.32	528	130
2018	941	947.3	4.43	561	132
2019	946	968	4.54	589	133.9
2020	453	476.6	2.87	247	117.8
2021	390	481.55	3.1	263	119.1

表2 2021年浙江省各地市办展数据

序号	地市	展览场数	展览面积/万平方米
1	杭州	172	137.29
2	宁波	54	95.2
3	温州	24	31.04
4	嘉兴	13	18.1
5	金华	48	117.12
6	绍兴	28	25.5
7	台州	16	28.7
8	衢州	7	6
9	湖州	3	2.6
10	舟山	16	12
11	丽水	9	8
	合计	390	481.55

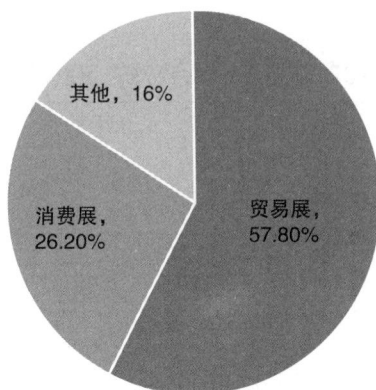

图1 2021年浙江省展览类型分布

展贸结合、文旅结合、体教结合、平战结合和低碳生态发展。温州国际博览中心、杭州白石会展中心、丽水国际会展中心、台州国际博览中心等项目正式开工。同时，随着杭州亚运会的临近，杭州以及宁波、温州、金华等三个分赛区的所有新建、改建、续建、临建场馆及配套设施全面竣工，进入启动场馆化试运行阶段。全省纳入协会统计的22家重点会展场馆室内可供展览面积共计约70万平方米（见表3）。

（三）会展院校情况

2021年，浙江省开设会展专业的院校共19所，其中招收会展专业新生的院校16所。19所院校中，本科8所，高职9所，中职2所。2021年会展专业应届毕业生1720人，其中本科457人，高职1068人，中职195人。

二、2021年浙江省会展业发展特点

（一）"数字网展"，开拓新局

浙江省立足数字经济优势，数字会展发展迅猛。在国际贸易大环境遭遇严重挑战的情况下，"数字网展"成为竞争优势，实现"弯道超车"。

网上交易会日趋成熟。2021年浙江外贸成绩再创历史新高，浙江外贸的稳定发展和会展业

国际化程度的快速发展紧密相关。线上线下、境内境外展会同步联动开展。据统计，2021年，全省举办 277 场网上交易会，涉及 6 个国家及地区。其中货贸类 260 场、服贸类 17 场。参展企业近 1.2 万家次，采购商超 2.6 万家次，洽谈次数超 4.7 万次，累计意向成交金额达 11.13 亿美元。

代参展重启，拓市场平台。继 2020 年越南、日本、缅甸之后，2021 年浙江以线上洽谈、线下代参展模式组织举办了浙江国际贸易（迪拜）展览会、中国消费品（俄罗斯）品牌展和浙江国际贸易（大阪）展览会，积极克服疫情的不利因素，拓展销售渠道，充分发挥高性价比优势抢抓机遇、开拓布局。

（二）用好"平台"，布局全球

浙江省充分发挥进博会、服贸会、广交会、中国—中东欧国家博览会等国际性展会重要平台作用，多措并举，拓展内外贸渠道。2021 年，浙江作为唯一主宾省参加中国国际服务贸易交易会，意向贸易投资 23.2 亿美元。组展成效创历史新高，浙江展区被评为线下优秀展区、以"浙江服务 服务全球"为主题的浙江主宾省活动被评为优秀会议活动。同期举办的以"数字中国、会展先行"为主题的 2021 全球展览北京论坛上发起了《会展数字化行动倡议》，发布了《2021 年中国会展产业年度报告》。第 130 届广交会浙江线上展共有展位 11949 个，参展企业 4944 家，约占全国出口展线

表 3　2021 年浙江省重点场馆办展数和办展面积统计

序号	场馆	办展数 / 个	办展面积 / 万平方米
1	杭州国际博览中心	44	76.84
2	白马湖会展中心	8	17.8
3	新农都国际会展中心	8	5.26
4	浙江展览馆	53	17.98
5	云栖小镇国际会展中心	2	2
6	杭州创意设计中心 C-BOX	20	6
7	宁波国际会展中心	34	69.609
8	慈溪会展中心	10	11.0264
9	余姚中塑展览中心	6	7.19
10	宁海国际会展中心	10	9.36
11	温州国际会展中心	21	28.04
12	嘉兴国际会展中心	13	18.1
13	乌镇互联网之光博览中心	2	1.45
14	义乌国际博览中心	40	87.76
15	永康国际会展中心	8	29.36
16	中国轻纺城国际会展中心	17	16.7
17	绍兴国际会展中心（试运营）	3	2.6
18	嵊州市国际会展中心	8	6.2
19	台州国际博览中心	10	16.8
20	玉环会展中心	6	11.9
21	安吉会展中心	3	2.6
22	德清国际会议中心	/	/

上展位总数的 19.9%，是全国展位规模较大的省份之一；线下展共有展位 4848 个，参展企业 1537 家，约占全国出口展线下展位总数的 24.2%。线上线下展位数和参与直播人数居全国第一。

（三）会展标准，创新突破

2021 年，浙江会展业迎来了高标准发展与国际化发展的"窗口期"，在会展标准化方面成果突出。一是由浙江远大国际会展有限公司和浙江嘉诺会展有限公司共同编制的浙江省地方标准 DB33T2393—2021《出国（境）展览服务规范》，于 2022 年 1 月 9 日正式实施；二是在省商务厅指导下，义乌市市场发展委制定的浙江省《绿色展览运营管理规范》地方标准于 2021 年 10 月 21 日发布，并在全省范围内全面推广应用；三是杭州国际博览中心通过了浙江省会展业标准化技术委员会首个示范基地的验收，在国家标准化管理委员会下发的 2021 年度国家标准化试点项目中，杭州国际博览中心被确定为浙江地区"会展服务标准化试点"。

（四）高端展会，层出不穷

2021 年，多个高层次、高级别的国际性展会在浙江举办，加快建设具有国际影响力的会展大省。

第二届中国—中东欧国家博览会：2021 年 6 月 8 日至 11 日，第二届中国—中东欧国家博览会暨国际消费品博览会、第二十三届中国浙江投资贸易洽谈会（以下简称"三会"）在宁波成功举办。国家主席习近平向第二届中国—中东欧国家博览会致贺信。"三会"以"构建新格局、共享新机遇"为主题，围绕贯彻习近平主席在中国—中东欧国家领导人峰会上的主旨讲话精神，落实《2021 年中国—中东欧国家北京活动计划》中明确的重点工作任务，举办了会议论坛、经贸合作等 20 项活动及系列贸易展览。本届博览会展览总面积 20 万平方米，包括内外贸一体化、服务贸易、进口商品"海淘汇"等特色展览。

世界互联网大会：本届大会以"迈向数字文明新时代——携手构建网络空间命运共同体"为主题，共设置 20 场分论坛，聚焦全球网络前沿技术发展新趋势、网络空间治理新态势，围绕"助力抗疫，复苏经济""创新驱动经济高质量发展"等内容设置议题，反映产业各界对互联网发展前景的前瞻思考，引领数字技术创新趋势，展示推动互联网发展治理的中国方案、中国智慧和中国担当。大会共有来自 80 多个国家和地区的近 2000 名代表以线下或线上的形式参会。

世界青年科学家峰会：2021 年 11 月 13 日，2021 世界青年科学家峰会在温州开幕，以线上线下结合、境内境外互动的方式进行，来自 50 多个国家、地区和国际组织的 13 位诺贝尔奖、图灵奖获得者等世界顶尖科学家、118 名国内外院士、千余名青年科学家代表参加青科会。

首届世界五金发展大会：2021 年 11 月 1 日，以"传承 创新 融合·共创世界五金美好未来"为主题的首届世界五金发展大会在永康国际会展中心盛大开幕。国际五金联合会、亚太门窗五金协会等 10 多个国际行业组织会盟永康，博世、双立人等 100 多个世界知名品牌、1000 多款高品质五金产品入驻永康，350 余名全球五金行业精英齐聚永康。会议同期，市国际会展中心专门设立了一个常年展示厅——世界五金精品馆，总面积 1.3 万平方米，重点展示永康制造精品、永康品牌集成和世界五金名品。

云栖大会：2021 年 10 月 19 日，大会以"前沿·探索·想象力"为主题在云栖小镇正式召开。4 万多平方米前沿科技展，1500 多款前沿科技产品在本次大会上集中亮相。大会汇集国内外高校、科研机构及行业龙头企业等上千位重量级嘉宾，举办了近千场专题、栏目和论坛讲座，共同探讨"数智建设"、数字文旅等科技热门话题。

（五）国家大展，花落浙江

2021 年，浙江获批了以数字贸易为主题的国家级国际性展会—全球数字贸易博览会（以下简称"数贸会"）。首届数贸会由浙江省政府和商务部共同主办，杭州市人民政府、浙江省商务厅和商务部外贸发展局共同承办。以"数字贸易 商通全球"为主题，旨在打造参与全球贸易规则制订、展示数字经济发展成果的高水平盛会，构建数字贸易时代新秩序，增创国际合作竞争新优势。主要由"五个一"板块构成，包括"一会、一馆、一展、一平台，一系列体验活动"。"欧洲硅谷"爱尔兰担任主宾国，北京、上海、四川担任主宾省市。

（六）产教融合，人才辈出

2021年，浙江省国际会议展览业协会联合浙江外国语学院、浙江传媒学院、浙大城市学院、杭州师范大学、浙江树人大学等五所高校，共同发起成立了全国首个省级会展产教融合基地——浙江省会展产教融合基地，以"协同育人、协同办学、协同创新"为共同目标，促进形成综合性产学研合作机制。举办了多场培育高端型会展专业人才的配套活动，如浙江省会展策划创意大赛、浙江会展人讲堂、浙江省会展人才高级研修班、首期浙江省会展设计师高级研修班、国际型会展业领军人才培训班等。

浙江省会展策划创意大赛：跨省级A类会展学科赛事。本届大赛由省商务厅和浙江省大学生科技竞赛委员会联合主办，浙江省国际会议展览业协会与浙江外国语学院、浙江省会展学会共同承办。采取了全程数字化的办赛模式，15个省区市和澳门特区的81所高校2800多名师生参赛，创历史最高纪录。大赛还形成了三省一市共同举办竞赛的格局。筛选了数百份具有经济、社会和生态价值的创意方案、学术论文和数字会展小程序，为社会培养了2600多名亟需的数字会展人才。

国际型会展业领军人才培训班：由杭州市会议展览业协会与澳门贸易投资促进局、澳门会展旅游业协会等单位共同举办，组织会展企业家赴澳门进行专题培训学习交流，这是会展行业自疫情以来全国唯一赴境外举办的一次学习培训班，旨在培养国际化会展业领军人才，探索建立杭、澳两地会展人才交流合作机制，推进资质证书互认，提升会展从业人员综合素质。

三、2022年浙江省会展业发展趋势

放大亚运效应，加快国际化进程。2022年亚运会筹办商务强大带动效应，浙江省会展业正加速构建与形成具有国际水准的会展产业体系与会展业发展生态。在对标先进、补齐短板、突出智能、借势借力等方面做文章。同时，境外参办展形势将促进浙江会展组织机构和参展企业与国际展览业接轨，迎来快速发展新阶段。

服务共同富裕，助力实体经济。会展业将迈入"共同富裕"赛道，与各产业结合，探索促进产业上下游、纵向、横向连接、协同，搭建洽谈合作交流平台，促进产业融合发展，实现"共同富裕"的大趋势。

数字会展引领，"双线"融合发展。信息技术的发展成为浙江会展服务创新、智慧会展、会展信息化、服务智能化的新动能。会展行业的数字化建设，2022年将呈现交互赋能的新趋势。

"双碳"目标清晰，绿色主题增加。一方面，围绕"双碳"目标、绿色发展内容的展览、会议明显增加，且水平提升，低碳发展的理念已成共识。另一方面，会展本身低碳运营趋势越来越明显。

县域会展兴起，品牌展会加快。县域会展已经成为浙江会展的重要支撑，借助我省良好的区位和产业优势，培养发掘更多的专业性品牌展会也是我省会展业高质量发展的必然趋势。

会展数字化转型加速。浙江的数字会展已经历了从1.0时代（利用文字图片的电子会刊），进入2.0时代，（加入短视频和实时交互的在线模式），到3.0时代（发展视频会议和直播），而2022年，将全面进入4.0时代（虚拟游戏化沉浸式会展体验），4.0时代正是被会展技术认同的"元宇宙＋会展"的沉浸式会展模式。

2021年浙江省服务贸易发展报告

2021年，浙江服务贸易继续保持良好增长态势，全面深化服务贸易创新发展试点稳步推进，疫情下服务贸易各行业恢复趋势向好，货物贸易的强劲复苏带动运输服务成为我省服务贸易的重要增长点，数字化改革迭代升级、数字技术的广泛应用不断推动服务贸易数字化转型，自由贸易试验区改革创新不断推进，支持特色服务出口基地高质量发展的政策措施陆续推出，为浙江服务贸易发展营造良好环境，持续拉动浙江服务贸易再上新台阶。

一、服务贸易规模进一步扩大

（一）进出口总额持续增长

2021年，全省服务进出口4514.63亿元，同比增长39.39%；其中服务出口1936.76亿元，同比增长54.80%；进口2577.87亿元，同比增长29.68%（见图1、图2、图3）。一方面，受疫情冲击，2020年浙江服务贸易增速明显放缓，为今年恢复性增长创造条件；另一方面，我省经济运行延续稳定复苏态势，货物贸易的持续快速增长带动了服务贸易相关领域发展，数字产业化、产业数字化进程加快，为服务贸易快速发展提供强劲动力。

（二）单月增速呈现倒"V"型走势

从规模来看，浙江服务贸易呈现波动上升趋势，由1月306.31亿元上升至12月540.31亿元，主要表现为旅行、运输服务的快速增长。从同比增速来看，服务贸易总体呈现倒"V"型走势（见图4、图5、图6）。由1月同比增长30.37%上升至9月100.37%实现最高增速，随后开始回落，尤其是年底受2020年同期高基数影响和宁波等地疫情管控两方面原因，服务贸易增速下降明显。

（三）服务贸易逆差小幅收窄

2021年，浙江服务贸易出口增幅大于进口25.1个百分点，带动服务贸易逆差下降12.97%至641.11亿元，但贸易逆差仍然较大。从全年来看，除6月、11月实现顺差外，其余月份均呈现贸易逆差，其中12月贸易逆差最大，逆差额达167.89亿元，主要表现为电信、计算机和信息和运输服务的逆差大幅增长（见图7、图8、图9）。

二、服务贸易结构进一步优化

（一）数字服务贸易发展亮眼

2021年，全省数字服务进出口1507.33亿元，同比增长13.61%，占服务贸易总额的比重达33.39%。疫情加速了传统服务贸易的数字化转型和新型数字产业发展，数字技术创新为旅游、文化、教育、医疗等服务贸易提供更多的数字化解决方案，如在线出境游、数字音乐、数字内容等新业态新模式的不断涌现为全省服务贸易发展注入新动能，数字服务贸易成为优化服务贸易结构的重要力量。

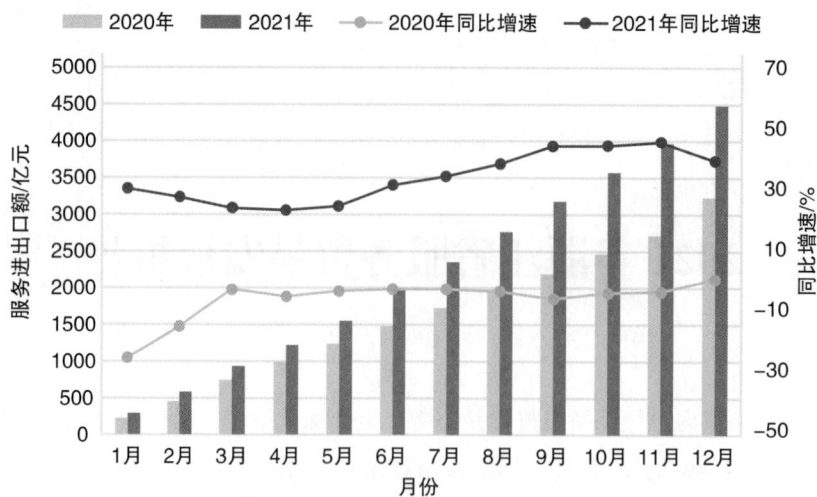

图1 2021年浙江省服务进出口累计对比

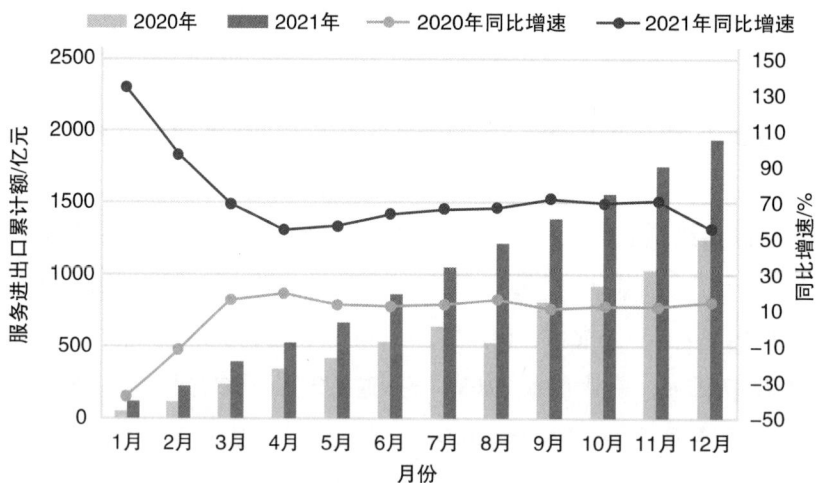

图2 2021年浙江省服务进出口累计对比

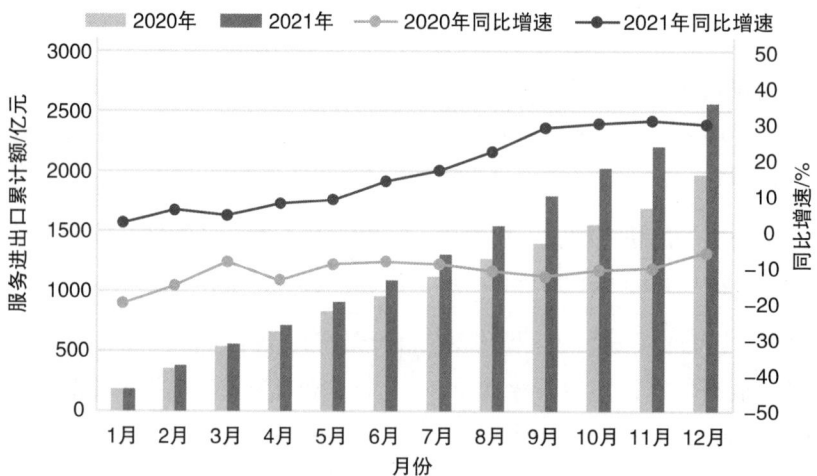

图3 2021年浙江省服务进出口累计对比

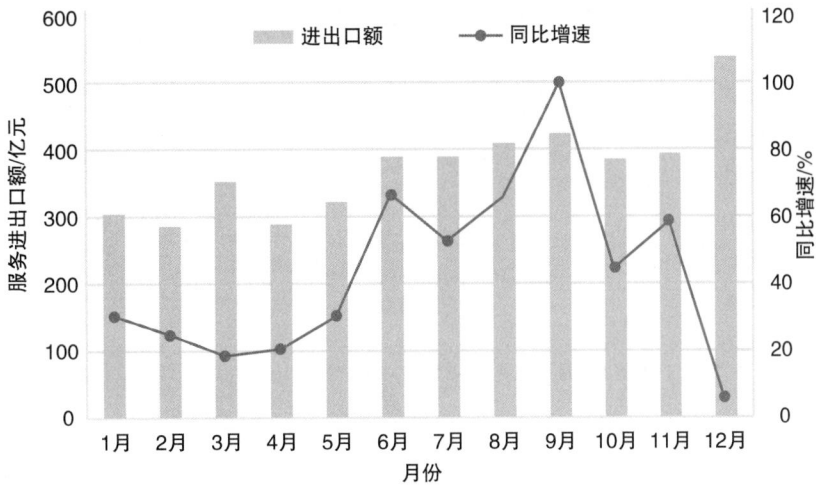

图 4　2021 年浙江省服务进出口趋势（单月）

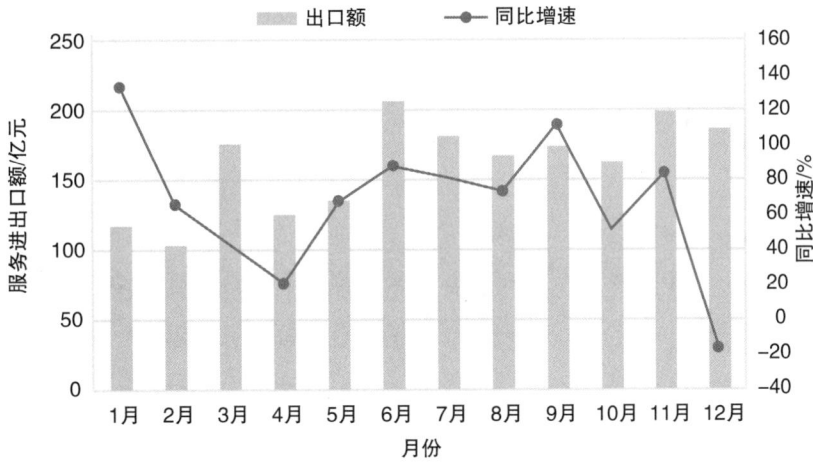

图 5　2021 年浙江省服务出口趋势（单月）

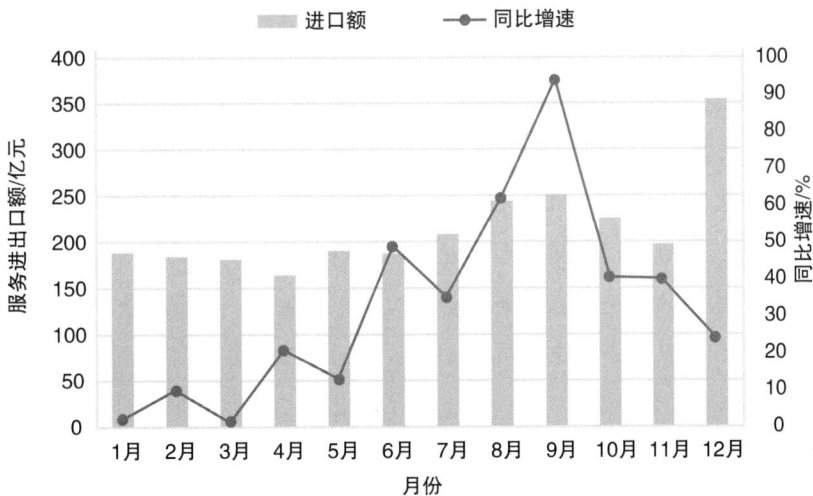

图 6　2021 年浙江省服务进口趋势（单月）

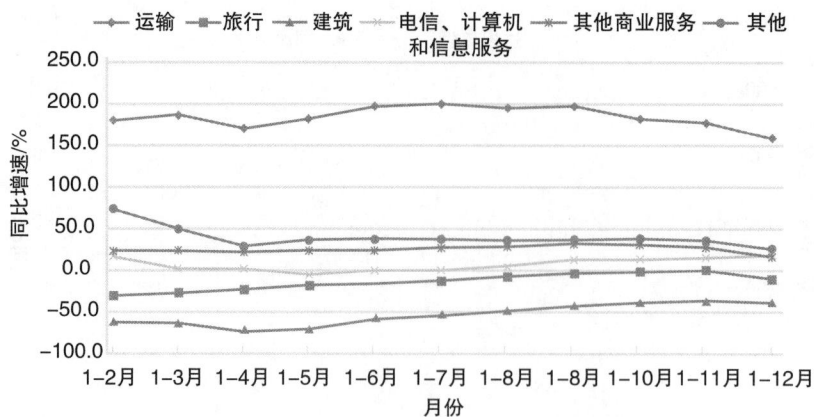

图7 2021年浙江省服务贸易类别进出口同比增速（累计）

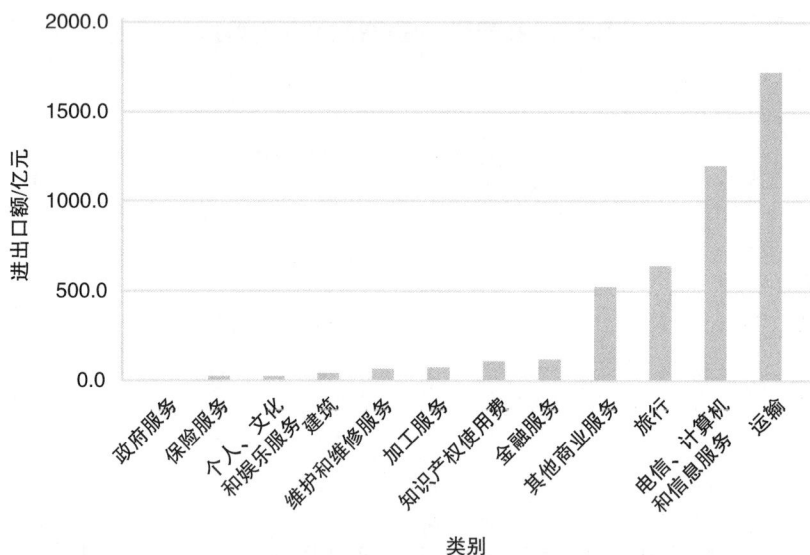

图8 2021年浙江省服务贸易各类别进出口额（累计）

（二）知识密集型服务贸易稳步增长

2021年，全省知识密集型服务进出口1978.15亿元，同比增长18.73%，占服务贸易总额的比重达43.82%。其中，知识密集型服务出口742.64亿元，占服务出口总额的比重达到38.34%。知识密集型服务进口1235.51亿元，同比增长16.67%，占服务进口总额的比重达47.93%。进出口增长较快的领域是保险服务、金融服务、电信、计算机和信息服务，分别同比增长105.74%、70.46%、16.91%。

（三）运输服务成为服务贸易增长的主要动力

受货物贸易、海运需求及价格因素影响，全年运输服务持续快速增长。2021年，浙江运输服务进出口1718.93亿元，同比增长157.75%，占服务贸易总额的比重达38.07%，较2020年同期提高17.49个百分点，货物贸易的强劲复苏带动我省运输服务的大幅增长。

（四）疫情下服务贸易各行业恢复趋势向好

除旅行、建筑服务外，其余行业均实现进出口正增长。我省旅行服务累计增速在11月实现小幅增长后，全年同比下降10.92%。建筑服务累计增速全年未能转正，但下半年降幅有所收窄，个人、文化和娱乐服务、政府服务等行业均实现增速转正（见图10）。

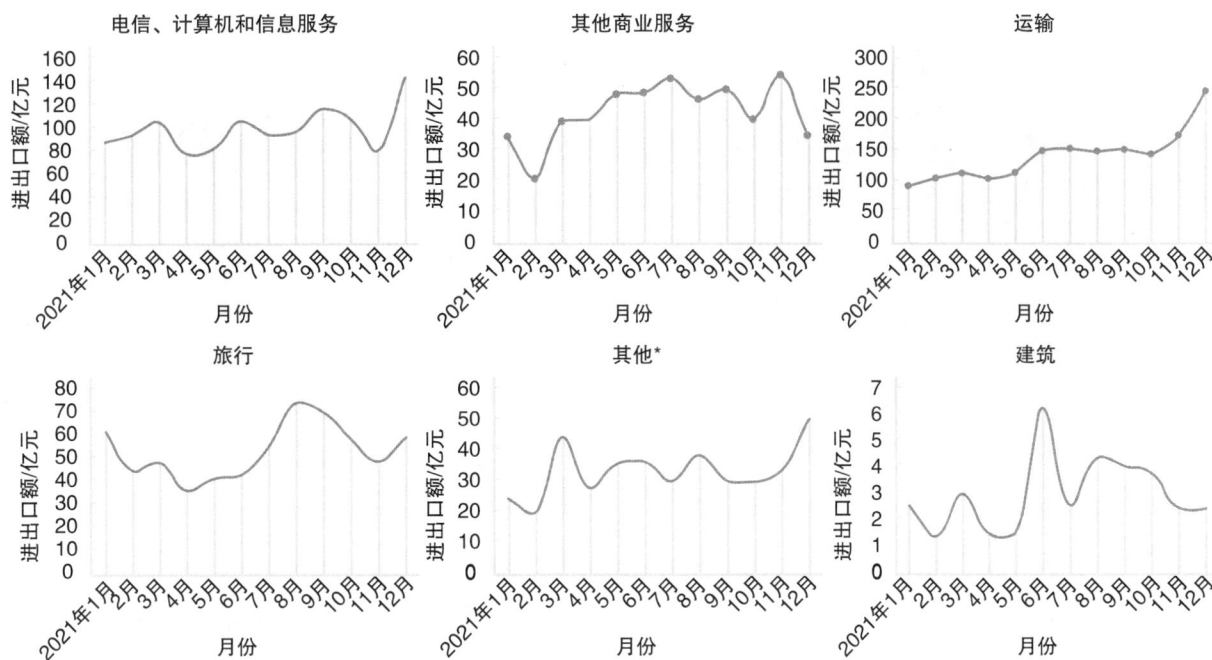

图9 2021年服务贸易重点类别进出口额（单月）

注："其他"代表保险服务、金融服务、知识产权使用费、个人、文化和娱乐服务、维修和维护服务、加工服务和政府服务。

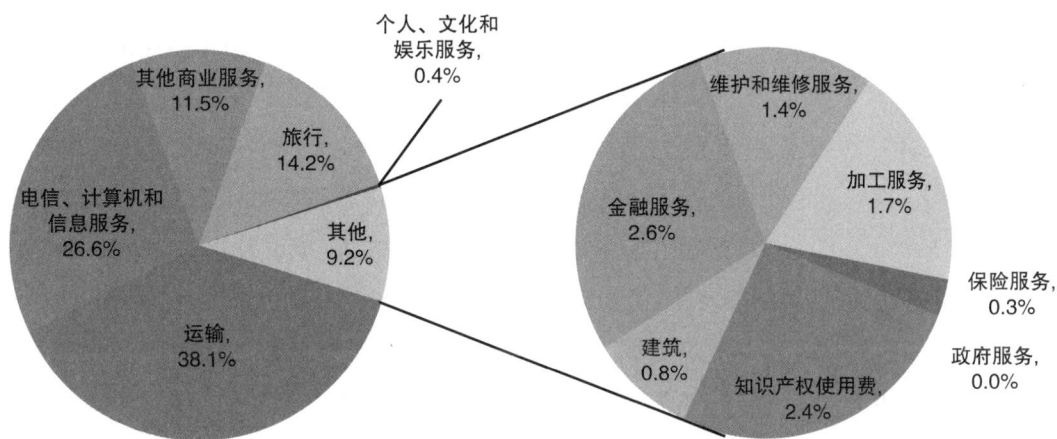

图10 2021年浙江省服务贸易各类型进出口额占比

三、服务贸易市场进一步开拓

（一）重点市场集中在亚洲地区，德国市场增长超预期

2021年，浙江前十大服务贸易市场分别为中国香港、美国、新加坡、日本、英国、德国、加拿大、澳大利亚、韩国、爱尔兰，合计进出口2303.57亿元，同比增长31.11%。其中亚洲国家和

地区占比70.64%，中国香港仍是浙江服务贸易进出口最大市场，占比55.31%，较2020年同期提高1.84个百分点。德国市场同比增长77.98%，增速领跑其他市场（见图11）。

（二）出口市场快速增长，新加坡为出口最大市场

2021年，浙江前十大市场出口671.97亿元，同比增长57.92%。新加坡是服务贸易出口第一大

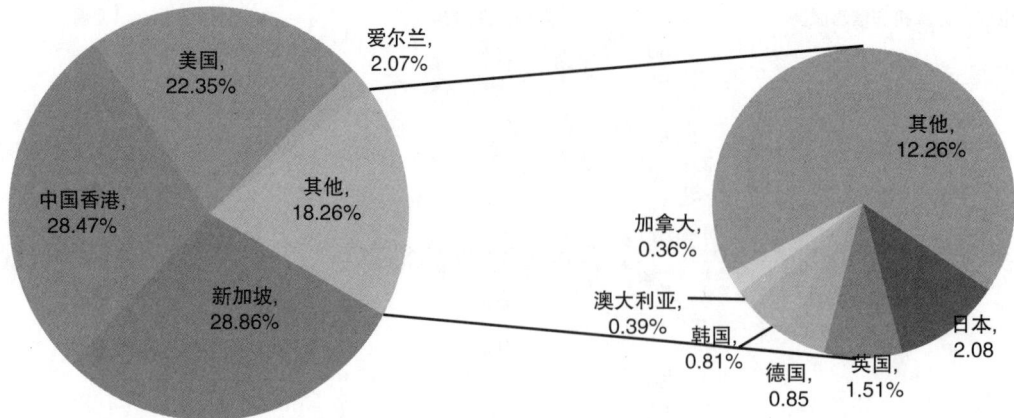

图 11　2021 年浙江省服务贸易国际市场出口分布情况

市场，市场份额为 28.86%，占比较 2020 年提高 7.71 个百分点。出口增长较快的市场有美国、加拿大和新加坡，分别同比增长 249.01%、130.83% 和 116.90%。除日本、爱尔兰市场持续小幅萎缩，其余市场稳步扩张。

（三）进口市场稳步发展，中国香港为进口最大市场

2021 年，浙江前十大市场进口 1631.60 亿元，同比增长 22.54%。中国香港稳居浙江服务贸易进口最大市场，市场份额为 66.82%，占比较 2020 年提高 6.15 个百分点，市场份额进一步提高。进口增长较快的市场为德国和爱尔兰，分别同比增长 84.46% 和 75.83%。美国、新加坡、加拿大、澳大利亚、韩国则出现不同程度的下滑。

四、RCEP 服务贸易发展空间较大

经历 8 年的谈判后，区域全面合作伙伴关系协定（RCEP）于 2020 年 11 月正式签署，并在 2022 年正式生效，不断加深亚太区域经济一体化程度。

服务外包方面，2021 年 RCEP 市场离岸执行额共计 219.55 亿元。具体来看，日本、韩国、越南、澳大利亚、新加坡五国的离岸执行额占 RCEP 成员国总额的四分之三以上，其中日本约占 29.5%，在 RCEP 成员国中占比最大（见图 12）。

从细分业务看，软件研发服务和工业设计服务是浙江服务外包的主要业务，占比分别达 33.3% 和 27.6%。其次是工程技术服务、交通工

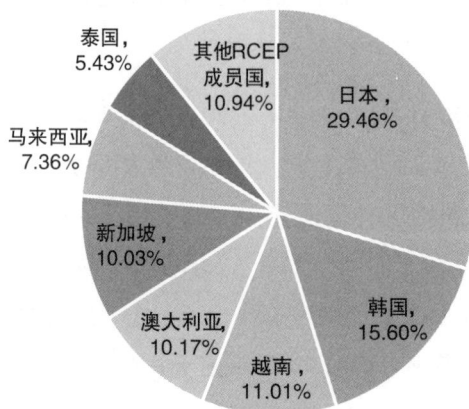

图 12　2021 年 RCEP 成员国离岸执行额占比

具维修维护、集成电路和电子电路设计服务及医药和生物技术研发服务，占比分别为 8.9%、7.0%、6.0% 及 3.9%，其他类型服务外包业务（24 类）合计占比仅为 13.3%。总体来看，浙江服务外包科技含量较高，知识密集型服务外包成为对 RCEP 成员国开展服务贸易的重点和亮点（见图 13）。

服务贸易方面，其他商业服务、金融服务、电信、计算机和信息服务、建筑服务分别占 RCEP 成员国服务贸易总额的 36.9%、21.4%、17.9% 和 9.1%，合计 85.3%，服务贸易行业领域更趋集中（见图 14）。

从重点国别的细分服务行业看，浙江对日本市场的其他商业服务，电信、计算机和信息服务进出口额占比分别为 41.3% 和 40.0%，且出口额均远高于进口额，产业优势明显（见图 15）。对新加坡市场的金融服务、其他商业服务、加工服务占比分别为 70.5%、12.4% 和 7.6%，且均为贸易顺差（见图 16）。对韩国市场的其他商业服务、电信、计算机和信息服务及维修维护服务占比分别为 53.4%、22.1% 和 10.4%（见图 17）。

整体来看，浙江服务贸易在 RCEP 市场具备发展优势和发展潜力，尤其在其他商业服务、金融服务、电信、计算机和信息服务领域，出口优势更为显著。

五、地区发展势头良好

（一）大部分地市实现服务贸易正增长

除嘉兴和衢州外，其余地市均实现服务贸易正增长。其中，温州、湖州、绍兴、台州和丽水同比增速由负转正。宁波、金华、湖州增长较快，分别同比增长 98.17%、64.65% 和 47.01%，较 2020 年同期提高 95.23、53.98 和 50.74 个百分点。

（二）杭甬服务贸易带动作用显著

杭州、宁波依旧稳居全省服务贸易进出口前两位。其中，杭州服务贸易进出口 2759.04 亿元，同比增长 28.14%，宁波服务贸易进出口 1162.45 亿元，同比增长 98.17%，两市规模合计占比达 86.86%，服务贸易地区集中度高，增长贡献率远超其他各市。

（三）温州出口增长最快，宁波进口增速领先

出口方面，全省各市均实现服务贸易正增长。其中，温州增速领跑其他各市，同比增长 149.49%。金华、宁波紧随其后，分别同比增长 122.47% 和 114.76%。进口方面，宁波增速全省领先，同比增长 80.39%，增速较 2020 年提高 91.80 个百分点，对浙江服务贸易进口增长贡献率达 38.57%。

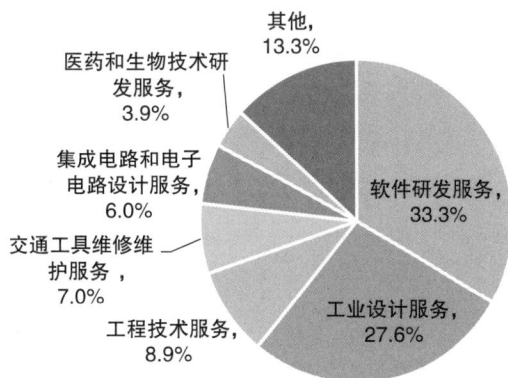

图 13 2021 年 RCEP 成员国服务外包细分业务离岸执行金额占比

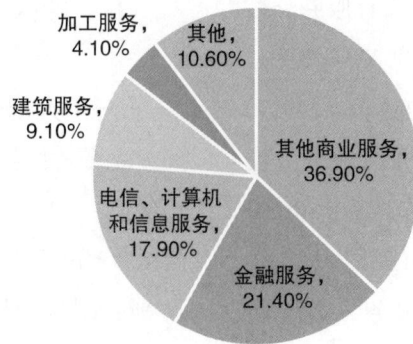

图 14 2021 年浙江对 RCEP 成员国服务贸易进出口额占比（按行业）

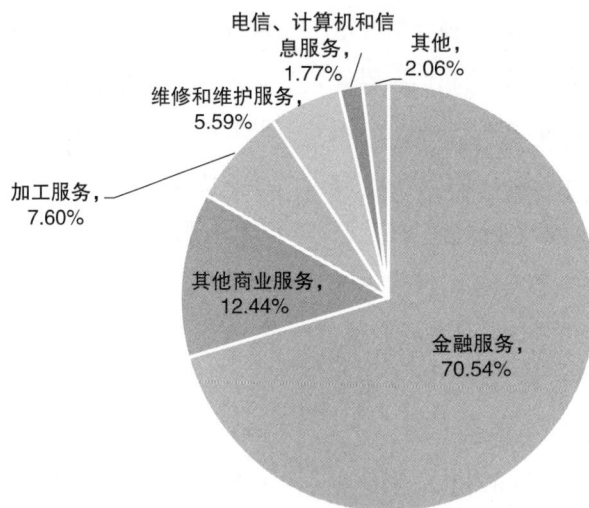

图 15 2021 年浙江对日本服务贸易细分行业进出口额占比

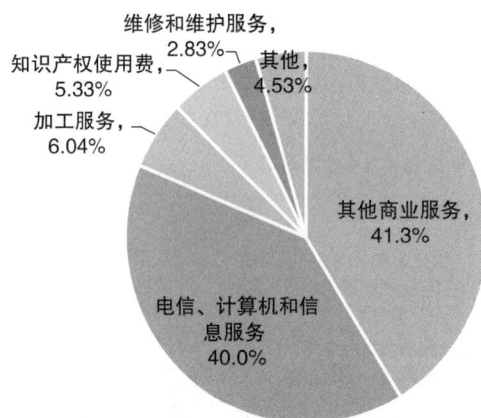

图 16 2021 年浙江对新加坡服务贸易细分行业进出口额占比

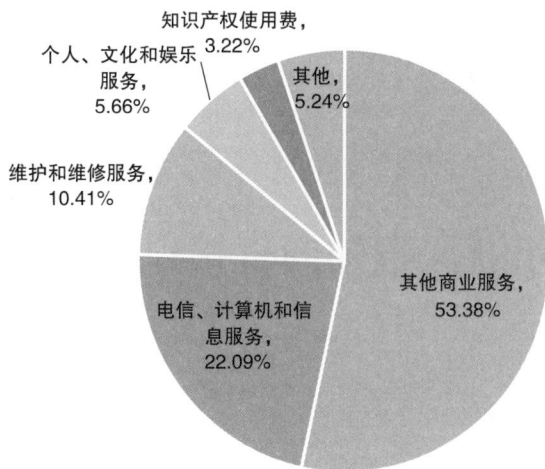

知识产权使用费，3.22%

个人、文化和娱乐服务，5.66%

其他，5.24%

维护和维修服务，10.41%

其他商业服务，53.38%

电信、计算机和信息服务，22.09%

图17　2021年浙江对韩国服务贸易细分行业进出口额占比

六、2022年服务贸易发展趋势

根据WTO预测，2022年全球外贸出口或将大幅回落。受新冠疫情影响，2021年第三、四季度全球经济表现低于预期，2022年全球各国对复苏前景依然谨慎乐观。美联储加息、国际金融政策调整引发的通胀问题、国际金融市场波动及各国进出口贸易政策调整都会对全球经济复苏带来挑战，人民币汇率走势也将对经济发展产生重要影响。

当前，浙江服务贸易总体延续稳定增长态势，亚运会、全球数字贸易博览会的召开将为服务贸易发展提供新机遇，预计2022年总体趋势向好。但疫情反复多变及跨境人员流动限制可能会造成服务贸易规模短期波动。

一是生产性服务贸易的重要性日益突出。在新冠肺炎疫情背景下，全球产业链、供应链、价值链的安全稳定更加重要，服务于货物贸易和生产制造的运输、供应链管理、知识产权等生产性服务贸易地位不断上升。根据商务部数据显示，我国生产性服务贸易占服务贸易总额上升至近80%。2022年浙江运输服务将继续成为拉动服务贸易增长的主引擎，与制造业和货物贸易紧密结合的领域可能成为浙江服务贸易的重要增长点。

二是数字服务贸易进一步激发活力。持续推进数字化改革为我省数字服务贸易发展提供更好的氛围。2021年12月，浙江出台《中共浙江省委浙江省人民政府关于大力发展数字贸易的若干意见》，这是全国第一份省委省政府层面出台的数字贸易政策文件，对于推动数字贸易制度体系建设具有较强的示范引领作用。同时，"数字贸易服务在线"等场景建设也为浙江服务贸易企业信息交流、提升供应链效率、投资通关便利化、数据安全交易等方面提供更多保障。

三是重大活动为发展提供新契机。亚运会、全球数字贸易博览会举办将助推浙江服务贸易走向世界。一方面，通过数贸会为服务贸易企业搭建交流合作、拓展商机的一站式展会服务平台，深化与发达国家在研发设计等服务贸易领域业务拓展，加强与"一带一路"国家在服务贸易领域的投资合作。另一方面，以"亚运会"举办为契机，通过文化、旅游、会展等新业态创新推动浙江体育旅游业、商业服务等领域发展。

四是疫情与服务贸易关联加大。根据新冠疫情暴发以来对全省服务贸易影响来看：疫情对各领域造成了冲击，但影响程度不同。从12月份疫情对浙江服务贸易的冲击来看，人员跨境流动及海外商旅活动直接导致了国际旅行服务规模下降。相对而言，疫情对电信计算机和信息服务、金融、保险服务等数字化领域反而有促进作用。

2021 年浙江省外商直接投资发展报告

按商务部统计口径，2021 年浙江新设外商投资企业 3547 家，同比增长 25.7%，合同外资 385.2 亿美元，同比增长 9.8%，实际使用外资 183.4 亿美元，同比增长 16.2%（折合人民币 1226.7 亿元，同比增长 11.9%，未含银行、证券、保险领域数据，下同），占全国 10.6%，已连续两年保持在 10% 以上，规模居全国第五。

一、外商投资产业结构不断优化

一是高技术产业使用外资大幅增长。高技术产业实际使用外资 79.4 亿美元，占全省实际使用外资的 43.3%，同比增长 67.0%。高技术制造业实际使用外资 20.2 亿美元，同比增长 21.2%，其中电子及通信设备制造业同比增长 119.5%；医疗仪器设备及仪器仪表制造业同比 34.4%。高技术服务业实际使用外资 59.3 亿美元，同比增长 91.6%，其中信息服务同比增长 71.1%；研发与设计服务同比增长 193.5%；科技成果转化服务同比增长 56.0%。二是服务业使用外资稳步增长。服务业实际使用外资 131.5 亿美元，同比增长 27.1%，占全省实际使用外资的 71.7%。其中，批发零售业同比增长 83.6%；信息传输、软件及信息技术服务业同比增长 79.6%；科学研究及技术服务业同比增长 91.7%。三是制造业使用外资基本持平。制造业实际使用外资 44.6 亿美元，同比降低 4.2%，占全省实际使用外资的 24.3%，其中计算机、通信及其他电子设备制造业同比增长 47.6%；专用设备制造业同比增长 81.7%；化学原料及化学制品制造业同比下降 19.0%；通用设备制造业同比下降 5.8%。

二、外资大项目招引落地成效显著

一是新设投资总额超亿美元大项目 150 个，较上年增加 32 个，同比增长 27.1%，协议投资总额 413.6 亿美元，同比增长 11.4%。投资领域主要集中在制造业、科学研究和技术服务业、信息传输、软件和信息技术服务业。二是实际到资 3000 万美元以上大项目 134 个，到资 120.6 亿美元，同比增长 19.1%，占比 65.8%，为全省实际使用外资增长贡献 75.4%，其中到资 1 亿美元以上项目 28 个，到资金额 69.3 亿美元，占大项目到资的 57.5%。其中三个大项目到资 5 亿美元以上，分别为杭州新汇东置业有限公司的江河汇项目到资 7.4 亿美元、杭州拉扎斯信息科技有限公司的拉扎斯增资项目到资 6.4 亿美元和杭州网易云音乐科技有限公司的网易云音乐项目到资 5.6 亿美元。三是新设世界 500 强投资企业 14 家，投资总额 33.7 亿美元，合同外资 9.1 亿美元。累计 190 家世界 500 强在我省投资企业 667 家。

三、外资来源地保持稳定

香港仍然是浙江第一大外资来源地，实际使用外资148.4亿美元，同比增长20.2%，占比80.9%；第二是新加坡7.4亿美元，同比增长4.6%；第三是美国2.0亿美元，同比下降24.5%。来自欧盟国家实际投资金额为6.2亿美元，同比增长13.8%；"一带一路"沿线国家8.1亿美元，同比增长3.6%；RCEP国家10.2亿美元，同比下降16.3%。

四、各市实际使用外资稳步提升

从增速看，浙江十市实际使用外资均有增长。其中，温州（66.4%）、丽水（46.0%）、台州（32.9%）、宁波（32.7%）和金华（31.8%）5个市增速超过30%。从规模看，2021年杭州实际使用外资突破80亿美元，宁波、嘉兴超30亿美元，迈上了新台阶。杭州上城区（12.3亿美元）、钱塘区（11.5亿美元）、余杭区（11.5亿美元）、萧山区（11.1亿美元）和宁波北仑区（10.0亿美元）五个县（市、区）引资规模达到10亿美元级。

2021年浙江省对外投资与经济合作发展报告

2021年，面对复杂严峻外部发展环境和海外重大风险挑战，全省对外投资和经济合作工作按照省委省政府和商务部战略部署，聚焦"高质量共建'一带一路'，不断提升对外投资合作质量效益"总体目标，立足新发展阶段，贯彻新发展理念，落实新发展举措，积极为我省构建国内国际双循环新格局、打造高层次对外投资策源地作出贡献。

立足国内主体，打造高层次对外投资策源地平稳有序促进对外投资合作。2021年，浙江全省经备案（核准）的境外企业和机构共计673家，同比增长6.66%；对外实际投资额116.86美元，同比下降6.96%，在全国占比为14.07%，居全国第三。全省对外承包工程完成营业额79.25亿美元，同比增长23.04%，在全国占比为7.84%，居全国第四位。

全力做好跨国公司主体培育。积极落实《加快培育浙江本土民营跨国公司"丝路领航"三年行动计划（2020—2022年）》，全力服务好100家列入浙江本土民营跨国公司培育计划企业。全流程跟踪红狮、吉利、万向等跨国公司重点项目，灵活借助座谈会、视频会、电话、微信等多种途径，为企业解答走出去难题和重点风险提示超800个（条）。发动各地市因地制宜出台跨国公司培育扶持政策，积极培育本土民营跨国公司，以"做强本土跨国公司总部"为目标，努力成为展示城市发展新窗口。组织召开浙江省"丝路领航"本土跨国公司重点项目与金融机构对接会，助力本土跨国公司破解境外业务难点堵点，现场推介项目30个，总融资需求110.53亿美元。指导省境外投资企业协会发布2021年浙江本土民营跨国公司经营50强。

重点推进浙非区域投资合作。积极承接以主题省参加第二届中国—非洲经贸博览会活动，搭建一个主题展馆，开展一场投资合作促进活动，展示一批对非经贸合作成果。组织开展浙非"一带一路"经贸合作对接会，邀请了阿尔及利亚等国家官员和南非等国家驻华大使以及40余家在华非洲客商，以线下或线上的方式共商浙非经贸合作。发布浙非合作案例集，6个项目入选中非优秀案例，受到商务部和兄弟省市领导的充分好评与肯定。

布局境外平台，推进高质量国际产能合作科学布局境外经贸合作区建设。全年新认定1家省级境外经贸合作区——华立柬埔寨农业园，现有12家省级和4家国家级境外经贸合作区。进一步加快境外经贸合作区科学布局、扩容升级，重点培育宁波力勤印尼OBI园区、舟山大洋世家基里巴斯园区；指导日本（静冈）境外经贸合作区筹建，会同省静冈福井事务局在杭州、台州、温州组织了三场推介会，初步达成一批入驻企业合作意向；组织召开吉利中马工业园"两国双园"建设工作座谈，探讨"两国双园"的建设可行性。积极落实《浙江国内国际园区合作构筑双循环新发展格局"莫干山"行动方案》，推进境内外园区联动发展，中柬农业园区项目顺利落户杭州经开区。

组织开展年度境外经贸合作区的考评工作，年度中央外经贸专项资金支持了一批境外园区项目。

有序推动境外系列站建设。按照"政府引导、市场主导原则"稳步推进捷克站和迪拜站建设，强化捷克站做强商贸物流、进口平台和投资服务功能，促进捷克站与中欧班列联动发展，捷克站综合平台发展态势良好；基本完成迪拜站子项目义乌商城项目建设，项目招商招租完成70%，为下一步打造"中国出口商品中东地区展示中心、货运分拨中心和物流转运中心"奠定了良好开端。

联盟拓展国际承包工程市场。借助重大商务平台组织线上线下联盟拓市对接活动5场，千方百计支持企业抱团拓展市场。在上海进博会上举办了第四届国际工程联盟拓市对接会，聚焦清洁发电、节能建筑、资源循环等"双碳"目标下对外承包工程绿色发展业务拓展。举办了2021年浙江出口网上交易会（对外承包工程绿色低碳专场），交易会期间有共计40家浙江企业云端参展，通过数字VR展会平台向海内外客商全天候展现产品、业绩、服务等企业信息和品牌故事，为华东院等相关企业和外方开展了线下对接。举办2021国际工程发展高峰论坛，为我省企业推介了巴西能源、电力、铁路等16个领域的189个项目，论坛线上线下超万人参会。组织我省10家承包工程企业参加巴西基建领域投资机会闭门会议，拓展南美建筑市场。帮助我省企业积极承揽我省对外投资企业项目，省内产业链合作带动国内标准、技术、装备"走出去"，如促成浙江火电总承包青山集团在印尼摩罗哇丽工业园区建设的拉波塔电厂项目。指导省对外承包工程商会成功换届和开展行业培训，助力企业提升国际经营水平。推动成立浙江绿色低碳走出去发展联盟，提升联盟拓市凝聚力和竞争力。

建设"双循环"枢纽，实现中欧班列能级跃升班列提质扩量取得新突破。浙江中欧（义新欧）班列持续快速发展，全年开行1904列，累计发运近15.7万标箱，同比增长36.1%，占全国份额超10%，全国排位攀升至第三位；返程率提升至29.6%，欧线占比55.4%，满载、满轴率均达100%。

全省统筹机制持续优化。制定并印发了《浙江省人民政府办公厅关于中欧（义新欧）班列高质量发展指导意见》，进一步明确了"十四五"班列的发展方向和实施路径。印发了《中欧（义新欧）班列全省统筹管理办法》，明确了双平台间的货源组织、开行目标、计划和运营规则，并将宁波、温州、台州、诸暨、嵊州等地纳入全省货源统筹地。与省财政厅联合印发《关于加强中欧（义新欧）班列"双平台"高质量运行考核的通知》，进一步通过政策杠杆进行高质量引导，明确了省市（县）同比例分担原则，进一步调动平台主体和各地工作积极性。

义新欧品牌建设持续提升。在中东欧博览会期间成功举办"丝路鸣笛"—中欧（义新欧）班列高质量发展论坛，促进国际和区域班列协同互联。副省长徐文光、波兰驻华使馆海关参赞、中铁上海局领导嘉宾出席活动并致辞，江浙皖三地平台企业代表签署《长三角中欧班列发展行动宣言》，同时达成了《江浙皖中欧班列平台与DBCE–德铁欧亚货运有限公司签署战略合作框架协议》5个现场签约项目，"义新欧"品牌知名度持续提升。

义新欧数字化服务平台上线。为解决义新欧班列货主面临的物流状态不透明、在途信息不可见的客户痛点，场站、海关、铁路等班列参与主体协同低效的行业堵点、政府监管部门行业动态跟踪和财政支持兑现滞后的监管盲点，以数字化改革赋能"义新欧"，建设"义新欧数字化服务在线"应用，打通场景信息壁垒，实现数据信息自由、安全流动，初步打造了全国首条以数字化为核心特征的高效、智慧和经济的中欧班列。

不断完善"走出去"服务体系。整合金融保险、律师事务所、会计师事务所、安防、职业教育等跨境服务资源，开展"丝路护航"系列行动 5 场，为企业海外发展提供专业化服务。联合省建行、商务部电商中心建设"浙企出海"综合服务平台并上线运行，邀请首批 20 家专业跨境服务机构入驻，为浙企走出去提供全方位的线上服务。以"三服务"活动为载体，协同省发改委和省外汇管理局、省境外投资企业协会、省对外承包工程商会、浙非服务中心和省政府驻外代表处等单位，服务重点企业近 200 家，协同解决企业"走出去"难题。

竭力做好风险防控和应急处突。加强备案指导，增加企业外派人员安全教育管理、应急处突培训承诺以及企业境外风险防控应急预案等前端审核要求，进一步强化企业风险防控和应急处突意识以及机制建设。开展重大风险提示，围绕中美经贸摩擦、中印摩擦、印度疫情暴发、缅甸政变、对印尼投资等热点举行座谈，为企业解读海外疫情防控形势和国际经济合作风险；对澳大利亚、印度等国投资进行风险预警，确保企业充分了解投资风险。发布境外务工提醒，引导外派劳务规范发展，保障出境务工合法权益。指导省境外投资企业协会发布最新全球外经相关政策信息，并对重大风险信息进行预警。加强研究分析，全年撰写商务专报 18 篇、研究建议 1 篇、情况通报 1 篇，为领导决策提供支撑。推进机制建设，启动《境外经贸类纠纷和突发事件处置管理办法》修订前期工作，引导省交投集团等省属国有企业加强合规体系建设；妥善处置境外防疫、经贸类纠纷和突发事件 23 起。开展宣传培训，开展"'走出去'企业外派人员安全风险管理"线上沙龙，助力企业提高境外人员管理、安全风险防范水平。

积极讲好丝路故事。贯彻落实习近平总书记构建人类命运共同体理念，大力宣传一批合规经营示范、履行社会责任、体现大国担当的"走出去"企业和国际合作项目，开展"我在世界看祖国"宣传活动，并将优质案例和文章编纂成册，示范带动企业高水平"走出去"，社会影响良好。

2021 年浙江商务大事记

一月

1 月 4 日，浙江省商务厅召开自贸试验区杭州片区滨江区块建设暨数字贸易"三服务"座谈会。时任省自贸办主任、商务厅厅长盛秋平主持座谈会。

1 月 11 日，省商务厅召开"三互三比"年度总结会议暨"拓市场百日攻坚行动"动员大会。时任省商务厅厅长盛秋平讲话，时任副厅长、一级巡视员韩杰主持并宣读 2021 年度"拓市场百日攻坚行动"方案。

1 月 14 日，全省商务工作会议在杭州召开，会上发布《构建新发展格局 展现"重要窗口"担当 确保"十四五"商务发展开好局起好步》工作报告。时任省商务厅党组书记、厅长盛秋平作工作报告。

1 月 18—19 日，商务部举办《区域全面经济伙伴关系协定》（RCEP）线上专题培训班。时任省商务厅厅长盛秋平及其他厅领导在杭州会场参加培训。

1 月 20 日，浙江省政府新闻办举行中国（浙江）自由贸易试验区建设新闻发布会（第二场）。时任省商务厅厅长、省自贸办主任盛秋平作主发布，通报了浙江自贸试验区新一批"十大成果"、自贸试验区建设 2.0 版政策，以及 2021 年自贸试验区建设各项工作。

1 月 21 日，省商务厅与浙江工业大学合作共建的中国数字经济与全球经贸规则研究院签约揭牌仪式在浙江工业大学举行。浙江工业大学校长李小年、省商务厅副厅长张钱江等出席揭牌仪式。

1 月 27—28 日，省商务厅举办浙江境外经贸合作区对接省内开发区专场活动，旨在加强浙江省境外经贸合作区之间的联系和交流，深化综合金融支持园区发展试点，促进境外经贸合作区与省内经济开发区"双循环"互动。省商务厅一级巡视员胡潍康出席活动并讲话。

二月

2 月 2 日，省商务厅召开 2020 年度党组民主生活会。时任浙江省政府副省长朱从玖到会并讲话，时任省政府副秘书长高屹和省纪委机关、省委组织部、派驻纪检监察组相关负责同志到会指导。时任省商务厅党组书记、厅长盛秋平主持会议。

2 月 4 日，全省生活必需品保供工作电视电话会议暨数字生活新服务联席会议第一次会议召开。省发改委、省商务厅等 18 个省级单位，餐饮、家政等 3 个行业协会及各市政府分管领导、相关部门负责人参会。

2 月 19 日，省商务厅召开推进数字化改革专题会议，传达学习全省数字化改革大会精神，研究部署省商务厅贯彻落实举措。时任省商务厅厅长盛秋平讲话，时任副厅长、一级巡视员韩杰主持会议。

2 月 23 日，时任浙江省委常委、秘书长、省直机关工委书记陈金彪一行赴省商务厅调研机关党建工作。时任省商务厅党组书记、厅长盛秋平，时任党组副书记、副厅长、一级巡视员韩杰陪同。

2月25日，全省外贸工作会议在杭州召开。时任省商务厅党组副书记、副厅长、一级巡视员韩杰，省税务局、省外汇管理局、杭州海关、进出口银行浙江省分行、出口信用保险浙江分公司相关负责人，省商务厅相关处室（单位）、全省各市、部分县（市、区）商务局负责人共80余人参会。

2月26日，全国外资工作电视电话会议在京召开。时任省商务厅厅长盛秋平围绕"创新机制 精准施策 持续打造高质量外资集聚地"作交流发言。

2月26日，省商务厅召开2021年全省服务贸易工作电视电话会议，会议通报了2020年全省服务贸易工作情况，部署2021年服务贸易重点工作。省商务厅副厅长张钱江出席会议并讲话。

三月

3月2日，省商务厅主办的2021浙江出口网上交易会（孟加拉站—纺织服装设备专场）开幕。时任浙江省政府副秘书长高屹，时任省商务厅厅长盛秋平，商务部驻杭州特派员办事处副特派员周关超，中国驻孟加拉国经商参赞刘振华，省财政厅、杭州海关、省外办、省进出口银行、省信保等单位相关负责人出席开幕式。

3月16日，省商务厅召开党史学习教育动员部署大会。时任省商务厅党组书记、厅长盛秋平作动员讲话和专题党课辅导。

3月16日，省商务厅和中国建设银行浙江省分行在杭州举行"浙企出海+"综合服务平台合作共建协议签约仪式，携手推进"浙企出海+"综合服务平台建设项目。

3月17日，全省外资工作会议暨"招大引强、招高引优"现场会在嘉兴召开。时任省商务

厅厅长盛秋平出席会议并讲话。

3月19日，时任浙江省政府副秘书长、驻京办党组书记、主任毛瑞福一行5人到访省商务厅考察交流，并与省商务厅签订战略合作框架协议。时任省商务厅厅长盛秋平、副厅长胡真舫出席签约仪式。

3月23日，省商务厅召开数字化改革专题会议，学习传达3月18日袁家军书记、3月17日郑栅洁省长关于数字化改革工作的讲话精神，研究推进省商务厅数字化改革下一步重点工作。时任省商务厅厅长盛秋平主持会议，省大数据局副局长蒋汝忠到会指导。

3月24日，省商务厅厅党组率队，厅直属机关党委委员、机关纪委委员，厅属各党组织书记等50余名党员干部，赴嘉兴南湖"中共一大会址"开展主题党日活动，瞻仰南湖红船，回顾建党历史，重温入党誓词。

3月25日，浙江省消费专班第九次工作会议召开。会议围绕贯彻落实省委省政府2021年重点工作有关促消费部署，通报全年促消费重点工作任务，研究各领域消费改革破题新举措。

3月31日，省商务厅召开全省商务数字化改革动员暨专题培训会，时任省商务厅厅长盛秋平出席会议并作动员讲话。省商务厅副厅长张钱江、时任副厅长张曙明以及省大数据局副局长陈瑜，杭州市等11个市商务局主要负责人参加线下会议，各县（市、区）商务主管部门负责人通过视联网参加会议。

四月

4月1日，全省国家级经济技术开发区座谈会在宁波杭州湾经济技术开发区召开。省商务厅总经济师朱军、副厅长胡真舫出席并讲话。

4月2日，省商务厅召开2021年全面从严治党暨党风廉政建设和反腐败工作会议。时任厅党组书记、厅长盛秋平，省纪委省监委派驻纪检监

察组组长郑灵仙出席会议并讲话。

4月9日，浙江省人大常委会原副主任、省文史馆馆长王永昌，时任省商务厅党组书记、厅长盛秋平一行到振兴老字号品牌展示中心调研，并就浙江老字号振兴工作召开座谈会。

4月14日，浙江省自贸办主任会议暨数字自贸区建设推进专题会在钱塘区国际创博中心召开。省自贸办副主任、省商务厅副厅长张钱江出席会议并讲话。省自贸办副主任、省商务厅副厅长胡真舫主持会议。

4月16日，第二届中国—中东欧国家博览会暨国际消费品博览会首场路演推介在安徽合肥成功举行。本次活动由省商务厅、宁波市人民政府、安徽省商务厅共同主办，宁波市商务局承办。

4月20日，浙江省交易团组织召开第129届广交会线上巡展暨外贸形势座谈会，时任省商务厅副厅长、一级巡视员、浙江省交易团团长韩杰出席，商务部驻杭特办、省财政厅、省交通运输厅、省地方金融监管局、省税务局、杭州海关、进出口银行浙江省分行、出口信用保险浙江分公司相关负责人参加座谈。

4月27日，浙江省党史学习教育第九巡回指导组在省商务厅召开进驻动员会。组长施利民通报了关于巡回指导工作的任务、目的和意义，并就开展好党史学习教育提出了具体要求。时任商务厅厅党组书记、厅长盛秋平主持会议并汇报商务厅党史学习教育开展情况。

4月29—30日，由浙江省人民政府主办，省商务厅、宁波市人民政府承办，全省供应链协同创新推进工作现场会在宁波召开。时任省政府副秘书长高屹、时任省商务厅厅长盛秋平、省商务厅总经济师朱军，宁波市副市长李关定，以及省发改委、省经信厅、省生态环境厅、省农业农村厅、省市场监管局、人行杭州中心支行等部门领导出席会议。

4月30日，"奋进新时代 爱尚新生活 浙里来消费"2021全国消费促进月·浙江站启动仪式在杭州星光大道启幕。时任省政府副秘书长高屹、时任省商务厅厅长盛秋平，以及省发改委、省经信厅、省农业农村厅、省文旅厅、省市场监管局等部门领导出席。

五月

5月7日，浙江自贸试验区与跨国公司对接会在海口市举办。此次对接会由省商务厅主办，海南省商务厅、海南国际经济发展局、粤港澳大湾区企业家联盟、普华永道为支持单位。时任浙江省人民政府副省长朱从玖，海南省人民政府副省长王斌，时任浙江省政府秘书长高屹，时任省商务厅厅长盛秋平出席。

5月7—10日，首届中国国际消费品博览会在海南举行。开幕首日，浙江主题馆启动仪式暨意向合作项目签约仪式圆满举行。时任浙江省人民政府副省长朱从玖、海南省人民政府副省长王斌、时任浙江省人民政府副秘书长高屹、时任省商务厅厅长盛秋平、时任省商务厅副厅长、一级巡视员韩杰、副厅长胡真舫出席仪式。省商务厅组织湖州、嘉善、柯桥、袍江、杭州湾上虞、衢州、丽水、青田、缙云等9家经济开发区赴现场招商。

5月10日，由省商务厅、浙江省文化和旅游厅、浙江省市场监管局、浙江省广电局、浙江团省委等单位联合主办，上城区人民政府、浙江省电商促进会联合承办的"美好生活·浙播季"年度盛典在杭州举行。时任省商务厅厅长盛秋平，以及省委宣传部、省委网信办、省文旅厅、省市场监管局、省广电局、团省委等部门领导出席盛典。

5月10日，长三角自由贸易试验区联盟成立大会在上海举行。上海市委副书记、市长龚正，商务部党组副书记、国际贸易谈判代表兼副部长俞建华出席，并共同为联盟秘书处揭牌。时任浙江省自贸办主任、省商务厅厅长盛秋平在会上发言并代表浙江自贸试验区签署联盟协议。

5月12日，国务院新闻办公室举行中国与中东欧国家经贸合作及第二届中国—中东欧国家博览会发布会，时任商务部部长助理任鸿斌、时任浙江省副省长朱从玖、宁波市市长裘东耀和中国贸促会副会长张少刚介绍中国与中东欧国家经贸合作及第二届中国—中东欧国家博览会暨国际消费品博览会有关情况，并答记者问。

5月18日，2021年贸易救济工作会议暨"浙"里有"援"外经贸法律服务月启动仪式在嘉兴举行。商务部贸易救济调查局调查副专员吕江，时任省商务厅副厅长张曙明，中国纺织品进出口商会会长曹甲昌、嘉兴市人民政府副秘书长倪沪平以及各地市商务局、省级对外贸易预警点、律师团代表近100人参加。

5月19日，省商务厅召开全球数字贸易中心和数字自贸区建设研讨会，旨在贯彻落实省委书记袁家军3月29日在浙江自贸试验区工作领导小组会议上的重要讲话精神，研究推动省政协十二届四次会议"打造全球数字贸易中心"专题提案。

5月22日，浙江自贸试验区国际咨询委员会及高端智库研讨会在北京召开。来自商务部、中国国际经济交流中心、中国世界贸易组织研究会、商务部研究院、对外经济贸易大学、南开大学、中国社科院等高端智库专家，聚焦浙江数字自贸区建设和自贸试验区条例修订，共议浙江自贸试验区的未来发展。时任浙江省自贸办主任、省商务厅厅长盛秋平主持。

5月28日，全省商务系统数字贸易应用场景交流评审会在杭召开。省商务厅副厅长张钱江出席会议并讲话，省委网信办、省经信厅、省大数据局、省贸促会等省级单位和数字贸易子系统各项目组以及部分企业代表作为评审专家参会。

六月

6月1日，为贯彻落实《中共浙江省委关于推进清廉浙江建设的决定》和浙江省委办公厅、省政府办公厅《关于构建新型政商关系的意见》，省商务厅厅党组制定了《浙江省商务厅"亲""清"政商关系行为准则》，并发布施行。

6月2日，浙江省人大法工委、浙江省高院、浙江省司法厅、省商务厅联合发起成立的"浙江省涉外法律服务联盟"正式揭牌，商务部条法司司长李詠箑出席揭牌仪式。

6月7日，长三角开放平台联动合作论坛在宁波成功举办。三省一市自贸试验区、开发区以及境外经贸合作区首次相聚探讨开放平台跨省域联动合作。时任浙江省政府副秘书长高屹，时任省商务厅厅长盛秋平，时任宁波市委常委、北仑区区委书记梁群，中国国际电子商务中心党委书记贾国勇等领导出席论坛。

6月7日，第二十三届中国浙江投资贸易洽谈会之江论坛暨第六届中国浙江欧洲数字经济和高新技术产业高峰对接会在宁波举行。活动由浙江省人民政府主办，省商务厅、浙江省经信厅、浙江省科技厅、浙江省外办、各市人民政府承办。浙江省委常委、宁波市委书记彭佳学，浙江省政府副省长卢山致辞。宁波市委副书记、市长裘东耀主持。时任省商务厅厅长盛秋平介绍《浙江省商务高质量发展"十四五"规划》。

6月8日，中国—中东欧国家"丝路电商"发展高峰论坛在宁波成功举办。时任商务部部长助理任鸿斌、浙江省政府副省长高兴夫、匈牙利创新科技部国务秘书彼得·切莱希涅西主席会议并致辞。中东欧国家政府代表视频连线参会。

6月8日，省商务厅和宁波市人民政府共同主办的"2021浙江国际进口商品海淘汇"开馆仪式在宁波国际会议展览中心举办。

6月9日，由浙江省人民政府主办，省商务厅、浙江省工商业联合会、金华市人民政府、义乌市人民政府、浙江省海港集团共同承办的"丝路鸣笛"—中欧（义新欧）班列高质量发展论坛在宁波举行。浙江省政府副省长徐文光、波兰驻华使馆海关参赞阿格涅斯卡·维特科夫斯卡等出席活动并致辞。

6月9日，内外贸一体化展馆开馆暨2021年浙江省"世界认可日"主题活动启动仪式在宁波国际会展中心举行。浙江省政府副省长徐文光出席仪式并巡馆，时任省商务厅厅长盛秋平、省市场监管局副局长章一文现场致辞。

6月11日，浙江省山区26县开放平台共建发展对接会在杭州举办。本次对接会由浙江省人民政府主办，省商务厅、浙江省山海协作领导小组办公室承办。时任省商务厅厅长盛秋平、商务厅副厅长胡真舫出席。

6月28日，省商务厅联合杭州市拱墅区天水街道在浙江展览馆举办庆祝中国共产党成立100周年暨武林商圈党建联盟三周年年会。时任省商务厅党组书记、厅长盛秋平出席活动并讲话。

七月

7月2日，浙江商务厅召开庆祝中国共产党成立100周年暨"七一"表彰大会，庆祝中国共产党百年华诞。会议学习了习近平总书记在庆祝中国共产党成立100周年大会上的重要讲话精神和浙江省庆祝中国共产党成立100周年大会精神，表彰了"两优一先""杰出商务红色义工"等先进单位和个人。时任省商务厅厅党组书记、厅长盛秋平出席并授党课。

7月15日，省商务厅举办学习习近平总书记在庆祝中国共产党成立100周年大会上的重要讲话精神专题读书班。时任省商务厅党组书记、厅长盛秋平作开班动员，时任厅党组副书记、副厅长、一级巡视员韩杰主持会议。

7月14日，省商务厅与之江实验室举行"数字贸易规则与标准研究"合作签约仪式。时任省商务厅厅长盛秋平、之江实验室主任朱世强出席签约仪式。

7月20日，省商务厅和北京市国际服务贸易事务中心共同主办的2021中国国际服务贸易交

易会浙江省推介路演活动在杭州国际博览中心举行。浙江省是今年服贸会唯一的主宾省，本次活动亦是服贸会在全国各省市推介路演活动的首站。省商务厅副厅长张钱江、北京市国际服务贸易事务中心副主任张皓成出席并致辞。

7月20日，省商务厅召开共同富裕工作专班第一次会议，系统研究部署商务领域工作任务。省商务厅副厅长张钱江主持会议，各专班成员参会。

7月20日，2021数智消费嘉年华—杭州仲夏夜暨上城区打造全国重要的消费中心活动在湖滨步行街启动。活动由省商务厅、杭州市人民政府指导。时任省商务厅厅长盛秋平、杭州市副市长胡伟等领导出席。

八月

8月3日—5日，省商务厅采用线上方式举办全省商务、招商局长培训班。时任省商务厅党组书记、厅长盛秋平审定培训方案。时任厅党组副书记、副厅长、一级巡视员韩杰主持开班仪式。全省各市、县（市、区）商务、招商局长约160人连线参训。

8月3日，2020年度全省国际产业合作园考评会议在省商务厅召开。17个国际产业合作园就园区现状、发展目标、境外合作、招大引强、招才引智、利用外资、保障措施等方面进行汇报。

8月20日，省商务厅组织召开数字贸易专题研讨会，围绕"数字贸易视角下数字人民币与数字支付体系"主题开展交流研讨。省商务厅副厅长张钱江出席会议。

8月24—26日，商务部外贸司副司长张斌率调研组赴舟山、宁波调研外贸工作。时任省商务厅副厅长、一级巡视员韩杰陪同调研。

8月28日，省商务厅在桐乡市召开全省商务工作务虚会。会议集思广益、汇聚众智，谋划商务领域贯彻落实的新思路、新举措。时任省商务厅党

组书记、厅长盛秋平出席会议并讲话，时任厅党组副书记、副厅长、一级巡视员韩杰主持会议。

8月30日，省商务厅和上海美国商会共同主办美资企业看浙江暨走进浙江自贸试验区活动。会议采用线上线下结合、杭州会场与上海会场两地互动形式举行。时任省商务厅厅长、省自贸办主任盛秋平，上海美国商会商贸投资中心总监董载良出席活动并致辞，省商务厅副厅长、省自贸办副主任胡真舫主持会议。本次活动共吸引85家美资企业参与。

九月

9月2日，由省商务厅等10部门主办的"之江创客"2021全球电子商务创业创新大赛海外赛区决赛在杭州成功举行。Sonic Scientific、VitralTrac、Cloud secure access as a service 三个项目分别荣获北美、欧洲、中东赛区一等奖。

9月3日，浙江省人民政府主办、省商务厅承办的2021年中国国际服务贸易交易会浙江主宾省活动日在北京国家会议中心举行。本次活动日主题为"浙江服务 服务全球"。商务部副部长王炳南、时任浙江省政府副省长朱从玖、时任北京市政府副市长卢映川出席活动并致辞，商务部服务贸易和商贸服务业司二级巡视员王志华、浙江省人民政府副秘书长陈重、时任省商务厅厅长盛秋平、副厅长胡真舫等出席，省级有关部门、各地市及相关企业代表近200人参加。

9月3日，省商务厅主办的浙江省现代服务业对外开放投资合作交流会在北京举行。时任浙江省政府副省长朱从玖、时任省商务厅厅长盛秋平出席并致辞。

9月17—18日，全省数字生活新服务工作推进会在湖州德清召开。时任浙江省数字生活新服务工作联席会议副召集人、省商务厅厅长盛秋平出席会议并讲话，时任省商务厅副厅长张曙明主持会议。

9月23日，省商务厅、浙江省工商联主办的以"融入新格局、助力双循环，支持服务民营企业高质量发展"为主题的第七期"亲清直通车·政企恳谈会"省级专场活动在杭州召开。时任省商务厅厅长盛秋平参加会议并讲话。

9月26—29日，由商务部与湖南省人民政府共同主办的第二届中国—非洲经贸博览会在湖南省长沙市举办，浙江首次作为主题省参加。9月26日，以"浙非湘聚，共赢未来"为主题的浙江—非洲共建"一带一路"经贸合作对接会在湖南长沙成功举办。时任浙江省政府副省长朱从玖，湖南省政府副省长何报翔出席并致辞。省政府副秘书长陈重、时任省商务厅厅长盛秋平、时任省商务厅副厅长、一级巡视员韩杰参会。

9月28日，省商务厅主办的2021浙江国际贸易（迪拜）展览会在迪拜世贸中心顺利开幕。28日下午，本届展览会开幕式暨线上巡馆活动在杭州举办，时任省商务厅副厅长、一级巡视员韩杰，商务部驻杭州特派员办事处副特派员周关超等领导出席。

9月29日，2021中国（浙江）自由贸易试验区生命健康产业推介会暨第五届国际生物医药（杭州）创新峰会在杭州举行。时任浙江省政府副省长朱从玖、杭州市政府副市长胡伟出席活动并致辞，省政府副秘书长陈重、时任省商务厅厅长盛秋平等出席会议。

十月

10月9日，省商务厅在浙江展览馆举办"庆祝建党100周年浙江商务改革发展成就展暨全省商务系统书画摄影展"，展示改革开放40多年来浙江商务的发展成就与党史学习教育成果。展期4天。

10月12日，根据浙江省委、浙江省人民政府统一部署，由省商务厅承编的《浙江通志》第六十五卷《浙江通志·对外贸易志》由浙江教育出版社正式出版。全书 110 万字，设 13 章 44 节 154 目。

10 月 15 日，在第 130 届中国进出口商品交易会（广交会）期间举办的"新发展格局下的外贸新业态新模式"高峰论坛上，由商务部指导、省商务厅建设的海外智慧物流平台作为外贸新业态新模式的优秀数字化应用场景举行首发仪式。

10 月 26 日，中国浙江–RCEP 经贸合作交流会暨长三角（湖州）产业合作区对外招商推介在湖州举行。时任省商务厅副厅长王坚，湖州市人大常委会副主任、长三角（湖州）产业合作区党工委书记施根宝，日本日中经济协会上海首席代表，马来西亚驻沪商务领事等出席活动并致辞。

10 月 26 日，商务部召开 2021 年全国贸易救济工作视频会议，国务院有关部门、各省、自治区、直辖市商务主管部门和相关单位代表参加会议，时任商务部副部长任鸿斌出席会议并讲话。时任省商务厅党组书记、厅长盛秋平参加会议并作典型发言。

10 月 27 日，第二届中国自由贸易试验区发展论坛在浙江自贸试验区杭州片区滨江区块举办。本届论坛由商务部和浙江省人民政府作为指导单位，国家高端智库商务部国际贸易经济合作研究院、省商务厅、杭州市人民政府联合主办，杭州市自贸委、滨江区人民政府承办。论坛以"新格局 新使命 新担当"为主题，发布了《中国自由贸易试验区发展报告 2021》。

十一月

11 月 5 日，2021 中国浙江国际数字经济高峰会暨第七届中国（浙江）—欧洲数字经济和高新技术产业高峰对接会在上海举行。时任浙江省人民政府副省长朱从玖、时任商务部副部长任鸿斌、美国驻上海总领事馆副总领事戴德年、卢森堡大公国驻上海总领事馆总领事贺文晟出席并致辞。时任省商务厅厅长盛秋平作浙江省产业投资

环境推介暨浙江国际投资"单一窗口"上线发布。

11 月 7 日，省商务厅主办、浙江省对外贸易服务中心承办的第四届进博会浙江省交易团进口采购成交集中签约式在上海成功举办。时任省商务厅副厅长、一级巡视员韩杰参会并致辞。

11 月 7 日，省商务厅主办的浙江省重点进口平台推介会在上海成功举办。时任省商务厅副厅长、一级巡视员韩杰出席并致辞。

11 月 8 日，省商务厅主办的第四届浙江国际工程联盟拓市对接会在上海举行。省商务厅总经济师朱军，中国对外承包工程商会副会长于晓虹，哥伦比亚共和国驻上海总领事馆总领事丹尼尔·克鲁兹（Daniel Cruz）出席并致辞。

11 月 9 日，以"全球经贸治理体系重构与区域产业安全协同发展"为主题的 2021 长三角产业安全发展论坛在上海举行。省商务厅副厅长张钱江线上出席，并与上海、江苏、安徽商务主管部门领导共同签署《长三角国际经贸风险防范和产业安全协同发展合作备忘录》。

11 月 10 日，第四届世界油商大会全体会议在舟山国际会议中心举行。本次大会以"共商油气 共享机遇 共谋发展——全球油气产业的创新与转型"为主题。商务部副部长王受文、时任中国贸促会副会长卢鹏起作视频致辞，时任浙江省政府副省长朱从玖在现场致辞。

11 月 11 日，浙江市场援疆"十城百店"工程 2.0 版推介会暨阿克苏地区和兵团一师地产品产销对接云签约活动，在浙江杭州和新疆阿克苏两个分会场同时进行。省商务厅总经济师朱军出席活动并作交流发言。

11 月 26 日，浙江–RCEP 区域双碳经济技术对接会在杭举行，省商务厅总经济师朱军出席并致辞。本次活动旨在落实国家有关双碳经济政策，挖掘我省与 RCEP 成员国绿色低碳产业技术合作潜力，助力我省新能源、新材料、高端装备、清洁技术等绿色制造业高质量发展。

11 月 30 日，数字贸易子系统重大应用评选

会在杭召开。省商务厅副厅长张钱江主持会议并讲话。"数字贸易服务在线""海外智慧物流平台""全省数字生活新服务""跨境电商溯源码""浙里探馆""数贸会 E 平台"等 6 个场景在厅内进行了线下汇报。滨江区、临安区、萧山区、富阳区和横店镇等地 5 个场景进行线上演示。

十二月

12 月 7 日，浙江省政府新闻办举行中国（浙江）自由贸易试验区建设新闻发布会（第七场）。浙江省自贸办副主任、省商务厅副厅长张钱江作主发布，重点发布浙江自贸试验区探索形成第七批十大成果。

12 月 9 日，全省统筹招商工作座谈会以视频形式召开，传达了全省"扩大有效投资，抓好重大项目"专题电视电话会议精神，提出省商务厅要抓好招大引强，招商力量整合，重大外资项目服务保障工作。省商务厅副厅长胡真舫出席会议并讲话。

12 月 15 日，省商务厅主办、浙江远大国际会展有限公司承办的"2021 年第 14 届浙江出口商品（大阪）交易会"在日本大阪 INTEX OSAKA 国际展览中心隆重开幕，交易会在线巡展活动暨联合国采购贸易对接说明会在杭州举行。

12 月 17 日，商务部召开"2022 全国网上年货节"部分省市及重点电商平台企业视频会议，商务部电子商务和信息化司骞芳莉司长出席会议并讲话。省商务厅副厅长张钱江汇报浙江"浙货迎新岁 浙里享共富——2022 浙里国潮网上年货节"活动的筹备安排。

12 月 21 日，时任浙江省政府副省长朱从玖一行赴省散装水泥发展中心调研散装水泥应用和发展工作。省政府副秘书长陈重，时任省商务厅党组副书记、副厅长、一级巡视员韩杰（主持工作）陪同调研。

12 月 21 日，时任省商务厅召开疫情防控专题会议，深入学习贯彻习近平总书记关于新冠肺炎疫情防控工作的重要讲话和重要指示精神，传达学习孙春兰副总理在绍兴调研指导疫情防控工作讲话精神，全面落实省委、省政府防疫工作会议精神，研究部署下一阶段商务系统疫情防控重点任务。省商务厅党组副书记、副厅长、一级巡视员韩杰（主持工作）主持会议并讲话。

12 月 22 日，由省商务厅、省发改委、临海市共同建设的"浙里好家政"应用入选全省数字化改革第二批最佳应用。

12 月 24 日，省商务厅"数字贸易服务在线"被评选为数字经济系统第一批优秀省级重大应用。

12 月 24 日，在省商务厅指导下，数字贸易领域的全国首个标准——《数字贸易通用术语》（ZADT 0001—2021）团体标准，正式通过中国标准化研究院、中国国际电子商务中心、省标准化研究院等机构专家审查，将于 2022 年 1 月 1 日起正式实施。

12 月 31 日，"服务 RCEP 落地共享全球发展新机遇"启动仪式暨"涉外法律服务走进自贸区杭州片区"活动以"线上 + 线下"的形式在杭州物联网小镇自贸大厦举行。省商务厅党组书记韩杰出席活动并致辞。

第三编

商务统计

2021 年浙江省限额以上批发零售贸易商品销售情况

指标名称		12 月同比增长 /%	累计增长 /%
限额以上批发零售业贸易商品销售额		2.8	25.6
其中：批发业		3.6	27.0
零售业		−4.4	13.8
按地市分	杭州市	2.9	22.1
	宁波市	3.6	28.9
	温州市	−11.9	20.8
	嘉兴市	9.4	34.0
	湖州市	1.7	24.2
	绍兴市	5.5	31.9
	金华市	14.3	25.6
	衢州市	15.4	35.2
	舟山市	−5.6	13.1
	台州市	14.5	29.0
	丽水市	12	45.9

数据来源：浙江省统计局。

2021 年浙江省限额以上社会消费品零售情况

	项目	累计金额 / 亿元	累计同比 /%
	限上社会消费品零售总额	10617.2	14.2
按销售单位所在地分	城镇	10143.7	14.0
	乡村	473.5	19.9
按类值分	1. 粮油、食品类	942.1	6.1
	2. 饮料类	131.9	20.4
	3. 烟酒类	163.4	17.3
	4. 服装、鞋帽、针纺织品类	1027.1	18.3
	5. 化妆品类	284.4	22.6
	6. 金银珠宝类	149.2	27.2
	7. 日用品类	557.0	20.2
	8. 体育、娱乐用品类	48.0	0.1
	9. 书报杂志类	89.1	16.5
	10. 家用电器和音像器材类	445.5	2.8
	11. 中西药品类	288.2	15.8
	12. 文化办公用品类	156.4	8.4
	13. 家具类	106.9	18.5
	14. 通信器材类	265.7	19.5
	15. 石油及制品类	1415.0	31.1
	16. 建筑及装潢材料类	34.1	7.3
	17. 汽车类	3649.4	9.9
	18. 其他	91.3	−26.5

数据来源：浙江省统计局。

2021 年浙江省限额以上批发和零售业类值汇总

指标名称	当年 / 亿元	上年累计 / 亿元	累计增速 /%
合计	9880.5	9880.5	13.9
通过公共网络实现的零售额	2487.8	2487.8	25.9
1. 粮油、食品类	942.1	942.1	6.1
2. 饮料类	131.9	131.9	20.4
3. 烟酒类	163.4	163.4	17.3
4. 服装、鞋帽、针纺织品类	1027.1	1027.1	18.3
5. 化妆品类	284.4	284.4	22.6
6. 金银珠宝类	149.2	149.2	27.2
7. 日用品类	557.0	557.0	20.2
8. 体育、娱乐用品类	48.0	48.0	0.1
9. 书报杂志类	89.1	89.1	16.5
10. 家用电器和音像器材类	445.5	445.5	2.8
11. 中西药品类	288.2	288.2	15.8
12. 文化办公用品类	156.4	156.4	8.4
13. 家具类	106.9	106.9	18.5
14. 通信器材类	265.7	265.7	19.5
15. 石油及制品类	1415.0	1415.0	31.1
16. 建筑及装潢材料类	34.1	34.1	7.3
17. 汽车类	3649.4	3649.4	9.9
18. 其他	91.3	91.3	−26.5

数据来源：浙江省统计局。

2021 年浙江省核心零售企业分业态销售情况

业态分类	企业数 / 家	累计销售额 / 亿元	去年同期销售额 / 亿元	同比增长 /%
超市	171	488.6	494.6	−1.2
便利店	16	25.9	24.4	6.1
百货店	87	457.8	438.6	4.4
专业店	216	3343.4	2937.2	13.8
专卖店	7	234.8	186.3	26.0
购物中心	14	306.4	249.5	22.8
网上商店	30	218.4	244.1	−10.5
合计	541	5075.3	4574.7	10.9

数据来源：浙江省市场运行监测网。

2021 年浙江省重要生产资料市场运行情况

种类	平均价格 /（元 / 吨）	价格同比增幅 /%	全年销量 / 万吨	销量同比增幅 /%
成品油	9767.1	10.6	1097.8	2.6
钢材	5560.8	32.0	2998.0	9.5
橡胶	13052.9	13.4	29.8	−1.8
化肥	2579.3	17.1	36.2	−4.6
有色金属	36284.5	32.8	32.2	11.3
水泥	436.9	4.4	2684.7	3.3

备注：数据来源浙江省重要生产资料市场监测系统（销量同比增幅采用商品可比口径）。

2021 年浙江省主要生活必需品销售情况

序号	商品类别	价格情况			销售情况		
		单位	平均价格	同比 /%	单位	全年销售	同比 /%
1	粮食（零售）	元 / 公斤	6.4	−0.56	万元	285744	4.55
	粮食（批发）	元 / 公斤	4.5	2.68	万吨	750.51	7.08
2	食用油(零售)	元 / 升	18.0	3.99	万元	5860.11	−18.39
	食用油(批发)	元 / 公斤	14.6	16.55	万吨	29.94	13.76
3	猪肉（零售）	元 / 公斤	49.77	−21.72	万元	367128	−42.29
	猪肉（批发）	元 / 公斤	33.48	−32.17	万吨	21.29	31.90
4	鸡蛋（零售）	元 / 公斤	11.11	8.5	万元	19638.9	1.48
	鸡蛋（批发）	元 / 公斤	9.3	18.4	万吨	20.45	−0.73
5	蔬菜（零售）	元 / 公斤	8.74	4.75	万元	4912.02	3.55
	蔬菜（批发）	元 / 公斤	6.89	6.5	万吨	151.2	7.22
6	水产品(零售)	元 / 公斤	41.72	6.88	万元	1697.85	−1.61
	水产品(批发)	元 / 公斤	45.49	22.67	万吨	266.58	14.57
7	水果（零售）	元 / 公斤	14.55	8.00	万元	4418.01	−3.19
	水果（批发）	元 / 公斤	10.40	9.15	万吨	157.575	−1.0

数据来源：浙江省城市生活必需品市场监测系统。

2021 年全国及沿海部分省、市进出口情况

地区	进出口		出口			进口		12 月出口		
	本年累计/亿元	同比增减/%	本年累计/亿元	同比/%	占全国份额/%	本年累计/亿元	同比增减/%	本月金额/亿元	环比增减/%	同比增减/%
全国	391008.5	21.4	217347.6	21.2	100.0	173660.9	21.5	21777.2	4.5	17.3
广东	82680.3	16.7	50528.7	16.2	23.2	32151.6	17.4	4855.0	6.5	6.2
上海	40610.4	16.5	15718.7	14.6	7.2	24891.7	17.7	1608.0	2.5	27.1
江苏	52130.6	17.1	32532.3	18.6	15.0	19598.3	14.8	3301.5	4.3	20.2
浙江	41429.1	22.4	30121.3	19.7	13.9	11307.8	30.3	2849.0	−1.9	16.1
山东	29304.1	32.4	17582.7	34.8	8.1	11721.4	29.0	1841.3	5.2	22.1
福建	18449.6	30.9	10816.5	27.7	5.0	7633.1	35.7	981.1	−3.7	13.6

备注：浙江省 12 月份当月进口 980.4 亿元，环比下降 11.4%，同比上升 24.6%。

2021 年浙江省进出口分贸易方式情况

项目名称	12 月			本年累计			
	金额/亿元	同比增量（±）	同比增减/%	金额/亿元	同比增量（±）	同比增减/%	比重/%
进出口总额	3829.4	588.3	18.2	41429.1	7580.6	22.4	100.0
一般贸易	3051.8	516.8	20.4	32555.6	5817.6	21.8	78.6
加工贸易	302.0	39.7	15.1	2992.5	411.9	16.0	7.2
其他贸易	475.7	31.8	7.2	5880.9	1351.1	29.8	14.2
出口总额	2849.0	394.6	16.1	30121.3	4951.9	19.7	100.0
一般贸易	2279.1	317.9	16.2	23685.3	3831.9	19.3	78.6
加工贸易	211.6	35.2	19.9	2089.3	306.2	17.2	6.9
其他贸易	358.3	41.6	13.1	4346.6	813.9	23.0	14.4
其中：市场采购	298.5	45.2	17.8	3611.6	634.1	21.3	12.0
进口总额	980.4	193.6	24.6	11307.8	2628.7	30.3	100.0
一般贸易	772.7	198.9	34.7	8870.3	1985.8	28.8	78.4
加工贸易	90.3	4.5	5.3	903.2	105.7	13.3	8.0
其他贸易	117.3	−9.8	−7.7	1534.3	537.2	53.9	13.6

2021 年浙江省进出口分企业性质情况

项目名称	12月			本年累计			
	金额 / 亿元	同比增量（±）	同比增减 /%	金额 / 亿元	同比增量（±）	同比增减 /%	比重 /%
进出口总额	3829.4	588.3	18.2	41429.1	7580.6	22.4	100.0
国有及国有控股企业	266.7	27.0	11.3	3365.2	629.9	23.0	8.1
外商投资企业	587.4	74.2	14.5	6623.2	1190.3	21.9	16.0
外商独资企业	314.6	30.4	10.7	3612.2	619.5	20.7	8.7
中外合资企业	271.2	44.1	19.4	2989.4	569.8	23.6	7.2
中外合作企业	1.6	−0.3	−16.0	21.6	1.0	4.9	0.1
民营企业	2969.2	487.2	19.6	31372.9	5765.4	22.5	75.7
集体企业	78.6	16.3	26.2	931.0	220.6	31.0	2.2
私营企业	2890.7	470.9	19.5	30441.9	5544.8	22.3	73.5
出口总额	2849.0	394.6	16.1	30121.3	4951.9	19.7	100.0
国有及国有控股企业	123.5	13.9	12.7	1427.4	332.8	30.4	4.7
外商投资企业	388.2	61.1	18.7	4076.9	704.6	20.9	13.5
外商独资企业	204.1	34.7	20.5	2152.5	338.7	18.7	7.1
中外合资企业	182.5	26.7	17.1	1903.5	364.8	23.7	6.3
中外合作企业	1.5	−0.3	−18.4	20.9	1.1	5.5	0.1
民营企业	2332.2	319.7	15.9	24560.4	3918.7	19.0	81.5
集体企业	50.6	7.7	18.0	601.8	143.1	31.2	2.0
私营企业	2281.6	312.0	15.8	23958.6	3775.6	18.7	79.5
进口总额	980.4	193.6	24.6	11307.8	2628.7	30.3	100.0
国有及国有控股企业	143.2	13.1	10.0	1937.8	297.1	18.1	17.1
外商投资企业	199.2	13.1	7.0	2546.3	485.7	23.6	22.5
外商独资企业	110.5	−4.3	−3.7	1459.7	280.8	23.8	12.9
中外合资企业	88.6	17.4	24.4	1085.8	205.0	23.3	9.6
中外合作企业	0.1	0.0	96.2	0.8	−0.1	−9.1	0.0
民营企业	637.0	167.4	35.7	6812.5	1846.7	37.2	60.2
集体企业	28.0	8.6	44.2	329.2	77.5	30.8	2.9
私营企业	609.1	158.9	35.3	6483.3	1769.2	37.5	57.3

2021 年浙江省进出口分月进度情况

月份	当年金额 进出口 / 亿元			同比增减 /%					
				出口		进口			
	进出口	出口	进口	当月	累计	当月	累计	当月	累计
1	3280.2	2461.7	818.5	10.3	10.3	3.9	3.9	35.1	35.1
2	2460.4	1769.9	690.4	136.7	43.0	290.7	50.0	17.8	26.6
3	2908.7	1902.9	1005.9	28.2	37.7	19.5	39.0	48.9	34.6
4	3360.0	2407.9	952.0	40.3	38.4	37.5	38.5	47.9	38.0
5	3520.1	2531.6	988.5	29.3	36.2	20.6	34.0	58.7	42.2
6	3710.2	2751.3	958.9	12.0	30.8	6.6	27.4	31.3	40.1
7	3424.3	2508.6	915.7	1.5	25.3	−2.1	21.8	12.8	35.4
8	3634.9	2664.2	970.7	16.2	24.0	12.1	20.4	29.0	34.5
9	3667.8	2650.4	1017.4	14.4	22.7	14.1	19.5	15.1	31.8
10	3622.5	2719.2	903.3	20.7	22.5	22.0	19.8	16.9	30.1
11	4010.7	2904.5	1106.2	26.0	22.8	22.2	20.1	37.1	30.8
12	3829.4	2849.0	980.4	18.2	22.4	16.1	19.7	24.6	30.3
累计	41429.1	30121.3	11307.8		22.4		19.7		30.3

2021 年浙江省出口主要市场情况

项目名称		12 月			本年累计			
		金额 / 亿元	同比增量（±）	同比增减 /%	金额 / 亿元	同比增量（±）	同比增减 /%	比重 /%
国家（地区）		2849.0	394.6	16.1	30121.3	4951.9	19.7	100.0
	亚洲	966.2	111.4	13.0	10022.7	1411.6	16.4	33.3
	非洲	188.7	−1.8	−0.9	2255.6	245.1	12.2	7.5
	欧洲	765.5	129.6	20.4	8035.4	1472.7	22.4	26.7
	拉丁美洲	301.4	77.0	34.3	2972.9	823.7	38.3	9.9
	北美洲	551.6	73.5	15.4	6030.5	897.6	17.5	20.0
	大洋洲	75.6	4.9	7.0	804.2	101.3	14.4	2.7
区域 （经济） 组织	欧盟（27）	551.1	95.3	20.9	5768.9	1076.7	23.0	19.2
	东盟（10）	347.3	59.7	20.8	3405.6	517.3	17.9	11.3
	中东（20）	239.2	−6.7	−2.7	2594.8	99.0	4.0	8.6
	独联体（12）	112.1	22.5	25.1	1152.3	226.7	24.5	3.8
	"一带一路"（64）	979.5	142.2	17.0	9912.4	1561.9	18.7	32.9
	RCEP 国家（14）	567.1	67.2	13.4	5865.0	703.4	13.6	19.5

项目名称	12月			本年累计			
	金额/亿元	同比增量（±）	同比增减/%	金额/亿元	同比增量（±）	同比增减/%	比重/%
25个主要国家（地区）合计	2032.9	308.1	17.9	21525.0	3801.2	21.4	71.5
美国	509.1	74.6	17.2	5513.4	845.0	18.1	18.3
德国	133.9	27.0	25.3	1291.0	254.5	24.6	4.3
印度	96.5	9.9	11.4	1039.5	264.8	34.2	3.5
日本	83.0	−0.4	−0.5	964.6	22.7	2.4	3.2
英国	88.4	8.4	10.6	949.6	134.3	16.5	3.2
俄罗斯	85.6	18.0	26.6	866.6	182.1	26.6	2.9
荷兰	77.2	23.8	44.7	800.6	205.9	34.6	2.7
越南	83.5	12.4	17.4	793.7	96.5	13.8	2.6
韩国	69.6	2.8	4.2	792.2	69.9	9.7	2.6
墨西哥	72.6	25.9	55.5	735.1	236.2	47.3	2.4
巴西	68.7	13.4	24.2	690.0	186.7	37.1	2.3
印度尼西亚	66.7	19.0	39.9	645.3	174.2	37.0	2.1
泰国	66.4	18.1	37.6	621.5	116.7	23.1	2.1
澳大利亚	59.4	4.2	7.7	617.1	74.2	13.7	2.0
意大利	49.7	4.4	9.7	580.1	40.8	7.6	1.9
法国	45.7	−2.7	−5.5	575.0	97.4	20.4	1.9
加拿大	42.4	−1.1	−2.6	516.8	52.6	11.3	1.7
西班牙	41.3	1.3	3.1	510.6	90.6	21.6	1.7
阿拉伯联合酋长国	50.4	10.6	26.7	507.9	107.5	26.8	1.7
中国香港	41.4	4.6	12.4	464.6	127.3	37.7	1.5
马来西亚	41.6	−0.7	−1.6	446.9	43.9	10.9	1.5
菲律宾	41.3	4.2	11.2	440.7	87.2	24.7	1.5
波兰	43.4	6.9	19.0	415.1	75.3	22.2	1.4
智利	40.0	13.3	49.5	402.5	152.5	61.0	1.3
土耳其	34.9	10.1	40.9	344.7	62.4	22.1	1.1

2021 年浙江省出口主要商品情况

项目名称	12 月			本年累计			
	金额 / 亿元	同比增量（±）	同比增减 /%	金额 / 亿元	同比增量（±）	同比增减 /%	比重 /%
所有商品	2849.0	394.6	16.1	30121.3	4951.9	19.7	100.0
机电产品	1278.3	138.6	12.2	13793.3	2438.7	21.5	45.8
纺织服装	499.4	80.0	19.1	5308.6	370.3	7.5	17.6
高新技术产品	320.1	91.3	39.9	2720.1	695.1	34.3	9.0
八大类轻工产品	459.6	8.6	1.9	5192.7	700.6	15.6	17.2
农副产品	70.8	5.7	8.8	762.9	81.1	11.9	2.5
农产品	33.0	4.1	14.1	342.0	0.2	0.1	1.1
30 个主要商品合计	1929.2	304.3	18.7	20331.0	3422.7	20.2	67.5
纺织纱线、织物及其制品	324.2	52.7	19.4	3315.2	140.2	4.4	11.0
服装及衣着附件	175.3	27.4	18.5	1993.4	230.1	13.0	6.6
塑料制品	142.8	7.8	5.8	1561.6	201.1	14.8	5.2
家具及其零件	116.2	3.5	3.1	1238.3	211.7	20.6	4.1
电工器材	110.6	21.9	24.7	1148.7	240.4	26.5	3.8
家用电器	72.1	−4.6	−6.0	965.8	110.9	13.0	3.2
通用机械设备	84.4	2.7	3.3	924.7	117.3	14.5	3.1
汽车零配件	71.9	10.5	17.2	775.9	162.2	26.4	2.6
电子元件	72.2	30.2	71.9	670.7	211.0	45.9	2.2
钢材	66.9	30.0	81.1	656.5	284.5	76.5	2.2
基本有机化学品	68.9	17.2	33.2	648.3	136.5	26.7	2.2
机械基础件	56.2	11.5	25.7	570.3	92.9	19.4	1.9
灯具、照明装置及其零件	43.1	−6.2	−12.6	564.3	42.6	8.2	1.9
鞋靴	52.3	7.5	16.7	540.2	92.3	20.6	1.8
医药材及药品	79.1	38.8	96.1	507.8	207.4	69.0	1.7
成品油	44.6	9.2	26.0	487.7	250.1	105.3	1.6
玩具	34.4	−0.7	−1.9	437.8	37.9	9.5	1.5
音视频设备及其零件	40.4	2.8	7.5	381.6	79.7	26.4	1.3
纸浆、纸及其制品	30.2	1.9	6.8	337.6	1.5	0.4	1.1
体育用品及设备	21.4	−9.7	−31.2	324.1	50.2	18.3	1.1
箱包及类似容器	32.2	7.2	29.0	318.0	39.5	14.2	1.1
手用或机用工具	29.5	3.4	13.0	307.2	53.7	21.2	1.0
玻璃及其制品	27.6	−1.7	−5.9	305.9	28.4	10.2	1.0
计量检测分析自控仪器及器具	23.6	4.9	26.2	228.9	6.8	3.1	0.8
自动数据处理设备及其零部件	15.5	0.7	5.0	199.9	42.7	27.2	0.7
集装箱	19.6	11.0	128.7	197.4	139.7	242.4	0.7
医疗仪器及器械	16.5	1.2	7.9	192.3	32.4	20.2	0.6
木及其制品	17.2	1.6	10.6	185.6	33.4	21.9	0.6

续表

项目名称	12月			本年累计			
	金额/亿元	同比增量（±）	同比增减/%	金额/亿元	同比增量（±）	同比增减/%	比重/%
汽车（包含底盘）	24.8	17.1	224.8	179.5	80.6	81.4	0.6
未锻轧铜及铜材	15.4	4.4	40.4	165.8	65.1	64.6	0.6

2021年浙江省进口主要市场情况

项目名称	12月			本年累计			
	金额/亿元	同比增量（±）	同比增减/%	金额/亿元	同比增量（±）	同比增减/%	比重/%
国家（地区）	980.4	193.6	24.6	11307.8	2628.7	30.3	100.0
亚洲	567.0	123.9	28.0	6386.8	1498.4	30.6	56.5
非洲	44.7	10.4	30.2	510.8	160.0	45.6	4.5
欧洲	136.1	26.0	23.6	1507.7	274.9	22.3	13.3
拉丁美洲	98.1	19.4	24.6	1112.6	263.0	31.0	9.8
北美洲	65.5	4.2	6.9	829.5	218.7	35.8	7.3
大洋洲	68.3	9.9	16.9	952.9	214.5	29.0	8.4
区域（经济）组织 欧盟（27）	90.9	11.8	14.9	985.2	155.0	18.7	8.7
东盟（10）	152.8	−4.1	−2.6	2006.7	465.5	30.2	17.7
中东（20）	182.4	93.4	104.8	1533.9	512.4	50.2	13.6
独联体（12）	29.3	8.9	43.5	284.3	16.9	6.3	2.5
一带一路（64）	411.4	114.4	38.5	4314.4	1089.8	33.8	38.2
RCEP国家（14）	345.4	17.0	5.2	4525.6	915.7	25.4	40.0
20个主要国家（地区）合计	748.4	155.5	26.2	8696.4	2056.9	31.0	76.9
澳大利亚	57.5	9.4	19.4	830.2	202.4	32.2	7.3
韩国	55.0	0.7	1.3	799.3	105.3	15.2	7.1
日本	72.0	8.1	12.6	797.5	123.6	18.3	7.1
中国台湾	53.8	9.8	22.4	685.8	197.9	40.6	6.1
美国	55.1	1.6	2.9	681.1	204.6	43.0	6.0
沙特阿拉伯	59.3	28.0	89.5	556.8	162.1	41.1	4.9
巴西	45.7	10.9	31.4	517.1	142.0	37.8	4.6
印度尼西亚	32.7	2.3	7.4	476.0	161.4	51.3	4.2
马来西亚	20.2	−23.0	−53.2	450.5	91.9	25.6	4.0
阿拉伯联合酋长国	72.9	60.4	484.1	413.2	208.7	102.0	3.7
泰国	24.6	3.5	16.9	351.0	78.0	28.6	3.1
越南	42.5	4.7	12.5	343.7	25.0	7.8	3.0
德国	26.4	2.2	9.1	307.7	51.9	20.3	2.7

续表

项目名称	12 月			本年累计			
	金额 / 亿元	同比增量（±）	同比增减 /%	金额 / 亿元	同比增量（±）	同比增减 /%	比重 /%
智利	28.2	2.1	8.0	278.0	32.8	13.4	2.5
印度	18.0	6.0	50.1	259.6	−7.9	−3.0	2.3
俄罗斯	26.9	8.3	44.5	239.6	20.8	9.5	2.1
新加坡	16.6	4.3	35.0	193.6	44.6	29.9	1.7
扎伊尔	22.7	10.6	87.5	187.1	77.3	70.5	1.7
阿曼	7.6	6.4	526.8	172.2	112.4	188.0	1.5
法国	10.7	−0.8	−6.9	156.3	22.1	16.5	1.4

2021 年浙江省进口主要商品情况

项目名称	12 月			本年累计			
	金额 / 亿元	同比增量（±）	同比增减 /%	金额 / 亿元	同比增量（±）	同比增减 /%	比重 /%
所有商品	980.4	193.6	24.6	11307.8	2628.7	30.3	100.0
机电产品	161.0	19.6	13.9	1800.3	344.4	23.6	15.9
纺织服装	14.6	1.7	13.2	172.6	34.2	24.8	1.5
高新技术产品	114.5	29.4	34.5	1231.8	318.0	34.8	10.9
八大类轻工产品	9.2	−0.2	−1.7	108.3	7.5	7.5	1.0
农副产品	94.9	11.0	13.1	1044.0	220.8	26.8	9.2
农产品	73.8	6.7	10.0	800.6	166.5	26.3	7.1
大宗商品进口	584.7	163.1	38.7	6485.6	1614.2	33.1	57.4
30 个主要商品合计	692.9	144.4	26.3	8065.5	1829.0	29.3	71.3
金属矿及矿砂	88.2	−3.1	−3.4	1530.3	484.5	46.3	13.5
原油	107.8	68.1	171.3	895.2	355.4	65.8	7.9
基本有机化学品	75.5	24.0	46.4	889.9	222.4	33.3	7.9
未锻轧铜及铜材	77.6	26.1	50.7	671.1	173.9	35.0	5.9
初级形状的塑料	52.4	−5.5	−9.6	638.2	−29.6	−4.4	5.6
电子元件	36.2	12.1	50.0	483.6	134.2	38.4	4.3
成品油	20.3	−0.1	−0.7	276.2	22.2	8.7	2.4
纸浆、纸及其制品	16.5	−2.5	−13.2	210.8	−1.7	−0.8	1.9
煤及褐煤	24.1	6.5	36.9	203.3	66.1	48.1	1.8
美容化妆品及洗护用品	13.5	0.6	4.4	200.4	8.2	4.2	1.8
医药材及药品	14.4	3.0	26.0	173.1	41.7	31.7	1.5
木及其制品	15.6	4.9	46.3	160.5	20.1	14.3	1.4
自动数据处理设备及其零部件	8.3	0.3	4.1	156.8	62.4	66.0	1.4
纺织纱线、织物及其制品	12.5	1.0	9.0	149.8	28.9	23.9	1.3
天然气	21.6	11.3	109.2	138.4	91.4	194.3	1.2

项目名称	12 月			本年累计			
	金额 / 亿元	同比增量（±）	同比增减 /%	金额 / 亿元	同比增量（±）	同比增减 /%	比重 /%
鲜、干水果及坚果	13.1	−3.2	−19.6	129.4	48.3	59.6	1.1
天然及合成橡胶（包括胶乳）	10.5	−1.1	−9.2	121.9	−11.9	−8.9	1.1
未锻轧铝及铝材	8.3	2.7	49.4	105.8	39.8	60.4	0.9
计量检测分析自控仪器及器具	9.0	0.1	1.0	102.7	23.0	28.9	0.9
半导体制造设备	10.7	5.5	106.8	96.1	60.1	167.3	0.8
钢材	5.4	−2.9	−35.1	91.6	−69.9	−43.3	0.8
汽车零配件	7.0	−1.8	−20.1	83.2	7.1	9.4	0.7
粮食	4.0	−0.2	−5.8	82.1	17.7	27.4	0.7
通用机械设备	5.3	−2.2	−29.1	72.2	−14.8	−17.0	0.6
塑料制品	5.9	−0.4	−6.7	71.0	3.8	5.6	0.6
电工器材	5.6	−0.7	−11.8	70.9	6.0	9.2	0.6
液晶显示板	5.3	0.0	−0.8	68.6	1.4	2.0	0.6
水海产品	10.1	6.4	172.0	68.1	26.5	63.5	0.6
纺织原料	5.3	1.3	32.3	63.0	14.6	30.1	0.6
肉类（包含杂碎）	2.9	−5.6	−65.8	61.4	−2.6	−4.0	0.5

2021 年浙江省各地市进出口情况

地区	进出口		出口		进口	
	累计金额 / 亿元	同比增减 /%	累计金额 / 亿元	同比增减 /%	累计金额 / 亿元	同比增减 /%
全省合计	41429.1	22.4	30121.3	19.7	11307.8	30.3
省级公司	469.6	13.0	186.3	2.6	283.3	21.1
各市合计	40959.5	22.5	29935.0	19.8	11024.5	30.5
杭州市	6899.4	24.5	4460.8	27.2	2438.6	19.9
宁波市	11926.1	21.6	7624.3	19.0	4301.8	26.3
温州市	2411.2	10.1	2035.8	8.4	375.4	20.3
湖州市	1490.9	31.8	1356.2	32.3	134.7	26.6
嘉兴市	3783.8	24.0	2800.8	23.3	983.0	26.1
绍兴市	2993.0	16.1	2756.6	15.5	236.4	23.1
金华市	5880.1	20.8	5326.3	15.5	553.7	116.9
其中：义乌市	3903.1	24.7	3659.1	21.8	243.9	95.3
衢州市	491.4	36.4	315.8	24.6	175.7	64.4
舟山市	2354.9	41.8	773.9	31.6	1581.0	47.5
台州市	2399.4	26.4	2197.1	24.8	202.3	46.6
丽水市	329.3	−4.1	287.4	−4.3	41.9	−2.4

备注：不包含一达通分解。

2021 年浙江省县（市、区）出口情况

序号	县（市）	累计出口额 / 万元	同比增减 /%	序号	县（市）	累计出口额 / 万元	同比增减 /%
1	义乌市	36591183	21.8	39	德清县	2579547	34.5
2	宁波鄞州区	18299487	18.5	40	长兴县	2569197	17.2
3	宁波北仑区	17185984	29.6	41	温州瓯海区	2369147	24.2
4	绍兴柯桥区	10884925	25.9	42	嘉兴秀洲区	2332302	19.7
5	慈溪市	10266953	18.6	43	海盐县	2301097	52.8
6	余姚市	7915235	18.9	44	宁波奉化区	2295416	18.0
7	杭州萧山区	7884227	29.2	45	台州黄岩区	2293450	19.8
8	宁波海曙区	7412568	15.4	46	舟山定海区	2239713	123.3
9	杭州高新（滨江）区	7343600	34.6	47	台州椒江区	2222538	44.9
10	海宁市	5955252	19.6	48	温州龙湾区	2073618	−2.1
11	绍兴越城区	5880348	3.8	49	金华婺城区	1892286	−11.6
12	杭州钱塘区	5847830	20.7	50	湖州吴兴区	1868391	94.4
13	诸暨市	5379691	19.6	51	金华金义新区	1860220	−9.7
14	宁波江北区	4849022	9.3	52	象山县	1770799	15.6
15	永康市	4590925	9.1	53	杭州富阳区	1694697	26.3
16	温州鹿城区	4546047	−1.8	54	新昌县	1684173	14.2
17	嘉善县	4455834	21.3	55	杭州临安区	1648491	25.3
18	安吉县	4448776	31.5	56	兰溪市	1324850	−11.1
19	平湖市	4371511	23.1	57	湖州南浔区	1269538	16.0
20	杭州拱墅区	4014011	31.3	58	缙云县	1152084	49.5
21	舟山普陀区	3950890	17.4	59	平阳县	1128451	20.5
22	温岭市	3870433	−7.8	60	桐庐县	871240	23.4
23	玉环市	3651198	39.2	61	建德市	865615	13.3
24	杭州上城区	3617996	19.8	62	浦江县	864177	6.4
25	桐乡市	3413772	22.1	63	三门县	836013	23.3
26	临海市	3328827	29.6	64	永嘉县	796257	26.2
27	瑞安市	3303070	13.3	65	天台县	727032	30.3
28	杭州临平区	3281325	29.8	66	嵊州市	715471	−9.8
29	杭州余杭区	3250110	35.6	67	仙居县	700785	22.3
30	宁波镇海区	3123487	17.9	68	岱山县	553119	−23.0
31	宁海县	3111546	2.9	69	龙港市	499751	28.9
32	杭州西湖区	3093671	29.7	70	龙游县	445462	14.1
33	绍兴上虞区	3021730	8.6	71	江山市	439772	18.1
34	东阳市	2880460	11.7	72	磐安县	423907	15.2
35	武义县	2835375	17.7	73	庆元县	313512	35.2
36	台州路桥区	2801236	59.8	74	青田县	272610	−63.0
37	乐清市	2751542	40.5	75	苍南县	212832	−4.8
38	嘉兴南湖区	2689641	32.3	76	龙泉市	202395	−0.2

序号	县（市）	累计出口额／万元	同比增减／%	序号	县（市）	累计出口额／万元	同比增减／%
77	云和县	184967	45.6	84	衢州柯城区	96396	-0.2
78	常山县	184845	-2.7	85	景宁县	76275	-52.8
79	开化县	180682	-1.3	86	衢州衢江区	75223	-54.2
80	丽水莲都区	146062	2.9	87	泰顺县	66550	26.3
81	遂昌县	144439	-8.9	88	松阳县	58993	-50.1
82	淳安县	131550	15.2	89	温州洞头区	55682	41.2
83	嵊泗县	98331	718.0	90	文成县	44229	1.0

2021 年浙江省县（市、区）进口情况

序号	县（市）	累计进口额／万元	同比增减／%	序号	县（市）	累计进口额／万元	同比增减／%
1	宁波北仑区	24265863	31.8	27	杭州西湖区	687368	11.4
2	舟山定海区	10002554	56.4	28	海宁市	571686	19.9
3	宁波鄞州区	6257044	8.7	29	绍兴上虞区	516788	58.0
4	杭州拱墅区	4816822	23.3	30	嘉兴南湖区	505697	38.1
5	杭州钱塘区	4438213	9.4	31	岱山县	503358	143.9
6	平湖市	3921177	23.0	32	瑞安市	395615	6.4
7	余姚市	3889415	26.2	33	长兴县	346854	62.4
8	杭州高新（滨江）区	3542138	37.3	34	宁波奉化区	333727	48.5
9	宁波镇海区	3095711	18.5	35	海盐县	330747	12.0
10	杭州上城区	2712822	1.6	36	嘉兴秀洲区	327223	23.3
11	义乌市	2439326	95.3	37	东阳市	295321	59.6
12	宁波江北区	2434647	58.6	38	嵊泗县	281512	-13.4
13	金华金义新区	2429066	195.8	39	湖州吴兴区	267785	18.5
14	杭州萧山区	2386425	31.7	40	临海市	255090	13.4
15	杭州富阳区	2321241	39.3	41	杭州余杭区	235687	18.0
16	温州龙湾区	1760440	10.8	42	绍兴柯桥区	233109	-19.2
17	桐乡市	1683122	56.9	43	杭州临平区	225852	29.1
18	慈溪市	1319734	12.6	44	德清县	214590	-7.1
19	嘉善县	1230324	-4.8	45	湖州南浔区	204205	41.3
20	宁波海曙区	1033463	9.6	46	宁海县	200239	30.2
21	台州路桥区	1024805	89.9	47	温州鹿城区	197774	48.9
22	温州瓯海区	832474	39.1	48	温岭市	192249	15.6
23	杭州临安区	795805	50.7	49	象山县	183568	17.8
24	诸暨市	784644	1.0	50	景宁县	180607	-28.3
25	绍兴越城区	768524	65.7	51	兰溪市	172936	-1.2
26	舟山普陀区	733822	-36.2	52	青田县	143502	170.0

续表

序号	县（市）	累计进口额 / 万元	同比增减 /%	序号	县（市）	累计进口额 / 万元	同比增减 /%
53	台州椒江区	128649	18.5	72	永嘉县	21561	23.3
54	建德市	127130	82.6	73	缙云县	20859	−49.8
55	安吉县	119377	36.3	74	武义县	18427	19.2
56	温州洞头区	118097	−24.0	75	嵊州市	17808	2.6
57	玉环市	115818	37.8	76	文成县	17194	69.5
58	台州黄岩区	111420	24.3	77	仙居县	16426	−12.7
59	龙游县	101247	−5.9	78	龙港市	15674	−37.6
60	桐庐县	87312	71.8	79	淳安县	12619	−10.9
61	永康市	80670	90.6	80	遂昌县	11980	−8.4
62	常山县	76171	15.8	81	磐安县	9353	57.2
63	金华婺城区	67060	29.9	82	衢州柯城区	9005	10.4
64	乐清市	54609	41.6	83	云和县	6355	101.5
65	开化县	48371	198.0	84	江山市	3696	19.9
66	新昌县	43099	−7.9	85	丽水莲都区	2243	−93.6
67	天台县	34310	32.1	86	龙泉市	2026	1316.7
68	苍南县	33615	85.6	87	松阳县	1873	43.9
69	平阳县	33566	12.8	88	庆元县	521	116.0
70	浦江县	25103	241.7	89	衢州衢江区	446	5.4
71	三门县	24302	34.0	90	泰顺县	347	31.8

2021 年浙江省与"一带一路"沿线国家（地区）货物进出口情况

项目	本年累计金额 / 亿元	同比 /%	占全省比重 /%
进出口总额	14226.8	22.9	34.3
其中：出口	9912.4	18.7	32.9
进口	4314.4	33.8	38.2

2021 年浙江省与 RCEP 协议国货物进出口情况

区域	进出口累计金额 / 万美元	同比增减 /%	出口累计金额 / 万美元	同比增减 /%	进口累计金额 / 万美元	同比增减 /%
RCEP 协议国	10390.6	18.5	5865.0	13.6	4525.6	25.4
日本	1762.1	9.0	964.6	2.4	797.5	18.3
韩国	1591.5	12.4	792.2	9.7	799.3	15.2
澳大利亚	1447.3	23.6	617.1	13.7	830.2	32.2
新西兰	177.4	27.5	85.5	29.1	91.8	26.1
缅甸	69.5	−24.9	66.4	−25.4	3.2	−12.7
泰国	972.5	25.0	621.5	23.1	351.0	28.6
越南	1137.4	12.0	793.7	13.8	343.7	7.8
老挝	14.0	4.3	5.0	−21.1	9.0	27.1
柬埔寨	143.2	32.1	128.7	25.3	14.5	153.4
马来西亚	897.4	17.8	446.9	10.9	450.5	25.6
新加坡	446.9	10.2	253.3	−1.3	193.6	29.9
印度尼西亚	1121.3	42.7	645.3	37.0	476.0	51.3
菲律宾	532.2	26.0	440.7	24.7	91.6	33.2
文莱	77.8	68.7	4.1	1.5	73.7	75.2

2021 年浙江省国际服务贸易进出口情况

项目名称	进出口			出口			进口			贸易顺差 / 亿元
	累计金额 / 亿元	占比 /%	同比增减 /%	累计金额 / 亿元	占比 /%	同比增减 /%	累计金额 / 亿元	占比 /%	同比增减 /%	
全省	5490.0	100.0	28.1	3021.0	100.0	25.3	2469.0	100.0	31.8	552.0
运输	1718.9	31.3	157.8	981.9	32.5	146.0	737.0	29.9	175.2	244.9
旅行	547.8	10.0	−10.8	82.5	2.7	−5.6	465.4	18.8	−11.7	−382.9
建筑	121.8	2.2	−18.0	105.0	3.5	−20.8	16.8	0.7	5.3	88.2
保险服务	8.6	0.2	64.5	4.4	0.1	12.9	4.2	0.2	211.9	0.1
金融服务	102.4	1.9	65.5	98.6	3.3	66.5	3.8	0.2	42.8	94.9
电信、计算机和信息服务	1433.5	26.1	8.6	594.9	19.7	−1.1	838.6	34.0	16.8	−243.6
知识产权使用费	134.2	2.4	36.0	31.9	1.1	81.8	102.2	4.1	26.1	−70.3
个人、文化和娱乐服务	157.1	2.9	10.9	147.8	4.9	12.3	9.3	0.4	−7.0	138.5
维护和维修服务	62.9	1.1	2.7	50.7	1.7	0.0	12.2	0.5	15.1	38.5
其他商业服务	1125.0	20.5	2.2	863.3	28.6	0.0	261.6	10.6	10.3	601.7
加工服务	73.6	1.3	12.7	57.1	1.9	−10.4	16.4	0.7	1014.2	40.7
政府服务	4.2	0.1	355.0	2.7	0.1	2505.7	1.4	0.1	76.6	1.3

备注：1. 该表执行商务部《国际服务贸易统计监测制度》（2019 版）。

2. 数据来源：省外汇管理局、商务部服务贸易统计监测系统统一平台。

2021 年浙江省各市外商直接投资情况

地区	企业个数	同比增减 /%	合同外资金额 / 万美元	同比增减 /%	实际使用外资金额 / 万美元	同比增减 /%	年度目标数 / 万美元	完成目标进度 /%
全省	3547	25.7	3852134	9.8	1833870	16.2	1600000	114.6
杭州	989	23.0	993225	−6.2	817116	13.5	730000	111.9
宁波	564	16.1	864063	83.9	327427	32.7	252000	129.9
温州	115	0.0	144258	−47.7	54450	66.4	33000	165.0
湖州	254	46.8	547098	39.4	105887	−12.2	120000	88.2
嘉兴	356	3.5	594470	−6.8	304262	15.0	270000	112.7
绍兴	216	−16.3	194242	−33.7	75929	5.3	75000	101.2
金华	836	85.0	119575	23.8	42874	31.8	31000	138.3
其中：义乌	726	112.3	19991	−47.5	18327	−17.1	16800	109.1
衢州	25	78.6	35673	190.7	7678	18.9	6000	128.0
舟山	65	1.6	156392	−6.2	41422	3.1	41000	101.0
台州	81	3.9	74305	−17.4	48259	32.9	36000	134.1
丽水	46	39.4	128833	716.0	8566	46.0	6000	142.8

备注：1.全国实际使用外资 17348331 万美元，同比增长 20.2%；按人民币计 114936383 万元，同比增长 14.9%。2.表中数据未含银行、证券、保险领域数据。3.表中实际使用外资数据系商务部通报口径数据，不包括外商投资性公司在各地投资数据。

2021 年浙江省外商直接投资主要行业情况

行业	项目（企业）个数			合同外资金额			实际外资金额		
	本年累计/个	占总数/%	同比增减/%	本年累计/万美元	占总数/%	同比增减/%	本年累计/万美元	占总数/%	同比增减/%
总计	3547	100.0	25.7	3852134	100.0	9.8	1833870	100.0	16.2
第一产业	14	0.4	16.7	78668	2.0	1267.7	1444	0.1	−19.0
农业	9	0.3	12.5	74159	1.9	1263.7	1444	0.1	−10.5
第二产业	438	12.3	3.6	950398	24.7	−2.8	517429	28.2	−4.6
采矿业									
制造业	405	11.4	4.1	840658	21.8	1.5	446086	24.3	−10.2
纺织业	17	0.5	13.3	24490	0.6	−13.9	22729	1.2	78.9
化学原料和化学制品制造业	17	0.5	6.3	47437	1.2	29.4	50521	2.8	−19.0
医药制造业	26	0.7	13.0	118753	3.1	44.0	55188	3.0	−15.4
通用设备制造业	38	1.1	−15.6	71797	1.9	25.2	21502	1.2	−5.8
专用设备制造业	61	1.7	−17.6	112064	2.9	−29.7	48618	2.7	81.7
计算机、通信和其他电子设备制造业	50	1.4	13.6	158804	4.1	61.4	83127	4.5	47.6
电力、热力、燃气及水生产和供应业	19	0.5	5.6	46043	1.2	−41.6	23674	1.3	81.7
建筑业	14	0.4	−12.5	62031	1.6	−15.5	48698	2.7	41.4
第三产业	3095	87.3	29.7	2823066	73.3	11.8	1314996	71.7	27.1
批发和零售业	1342	37.8	40.4	466503	12.1	−7.9	187571	10.2	83.6
交通运输、仓储和邮政业	51	1.4	112.5	61901	1.6	22.1	55558	3.0	2.2
住宿和餐饮业	47	1.3	2.2	1607	0.0	−54.5	779	0.0	−28.7
旅游饭店	1	0.0		1237	0.0	−22.1			
信息传输、软件和信息技术服务业	450	12.7	16.0	689472	17.9	34.6	369114	20.1	79.6
金融业	15	0.4	−25.0	109558	2.8	−41.0	10247	0.6	−86.1
房地产业	51	1.4	27.5	98985	2.6	−46.1	263547	14.4	−9.1
房地产开发经营	34	1.0	3.0	35777	0.9	−79.0	244878	13.4	−8.2
租赁和商务服务业	498	14.0	34.6	691437	17.9	24.0	174715	9.5	6.6
科学研究和技术服务业	518	14.6	21.3	614276	15.9	28.6	236492	12.9	91.7
水利、环境和公共设施管理业	14	0.4	16.7	8102	0.2	−26.0	6010	0.3	−14.0
居民服务、修理和其他服务业	11	0.3	−35.3	1972	0.1	−72.7	2350	0.1	−44.7
教育	10	0.3	−33.3	76	0.0	−52.5			
卫生和社会工作	4	0.1	−20.0	37589	1.0	204.6	5120	0.3	365.5
文化、体育和娱乐业	81	2.3	30.7	37070	1.0	148.2	2364	0.1	54.0

备注：数据采用商务部统计口径。

2021 年浙江省各县（市、区）外商直接投资情况

序号	地区	实际外资金额 /万美元	同比增减 /%	序号	地区	实际外资金额 /万美元	同比增减 /%
1	杭州上城区	122566	52.1	34	诸暨市	13509	20.0
2	杭州钱塘区	115249	39.5	35	绍兴越城区	13174	−8.8
3	杭州余杭区	115087	34.8	36	乐清市	12795	424.0
4	杭州萧山区	111131	80.8	37	慈溪市	12711	141.0
5	宁波北仑区	100075	25.9	38	台州黄岩区	12691	3041.3
6	杭州西湖区	86565	70.3	39	苍南县	10059	394.8
7	杭州高新区（滨江）	85053	56.9	40	玉环市	9884	1782.7
8	平湖市	59367	5.8	41	金义新区（金华金东区）	9307	469.2
9	杭州拱墅区	55817	−75.2	42	象山县	7660	292.8
10	嘉善县	48763	15.0	43	安吉县	7204	−65.8
11	宁波鄞州区	48207	27.7	44	宁波海曙区	6472	−68.6
12	桐乡市	38187	18.7	45	嵊泗县	5918	9146.9
13	嘉兴秀洲区	37739	43.9	46	台州椒江区	5682	−66.9
14	杭州富阳区	34253	6.0	47	宁波奉化区	5599	−26.5
15	德清县	31525	−15.4	48	舟山普陀区	5000	−58.2
16	湖州吴兴区	31103	76.2	49	瑞安市	4741	102.2
17	海盐县	27412	3.8	50	温州龙湾区	4640	196.1
18	嘉兴南湖区	26718	3.8	51	台州路桥区	4507	43.8
19	海宁市	26200	−20.9	52	东阳市	4001	19905.0
20	绍兴柯桥区	25693	23.6	53	温岭市	3952	−27.7
21	余姚市	25053	158.8	54	临海市	3534	−11.5
22	宁波镇海区	22611	53.5	55	温州瓯海区	3509	224.3
23	建德市	21431	341.1	56	永康市	3005	99.8
24	宁波江北区	20917	65.0	57	仙居县	2883	69.5
25	宁海县	20778	189.3	58	平阳县	2809	−72.8
26	杭州临平区	20380	3.7	59	温州鹿城区	2627	−34.4
27	桐庐县	20118	2.0	60	淳安县	2626	159.2
28	长兴县	20042	−29.8	61	湖州南浔区	2576	−50.3
29	绍兴上虞区	19509	−14.5	62	新昌县	2215	175.8
30	杭州临安区	18659	786.8	63	嵊州市	1829	−8.9
31	义乌市	18327	−17.1	64	常山县	1575	
32	舟山定海区	15502	−35.2	65	龙港市	1549	112.5
33	岱山县	15002	253.8	66	缙云县	1476	−12.5

续表

序号	地区	实际外资金额/万美元	同比增减/%	序号	地区	实际外资金额/万美元	同比增减/%
67	浦江县	1265	−13.5	79	云和县	201	−35.2
68	武义县	1021		80	天台县	150	−88.2
69	江山市	918	8.1	81	景宁畲族自治县	137	
70	丽水莲都区	600	50.0	82	永嘉县	42	−98.3
71	衢州柯城区	505	−21.3	83	洞头市	10	−80.0
72	兰溪市	472	−53.5	84	开化县	7	
73	金华婺城区	411	−26.3	85	庆元县	1	−95.0
74	衢州衢江区	321	114.0	86	文成县		
75	三门县	295	−86.0	87	磐安县		
76	松阳县	259	−52.6	88	龙泉市		
77	泰顺县	220	1000.0	89	青田县		
78	龙游县	203	−69.2	90	遂昌县		

2021 年浙江省主要投资国家（地区）投资情况

国家（地区）	项目（企业）个数			合同外资金额			实际使用外资金额		
	本年累计/个	占总数/%	同比增减/%	本年累计/万美元	占总数/%	同比增减/%	本年累计/万美元	占总数/%	同比增减/%
合计	3547	100.0	25.7	3852134	100.0	9.8	1833870	100.0	16.2
亚洲	2297	64.8	20.8	3208095	83.3	8.6	1591854	86.8	17.3
阿富汗	20	0.6	11.1	859	0.0	−11.5			
孟加拉国	6	0.2	−45.5	91	0.0	−93.2			
文莱									
缅甸	2	0.1	100.0	783	0.0	5120.0			
柬埔寨	2	0.1	100.0	1222	0.0	188.2	725	0.0	18.7
塞浦路斯				205	0.0	−87.9	34	0.0	
中国香港	1089	30.7	15.6	2797894	72.6	13.3	1483547	80.9	20.2
印度	36	1.0	71.4	1090	0.0	−13.2	14	0.0	100.0
印度尼西亚	6	0.2	−71.4	5085	0.1	2045.6			
伊朗	35	1.0	169.2	656	0.0	4.6			
伊拉克	49	1.4	276.9	318	0.0	9.3			
以色列	13	0.4		485	0.0	−54.2	19	0.0	−93.1
日本	40	1.1	−23.1	46476	1.2	−30.8	16144	0.9	−35.4
约旦	25	0.7	66.7	4570	0.1	−95.4	1	0.0	
黎巴嫩	10	0.3	150.0	58	0.0	81.3			
中国澳门	24	0.7	60.0	16408	0.4	−23.6	1740	0.1	250.8

国家（地区）	项目（企业）个数			合同外资金额			实际使用外资金额		
	本年累计/个	占总数/%	同比增减/%	本年累计/万美元	占总数/%	同比增减/%	本年累计/万美元	占总数/%	同比增减/%
马来西亚	19	0.5	46.2	2698	0.1	−42.7	1041	0.1	732.8
蒙古									
尼泊尔联邦民主共和国	6	0.2	200.0	272	0.0	1033.3			
阿曼	1	0.0		2	0.0				
巴基斯坦	84	2.4	171.0	1043	0.0	−63.0			
巴勒斯坦	7	0.2	−30.0	39	0.0	−15.2			
菲律宾	6	0.2		43	0.0	103.2			
沙特阿拉伯	1	0.0		14	0.0				
新加坡	119	3.4	45.1	209160	5.4	117.6	73748	4.0	4.6
韩国	126	3.6	14.6	29110	0.8	23.9	6289	0.3	−58.6
斯里兰卡	3	0.1		25	0.0	238.9			
叙利亚	28	0.8	33.3	251	0.0	318.3			
泰国	8	0.2	166.7	4731	0.1	112.0	1513	0.1	−47.4
土耳其	22	0.6	46.7	1850	0.0	33.5	1200	0.1	1218.7
阿联酋	2	0.1		7913	0.2	2.4	1266	0.1	1166.0
也门	120	3.4	16.5	1723	0.0	35.5			
越南	2	0.1		53	0.0	−98.2	27	0.0	
中国台湾	351	9.9	3.5	72512	1.9	−50.5	4546	0.2	−30.9
哈萨克斯坦	7	0.2	16.7	103	0.0	110.2			
吉尔吉斯斯坦	4	0.1		218	0.0	54.6			
塔吉克斯坦	2	0.1	−33.3	10	0.0	−23.1			
土库曼斯坦	8	0.2	700.0	42	0.0	950.0			
乌兹别克斯坦	14	0.4	250.0	83	0.0	−49.4			
非洲	441	12.4	73.6	22981	0.6	151.7	3636	0.2	−14.7
阿尔及利亚	13	0.4	160.0	227	0.0	−59.7			
贝宁	1	0.0	−66.7	77	0.0	−23.0			
博茨瓦纳	2	0.1	100.0	3	0.0				
布隆迪	7	0.2		64	0.0				
喀麦隆	25	0.7	56.3	320	0.0	86.1			
佛得角									
中非	1	0.0		6	0.0	500.0			
乍得	3	0.1	200.0	11	0.0	1000.0			
刚果（布）	5	0.1		18	0.0				
吉布提	3	0.1	200.0	19	0.0	1800.0			
埃及	37	1.0	164.3	480	0.0	62.7			
赤道几内亚	2	0.1	100.0	20	0.0	33.3			
埃塞俄比亚	11	0.3		250	0.0	208.6			
加蓬	1	0.0		12	0.0				

续表

国家（地区）	项目（企业）个数			合同外资金额			实际使用外资金额		
	本年累计 /个	占总数 /%	同比增减 /%	本年累计 /万美元	占总数 /%	同比增减 /%	本年累计 /万美元	占总数 /%	同比增减 /%
冈比亚	1	0.0		2	0.0				
加纳	39	1.1	44.4	676	0.0	35.2			
几内亚	5	0.1	400.0	43	0.0	2050.0			
几内亚比绍									
科特迪瓦	3	0.1	200.0	20	0.0	−74.4			
肯尼亚	18	0.5	260.0	1613	0.0	4644.1			
利比里亚	7	0.2	250.0	34	0.0	17.2			
利比亚	8	0.2	−11.1	130	0.0	62.5			
马达加斯加	3	0.1		45	0.0				
马里	4	0.1		40	0.0	−11.1			
毛里塔尼亚	4	0.1	33.3	159	0.0	35.9			
毛里求斯	2	0.1	−33.3	11922	0.3	4332.0	250	0.0	−81.6
摩洛哥	23	0.6	76.9	400	0.0	189.9			
莫桑比克	1	0.0		15	0.0				
纳米比亚	1	0.0		79	0.0	1028.6			
尼日尔	11	0.3	83.3	47	0.0	23.7			
尼日利亚	83	2.3	97.6	647	0.0	−45.3			
卢旺达	13	0.4	85.7	143	0.0	−43.5			
塞内加尔	2	0.1	100.0	9	0.0	800.0			
塞舌尔	8	0.2	166.7	4092	0.1	−0.5	3386	0.2	17.2
塞拉利昂	1	0.0		15	0.0				
索马里	8	0.2	100.0	27	0.0	440.0			
南非	7	0.2	250.0	139	0.0	1444.4			
苏丹	8	0.2	−33.3	17	0.0	−91.4			
坦桑尼亚	7	0.2	−12.5	444	0.0	1100.0			
多哥	3	0.1	50.0	74	0.0	−63.0			
突尼斯	1	0.0	−50.0	14	0.0	40.0			
乌干达	19	0.5	171.4	277	0.0	45.8			
布基纳法索	3	0.1	50.0	4	0.0				
刚果（金）	3	0.1	200.0	25	0.0	127.3			
赞比亚	4	0.1	33.3	55	0.0	1000.0			
津巴布韦	27	0.8	8.0	254	0.0	−26.6			
莱索托	2	0.1	100.0	3	0.0				
厄立特里亚	1	0.0		10	0.0	900.0			
欧洲	402	11.3	50.6	289260	7.5	78.4	79031	4.3	4.4
比利时	4	0.1	−42.9	1019	0.0	11.9	1349	0.1	510.4
丹麦	2	0.1	−50.0	5785	0.2	2.2	8126	0.4	1245.4
英国	59	1.7	43.9	115468	3.0	328.2	12240	0.7	−33.6

续表

国家（地区）	项目（企业）个数			合同外资金额			实际使用外资金额		
	本年累计/个	占总数/%	同比增减/%	本年累计/万美元	占总数/%	同比增减/%	本年累计/万美元	占总数/%	同比增减/%
德国	47	1.3	20.5	30151	0.8	−43.4	19067	1.0	31.0
法国	38	1.1	52.0	5381	0.1	−77.6	5353	0.3	−16.8
爱尔兰				500	0.0	−41.9	556	0.0	429.5
意大利	38	1.1	58.3	14610	0.4	−11.7	4395	0.2	−9.9
卢森堡	1	0.0	−50.0	34839	0.9	491.3	748	0.0	−45.0
荷兰	13	0.4	18.2	8728	0.2	145.4	15241	0.8	−16.4
希腊	2	0.1		20	0.0	42.9	2	0.0	−60.0
葡萄牙	3	0.1	200.0	19	0.0	−99.2	515	0.0	
西班牙	13	0.4		2248	0.1	−17.8	993	0.1	18.1
阿尔巴尼亚	2	0.1	100.0	40	0.0	3900.0			
奥地利	6	0.2	100.0	5642	0.1	253.5	3384	0.2	213.9
保加利亚	3	0.1		12	0.0		43	0.0	−29.5
芬兰	4	0.1	100.0	1412	0.0	1917.1	17	0.0	
匈牙利	3	0.1	200.0	9874	0.3	1.8			
冰岛	1	0.0		1	0.0				
挪威	5	0.1	150.0	834	0.0	68.5	446	0.0	175.3
波兰	7	0.2	600.0	634	0.0	15750.0	364	0.0	16.7
罗马尼亚	1	0.0		25	0.0	−93.7			
瑞典	13	0.4	18.2	5093	0.1	−42.8	485	0.0	−84.8
瑞士	9	0.3	12.5	901	0.0	−73.2	4748	0.3	67.7
爱沙尼亚	1	0.0		1545	0.0				
拉脱维亚	2	0.1	100.0	20	0.0	1900.0			
立陶宛							7	0.0	−36.4
亚美尼亚	4	0.1	300.0	62	0.0	1450.0			
阿塞拜疆	16	0.5	128.6	574	0.0	4000.0			
白俄罗斯	9	0.3	50.0	134	0.0	332.3			
摩尔多瓦	2	0.1		1	0.0				
俄罗斯联邦	58	1.6	100.0	41546	1.1	48.6	24	0.0	60.0
乌克兰	23	0.6	43.8	1395	0.0	−41.3			
斯洛文尼亚							927	0.1	−47.5
克罗地亚	1	0.0		16	0.0	−46.7			
捷克	1	0.0		2	0.0	100.3			
斯洛伐克	4	0.1		682	0.0				
马其顿	1	0.0		8	0.0				
塞尔维亚	6	0.2	20.0	32	0.0	23.1	1	0.0	−75.0
欧洲其他国家（地区）				7	0.0				
南美洲	97	2.7	22.8	148629	3.9	−33.3	123540	6.7	36.3
安提瓜和巴布达									

续表

国家（地区）		项目（企业）个数			合同外资金额			实际使用外资金额		
		本年累计/个	占总数/%	同比增减/%	本年累计/万美元	占总数/%	同比增减/%	本年累计/万美元	占总数/%	同比增减/%
阿根廷		1	0.0	−50.0	15	0.0	−31.8			
巴西		12	0.3	71.4	1359	0.0	−33.1	152	0.0	794.1
开曼群岛		21	0.6	75.0	33302	0.9	358.6	16304	0.9	−28.5
智利		2	0.1		1588	0.0	52833.3	407	0.0	
哥伦比亚		10	0.3	42.9	91	0.0	75.0			
多米尼克		1	0.0		14	0.0				
哥斯达黎加		1	0.0		1	0.0				
古巴								29	0.0	
厄瓜多尔		1	0.0	−50.0	9	0.0	−35.7			
牙买加		1	0.0		5	0.0	−37.5			
墨西哥		5	0.1	−16.7	839	0.0	−6.6	10	0.0	
尼加拉瓜										
巴拿马		2	0.1		542	0.0	−46.2	144	0.0	
巴拉圭										
秘鲁		1	0.0		14	0.0				
萨尔瓦多										
苏里南		1	0.0		340	0.0				
乌拉圭										
委内瑞拉		1	0.0	−66.7	8	0.0	−60.0			
英属维尔京群岛		33	0.9	10.0	105200	2.7	−50.1	106366	5.8	56.8
圣基茨和尼维斯		2	0.1		1002	0.0				
拉丁美洲其他国家（地区）		2	0.1		4300	0.1		128	0.0	
北美洲		303	8.5	12.6	151606	3.9	53.2	21351	1.2	−23.8
加拿大		71	2.0	2.9	8542	0.2	−21.5	1251	0.1	−8.6
美国		231	6.5	15.5	141606	3.7	60.8	20100	1.1	−24.5
百慕大		1	0.0		1458	0.0				
北美洲其他国家（地区）										
大洋洲		58	1.6	−15.9	31587	0.8	−28.4	14410	0.8	−17.5
澳大利亚		34	1.0	−26.1	−946	0.0		2355	0.1	−66.2
瓦努阿图										
新西兰		13	0.4	18.2	1235	0.0	305.2	145	0.0	−33.2
萨摩亚		9	0.3	−10.0	19876	0.5	−6.8	10263	0.6	16.6
马绍尔群岛		2	0.1	100.0	11422	0.3	682.3	1573	0.1	27.2
大洋洲其他国家（地区）								74	0.0	
其他								50	0.0	−99.1
重要区域（经济）组织	RCEP	377	10.6	8.0	299650	7.8	39.6	101987	5.6	−16.3
	欧盟	207	5.8	36.2	128462	3.3	25.2	61606	3.4	13.8
	一带一路	848	23.9	60.9	302572	7.9	12.8	80920	4.4	3.6

2021 年浙江省引进"一带一路"沿线国家（地区）外商投资情况

项目	本年累计金额 / 亿美元	同比增减 /%
外商投资企业数（个）	848	60.9
实际外资	8.1	3.6

2021 年浙江省国外经济合作情况汇总

内容	数量	比去年同期增长 /%
境外企业总投资额 / 万美元	1736869.7	5.7
境外企业中方投资额 / 万美元	899089.0	−18.5
境外企业实际投资额 / 万美元	1168563.0	−7.0
境外投资企业数 / 个	673	
营销网络项目 / 个	584	
并购项目 / 个	116	
研发项目 / 个	44	
国外经济合作营业额 / 万美元	799496.0	21.5
其中：对外承包工程营业额 / 万美元	792502.0	23.0
对外劳务合作实际收入总额 / 万美元	6994.0	−49.3
国外经济合作合同额 / 万美元	450813.0	15.4
其中：对外承包工程合同额 / 万美元	446335.0	13.9
对外劳务合作合同工资总额 / 万美元	4478.0	−57.3
外派人数 / 人	18741	
期末在外人数 / 人	20541	

2021 年浙江省各市国外经济合作情况

单位	营业额及收入总额（合计）/ 万美元	同比增减 /%	对外承包工程		对外劳务合作		外派人数 / 人	期末在外人数 / 人
			合同额 / 万美元	营业额 / 万美元	合同工资总额 / 万美元	实际收入总额 / 万美元		
全省	799496	21.5	446335	792502	4478	6994	18741	20541
省属	118873	8.6	105840	118698	174	175	644	1262
杭州市	271824	46.4	224460	271688	0	136	478	1195
宁波市	187978	6.2	83545	187978	0	0	90	169
温州市	15780	42.2	0	15719	12	61	3103	3451
湖州市	11320	23.9	3	11025	0	295	12	119
嘉兴市	26409	43.1	4790	26327	19	82	31	118
绍兴市	15138	−16.4	1357	15133	0	5	3	84
金华市	32704	4.4	7798	32358	420	346	321	757

单位	营业额及收入总额（合计）/万美元	同比增减/%	对外承包工程		对外劳务合作		外派人数/人	期末在外人数/人
			合同额/万美元	营业额/万美元	合同工资总额/万美元	实际收入总额/万美元		
舟山市	7637	0.0	18263	7637	0	0	32	32
台州市	103062	15.9	0	97167	3853	5895	13994	13305

2021 年浙江省境外经济合作前十位国家（地区）情况

名次	国家（地区）	完成营业额/万美元	占比/%
1	中国香港	74589.5	9.41
2	越南	65669.6	8.29
3	巴基斯坦	58365.6	7.36
4	印度尼西亚	52049.0	6.57
5	阿尔及利亚	41180.8	5.20
6	美国	40172.6	5.07
7	马来西亚	31550.5	3.98
8	俄罗斯联邦	27374.5	3.45
9	柬埔寨	25582.7	3.23
10	沙特阿拉伯	22723.3	2.87

2021 年浙江省境外投资前十位国家（地区）情况
（按累计中方投资备案额排序）

名次	名称	项目数/个	投资总额/万美元	中方投资/万美元
1	中国香港	2266	2006274.0	1757793.3
2	美国	1553	2735499.0	1737767.8
3	印度尼西亚	186	1665584.6	1476563.1
4	德国	429	10657942.9	699778.9
5	瑞典	28	5058717.8	654923.1
6	越南	347	417039.0	403091.9
7	新加坡	280	512414.9	393386.8
8	开曼群岛	108	10039904.7	393173.2
9	澳大利亚	226	373491.5	325478.2
10	英属维尔京群岛	83	402742.4	241908.9

2021 年浙江省境外投资分市地情况

名称	项目数	同比增速 /%	投资总额 /万美元	同比增速 /%	中方投资额 /万美元	同比增速 /%
累计	673	6.66%	1,736,869.7	5.73	899,089.0	−18.49
省属	8	−38.46%	2,109.0	−30.62	2,108.5	−30.64
杭州	256	23.08%	762,838.3	23.07	302,883.2	−14.56
宁波	185	14.20%	321,758.7	0.80	242,852.1	−2.13
温州	20	−33.33%	66,590.1	50.34	60,879.1	111.58
嘉兴	63	−10.00%	395,343.3	26.53	150,060.5	−33.27
湖州	29	−21.62%	32,755.1	18.03	31,903.3	25.58
绍兴	28	−12.50%	50,476.7	−37.43	34,804.4	−14.13
金华	24	0.00%	48,152.4	−72.75	47,828.6	−63.92
其中：义乌	10	66.67%	1,741.5	−32.02	1,625.7	−35.56
衢州	9	28.57%	2,650.4	−48.69	2,635.4	−45.22
舟山	16	6.67%	3,147.6	−83.43	2,724.6	−85.26
台州	30	15.38%	20,972.3	−37.11	17,916.6	−13.26
丽水	6	−25.00%	30,126.0	1971.08	2,542.9	81.42

2021 年浙江省境外投资按行业分类情况

名称	项目数 / 个	投资总额 / 万美元	中方投资额 / 万美元
———农、林、牧、渔业	10	8536.6	7026.5
农、林、牧、渔专业及辅助性活动	3	5889.0	4889.0
农业	1	135.0	110.0
渔业	5	2320.0	1922.0
畜牧业	增资项目	130.7	65.3
农业开发	1	62.0	40.1
———采矿业	5	25794.2	25794.2
有色金属矿采选业	5	25794.2	25794.2
———制造业	172	777638.7	515058.2
汽车制造业	11	162203.8	94718.5
非金属矿物制品业	3	66901.4	66820.5
电气机械和器材制造业	8	63338.5	63337.5
医药制造业	19	68336.6	51493.2
专用设备制造业	14	71010.1	48913.5
化学原料和化学制品制造业	5	30530.0	31730.0
金属制品业	7	24490.6	24042.0

名称	项目数/个	投资总额/万美元	中方投资额/万美元
其他制造业	27	22451.8	19574.4
金属制品、机械和设备修理业	10	17844.7	17553.3
造纸和纸制品业	1	11385.2	11385.2
黑色金属冶炼和压延加工业	1	11176.1	11203.6
计算机、通信和其他电子设备制造业	19	137335.2	8560.8
橡胶和塑料制品业	5	15403.1	8366.1
家具制造业	8	7940.0	7940.0
纺织业	3	7378.3	7378.3
有色金属冶炼和压延加工业	2	16002.9	6222.4
木材加工和木、竹、藤、棕、草制品业	4	5978.8	5955.3
废弃资源综合利用业	3	13056.1	5877.8
通用设备制造业	5	5480.8	5480.8
机械制造	2	4650.0	4650.0
文教、工美、体育和娱乐用品制造业	1	4100.7	4100.7
农副食品加工业	1	3155.8	3109.1
纺织服装、服饰业	6	3334.5	3084.5
仪器仪表制造业	2	1797.2	1734.7
食品制造业	2	1670.4	1150.0
铁路、船舶、航空航天和其他运输设备制造业	1	380.1	380.1
印刷和记录媒介复制业	1	286.0	286.0
皮革、毛皮、羽毛及其制品和制鞋业	1	20.0	10.0
———电力、煤气及水的生产和供应业	5	15241.8	15241.8
电力、热力生产和供应业	5	15241.8	15241.8
———建筑业	4	9453.0	9452.0
房屋建筑业	2	300.0	299.0
其他建筑业	增资项目	7352.9	7352.9
建筑安装业	2	1800.0	1800.0
———交通运输、仓储和邮政业	23	3131.9	3051.1
装卸搬运和仓储业	13	1672.0	1591.2
水上运输业	5	940.0	940.0
多式联运和运输代理业	5	519.9	519.9
———信息传输、软件和信息技术服务业	38	144233.6	39026.6
软件和信息技术服务业	29	76450.5	28783.0
电信、广播电视和卫星传输服务	1	2709.6	2709.6
互联网和相关服务	8	65073.5	7534.1
———批发和零售业	267	89158.2	75480.5
零售业	36	18460.8	11125.9
批发业	141	49277.5	43356.9
进出口贸易	90	21419.9	20997.7
———住宿和餐饮业	增资项目	500.0	500.0
餐饮业	增资项目	500.0	500.0

续表

名称	项目数 / 个	投资总额 / 万美元	中方投资额 / 万美元
———房地产业	1	5.0	5.0
房地产业	1	5.0	5.0
———租赁和商务服务业	25	73142.8	66472.3
商务服务业	23	65459.2	58816.3
租赁业	2	7683.5	7656.0
———科学研究和技术服务业	74	553309.0	114255.1
科技推广和应用服务业	17	76844.9	9699.9
专业技术服务业	13	248580.8	22413.5
研究和试验发展	44	227883.3	82141.8
———水利、环境和公共设施管理业	1	4745.0	4745.0
生态保护和环境治理业	1	4745.0	4745.0
———居民服务、修理和其他服务业	8	466.2	331.5
其他服务业	8	466.2	331.5
———教育	4	5330.7	1182.4
教育	4	5330.7	1182.4
———文化、体育和娱乐业	1	129.4	129.4
广播、电视、电影和影视录音制作业	1	129.4	129.4
———其他类	16	26053.7	21337.5
其他	16	26053.7	21337.5

备注：此项统计未包含境外机构。

2021 年浙江省境外投资各大洲分布情况

名称	累计项目数 / 个	累计投资总额 / 万美元	累计中方投资额 / 万美元	同比增速 /%
累计	673	1736869.7	899089.0	−18.5
亚洲	402	968610.7	530649.5	−28.6
非洲	24	40166.7	39953.2	−16.3
欧洲	84	123349.3	117862.5	39.4
南美洲	63	402705.2	109611.9	113.5
北美洲	93	192714.9	91689.0	−46.4
大洋洲	7	9322.9	9322.9	111.2

2021 年浙江省与"一带一路"沿线国家（地区）经济合作情况

类别	数量	同比增速 /%
境外投资项目数 / 个	387	0.3
对外直接投资备案额 / 亿美元	54.1	−24.2
完成对外承包工程营业额 / 亿美元	49.3	47.3

2021 年浙江省各地市网络零售情况

地市	网络零售总额 / 亿元			居民网络消费总额 / 亿元			顺差 / 亿元
	本年累计	占比 /%	同比增长 /%	本年累计	占比 /%	同比增长 /%	
全省	25230.3	100.0	11.6	12276.3	100.0	10.9	12954.0
杭州	9951.5	39.4	10.7	3629.1	29.6	12.7	6322.4
宁波	2814.2	11.2	12.0	1771.7	14.4	9.2	1042.5
温州	2199.8	8.7	8.4	1546.1	12.6	8.2	653.6
湖州	966.3	3.8	17.6	538.9	4.4	13.5	427.4
嘉兴	2057.6	8.2	10.8	965.7	7.9	12.4	1092.0
绍兴	856.5	3.4	14.6	813.5	6.6	8.2	43.0
金华	3955.3	15.7	10.1	1257.0	10.2	11.3	2698.3
其中：义乌	2187.9	8.7	14.6	—	—	—	—
衢州	504.0	2.0	29.6	245.9	2.0	6.2	258.1
舟山	106.5	0.4	32.1	207.1	1.7	6.7	−100.6
台州	1227.3	4.9	11.1	1002.4	8.2	13.5	225.0
丽水	591.1	2.3	22.8	298.9	2.4	8.1	292.3

2021 年浙江省各行业网络零售情况

行业	各行业网络零售总额 / 亿元	
	本年累计	占比 /%
服饰鞋包	8038.7	31.9
家居家装	4398.2	17.4
3C 数码	3981.3	15.8
母婴用品	2169.4	8.6
美装护肤	1867.8	7.4
食品保健	1421.3	5.6
运动户外	1102.5	4.4
生活服务	607.6	2.4
机车配件	462.1	1.8
文化娱乐	389.9	1.5
其他	791.5	3.1
汇总	25230.3	100.0

2021 年浙江省跨境网络零售出口情况

地市	出口额 / 亿元	占全省比重 /%
全省	2430.2	100.0
杭州	543.8	22.4
宁波	493.5	20.3
温州	312.7	12.9
湖州	169.5	7.0
嘉兴	97.4	4.0
绍兴	118.6	4.9
金华	565.5	23.3
衢州	16.4	0.7
舟山	8.3	0.3
台州	86.6	3.6
丽水	17.8	0.7

备注：初步测算数据，仅供内部参考。

2021 年浙江省开发区主要指标情况

指标名称	单位	本年累计	同比增速 /%
开发区进出口（1—11 月）	亿元	19613.4	10.9
其中：出口	亿元	14358.8	6.2
进口	亿元	5254.5	26.1
开发区实际外资	亿美元	92.0	3.6
开发区财政收入	亿元	5767.8	20.9

备注：开发区进出口、实际外资数据采用部口径统计，整合提升涉及的开发区不做重复统计。

2021 年浙江省国家级、省级开发区核心区
外商直接投资情况

序号	地区	实际外资金额 / 万美元	同比增减 /%	序号	地区	实际外资金额 / 万美元	同比增减 /%
	开发区合计	919746	3.6	10	浙江桐乡经济开发区	25867	−2.4
	其中：国家级开发区	648738	5.8	11	浙江临安经济开发区	23800	—
	省级经济开发区	271008	−1.5	12	浙江海宁经济开发区	20572	−34.5
1	杭州经济技术开发区 ★	99324	−19.0	13	浙江桐庐经济开发区	19079	−3.2
2	宁波经济技术开发区 ★	96887	38.9	14	绍兴柯桥经济技术开发区 ★	18005	−21.0
3	嘉兴经济技术开发区 ★	92200	9.5	15	杭州湾上虞经济技术开发区 ★	17408	−22.8
	其中：乍浦经济开发区	8583	−49.7		其中：上虞经济开发区	2964	−51.5
	秀洲经济开发区	5304	97.9	16	长兴经济技术开发区 ★	17000	−30.4
4	宁波杭州湾经济技术开发区 ★	47230	137.8	17	义乌经济技术开发区 ★	15105	−31.6
5	嘉善经济技术开发区 ★	46041	11.6	18	湖州经济技术开发区 ★	13437	23.3
	其中：姚庄经济开发区	15535	64.8	19	绍兴袍江经济技术开发区 ★	13174	−7.7
6	萧山经济技术开发区 ★	42431	10.0	20	浙江建德经济开发区	13032	−10.9
7	平湖经济技术开发区 ★	39870	4.0	21	宁波石化经济技术开发区 ★	12078	66.5
	其中：独山港经济开发区	9095	6.8	22	浙江德清经济开发区	11682	128.0
8	富阳经济技术开发区 ★	33987	9.4	23	余杭经济技术开发区 ★	11400	−28.3
9	浙江海盐经济开发区	25921	18.1	24	浙江乐清经济开发区	11227	359.8

序号	地区	实际外资金额/万美元	同比增减/%	序号	地区	实际外资金额/万美元	同比增减/%
25	浙江岱山经济开发区	8527	25.1	49	浙江淳安经济开发区	2718	144.9
26	浙江黄岩经济开发区	8386	78.1	50	浙江南浔经济开发区	2559	−50.4
27	丽水经济技术开发区 ★	7968	74.3	51	浙江鄞州经济开发区	2209	−49.5
	其中：浙江缙云经济开发区	1404	—	52	浙江路桥经济开发区	2203	—
	青田经济开发区	203	−69.2	53	浙江新昌经济开发区	2200	—
28	浙江诸暨经济开发区	7263	59.8	54	浙江嵊州经济开发区	1829	−8.9
29	浙江安吉经济开发区	7180	−56.8	55	浙江常山经济开发区	1575	—
30	浙江余姚经济开发区	7000	−12.5	56	台州湾经济技术开发区 ★	1536	−52.1
31	温州经济技术开发区 ★	6946	79.9	57	浙江奉化经济开发区	1500	−37.9
	其中：瑞安经济开发区	3647	140.6	58	浙江东阳经济开发区	1001	0.1
32	宁波大榭开发区 ★	5958	35.3	59	浙江武义经济开发区	1000	900.0
33	浙江慈溪滨海经济开发区	5700	−7.9	60	浙江临海经济开发区	990	66.5
34	衢州经济技术开发区 ★	5688	3.8	61	浙江浦江经济开发区	852	−47.5
	其中：衢江经济开发区	321	114.0	62	浙江南湖经济开发区	730	—
	江山经济开发区	918	8.1	63	宁波南部滨海经济开发区	459	−71.3
	龙游经济开发区	0	−100.0	64	浙江兰溪经济开发区	320	−68.5
35	浙江普陀经济开发区	5640	−37.6	65	浙江三门经济开发区	295	−86.0
36	浙江百步经济开发区	5588	—	66	浙江宁海经济开发区	250	−92.3
37	金华经济技术开发区 ★	5065	19.5	67	浙江天台经济开发区	150	−75.0
38	浙江镇海经济开发区	4900	−13.2	68	浙江永嘉经济开发区	37	−98.3
39	浙江玉环经济开发区	4834	−10.8	69	浙江开化经济开发区	7	—
40	浙江象山经济开发区	4815	363.4	70	杭州钱江经济开发区	0	−100.0
41	浙江吴兴经济开发区	4057	−77.0	71	浙江苍南经济开发区	0	—
42	浙江温岭经济开发区	4000	70.1	72	浙江婺城经济开发区	0	—
43	舟山绿色石化基地	4000	—	73	舟山航空产业园	0	—
44	浙江前洋经济开发区	3198	−69.7	74	浙江景宁经济开发区	0	—
45	浙江瓯海经济开发区	3185	66.5	75	浙江龙泉经济开发区	0	—
46	浙江永康经济开发区	3005	101.3	76	金磐扶贫经济开发区	0	—
47	浙江仙居经济开发区	2882	69.5	77	嵊泗县小洋山区块	0	—
48	浙江平阳经济开发区	2784	−73.0				

备注：1.实际外资数据采用部口径统计，整合提升涉及的开发区不做重复统计。2.★为国家级经济技术开发区。

2021 年中国（浙江）自由贸易试验区主要指标情况

指标名称	单位	本年累计	同比增速 /%
新增注册企业数	家	42629.0	54.5
其中：外商投资企业数	家	877.0	249.3
税收收入	亿元	1112.1	32.2
进出口总额	亿元	7725.9	39.3
其中：进口总额	亿元	4110.9	42.1
出口总额	亿元	3615.0	36.1
实际使用外资金额	亿美元	25.3	73.1

备注：数据统计口径为浙江自贸试验区四至范围。

2021 年浙江省国民经济主要统计指标情况

项目	计量单位	指标值	同比增长 /%
生产总值（GDP）（全年）	亿元	73516.0	8.5
第一产业	亿元	2209.0	2.2
第二产业	亿元	31189.0	10.2
第三产业	亿元	40118.0	7.6
固定资产投资	亿元	——	10.8
限额以上消费品零售额	亿元	10617.0	14.2
财政总收入	亿元	14517.0	16.9
一般公共预算收入	亿元	8263.0	14.0
金融机构存款余额（本外币）	亿元	170816.0	12.2
金融机构贷款余额（本外币）	亿元	165756.0	15.4
规模以上工业企业经济效益			
规模以上工业增加值	亿元	20248.0	12.9
企业单位数	个	49273.0	——
其中：亏损企业	个	7979.0	2.8
利润总额	亿元	6788.7	21.0
亏损企业亏损额	亿元	606.9	19.6
价格（以上年同期为100）			
居民消费价格总指数	%	101.5	1.5
商品零售价格指数	%	102.2	2.2
工业生产者出厂价格	%	106.3	6.3
工业生产者购进价格	%	114.5	14.5
外贸依存度 (全年)	%	56.4	——
出口依存度	%	41.0	——

2021 年浙江省对外贸易经营者备案登记情况

地区	当年累计数				12月新数			
	总数/家	内资企业/家	外资企业/家	个体经营者/个	总数/家	内资企业/家	外资企业/家	个体经营者/个
全省合计	30552	29759	334	459	2210	2126	33	51
省属企业	25225	24703	158	364	1783	1727	17	39
宁波	5327	5056	176	95	427	399	16	12
杭州	3700	3611	41	48	310	298	8	4
温州	2644	2594	21	29	241	236	1	4
嘉兴	1562	1532	13	17	111	106	2	3
湖州	1183	1146	4	33	81	80	0	1
绍兴	2386	2355	3	28	186	181	0	5
金华	11223	11023	69	131	644	623	5	16
衢州	325	314	3	8	23	23	0	0
舟山（除自贸区）	57	55	0	2	7	7	0	0
台州	1799	1739	1	59	148	141	1	6
丽水	346	334	3	9	32	32	0	0

备注：义乌12月备案企业525家。
　　　截至2021年12月底，全省累计获权企业303776家（含宁波）
　　　截至2020年12月底，全省累计获权企业273224家（含宁波）
　　　截至2019年12月底，全省累计获权企业241349家（含宁波）
　　　截至2018年12月底，全省累计获权企业204079家（含宁波）
　　　截至2017年12月底，全省累计获权企业170165家（含宁波）
　　　截至2016年12月底，全省累计获权企业151723家（含宁波）
　　　截至2015年12月底，全省累计获权企业135850家（含宁波）
　　　截至2014年12月底，全省累计获权企业122048家（含宁波）
　　　截至2013年12月底，全省累计获权企业107428家（含宁波）
　　　截至2012年12月底，全省累计获权企业95378家（含宁波）
　　　截至2011年12月底，全省累计获权企业83782家（含宁波）

2021 年浙江省出口退税分地区情况

单位：万元

地区	累计办理退免税		
	合计	退税	免抵调库
全省合计	28233383	22782097	5451286
宁波市	8704195	7244197	1459998
小浙江合计	19529188	15537900	3991288
省三分局	380439	380439	0
杭州市小计	4130709	3583024	547685
温州市小计	1776293	1338644	437649
嘉兴市小计	3278287	2362771	915516
湖州市小计	1244678	979586	265092
绍兴市小计	2746295	2204440	541855
金华市小计	2574070	2143156	430914
衢州市小计	310972	230472	80500
舟山市小计	452326	357486	94840
台州市小计	2345804	1736827	608977
丽水市小计	289315	221055	68260

备注：根据省浙江省税务局提供数据整理。

第四编

调研报告

长三角协同高水平对外开放研究

长三角是我国开放型经济发展的前沿高地。2020 年，三省一市货物进出口总额 11.9 万亿元，占全国 36.9%；实到外资 827.1 亿美元，占全国 57.3%；完成集装箱吞吐量 9766 万标箱，占全国集装箱吞吐总量 37.0%；对"一带一路"沿线国家和地区投资占全国总额 60% 以上。面对国际国内环境的变化，三省一市加强协同对外开放，这是新形势下发挥龙头带动作用、服务国家发展大局的重大举措，也是探索区域一体化发展制度体系、引领我国参与全球合作和竞争的战略选择。

一、长三角协同对外开放的基础条件

（一）发展现状

改革开放特别是党的十八大以来，长三角地区勇挑全国改革开放排头兵重担，在外资准入、开放平台、数字贸易、营商环境等方面加快协同对外开放，更好服务对外开放总体战略布局。

1. 共推口岸通关一体化。

长三角地区拥有通江达海、承东启西、联南接北的区位优势，拥有开放口岸 46 个，协同开放水平较高。早在 2014 年 9 月，上海、南京、杭州、宁波和合肥海关就率先启动了区域通关一体化改革，在全国较早实现"五关如一关"，企业通关时间节约 12 ～ 24 小时，通关费用节约近 50%，物流成本下降 25% ～ 30%。2017 年以来，三省一市积极推进国际贸易"单一窗口"业务功能对接，共同签署《长三角国际贸易"单一窗口"联盟合作共建协议》，促进了长三角地区跨境贸易的便利化。上海洋山深水港、浙江宁波舟山港形成国际海运和国内陆运互联互通的货物运输体系，安徽水运口岸与上海港、宁波舟山港、南京港口岸开展水水中转业务，芜湖至上海洋山港区直达航线正式开行。服务一体化大局，陆上打通"断头路"，水上破解"中梗阻"，沪杭空港物流实现"当日发、当日达、双向转"，上海海关为杭州关区"光刻机"等重大科技装备进口开辟"绿色通道"，关际合作层次不断迈向新的水平，为提升我国的全球高端资源配置能力作出重要贡献。

2. 共建重大开放枢纽平台。

长三角地区是长江经济带发展与"一带一路"建设的融合交汇区，三省一市共有自贸试验区（含新片区）5 家、国家级跨境电子商务综合实验区 24 家、进口贸易创新示范区 5 家，企业领办的国家级境外经贸合作区有 7 家，开放合作新高地的枢纽地位突出。各类开放平台布局密集度高，成为沪苏浙皖迈向更高层次一体化的开放合作基础。上海、浙江就推动沪浙自贸试验区"期现合作"等事项达成合作意向，安徽复制推广上海等自贸试验区试点改革经验，在合肥经开区设立了首批自贸试验区改革试点经验复制推广示范区。中国国际进口博览会是世界首个以"进口"为主题的国家级博览会，成为联动长三角的重要平台，2020

年仅江浙皖就有逾 13 万人报名采购，超过全国的 1/4。虹桥国际开放枢纽覆盖沪苏浙 14 个区县，正打造成为我国联通国际的动力核。

3. 共保产业链供应链安全稳定。

长三角作为我国工业发展最早地区之一，拥有完备的产业体系和发达的配套基础，国家级开发区数量达到 150 家，占全国总数 1/4 以上，并拥有苏州工业园、中意宁波生态园、中德合肥智慧产业园等分布广泛的国际合作园区。上海是跨国公司总部的集聚地，江苏拥有雄厚的制造业基础，安徽正成为科技创新新高地，浙江拥有数量最多的全国民营 500 强企业，在云服务、数字内容、数字服务、跨境电商等领域释放出强劲增长动能。顺应全球贸易新变化，长三角地区加强跨境电商国际合作，加快贸易数字化转型，合力打造全球数字贸易高地。针对贸易保护主义、单边主义带来的挑战，三省一市在电子信息、生物医药、高端装备、新能源、新材料等"卡脖子"领域共建高能级创新平台、开展科技联合攻关，主动谋求核心零部件上的进口替代。此外，长三角区域合作办公室、G60 科创走廊的设立，区域创新及联席会议制度的建立，以及长三角科技资源共享服务平台的成立等，为我国打破国际技术封锁、防范断链风险提供了基础保障。

4. 共创对外开放最优营商环境。

长三角创造性推出了"一网通办""最多跑一次""不见面审批"等改革品牌，营商环境位居全国前列。上海对标世界银行营商环境评价指标，先后制定实施优化营商环境 1.0、2.0、3.0 版改革方案，出台贯彻外商投资法的决定和外商投资条例，外国投资者信心进一步增强。苏浙皖借鉴上海经验进一步放宽市场准入和贸易便利化举措。如江苏实施"不见面审批（服务）"，从企业"全生命周期"环节出发，以清单形式进行全过程管理；浙江以"最多跑一次"标准推出"10+N"便利化行动，独创"订单＋清单"监测预警管理系统；安徽加快创优"四最"营商环境，在专项财税资金、国家级开发区项目落地、便利人才出入境、优化营商环境等方面提供相应政策支持。通过优化国际营商环境，三省一市对外开放水平进一步增强。2020 年三省一市实际利用外资同比增长 7.9%，比全国平均水平高出 3.4 个百分点，为稳定全国外贸外资基本盘、引领我国参与全球合作和竞争提供了重要支撑（见图 1）。

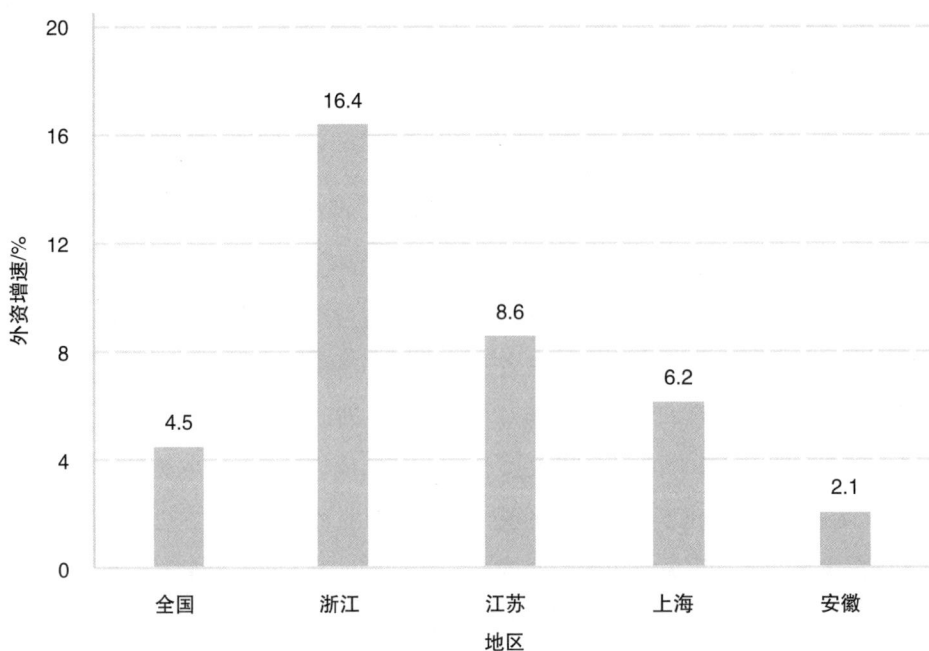

图 1　2020 年全国及三省一市实际利用外资增速比较

（二）问题和挑战

1. 外贸依存度较高。

长三角地区外贸进出口、出口、进口总额占全国比重均超过30%，外贸对经济贡献较大，但外贸依存度过高，抵御外部市场变化带来的风险和冲击能力弱，2020年全国外贸依存度31.6%，而上海、浙江和江苏分别达到90.0%、52.3%和43.3%（见图2）。与此同时，长三角地区进出口结构不平衡，出口额一直大于进口额，贸易顺差持续扩大。以2020年苏浙两省为例，两地贸易顺差相当于全国贸易顺差的72.6%，容易引发贸易摩擦和争端。另外，长三角地区货物进出口过度依赖欧美传统市场，如沪浙苏对欧盟的贸易额占贸易总额近20%，对美贸易额占比近15%，不利于分散风险。

2. 要素跨境流动和服务业开放与粤港澳有一定差距。

在CEPA（内地与港澳关于建立更紧密经贸关系的安排）的框架下，粤港澳大湾区有着"一个国家、两种制度、三个关税区"的政策优势。如资本跨境流动方面，粤港澳地区已经建立了面向个人的跨境理财通机制，而长三角地区金融开放主要面向企业和非居民，2015年以来呼声较高的合格境内个人投资者境外投资试点最终没有落地。再比如人才流动方面，深圳前海、珠海横琴自贸片区早在2018年就推行"港人港税、澳人澳税"政策，按内地与香港个人所得税税负差额给予补贴，这一政策已推广到广东9个城市，而长三角仅上海临港新片区有在实施，影响不足。在服务业开放方面，三省一市已经出台了负面清单，但医疗、教育、文化、研发、信息服务等领域的开放仍然受到不同限制。而广东省对港澳服务业开放部门达到153个，涉及世贸组织服务贸易160个类别中的95.6%，已有6所香港高校在深圳设立72个科研机构，港澳资医疗机构已有48家。

3. 三省一市的开放水平存在落差。

从金融业开放看，上海肩负着试验田的使命，具备较明显的规模优势和创新优势，从FT账户、境外融资、沪港通、沪伦通等方面推行了一系列创新举措，江苏在贸易融资政策上力度较大，浙江金融开放影响力相对有限。从外资准入

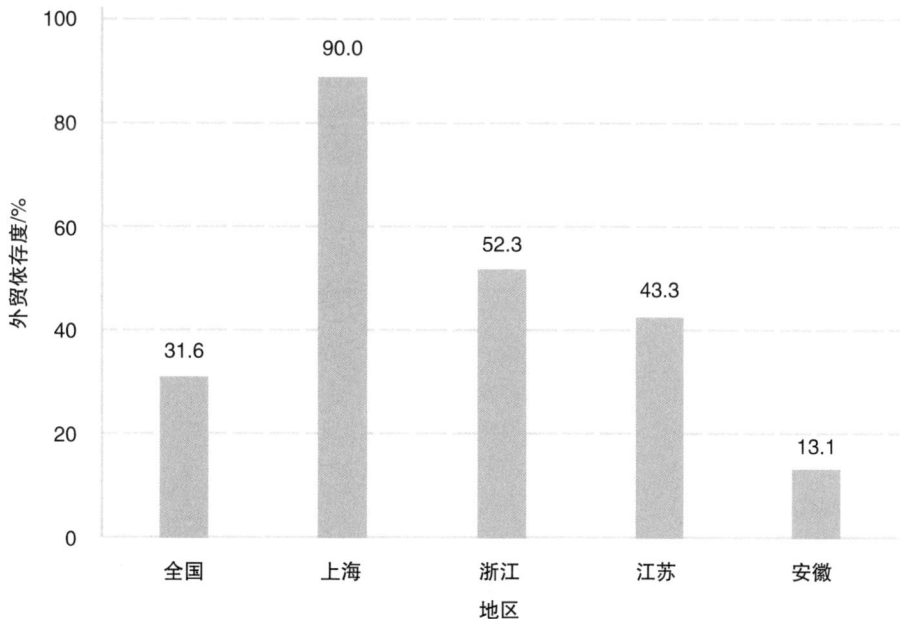

图2　2020年全国及三省一市外贸依存度比较

看，上海、江苏尤其重视外资政策特别是跨国公司总部引进，仅 2020 年上海就新增跨国公司地区总部 51 家，江苏新认定跨国总部和功能性机构 36 家，而浙江尚未出台专门的政策来招引跨国公司总部，实际使用外资规模仅为江苏和上海的 56% 和 78%。从开放平台看，江苏国家级开发区数量遥遥领先，共有 71 家，较浙江足足多了 33 家，占全国比重高达 12.9%。浙江经开区占比大，但海关特殊监管区相对较少。从服务贸易看，商务部发布的《全球服务贸易发展指数报告 2020》显示，上海服务贸易发展指数超过 70，是引领全国服务贸易发展的龙头；江苏服务外包示范城市和服务贸易创新试点数量全国最多，综合发展实力较强；浙江数字贸易具有先发优势，但仍有待转化为规模优势（见表 1）。

4. 区域行政壁垒依然存在。

不同于粤港澳大湾区九个城市并行的体制安排，长三角受行政体制影响较强，出台的政策关注自身发展较多，体现区域联动内容较少，"抱团"发展意识还不够强。如浙江自贸试验区保税

船用燃油跨洋山港区供应尚存在部分障碍，上海交通委只认可国务院委托商务部等部门颁发的全国性供油牌照，对于浙江自贸试验区的 9 家供油企业的供油牌照不予认可，导致企业无法在上海办理港口经营备案。再比如，各省市服务贸易统计数据处于割裂状态，统计数据交换困难重重，导致对行业领域发展把握不足，各省市优势特点发挥不够。同时，一些地区主要精力集中于"引进来"，对吸引外资、引进先进技术、管理与经营经验关注较多，区域内产业优势互补较弱；在产业链分工中倾向贪大图全，自建小生态，或动用行政力量干预企业正常迁移现象，违背产业链协同规律。

二、国内外协同对外开放发展的典型经验

（一）粤港澳大湾区

粤港澳对内连接内陆，对外连接港澳，依托前海、横琴和南沙的引领作用，在协同对外开放

表 1　江浙沪皖对外开放比较

开放领域	浙江	上海	江苏	安徽
利用外资	实际使用外资增速快，但规模低于沪苏皖	吸引跨国公司地区总部优势明显	实际使用外资规模居全国首位	编制外资投资指引，实际利用外资规模大于浙江
货物贸易	对外依存度高，跨境电商、市场采购等外贸新业态快速发展	进出口发展较为均衡，进口贸易优势明显	高新技术产品进出口比重高达四成，浙江只有一成	开发区外贸集中度高，占外贸 75%
服务贸易	数字贸易发展较快，数字服务进出口总额占服务贸易总额四成以上	规模居全国首位，率先建立跨境服务贸易准入负面清单	服务外包示范城市和服务贸易创新试点数量全国最多	服务贸易快速发展，新兴领域比例不断提高
金融开放	国际并购、跨境并购走在前列，金融科技发展领先；跨境油气贸易人民币结算全国首创	外资独资或控股的金融机构加快设立并加快集聚；人民币国际化引领全球	贸易融资政策上政策力度大	实施资本项目收入支付便利化改革试点
开放平台	国家级开发区 33 家，海关特殊监管区 8 个，数量少于江苏，能级不如上海	国家级开发区 20 家，海关特殊监管区 10 个；拥有虹桥国际开放枢纽、临港新片区、进博会等高能级开放平台	国家级开发区 72 家，海关特殊监管区 21 个，全国最多	国家级开发区 21 家，海关特殊监管区 4 个

方面力度大、进展好，值得长三角三省一市借鉴。**一是口岸联动**。启动"粤港澳大湾区组合港"，出口集装箱在顺德新港办理海关通关手续，即等同于货物实际抵达深圳西部港区，不需要二次报关；途经深圳西部港区的佛山进口货物，可在货物运抵顺德港后再办理进口通关手续。探索"一地两检"通关模式，新皇岗口岸引入港方查验区域，在深圳一侧实施"一地两检"，以改善通关环境，提高通关效率，提升通关体验。**二是投资联动**。创新"深港通注册易""深澳通注册易"商事服务模式，港澳投资者和企业可以在香港、澳门网点足不出户一站式注册深企。**三是金融互通**。开展"深港通"，试点北上"理财通"，允许港澳地区居民购买内地银行销售的合资格理财产品，实现闭环汇划、封闭管理并使用人民币跨境结算。**四是人才互通**。深圳连续 5 年开展粤港澳大湾区青年实习计划，推动港澳居民在民生方面享有深

圳"市民待遇"，已有逾 5 万港澳台居民参加广东医保。广东 21 所高校从 2021 年开始可以招收香港中学文凭考试学生。**五是科研互通**。探索适用香港及国际的先进科研规则，香港城市大学在东莞、香港公开大学在肇庆合作举办独立法人资格大学，在香港大学深圳医院试点使用香港注册的临床急需药品和医疗器械（见表 2）。

（二）纽约港自由贸易园区

纽约港自由贸易园区成立于 1979 年，横跨新泽西州和纽约州，是美国最大的自贸园区之一。主要经验有四条（见表 3）。**一是设立独立的跨州管理机构**。纽约港自由贸易园区由地跨两州的纽约—新泽西港务局全权负责，港务局在法律上独立于两州存在，配备自己的警察执法力量，这一跨州机构确保了整个大纽约地区港务业务的流畅运行。同时，港务局财政上自给自足、自负盈亏，通过港口周围土地资源的租售运营，既使纳税人

表 2 粤港澳大湾区主要对外开放政策

涉及方面	相关政策措施
疫情联防联控方面	1. 加强粤港疫情联防联控机制，支援香港大规模核酸检测 2. 建设方舱医院和临时医院等
跨境基础设施建设及通关便利方面	1. 港珠澳大桥实施"港车北上"政策 2. 重建皇岗口岸，并实行"一地两检"通关模式
科技、金融和商贸合作方面	1. 共建深港科技创新合作区，推进"一区两园"建设。加快出台"1+N"规划，建设一批国际重大科研项目 2. 实施"杰出创科学人计划" 3. 扩大"互联互通"股票范围，推进在港上市的生物科技公司纳入港股通标的范围，落实"跨境理财通" 4. 落实《关于支持出口产品转内销的若干措施》，支持港商拓展内销渠道，促进出口转内销 5. 推进粤港马产业合作，促进大湾区马匹运动及马产业发展
青少年交流和教育合作方面	1. 实施"大湾区青年就业计划" 2. 推进建设 10 家粤港青年创新创业基地、"1+12+N"港澳青年创新创业孵化体系，支持港澳青年来粤创业就业 3. 加快推进和筹建香港高校来粤合作办学的项目 4. 完善技能人才"一试多证"评价模式，推进粤港澳专业技术人才职业资格认可和技能人才培训合作
社会民生合作方面	1. 落实《粤港澳大湾区药品医疗器械监管创新发展工作方案》，在香港大学深圳医院试点使用香港注册的临床急需药品和医疗器械 2. 委托香港大学深圳医院为长期居住广东的有关香港居民提供复诊服务 3. 落实《香港澳门台湾居民在内地（大陆）参加社会保险暂行办法》，支持港澳居民在居住地参加城乡居民基本医疗保险

免去了税收负担，又较好地发挥了市场竞争的经营活力。"9·11"事件中倒塌的纽约世贸大厦，也是港务局的资产，曾为纽约港自由贸易园区提供源源不断的现金流。**二是通过倒置关税吸引外资。**按照美国相关税法规定，原料关税要高于成品关税。无论是原料还是成品，进入自由贸易园区都不需要缴纳关税。因此，需要大量进口原料的企业都会倾向于在纽约港内投资建厂，将进口原料制成成品后再进入美国市场。借此措施，纽约港自由贸易园区吸引了大量的日本、德国汽车制造企业过来投资。**三是实行区内区外联动发展。**纽约港主要采用围网等方式将片区分隔封闭，承担货物中转、区内自由贸易交换的功能。同时，纽约港自由贸易园区还在区外专门划分若干区域，主要经营包括手表、汽车、制药以及饮料等进出口加工制造业务。**四是加快金融开放力度。**纽约港自由贸易园区在区内放松金融管制，批准新兴金融工具的使用以及新金融市场的设立事宜，减少或取消对银行贷款规模的直接管制，放宽对外国金融机构入驻园区经营活动的限制，放宽或取消对银行支付存款利率的限制等。

（三）日本东京湾

日本东京湾拥有"一都三县"和东京港、横须贺港、川崎港等六大世界级著名港口。日本政府通过五方面举措，促进了湾区对外开放有序发展，也减缓了美日贸易战的影响。**一是注重港口规划和利益协调。**日本政府先后颁布《日本国土港湾法》（1950 年）、《东京湾港湾计划的基本构想》（1967 年）、面向 21 世纪的港口计划（1985年）、《京滨港综合规划》（2008 年）等多部法律法规（见表 4）。东京湾各港口虽然各自独立经营，但在对外竞争中是一个整体，确保了港口群的整体利益。**二是推动工业分散战略。**从 20 世纪 60 年代开始，东京就着手实施"工业分散"战略，将机械、电器等工业逐步从东京的中心城区迁移至横滨市、川崎市，进而形成京滨、京叶两大产业聚集带和工业区。90 年代日本泡沫经济破灭后，在东京圈出现了一大批规模"小而精"、技术"细而尖"的研究开发型中小企业，支撑了日本制造的世界地位。**三是确立创新立国战略。**1980年日本通商产业省首次明确"技术立国"方针，产业重点也从技术引进加工向知识密集型产业倾斜，日本研发费用快速增长，增强了日本产品的出口竞争力。20 世纪 90 年代，日本在这两个行业上一直保持较强竞争力，汽车产业的贸易盈余进入21 世纪后还在扩大。**四是提高市场化水平。**日本通过 1993 年到 1995 年的规制缓和政策、1995 年的规制缓和推动计划和 1996 年的追加计划，对日本国内标准认证制度、进口手续简化与快速通关等方面进行制度性调整。**五是降低对美国市场

表 3　纽约港自由贸易区主要政策法规

类别	详细措施
关税类	延缓缴纳进口关税，除非货物进入美国流通才支付关税；倒置关税；无关税出口；节省为废品支付的关税；国际退货免收再次入关关税；储存的未来有可能用到的进口备件，若最终未使用可以免税退回或销毁；产品可以先免税入区，质检合格才需付税，否则免税退回；自贸区之间转移的产品免关税；区内加工消耗的商品一般免关税；展览品免关税
其他税收、费用类	无需为人力和行政开支付税；区内企业可以一次性按季支付港口维护费，不用每次分别支付；大多数州和县税务机关免除区内库存税；投保价值不用包含应缴税额部分，减少保险费用；进入区内不需要原产地标记，节省手续和开销
其他类	简化进出口程序；区内企业相对于外部企业可以享受 24 小时无限制通关福利，每周享受只用申报一次过关记录、缴纳一次货物处理费的特殊政策；储存在自贸区的货物不受美国配额限制，一旦配额放开，优先入关；区内企业不必花费保险和保安费用；区内严格的库存控制减少错误发货概率；在没有销售、零售的情况下，商品可以在区内自由买卖

表4 日本提高市场化程度、扩大对外开放相关政策

时间	日本政策
1986 年	《前川报告》发布，提出"原则取消、例外规制"的政策方针，对国铁、专卖公社、电信公社等大型企业实行民营化改革，并放松金融管制
1992 年	建立日本公平贸易委员会监测财团不正当竞争及排外性商业行为，审查《外汇和外贸管制法》放宽外资投资限制
1993 年	实施《紧急综合经济对策》对 94 个项目放松规制
1994 年	日本就流通、电气通信、建筑等领域的 250 个规制项目实施放松，并通过"规制缓和推进纲要"，对土地住宅、信息通信、市场准入改善、金融等 4 个领域的 279 个项目实施规制缓和；12 月成立"行政改革委员会"，对政府的各项政策进行监督并对与民间活动相关的许可规制提出整改

的依赖。为缓解美日贸易战的影响，日本将注意力转向美国以外的市场，积极鼓励企业积极开拓其他市场，扩大对其他地区的出口。1985 年到 1987 年间日本对美出口占比高达近 40%，到 1992 年亚洲国家已取代美国成为日本最大的出口市场（见图 3）。

三、总体思路和目标定位

（一）指导思想

以习近平新时代中国特色社会主义思想为指导，深入贯彻党的十九大和十九届历次全会精神，坚持以"八八战略"为总纲，树立"一体化"意识

和"一盘棋"思想，以制度型开放为突破口，重点围绕长三角"大平台、大产业、大口岸、大开放、大市场、大环境"建设，在更大范围、更宽领域、更深层次上以更大力度协同推进对外开放，努力建成具有全球影响力的对外开放共同体，提升长三角在世界经济格局中的能级和水平，为全国区域一体化发展提供示范，为新型经济全球化贡献力量。

（二）发展目标

——**适应全球变局，打造价值链重塑的新高地**。适应全球价值链区域化、本地化趋势，深入实施创新驱动首位战略，持续推进产业基础高级化和产业链现代化，大幅度提升长三角地区在全

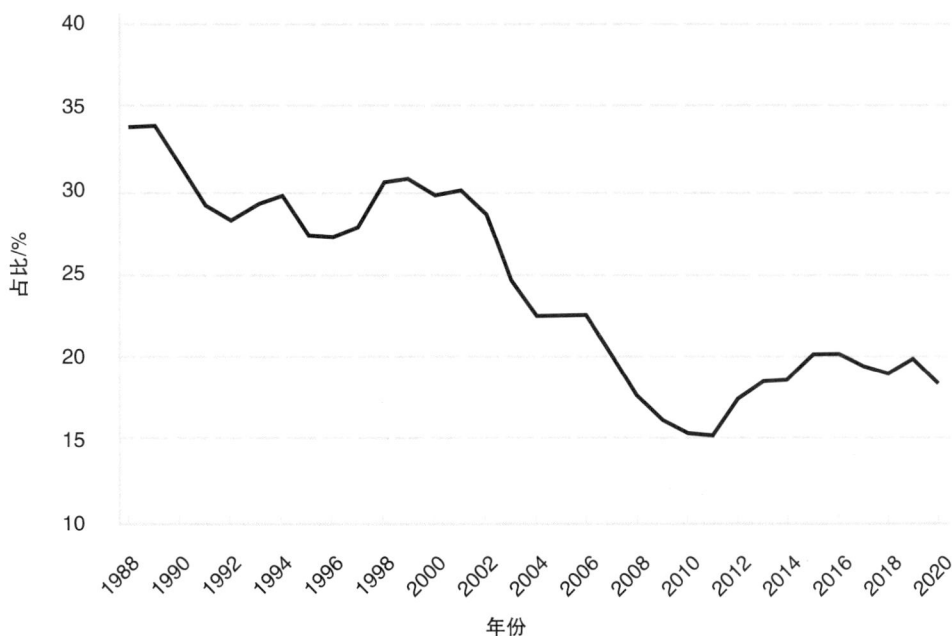

图 3 日本出口金额占出口全球金额的比例

球价值链中的位势，争取成为新一轮全球价值链调整的重要组织者和整合者，成为全球高端价值链的策源之地。到 2025 年，力争三省一市高新技术产品出口比重提升至 30% 以上，对国外关键技术、关键零部件的进口依赖度明显下降，共同维护我国产业链安全稳定。

——承担国家使命，打造制度型开放的新标杆。对标国际经贸规则，以三省一市自贸试验区先行先试和服务业扩大开放为突破口，在知识产权、政府采购、竞争政策、数据安全等新规则新议题方面加大风险压力测试，推动在更高起点上探索构建与国际通行规则相衔接的基本制度体系和监管模式。到 2025 年，形成更加成熟定型的制度成果，营商环境达到国际先进水平，成为引领我国新时代对外开放的鲜明旗帜和重要开放门户。

——强化科技赋能，打造全球数字贸易的中心。以贸易数字化转型为主线，围绕新模式、新业态打造云服务、数字内容、数字服务、跨境电商等优势领域，充分释放数字经济新动能，形成与国际接轨的高水平数字贸易开放体系，自由有序、安全合规、风险可控的数字贸易生态环境初步建立。到 2025 年，力争集聚一批引领数字贸易法则、具备价值链整合能力的数字跨国公司，长三角地区数字贸易进出口总额力争超过 2000 亿美元，年均增速达到 15% 以上，在新型贸易领域为全国探出更多路径。

——聚力两个市场，形成国内国际双循环的新格局。用好国内国际两个市场，集聚重点区域、重点平台、重点项目，发挥自贸试验区、中国国际进口博览会、虹桥国际开放枢纽等重要平台以及"一带一路"等重要枢纽的开放带动作用，打通双循环的痛点堵点，拓展贸易双向发展、市场双向投资、要素双向流动的合作空间，形成国内大循环的中心节点与国内国际大循环的战略链接。到 2025 年，力争进出口结构更加合理、"引进来"和"走出去"更加均衡、引资和引技引智更加协调。

四、协同高水平对外开放的对策建议

（一）大平台：构筑高层次战略开放平台

1. 加强自贸试验区协同发展。

充分发挥自贸试验区"压力测试"的使命担当，加强三省一市自贸试验区对接交流，共同探索差异化创新、一体化发展的制度安排。**一是深化自贸试验区联动发展**。推动《上海江苏浙江安徽自由贸易试验区联动发展战略合作框架协议》的落地，加快建立长三角自贸试验区联动改革机制，促进沪苏浙皖自贸试验区改革创新试点经验互学互鉴，推动长三角 5 个自贸试验区（新片区）联动协同发展。**二是共同谋划自由贸易港**。对标新加坡港，借鉴海南自贸港建设经验，以上海港、宁波—舟山港和南京—南通港为依托，共同谋划自由贸易港建设，以离岸贸易、数字贸易和跨境电商等为重点，打造国际贸易中心和金融结算中心。**三是形成优势互补的自贸试验区发展新格局**。临港新片区要加强制度创新，特别在金融开放和跨境数据流动上大胆探索、先行先试，为其他自贸试验区提供示范；浙江自贸试验区要以油气全产业链为核心，在油气储运、炼化、加工、海事服务等领域形成溢出效应，同时要加强与上海期货交易所等合作，建设大宗商品期现一体化交易市场；江苏和安徽自贸试验区要围绕各自产业，形成贸易投资便利化的更多制度成果。

2. 共建虹桥国际开放枢纽。

按照"一核心两带"的发展要求，统筹沪苏浙皖 14 个区域发展新空间，显著提升服务长三角和联通国际的能力。**一是共建国际化中央商务区**。依托虹桥商务区加快高端商务、会展、交通功能深度融合，共同打造长三角各城市"虹桥国际会客厅"。推进周边配套载体建设，积极推进杭州大会展中心项目规划建设，打造虹桥中央商务的重要协作区。**二是共建国际贸易中心新平台**。以虹桥进口商品展示交易中心、义乌小商品集散中心等载体为基础,联动虹桥、昆山、义乌、合肥进口贸易创新示范区发展,扩大产销联盟商品,打造面向长三角、服务全国、辐射亚太的进出口商品集散地。加快建设杭海国际数字贸易新城(海宁)、金山—平湖张江长三角科技城,推进嘉兴国家互联网产业国际创新园建设,强化国际贸易产业支撑。**三是共建联通国际国内综合交通新门户。**完善虹桥枢纽连通浦东机场和长三角全域的轨道交通体系,强化与苏浙皖机场联动,推进虹桥国际机场在嘉兴等地建设虚拟航站楼,"一站式"提前办理出关、乘机手续,提高交通出港便利度。

3. 持续放大进博会外溢带动效应。

坚持统筹国际国内两个市场两种资源,探索建立"依托进博会,促进双循环"的部市(省)合作机制,将进博会打造成我国新时代对外开放的标志性工程。**一是完善跨区域协同服务保障机制。**加强进口商品便利化协同,强化安保、口岸通关、环保、水域、航空、知识产权保护等重点领域协作。深化长三角区域采购商、供应商联盟合作,协同招商引资,共同策划和开展贸易投资配套活动,合作举办国际性会展。**二是联动打造永不落幕的进口博览会。**完善虹桥进口商品展示交易中心保税货物展示、价格形成、信息发布等功能。推动跨区域进口交易服务平台建设,加快培育杭甬温嘉义等进口商品"世界超市",支持温州打造浙南闽北赣东进口商品集散中心、嘉兴打造长三角进口水果集散中心、舟山打造国际农产品贸易中心、衢州打造四省边际商贸中心。**三是完善常态化制度安排。**将进口博览会期间的展品税收支持、通关监管、资金结算、投资便利、人员出入境等创新政策依法上升为常态化制度安排。协力把虹桥国际经济论坛打造成为比肩达沃斯的国际一流高层次经济论坛。

4. 合力打造全球数字贸易中心。

充分发挥长三角特别是浙江数字经济先发优势,通过整合数据要素优势和在跨境电商等模式创新上形成的经验,形成高水平数字贸易开放体系。**一是加快数字贸易先行示范区建设。**贯彻落实商务部数字贸易中国方案,大力推进数字服务出口基地和全球数字内容产业中心建设。深化浙江数字贸易先行示范区建设,全力争取在杭州举办全球数字贸易博览会,加快培育一批具有国际竞争力和影响力的龙头企业,打响数字贸易"长三角"品牌。**二是大力发展跨境电商。**深化长三角区域跨境电商综试区建设,实施主体分类培育。**三是加快 eWTP 试点全球布局。**加快推进 eWTP 在长三角及海外站点布局,打造串联全球中小企业的跨境电子商务平台,加快生产要素国际循环。**四是推动建立数字服务出口统一平台。**联合长三角 4 个数字服务出口基地,打造长三角数字服务出口统一平台,大力发展数字云、跨境金融、数字内容等服务贸易新业态新模式,培育和带动各行业龙头企业发展。**五是统筹推动数字贸易制度体系建设。**对区域内数字贸易模式采取审慎包容监管,协调区域政策,持续做好对长三角区域跨境电商、市场采购、外贸综合服务等新型贸易的发展支持。统筹推动统计、标准、监管的数字贸易制度体系建设,加强三省一市数据共享和审批联动。探索设立国际电子贸易商事仲裁和调解机构,提升长三角在全球数字贸易中的枢纽地位。

(二)大产业:维护区域产业链供应链安全稳定

1. 提高产业链创新力。

坚持创新在现代化建设全局中的核心地位,强化锻造长板与补齐短板齐头并进、自主创新和开放创新相互促进、科技创新和制度创新双轮驱动,为解决产业链供应链关键环节"卡脖子"问题勇当探路先锋。**一是强化战略科技力量支撑。**充分发挥上海张江、苏南、杭州、合芜蚌、宁波温州国家自主创新示范区的集聚优势,对标世界一流建设一批科研院所、研究型大学、应用型科技大学和前沿科学中心,推进长三角国家实验室体系优化升级和共建共享,赋予更大经费使用权和资源调动权等,打造高水平基础研究力量。**二是**

打好关键核心技术攻坚战。围绕长三角战略性支柱产业、新兴产业和未来产业发展，积极探索新型举国体制的"长三角路径"，推行科技攻关"揭榜挂帅"制度，加快在集成电路、新材料、工业软件、高端设备等领域补齐短板，形成更多从"0"到"1"的突破。**三是提升产业链供应链现代化水平**。深入实施产业基础再造工程，加快产业链供应链锻长板、补短板。加大关键备件储备，支持国产替代加大应用，集聚更多产业链供应链骨干企业，着重培育一批细分领域龙头企业、"隐形冠军"，探索建立适用不同产业链特色的政策供给机制。

2. 提升产业链协同力。

立足三省一市产业优势，深化合作、细化分工，提高全球资源配置和防范国际市场风险的整体能力。**一是强化上下协同**。协同攻克产业链共性短板，推动产业链上中下游、大中小企业间分工合作、融通发展，通过增链延链补链的方式，以更大力度维护区域产业链的安全稳定。**二是强化内外协同**。完善长三角 27 个中心城市区域产业政策，优化重点产业布局和统筹发展，鼓励临港、漕河泾、张江、市北高新等品牌园区输出开发管理标准和品牌，支持上海漕河泾开发区海宁分区等一批跨省合作载体发展，摒弃行政干预企业正常迁移行为。**三是强化要素协同**。立足电商平台、大数据核心技术和长三角制造网络等优势，打通行业间数据壁垒，堵住政府间行动时滞，推动长三角区域内信息共享、人才互认、资本互通、技术互鉴，进一步增强政策执行的一致性和国际高端要素的集聚能力。

3. 推动产业链安全和全球备份。

坚持经济性和安全性相结合，在留住研发、设计、品牌、结算等核心环节的前提下，有序引导低附加值制造环节走出国门，联合构建更加可控、更加安全的国际产业链与供应链。**一是合力打造世界级先进制造业集群**。协同开展长三角地区工业强基工程，以国家级开发区和自贸试验区

为重要依托，加快核心基础零部件、先进基础工艺、关键基础材料、关键产业技术基础等工程化产业化，合力打造世界级先进制造业集群。**二是引爆全球数字经济新蓝海**。把握第五代移动通信、工业互联网和大数据中心等新型基础设施先发优势，引导长三角区域内企业开展设备换芯、生产换线、机器换工为核心的智能化改造，培育更多全球数字经济"链主"企业，打造全球数字经济发展新高地。**三是联合加强国际战略备份**。推动长三角企业抱团从世界工厂到在全世界设工厂，打通产业链内外循环通道，通过兼并、收购、新建等形式建设海外研发中心，构建以本土功能总部为主、本地国际双备份的全球供应链。争夺全球产业链话语权。

（三）大口岸：共建对外开放基础设施

1. 合作共建高能级全球航运枢纽。

采用开放化、市场化手段，推动长三角港航资源深度整合与合作，打造世界级的航运枢纽。**一是合力打造世界级机场群**。以增强面向长三角、全国乃至全球的辐射能力为导向，巩固提升上海国际航空枢纽地位，优化提升杭州、南京、合肥等城市机场枢纽功能，完善区域机场协作机制，构建分工明确、功能齐全、联通顺畅的机场体系。**二是提升区域航空服务品质**。以面向全国、辐射全球为发展导向，加强长三角机场群之间信息共享、运营管理、航班备降、应急救援等方面合作力度，构建与全球航运枢纽能级相适应的航空服务体系。**三是建设航空快件国际枢纽中心**。加强航空货运设施建设，支持浦东机场探索航空中转集拼业务，全面实施国际旅客及其行李通程联运，建设具有物流、分拣、监管功能的航空货站，打造区域性航空总部基地。

2. 推进长三角口岸通关一体化建设。

深化长三角口岸合作，加强协调对接，提升通关一体化水平。**一是共建长三角国际贸易"单一窗口"**。高效推进长三角电子口岸平台"通关＋物流"数据互联互通和点对点信息共享，搭建国

际贸易物流信息管理系统和信息共享平台，提升长三角跨境贸易便利化水平。**二是推动口岸监管全链条无缝化。**以口岸与海关特殊监管区"区港联动""区区联动"为切入口，建立进出口商品全流程质量安全溯源管理平台，整合生产、监测、航运、通关数据共享和业务协同，实现口岸监管数字化、一体化。**三是打造长三角智慧口岸。**探索设立"AI智能通关""货物自动申报""全程防伪溯源"和"区块链资质单证验证"等数字化支撑功能系统，实现"货物位移自动申报、资质文件自动验核、无盲点监管秒通关"的智慧通关体系。协同推进亚太示范电子口岸网络（APMEN）互联互通，逐步在长三角推广144小时过境免签电子申请系统。

3. 打造长三角"四港联动"国际物流大通道。

以海港为龙头、陆港为基础、空港为特色、信息港为纽带，构筑长三角开放互通、一体高效、绿色智能的"四港"联动发展新格局。**一是加快海陆空基础设施互联互通。**加快长三角货运铁路、港区铁路支线和高速公路建设，着力破解以海铁、海公、江海等多式联运设施"最后一公里"问题。**二是加强设施装备标准连接。**鼓励研发专业化联运设施装备，加大跨运输方式的快速换装设备研发力度，广泛采用"集改散"运输模式，加快江海河联运船型标准化升级。**三是统筹优化长三角中欧班列资源。**合理规划调配路线，提升中欧班列整体运营质量和效益。鼓励区域内相关企业统筹规划全球商贸流通网络建设，打通海内外产品市场渠道。

（四）大开放：联动扩大开放参与国际大循环

1. 共同推动外贸高质量发展。

强化稳住外贸基本盘意识，加快推进外贸发展由要素驱动型向创新驱动型转变，由规模速度型向质量效益型转变。**一是优化新型贸易方式。**协调区域政策，共同推动对外贸易创新发展，支持鼓励长三角跨境电商、市场采购、外综服等新型贸易发展。**二是优化外贸经营主体。**鼓励行业龙头企业提高国际化经营水平，逐步融入全球供应链、产业链、价值链，形成在全球范围内配置要素资源、布局市场网络的能力。支持推动中小企业转型升级，聚焦主业，走"专精特新"国际化道路。**三是提升外贸国际竞争力。**促进贸易与产业互动发展，加快培育沪苏浙机电产品、高新技术产品出口优势，引导企业巩固提升传统市场，开拓新兴市场，稳固国际市场份额。**四是联合防范国际经贸风险。**依托商务部长三角产业安全监测工作站建立各省分中心，重点对长三角进出口中的货物贸易、技术贸易和国际服务贸易异常波动情况实行动态监测。建立进出口商品风险监测信息交流共享、缺陷进口消费品追溯召回等联动协调机制。

2. 共同打造高质量外资集聚区。

一是实施投资自由化。借鉴国际自由贸易园区的通行做法，实施外商投资安全审查制度和更加便利的商事制度，完善外资企业投资服务体系，进一步放宽外资企业注册资本、投资方式等限制，促进各类市场主体公平竞争。推广上海特斯拉超级工厂容缺审批模式，聚焦企业全生命周期，双线并行开展审批工作，实现全链条"极速审批"。**二是加强招商引资协同。**聚焦数字经济、生命健康、新材料、新能源汽车等重点领域，联合做好外资招引工作，探索建立长三角开发区招商合作机制、产业创新协同发展机制，积极推进强链延链补链。共同策划和开展贸易投资配套活动，联合打造优质外资招引平台，提升整体效果和影响力。**三是联合打造优质外资招引平台。**坚持共建共享、优势互补，推动沪浙皖共建国际产业合作园，支持设立跨国公司地区总部、外资研发中心等特色外资平台，实现长三角与亚洲供应链体系对接。

3. 共同推进更高水平的"走出去"。

长三角是企业"走出去"对外投资，服务"一带一路"建设的桥头堡。**一是加强国际产业合作园建设。**依托经济技术开发区、高新技术产业开发区等各类开发区，加快建设中韩（盐城）产业园、中意宁波生态园、中德（合肥）合作智慧产业园及太仓、芜湖、嘉兴等中德中小企业国际产业合作园。**二是深化国际投资贸易合作。**依托上海国际大都市和南京、杭州、合肥等中心城市，高水平打造国际组织和总部经济聚集区，加快推进中国（宁波）"17+1"经贸合作示范区建设，协同打造长三角对外投资合作发展联盟。**三是加快建设境外经贸合作区。**推进中印综合产业园区青山园区、埃塞俄比亚东方工业园、泰中罗勇工业园等一批境外经贸合作区建设，强化国内国际市场交流，充分调动区域内企业、人才、资本等生产要素"走出去"

4.联动推进"一带一路"重要枢纽建设。

以"一带一路"建设为统领，在更高层次、更宽领域，以更大力度协同推进长三角对外开放。**一是数字"一带一路"，**在"一带一路"沿线国家探索设立国际离岸数据中心，推动移动支付、城市大脑、新零售、无人仓储等数字化应用场景向"一带一路"沿线辐射和推广。**二是物流"一带一路"，**以"四港"联动打通国际物流大通道，加快义甬舟开放大通道东拓西延，打通与江西、安徽长江以南内陆地区内循环开放融合的交通、贸易、创新和生态西延通道。**三是民营企业"一带一路"，**启动"丝路领航"三年行动计划，加快培育本土民营跨国公司。大力实施金融支持浙商境内外一体化发展行动，帮助长三角民营企业抓住全球产业链、供应链重构和修复经济全球化的战略机遇。**四是产业链"一带一路"，**实施重大强链补链项目全球精准合作计划，加快国际产业合作园和境外并购回归产业园建设，形成更多的面向南方国家、面向"一带一路"沿线国家的国际大循环模式。**五是文化"一带一路"，**积极开展文旅会展合作，高水平建设金华中非文化合作示范区等中外文化合作交流平台，打造"一带一路"文化影

视基地，努力形成多元互动的人文交流格局。**六是健康"一带一路"，**积极开展抗疫国际合作，加强传染病联防联控、卫生应急等公共卫生领域国际合作，推动疾病防控技术交流和经验共享、医用物资和药品标准互通互认，构建卫生健康命运共同体。

（五）大市场：畅通市场要素跨境流动

1.增强长三角大市场对国际要素的吸引力。

依托上海全球城市功能，杭州、南京中心城市功能，充分发挥各自在信息、金融、科技、市场等方面的优势，加快集聚全球优质创新要素。**一是打造跨国总部和国际组织集聚高地。**从顶层设计、营商环境、政策培育引导等方面，进一步提高跨国公司投资便利度，加大跨国公司总部及功能性机构集聚长三角。推动总部机构拓展研发、销售、贸易、结算、数据等功能，向价值链、产业链高端发展。**二是打造国际会议会展中心。**依托上海、杭州、苏州、南京等核心城市，大力引进国际知名会展企业总部、境内外专业组展机构、国际品牌重要展会及其上下游配套企业，支持打造具有国际竞争力的会展集团。争取更多国际会议或创业大赛永久会址落户长三角。**三是打造世界级战略资源储备基地。**聚焦金属、能源、化工、矿石等领域，协同打造一批服务全国、面向国际、内外连接、期现联动的大市场平台。推动期现联动，探索研究"期现联动"多部门协同监管制度。加快探索国际大宗商品贸易中心建设，将长三角区域打造成为我国重要的战略资源储备基地。

2.打造国际人才避风港。

把握全球人才流动新趋势，以超常规举措面向世界汇聚一流人才，让长三角成为天下英才向往的机遇之地、逐梦之地。**一是实施更加便利的出入境管理政策。**实施更大范围适用免签入境政策，逐步延长免签停留时间。优化出入境边防检查管理，为商务人员、邮轮游艇提供出入境通关便利。**二是探索适用国际的人才管理规则。**完善

国际人才评价机制，建立外国人工作许可负面清单管理制度，逐步推进境外专业技术人才职业资格备案执业制度，先行先试更加开放便利的工作许可、长期居留和永久居留政策。**三是健全国际人才服务保障体系。**学习深圳经验，全面实施境外人才个人所得税税负差额补贴政策。推行国际人才引进"单一窗口"和电子化服务，为国际人才提供精细化、专业化、个性化服务。

3. 主动融入全球创新网络。

高起点、高层次开展国际科技合作，构建科技领域开放创新新格局，共同打造长三角科技创新策源地。**一是"引进来"突破重大关键技术瓶颈。**聚焦集成电路、人工智能、先进材料、生物医药、高端装备等重点领域，推行国际科技攻关"揭榜挂帅"制度，三省一市设立联合创新专项资金，形成国际研发团队混合编队，实现重大关键技术突破。**二是"走出去"借力海外优势创新资源。**鼓励有条件的科技园区和企业"走出去"，在海外特别是科技创新资源密集的发达国家，通过自建、并购、合作共建等多种方式建立研发中心或科技企业孵化器，面向海外配置科技资源，跟踪国际科技发展前沿，提升科技创新能力。**三是加强高等教育和创新平台合作。**学习粤港澳经验，支持海外名校来长三角合作办学或独立办学。通过"一区两园"模式，推动与国外高校、科研单位、技术转移机构及企业共建国际科技合作基地，提升源头创新能力。

4. 推动金融要素有序流动。

发挥上海国际金融中心带动作用，在风险可控前提下，借鉴国际通行的金融监管规则，有序推进长三角地区和境外资金自由便利流动。**一是推动跨境资金流动便利化。**探索开展本外币合一跨境资金池试点，建立本外币一体化账户体系，支持跨国合规企业开展本外币资金余缺调剂和归集业务。争取类似于海南自贸港的结汇政策落地，允许海外人才将薪酬收入、成果转化收益等合法收入汇至境外，畅通资金便利化通道。**二是探索资本市场双向开放。**支持符合条件的机构申请 QDII、RQDII 业务资格，推动证券、基金、期货等金融机构"走出去"和"引进来"。争取开展 QDLP/QDIE 试点，促进境内外金融市场互联互通。**三是提升人民币跨境金融服务能力。**支持开展人民币跨境贸易融资和再融资业务，鼓励跨国公司设立全球或区域资金管理中心，推动长三角资本市场服务能级再提升。

5. 实施数据跨境安全有序流动。

在确保数据流动安全可控的前提下，扩大数据领域开放，创新安全制度设计，实现数据充分汇聚。**一是推进国际数据港建设。**探索构建安全便利的国际互联网数据专用通道，推动工业数据、贸易数据、金融数据跨境流通试点。利用区块链技术，探索建设长三角通关物流数据共享平台，实现三地跨境贸易数据"上链"。**二是加强数据跨境安全保护体系。**制定长三角公共数据管理办法，完善数据分类分级安全保护制度。探索建立数据保护能力认证等数据安全管理机制，推动数据出境安全管理和评估试点。**三是开展国际合作规则试点。**探索在数据交互、业务互通、监管互认、服务共享等方面的国际合作及数字确权等数字贸易的规则研究，共同搭建数字知识产权海外维权渠道和争议解决机制。

（六）大环境：合力打造国际一流营商环境

1. 全面参与和接轨国际治理。

把握上海市作为世界银行营商环境评价样本城市机遇以及苏浙营商环境先发优势，全面对接国际一流，提升接轨国际高标准经贸规则的能力。**一是实施具有国际竞争力的税收政策。**借鉴临港新片区对货物贸易、服务贸易、外资企业和境外个人的特殊税制，在长三角其他自贸试验区研究推出适应境外投资和离岸业务发展的税收政策，试点自由贸易账户的税收政策安排。**二是深度参与多边双边自贸协定谈判。**抓住 RECP 和中欧投资协定落地契机，加强与东盟、欧洲、日韩之间形成国际大循环中的区域小循环。以各种方式融入中日韩自贸协定、全面与进步跨太平洋伙伴关系协定谈判进程，提前卡位应对经济全球化的长期趋势。**三是在新规则新议题加快制度开放。**针对竞争中性等非关税原则成为主流的现实，在知识产权、政府采购、竞争政策、数据安全等新规则新议题方面，试行最短清单、最优服务，以货物贸易"零关税"、服务贸易"既准入又准营"为方向推进贸易自由化便利化，为全国制度型开放贡献更多实践成果。

2. 探索开展服务业开放压力测试。

探索放宽服务业相关限制措施，重点聚焦互联网、教育医疗、专业服务等领域，探索服务业开放发展的新业态、新模式、新路径，形成与国际先进规则相衔接的制度创新和要素供给体系。**一是推动互联网和信息服务领域扩大开放。**借鉴北京经验，探索向外资开放国内互联网虚拟专用网业务，吸引海外电信运营商通过设立合资公司，为长三角外商投资企业提供国内互联网虚拟专用网业务。探索建立适应海外客户需求的网站备案制度。**二是推动教育和医疗服务领域扩大开放。**借鉴粤港澳经验，加大国际教育和国际医疗供给，完善外籍人员子女学校布局，鼓励外商投资成人类教育培训机构，试点使用欧美发达国家注册的临床急需药品和医疗器械。**三是推进专业服务领域开放改革。**探索会计师事务所在自贸试验区设立分所试点。支持境外评级机构设立子公司并开展信用评级业务。允许境外知名仲裁机构及争议解决机构在长三角特定区域设立业务机构，就国际商事、投资等领域发生的民商事争议提供仲裁服务。

3. 提升数字赋能协同对外开放的能力。

以数字化改革撬动对外开放业态创新、流程再造、效率提升，支撑长三角为全国多做贡献。**一是打造综合应用数字化平台。**依托浙江前期经验基础，集成三省一市"单一窗口"、国际集装箱、外贸"订单＋清单"、物流信息枢纽港等数据和系统，挖掘宏观、中观、微观以及高频数据，形成监测分析、疫情服务、企业问题快速响应、精准预警、政策推进等多种应用场景，为长三角协同对外开放提供技术支撑。**二是构建贸易数字化新场景。**推进数字技术在国际贸易交易流程中的应用，创新货物在途、在仓、交易、交付等数字化动态追踪管理模式，为交易行为和质押融资等贸易金融模式提供多维度保障和支持。加强社交媒体作为虚拟电子商务营销场景的功能，依托电子商务平台拓展长三角产品"卖全国""卖全球"的数字化营销渠道。**三是共建产业链安全数据中心。**深入研判全球产业链供应链走势，聚焦集成电路、新材料、生物医药、高端装备等核心产业环节，滚动编制长三角产业链断链断供风险清单，筛选形成链主企业培育清单和"卡脖子"技术攻坚清单。

4. 推动政务服务长三角"一网通办"。

强化政务服务标准化合作，探索"一事四地""一策四地""一规四地"改革创新举措，实现区域内市场主体政务服务"零差异"。**一是统一区域市场标准。**共同制定服务领域"长三角标准"，推动三省一市在政务规划、政务目标、政务服务、工作方式等方面形成规范化流程，试点高频事项一个标准、一种时间、一种材料，让市场主体享受"零差异"政务服务。**二是推动长三角"一网通办"建设。**建设长三角数据中心和政务数据交换共享平台，推进电子证照共享互认，促进区域数据资源互通共享、统筹调动和创新应用，实现线上"一地认证，全网通办"、线下"收受分离、异地可办"。**三是拓展"全程网办"服务。**全面形成线上"申报＋咨询＋受理＋审批＋发证"的全程网办业务模式，推进"综合窗口"改革，实现"一窗受理、集成服务"，打造更多"一站式"服务品牌。创新政务服务移动端"无感漫游"应用，实现跨区域异地服务自动切换。

提升海洋开放合作水平研究

海洋开放是新时代展现中国特色社会主义制度优越性的重要海上窗口，而海洋正是浙江发展的最大优势、最大潜力、最大空间所在。2020 年，浙江管辖海域面积 4.4 万平方公里，海岛总数 4350 个、海岸线 6600 公里，均位居全国第一。习近平同志在浙江工作期间，提出浙江要从海洋大省向海洋经济强省跨越，大力发展海洋经济。[1] 探索提升海洋开放合作水平，不仅是贯彻落实党中央决策部署，推动海洋经济大省向海洋强省跨越的使命需要，也是新时代我省加快长三角一体化建设和争创社会主义现代化先行省的具体要求。

一、海洋开放合作的现实基础

党的十八大以来，浙江省委省政府高度重视海洋开放合作，始终坚持一张蓝图绘到底，在涉海平台开放、海洋通道建设、海洋口岸通关和海洋贸易投资等方面久久为功，为"十四五"全省加快海洋资源大省、海洋经济大省向海洋经济强省跨越奠定了坚实基础。同时，全球产业链、供应链的重构和国内国际双循环格局的加速形成，也给海洋开放带来新的机遇和挑战。

（一）发展现状

1. 涉海开放平台加快创新。

浙江自贸试验区自挂牌以来，连续取得四批"十大标志性成果"和制度创新，如舟山先后开展三项"全国首创"油气交易改革等，杭州片区落地"数字清关"新模式，宁波片区成为中资非五星红旗国际航行船舶沿海捎带业务试点。与省内外自贸试验区合作深化，推动成立长三角自贸试验区联盟。综合保税区建设取得重大进展，温州、绍兴、义乌综合保税区获批设立，特殊监管区由 8 个增至 11 个。中东欧合作开放空间广阔，中东欧国际产业合作园、贸易物流园建成投用，中国—中东欧国家经贸合作示范区建设绩效评估连续两年获得全国第一，2020 年中东欧进出口总额逆势增长 3.7%，双向投资占全国份额达 5%，均位居全国前列。捷克站、迪拜站等海外系列站和 15 个境外经贸合作区建设深入推进，吸引入驻企业 500 余家，投资规模超 60 亿美元。

2. 海洋通道建设加快推进。

义甬舟开放大通道辐射能力显著增强，东向开放枢纽功能不断提升，全省港口一体化深度整合，基本形成以宁波舟山港为"一体"，以浙南温州港、台州港和浙北嘉兴港等为"两翼"，义乌国际陆港和其他内河港口联动发展的新格局，全省沿海港口完成货物吞吐量 14.1 亿吨。其中，宁波—舟山港货物吞吐量连续 12 年蝉联全球首位，新华—波罗的海国际航运中心发展指数排名从 2016 年的第 23 位跃升至 2020 年的第 11 位。与长三角区域港口协作不断增强，沪浙一体化小洋山北侧开发加快推进。与"一带一路"沿线 30 多个港口缔结友好港，"一带一路"远洋航线年均增长 2 条，覆盖全球 100 多个国家和地区超 600 座港口。西向陆海联动枢纽功能不断增强，金华（义乌）商贸服务型国家物流枢纽获批，2020 年义乌陆港完成年集装箱吞吐量 200 万标箱，海铁联运量和江海联运总量增长至 2015 年的 5.9 倍和 1.3 倍，其中海铁联运触角伸达全国 56 个地市，舟山江海联运服务中心承载着长江经济带 40% 的铁矿石和 50% 的粮食中转业务，浙江东连广阔大海、西拓欧亚大陆的重要通道越走越宽。

3. 口岸通关水平快速提升。

数字口岸建设加快，率先搭建统一共享的海关、海事、边检联合登临工作平台，实现数据复用互换和上下港监管结果互认，国际贸易"单一窗口"船舶通关"一单多报"经验成为全国样板。通关模式不断创新，如杭州口岸启动"提前申报，货到验放"通关模式；宁波舟山港实施进口"船边直提"、出口"抵港直装"模式，进出口集装箱提货时长从平均 1 ～ 2 天压缩至 3 ～ 5 个小时，进口通关效率居长三角首位；舟山创新"无人机＋尺水计重"等 56 项通关监管举措，平均节省港口作业时间 1 小时 / 次。通关一体化取得明显进展，率先试点船舶通关一体化改革，与上海洋山深水港、安徽港、南京港、芜湖港等水水中转持续紧密，沪杭空港物流实现"当日发、当日达、双向转"。

4. 海洋贸易投资持续壮大。

海洋贸易规模稳步提升，对"一带一路"沿线国家进出口总额稳定在万亿元以上，2020 年达 1.16 万亿元，占全省进出口比重 34.2%，是 2015 年的 1.7 倍。2020 年，浙江自贸试验区油品贸易额逆势增长 74.3%，达 5580 亿元，是 2017 年的 5.6 倍。国际投资合作不断深入，波音舟山 737 完工和交付中心建设加快，完成首架飞机正式交付，推动沙特阿美等外资石化企业参与投资建设浙江石化基地项目。埃克森美孚、BP 集团等国际油气巨头入浙投资合作加快，签约金额超 560 亿元。省海港集团通过股权投资、技术管理输出等形式投资印尼、荷兰和缅甸等海外港口，成功并购捷克天空领航者，捷克机型年交付整机超 50 架。

（二）存在问题

1. 国际供应链不稳定因素给海上贸易带来挑战。

2020 年以来，新冠肺炎疫情对涉海领域进出口贸易、引进外资和对外经济合作带来严重冲击，洲际及东亚国际航线，以及邮轮相关服务几乎停滞，芯片等原材料供应不足，原油和铁矿石等大宗商品价格暴涨暴跌，原本"一箱难求"的国际航运业"旧伤"未愈又添"新愁"。后疫情阶段，全球供应链加速角逐，海洋运输的不确定性和要素价格波动的不规律性愈发显现，越来越多的中间商品跨境交易困难，如苏伊士运河堵船事件、国内海产品冷链供应链新冠病毒污染事件等，对海上贸易通关和检验检疫都提出了更高要求。我省进出口贸易占全球比重约 1.5%，且绝大部分依托于海上运输，海洋贸易的稳定性和持续性将受到较大冲击。

2. 新型国际经贸规则调整对海洋开放提出更高要求。

从全球宏观形势来看，拜登总统上台后，试图拉拢欧盟对抗中国"一带一路"倡议，特别是 G7 抱团达成全球最低企业税率协议，RCEP 严格执行"原产地累积规则"、中欧投资协定搁浅等因素，更加剧了欧美发达国家的"排中"情绪，我国外部开放压力明显承压。与此同时，全球服务贸易 50% 以上已经实现数字化，超过 12% 的跨境货物贸易通过数字化平台实现，服务贸易和数字贸易成为国际经贸规则重构的竞争焦点，多种形式的数字壁垒高企，外部投资环境限制持续攀升，我省外贸中小企业抱团出海、挖掘国际资源的阻力进一步增大，争抢国际经贸规则制定主导权也将面临巨大挑战。

3. 国际中转程度较低导致大量海洋高附加值业务外流。

从国际中转航班组织看，全球多数班轮公司

多选择在新加坡、香港、釜山港口中转。我省港口等受监管模式、运输政策及航线航班等多种因素影响，集拼箱业务主要是韩国、日本发往欧洲的远洋货物，混拼着其他目的港的近洋货物，与沿海、沿江内支线船舶所承运的转关货物以及宁波本地货源一起混拼成箱，国际中转集拼业务刚刚起步。加上"启运港退税""中资非五星旗船沿海捎带"等政策的影响，很难稳定集聚高附加值的集装箱货源。

4.海洋港口内耗性竞争问题突出导致区域发展不平衡。

长三角各港口之间由于腹地市场交叉，箱源、货源方面仍存在不少无序竞争，部分港口在码头泊位建设、港口航线开辟、航运业务发展上仍追求"大而全"，缺乏一体化统筹规划，造成一定程度的资源浪费和资源错配。比如，浙沪之间历来存有大小洋山之争，不仅是行政隶属问题，上海在洋山建设深水港也一定程度影响到北仑港的发展，深化合作开发遇有较大的行政壁垒。再如，宁波舟山港集中全省80%以上的集装箱吞吐量，温州港因城市土地资源贫瘠，长期面临围垦造陆、内基不稳的双重风险等，全省港口发展不均衡现象依然突出。

二、先进地区典型经验

（一）美国

美国沿海人口占据全国的50%，驱动80%的GDP和95%的对外贸易，是全球海洋经济发达国家之一。其海洋开放合作经验主要表现在：**一是港口一体化管理**。美国于1921年成立纽约新泽西港务局，专门负责码头公共设施、航道及货物信息互联互通系统建设与维护，并对码头业务、码头安全等实行统一化管理。**二是善于将国家意志上升为全球共识**。美国海关非常注重借助国际平台来施行本国的制度，如为全面实施美国集装箱安全倡议，美国取得了IMO（国际海事组织）的支持配合，并与国际主要海运公司建立了安全伙伴关系，在WCO（世界海关组织）框架下建立起了保证国际贸易供应链安全与便利的多边合作机制。**三是统筹建立海洋管理体制机制**。美国先后成立了高级别的国家海洋委员会、海洋管理协调委员会、地区咨询委员会、国家海洋委员会指导委员会等，用于推动国家海洋发展政策落地，统筹协调涉海各部门日常工作（见表1）。

（二）新加坡

新加坡港拥有国际航线300多条，与全球120多个国家和地区来往密切，综合服务好、国际中转业务全球领先，其海洋开放经验主要体现在三方面：**一是实行自由港政策**。新加坡港实行自由通航、自由贸易，允许境外货物、资金自由进出，对所有进口商品免征关税，与进出口相关的货物装卸、搬运、运输、保险等服务都适用零税率，同全球各国签订的自贸协定20余项，大大提升了海洋贸易自由化水平。**二是"一站式"网络通关**。新加坡1989年搭建海关系统贸易网络，打

表1　美国海洋开放政策

年份	相关政策措施
1966	《海洋资源与工程开发法》成立海洋科学、工程和资源总统委员会，对美国的海洋问题进行全面审议
2000	根据《2000海洋法令》成立了国家海洋政策委员会，重新审议和制定美国新的海洋战略
2005	《21世纪海洋蓝图》是对美国海洋工作最全面、最彻底的回顾，绘制了海洋科学发展路线
2013	《国家海洋政策实施计划》中强调涉海部门间的协调与合作，简化涉海审批流程，更好地管理海洋、海岸带和五大湖
2018	《美国国家海洋科技发展：未来十年愿景》确定了2018—2028年间海洋科技发展的迫切研究需求与发展机遇，以及未来10年推进美国国家海洋科技发展的目标与优先事项

通了海关、税务等涉及进出口贸易的 35 个部门，通过港口与海关、海事、商检等口岸单位的信息一体化，推动通关时间由 2～7 天压缩至几分钟，"大通关"效率显著提升。**三是实施域外经营战略。**1996 年，新加坡港务集团 PSA 取得域外投资经营权，配合国家区域发展战略，在中国、印度、俄罗斯等地建有"飞地"工业园区，同时在域外 18 个国家投资经营超 50 个港口，大力抢夺全球集装箱运输市场（见表 2）。

（三）中国（粤港澳）

粤港澳大湾区海洋资源丰富，是我国引领海洋经济高质量发展的重要区域，也是积极探索海洋开放合作、参与国际竞争的前沿阵地。其开放合作经验主要体现在四方面：**一是港口发展一体联动。**启动"粤港澳大湾区组合港"，搭建港口物流及贸易便利化服务平台，共享港口代码，各港口之间流转货物直接调拨，一次报关、一次查验、一次放行，大幅压缩通关时间和成本。**二是构建"海陆空铁"大通关体系。**立足前海湾保税港区，启动"陆铁联运""粤澳跨境货栈"，实施粤港澳大湾区"一港通"，依托国内大市场畅通与 RCEP 区域之间供给、需求、投入产出、物流商流联通效率和便利化水平，大幅提升货物通关效率。**三是创新关检合作监管模式。**综合运用一次申报、分批出境，小商品简化归类、汇总申报，进口食品检验前置及第三方采信等创新制度，在信息互换、监管互认、执法互助等领域实现便利化通关。**四是实施启运港退税优惠。**比如，企业水路转关运输至南沙保税港区和深圳前海保税港区的出口货物，经正规运输船舶承运，在中山港各指定水运口岸启运出发后，企业即可凭报关单放行信息等材料到税务部门办理出口退税手续，大大压缩了外贸企业资金积压成本（见表 3）。

三、总体思路

（一）指导思想

坚持以习近平新时代中国特色社会主义思想

表 2　新加坡海洋开放主要做法

领域	主要做法
海洋港口	港口信息化建设上，20 世纪 80 年代首创了集装箱码头作业系统 (CITOS)；90 年代，建立以堆场自动化装卸为核心的半自动化码头，近年来大力推进数字化建设；港口整合上，1996 年，港口管理体制改革，新加坡港务集团 (PSA) 负责港口生产经营，重点从事国际集装箱业务，海运与港口管理局 (MPA) 负责港口管理，主要从事散杂货业务
海洋税费	实施自由贸易港政策，货物入境基本实现零关税。9 个自贸园，货物首次进入自贸园免缴消费税，进入新加坡市场销售才需缴税；30 多个享有税收减免权的工业区，从事特定产品简单加工；70 余个保税仓库；与中美日等国签订了 21 份双边或多边自贸协定，入境贸易投资者可享受多种税收优惠
海洋通关	1989 年建立全球首个国家级电子贸易通关系统（TradaNet），所有通关手续实现"一次录入、一次申报、一次办结"；2007 年贸易交换网络（TradeXchange）上线，可实时向国外海关共享电子舱单、电子清关等数据

表 3　中国（粤港澳）海洋开放主要政策做法

领域	相关政策举措
港口联动	启动粤港澳大湾区组合港项目，实现"多港口如一港"； 实施"海空港联动"，建设海陆空铁一体贯通的全立体跨境流通体系
涉海基建	相继建设港珠澳大桥、深中通道、狮子洋通道等涉海基础设施； 港珠澳大桥实施"港车北上"政策
通关便利	实行"一地两检"通关模式，新皇岗口岸引入港方查验区域； 各港口之间流转货物只需一次报关，一次查验，一次放行，无需办理转关手续

为指导，深入贯彻党的十九大和十九届二中、三中、四中、五中全会精神，以"八八战略"为总纲，以融入长三角一体化和"一带一路"建设为契机，以助推国际国内双循环为基本导向，全域谋海、陆海统筹，发挥浙江海岸线长、海岛多等资源优势和区位空间优势，构建蓝色伙伴关系，着力推动海洋贸易投资便利化、海洋港口通关一体化、海洋制度开放国际化和海洋产业链安全长效化，推动形成全方位、多层次、宽领域的海洋开放合作新格局。

（二）发展目标

海洋贸易投资便利化。 适应全球海运贸易增量发展大势，构建国际货贸、服贸一体化调控体系，推动对外投资和利用外资协调发展，大力提升海上贸易投资融合和便利化水平，打造国际国内海洋要素大循环的重要动力源。到2025年，对"一带一路"沿线国家进出口贸易突破2万亿元，数字贸易达到1万亿元，海洋贸易投资自由化便利化达到更高水平。

海洋港口通关一体化。 对标世界一流海洋强港，以沿海港口、内河港口一体化运营和内陆无水港联动发展为纽带，深化全省港口功能定位与协调对接，加快口岸与海关特殊监管区"区港联动""港产城融合"，实现集海关、检验检疫、海事、边检、报关企业、货代船代企业于一体的"大通关"。到2025年，宁波舟山港年集装箱吞吐量突破3500万标箱，全省港口通关一体化达到更高水平。

海洋制度开放国际化。 对标国际经贸规则最高标准，加快建立完整规范的海洋贸易交易体系，离岸贸易、转口贸易和服务贸易制度建设取得新突破，在更高起点上健全与国际通行规则相衔接的对外开放制度和海洋监管模式，为在国际经贸规则、海洋治理机制、海洋行业标准制定等方面发出"中国声音"，展现浙江作为。到2025年，形成更加成熟定型的制度开放成果，对外营商环境达到国际先进水平，成为新时代我国对外开放的重要窗口。

海洋产业链安全长效化。 重塑海洋国际合作和竞争新优势，研究制定油品贸易投资负面清单，依托油气全产业链和临港先进装备制造业两大万亿级海洋产业集群，推动产业链信息要素跨境安全有序流动，加强海洋产业关键核心技术联合攻关，建设世界级油气资源配置中心和国际一流水平的船舶修造基地，共同打造一批上下游贯通、市场契合度高、国际竞争力强的标志性全产业链。到2025年，海洋高新技术产品出口比重提升至30%以上，对国外关键技术、关键零部件的进口依赖度明显下降。

四、重点任务

1. 高标准打造自贸试验区2.0版。

一是构建"131"油气全产业链开放新格局。 加快国际海事服务基地、国际油气储运基地、国际石化基地、国际油气交易中心和人民币国际化示范区建设，推动涉海、涉港、涉船监管数据共享，大力发展保税燃料油和LNG加注业务，打造以油气为核心的大宗商品资源配置基地，推动保税燃油加注规模稳居全国第一，力争进入全球前五。**二是打造新型国际贸易中心。** 创新发展跨境电商，推动1210和9610出口模式运邮常态化，大力发展数字贸易和市场采购贸易，探索在义乌小商品城等地开展小商品、大宗商品贸易联动以人民币定价的新型易货贸易模式。**三是强化自贸试验区内外联动。** 践行"压力测试"的使命担当，坚持宁波舟山港与上海港"双核并强"发展，加快建设小洋山北侧集装箱江海联运支线码头，共建洋山特殊综合保税区，谋划大洋山合作开发；加强与沪苏皖自贸试验区及临港新片区的开放合作；锚定各联动创新区特色优势与重点任务，推动在油气、海洋科技、小商品贸易等领域深化合作；借鉴新加坡沙盒监管模式，探索建设衢山自由贸易港先行区，联合沪甬舟共建自贸港。

2. 深度参与 RCEP 国际海洋经贸合作。

一是争创 RCEP 经贸合作示范区。以举办国际海洋高端交流活动，谋划国际海洋事务组织落户浙江为重点，主动与 RCEP 成员国在经济、文化、服务、旅游等领域开展深度合作，打造中国与 RCEP 成员国互动的战略枢纽。**二是打通 RCEP 海外循环市场。**对标 RCEP 成员国最高规则，充分利用国际国内两个市场，优化海洋资源配置，依托义乌进口贸易促进创新示范区、eWTP 等，打造 RCEP 进口商品"超市"，增强与 RCEP 成员国跨境电商的通达性和稳定性，加快打造全球数字贸易中心。**三是加快浙江数字应用场景向海外输出。**把握 RCEP 签署机遇，在数字经济、互联网和电信、金融、知识产权等服务领域，进一步推动区域跨境贸易通关便利化、投资政策透明化，加快 eWTP 建设，支持跨境电商企业建设国际转口配送基地，探索设立国际离岸数据中心，推动移动支付、城市大脑、新零售、无人仓储等数字化应用场景向 RCEP 成员国及沿线辐射和推广。

3. 深入推进中国—中东欧国家经贸合作示范区建设。

一是争创中欧经济循环浙江先行示范区。抢抓中欧投资协定签订机遇，推动我省产业标准、市场标准与中欧投资协定在海关通关、市场准入、合规标准、营商环境等领域相衔接，积极培育高质量跨境合作产业集群，支持企业加大"出海"力度，增强海外仓网络布局，着力打造中欧经济循环示范区。**二是奋力建设中东欧国际产业合作园。**发挥"五海六港"合作机制作用，依托"国际合作"和"前湾硅谷"两大品牌，采用双向交流、定向突破的方式，完善海外项目落地"最后一公里"服务配套，组织开展中国—中东欧产业对接会，打造中东欧永不落幕论坛，持续深化与中东欧国家人文经济合作。**三是打响中国—中东欧国家博览会品牌。**深入践行"办好博览会、建好示范区"的使命担当，

与中国—中东欧国家经贸合作示范区、浙江自贸试验区宁波片区、浙洽会等紧密联动，努力办好中国—中东欧国家博览会及常年展、"云上展"，打造中国—中东欧国家合作的"国际会客厅"。

4. 主动融入"一带一路"海洋经济合作进程。

一是扩大国际友好港航运"朋友圈"。深化国际友好港关系，主动参与"一带一路"沿线国家港口投资、建设、运营，加强与"海丝"沿线国家港口对接合作和互联互通，加快港口管理经验和发展模式经验交流，打造"四港联动"国际物流大通道。**二是构建海洋产业发展蓝色"朋友圈"。**贯彻大海洋理念，以发展蓝色经济为主线，在海洋装备制造、海洋生物医药、海洋船舶修造、海洋电子信息等领域，加强与"海丝"沿线国家和地区的海洋交流合作，吸引更多涉海资源在浙集聚，举全省之力拓展蓝色"朋友圈"。**三是加快涉海平台开放共享。**深化海洋科学城、省海洋开发研究院、摘箬山海洋科技示范岛等涉海平台交流合作，以建设船舶装备产业园、现代航空产业园、岱山经济开发区、新港工业园区等为重点，探索与"海丝"沿线国家合作共建海洋产业平台、科创平台和跨境电商平台。

5. 提升口岸开放和便利化水平。

一是推动口岸通关数字化改革。加快 APMEN 互联互通，探索设立 AI 智能通关、货物自动申报、"全程防伪溯源区块链资质单证验证"等数字化支撑功能系统，构建"货物位移自动申报、资质文件自动验核、无盲点监管秒通关"的智慧通关体系。**二是共筑长江经济带江海联运服务网。**加快推进省海港集团等重点企业在江苏、安徽、江西、湖北、重庆等地布局物流中转基地，统筹布局海洋大数据中心，提前在太仓、南京、马鞍山、武汉、重庆等重要航线节点上布局，积极开拓长江沿线腹地市场，推动与长江沿线区域港航企业、货主、口岸部门间的信息互联共享。**三是推动口**

岸全链条无缝监管。高标准建设开放口岸和"二线口岸"基础设施、监管设施，以口岸与海关特殊监管区"区港联动""区区联动"为切入口，对海上进出口货物、物品、人员、运输工具等均需从口岸进出，建立进出口商品全流程质量安全溯源管理平台，实施智能、精准、动态化监管。

6. 巩固提升海洋贸易投资竞争优势。

一是优化海洋对外贸易结构。支持沿海市申报新一轮全国进口贸易促进创新示范区，持续加大"双高"船型智能制造研发力度，鼓励航运、养殖、修造船舶等劳务技术输出，扩大船舶、海工装备和高技术、高附加值海洋产品出口，推动国内市场需求量大的海洋产品进口。**二是提高涉海外资利用水平。**进一步放宽外资市场准入，加快建设国际投资"单一窗口"，发挥海外浙商、侨商投资促进作用，重点引导世界 500 强涉海外资投向海洋战略性新兴产业和高技术产业、海洋服务业、涉海基础设施等领域。**三是强化海洋科技创新支撑。**坚持引资与引智、引技相结合，主动对接国际海洋科学计划和海洋组织，着力引育一批精通湾区规划、航贸物流、金融保险、文化旅游等"涉海"创新型人才，鼓励涉海跨国公司在我省设立区域性总部。

7. 积极主动参与国际海洋治理。

一是推动海洋治理规则从被动接受到主动塑造。学习借鉴海外经验，扩大全省海洋法律规制范围，探索将国内法扩展至区域性制度，并逐渐上升至国际法层次，在《联合国海洋公约》框架下，主动参与国际涉海公约修编，在海洋知识产权、跨境数据流动、跨境电子商务规则等领域贡献"浙江智慧"。**二是促进国际蓝碳合作。**积极落实国家碳达峰、碳中和计划，加快宁波舟山 LNG 接收中心建设，打造海上 LNG 登陆中心和输送管网，推动与沿远洋航线国家或地区联合开展海洋气候交流、海岸带生态系统监测与碳汇资源研究，共建海洋蓝碳论坛与合作机制。**三是深化海**洋治理国际合作。按照国家统一部署，强化涉外海上执法和服务能力建设，研究制定浙江海洋开放 2035 年中长期发展规划，制定海洋公共服务共建共享计划，完善全链条闭环管理的海洋灾害防御体制机制，加强海洋海岛海湾水质污染治理与生态修复联合共治。

五、突破性的政策建议

1. 实施具有国际竞争力的涉海企业所得税政策。

以浙江自贸试验区为改革试点，研究实施关键领域进出口企业所得税优惠政策，对区内符合条件的从事数字安防、集成电路、智能计算、生物医药等关键领域核心环节生产研发的企业，自设立之日起 5 年内减按 15% 的税率征收企业所得税。

2. 实施境外人才个人所得税税负差额补贴政策。

探索简化海外高层次人才外汇结汇手续。对省内工作的境外高端人才和紧缺人才，其在我省缴纳的个人所得税已缴税额超过其按应纳税所得额的 15% 计算的税额部分，给予免征个人所得税的财政补贴。

3. 研究制定 LNG 油气储备体制机制。

我省宁波舟山 LNG 接收中心是全国重要的 LNG 进口、储运和贸易基地，但商业储罐租金收入远低于运营成本，民企进入壁垒依然高企，研究制定国储、义储、商储、企储相结合的油储储运联动机制迫在眉睫。

4. 拓宽海关提前申报制度适应范围。

适应国家优化口岸营商环境工作要求，探索将海关货物提前申报由特殊申报方式调整为常规申报方式，建立并完善提前申报容错机制，为进出口企业构建多元化申报模式。

5. 健全国际中转增值服务体制机制。

研究在对等原则下外籍国际航行船舶开展以

宁波舟山港为国际中转港的外贸集装箱沿海捎带业务，探索设立国际转运集拼监管中心，对集拼货物实行闭合式、信息化、集约化管理，推动国际中转集拼海运舱单全流程自动化操作。

注释：

[1] 走向深蓝：海洋大省浙江的图强之路 [N]. 经济参考报，2019-07-15.

推动内外贸一体化发展
打造内外贸一体化有效贯通枢纽

海洋开放是新时代展现中国特色社会主义制度优越性的重要海上窗口，而海洋正是浙江发展的最大优势、最大潜力、最大空间所在。2020年，浙江管辖海域面积4.4万平方公里，海岛总数4350个、海岸线6600公里，均位居全国第一。习近平同志在浙江工作期间，提出浙江要从海洋大省向建设海洋经济强省跨越，大力发展海洋经济。[1]探索提升海洋开放合作水平，不仅是贯彻落实党中央决策部署，推动海洋经济大省向海洋强省跨越的使命需要，也是新时代我省加快长三角一体化建设和争创社会主义现代化先行省的具体要求。

一、内外贸一体化与新发展格局

（一）内外贸一体化内涵

内外贸一体化是指通过改革打破原有内外贸制度藩篱，完善一体化的调控体系，实现内外贸管理制度一体化，增强企业内外贸一体化运营能力和全球竞争力，推动企业更加顺畅地利用国内国际两种资源、拓展国内国际两个市场，进而形成更高层次的经济循环运行体系。

内外贸一体化包括两个层面：**一是出口层面实现一体化**。在坚守国际市场不动摇，稳住外贸基本盘的同时，积极开拓国内市场，在遭遇风险或国际市场失灵时，能够实现国际市场可填补。**二是进口层面实现一体化**。在积极扩大进口的基础上，实现独立自主和构建稳定的供应链体系，开展卡脖子技术攻关，在面临产业链、供应链风险时，能够实现进口产业链可替代（见图1）。

疏通内外贸一体化梗阻的关键在政府和企业

内外贸一体化内涵

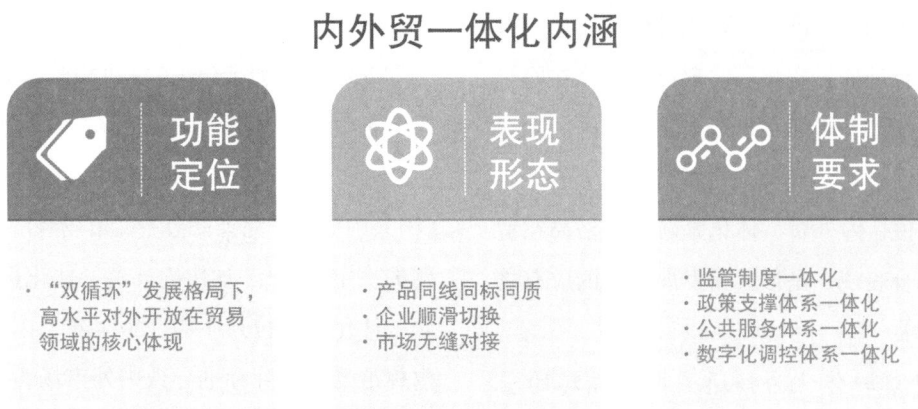

功能定位	表现形态	体制要求
·"双循环"发展格局下，高水平对外开放在贸易领域的核心体现	·产品同线同标同质 ·企业顺滑切换 ·市场无缝对接	·监管制度一体化 ·政策支撑体系一体化 ·公共服务体系一体化 ·数字化调控体系一体化

图1 内外贸一体化内涵

两个层面：**在政府层面**，通过构建一体化的内外贸监管制度、政策支撑体系、公共服务体系、数字化调控体系等，形成内外贸统一的管理体制，建设规范、法制、透明、高效、成熟的市场体系。同时，通过内外贸经贸规则的对接，推动更高水平更高质量的对外开放；**在企业层面**，打通国内外两个市场和供应链资源，以优质商品、安全高效供应链、畅通有效营销网络等提高国内国际两个市场竞争力，通过内外贸相互支撑、相互促进，平衡市场供需波动，实现基于市场信号自主地在对内和对外贸易活动之间进行顺滑切换。

（二）内外贸一体化与新发展格局的关系

新时期开展内外贸一体化工作，基本立足点就是促进新发展格局的形成，需深刻理解新发展格局与内外贸一体化的内在逻辑关系，理解内外贸一体化是国家基于新发展阶段的新形势和社会主要矛盾的变化提出的前瞻性战略性布局，有助于更好把握内外贸一体化的定位和发展方向。

1. 内外贸一体化是新发展格局的内在要求。

习近平总书记在省部级主要领导干部学习开班式上强调，构建新发展格局的关键，在于经济循环的畅通无阻。[2]构建新发展格局，重点之一就是瞄准内外循环切换中存在的障碍和问题，推动双循环的"畅通无阻"。通过推动内外贸一体化，打破内外贸的分割，构建起统一大市场，将使外贸企业更好地了解国内市场，内贸企业更好地了解国外市场，有助于企业统筹优化布局，根据不同情况合理配置资源，实现市场主体在两个市场的顺滑切换，进而在宏观上实现国内国际双循环的相互促进，实现经济在更高水平上的动态平衡。可以说，内外贸一体化是新发展格局在贸易领域的综合表现，是形成新发展格局的应有之义和内在要求。

2. 内外贸一体化为畅通国内大循环的重要突破。

在过去的发展阶段中，由于各种历史原因逐渐形成了内外贸分割的管理体制。国内大市场不统一，知识产权保护不严，征信、支付、结算支撑体系不完善，现代物流体系不健全物流成本高等问题普遍存在，其结果就是外贸企业不愿意开拓国内市场。内外贸一体化以推动商品"同线同标同质"为突破口，强调科学利用倒逼机制，加速国内商品提质升级，满足人民日益增长的美好生活需要；同时进一步以商品为媒介，推动国内外贸易规则、规制、管理、标准的制度对接，形成国内市场的系统性改革、营商环境的全面提升。因此，推进内外贸一体化，从而形成倒逼国内市场的改革突破，是畅通国内大循环的重要组成。

3. 内外贸一体化有利于更好的参与国际大循环、持续扩大高水平开放。

习近平总书记在经济社会领域专家座谈会上指出，新发展格局绝不是封闭的国内循环，而是开放的国内国际双循环。[3]通过推动内外贸一体化，可持续强化开放合作，促进更高水平开放。一方面，以国内大循环日益增强的活力，持续吸引全球资源要素；另一方面，推动我国企业有序参与国内国际市场，在用好国内国际两种资源上占据更大的主动，以此提升国际竞争力和优势，进而更加紧密地同世界经济联系互动，在响应高质量发展新要求的同时，更好地参与国际大循环。

二、我国推动内外贸一体化的实践进程

2003 年 3 月，《国务院机构改革方案》通过，决定撤销外经贸部和国家经贸委，设立商务部，主管国内外贸易和国际经济合作。同年 10 月，《中共中央关于完善社会主义市场经济体制若干问题的决定》提出"加快内外贸一体化进程"，内外贸一体化发展拉开序幕。2014 年，因部分产品国内标准低于国际标准导致内外市场质量差异，我国提出"同线同标同质"，内外贸一体化发展进一步深化。2020 年，面对世界百年未有之大变局，

我国着力构建以国内大循环为主体、国内国际双循环相互促进的新发展格局，明确提出要推动内外贸一体化，内外贸一体化发展加速推进。

2020年初，受新冠肺炎疫情冲击，外贸企业订单急剧下降，内外贸一体化推进工作将清库存、保主体、推动出口转内销作为重点。中央、省市纷纷出台"六保"措施，以推进产品"同线同标同质"为抓手，帮助外贸企业开拓国内市场，实现产品"出口转内销"。随着市场回暖、内外贸一体化认识逐步深化，工作重点开始转向全面提升企业国际国内竞争力：一是企业开拓国际市场要"走得出"。企业有能力坚守并持续开拓国际市场，不断增强在生产、技术、设计、品牌、渠道、管理等方面的竞争优势。二是企业面临国际重大风险要"回得来"。企业具备风险平衡对冲能力，实现国际市场、国内市场"两条腿走路"。三是企业升级发展要"做得主"。企业掌握国内国际贸易规则，逐步获取全球化供应链"链主"地位，构建自主自立、安全可控的现代供应链体系。

2021年7月，《"十四五"商务发展规划》提出，要完善内外贸一体化调控体系，促进内外贸法律法规、监管体制、经营资质、质量标准等相衔接；要培育内外贸一体化平台，拓宽出口转内销渠道；要鼓励内外贸资源整合，支持发展同线同标同质产品，适用范围扩大至一般消费品、工业品领域。2021年9月，商务部联合国家市场监管总局开展国家级服务业标准化试点，确定了15个商贸流通标准化专项试点城市和94家试点企业，针对制约内外贸发展的堵点、难点，重点推动国内外标准互联互通，探索以标准化建设带动内外贸领域认证、检验检疫等衔接。

内外贸一体化是一项中长期工程，是构建内外贸统一大市场、对标高水平开放的市场体系与管理体系的深度变革。实现内外贸一体化，必须加速体制机制规范透明，达到国内外贸易生产、交付、结算、运输、财税等管理制度统一，法律法规、监管体系及市场规则一体化运行；实现内外贸一体化，必须加速市场生态体系建设，推动贸易自由化、便利化，构建数字贸易市场体系，达到政策支撑体系、公共服务体系和数字化调控体系基本完善，要素、商品自由流动，资源配置高效合理，形成安全高效的中国特色社会主义市场经济循环运行体系。

三、浙江推动内外贸一体化的发展基础与实践探索

（一）浙江内外贸一体化发展的现实基础

内外贸市场规模不断扩大。 2020年，全省社会消费品零售总额2.7万亿元，居全国第四位；网络零售总额超2.2万亿元，居全国第二；进出口总额3.4万亿元，增长9.6%，高于全国7.7个百分点，顺差全国第一，其中出口额占全国份额14.0%。经济内循环加速，2020年全省规模以上工业销售产值7.3万亿元，其中出口交货值1.2万亿元；规模以上工业新产品产值率为39.0%，比上年提高1.3个百分点。2021年1—6月，工业国内销售产值两年平均增长12.2%、高于出口交货值2.7个百分点，38个行业大类有28个内销增速快于外销。

内外贸兼营的市场主体加快培育。 兼营内外贸企业数量占比较高。从"金税三期"系统取数可得（不含宁波，下同），2021年上半年，我省申报退（免）税的出口企业55358户，实现外贸出口额0.72万亿元，同比增长25.9%，其中兼营内贸的企业28558户，占比51.58%，实现内销销售额1.4万亿元，内销占比66.03%；2020年，我省申报退（免）税的出口企业57479户，实现外贸出口额1.3万亿元，同比增长1.1%，其中兼营内贸的企业39995户，占比69.58%，实现内销销售额2.8万亿元，内销占比67.9%。截至2020年底，全省累计培育"品字标"企业1500家。截至2021年8月，"三同"在线平台注册企业446家，上线产品525种，其中食品农产品112种，一般消费

品、工业品 413 种。

主导产业内外贸协同发展成效显著。 我省工业企业主动调整战略，积极布局国内外市场，构建全球化供应链体系建设。一是高端装备制造业国产替代拉动最明显。2020 年全省高端装备制造业出口交货值为 6930.07 亿元，占工业销售产值的比重为 22.3%，较 2011 年降低了 6.4 个百分点。其中，运输设备、通信电子业和汽车制造业内销产值占比提升最快；高端装备行业 31.1% 的企业存在进口替代情况。二是原材料工业细分领域分化最大。2020 年全省原材料工业出口交货值为 924.28 亿元，占工业销售产值的比重为 5.7%，较 2011 年降低 0.3 个百分点，内外贸结构基本保持稳定。其中石油加工业出口占比提升最快，化工行业出口增长承压，化纤制造业出口占比有所提升，冶金业受内销市场支撑明显。三是消费品工业出口转内销步伐最快。2020 年，全省消费品工业出口交货值为 3134.82 亿元，与 2011 年比年均下降 1.6 个百分点，是三大主导行业中唯一下降行业，出口占工业销售产值的比重为 28.0%，较 2011 年下降 7.0 个百分点。

新型贸易助推内外贸一体化发展动力强劲。 根据"订单＋清单"系统问卷调查显示，全省 7 万多家外贸企业中，同时开展内外销的企业约 9000 家，占比 12.3%；其中内销金额占总销售额在 20%～80% 之间的企业约 3000 家，销售总额在 5 亿元以上的企业共约 1000 家。其中，跨境电商等新型贸易企业超半数有意推进。我省跨境电子商务综合试验区率先实现全省域覆盖，跨境电商"杭州经验"向全国复制推广。义乌国际贸易综合改革、杭州服务贸易创新发展试点等改革纵深推进，市场采购贸易试点扩围至全省其他 5 个专业市场。综合保税区一般纳税人试点企业作为内外贸一体化的重要样本企业，发展情况较好，内外销规模不断扩大。杭州、舟山港、嘉兴和金义综合保税区一般纳税人试点企业 58 户，2021 年上半年实现外贸出口额 43.5 亿元，内销销售额 27.8

亿元；2020 年实现外贸出口额 58.4 亿元，内销销售额 63.6 亿元，同比均实现大幅增长。

内外贸一体化对接平台载体不断丰富。 出台"浙货行天下"行动方案，开展"百城千企万亿销售"工程，聚焦国内消费中心城市，开展北上南下、东进西拓、浙货拓市场行动和浙江外贸优品"六进"行动。充分利用电商优势，打通内外贸一体化的物理阻隔，持续推动"外贸企业上线直通车""百网万品拓市场""美好生活浙播季""春蕾计划""严选计划""商超计划"，搭建内外贸常态化对接渠道平台。举办中国中东欧博览会内外贸一体化专馆展览，汇聚 80 余家参展商、1200 余名采购商，全面展示浙江构建的商品与服务、生产与销售、线上与线下、内贸与外贸协同发展的生态和成果。建立政采云浙江内销馆，截至 2021 年 6 月，全省举办各类出口转内销活动 350 场，参与企业 25341 家，实现销售额 1348.5 亿元。

内外贸一体化市场生态不断健全。 优化完善覆盖工业、农业、服务业领域的"浙江制造"标准体系，推广"一次认证、多国证书"国际认证互认模式，破解"三同"推进中的标准互认问题。截至 2020 年底，通过浙江制造国际认证证书 224 张，已发布光伏、农业机械、电机、数字安防、文具、应急救援、化妆品、数控机床、皮革、风机等 10 个产业"浙江制造"标准体系框架指南，累计发布"浙江制造"标准 1979 项。2020 年，我省共主导制定国家标准 147 项，参与制定国家标准 939 项，发布省级地方标准 90 项。探索建立白名单机制下的国内贸易政策性保险，完善"信用保险＋风险资金池"内外贸协同的制度安排，缓解外贸企业开展国内贸易回款周期长、资金压力大、风险高问题；开展内外贸金融产品创新，针对企业"内转外""外转内"的不同需求推出出口易贷、商票保贴／保押、资产管家等产品和服务；围绕外贸产品供应链创新推出"出口池链通""进口池融通"等产品，解决外贸企业上下游结算和融资需求；打造浙江首家特殊物品出入境集中监管平台，为企业减轻物流成本，加快物流时效。

（二）政府引导内外贸一体化发展的实践探索

我省以数字化改革为牵引，积极推进内外贸一体化数字化改革，开展试点示范，印发《关于培育内外贸一体化"领跑者"企业、内外贸一体化改革试点产业基地和征集内外贸一体化典型案例工作的通知》，明确"领跑者"企业和改革试点产业基地培育标准和条件，总结提炼内外贸一体化典型案例和经验，评选了首批 109 家内外贸一体化"领跑者"企业、15 家内外贸一体化改革试点产业基地，为全省内外贸一体化发展提供经验遵循。基层发挥首创精神，在产业示范区建设、产业联动、公共服务、品牌培育等方面大胆改革创新。

宁波市争创内外贸一体化发展先行示范区，出台《关于鼓励外贸企业开拓国内市场促进内外贸一体化的若干意见（试行）》专项政策，从供应链平台、品牌建设、推动"三同"、扩大内销等角度，提出政府采购、金融、人才等 12 条政策举措。**嘉兴市**建设集"产品展示、信息发布、投资洽谈、合作交易、用户体验"的"世界贸谷"，从企业需求端牵引生产端、生产端促进需求端的实际出发，整合 26 个板块的政府服务内容，畅通外贸生产企业国内大循环。**德清县**实施内外贸一体化数字化改革工程，推进内外贸一体化治理场景试点建设；实施重点企业培育工程，推进绿色家居产业基地试点工作；实施自主品牌供应链工程，提升"老字号"和"品字标"企业影响力，培育链主企业；实施拓市场工程，积极参与"浙货行天下"行动，支持适销对路的出口产品开拓国内市场。**玉环市**结合数字化改革，重点打造千亩汽车后市场产业园、内外贸一体化服务应用场景平台、底盘件产销贸易平台、供应链协同创新平台的"一园三平台"产业发展格局，为全省企业开拓国内外全市场提供"玉环样本"。**永康市**推行"创品牌、优服务、练内功、拓渠道、促转型、搭平台"六大举措，培育"外拓内"五金品牌集群，构建"三中心一平台"公共服务体系，培育"外拓内"标杆典型，打造"八进"产销对接格局，探索"线上＋线下"营销模式，引导企业参展拓展市场，推进外贸企业开拓国内市场产业示范区试点建设。

（三）企业发展内外贸一体化发展的实践探索

我省企业在探索内外贸一体化发展的过程中，围绕培育竞争优势、创新商业模式、构建销售渠道等开展了积极探索，逐渐形成了品牌驱动、渠道驱动、平台驱动、服务驱动、研发驱动等模式。

1. 品牌驱动模式。

品牌驱动模式是指企业以品牌为核心要素，通过创立或收购品牌，实施品牌经营战略，获取品牌号召力触发市场需求，将企业置身价值链高附加值环节，为企业深耕原市场或开拓新市场提供有利地位条件。如杭州艾柯塞斯，聚焦大健康、大美丽、品质生活三大消费领域，截至 2021 年 3 月，在全球范围内累计投资控股 21 个具有高潜力的优质消费品牌，企业通过收购国内外已有品牌进行并深化培育，借助已有品牌的市场影响力和忠诚客户群体来开拓市场。通过品牌驱动模式，构建从原料采购、产品生产，到品牌采购、仓储物流、产品配送等全路径覆盖的全球供应链体系，有效应对国内国际市场变化。

2. 渠道驱动模式。

渠道驱动模式是指企业通过布局全球供应链，达成有效供需对接。传统外向型企业积极布局国内外市场，融入全球供应链，构建全球供销网络。如苏泊尔，布局线上线下经销网络，推动内外贸一体化衔接。线上主要采用"自营官方旗舰店＋代理加盟其他专卖店"的模式，提高与主要线上零售商的合作效率和资源投入；线下将经销商和代理商变成服务商，提供配送、仓储、售后等服务，保证代理商的利润，持续提升在国际卖场及国内主要零售系统的服务水平和效率，通过内外贸一体化实现进口可替代的目标。

3. 平台驱动模式。

平台驱动模式是指平台企业通过技术赋能、品牌赋能、数字赋能等多种方式带动生态协同的内外贸一体化推进模式。平台企业通过构建产品标准体系，选择、指导入驻企业提升产品品质标准，发挥自身在品控、品牌、平台、金融、物流等环节的优势，帮助平台入驻企业实现国内国际市场销售。如网易严选，作为国内首家 ODM 模式的电商平台，覆盖居家、服饰、美食、个护等 8 大品类的 2 万余种商品，与平台入驻企业建立产品共同开发机制，向上游制造业输出设计能力；发挥互联网平台的大数据功能，进产品改进精准匹配市场需求；在"工厂直供、电商品牌背书"的基础上，生产倡导生活美学的商品，丰富线下场景。通过品牌赋能、金融赋能、技术赋能、服务赋能等路径发挥支撑作用，带动平台入驻企业提升内外贸一体化水平。

4. 服务驱动模式。

服务驱动模式是以发展专业服务机构推动国内市场体系优化升级为目的的内外贸一体化推进模式。专业服务企业通过服务赋能，为专注生产、研发等环节的外向型企业提供专业服务，推动外向型企业实现内外贸一体化。如贸点点，以专业品控为切入点，帮助外贸企业与 QC 检测人员双向精准对接，降低检测成本；提供现场看厂、现场验货、实地监装等服务，帮助外贸综合服务平台和中小外贸企业把握风控；提供源头核验、抽样、封样、送检、监督贴标等服务，打造无假货消费环境。通过大力发展此类专业服务机构，推动生产企业以市场化手段获取价值链上下游的增值服务，促进传统生产制造企业实现转型升级，推动中小企业专业化发展。

5. 研发驱动模式。

研发驱动模式是指强调技术为核心要素，通过长期大量的研发投入，布局全球研发体系，以技术优势获得国内外客户，实现进口替代的内外贸一体化推进模式。企业凭借自身的研发能力获得授权专利，达到国内国际先进水平，将核心技术和重大成果转化为市场竞争力。如浙江三一装备有限公司三一装备，作为三一集团履带起重机全球生产基地，自主研发的履带起重机不断刷新中国、亚洲乃至世界纪录，主导产品已基本取代进口，并出口到 150 多个国家和地区。针对不同的市场特点，三一装备发挥技术红利，凭借"领先技术 + 本地化"技术"实力 + 本地化"适配，开拓国内和国外市场，使下游企业实现进口顺滑切换，真正做到内外贸市场产品打通，实现内外贸一体化发展。

四、浙江内外贸一体化发展的难点、堵点

浙江经济发达，既是内贸大省，也是外贸大省，具有深入推进内外贸一体化的现实基础与改革环境。在推进内外贸一体化进程中，应坚持问题导向，深入分析内外贸一体化发展的难点、堵点，精准施策，着力推进内外贸一体化发展。

（一）企业内外贸一体化发展能力亟待提升

1. 产品开发能力弱。

开发适应国内国际两个市场的产品是企业市场分析、研发设计、客户需求搜集、分析与应对等能力的综合体现。内贸企业熟悉国内市场，却对国际市场缺乏认知。而外贸企业，尤其是 OEM 企业对国际市场需求缺乏敏锐度，对国内市场不了解，其核心竞争优势是生产制造能力。为此，企业推进内外贸一体化需要进行经营模式创新，加强数字化改革，构建"市场分析—产品开发—生产制造—销售推广—反馈改进"的闭环经营体系，畅通终端客户需求反馈渠道，以市场需求引导企业生产、科学决策。

2. 自主品牌缺乏。

部分出口企业长期从事外贸 OEM 或 ODM 代工，缺乏自主品牌及国际知名度。根据调研显示，超过 50% 的企业没有自主品牌，对国外市场需求变动风险的抵御能力弱，转型难度大。而部分拥有自主品牌的企业仍处于品牌培育初期阶段，品牌的影响力弱、知名度低。虽然各级政府积极鼓励企业培育自主品牌，但品牌培育需要时间积累，而且对企业的品牌培育能力有较高要求。

3. 渠道建设能力不足。

营销渠道建设是产品价值链的高附加值环节，没有自主终端渠道的企业处于市场议价的弱势地位。外贸型企业开拓国内市场需要完成从生产导向到营销导向的转变，但自身缺乏现阶段接地气的终端市场接触渠道与销售手段。

4. 质量管理能力较弱。

企业构建内外贸一体化的质量管理体系需要对国内外市场对产品、企业资质、技术和质量认证标准等有深入认知。根据调查显示，仅 29.3% 的企业在 2020 年新增国内企业资质、技术、质量等方面的资质认证，42.8% 的企业拥有国外市场关于企业资质、技术、质量等方面的资质认证，半数以上企业没有相关资质认知，而且中小企业在质量管理认证方面能力和意识普遍较弱，企业对内外贸一体化质量管理体系建设的意识有待加强。

5. 开拓国际市场能力和意识弱。

内外贸一体化运营需要企业根据国内国际两个市场需求进行主动调整，实现顺滑切换。目前，我省部分企业未能将短期获利与长期发展统筹协调好，企业产品体系、管理模式、技术开发与渠道建设缺乏全球谋划，统筹国内国际两个市场、两种资源的能力和意识有待加强。

（二）内外贸一体化市场生态仍需优化

1. 内贸交易账期长、回款慢增加企业资金压力。

主要原因包括：一是内外贸生产模式不同。外贸企业一般先销售后生产。内贸业务多为"先产后销"，容易导致库存积压，资金周转难。二是内外贸支付体系不同。外贸业务支付方式成熟，对支付时间、地点和方法均有明显约定。内贸支付以现金和银行转账方式为主，国内银行区域分支机构系统分割、服务标准不统一，与国际贸易支付方式相比，在支付时间和安全性方面还存在差异。三是支付习惯不同，内销拖延货款现象比较常见。渠道商的强势地位在国内贸易中更加凸显，放账、拖欠等问题较为普遍，供货商资金周转时间一般被延长 2～3 个月。

2. 部分小微外贸企业达不到融资准入条件。

我省外贸企业以中小微企业为主，部分企业缺乏合格抵质押品，抵质押贷款获取困难。部分企业财务管理不规范，信息化水平较低，银企间信息不对称，银行反映贷款中最需要的用水、用电、社保、进出口等关键信息依然不充分，准确识别企业的真实生产经营和财务状况难度较大。

3. 国内市场主体信用体系建设仍有待完善。

我省大力开展"信用浙江"建设工作，市场信用环境逐步优化。但是，国内市场仍存在欺诈性交易等行为，影响企业开拓国内市场的信心，增加企业开展客户信用调查等方面的成本。同时，专业化的信用服务机构较为缺乏，企业信用作为优化资源配置的新要素作用尚未得到充分发挥，"信用+"应用场景仍有待拓宽，企业公共信用信息应用边界需进一步界定，诚实守信的市场文化需进一步加强，失信的惩罚力度与连带影响仍有待强化。

4. 国内市场知识产权保护意识仍有待加强。

相比国际市场，国内市场知识产权保护意识仍有较大提升空间。一是知识产权创造质量有待提高。大部分企业知识产权保护意识不强，存在重数量轻质量、重申请轻保护、重对抗轻合作的情况。二是企业知识产权管理能力弱。大多数中小企业对知识产权的保护和管理处于松散状态，管理能力薄弱，不能灵活运用知识产权。三是知识产权维权效果有待改善。知识产权维权周期长、成本高、效果不理想的状况仍没有根本改善，知识产权司法保护地区发展不平衡，经济发达地区案多人少矛盾突出，基层行政执法能力有待强化。

5. 第三方专业服务机构缺乏。

生产性服务业机构发展水平是一个经济体产业结构的重要评价指标，优质专业的交通运输企业、金融服务机构、商务服务机构等是撬动生产制造企业转型升级的重要支点。国内市场缺乏能够帮助企业降低转换成本、快速实现内外贸切换的专业服务机构，尤其是商务咨询、市场分析、品牌培育、知识产权服务、信用评级等服务机构。

6. 国内标准与国际标准衔接不足。

标准是衡量质量的依据，也是产品进入国内外市场的"通行证"。总体而言，我国的标准水平与国际先进水平仍有一定的差距。一是部分国家标准低于国际标准或与国际标准存在较大差异，不利于企业实现内外贸一体化；二是我国标准转化为国际标准的比重不高，不利于内销企业拓展国际市场；三是标准缺失现象仍然存在，相当多的产品由于无标可依，导致市场无序竞争，不利于形成"以质取胜"的市场环境；四是标准实施监督力度不够，有标不依问题较为突出。

（三）内外贸一体化治理体系有待完善

1. 相比外贸，内贸主管部门多头分布。

外贸业务涉及的政府管理部门相对集中于海关、外管、税务、商务等部门，业务管理较顺。内贸企业在开展相关业务时则需要由商务、发改、市场监管、税务、卫健、农业农村、公安、交通运输等多个政府部门归口管理，各部门间业务存在相当程度的交叉，存在多头管理问题，可能会对外贸企业开拓国内市场带来困扰。

2. 相比外贸，内贸扶持政策数量少。

据国务院政策文件库显示，2008 年以来共发布国内贸易（含供销）类政策文件 95 份，其中国务院文件 65 份，部门文件 30 份；发布对外经贸合作类政策文件 317 份，其中国务院文件 245 份，部门文件 72 份，占比分别为 77.3%、22.7%。内贸在政策文件数量不及外贸三分之一，国务院文件占总文件比重也明显低于外贸。

3. 相比外贸，内贸财政支持力度弱。

从主管部门财务决算情况来看，对外贸易管理方面的支出远远高于国内贸易管理支出。此外，外贸领域支持资金来源多元化，除商务部门外，还包括贸促会等机构的资金支持。相比之下，内贸领域既缺乏对标中国国际贸易促进委员会的统一、权威、专业的促进机构，也缺少相关的资金支持。

4. 相比外贸，内贸领域基本法律框架不完善。

外贸领域已形成以《对外贸易法》为基础的法律框架，基本实现与国际惯例接轨，相关法律法规涵盖原产地规则、运输仓储、货物进出口、公平贸易规则等方面，为我国对外贸易的发展打下了良好的基础。内贸领域则尚未实现政策管理向法制管理的转型，由于上位法的缺失，地区分割、行业垄断、流通成本高等问题突出且难以解决。此外，商品物流、商会及行业管理等内贸领域仍存在立法空白，客观上造成了商务行政执法活动无法可依。

5. 相比外贸，内贸领域执法力量薄弱。

内贸领域仍存在执法手段弱化、执法主体不明确、执法工作存在盲区等问题，导致现部分法律法规没有得到有效执行。例如《零售商供应商公平交易管理办法》规定账期最长不得超过收货后 60 天，然而对于大部分包装食品、日化、服装等商品，超市的实际账期多达 90 天；《办法》规定零售商不得向供应商收取合同续签费、新店开张赞助费、四节一庆费等种类繁多的名目繁多、数额巨大的费用，不得将自身成本任意转嫁给供应商，但从近期企业调研情况来看，高昂的进场费仍是制约外贸企业开拓国内市场的因素之一。此外，部分内外贸均适用的法律，在具体条款上对两者交易规则的规定也存在差异，存在对外贸易豁免条款。例如《反垄断法》第十三条、第十四条禁止具有竞争关系的经营者及经营者与交易相对人达成垄断协议，但第十五条中明确，经营者为保障对外贸易和对外经济合作中的正当利益的，不适用上述规定。

五、构建浙江内外贸一体化发展的七大体系

以习近平新时代中国特色社会主义思想为指导，全面贯彻党的十九大和十九届历次全会精神，立足新发展阶段，贯彻新发展理念，构建新发展格局，以供给侧结构性改革为主线，以扩大内需为战略基点，以满足人民日益增长的美好生活需要为根本目的，构建内外贸一体化发展的产品体系、标准体系、企业运营体系、物流体系、生态体系、政府治理体系和数字化支撑体系，畅通市场要素循环，促进内需和外需、进口和出口协调发展，推动内外贸一体化顺滑切换，打造具有浙江辨识度的共同富裕标志性成果。

（一）构建特色鲜明的浙江"三同"产品体系

1. 支持企业开展"三同"生产管理。

探索建立区域协同推广实施机制，立足区域产业特点和企业实际需求，有重点、分行业、分阶段地开展企业实施内外贸产品"三同"工作。鼓励企业按照"三同"标准进行产品研究，支持具备条件的企业做好"同线同标同质"生产管理，用"三同"产品倒逼质量提升。支持企业发展"三同"产品，扩大"三同"适用范围。引导企业按照供方符合性声明相关国家标准要求，对其产品作出符合我国和进口国（地区）相关标准要求的自我声明或委托第三方机构进行相关质量评价，扩大浙江省"三同"产品规模。

2. 构建企业自主品牌支撑体系。

围绕国内外消费需求开发产品，鼓励企业打造自有品牌、实施品牌战略，统筹推进新增品牌、"品字标""三同"产品等专项工作。持续开展"三同"宣传推广活动，结合品牌培育、质量提升行动以及质量认证服务等举措，鼓励相关平台帮助企业开展宣传推广活动，推动"三同"产品进商超、进电商、进社区、进餐饮、进校园、进食堂等，推动浙江优质品牌抱团出海。

3. 引导企业深入开展对标达标工作。

指导和鼓励企业积极参加"百城千业万企对标达标提升"专项行动，比对国际先进标准技术指标或产品实物质量指标，开展对标达标活动。实施质量管理"千争创万导入"行动，引导企业树立"质量第一"的理念，普及质量通用标准规范。以我省十大标志性产业链和"415"先进制造业集群为重点，对标国际先进水平，深化百个特色产业质量提升行动。

4. 强化"三同"服务组织功能。

发挥好"浙江省品牌建设联合会""浙江制造国际认证联盟"等组织的作用，筹建浙江省内外贸产品"同线同标同质"促进联盟，有效整合企业、科研院所、高校、第三方认证机构、质量管理、标准等行业组织和专业技术服务机构，增强服务功能，为企业拓展国内国际市场提供业务培训和技术服务。加强"三同"产品宣传推广，提升"三同"产品品质公信力。

5. 加强政府"三同"产品服务。

优化升级"浙江质量在线""三同"应用场景，发挥浙江"三同"在线服务功能，实现企业自主申报、第三方服务推动、市场监管、社会监督。创造良好的政策协同环境，加快转内销市场准入，制定激励政策，加强认证结果采信，推动平台建设，助力企业提升产品质量，开拓国内国际市场。

（二）构建多层级的内外贸一体化标准体系

1. 开展国内外标准研究和互认。

开展国内外标准差异性比对分析工作，鼓励将国内标准与国际标准和欧美日等国外先进标准

进行比对，查找存在的差距，形成与现行国际标准、国外先进标准、国家标准、行业标准的对比表。深化国内外标准化合作与交流，试点联合开展中外标准互认工作，消除与相关国家和地区的技术性贸易壁垒。

2. 构建高水平浙江标准体系。

充分发挥市场力量，激发产、学、研、社各方力量，集聚一批在浙江标准建设中能够持续发挥积极作用的龙头企业、科研机构及社会组织，为浙江标准提供源源不断的动力。发挥龙头企业引领带动作用，支持龙头企业在标准空白领域探索研究先进适用的标准，引导省内其他相关行业企业参照开展生产经营。加强与标准化行政主管部门、行业协会的对接，逐步构建起先进的浙江标准体系，推动将符合条件的企业标准、团体标准转化为国际标准、国家标准、行业标准和地方标准，增强我省在国际国内的标准话语权。

3. 做亮"品字标"区域公共品牌。

进一步完善品牌培育机制，构建品牌产品、品牌企业、品牌产业、区域公共品牌培育体系，加快形成一批具有国际影响力的知名品牌。推动长三角质量合作，在品牌互认、平台共享等方面出成效，提升"品字标"区域公共品牌的影响力和附加值。进一步加大"品字标"宣传力度，积极支持我省制造企业与国际知名品牌进行深度合作，提升品牌运营管理能力，在内外贸一体化进程中助力浙江产品和产业向价值链高端跃升。

4. 加强相关国家和地区标准、贸易规则等兼容性研究。

加强国际标准信息跟踪共享，促进内外贸质量标准、认证认可、检验检测等相衔接，强化技术性贸易壁垒应对。推动"一带一路"沿线国家标准联通，扩大标准互认领域，深化标准化开放合作。开展数字贸易及规则研究，参与国际标准制定，建成与国际高标准经贸规则相衔接的数字贸易发展体系。积极开展消费税等改革试点，与国际标准税制接轨。

（三）构建内外贸顺滑切换的企业运营体系

1. 大力培育本土跨国企业。

鼓励企业转变理念，开展生产运营革新，推动企业组织架构、内部管理流程、治理体系等改革，加强典型示范引领，培育内外贸一体化运营的本土跨国企业。支持企业通过内外一体化的品牌、渠道、研发、营销团队等建设，增强适应国内、国际市场的能力。通过龙头企业的品牌输出和合作联动，带动中小企业开展内外贸切换，更好适应内外两个市场顺滑切换。对标 CPTPP、USMCA、RCEP 等国际高标准经贸规则，积极推进多边及区域经贸合作，利用区域内投资优惠推动企业开展国际布局。

2. 支持拓展供应链服务。

大力培育全球供应链的"链主"企业，加快企业运用现代供应链管理思维和方法转型升级，支持龙头企业搭建产业供应链平台，在全球范围内联合开展市场渠道建设、产品推广、原料集采等。鼓励企业通过联合、兼并等方式做大做强，完善研发服务、营销接单、物流配送、品牌推广等功能，共建现代供应链体系，提升利用两种市场、两种资源的能力，逐步形成辐射全球的营销网络。

3. 鼓励流通企业"走出去"。

破解商贸流通企业国际竞争力不足难题，实施"流通企业出海计划"，支持优势商贸龙头企业在境外建立连锁超市、百货商场、商业综合体等中高端零售网点，探索数字化便利店、无接触式消费体验店等海外布局。支持我省有条件、有实力、有国际竞争力的商品市场"走出去"，在境外建设商品市场、优质浙货集散中心、优质商品集采中心等平台，构建全球供应链体系。

4. 鼓励企业拓展线上线下营销渠道。

鼓励各类企业发挥电商平台作用，积极构建国内外线上营销渠道，直面终端消费者。支持有条件的制造类企业在境外建设工厂店、直营店、连锁店，完善研发服务、营销接单、物流配送、品牌推广等功能，提升制造业在国际分工中的地位和分销服务业的国际竞争力。支持各类企业通过跨国并购、股权投资和战略联盟等形式，融入海外营销网络体系，进一步提升品牌国际知名度与竞争力。

5. 加强技术攻关增加国产替代。

始终坚持把"国产替代"作为供应链安全的硬核支撑，深入实施产业基础再造和产业链提升工程。抓好产业基础再造，实施工业强基 2.0 版，打牢基础零部件（元器件）、基础工艺、关键基础材料等基础，加快推进关键核心技术攻关和产业化应用。发挥我省重点产业集群力量，摸问题、拉清单，梳理产业关键环节和"卡脖子"技术、产品等短板，建立攻关清单目录，广邀企业、研发机构等揭榜攻关，增强供应链自主可控能力。

（四）构建降本增效的内外贸一体化物流体系

1. 优化跨境物流体系。

培育壮大具有国际竞争力的跨境物流企业，鼓励企业通过增加运力、增加航线、加强与境外港口、物流企业合作等形式增强跨境物流运输能力。推动海外物流基地、海外仓建设，鼓励收购境外物流企业及其相关配套设施，增加海外布点，不断扩大自身运输网络范围，提升海外运营能力。完善跨境物流基础设施，优化完善综合运输通道布局，加强高铁货运和国际航空货运能力建设，加快形成内外联通、安全高效的物流网络。

2. 创新物流仓储模式。

支持跨境电商物流企业加大信息化建设力度，优化信息系统，健全物流配送体系，扩大物流服务覆盖范围，加快物流体系建设与创新。支持企业建设境内外仓储物流节点，鼓励投资建立公共海外仓、地区性营销中心等。推广全球中心仓模式，以数字化手段实现非保税货物与保税货物同仓存储、B2B 与 B2C 同仓发货、内贸与外贸同仓存储、出口与进口同仓调拨，提高仓库利用效率。

3. 推进"四港联动"加快发展。

加大统筹力度，促进部门协同，加强水、陆、铁、空的跨方式设施衔接、信息联通，促进智慧供应链服务在多运输方式之间实现高效运转。立足浙江基础和特色优势，着力打造"一核心四通道"的大宗货物和集装箱多式联运服务体系。加强航空物流企业服务高附加值制造业零配件与产成品运输能力，培育具有国际竞争力的供应链服务商。

4. 搭建大数据智能物流服务平台。

以数字化改革为契机，推动多方主体参与建设大数据智能物流服务平台，应用区块链、隐私计算等技术，在充分归集物流数据的基础上，建立可信可靠的多中心数据共享体系，创新资源匹配方式，实现内外贸货流需求、运输载体、仓储场地、人力资源、政府监管、金融服务的高效匹配和风险管控。

（五）构建深度融合的内外贸一体化生态体系

1. 完善内外贸金融支撑体系。

创新跨境支付方式，鼓励境内支付机构出海发展，积极争取数字人民币试点，探索数字人民币和贸易金融的融合创新。开展供应链金融服务，鼓励银保合作，探索内外贸背景下信保融资要求一致性，畅通企业资金链。加快推进本外币合一银行账户体系试点，鼓励银行加强产品创新，开发内外贸融易通金融产品，优化融资流程，实现融资质量、效率双提升。

2. 健全市场化信用体系。

推动社会信用体系高质量发展，进一步完善失信约束机制，切实保护信用主体权益，构建规范化、法治化的诚信建设长效机制。推动市场主体守信履约、相互信任，充分发挥社会信用作为优化资源配置的新要素作用，形成良好的信用链条，畅通市场交易机制。完善信用信息采集、利用、查询、披露等制度，推动信用服务领域供给侧改革，推动相关部门、企业等信息共享和服务创新。针对重点地区、重点行业，探索推广使用国内信用证、开展国内贸易信用保险等。

3. 完善知识产权保护体系。

谋划研究制定《浙江省知识产权保护条例》，优化知识产权布局结构，完善知识产权司法保护、行政保护、仲裁调解、社会监督衔接机制。激发知识产权运用市场活力，加强知识产权运营、交易和大数据平台建设，推动知识产权转让、许可、资本运营高效运作。培育知识产权服务行业组织，强化行业自律，利用行业协会信息优势促进技术成果的推广应用，加快知识产权创新过程。发挥国家海外知识产权纠纷应对指导中心浙江分中心的作用，为企业应对海外知识产权纠纷提供援助。

4. 引育内外贸专业服务机构。

鼓励品牌建设、市场咨询、法律服务、营销推广等各类内外贸一体化专业服务机构良性发展，发挥市场作用实现优质服务赋能企业内外贸一体化发展。建设高度集成的内外贸服务机构和平台载体，帮助企业对接渠道项目资源，整合境外投资、金融财税、法律咨询、品牌营销、人力资源、安全保障等配套服务。支持商会建设境外权益保障服务体系，为企业提供品牌、商标、法律、知识产权等服务。

5. 加强内外贸一体化人才保障。

鼓励企业与高校合作定向培育懂外语、熟悉国内国际营销技能的人才，支持企业自主或委托第三方开展企业职工技能培训。大力引进境内外"高精尖"人才，为渠道建设、管理与运营等提供人才支撑。做好内外贸一体化人才培养工作，督促内外贸相关行业建立《专业技术人员继续教育学时管理办法》，不断为我省企业输送优质的内外贸一体化人才。

（六）构建内外贸一体化实施的政府治理体系

1. 健全内外贸法律法规体系。

梳理内外贸法律法规、政策体系，探索制定内外贸、内外资统一的法律、法规、规章、制度，促进内外贸企业公平竞争。维护市场从市场准入、信息引导等方面强化公共服务职能，规范企业竞争和内外贸经营行为，创造公平竞争的市场经济法律环境，实现内外贸立法与国际社会贸易法律的无缝对接。探索在自贸试验区等地推进企业注册备案、开放经营范围等试点工作，有条件地取消内外贸企业经营资质的差异化对待。

2. 推动内外贸管理体制改革。

梳理各政府部门的内外贸管理职责，加快融合内外贸管理业务，在反垄断、反不正当竞争、维护市场秩序等方面形成合力。坚持各类市场主体权利平等、机会平等、规则平等，加快形成内外贸统一、法治、透明、均衡、协调的监管体制。支持外贸企业申请国内商标注册和专利授权，优化商事登记流程，提高服务质量和办事效率，降低市场准入门槛。

3. 探索内外贸税收政策改革。

落实外贸综合服务企业代办退税政策，支持培育供应链平台企业，助力搭建内外贸同质同标的供应渠道。扩大综合保税区增值税一般纳税人资格试点范围。推动智慧税收建设，依托大数据、区块链等现代信息技术，提升税收数据分析能力，助力外贸企业拓宽内销渠道。

4. 加快政府治理体系升级。

深入实施"最多跑一次"内外贸一体化专项行动，实现内外贸企业经营资质对接，简化外贸经营权备案流程。推动部门间数据共享、信息互通，构建省市县多级联动工作机制、政策性信保保障机制、内外贸服务衔接机制，为内外贸一体化发展构建良好生态。加强多渠道、多媒介内外贸一体化宣传工作，推介内外贸一体化示范企业、产业示范区、"三同"产品，强化社会认知，创造有利氛围。

5. 完善公共服务和政策扶持。

建设完善出口品牌公共服务平台，帮助企业制定品牌战略，加强品牌培育和运营，推动建立重点外贸企业知识产权保护名录，破解企业开拓国内市场品牌障碍。鼓励各地完善一体化发展揭榜挂帅机制，培育内外贸一体化发展示范区、示范企业、示范平台，营造争先创优氛围。推动海关"关企互动平台"建设，集成政策公告、问题线上收集、处置回复、短信通知等功能，多种渠道、第一时间收集和处置企业困难问题。

6. 构建内外贸一体化评估指标体系。

按照科学性、可获性等原则，梳理内外贸统计主体、指标体系，构建内外贸一体化评估体系。依托"订单+清单"系统，建立并完善企业问卷调查机制，对内外贸一体化发展情况开展全面、深入调查。建立发展评估机制，开展我省内外贸一体化发展情况的评估及与兄弟省市的对比分析，明确优势、找出差距，指导内外贸一体化工作推进。

（七）构建内外贸全链条的数字化支撑体系

1. 推动数字赋能制造业发展。

深入实施数字经济"一号工程"2.0版，以"产业大脑+未来工厂"为核心，强化数字贸易、资源要素、科技创新子系统协同，推动产业链、供应链、创新链、资金链融合应用，实现资源要素的高效配置和经济社会的高效协同。以数字产业化、产业数字化和城市数字化，推动互联网、大数据、人工智能与实体经济深入融合，推动数字赋能制造业内外贸一体化发展。

2. 搭建智慧供应链体系。

推动企业生产全链条、营销全渠道数字化，加强智慧终端营销渠道建设。鼓励供应链上各主体开展数字化改造提升，转变业务模式、组织架构、运用流程和管理体系，加快供应链数字化转型。支持供应链核心企业搭建智慧供应链平台，促进供应链信息有效联通，实现供需高效匹配。加快物流仓储设施数字化改造，通过算法决策设计优化商家物流供应链方案，运用工业物联网实现智慧运输，缩短履约时间。

3. 推进跨境电商创新发展。

大力培育跨境电商进口交易平台、进口展贸平台、进口供应链平台和进口促进服务平台等新平台，探索不同类型跨境电商业务混仓运营、跨境电商转口贸易等新业态，创新"保税+"模式，培育保税仓直播销售模式。支持世界电子贸易平台（eWTP）全球化布局，鼓励速卖通、网易严选等电商平台扩大海外试点，积极在日本、韩国、东盟、中东欧等地建设海外站，支持企业在境外建设独立站，探索海外站点与国内站点数据共享、监管互认，完善国际营销服务体系。

4. 鼓励建设新型终端营销渠道。

发挥我省数字经济、新零售、数字生活新服务等优势，支持企业在境外建设智慧超市、智慧餐厅等新零售体验店、旗舰店，向境外输出新业态新模式。依托援外项目，推动浙江境外商品城转型升级，增强商品城运营能力，配套输出建设商贸综合体、商业街等模式。支持淘工厂、网易严选、联华鲸选、顺丰优选等平台深化与全省产业集群企业对接合作，支持企业通过电商平台、直播平台、网红带货等新兴方式，提升拓展网上销售能力。

5. 以数字化改革提升政府治理效率。

整合各级政府部门内外贸管理职能，搭建数字平台，建立责任明确、协同高效的部门协作机制，利用数字化手段推动政策制定、执行与监督相互衔接。聚焦政府内外贸一体化治理需求，归集整合部门、市场、第三方平台资源信息，迭代升级内外贸一体化服务与治理场景应用。加快"数字口岸"建设，推动海关通过创新风险防控方法，提升监管效率。探索开展长三角海关特殊货物检查作业一体化改革试点，完善三省一市国际贸易"单一窗口"功能。推动跨国海关协作，探索跨境数据安全有序流动。

注释：

[1] 中共浙江省委、浙江省人民政府关于建设海洋经济强省的若干意见（浙委〔2003〕第 20 号）

[2] 习近平：《把握新发展阶段，贯彻新发展理念，构建新发展格局》，《求是》2021 年第 9 期，第 4—18 页。

[3] 习近平：《在经济社会领域专家座谈会上的讲话》，《上海经济研究》，2020 年第 10 期，第 9—11 页。

深入推进清廉商务建设的实践与思考

——以省商务厅机关作风效能建设"21 个监督联系网点"实施 20 年为例

省商务厅在推进清廉机关建设中，充分发挥机关作风效能建设"21 个监督联系网点"多层面多维度的监督反馈建议作用，注重在接受监督中查正视不足、在听取意见中完善机制、在改进作风中提升效能，有力助推了清廉商务建设，受到基层、群众和企业好评。

一、形成背景

进入 21 世纪，我国经济社会发展进入了崭新阶段，党政机关依法办事、公平效率、廉洁自律等事关基层和企业切实利益的作风效能问题成为社会各界密切关注的焦点。省外经贸厅（省商务厅前身）作为重要经济部门，从服务全省经济发展大局出发，在充分调查研究和广泛征求意见的基础上，于 2002 年 11 月建立了覆盖全省、纵贯市县、横跨行业的厅机关作风效能建设"21 个监督联系网点"，架起了政府与企业、机关与基层的双向沟通桥梁。2004 年 2 月，时任浙江省委书记的习近平同志在全省加强机关效能建设大会上作了《大力推进机关效能建设　确保完成"狠抓落实年"各项目标任务》的重要讲话，进一步明确了加强机关效能建设的指导思想、主要内容和工作重点，要求提高各级机关行政能力、工作效率和服务水平。[1] 省外经贸厅第一时间学习贯彻习近平同志重要讲话精神，把加强机关作风效能建设作为一项重要政治任务抓细做实，进一步完善改进了"21 个监督联系网点"工作机制，并通过 20 年的长期坚持和反复实践，形成了比较完整的监督联系制度体系，全厅管党治党责任更加严实，党内政治生活更加规范，政治生态更加清明，有力推动了机关作风效能和清廉商务建设。

二、基本架构

省商务厅机关作风效能建设"监督联系网点"的设置布局坚持"系统为主、内外覆盖、政企联动、特邀参会"原则，由 5 个层面、21 家单位组成：第一层面，由 11 个地市的商务主管部门组成，主要目的是了解政策执行中间层的意见建议；第二层面，由 3 个县级（市、区）商务主管部门组成，根据商务重点工作定期轮换，主要目的是了解政策决策在末端落实中的困难需求；第三层面，由 2 个派驻国家级经济技术开发区纪检监察组组成，主要目的是从监督执纪角度了解政策执行和作风效能方面存在的短板弱项；第四层面，由 3 家省属国企组成，主要目的是从企业需求角度了解"三为""三服务"活动需要改进的工作；第五层面，由 2 家行业协会组成，主要目的是从行业指导角度了解政策制定和落实过程中企业的所需所盼。通过悉心听取各层面、各行业、多维度的意见建议，为商务工作决策安排提供参考依据，提升了服务基层、服务企业、服务群众的靶向服务能力。

三、工作机制

（一）年度例会制度

21 个监督联系网点每年召开一次工作座谈会，由商务厅机关纪委牵头组织，通常安排在第四季度。参会人员由分管副厅长和厅机关综合处室负责人、监督联系网点的分管领导和企业负责人组成，根据会议议题需要特邀相关单位（企业）参会座谈。会议内容为监督联系网点对省商务厅机关工作作风、行政效能、廉政建设和服务基层、服务企业、服务群众等方面开展民主评议，并提出意见建议。厅机关纪委负责会议意见建议的收集整理、责任分解、督促整改，并将整改情况反馈各监督联系网点，形成全过程工作闭环。

（二）信息反馈制度

21 个监督联系网点定期向厅机关纪委反馈全省商务部门的作风效能建设情况，重点突出 5 个方面内容：**一是**厅机关工作人员在行政审批、服务基层、服务企业、服务群众等方面情况；**二是**办事是否公正清廉，政务是否公开透明，办事是否认真高效规范等情况；**三是**"21 个监督联系网点"工作座谈会收集问题的整改落实情况；**四是**执行中央八项规定精神、省"36 条办法"和省商务厅"十不准"情况；**五是**围绕推动商务高质量发展，根据本地本部门和本行业的实际情况积极建言献策。

（三）创新服务制度

充分发挥 21 个监督联系网点的双向沟通功能，建好用好 4 个服务平台，着力破除基层和企业的堵点难点痛点。**一是**厅领导"九联系"服务，主要包括联系重点市、重点县（市、区）、开放平台、改革事项、重点项目、专项行动、商协会、

两新组织和新社会阶层人士等 9 个方面，深入基层、靠前服务，着力破除堵点难点痛点。**二是**打响"云上商务厅"服务品牌，厅领导轮流、每季度与基层商务部门、企业视频连线对话开展"云问诊"服务，组织云展会、云招商、云签约、云培训等活动，并通过云平台发布商务重要信息。**三是**实施"服务在身边"行动，充分整合利用"浙里办"、厅门户网站、微信公众号和"订单 + 清单"监测预警管理系统、国际投资"单一窗口"等平台，实现分布式服务。**四是**深化"百名干部联千企"活动，综合处室每名干部至少联系 1 家企业，业务处室每名干部联系 3 ～ 5 家企业，与相关企业保持常态化沟通联系，每年至少一次驻点服务，并形成有价值的调研报告，为领导决策提供可靠依据。

（四）清廉商务制度

延伸拓展监督联系网点功能作用，将全面从严治党各项要求贯穿商务工作全领域、全方位、全过程，在与基层和企业交往过程中坚持亲而有度、清而有为，先后出台了《浙江省商务厅党组关于贯彻落实党风廉政建设责任制的实施细则》《中共浙江省商务厅党组关于推进清廉商务建设的实施意见》《中共浙江省商务厅党组关于"建设清廉机关、创建模范机关"活动暨推进清廉商务建设三年行动实施方案》《浙江省商务厅贯彻落实中央八项规定精神实施办法》《浙江省商务厅亲清政商关系行为准则》和《关于规范廉政账户管理严禁违规收送礼品礼金实施细则》，确保在服务基层、服务企业、服务群众过程中依法办事、清正廉洁，做到既干事又干净。

四、几点体会

（一）加强监督联系网点建设，关键在于把准方向、乘势而为

推进机关效能建设，是习近平同志在浙江工作期间亲自决策、亲自部署、亲自推动的一项重

要工作,是加快政府职能转变的重大举措,是推进"八八战略"的有效保证。省商务厅机关作风效能建设"21个监督联系网点"之所以能够坚持20年而从不间断,并且始终保持旺盛的生命力和很强的实效性,最关键的一条就是能够深刻领会并坚决贯彻总书记的重要指示精神,主动对标总书记指引的正确方向,科学研判经济发展形势,探索出了一套既贴近基层和企业需求、又极具商务特色且实用管用的经验做法,坚持一茬接着一茬干、一锤接着一锤敲,以"钉钉子精神"驰而不息、久久为功,确保总书记的重要决策部署真正在基层落地见效。

(二)加强监督联系网点建设,核心在于直面问题、解决问题

问题是时代的声音,问题是工作的导向,历史的车轮总是在不断解决问题中滚滚向前的。省商务厅设置布局"21个监督联系网点",最核心的一条就是坚持马克思主义发展观,敢于直面改革发展过程中的各类问题,不遮掩、不回避、不推脱,进而在解决问题中不断推动发展。布局的21个监督联系网点身处基层一线,对商务工作的政策制定、行业指导和作风效能感受最真实、体会最深刻,也最能反映基层冷暖和企业诉求。"知屋漏者在宇下,知政失者在草野"。20年来,省商务厅能够坚持深入基层、深入一线,始终坚持问题导向,悉心听取基层和企业的意见建议,主动检视自身工作存在的短板不足,不断在发现问题、解决问题中推动商务高质量发展。

(三)加强监督联系网点建设,本质在于牢记宗旨、为民服务

推进机关作风效能建设,充分发挥21个监督联系网点的监督反馈作用,最本质的一条就是深入贯彻党的群众路线,充分体现以人民为中心的发展理念,自觉践行全心全意为人民服务的根本宗旨,始终扎根基层、牢牢依靠基层、全力服务基层。尤其是新冠疫情暴发以来,省商务厅第一时间向全省商务系统发出为基层和企业纾困解难的倡议书,组建了10支党员突击队、先锋队、攻坚队,先后为基层和企业解决问题诉求1200余个。在此基础上,省商务厅党组坚持把党员干部既干事又干净作为党建工程的一项重要任务,出台了一系列清廉商务制度规定,构筑起政商交往的"防火墙",切实在干净干事中持续推进清廉商务建设。

注释:

[1] 习近平:《大力推进机关效能建设 确保完成"狠抓落实年"各项目标任务——在全省加强机关效能建设大会上的讲话》,《今日浙江》2004年第4期,第5页。

抓住供应链重塑机遇　推进浙江全产业链精准招商研究

招商引资是经济工作的重中之重。习近平同志在浙江工作期间，反复强调要"突出招商引资"，更将招商引资的思想写进了"八八战略"。在全球经济下行叠加新冠疫情的形势下，省委省政府高度重视招商引资工作，如何以产业链招商为突破口，坚持新发展理念，聚焦聚力健全招商机制、做强招商平台、打造招商队伍、优化招商服务，以数字化改革推进招商机制创新，加快形成内外资统筹、招大引强选优、产业链招商和全省"一盘棋"的招商工作体系，对于我省增强经济发展后劲，奋力打造"重要窗口"，争创社会主义现代化先行省、高质量发展建设共同富裕示范区意义重大。

一、全省招商引资现状

（一）引进外资总体向好

1. 外资增长态势良好。

2021 年 1—10 月，引进外资稳定增长，各项工作按目标计划有序推进，高质量外资集聚地建设加速推进。新设外商投资企业 2937 家，同比增长 43.6%，合同外资 310.6 亿美元，同比增长 19.0%，实际使用外资 153.4 亿美元，同比增长 17.7%，占全国份额 10.8%。实际使用外资规模居全国第五，完成年度目标的 95.9%，较 2020 年同期提高 4.8 个百分点。从来源地看，外资来源地保持稳定。香港仍是浙江省外资最大来源地，实际使用外资 123.0 亿美元，同比增长 22.9%，占比 80.2%。RCEP 国家和"一带一路"沿线国家实际投资分别为 8.5 亿美元和 6.4 亿美元，占全省比重的 5.5% 和 4.2%。

2. 浙南区域引进外资增速较快。

2021 年 1—10 月，浙北引进外资整体保持较大领先优势，浙南吸收外资实现较快增长，争先进位动能强劲，"北强南弱"现象有所改善。10 个地市实际使用外资实现增长，5 个地市已完成全年目标任务。从规模上看，浙北五市（杭州、宁波、嘉兴、湖州、绍兴）的合同外资、实际使用外资分别为 258.2 亿美元、136.6 亿美元，占全省总额的 83.1%、89.1%，实际使用外资占比较上年降低 2.8 个百分点。其中，杭州、宁波、嘉兴实际使用外资合计 121.9 亿美元，占全省的 79.5%。从增速看，浙南实际使用外资涨势喜人，金华（174.1%）、温州（150.6%）、丽水（60.6%）和台州（21.9%）增速均高于全省（17.7%）。从完成进度看，舟山、金华、宁波、温州和嘉兴已提前完成全年目标任务，杭州、衢州、丽水和台州均按时间进度超序时完成目标任务。

3. 引资结构持续优化。

2021 年 1—10 月，高技术产业和服务业吸收外资总量和占比均实现"双增长"，引进外资向高技术化和服务化迈进。服务业主导作用明显，扩大开放加速推进。一是高技术产业外资大幅增长。高技术产业实际使用外资 70.7 亿美元，同比增长

74.0%，占全省实际使用外资的 46.1%，较 2020 年同期提升 14.9 个百分点。其中，高技术制造业和高技术服务业分别增长 45.2% 和 85.9%。二是服务业外资稳步增长。服务业实际使用外资 108.0 亿美元，同比增长 20.4%，占全省实际使用外资的 70.4%，较 2020 年同期提升 1.6 个百分点。其中，批发和零售业、信息传输、软件和信息技术服务业、科学研究和技术服务业同比分别增长 81.1%、68.0% 和 97.0%。三是制造业外资保持增长。制造业实际使用外资 38.9 亿美元，占全省实际使用外资的 25.3%，同比增长 4.3%。

4. 引资质量稳步提升。

2021 年 1—10 月，重大外资项目招引和推进实现"双提升"，为扩大有效投资、稳定外资和促进经济转型提供了重要支撑。一是新设大项目增速明显。新设投资总额超亿美元大项目 121 个，比 2020 年同期增加 33 家，同比增长 37.5%，合同外资 129.8 亿美元，同比增长 30.5%。二是实际到资大项目保持增长。实际到资 3000 万美元以上大项目 110 个，比 2020 年同期增加 9 个，合计到资金额 97.2 亿美元，同比增长 18.8%，占全省比重 63.4%，较 2020 年同期提升 0.6 个百分点。其中到资 1 亿美元以上项目 23 个，合计金额 55.8 亿美元，占到资大项目的 57.4%，投资主要集中在制造业、信息传输、软件和信息技术服务业、科学研究和技术服务业等领域。三是世界 500 强投资企业表现亮眼。新设世界 500 强投资企业 10 家，投资总额 25.0 亿美元，合同外资 6.5 亿美元。开市客、利安德巴塞尔工业等公司在我省投资布局。截至 2021 年 10 月，累计 187 家世界 500 强在我省投资企业 663 家。

（二）我省招商引资存在短板

1. 重点制造业扩大下跌带动整体增幅放缓。

制造业使用外资增幅放缓。2021 年 1—10 月我省制造业实际使用外资 38.9 亿美元，占全省实际使用外资的 25.3%，同比增长 4.3%，较 1—9

月下降 5.4 个百分点。其中，化学原料和化学制品制造业[1]（10.1%）、通用设备制造业（4.7%）等重点制造业同比下降 36% 和 4.5%，较 1—9 月降幅（29.4% 和 2.9%）进一步扩大，这应当引起重视。

2. 外资来源结构有待优化。

我省外资结构长期以港资为主，部分发达国家外资下降。2021 年 1—10 月，我省来自香港的投资持续增长，实际使用外资 123.0 亿美元，同比增长 22.9%，占全省比重的 80.2%。来自日本、新加坡、韩国的实际使用外资同比分别下降 34.6%、10.2% 和 56.5%。美国、英国和法国的实际使用外资同比分别下降 32.3%、47.3% 和 33.8%。来自 RCEP 和"一带一路"沿线国家实际使用外资同比分别下降 23.9% 和 9.9%。以港资为主的外资结构问题进一步突出。

3. 外资区域分布不平衡现象仍较为突出。

2021 年 1—10 月，浙北五市（杭、宁、嘉、湖、绍）的实际使用外资金额为 136.6 亿美元，占全省总额的 93.8%，比上年提高 1.37 个百分点，其中杭州、宁波、嘉兴实际使用外资 121.9 亿美元，同比增长 15.2%，占全省总量的 79.5%，占比较 2020 年（78%）进一步增加，实际使用外资金额 1 亿美元以上的县（市）区主要集中在这三市。外资在区域分布上"北重南轻"现象依然突出。

4. 大好优项目招引成效不明显。

2021 年 1—10 月份，我省新设世界 500 强投资企业 10 家，投资总额 25.0 亿美元，合同外资 6.5 亿美元，仅占全省合同外资金额的 2%。总体上看，引进项目投资规模偏小，项目来源较为单一，有影响力、有聚集带动作用的大项目不够多，缺乏能起到沿链、强链、补短板作用的大项目。对集成电路、高端装备、生物医药等新兴产业来说，亟需领域头部企业提高产业创新能力。

5. 外资溢出效应存在较大极差。

作为"一揽子"生产要素流入，外商投资在人员、管理等外溢壁垒相对不高的要素方面溢出效应较为显著，但涉及核心技术，尤其是以集成电路制程工艺为代表的具备较大自主研发难度的高分位核心技术仍遭受牢固封锁，技术外溢十分有限。近年来我省不断创新使用外资方式，尤其是极具浙江特色的"以民引外"，但是整体效果一般。

二、我省产业链精准招商引资面临的机遇与挑战

（一）国际环境带来的机遇与挑战

从国际层面来看，全球化和逆全球化并行，世界经济重心加速重构，新一轮科技革命加速演进，为我省招商引资带来机遇和挑战。

1. 面临的国际机遇。

新一轮科技革命加速了国际产业分工重塑，全球产业链、供应链、价值链、创新链正在加速整合，互联网、大数据、云计算、人工智能等信息技术已经逐渐嵌入到各个产业场景，不断催生新产业新模式新业态。生物工程、新材料、氢能等新能源技术为产业分工开辟了新赛道，为我省招商引资突破传统产业固有格局带来机会。人工智能作为世界三大尖端技术之一正引领新一轮科技革命和产业变革，智能化成为工业经济增长的主动力，产业融合发展势不可挡。数字化改变了传统产业背景下的交易成本和分工收益的对比，制造业、服务业等数字化对于经济增长的倍增作用不断释放，数字经济将成为我省招商引资的"推进器"。

从开放发展来看，浙江作为改革开放先行地，经济发展逐步向形态更高级、分工更复杂、结构更合理的阶段加速演化。劳动力等低成本的要素红利逐渐向技术驱动型的创新红利转变，商品和要素流动型开放逐渐向规则、管理、标准等制度型开放转变，开放型经济发展层次更高、质量更优，无疑加强了我省吸引外资的综合优势。

另外，RCEP、CPTPP等自贸协定通过负面

清单方式对各领域投资作出较高水平开放承诺，使得区域内资本流动更加自由便利，有助于我省借助外资提高服务业开放水平、通过吸引高质量外资更好融入国际创新产业链，将促进我省利用外资规模不断扩大，结构进一步优化。此外，各类自贸协定建立起一套提升营商环境的措施，有助于我省在制度型开放、治理能力现代化方面迈上新的台阶，增强优质外资磁吸力。

2. 面临的国际挑战。

从全球经济发展来看，2020年新冠肺炎疫情的全球蔓延打乱了金融危机后世界经济复苏的节奏，全球产业链遭受严重破坏，金融体系脆弱性升高，全球各地因防疫封锁措施减缓了现有项目的投资速度，经济衰退促使跨国企业对投资项目尤其是绿地投资项目进行重新评估，全球FDI骤降。联合国发布的《2021年世界投资报告》显示，在新冠肺炎疫情影响下，2020年全球外国直接投资总额下降了三分之一以上，降至1万亿美元，是自2005年以来的最低水平，比2009年全球金融危机后的低谷低了近20%。

下降的FDI将引发更加激烈的招商引资竞争。近年来，全球各国外商投资政策数量整体呈增长态势，2019年54个经济体出台了至少107项影响外国投资的措施，其中，四分之三朝着自由化、促进化和便利化的方向发展；2020年联合国监测到的国家投资政策措施为50项，截至2020年底，现行国际投资协定总数为3360项。全球在吸引FDI上的竞争将加大我省招商引资压力。

（二）国内环境带来的机遇与挑战

从全国层面来看，我国正处于发展格局变革期，以国内大循环为主体、国内国际双循环相互促进的新发展格局正加速形成，发展格局的变革蕴含巨大发展潜力，我省招商引资面临的机遇和挑战也将有新的变化。

1. 面临的国内机遇。

2020年，我国通过颁布实施《中华人民共和

国外商投资法》等，确立准入前国民待遇加负面清单管理制度，构建新时代外商投资法律制度基本框架，建立与更高开放水平相适应的信息报告等制度，实现了外商投资自由化便利化水平大幅提升，市场化法制化公平化的营商环境优化正加速推进，为全省招商引资提供了有利的外部环境。开发区建设是我国改革开放的成功实践，对促进体制改革、改善投资环境、引导产业集聚、发展开放型经济发挥了不可替代的作用，经过全面整合提升，不断改革和创新发展，开发区将推动我省产业链招商迈向新台阶。长三角一体化、自贸试验区等国家战略的深入实施，表明我国对外政策将逐步放开，产业更加高端，加速融入和参与重构全球产业链、供应链，也有力地促进了省际区域协同开放、要素资源共享和制度创新集成，为浙江经贸伙伴提供了更多的投资机遇与市场需求。

此外，随着我国经济由高速发展转为高质量发展，经济结构更优，国内消费市场日益强大，将推动吸引外资更多地从"量"的增长转向"质"的提升与优化，高附加值、高技术含量的外资比重以及高端制造业和服务业吸引的外资比重将进一步上升。浙江拥有全球最大港口群、全门类产业结构、高集聚度平台经济等独特优势，使得浙江高质量外资磁吸力不断提升，产业链招商迎来新机遇。

2. 面临的国内挑战。

浙江是制造业大省，产业门类齐全，以民营经济为主体的浙江企业历来有充分利用"两种资源、两个市场"实施"走出去"战略的积极性，但随着我国经济社会的发展，土地、资源等要素供求关系逐渐趋紧，成本持续攀升，传统比较优势弱化，对一些外贸企业的吸引力将逐步减弱，我省部分产业加工制造环节或将加速转移，相关上下游产业链的外迁，对我省招商引资可能造成反向冲击。能耗双控政策下，部分招商引资项目签约后落地难、落地慢问题突出，电力供应紧张或

成我省大项目招引重要制约因素。全国各地经济增长面临较大压力，国际、国内资金面相对紧张，加之区域间的横向竞争压力，使得我省面临的招商引资竞争更加激烈。

此外，浙江作为全球重要产业集群地，在供应链主导权、安全性、有效性、智能化水平等方面还存在不足，一些关键环节尚未形成闭环，国际国内双循环依旧存在堵点、痛点、难点问题，新冠疫情的暴发使得供应链被打断，我省外向型产业链被打乱，原材料、中间品、关键零部件等断供使得产业链招商面临风险，招商引资面临的经济社会不稳定因素增多。

（三）长三角一体化带来的机遇与挑战

从长三角地区来看，我省和其他城市尤其是上海、苏州、无锡等招商引资强市合作与竞争并存，城市和地区之间的合作与竞争模式正在发生重要变化。

1. 面临的长三角城市群机遇。

长三角是我国经济发展最活跃、开放程度最高、创新能力最强的区域之一，一市三省非常重视打造国际化营商环境，区域营商环境已形成品牌效应，开放发展各具特色、优势互补，在全国招商引资工作中具有举足轻重的地位。上海、江苏十分重视跨国公司地区总部引进，2020年，上海，新增跨国公司地区总部51家，新增亚太地区总部21家，外资研发中心20家。截至2020年底，上海市累计认定跨国公司地区总部771家、亚太区总部137家、外资研发中心481家。截至2020年，江苏省累计认定跨国企业地区总部与功能性机构295家，包括地区总部175家、功能性机构120家，其中47家由世界500强企业投资。开放平台共同发展，上海、浙江自贸试验区分别列入第一、第三批试点，起到对外开放龙头作用，江苏开发区集聚发展优势成高水平开放先行军；安徽国际化科技创新能力连续7年居全国第一方阵，引领经济总量站上3亿万元台阶。长三角地区资金、人才、平台、项目、信息、创新高度集聚，

资源的溢出效应对我省具有巨大的辐射力。

此外，长三角一市三省在外资发展新动能、招商引资新模式、优化营商环境等方面都形成了可复制推广经验，可以为我省招商引资工作决策提供参考。

2. 面临的长三角城市群挑战。

长三角地区地域相近、文化相近，产业结构有一定的相似之处，在承接国际资本和产业转移时具有资源竞争关系，各地陆续出台针对招商引资的用地、税收、人才优惠政策，在招商引资工作模式创新上也走在全国前列，对浙江有一定的压力。如江苏以商引商、文化招商很有特色，积极实施招商引资战略，改善投资环境，经济和社会发展的诸多领域都跻身全国前列，新增外资额突飞猛进。

此外，长三角一市三省在一体化共识上有待加强，各省市考虑地方发展多，对开放发展整体考虑较少，对利益共享缺乏足够认识，虽制定出一些行之有效的政策，但未形成区域内率先复制推广的机制，部分地方政府招商引资存在过度竞争问题。长三角招商引资合作领域深度不够，主要以政府层面为主，缺少政策间、企业间跨地区合作，能为长三角经济层面一体化提供新模式比较缺乏。合作领域广度还不够，在合作上，我省更多的是接轨上海，积极承接上海的溢出效应，与江苏、安徽招商引资的互动合作还不够，一市三省缺少共同打造的平台、载体或项目，协作机制有待完善。

三、下一步思考

（一）以体制机制改革为引领，强化精准招商有力支撑

一是减少产业链精准招商的体制机制障碍。严格落实全国和自由贸易试验区外商投资准入负面清单，全面实施外商投资备案制度，大幅减少禁止和限制条款，放宽制造业、农业准入，争取

在跨境电子商务、物流、油品贸易等专项领域实行更加精简的负面清单制度，进一步扩大外资准入空间。以扩大现代服务业对外开放为突破口，优化制度供给，加快落实国家关于外资银行、证券公司、保险公司、基金管理公司等金融业开放政策，持续推动电信、金融、教育等重点领域内外资合作。推动自贸协定有关制度改革和我省"最多跑一次"等制度创新相结合，进一步深化市场化改革和制度型开放。

二是统筹内外资招商引资机制。坚持招商引资"一把手"工程，各地政府主要领导要把三分之一以上的精力用于招商引资，亲自带队招商、亲自研究部署、亲自参与重大项目洽谈。建立省市政府主要领导定期听取招商项目进度的机制，协调推进重大项目招引过程中的困难和问题，省市县党委政府主要领导每人每年分别牵头谋划招引若干重大产业项目。建立重大项目招引协调机制，根据需求导向，对重大产业项目招引中的困难问题实行分级分类协调。构建项目流转机制，树立全省"合作招商、信息共享"理念，鼓励各地共享符合全省产业发展导向但本地暂不具备落地条件的有效投资信息，由省招商主管部门根据全省产业布局，有序推荐给相关地市。

三是创新信息通报机制和考核激励机制。建立全省招商引资信息通报机制，表格化、清单式推进项目招引，实行周信息、月通报制度。定期发布重大项目招引工作动态、对各地市的实际使用外资、落地产业项目实绩以及亮点做法进行通报，开展互学互比互赛，营造浓厚的"比学赶超"招商氛围。对于重点关注的重大招引项目进行定期跟踪，并在一定范围内进行通报和催办。创新考核激励机制，加大对产业招商的考核力度，重点考核各市主导产业项目落地数和实际利用外资额。推行法定机构改革试点，选取发展相对成熟的国家级开发区，采用企业化管理，确立以市场化为导向的开放灵活的用人机制，通过机构设立优化、减负放权赋能，聚焦区域经济发展主责主

业，打造更高能级对外开放平台。

（二）以产业布局为核心，锚定精准招商发力方向

一是坚持招商引资"项目为王"。牢固树立"以项目看发展论英雄"的理念，围绕大好优项目的引进和服务，不断提升各地开放平台抓项目的能力水平，将工业化基地建设等重点工作落实到具体项目上，强化调度督导，确保重点项目建设快速、有序推进。谋划好产业和项目布局，围绕国家和省产业政策，通盘考虑、精准确定各县（市、区）的主导产业、产业布局和招商引资方向路径，打造区域发展特色优势。对谋划的重点项目进行梳理论证，强化县（市、区）和市直有关部门间的沟通衔接，筛选退出低水平、低层次和落实难度过大的项目，保证明年项目全部符合产业政策要求和未来发展方向，提升项目谋划的标准、精准度和成效。进一步强化重点项目的谋划、招引工作，形成储备一批、推进一批、开工一批、竣工一批的滚动发展格局。

二是加快招商引资与产业链耦合。以产业链"链长制"为抓手，破除内外资产业间耦合障碍。聚焦本土产业链，持续吸引外资企业深度融入本土产业链，加快内外资产业耦合，缩小内外资价值链占位差距。实施强链工程引导优质外资向数字安防、集成电路、网络通信、智能计算、生物医药、炼化一体化与新材料、节能与新能源汽车、智能装备产业链、智能家居、现代纺织等标志性产业集聚；实施补链工程借助跨国并购等战略合作引进先进技术和资本"从缺到全"完善一批新兴产业；实施延链工程梯度培育一批"隐形冠军""小巨人"企业，持续提升优势主导产业链竞争力。坚持"以外引外"，加强外资产业链前向性耦合。充分吸收外资溢出效应，巩固外资产业链后向性耦合。聚焦高端外资产业，以"链主"企业为龙头，着力招引本土中小企业集聚，加速完善产业链上下游配套，打造具有重大影响力的外资标志性产业链。发展壮大现代服务业外资产业链，

引导外资投向金融、保险、教育、文化、医疗、育幼养老等现代服务业，争取率先形成试点经验并向全国复制推广。

三是紧抓产业链招商"双碳"机遇。加快"腾笼换鸟"，保留产业链高端环节。聚焦省内产业转型升级需要，加快传统"三高一低"产业"走出去"步伐，同时保留总部、研发设计、高端制造等核心环节，引导已经"走出去"企业将高端产业环节回归浙江，构建以本土功能总部为主体的全球产业链。加强区域创新协同，率先打造中欧、中日韩投资贸易双循环。聚焦产业合作，重点打造数字安防、人工智能、现代纺织等万亿级现代化产业集群，在电子信息产业、新能源汽车产业、智能装备产业、大健康产业加强浙江与日韩合作深度，提升双边产业合作层次。探索能耗资源要素化利用方式，强化各类产业投资促进基金统筹，针对重点发展产业，协调各类产业基金、重点产业平台和社会资本，将建立重点产业子基金，支持和引导产业项目集聚发展。

（三）以配套服务为导向，优化精准招商营商环境

一是进一步发挥开放平台招商引资作用。强化考核"指挥棒"作用，科学设置考核指标，优化对主营业务收入、外贸进出口额、规模以上工业增加值、固定资产投资、高新技术产业增加值等指标的重点考核内容设置，推动各开发区（园区）在加快产业链新旧动能转换、扩大高水平对外开放、优化营商环境等工作中发挥引领和示范作用，引导省级以上开发区聚焦主业抓实项目建设、优化环境吸引高端要素，成为招商引资的重要引擎和有力支撑。强化环保要求和措施，以整个开发区为考核对象，合理布局水污染、空气质量监测设备，确保开发区废水、废气达标排放。加强土地集约利用，既考核开发区整体单位面积税收收入，又考核单体项目单位面积税收收入，并强化考核结果运用，引导开发区干部担当作为，推动开发区争先进位。探索自贸试验区各片区及联动

创新区开展市场化招商引资，落实各类招商引资奖补政策，创新招商引资方法，加大招商引资工作力度。

二是完善招商引资管理服务体系。 借力数字赋能，加快建设国际投资"单一窗口"，紧盯十大标志性产业链，编制产业招商地图，完善全省重点外资项目全流程跟踪服务系统，提升外商投资便利化水平。加强外资安全审查、反垄断审查等，进一步落实国家技术安全清单管理、不可靠实体清单等制度，筑牢外商投资安全底线。建立重大外资项目外迁预警机制，强化监测预测能力，持续推进外商投资管理体系和管理能力现代化。做大做强产业发展投资基金，由政府主导设立，并按照市场化原则运作，推动各级产业基金联动投资，强化杠杆作用，撬动更多社会资本投向"大高好"项目。强化招商引资政策支持，鼓励各级政府、园区管委会结合实际，制定出台涵盖土地、金融、财税等要素的招商引资优惠政策，切实保障企业短期落地快、长远发展好。

三是优化产业链招商闭环生态。 坚持规划先行，做好产业链精准招商的顶层设计，改变传统产业布局围绕专业市场龙头企业高度密集配套的上下游企业的粗放型规划方式提前在国土空间总体规划中研究城市产业发展与空间模式，提前对产业空间布局进行优化整合，形成"自上而下"的空间布局，从源头上防止空间和产业的碎片化。引导重点产业平台布局，做深做实重点产业链规划，因地制宜深化细化招商路径。构建产业链招商事前、事中、事后全流程精准政策供给体系，重点产业链的"一链一策"和重大招商引资项目的"一事一议"相结合，在产业投资促进领域互相促进。有序引导产业梯度转移，建立重点领域存量项目的流转审查机制，理顺全省区域内部有序竞争。依托大数据、5G 等新兴技术建立"走出去"产业链风险预警图谱，完善对外投资和经济合作风险预警体系和应急事件处置机制。

（四）以创新开放为抓手，打造产业链精准招商

一是健全招商机构网络。 建立健全全球化的投资促进网络，鼓励各地区在上海、北京、深圳等城市设立招商窗口，加强与国际知名投资促进机构合作，加快在欧美日等发达国家和地区派驻商务代表，鼓励省市联建，派员入驻。发挥好外事、友城等方面的资源优势，持续活跃浙港、浙台、浙新、浙静等经贸交流与合作。大力整合海外浙商、侨商人脉优势资源，以专而精的小分队形式主动开展敲门招商，进一步发挥投资促进力度。积极拓展中介招商渠道，推动委托代理招商工作，构建招商信息交流对接机制，强化与"四大所""五大行"等国际知名跨国咨询机构、专业投资机构合作，充分利用国际机构承载的全球资源实施精准招商。加强与海内外商协会合作，瞄准世界 500 强和国内外知名企业，聚焦人才、项目、资金等关键要素，依托海内外商协会平台，深入挖掘项目线索，大力引导"走出去"企业项目回归。

二是创新招商增添"云"动力。 依托我省数字经济优势，加快布局数字基础设施，提高基础设施智能化水平。大力开展"云招商""云签约"等新颖招商活动，推进"不见面"招商模式，改"面对面"交流为"屏对屏"沟通，确保特殊时期联系不断、跟踪项目不丢，招商工作不间断。搭建"云招商"平台，推广自贸大厦（滨江）数字云客厅模式，探索开展"云开幕""云论坛""云推介""云路演"等活动，促进招商活动线上线下联动开展。完善双招双引公共服务系统，建立"云招商"智能系统，整合项目、人才、资金、政策、智库等资源，提供线上精准对接服务。建立"云招聘"智能系统，利用云计算、大数据、人工智能等技术，打通高层次人才库、人才政策库等数据资源，推进引资、引技、引智有机结合。

三是积极融入长三角一体化战略。 充分发挥我省在数字经济等新兴产业上的先发优势，在长

三角地区形成差异化发展特色，推进与上海、江苏的差异化分工，梯度吸引人才、资本等高端要素与龙头企业向我省集聚。充分发挥我省民营经济优势，引导本土企业家成为招商引资的主体，"以企引企""以民引外"，做好信息服务，引导企业家引人才、引项目、引企业，尤其是瞄准成熟科技项目的转化，抢占先机，加快外来项目与本土产业的融合与链接，加快产业链的延伸，通过虹吸效应使更多大好优在浙江落地。根据"轻资产""轻土地"的新兴产业发展趋势，改变"土地引资"的传统路径，完善"最多跑一次"改革，加强对重要项目的跟踪与差异化服务，营造"亲商""聚才"新环境，以良好的环境促进招商引资与产业集聚。积极培育招商引资新平台，充分承接进博会溢出效应，开展系列投资促进活动，把进博会培育成我省招引外资的重要载体平台。

注释：

[1] 括号内数字表示该细分制造业实际使用外资占整个制造业比重，后同。

关于浙江加快打造全球数字贸易中心的研究

随着全球数字信息技术的快速发展，以数字经济为代表的新型全球化日益凸显。浙江作为开放大省，民营经济、服务经济发展迅速，成绩斐然。当今世界正在经历百年未有之大变局，以国内大循环为主体、国内国际双循环相互促进的新发展格局正加快构建，浙江在新发展格局中要再创发展新优势，须把发展数字贸易提升到开启未来开放模式、争取全球数字治理参与权的高度。建设全球数字贸易中心，是我省基于开放大省、市场大省和数字经济优势，融入世界经济数字化与我国经济双循环的重要举措，也是我省顺应全球化演变，抢占市场话语权和规则制高点，提升在全球数字贸易治理体系中的竞争力和影响力的具体作为。本篇从我省经济社会发展基础出发，就如何打造全球数字贸易中心提出目标思路、建设内容与对策建议。

一、全球数字贸易中心的内涵

（一）数字贸易的内涵

数字贸易，是指采用数字技术进行研发、设计、生产，并通过互联网等现代信息技术手段，为用户交付的产品和服务，是以数字服务为核心，数字交付为特征的贸易新形态。数字贸易，通常包括数字服务贸易（数字内容、数字技术等）、数字平台贸易（跨境电商）。

2019 年，OECD、WTO 和 IMF 共同发布《数字贸易测度手册》，提出数字贸易包括"以数字方式订购"和"以数字方式交付"两种模式。同年，中国信息通信研究院发布的《数字贸易发展与影响白皮书（2019）》报告中，将数字贸易分为两大类：一类是基于信息通信技术开展的实物商品贸易；另一类是通过信息通信网络（语音和数据网络等）传输的数字服务贸易。2020 年 9 月中国国际服务贸易交易会期间，商务部、工信部等部门首次公开探讨数字贸易定义，认为数字贸易是采

用数字技术进行研发、设计、生产，并通过互联网等现代信息技术手段为用户交付的产品和服务，是以数字服务为核心，数字交付为特征的贸易新形态。至此，数字贸易界定和分类逐渐清晰，既包括以数字内容、数字技术为主的数字服务贸易，也包括以跨境电商为主的数字平台贸易。

从数字贸易与电子商务、跨境电商、服务贸易、数字服务贸易、数字经济等概念的关联性看，主要区别包括：**一是**数字贸易涵盖的内容大于电子商务，数字贸易在电子商务的基础上发展而来，但它是不同于电子商务的一种全新的贸易形态；**二是**跨境电子商务处于数字贸易的初级阶段，数字贸易是跨境电子商务未来发展的高级形态；**三是**并非所有的服务贸易都属于数字贸易，只有可数字化的服务贸易、信息技术离岸外包服务是数字贸易；**四是**数字服务贸易是数字贸易的组成部分之一，既包括了传统服务产业的数字化，也包括了数字技术迭代后所催生的全新经济模式或业态；**五是**数字经济是数字贸易产生的基础，数字

贸易则是带动数字经济发展的重要动力，在形成国内国际"双循环"新发展格局中，数字贸易成为主要推动力之一，是畅通"双循环"的重要载体。

（二）全球数字贸易中心的概念和特征

世界上有诸多著名的全球中心，如伦敦的国际金融中心，纽约的世界贸易中心，新加坡的国际航运中心等。近几年来，周边兄弟省市为增强在世界经济中的话语权也都在为跻身全球中心之列而积极努力。如上海争创"国际金融中心"、海南打造"国际旅游消费中心"等。综观传统全球中心，主要有三个共性特点，以伦敦"国际金融中心"为例：一是产业集聚度高，伦敦有大量金融机构，可全面集中地开展国际资本借贷、债券发行、外汇交易、保险等金融业务；二是专业技术性强，能够提供最便捷的国际融资服务、最有效的国际支付清算系统、最活跃的国际金融交易场所；三是辐射影响力广，金融市场体系健全，服务业高度密集，在全球具有辐射影响力。

参考上述全球中心界定标准，我们认为，"全球数字贸易中心"指的是集聚大量数字技术型、数字平台型以及数字内容型高质量企业、数字平台业务覆盖全球、数字技术达到世界一流水平以及数字贸易规则辐射全球的城市或地区，具备规则引领、行业领先、产业集聚和应用创新等特征。从规模上看，我们分析得出，全球数字贸易中心要求我省数字贸易进出口总额占比全球份额达2.5%以上。据测算，到2025年，全省数字贸易总额突破10000亿元，占全国比重达20%以上，占全球比重2.5%以上，初步建成全球数字贸易中心。到2035年，全省数字贸易额突破40000亿元，占全球比重约为3.75%，建成全球数字贸易中心。

二、我省推进全球数字贸易中心建设情况

浙江是数字经济先发地，数字贸易发展具备

扎实的基础。早在2003年习近平同志在浙江工作期间，就前瞻性地提出了"数字浙江"建设。2015年，杭州设立全国首个跨境电子商务综试区，浙江成为全国唯一一个综试区基本全覆盖的省份。2016年，二十国集团（G20）杭州峰会上签署《二十国集团数字经济发展与合作倡议》，在二十国集团工商峰会（B20）中，提出浙江打造世界电子贸易平台（eWTP），助推我省加速成为"数字丝绸之路"战略枢纽。2020年，浙江自贸试验区顺利实现扩区，赋予了新型国际贸易中心、数字经济发展示范区等五大功能定位。2021年，浙江全面开启数字化改革新征程。近二十年的数字化发展使得浙江发展数字贸易具备了良好基础和先发优势，特别是近三年来，浙江数字贸易增长迅速，2020年数字贸易总额达到4334亿元，年均增长超过20%，为我省连续三年获得国务院稳外贸稳外资督查激励提供了新动能。

（一）夯实数字贸易研究基础

积极贯彻落实国家发展数字贸易的战略部署，谋划下好先手棋，数字贸易研究工作走在全国前列，"六个一"工作均为全国首创，即：成立全国第一家省级数字贸易协会（浙江省国际数字贸易协会），发布全国第一个省级数字贸易分析报告（《2019年度浙江省数字贸易分析报告》），发布全国第一份数字贸易企业百强榜单（2019年度浙江省数字贸易百强 & 数字贸易行业最具影响力企业榜单、2020年度浙江省数字贸易百强榜），成立全国第一家数字贸易研究院（浙江省钱塘数字贸易研究院），发布全国第一个省级数字贸易先行示范区建设方案（《浙江省数字贸易先行示范区建设方案》），积极筹建全国第一个省级数字贸易标准化技术委员会。编制《数字贸易定义集》，组建全省数字贸易专家委员会，联合之江实验室开展数字贸易规则与标准研究合作。

（二）谋篇布局数字贸易顶层设计

对标最高国际经贸规则，借鉴国内先进经验，先后赴深圳、北京、上海等地调研学习，牵

头起草《关于大力发展数字贸易的若干意见》（以下简称《意见》），以省委、省政府名义印发，这是全国第一份以省委、省政府名义印发的数字贸易政策文件。《意见》明确了我省数字贸易发展的总体要求和主要目标，提出了提升完善数字贸易产业、平台、生态、制度和监管体系等 5 方面共 19 项举措，谋划了推进数字贸易高质量发展的"浙江方案"，是我省高水平打造全球数字贸易中心的指导性文件，具有重要的引领意义。《浙江跨境电子商务高质量发展行动计划》由省政府办公厅正式印发，浙江成为近年来第一个出台高规格、系统性跨境电商专项政策的省份。制定省级重点专项规划《浙江省新型贸易发展"十四五"规划》，发布《浙江省服务贸易发展"十四五"规划》，以联席会议办公室名义出台《浙江省数字商贸建设三年行动计划（2020—2022 年）》等。

（三）全力推进数字化改革攻坚

积极探索以数字化改革撬动数字贸易领域改革，聚焦"十四五"时期"两中心三地"建设总体目标，以"订单 + 清单"系统为底座，打造"贸易大脑 + 未来市场"，探索具有商务特色的数字化改革体系。先后 4 次讨论修改，持续优化数字贸易子系统规划架构，谋划了数字服务贸易、数字订购贸易（跨境电商）、贸易数字化、数字供应链及数字展览等场景应用。围绕全省数字化改革"一本账"，进一步厘清数字贸易三张清单。发掘了一批基层多跨场景，"跨境电商溯源码"等 5 个项目入选数字经济系统揭榜挂帅目录。数字贸易子系统现有省级应用 12 项，其中已上线数字经济门户政府侧 6 个，地市场景应用先行示范点 25 个，汇编了首批《数字贸易最佳实践案例》。下沉一线，与滨江、义乌、海宁等近 50 个市县区开展了数字贸易理论和业务辅导，就数字贸易内涵定义、子系统顶层设计、多跨场景谋划等进行了手把手指导。

（四）大力发展数字服务贸易和跨境电商

充分发挥自贸试验区扩区和杭州全面深化服务贸易创新发展国家试点引领作用，滨江物联网产业园入选首批国家数字服务出口基地，浙江数字文化国际合作区入选第二批国家文化出口基地。努力探索数据跨境安全有序流动国家试点，我省已有 12 家数字贸易头部企业入选白名单。创新"数智化"在线商事调解模式的案例成功入选国务院深化服务贸易创新发展试点"最佳实践案例"，共有七条经验在全国复制推广，占全国试点城市总数的八分之一。启动贸易外汇收支便利化试点，共有 11 家企业入选贸易外汇收支便利化试点名单。以唯一主宾省身份高规格参加 2021 年中国国际服务贸易交易会，极大提升了浙江服务贸易品牌知名度。2021 年 1—10 月，全省数字服务贸易进出口总额约 1615.2 亿元，同比增长 19.7%。推动跨境电商快速发展，全省域推进跨境电商零售进口试点，在全国首批开展 9710、9810 监管方式试点。积极开展产业集群跨境电商发展试点，对 51 个试点设立为期三年的专项激励政策。支持以市场化方式推进 eWTP，全球布局 9 个点。在全国率先开展公共海外仓培育工作，全省海外仓达 670 个，占全国比重超 1/3，总面积约 862 万平方米。据初步测算，2021 年 1—10 月，全省跨境电商进出口额 2341.9 亿元，同比增长 29.6%。其中，出口额 1607.7 亿元，增长 42.0%；进口额 734.2 亿元，增长 8.8%。

（五）加快数字自贸试验区建设

按照省委省政府提出的"推进数字自贸区先行突破"工作要求，谋划形成浙江自贸区数据交易中心建设方案，明确数字自贸区的建设思路。一是以建设全球数字贸易中心为目标，打造以数字贸易为核心的自由贸易试验区，在数字产业化、产业数字化、数字流通、数字支付及数字人民币、数字治理等领域形成产业链、供应链、创新链和价值链全球高地。二是构建集确权、归集、加工、存储、交易、流动、监管为一体的数据产业链，实现数据作为基本要素体现市场价值的自由贸易试验区，为全国乃至全球规则、规制、标准、管理等方面提供"浙江方案"。

（六）全力筹办全球数字贸易博览会

2020年8月，在习近平总书记亲切关怀、亲自推动、亲自审定下，中国（浙江）自由贸易试验区成功扩区。打造全球数字贸易博览会是国务院扩区方案明确的战略任务。省委、省政府对此高度重视，袁家军书记亲自协调展会指标并作出重要批示，要求"精心组织、周密安排，把数贸会办成参与全球贸易规则制定、展示数字经济发展成果的高水平盛会"。王浩代省长指示要"创新办展，办出特色"。首届数贸会由浙江省人民政府和商务部共同主办，杭州市人民政府、浙江省商务厅和商务部外贸发展事务局共同承办。展会围绕"数字贸易 商通全球"主题，策划"一会、一馆、一展、一平台、一系列体验活动"等五大内容。其中，"一会"，指首届全球数字贸易博览会暨之江数字贸易论坛开幕式等系列论坛会议；"一馆"，按照数字贸易"458"架构设立展示馆，聚焦数字产业、数字金融、数字物流和数字监管，展示全球数字贸易发展趋势和我国成就，以及我省在数字贸易产业体系、平台体系、生态体系、制度体系和监管体系等方面的实践探索；"一展"，围绕数字化改革背景下的数字贸易全产业链，聚焦数字内容、数字技术、数字智造和跨境电商等内容举办展览；"一平台"，就是打造数贸会线上平台；"一系列体验活动"，开展数智消费等体验活动。原计划本届展会在12月6—9日在杭州举办，后来因疫情影响，推迟到2022年举办。

三、浙江打造全球数字贸易中心的瓶颈制约

（一）数字贸易规则标准探索还不够深入

随着数字化逐渐成为所有产业的底层基础，有关数字贸易的规则标准制定成为各国抢占数字贸易产业主导权的关键抓手。我省在数字贸易便利化、个人信息保护、知识产权保护和数字贸易标准建设等领域的探索研究还不够，尚未建立起与数字贸易发展相适应的监管和治理体系。

（二）数字贸易生态体系还不够健全

数字贸易发展涉及交易平台、金融服务、供应链、国际物流、口岸通关等诸多环节，我省数字贸易各业态间联系不紧密，未能形成业态间的交互和信息闭环。人才储备上，浙江在跨境电商、数字服务等专业领域内的高级化国际化数字贸易人才缺口较大。

（三）数字贸易统计监测制度还不够完善

我国统计部门尚未建立数字贸易相应的数据统计制度，也没有针对数字贸易细分领域进行分门别类统计，无法形成完善的体系数据。我省虽然先行探索了数字贸易有关统计口径，但距离应统尽统精准统还有差距，加快数字统计体制机制建设迫在眉睫。

四、思路与对策

围绕打造全球数字贸易中心总目标，贯彻"458"架构部署，坚持改革引领、数据赋能、创新驱动，努力打造全球数字变革高地，培育浙江国际合作与竞争的新优势。

（一）加快完善数字贸易体制机制

一是加强数字贸易顶层设计。 深入贯彻落实《关于大力发展数字贸易的若干意见》，加强宣传推广，提升数字贸易社会普及度；开展业务辅导，增强基层推进数字贸易工作业务素养；抓实工作部署，推动数字贸易"458"落实落地；列入督查考核，倒逼各级凝聚共识强化工作力度。积极争取入选首批国家数字贸易示范区。

二是建立健全联动协同工作机制。 积极推动建立省级数字贸易发展联席会议机制，负责制定发展规划、方针政策、实施方案，协调跨部门重大事项和重要工作。建立数字贸易项目跟踪推进机制、发展评估机制和宣传推广机制，动态化掌握进度，常态化评估评价，总结推广制度创新

成果。

三是加强数字贸易理论研究和标准化建设。加快筹建运作浙江省数字贸易标准化技术委员会，加强与之江实验室、中国计量大学等单位合作，形成《探索制定数字贸易规则和标准体系》课题成果。主动加强与高端技术单位合作，积极推动我省数字贸易标准上升为国家标准，提高我省在全国范围数字贸易领域话语权和主导权。

四是加快完善数字贸易统计体系。建设浙江省数字贸易统计监测系统，运用大数据、企业直报等方式，开展数字贸易监测、统计、分析。研究构建数字贸易发展测度评估模型，适时发布数字贸易发展白皮书及数字贸易"浙江指数"。

（二）加快完善数字贸易生态体系

一是推进跨境电商高质量发展。积极推动跨境电商综试区数字化改革，鼓励各综试区依托现有数字化基础和载体，强化数字化拓展和转型升级，实现数据赋能，谋划推出一批数字化应用场景和改革项目，争取探索出新的实践经验。深化51个产业集群跨境电商发展试点建设，开展经验推广和典型案例编选。推进主体分类梯度培育，联合各大平台开展商家对接，全年争取新增2万家出口网店，出口1亿元以上的重点企业达200家。加强服务商的培育、引进，评定一批年度重点服务商，举办百场服务资源对接会。打造一批省级跨境电商示范产业园。加快eWTP全球布局，分步骤有序推进30个海外试点建设。

二是加快服务贸易数字化转型。深度融合全省数字化改革工作部署与贸易数字化转型，推动利用产业数字化实现贸易大发展。积极推进数字赋能服务贸易，推动服务供给端数字化创新和需求端数字化消费。支持旅游、运输、建筑等传统行业开展数字化改造，加快专业服务、社交媒体、搜索引擎等业态创新发展，鼓励教育、文化、健康、出行和商业服务等数字生活服务平台建设。加大培育数字服务贸易龙头企业，着力孕育数字服务贸易企业集群，助推我省企业"走出去"扩展国际市场，参与

构建全球产业链供应链。充分发挥杭州、宁波等市数字服务贸易引领带头作用，扩展我省全域数字服务贸易发展新格局。

三是加快数字内容产业发展。实施文化产业数字化战略，提升之江文化产业带能级，加快推动数字影视、数字演艺、数字出版、短视频、数字音乐、动漫游戏、电子竞技等新兴文化业态"走出去"步伐。推进国家数字出版产业基地、短视频基地、音乐产业基地、网络视听产业基地等平台建设，鼓励通过数字载体和形式，提升原创内容竞争力，培育一批具有国际影响力的数字文化IP和品牌。加强中国（浙江）影视产业国际合作区等国家文化出口基地建设，助推数字文化"走出去"。

四是支持发展数字技术贸易。加快数字贸易基础设施建设，进一步加快推进5G、数据中心、下一代互联网（IPv6）、国家（杭州）新型互联网交换中心等建设部署，提升数字基础设施建设水平，夯实数字贸易发展基础。在5G、人工智能、物联网和区块链等前沿技术领域，依托之江实验室、西湖大学等重大创新平台，大力开发原创技术，增强技术供给能力，打造一批试点示范工程。鼓励发展公有云、私有云、混合云和专有云等多元化的云部署模式，集聚一批具有全球影响力和服务能力的云服务商。支持信息技术服务外包（ITO）发展。

五是提升数据产业链整体效能。完善数据安全制度规范，明确公共数据提供主体、使用主体和管理主体之间的权责关系，厘清公共数据采集、传输、处理、存储、应用等各方的权利义务和法律责任。建立健全事前管审批、事中全留痕、事后可追溯的数据安全监管机制，形成数据安全管理闭环，推动安全与利用协调发展，筑牢数据安全防线，确保数据安全。推动形成较为完善的数据及衍生品流通交易模式，构建数字确权、加工、存储、流通、交易的产业链。探索建立数据国际交易市场，促进数据国内国际双向有序流动。加

强交易数据与政务数据、社会征信体系的整合，营造安全可信的交易环境。

六是推进数字贸易金融体系建设。 联合中国人民银行杭州中心支行、省外汇管理局积极推动和引导跨境人民币结算，充分发挥跨境人民币在支持跨境电商等贸易新业态发展中的作用。坚持落实《关于金融支持浙江自贸试验区扩区赋能指导意见》（杭银发〔2021〕35号），积极推进浙江自贸试验区新型离岸国际贸易便利化试点建设。深化跨境电商外汇金融支持举措，推进支持金融机构加大对暂时遇到困难的跨境电商企业的帮扶力度，支持跨境电商、物流、仓储和上下游产业链的发展。鼓励数字贸易头部企业依托区块链、物联网、人工智能等技术建立数字供应链平台，加强与金融机构协作，依法合规开展供应链金融服务。

七是大力培育完善物流供应链体系。 以数智化融合项目为载体，主动布局未来供应链，推动智慧供应链生态建设。引导支持企业在重点国家和地区建设全球售后公共服务中心。加快培育一批软件开发、数据支持、管理咨询、流程外包等第三方物流服务机构，引导跨国公司、国际数字物流服务企业在浙江设立区域总部。加快海外仓建设和布局，推进海外仓标准建设，提升海外仓数字化、智能化和可视化水平。加强全省物流资源统筹，充分发挥我省宁波舟山港、义新欧和快递物流企业优势，支持龙头企业通过直营连锁、联合、兼并等形式扩展经营网络。加快规划国际货运空港枢纽，推动杭州落实开放第五航权，加大杭州、宁波机场开辟航空货运航线力度。

八是深化全省数字口岸一体化。 发挥全省数字口岸一体化生态优势，推动浙江电子口岸、宁波电子口岸和省海港集团等单位开展深层次合作。以宁波舟山港为重点推进全省口岸监管一体化。进一步加强国际贸易"单一窗口"建设，推动口岸和国际贸易领域相关业务统一通过国际贸易"单一窗口"办理，将服务贸易管理事项纳入"单一窗口"管理。

（三）加强高能级开放平台建设

一是大力打造数字自贸区。 切实发挥好自贸试验区先行先试政策优势，围绕构建接轨国际高水平数字贸易开放体系，建设全球数字贸易变革策源地、数字支付结算创新地和智慧供应链平台汇聚地等目标，重点在数字贸易全产业链、平台建设、数据跨境流动、数据交易等领域积极探索，谋划设立数据交易所，开展第三方认证、定价和合约业务。大力发展外综服、市场采购、离岸贸易、保税维修等外贸新业态新模式，开展本外币合一银行结算账户体系试点，推进跨境人民币支付结算。建立数字贸易多元化人才培育机制，依托高校和企业探索设立数字贸易产业学院，搭建数字贸易人才培训中心，加大数字贸易高端人才引进力度。

二是深化跨境电商综试区建设。 持续完善"六体系两平台"，推进各综试区在跨境电商交易、支付、物流、通关、退税、结汇等环节的技术标准、业务流程、监管模式和信息化建设等方面先行先试。以B2B2C、B2B为主攻方向，完善9810、9710等监管方式和配套政策。探索跨境电商零售进口业态创新，积极争取进口正面清单扩增、购买限额提高和医药等特殊品类商品准入管理试点政策。推动国际快递业务经营许可权试点改革，加快提升我省国际快递网络建设及服务能力。支持在浙江设立全球退换货中心仓。

三是加快打造数字贸易先行示范区。 依托杭州高新区（滨江）物联网产业园国家数字服务出口基地，发挥数据资源丰富、数字贸易企业集聚的优势，加快发展数字服务贸易、跨境电商、数据交易等数字贸易业态，打造示范区"核心区"，为下一步争创国家数字贸易先行示范区打牢基础。积极争取国家层面牵头建立国家数字服务出口基地间沟通机制，出台国家数字服务出口基地相关支持政策，加强基地间学习交流，加大对基地指导和宣传力度，指导有关试点地区积极开展探索，不断优化数字资源配置。依托杭州余杭区未来科技城和云城，吸引龙头企业和中小企业入驻，打造示范区"数字云区"。发挥杭州钱塘区跨境电商综试区优势，重点发展跨境电商、跨境贸易金融、保税贸易、保税服务等领域，打造示范区"特色集聚区"。

四是高规格打造全球数字贸易博览会等展会平台。对标服贸会、进博会等国家级展会，高标准举办全球数字贸易博览会，打造参与全球贸易规则制定、展示数字经济发展成果的高水平盛会，加快构建数字贸易时代新平台、新窗口、新秩序。充分发挥我省其他特色展会平台优势，依托中国—中东欧国家博览会暨国际消费品博览会、中国国际网络文化博览会、中国国际动漫节等重大展会平台，推进我省数字贸易高质量发展。

课题牵头领导：张钱江

执笔：庄谨、陈永红、崔建辉、乐宁、钟慧慧

立足全国中欧班列发展大格局
推动我省"义新欧"高质量发展研究

中欧（义新欧）班列是浙江贯彻"一带一路"倡议、推动国内国际双循环的重要载体，是连接陆海、贯穿东西、辐射周边的战略通道，先后六次在重要外交场合受到习近平总书记点赞，已成为浙江高质量参与"一带一路"建设的一张"金名片"。自 2014 年首开至今，义新欧班列先后经历了从无到有的探索和发展阶段（2014—2019）、从少到多的改革调整阶段（2019—2020），当下正处于从多到优的高质量发展阶段。

2021 年以来，我们紧紧围绕省委省政府《关于推进中欧（义新欧）班列高质量发展的指导意见》，推动义新欧班列发展持续向好。2021 年全年累计开行 1904 列，累计发运近 15.6 万标箱，同比增长 36%，占全国份额超 10%，占长三角地区份额近六成，返程率 29%，满载、满轴率均达 100%，数字化改革项目义新欧数字化服务在线已投入运营使用。

为全面借鉴兄弟省市在中欧班列高质量发展阶段的经验做法，根据省委省政府领导指示，浙江省商务厅通过实地走访、在线会议和企业调研等多种形式，对陕西、川渝、江苏等中欧班列开行排名靠前的省市进行了比较研究，具体情况汇报如下。

一、各兄弟省市中欧班列发展概况

（一）陕西省中欧（长安号）班列

长安号班列首开于 2013 年 11 月，自 2018 年以来进入快速增长阶段，西安也在 2020 年第三季度超过成都、重庆后成为国内开行量最高的城市。2021 年全年长安号共开行中欧班列超 3800 列，同比增长约 2%，全国份额约 20%。

从平台模式看，长安号最初由西安铁路局集团和西安国际港务区管委会直接运营，后于 2016 年组建国有全资公司作为运营平台，使得政府在长安号班列中从发展战略到具体运营均实现绝对控制。2018 年后，长安号采用"龙头 + 多平台"模式，

在保留原国有全资平台基础上，与招商局集团、中远海运集团等央企和连云港集团等外省国企合资合作，新发展两个平台运营公司，引入央企海外物流仓储、货代网络等业务资源，进入快速发展阶段。

从发展思路看，鉴于陕西本省外贸市场需求体量有限，长安号自身定位为枢纽型中欧班列，以西安港、开放口岸、跨境电商综试区等为基础积极向周边省市辐射，开行了襄西欧、徐西欧、蚌西欧等众多经西安集结的中欧班列，并通过与沿海连云港等港口合作，吸引日韩过境货物，持续做大中欧班列规模，以先发的规模优势转化为路径黏性，以国际物流带动国际贸易，再以贸易带动周边产业聚集发展。

（二）四川省、重庆市中欧（成渝号）班列

成渝号班列诞生于 2021 年，由重庆中欧（渝新欧）班列和成都中欧（蓉新欧）班列统一品牌组合而成，其中重庆中欧班列首开于 2011 年，是全国最早的中欧班列。2021 年成渝号共开行超过 4800 列，同比减少约 4%，全国份额约 25%。

从平台模式看，成渝号班列有成都、重庆两个运营平台组成，其中成都平台运营公司由成都地方国资与成都铁路局集团合资设立，属国资绝对控股；重庆平台运营公司由重庆地方国资与俄罗斯铁路集团、哈萨克斯坦铁路集团等境外铁路公司合资设立，属中外合资国有控股企业，实现了与班列沿线国家主要铁路公司的利益绑定，提升了中欧班列境外段的运输效能和服务品质。

从发展思路来看，成渝号班列在服务本地企业的同时，充分利用自身沿江和辐射西南的区位优势，通过江海联运、海铁联运，实现了成渝号班列沿长江、沿铁路向西南地区、长江流域经济带的辐射，并融入西部陆海新通道国家战略，拓展成渝号的货源腹地，同时促进了区域内产业分工协作的深化。

（三）江苏省中欧班列

江苏省中欧班列由南京、苏州、徐州、连云港、南通五个城市开行，自 2012 年起陆续开行，其中开行主力为连云港、苏州、徐州四城。2021 年江苏省中欧班列年内共开行超 1800 列，同比增长 29%，全国份额约 9%。

从平台模式看，江苏省中欧班列起步较早但整合较晚，长期均处于分散独立经营状态。2020 年 8 月后，江苏省组建省级平台公司，通过国资无偿划转等方式完成了省级国资平台公司对各地平台公司的控股，才实现了中欧班列的全省统筹。

从发展思路看，得益于良好的区域经济条件，江苏省中欧班列主要属于腹地型发展，江苏、徐州和南京中欧班列主要服务于本地外贸企业；同时江苏省也利用沿江优势，通过联通龙潭港、太仓港的铁路专用线，实现了江海联运和海铁联运与中欧班列的对接，将辐射范围向长三角地区延伸。

二、不同省市中欧班列发展模式分析

调研中我们发现，由于中欧班列定位、市场资源禀赋和区位条件等因素的差异，各省市地区在中欧班列发展方式的选择上既有共性，也有明细差异（见表 1）。

（一）中欧班列的战略定位差异显著

受制于远离海港、大规模对外贸易物流成本高的等因素，为发展外向型经济，陕西和川渝地区将中欧班列定位为自身对外开放的**主通道**，以此承担包括综合物流、招商引资等多重功能，中欧班列是陕西和川渝地区对外开放中的绝对主角，因此在财政扶持、政策支撑领域往往是举全省之力；而对于江苏来说，毗邻长三角港口和长江航道，中欧班列只是自身对外开放的次通道，是东向海上主通道的有益补充和备份，因此得到的关注和扶持力度有限。

（二）中欧班列的发展模式差异显著

由于内陆和沿海地区的中欧班列形成的通道有主次之分，其市场地位也有主次之别：陕西和川渝地区的中欧班列在缺乏海向物流竞争的前提下，拥有更强的溢价能力和市场塑造能力；同时受制于较为孱弱的外贸经济基础，只有在区域内形成一城独大的格局，才可能更快地聚拢货源发挥规模效益，于是便形成了以西安、川渝为核心的**枢纽型中欧班列**。得益于发达的制造业经济，江苏省拥有巨量充足的外贸进出口需求，且由于江苏省内各区块地市间相对割裂的经济联系，各地中欧班列发展只服务于所在城市及周边有限区域，长期以来未实现省级层面的整合统筹，最终形成了多点开花的腹地型中欧班列。

（三）中欧班列与产业互动差异显著

由于主通道的定位，陕西和川渝地区的中欧班列是当地产业发展的基础物流条件，当地外向

表1　2021年全国中欧班列开行情况

名称	开行列数	同比增速/%	全国份额/%	全国排名
四川/重庆中欧（成渝号）班列	4800	−4	25	1
陕西中欧（长安号）班列	3800	2	20	2
浙江中欧（义新欧）班列	1904	36	10	3
江苏中欧（徐州/苏州/南京/连云港）班列	1800	29	9	4
山东中欧（齐鲁号）班列	1700	13	9	5
河南中欧（郑州）班列	1508	34	8	6
湖南中欧（长沙）班列	1021	92	5	7
安徽中欧（合肥）班列	668	18	4	8
湖北中欧（武汉）班列	411	57	2	9
粤港澳大湾区中欧班列	385	47	2	10

（数据来源于公开网站）

经济产业的产业结构、市场目标等都需要围绕中欧班列的特性展开，如制造业需要考虑出口商品是否适合集装箱铁路运输等，是典型的"物流催生商流"；反之，江苏省中欧班列发展的原动力是地方外贸进出口需求的溢出，在海向物流通道时效性降低时，中欧班列才能及时补位，是典型的"商流催生物流"，对于地方的产业经济发展起到有益的影响而非决定作用。

三、浙江义新欧班列发展模式特征

（一）运营平台民营为主，国资为辅

在全国所有90余个中欧班列运营单位中，我省列是唯一源发于民营企业，并逐步发展壮大，至今仍以民营主体为主、国资为辅的班列平台，充分兼顾了民营企业的灵活高效和国有企业的实力优势，使得浙江义新欧班列在实际经营中更多以市场效益为导向，具备更强的造血能力和可持续发展的韧性，使得浙江能够以比例最少的财政资金撬动和调动中欧班列发展的有利因素，从长远上保证了义新欧班列的健康可持续发展。

（二）"双平台"赛马机制，良性竞合

为充分结合民营企业的灵活高效和国有企业的实力优势，激发中欧班列的市场活力和创造力，

2020年5月，浙江创新义新欧班列运营体制机制，提出"一个品牌、两个平台、全省统筹、错位发展"的总体思路，以义乌、金东双平台建立赛马机制，通过考核激励、统筹协调、规则共定和资源共享等手段，形成班列内部平台间良性竞合关系，从机制上保证了班列市场化的发展方向，整体提升了义新欧班列服务品质。

（三）贸易催生物流，陆港补充海港

相较于主要辐射周边区域的枢纽型中欧班列，浙江义新欧班列去程货源的90%以上来自浙江本地，是典型的腹地型中欧班列，班列承担的主要任务是满足贸易催生的物流需求，是贸易发展的从动因素。同时，对于陕西、川渝等内陆省市，中欧班列是唯一自身可控的对外贸易物流通道，但对于以"义甬舟"作为主要贸易物流通道来说，义新欧班列定位是次要的西向物流通道，是对于东向贸易物流通道的有益补充。

（四）线条计划紧张，区域内竞争激烈

全国计划班列由国铁集团分配给各地方路局后，再由地方路局分配给区域内开行平台。相较于长安号与西安铁路局、成渝号与成都铁路局的一一对应，在线条分配上不存在区域内的竞争，而我省需与江苏、安徽和上海共同分配上海铁路局的计划份额，长三角区域内线条竞争激烈。同

时据了解，2021 年上海铁路局全年去程班列总数为 2682 列，预计 2022 年仅增长 5% 至 2800 列，计划不足的矛盾将在 2022 年加剧，区域内省市间线条竞争更加激烈。

四、调研启示

一是充分发挥优势，坚定市场化发展方向。得益于浙江民营经济的发达，市场化既是义新欧班列发展的本质特征，也是未来高质量发展中的最大优势。我们应坚持因地制宜，持续提升义新欧班列市场化发展水平，实现开放型经济和民营经济的融合发展。

二是革新发展理念，科学设置高质量发展指标。鉴于浙江义新欧班列的市场化特征，在设置班列高质量发展指标时应更加贴合市场实际：如班列往返不平衡是由贸易结构决定的，在没有坚实进口需求的前提下，返程班列没有经济性，过高的返程率指标将会削弱班列可持续发展能力；再例如在线条资源总量紧张的情况下，过多的线条方向将会造成备多力分，应做深做实重点线条，推动服务精品化，谨慎开辟新线条。

三是把准班列定位，高质量服务浙企。鉴于浙江的区位因素和市场基础条件，应把准义新欧班列直接服务腹地企业的定位，争取义新欧班列物流资源发挥扶持本地产业功能的最大化，不盲目追求流量，避免跨境运输、中转贸易等对省内物流资源的挤占。

五、浙江中欧（义新欧）班列高质量发展建议

基于上述特征分析，在继续贯彻落实省委省政府关于中欧（义新欧）班列高质量发展的相关指示基础上，我们建议以实现中欧班列"市场化""国际化""品牌化""特色化"和"数字化"五化的全国领先为抓手，以推进"基础设施支撑""体制机制支撑""政策扶持支撑"的"三支撑"为基石，不断更新完善我省中欧（义新欧）班列高质量发展理念，科学合理设置关键量化指标，打造全国领先的国际铁路新枢纽。

（一）实现"五化"的全国领先

一是实现市场化的全国领先。充分利用浙江在跨境电商、市场采购、进口贸易、产业链跨国合作等方面的既有优势，以义新欧班列对全贸易模式覆盖为目标，以更好满足市场需求为引领，强化义新欧班列运营平台的盈利造血能力，实现义新欧班列运营的可持续发展。

二是实现国际化的全国领先。抓紧在义新欧班列沿线国家和地区建设物流分拨中心和海外仓，深化与德铁、俄铁、哈铁等沿线国家铁路运营商的业务合作，逐步向资本层面延伸，联动宁波舟山港等浙江港口群，拓展义新欧辐射范围，打造西联欧洲、中亚，南接东盟的复合型、多式联运国际物流大通道。

三是实现品牌化的全国领先。强化制度引领，充分发挥并挖掘浙江自贸试验区、市场采购试点、跨境电商综试区等制度优势，进一步做深做实一体化通关模式，压缩境内集货和运输时长，持续提升班列服务质量，打造运能充沛、运营便捷、运行稳定的国际物流服务体系，擦亮"义新欧"品牌。

四是实现特色化的全国领先。以"干支结合"的运输模式破题全省货源统筹，以"一单式"探索解决多式联运转单低效问题，以"特色班列""公共班列"和"企业专列"稳定企业订舱预期，打造具有浙江辨识度、在全国有独特地位的中欧班列。

五是实现数字化的全国领先。以数字化改革为手段，建设并持续优化"义新欧数字化服务在线"应用，通过贯穿海关、口岸、铁路、场站、班列运营平台等多主体数据，形成各主体高效联合作业的"CPU"，全面提升义新欧班列的用户体验、主体协同效率和政府智治水平。

（二）夯实"三支撑"的稳固底座

一是强化基础设施支撑。加快推进金华、义乌铁路场站基础设施改造提升，并从全省交通规划全局角度着眼，促使义新欧班列发展和"第六港区建设"结合，切实增强公铁海联动能力，增加班列整列作业线数量，科学配置仓储、堆场等基础设施，最大程度挖掘现有场站潜能，全力推进铁路枢纽节点城市建设。

二是强化体制机制支撑。进一步发挥好联席会议机制，加大《中欧班列高质量指导意见》《中欧班列统筹管理办法》等文件的贯彻力度，完善全省统筹机制，注重平台发展协同和品牌统一；进一步深化双平台赛马机制改革，促进双平台形成品牌共建、价格共商、设施共享、行为共守的合力发展新局面。

三是强化政策扶植支撑。与国家发改委等相关部门积极对接，谋划并推进金华（义乌）中欧班列集结中心示范工程申报前期工作；在符合中央相关规定的前提下，根据市场动态，适度调节财政扶持力度，并运用数字化手段探索更加精准、快速的补贴兑现方案。

（三）科学合理设置量化指标

始终把准"物流服务贸易、班列服务企业"的市场化原则，尤其是服务好浙江特色产业和优势产业，与海向通道充分联动，从企业物流时效性和便利性角度出发，贸易物流方式选择"宜海则海，宜陆则陆"。在上述基础上构建更加精准科学的班列评价体系，在考核中设置更注重反映客户体验和平台企业可持续经验能力的指标：2022年班列开行总数不低于2000列，在全国中欧班列市场份额10%以上，班列计划兑现率95%以上，班列月度开行量不低于150列，班列返程率维持在25%等，以求在经济性和政治性要求上寻找新均衡点。

主动应变　加快推动外经贸企业合规体系建设

近年来，逆经济全球化潮流与单边主义、贸易保护主义蔓延，特别是中美战略博弈日益加剧，世界经贸规则正在经历一个快速变革和重构的过程。同时 RCEP 落地执行以及 CPTPP 等区域协定对中国企业参与全球竞争的自身合规性提出了更高的标准和要求。在商务领域，对外贸易和对外投资遇到前所未有的困难和挑战，各国对华采取贸易限制措施越来越严苛，尤其是美国"黑名单"制裁更是对优质行业领军企业的精准打压。鉴于此，浙江省商务厅主动应变，积极谋划，对全省重点外经贸企业抽样开展合规现状调查，目的在于引导企业筑牢应对外部挑战防火墙，提升企业内生合规竞争力，保障我省新阶段开放型经济高质量发展，率先为省域内推进企业合规体系建设作出浙江探索和实践。

一、调查概况

2021 年 3—4 月，浙江省商务厅组织厅合规专家，采取分片区、分类别书面调查问卷和重点企业调研相结合的方式，对全省上年度出口额超 5000 万美元（含）以及我省跨国公司、省属集团公司近 600 家企业开展合规现状调研。结果显示，我省外经贸企业对合规的重要性有一定的认识，企业内合规制度建立达到一定的水平，但合规体系建设尚处于起步阶段，仍需政府加大引导和指导，帮助企业加快推进与更高国际经贸规则相适应、与我省高质量发展建设共同富裕示范区、争创社会主义现代化先行省相适应的合规体系建设，为我省"十四五"商务高质量发展发挥基础保障作用。

二、合规现状

本调查所称合规，是指我省外经贸企业及其员工的经营管理行为符合法律法规、国际条约、行业准则、商业惯例、企业依法制定的章程和规章制度等要求。合规管理要求涉及对外贸易、对外投资合作、境外日常经营等。

（一）企业合规体系建设基本现状

1. 合规体系建设较为薄弱。

调研中 51% 的企业已经建立了较为分散的合规管理体系，33% 的企业合规管理由各相关职能部门执行，尚未形成完整的突出合规主题的系统管理体系。18% 的企业设立了独立的合规管理部门。

2. 合规管理制度尚不全面。

调研中 47% 的企业制定了适用于企业和全体员工的合规管理手册，内容包含合规政策汇总、合规管理程序、内部风控／评估工作流程等内容。53% 的企业并未制定相关内容。

3. 合规管理运行机制参差不齐。

调研企业执行合规内部制度程度参差不齐。如内部培训整体有待提高，企业仅对于关键岗位的培训重视程度较高，较少企业全体人员均共同接受培训。

4. 合规评审机制运行较好。

89% 的企业会在企业内部或聘请外部第三方专业机构进行审计、评估和更新。11% 的企业尚未设立定期审计、评估和更新机制。如艾康生物表示公司设立了专门的审计合规部，公司每年还会聘请第三方机构来进行外部审计。

5. 合规风险应对机制建设趋弱。

除跨国公司培育企业外，多数外经贸企业对合规风险应对意识不强，对涉及合规的资讯不敏感，反应不及时，遇到风险挑战时，缺乏制度基础和机制保障。

（二）企业对外贸易专项合规建设情况

1. 企业对美贸易合规意识薄弱。

我省多数外经贸企业在日常业务往来中与美国存在连接点，尤其在美国出口管制和经济制裁政策不断变化的情况下，企业对自身产品是否受到美国法律管控不清楚，对交易是否违反美国法律不明晰（见图 1）。

2. 敏感地区贸易风险重视度不高。

如 62.5% 的省属企业有与敏感国家或地区开展贸易合作的情况，主要涉及俄罗斯和伊朗。但并非所有企业在与敏感地区企业开展业务前期都

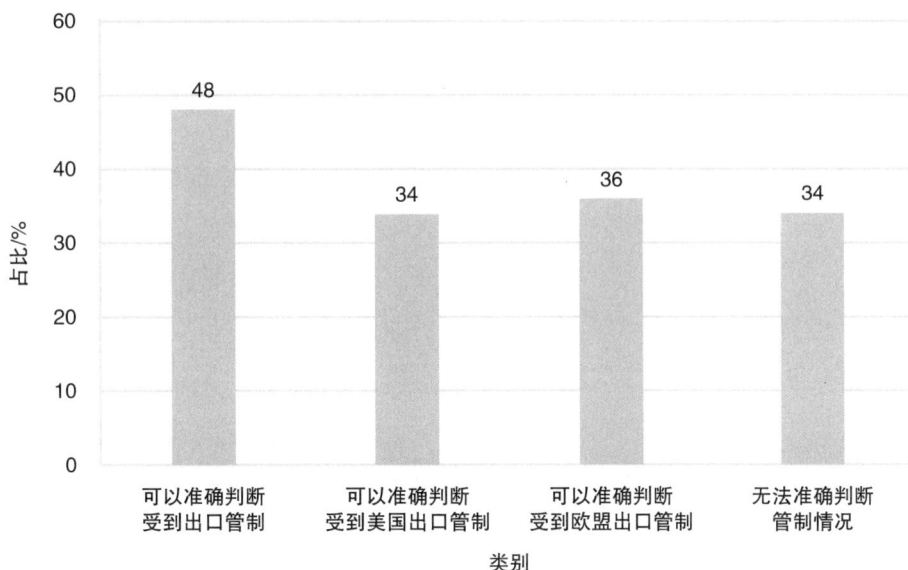

图 1　以浙中地区企业为例——识别自身受到出口管制情况

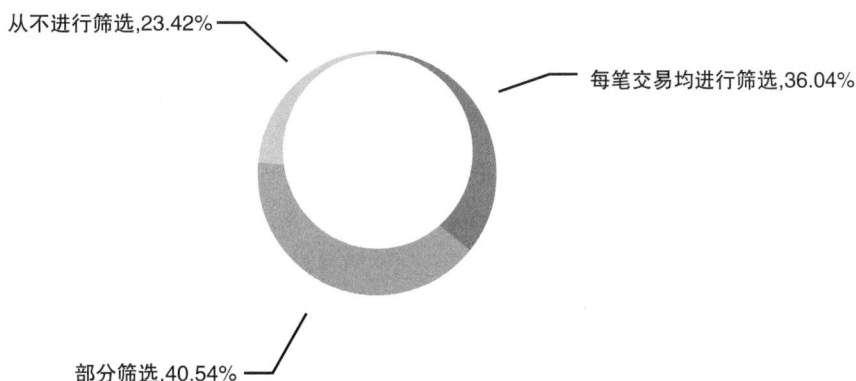

图 2　以浙北地区为例——对交易方进行出口管制和经济制裁"黑名单"筛查情况

会进行"黑名单"排查，法律合规风险排查并确认贸易链合规情况。如贝盛绿能当下正在接触伊朗潜在项目，伊朗属于美国的出口制裁国，但公司并未事先获知伊朗国企的相关信息并进行黑名单筛查，判别交易风险（见图2）。

3. 跨国公司普遍面临贸易救济调查合规风险。

部分企业在近3年遭遇过外国政府发起的贸易救济调查，如万向集团、阳光照明等重点企业多年来应对贸易救济调查已有相当长时间；贝盛绿能生产的光伏产品在出口时需要在原产地、最终目的国、商品编码等方面注意如实申报，且要注意避免违反进口国关于反规避方面的法律规定（见图3）。

三、下一步举措

当前外部环境倒逼我省外经贸企业高度重视合规，下一步将加大力度全方位推进企业合规工作。

（一）建立合规工作协调机制

在省外贸工作领导小组领导下，建议浙江省贸易救济工作联席会议机制中（主要执行贸易政策合规）增加浙江省外经贸企业合规工作内容，分管副省长召集，省发改委、省经信厅、省财政厅、省科技厅、杭州海关等部门和机构分别落实企业合规相关工作。确定年度工作重点和任务，清单化表格式滚动推进，年底进行评估。定期通报进展情况。遇到紧急重大合规议题，紧急会商。日常工作由省商务厅贸易救济局承担。

（二）研究出台合规政策文件

推动出台《浙江省关于推进外经贸企业合规体系建设三年行动计划（2021—2023年）》，按照政府推动、市场主导、统筹推进、企业主体、规则引领的原则，明确推进工作重点、实施举措，力争全省外经贸企业合规工作走在全国前列，高水平培育一批内外合规管理体系基本完善、合规组织体系基本健全、合规制度体系完备、合规工作流程规范的外经贸合规示范企业。

（三）加强合规宣传和培训，壮大合规管理人才队伍

根据企业需求组织合规领域专家学者、实务律师等开展专题讲座，提升企业合规风险防范能力。聘请各领域专业智库组织分国家（地区）、分行业定期培训。支持鼓励高校设立合规管理专业方向，为企业合规经营建立人才库。

（四）建立正向合规建设激励机制，引导企业合规经营

引导各市、县（市、区）重视企业合规，支持

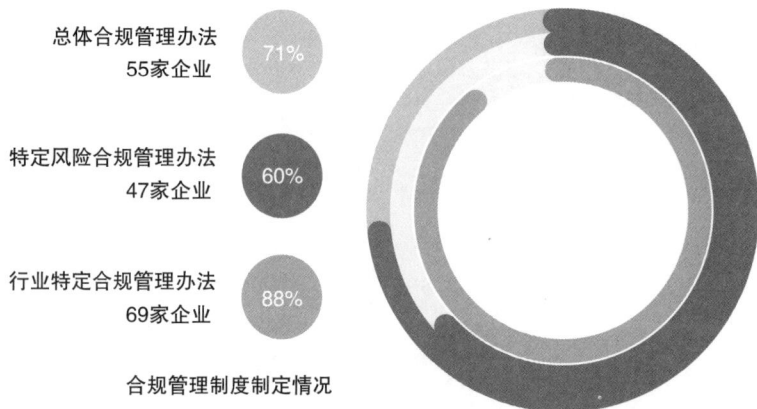

总体合规管理办法
55家企业 71%

特定风险合规管理办法
47家企业 60%

行业特定合规管理办法
69家企业 88%

合规管理制度制定情况

图3 跨国公司培育企业合规管理制度制定情况

企业建立合规体系和评估体系，培养合规人才，提升国际竞争软实力。鼓励各地对企业开展标准化合规体系建设工作所产生的专业机构合规服务费给予一定比例的支持。鼓励各地搭建合规风险识别产品对接平台，供企业选择。实施企业合规评价机制，对合规建设和执行良好的企业给予奖励或表彰。

（五）完善信息沟通渠道，搭建合规管理公共平台

依托省级外贸合规预警点等工作平台以及"订单"+"清单"监测系统大数据，畅通企业与政府双向沟通渠道，建立常态化联系沟通机制。强化数据赋能，联合法律法规数据库公司、律师事务所或其他专业智库搭建合规信息服务平台，发布动态资讯。探索建立兼顾标准化和个性化需求的合规专家支持机制，为企业合规风险或突发合规事件的处置提供前期咨询、事中指导和后期评估完善。

课题组组长：张曙明

课题组成员：朱　颖　贾春仙

执笔人：贾春仙

加快数字自贸区建设　在新一轮对外开放中走在前列

当前，全球信息化进入全面渗透、跨界融合、加速创新、引领发展的新阶段，数字经济成为经济发展的新动力。2019 年 1 月，时任省长袁家军在《政府工作报告》中首次明确提出要创建数字自贸区，2021 年 2 月袁家军书记在全省数字化改革大会上，全面部署了数字化改革工作，3 月 29 日袁家军书记在中国（浙江）自由贸易试验区工作领导小组会议上强调，要加快建设数字自贸区。3 月 29 日，省长郑栅洁、时任副省长朱从玖分别在《〈参事建议第 18 期〉关于浙江自贸试验区如何实施数字化改革的建议》上作出批示，指导推进数字自贸区建设。4 月 7 日，郑栅洁省长赴人行总行对接数字货币试验区试点工作。5 月 22 日，省自贸办在北京召开"浙江数字自贸区建设和自贸试验区条例修订"专题研讨会。近期，省自贸办以数字自贸区为专题，多次赴钱塘、滨江、义乌、杭州城西科创大走廊等重点区块调研务实推进。

一、浙江建设数字自贸区的特色优势

十九届四中全会首次提出"将数据纳入生产要素"。习近平总书记多次指出："加快推进规则标准等制度性开放，率先建设更高水平开放型经济新体制。"[1] 在百年未有之大变局中，浙江自贸试验区在全国率先实现赋权扩区，先行先试的领域及范围进一步扩大，在数字经济、港航物流等方面具有得天独厚的优势。

（一）数字化转型走在前列，为建设数字自贸区提供了改革环境

近十几年来，浙江一直围绕 2003 年时任浙江省委书记习近平提出的"数字浙江"建设持续发力。在政府数字化转型领域，推动"最多跑一次"改革、"互联网＋政务"，推广浙政钉、浙里办等掌上办事平台，成为全国审批事项最少、管理效率最高、服务质量最优的省份之一。在经济数字化转型领域，推动了互联网＋、大数据、人工智能与实体经济深度融合和制造业、服务业数字化。在社会数字化转型领域，构建了城市大脑数字化治理体系，推进城市、医疗、交通、就业、公共安全等服务场景化。

（二）数字经济独树一帜，为建设数字自贸区提供了产业基础

当前，浙江数字经济发展走在全国前列，渗透到贸易、金融、制造、社会等各个领域，新技术、新业态、新模式层出不穷。浙江作为电子商务全国最发达的省份之一，以跨境电商为代表的数字贸易已实现全省覆盖，集聚了阿里巴巴、网易等超过全国三分之一的跨境电商平台。世界电子贸易平台（eWTP）布点国家和地区达 7 个。涌现了一大批以海康威视、浙江大华等为代表的数字制造企业，5G、人工智能、工业互联网、云计算等新型基础设施加快建设。G20 杭州峰会成功举办，杭州影响力得到巨大提升，近些年杭州人才流入率位居全国第一，成为互联网工程师创业创新流出首选目的地。数字金融创新发展，孕育出蚂蚁集团、连连数字科技、乒乓智能技术、恒

生电子等一大批国际国内知名的金融科技公司。

（三）港航物流条件优越，为建设数字自贸区提供了服务条件

浙江拥有海、陆、空、信息港的多样化港航物流体系。宁波舟山港是世界第一大港，形成了口岸物流手续无纸化等一系列数字口岸服务创新举措，货物吞吐量连续 12 年保持全球第一。义乌陆港是国内最大陆港，年货物吞吐量超百万标箱，已实现管理数字化、营运网络化、服务体系化、决策智能化。拥有杭州萧山机场等数个高等级民用运输机场，搭建了多式联运智能化物流网络体系。构建了"四港"综合信息服务平台，推动联运大脑与海港、陆港、空港枢纽信息互联互通。菜鸟网络、长龙航空、百世物流科技、海仓科技等龙头物流企业纷纷落地，带动现代物流服务业加快发展。

二、数字自贸区建设的总体思路和建设目标

浙江建设数字自贸区，要以对标国际先进规则和满足企业需求为导向，以数字化改革为牵引，运用 5G、大数据、人工智能、区块链等数字技术赋能，构建集确权、加工、存储、交易、监管为一体的数据产业链，搭建场景化、集成性、智慧型的数字监管和数字服务平台，在发展数字贸易、数字产业、数字金融、数字物流、数字治理中开展压力测试，实现更高水平的贸易、投资、运输、人员、资金自由化便利化和跨境数据安全有序流动，在新一轮规则开放和制度开放中走在前列（见图 1）。

（一）总体思路

以习近平新时代中国特色社会主义思想为指导，全面贯彻党的十九大和十九届二中、三中、四中、五中全会精神，紧抓数字化改革机遇，围绕"数字浙江"建设，以杭州为主力军，联动宁波、舟山、金义 3 个片区及联动创新区，构建"3+5+N"的发展体系，即围绕三大目标（**全球数字变革策源地、全球数字贸易中心、数字贸易规则与标准制定高地**）、建设数字全产业链"五个数字"（数字贸易、数字产业、数字金融、数字物流、数字治理）、N 个应用场景，打造全国领先、世界一流的数字自贸区。

（二）建设目标

全面落实国家赋予的"五大功能定位"和全省数字化改革部署，以企业、社会、人民需求为导向，以数据资源为关键要素，精准切入数字全产业链关键环节，加快党政机关整体智治、政务服务流程再造，开展规则、规制、管理、标准等制度型开放，全方位推进制度重塑，努力打造**全球数字变革的策源地、全球数字贸易中心和具有全球影响力的数字贸易规则与标准制定高地**。

到 2025 年，**全球数字变革的策源地**：数字赋能全覆盖党政机关、政务服务，实现全域"全局一屏掌控、政令一键智达、执行一贯到底、服务一网通办、监管一览无余"；建设全国电子数据交换系统贸易网，打造枢纽型国际化数字强港；依托数字化手段，开展自贸试验区一体化风险防控监管平台体系差别化探索，打造数字一体化监管服务平台；**全球数字贸易中心**：打造一批"灯塔型企业"，根据数字经济的发展规律，集聚一批在全国乃至全球具有引领作用的数字贸易企业；强化金融支撑，鼓励各类金融机构创新金融服务和金融产品，引导各类创投企业投向数字经济领域创新创业项目；把国家数字服务出口基地打造为数字贸易先行示范区；**具有全球影响力的数字贸易规则与标准制定高地**：加强数字经济领域国际规则、标准研究制定，推动标准行业互信互认。在国家数据跨境传输安全管理制度框架下，试点开展数据跨境流动安全评估，探索建立数据保护能力认证、数据流动备份审查、跨境数据流动和交易风险评估等数据安全管理机制。明确数据跨境传输的评估机制和操作规则，在特定区域内试点建设跨境数据流通公共服务平台，构建跨境数据流通安全管理体系，打造集基础算力、合规评估、

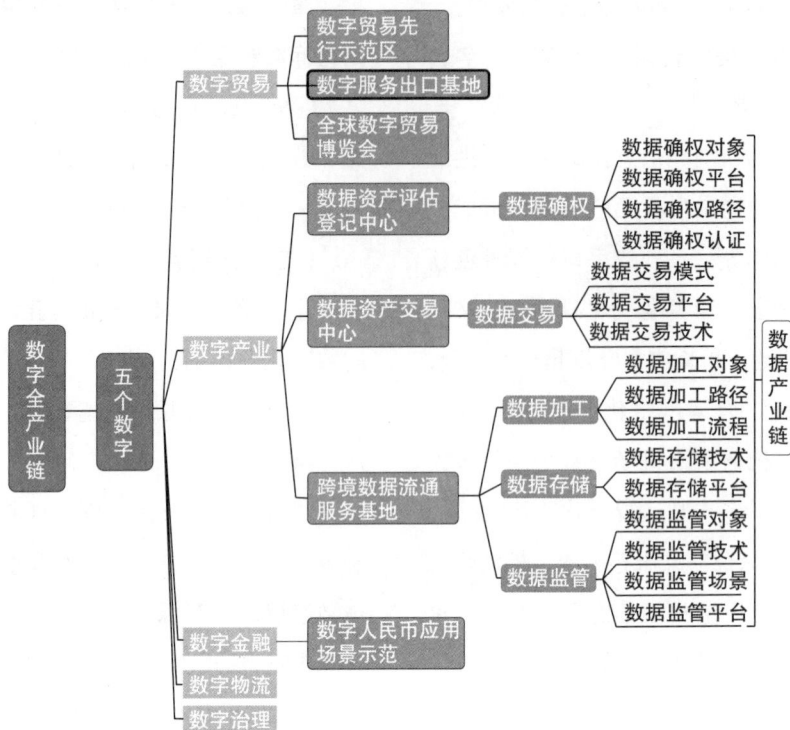

图 1　数字自贸区建设思维导图

数据汇聚、通用技术、安全监管、供需对接等功能的全球数据港。主动对标 CPTPP、RCEP 等国际经贸规则，构建有别于欧盟、日本等国家和地区的规则和标准，抢占数字贸易规则高地，争夺数字贸易规则制定话语权。

三、聚焦"五大数字"关键领域推进数字自贸区建设

建设数字自贸区平台举措是构建"二中心二基地二示范一博览会"的"2221"数字全产业链，即打造数据资产评估登记中心、数据资产交易中心、国家数字服务出口基地、跨境数据流通服务基地、数字贸易先行示范区、数字人民币应用场景示范和全球数字贸易博览会。

（一）以数字贸易为核心，聚焦"贸易自由化便利化"，打造全球数字贸易中心

加快**数字贸易先行示范区**建设，深化杭州、宁波、义乌等跨境电子商务综合试验区建设，发挥阿里速卖通、天猫国际、网易等平台、企业优势资源，构建数字贸易新业态、新场景、新平台。推动国家**数字服务出口基地**建设，先行建设高新区（滨江）物联网产业园国家数字服务出口基地和中国浙江影视产业合作区国家文化出口基地，推动宁波、金华等地的数字贸易园区争先进位。高水平打造**全球数字贸易博览会**，举办以数字贸易为主题的系列专项活动，向全球展示数字化改革成果。积极接轨 RCEP、CPTPP 等在跨境电商、电子支付等领域约定的协议标准，探索在数据交互、分级分类、业务互通、监管互认、服务共享等方面的国际合作及数字确权等数字贸易规则研究。

（二）以数字产业为引擎，聚焦"数字产业化"，构建集确权、加工、存储、交易、监管的数据产业链

依托海康威视、新华三、趣链科技等龙头企业，创新应用大数据、云计算、人工智能等数字技术，推进以 5G、IPv6、数据中心、超算中心、

卫星互联网为核心的**数字新基建**，打造自主可控、安全可靠、系统完备的数字基建体系，争取建设数据出入口局。设立**数据资产评估登记中心**，争取在杭州设立数据资产评估运营节点，构建数据资产质量评估、资产价值评估、资产定价的数据资产评估体系，向全国复制推广成熟的评估定价模型。设立**数据资产交易中心**，学习借鉴深圳模式，开展第三方认证、定价和合约业务，争取数据资产并表、数据交易或流通平台及其全产业链条落地。打造**跨境数据流通服务基地**，构建跨境数据流通治理与运营平台，率先开展数据跨境流动便利化试点，研究推进数字贸易和跨境数据分类监管、数据跨境传输安全等方面新标准、新规则。

（三）以数字金融为特色，聚焦"数字支付"，搭建数字经济时代完备的金融服务体系

推动打造**数字人民币应用场景示范**，以蚂蚁金服与央行数研所签署技术战略合作协议为契机，先行在杭州亚运会场景进行内部封闭试点测试，积极争取杭州等城市落地数字货币试点，打造数字货币应用示范区。积极探索构建与数字贸易相适应的金融支付体系，开展本外币合一银行结算账户体系试点。鼓励依法设立银行卡清算机构，鼓励连连科技、乒乓智能等跨境支付企业开展多元化支付清算服务。对标新加坡国际结算生态，探索人民币离岸结算业务，力争国际结算企业落户。推进大数据、区块链等新技术与金融深度融合，确定杭州等地特定区域，稳妥有序开展金融创新应用项目的"沙盒"监管，成熟一个，出箱一个。

（四）以数字物流为支撑，聚焦"数字枢纽"，构建与数字物流产业链相匹配的现代流通服务体系

以宁波舟山港为核心联动杭州、宁波双国际航空港和义乌国际陆港，探索建立多式联运规则和标准体系，建立健全铁公水物流信息互联标准。规划五大千万级集装箱泊位群、三大亿吨级大宗散货泊位和一批智能化码头，推动口岸型国家物流枢纽建设。推动杭州落实开通第五航权开放，加大杭州、宁波机场开辟国际航线、航空货运力度，建设临空经济示范区。建立浙江快递物流指数，打造全球航运物流风向标。以市场化方式加快菜鸟网络在全球节点布局 eHub，完善全球智能物流骨干网，建设全球 123 快货物流圈。以数智化融合项目实施为载体，主动布局未来供应链，通过"供应链 + 数据"智能实现全维应用实时同步，推动智慧供应链生态建设。加快培育一批软件开发、数据支持、管理咨询、流程外包等第三方物流服务机构，引导跨国公司、国际数字物流服务企业在浙江设立区域总部。打造**国际人才流动特区**，建设国际人才流通图谱，借助大数据、云计算、区块链等数字技术，绘制全球人才资源分布地图。探索设立数字自贸区"人才卡"，建立境内外人才身份转换机制，推进国际人才出入境便利化。

（五）以数字治理为重点，聚焦"整体智治"，建设与数字全产业链发展相适应的治理体系

加快**"数字政府"**建设，依托浙政钉、浙里办等平台，开展"去中心化"改革，推动"掌上办事""掌上办公"在自贸试验区全覆盖。创新"互联网 + 口岸"新服务，建设具有数据联通、数字围网、秒级通关、智能服务等功能的数字口岸。依托网络交易信息采集和多维度大数据分析模型，建设网络交易主体和网络交易行为的大数据监测系统。面向数字自贸区新技术、新业态、新模式、新场景发展建设过程中的轻微违法违规行为，探索建立容错免责清单、减责清单等。探索建设在线电子证据取证固证系统，为实施网络交易大数据监管执法提供技术支撑，实现技术治理、"以网管网"。营造**数字服务最优生态**，加快中国(杭州)知识产权保护中心建设，为自贸试验区内企业知识产权工作提供高水平服务。发挥杭州互联网法院等服务保障作用，建立健全国际商事多元化纠

纷解决机制。打造**数据流通安全管理体系**，进一步筑牢数据安全底线。运用区块链技术，基于 AI 框架研发隐私计算产品，最大程度保护政府、企业的数据流通安全。探索构建基于"隐私计算 + 区块链"可信执行环境安全技术底座，支持隐私计算技术在政务服务、中小微企业金融服务、医疗健康等领域应用。

四、数字自贸区建设的 N 个应用场景

按照全省数字化改革"1+5+2"工作体系的要求，坚持"成熟一批、推广一批"的原则，探索建设"小切口、大牵引"、解决政府与企业堵点难点和更多令企业有获得感、群众有满意度的应用场景。结合自贸试验区发展实际，首先推出一批重点数字场景应用，后续聚焦"五大功能定位"和"五个数字"领域，进一步拓宽 N 个数字场景应用。

省级层面：遵循整体智治理念，按照党政机关整体智治综合应用和构建"重大任务"贯彻落实的综合集成机制的要求，从自贸试验区改革试点任务出发，围绕"五大功能定位"，以运行监测评价系统为核心，统筹运用数字化技术、数字化思维和数字化认知，运用 V 字开发模型，构建**"自贸试验区态势感知中心"**，率先建设"经济运行、项目建设、自贸政策、制度创新和国家战略"五大应用场景，实现自贸全局"一屏尽览"、政令"一键智达"。

片区层面：重点推进"以点破面式"应用场景建设，以"小切口"撬动"大场景"，形成一批多跨应用场景，比如，围绕大宗商品资源配置基地建设推进数字化贸易交易平台、保税燃料油智能调度服务系统、江海联运信息服务平台、保税商品登记系统等应用深化提升，围绕新型国际贸易中心、全球数字贸易中心建设推进跨境电商线上综合服务平台、数字贸易跨境便利化协同服务平台、市场采购 2.0 等应用拓展升级，围绕数字物流、投资贸易便利化推进义新欧数字化综合服务平台、国际投资"单一窗口"等应用开发建设。

注释：

[1] 习近平：《在深圳经济特区建立 40 周年庆祝大会上的讲话》，《经济》2020 年第 11 期，第 52-58 页。

长三角协同扩大内需研究

坚持扩大内需是构建新发展格局的战略基点，长三角地区担负着习近平总书记赋予的"率先形成新发展格局"重大历史使命，有基础也有条件在打通经济循环堵点、破解扩大内需难题等方面勇于担当、勇当先锋、积极探索，在推动高质量一体化发展的进程中率先取得引领性、示范性的标志性成果，率先形成参与国际经济合作和竞争的新优势。

一、长三角地区协同扩大内需的现实基础

作为全国常住人口规模最大、人口集聚最高和经济发展最好的区域之一，长三角地区具备了在更高起点上协同扩大内需的良好条件和现实基础。

（一）投资消费动力强劲

长三角地区的投资消费在全国的份额地位，为率先构建新发展格局奠定了坚实的市场需求基础。从投资看，**一方面**，长三角地区总量规模不断扩大，增速表现好于全国。2019 年长三角地区固定资产投资额持续增长，固定资产投资规模达139114 亿元，占全国的比重接近 24.8%。2020 年，长三角地区固定资产投资总体增长情况好于全国，除江苏增长 0.3% 外，上海增长 10.3%、安徽增长 5.1%、浙江增长 5.4%，均高于全国平均的 2.7%。**另一方面**，结构持续优化，高技术产业较快增长。2020 年，上海的电子信息产品、新能源汽车、生物医药等制造业投资增长 20.6%，浙江高新技术产业、装备制造业投资分别增长 7.4%、12.6%，江苏高技术产业投资增长 8.4%。长三角地区投资结构更趋优化，实体经济高质量发展的趋势更加明显。

从消费看，**长三角地区是全国社零售规模最大的地区之一**。2020 全年，长三角实现社会消费品零售总额 9.8 万亿元，占全国比重为约为 25%。其中，浙江省实现社会消费品零售总额 2.67 万亿元，占长三角比重为 27.2%。从消费结构来看，中国城镇居民的服务型消费支出约占总消费支出的 40%，农村居民则在 30% 左右。在长三角地区，服务型消费正在成为消费领头羊。以浙江为例，浙江生活用品及服务、其他用品及服务支出，分别增长 32.7% 和 30.7%，在八大类消费支出中居前两位。其中，居民人均家政服务、旅馆住宿、医疗服务等支出增长较快。

（二）交通物流不断完善

长三角地区拥有我国城镇化率最高的城市群，已经构筑起了促进流通、畅通经济循环的比较完善的交通物流体系。**长三角地区是全国联通世界的程度较高的区域之一**，拥有上海、宁波舟山等区域港口 300 多条国际航线连接着 100 多个国家和地区的 600 多个港口；**长三角地区是全国综合交通基础设施最完善的区域之一**，区域面积

内分布了 51.3 万公里的公路网，占全国 10.2%；分布了 1.17 万公里的铁路网，占全国 8.4%；分布了 4.18 万公里的内河航道网，占全国 32.9%；拥有 22 座民用运输机场，占全国 9.4%；**长三角地区是全国基础设施发展水平最高的区域之一**，公路网密度、铁路网密度、内河航道密度、运输机场密度分别为 143.3km/ 百 km²、3.28km/ 百 km²、11.68km/ 百 km²、0.62 个 / 万 km²，是全国平均水平的 2.7 倍、2.3 倍、8.8 倍和 2.5 倍；**长三角地区是全国客运服务规模最大的区域之一**，各种运输方式完成的客运量和旅客周转量为 29.9 亿人次和 4086.1 亿人·公里，分别占全国的 17% 和 11.6%；**长三角地区是全国货运服务规模最强的区域之一**，各种运输方式完成货运量和货运周转量为 47.1 亿吨和 6.3 万亿吨·km，分别占全国 22.1% 和 31.6%；**长三角地区是全国汽车保有量最高的区域之一**，人均汽车保有量为 2155 辆 / 万人，是全国平均水平的 1.2 倍（见表 1）。

（三）数字贸易先行示范

数字经济、电子商务是长三角地区的发展亮点，较高的消费能力、巨大的服务消费需求和成熟的电商消费习惯，使得长三角地区电商消费在服务类商品的延伸更加迅速，无论是线上金融服务，还是线上家居家装服务，都保持着快速的增长趋势，这为有效扩大内需，培育发展消费新业态、新模式创造了良好的市场条件。**长三角地区是全国电子商务最发达的地区之一**。2020 年，长三角地区卖家在全国电商平台实现商品类和服务类交易额已近 10 万亿元，达 9.93 万亿元；快递业务量 304.8 亿件，占到全国的 36.7%，其中浙江省增长 35.3%、上海市增长 7.3%、江苏省增长 21.5%。2020 年浙江省实现网络零售 2.3 万亿元，同比增长 14.3%；省内居民网络消费 1.1 万亿元，同比增长 10.9%。

（四）市场环境走在前列

近年来，长三角地区深化推动资源要素市场化改革，着力破解市场要素流动不畅瓶颈，激发循环活力，在市场体系基础制度、市场环境和质量、市场开放、市场监管以及市场数字化改革等方面取得了积极成效，为打造统一开放大市场积累了深厚的制度供给基础。**畅通市场循环的制度体系逐步健全**。长三角区域知识产权保护常态机制顺利建立，长三角市场监管执法协作交流平台完成搭建、区域执法协作制度基本建立，区域税

表 1　长三角地区交通运输与全国对比（2019 年）

交通运输主要指标	全国	长三角地区	与全国相比
公路里程 / 万公里	5012496	513090	10.2%
铁路里程 / 公里	139926	11740	8.4%
内河航道里程 / 万公里	127298	41818	32.9%
机场数 / 个	235	22	9.4%
公路密度 /（公里 / 百平方公里）	52.21	143.32	2.7 倍
铁路密度 /（公里 / 百平方公里）	1.46	3.28	2.2 倍
内河航道密度 /（公里 / 百平方公里）	1.33	11.68	8.8 倍
运输机场密度 /（个 / 万平方公里）	0.25	0.62	2.5 倍
客运量 / 亿人	176.04	29.85	17.0%
货运量 / 亿吨	471.36	104.11	22.1%
客运周转量 / 亿人公里	35349.2	4086.11	11.6%
货运周转量 / 亿吨公里	199394	62910.29	31.6%
人均汽车保有量 /（辆 / 万人）	1812	2155	1.2 倍

收"服务共同体"建设迅速落地，税务行政执法有效实现"同事同罚"，示范区跨区通办、一网通办制度有效运行。2019年3月，嘉善成功核发首张"长三角一体化"跨区通办营业执照。**畅通市场循环的质量监管环境进一步改善。** 区域产品质量监管机制基本建立，同一产品在6个月内不现重复抽查；研究制定长三角区域统一标准管理制度，标准一体化工作进一步加强；试行推广绿色产品认证体系，区域互认体系建设得到加强；共同开展"满意消费长三角"行动，打响了长三角放心消费的知名度和美誉度。**畅通市场循环的市场监管体系基本建立。** 初步建立网络监管跨区域协作模式，探索建立电商平台规范治理机制，创建形成长三角价格执法协作一体化平台。

二、长三角地区协同扩大内需的堵点痛点

长三角地区协同扩大内需虽然已经有了良好的基础条件，但相比较新发展阶段贯彻新发展理念、构建新发展格局、推动高质量发展的新要求新目标，在消除行政分割羁绊、破除体制机制障碍、畅通经济循环等方面仍存在不少堵点痛点。

（一）跨区域交通物流协同能力有待提升

交通物流是畅通经济循环的基础性环节，相比较高质量发展、竞争力提升、现代化先行的要求，既有的交通物流协同能力仍有较大的差距。**一是基础设施能力仍待提升。** 相比粤港澳大湾区规划的深中通道、深珠通道、港珠澳大桥等三大主要通道，浙沪间还没有快速直达的跨湾通道，浙北与上海、苏南等地区公路运输通道也已经饱和；高等级路网占比相对偏低，浙江高等级公路（二级以上）仅占18.6%，上海为38.8%、江苏为27.5%；海港和空港整体能级不高，港口群、机场群虽然规模巨大，吞吐能力已达到世界级水平，但对标全球领先门户枢纽，总体竞争力不强，宁波舟山港在2020年全球国际航运中心排

名中居第11位，萧山机场在全球机场客运量排名中列50位开外。**二是协同网络尚未真正形成。** 区域内机场、港口枢纽的竞争大于合作，一体化枢纽分工格局尚未形成。沿海港口同质化竞争仍然存在，机场分工体系尚未形成。江海联运实质性突破进展较小，内河水运网络体系尚不完善，海铁联运比例还较低。**三是物流方式结构不合理问题仍然突出。** 区域铁路货物周转量占综合运输周转量的比重低于3%，公路承担运输量占比过高，占区域总运量65%以上。浙江省铁路货运量仅占1.7%。地区物流成本占GDP比重仍然较高。**四是协同机制尚不健全。** 长三角交通一体化的顶层协作机制、运输市场、标准政策等尚不健全，政策缺乏协调性，行业标准存在较大差异，特别是在信息共享、智慧高速等新基建方面，仍需加大协同力度。航空方面，各机场发展的分工尚不明确，机场群功能发挥面临着协调难度大、协作路径不明确等现实难题；港口方面，区域内各港口规划统筹力度不足，部分港口在码头泊位建设、港口航线开辟、航运业务发展上仍追求"大而全"，缺乏一体化统筹思维。港口合作的利益共享机制尚未建立。

（二）居民消费潜力仍需有效释放

商贸流通领域缺少统一的规划布局导致长三角地区商贸流通体系建设不平衡，现代供应链体系建设滞后，物流成本偏高，普遍偏高的房价这一共性因素进一步压制了居民消费潜力的释放。**一是商业设施布局建设缺少统一规划。** 长三角地区各城市从拉动房地产等角度出发竞相上马商业综合体等商业设施，每年新开业的大型商业综合体达到数十家，造成部分城区和中小城市商业综合体建设局部过剩。**二是流通体系建设存在失衡。** 长三角部分地区乡镇、农村商贸流通体系建设力度明显不足，消费载体、交通、物流等基础设施建设水平滞后，较高的农村居民消费潜力没有得到激发。**三是现代物流和供应链建设水平偏低。** 长三角地区社会物流总费用虽持续下降，但

占 GDP 的比例仍高于 14%，是美国、日本等发达国家的 2 倍以上，现代供应链体系仍待完善，整体供给效率较发达国家仍然偏低，大数据、云计算等新技术手段应用不足，导致部分终端消费品供给价格偏高。**四是高房价挤压消费支出。**2020 年房价排名前 30 的城市中，长三角有 14 个城市上榜，占全国的近一半。截至 2020 年三季度末，我省的居民杠杆率达 95.8%，较年初上升 14.7 个百分点，较 2015 年末上升 40.7 个百分点，高于全国居民杠杆率 32 个百分点，为全国最高。

（三）重大投资项目共商共建机制尚未建立

投资需求是扩大内需的重要组成部分，协同扩大内需，根本上要靠体制机制的突破来拓展投资空间。长三角地区在建立重大投资项目共商共建机制方面仍有很大的改革空间。**一方面，项目竞争仍多于项目合作。**当前，长三角内部区域和区域之间，城市和城市之间，开发区与开发区之间过度竞争问题依旧突出。在现有行政管理体制下，各地区依旧以 GDP 作为发展的主要目标，个别地区为谋求地方利益最大化，隔离与竞争多于合作，致使区域资源配置和共同市场建设遇阻。例如，上海和江苏在制造业领域，上海和宁波在海洋产业领域，上海和杭州在金融产业领域等，都有进一步优化竞争与合作格局的空间。**另一方面，执行操作层面仍缺少有效协同。**高层领导对长三角一体化十分重视，国家层面、省级层面颁布出台了众多促进长三角经济一体化的意见和措施，为长三角一体化发展提供了战略指导和发展方向。然而在合作项目的具体推进过程中，执行操作层面的协同性问题没有得到根本性解决。例如，长三角府际合作的重要成果多以各种协议、合同、宣言等类法律文本的形式呈现，协议等文本内容是长三角"一市三省"政府经过协商所达成的普遍共识，但是诸多合作细节没有作具体的规定，为各方在执行章程任务过程中各行其是提供了自主裁量空间，导致这些规范性文件从决策层

的议事会走向操作层的各地职能部门后并没有得到一以贯之地执行。

（四）区域一体化市场标准体系亟须完善

市场效率越高，有效需求越强，长三角地区需要一个统一开放大市场，但妨碍商品服务跨区域顺畅流通的体制机制障碍仍然没有得到根本性消除。**一是市场准入退出机制尚未统一。**一市三省在市场主体准入标准、准入要求、准入流程、授权范围、操作环节、操作细节等方面还存在差异。市场监管部门之间缺少统一的市场主体准入网络平台，跨区通办仍需通过工作人员之间的 QQ、微信等进行联络流转，准入登记还是在各自的准入平台上进行操作。在企业注销方面，长三角地区在简易注销的公示时间、便利举措方面还有未统一，如有的地区公示时间是 45 天，有的是 20 天。**二是公平竞争制度推进仍不平衡。**受制于不同地区重视程度、队伍配备、承担部门、专业能力等因素，公平竞争审查工作在工作质量、工作协调、工作成效等方面都存在差异。长三角各省市的公平竞争审查、反垄断机构间缺少一体化的日常协调协作协办机制，更多的是临时性的业务探讨交流。区域分割等行政性垄断行为由于区域间经济发展不平衡导致屡禁不止，地方保护有利于地方经济发展的错误认识仍在一定程度上存在。**三是知识产权保护有待统筹。**以知识产权为核心的资源配置和产业链布局不够，一市三省在科技创新、技术攻关、知识产权信息利用、产业机构布局还存在多头、重复、交叉等情况，知识产权转移转化还不够充分。以知识产权保护为核心的激励创新保障作用有待进一步发挥，知识产权联合惩戒机制尚未建立。**四是质量标准体系建设不够协同。**以高标准引领长三角一体化的有效机制还有待完善，长三角一体化标准供给不足，"浙江制造""上海品质"等区域品牌与标准仍自成体系，不利于商品与服务的流通。**五是数字化共建共享支撑不够。**电子营业执照和电子印章跨领域应用不够广，数字化应用的跨区域平台配合

协作、网络主体数据归集以及市场主体数据库开放共享等方面需进一步加强。比如浙江省的市场主体数据库，汇聚数据不够全面，缺少市场准入、行政审批、投诉举报、执法监管、质量发展等相关数据。

三、长三角地区协同扩大内需的基本思路和目标任务

围绕"率先形成新发展格局"的要求，长三角地区应锚定高质量一体化发展战略目标，围绕破解阻碍经济循环堵点痛点，探索创新推动一体化发展的体制机制、模式路径，通过协同扩大消费、共建一体化投资合作平台、联合打造数字贸易平台、构建高效便捷物流网络、构建统一开放大市场等工作举措，加快形成协同扩大内需的强大合力，率先形成需求牵引供给、供给创造需求的更高水平动态平衡。

（一）协同扩大消费

长三角地区是全国最大最有潜力的消费市场之一，进入高质量发展阶段，长三角地区的消费蕴含着巨大的增长空间，必须顺应消费优化升级趋势，协同扩大消费，增强消费对经济发展的基础性作用。

一是促进消费扩容提质。培育发展消费新业态新模式，有序发展生鲜电商、直播电商、跨境电商等新零售业态，鼓励发展无接触型消费、共享消费、定制消费、体验消费等新模式，壮大文旅、康养、5G信息等新兴消费热点。建立健全家电、汽车、家居等回收利用网络体系，促进汽车、家电、家居、家装等传统商品更新消费。培育国际消费中心城市、国际新型消费示范城市和新零售标杆城市，推动地标商圈、步行街、历史风情街区等品质化改造，规范提升夜间经济品质，吸引境外中高端消费回流。

二是共建"满意消费长三角"。深入实施放心消费行动，联动建设国家食品安全示范城市群，建成一批放心消费单位，全面覆盖长三角地区消费较为集中的主要行业、新兴领域和经营场所。建立"长三角实体店异地异店退换货联盟"，引导大型连锁商场、超市、直营店实行跨区域异地异店退换货制度。协力整治服务消费热点领域，开展长三角网络订餐食品安全"净网"联合整治与长三角区域"网络订餐大家评"活动。

三是培育服务业优质供给。放宽服务业领域市场准入，实施服务消费负面清单制。推进先进制造业与现代服务业深度融合，重点打造软件与信息服务、科技服务、现代物流、金融服务、数字贸易等具有全球影响力的行业，加快创意设计、节能环保、商务服务等行业集成创新和规模化发展。以品质化、精细化的生活性服务业支撑高品质生活，提升发展健康、旅游休闲、现代商贸、文体教育等服务业。

（二）共建一体化投资合作平台

聚焦拓展投资空间、优化投资结构、改善供给质量，积极探索跨省市成本共担、利益共享的合作新机制，推动重大项目投资从保护竞争走向合作共赢，推进一批强基础、增功能、利长远的重大项目在长三角地区落地见效。

一是共同谋划推进重大标志性示范项目建设。聚力优化空间布局，高水平建设长三角一体化发展示范区，打破行政边界，打造生态友好型一体化发展样板，加快上海自贸区新片区建设。

二是共同谋划推进重大科技创新项目建设。聚力科技创新协同，高质量构建长三角科技创新共同体，加快两大综合性国家科学中心联动发展，加快培育长三角科创圈，联手突破一批卡脖子关键技术，加快建设全球创新高地。

三是共同谋划推进重大产业项目。聚力产业发展联动，瞄准集成电路、新型显示、大数据、人工智能、新能源汽车等未来产业和重点领域，依托龙头企业、中介组织、研发机构、开发区等，搭建一批产业一体化组织，打造一批世界级产业集群。

四是共同谋划推进市场一体化项目。聚力统一开放市场，加快建设更高层次的开放型经济新体制，进一步扩大制造业、服务业、金融业、农业等重点领域对外开放，加快大通关一体化建设，合力打造国际一流营商环境。

五是共同谋划推进重大生态环保项目。聚力生态环境共保联治，推广完善跨流域跨区域的生态补偿机制，推动重点跨界水体治理，联合开展大气污染综合防控，统筹推进山水林田湖草系统治理。

六是共同谋划推进重大基础设施互联互通项目和重大公共服务项目。聚力基础设施和公共服务一体化，加快建设轨道上的长三角，建设世界级港口群，携手打造数字长三角，加快推进 5G 等新一代信息基础建设，合力建设长三角工业互联网。

（三）联合打造数字贸易平台

顺应数字变革新趋势，应对贸易变局新挑战，聚力数据赋能、服务增值，加快推进传统贸易数字化和数字经济国际化，加快建设在线交易、数字支付和智慧供应链等数字贸易平台，积极探索数字贸易国际规则、标准和政策，加快打造全球数字贸易中心，为全面打造"数字长三角"提供强大发展动能。

一是大力发展数字贸易新业态。鼓励企业运用数字技术创新货物贸易方式，引导支持生产制造企业、传统外贸企业加快向数字贸易转型，推进跨境电子商务创新发展。推动数字技术赋能国际运输、国际旅游、金融保险、工程外包等传统服务贸易，鼓励企业建设教育、文化、健康、出行和商业服务等数字生活平台，推进服务贸易数字化转型。大力开发适合市场需求的数字商品，推进数字商品贸易做大做强，提高数字贸易竞争力。拓展数据应用领域，加快开发数据衍生产品、技术及服务，丰富数据贸易品类。

二是加快建设数字贸易高能级平台。加快建设数字贸易园区基地，推动一市三省区域创新共同体与自贸试验区改革联动、创新联动、贸易联动，着力孕育世界级数字贸易产业集群。加快建设数字自由贸易试验区，充分发挥中国（浙江）自由贸易试验区先行先试作用，开展商务数据跨境自由流动试点，大力建设数据交易市场，探索设立数据交易所，积极推进跨境人民币支付结算。加快建设跨境电子商务综合试验区，探索创新跨境电商的监管模式、标准框架、业务流程等管理制度和规则，破解跨境电子商务发展中的深层次矛盾和体制性难题；探索开展"线下展示 + 新零售"模式，不断扩大跨境电商零售进口，满足消费者需求和便利要求。深化产业集群跨境电商发展试点，鼓励各地高起点高标准规划建设一批产业特色鲜明、功能配套完善的跨境电商产业园。打造全球数字贸易博览会，以"专业化、数字化、场景化、国际化"和线上线下联动为特色，打造集"看趋势、找服务、寻合作、引企业、选产品"等功能于一体的国际领先的数字贸易平台。

三是加快建设数字贸易生态体系。探索制定数字贸易规则和标准，推进数字支付、智慧物流全球网络建设，积极争取国际互联网数据专用通道，推动跨境数据安全有序流动。建立全程数字化交易体系，运用区块链技术建立企业信用体系，突破数字化堵点和信用难点，探索建立相关平台和规则，加快数字签名、数字身份、数字单证和电子发票的普及应用；加强数据采集、存储和交换的标准化建设，推动交付、支付、通关、代理服务与交易平台的数据互联互通；加强交易数据与政务数据、社会征信体系的整合，营造安全可信的交易环境。建立数字化金融服务体系，鼓励数字贸易核心企业依托区块链、物联网、人工智能等技术建立数字供应链平台，加强与金融机构协作，依法合规开展供应链金融服务。建立智慧化供应链体系，支持物流骨干企业开展国际合作，利用互联网、区块链、物联网等技术，建立货物及运输工具的全程可跟踪、可追溯系统，加快海外仓建设和布局，提升海外仓数字化、智能化和可视化水平，引导支持企业在重点国家和地区建设全球售后公共服务中心，打造网络健全、服务优质、响应快速、便捷高效的数字化供应链体系。

（四）构建高效便捷物流网络

充分发挥交通物流在畅通经济循环中的先行带动和关键环节作用，以降本增效、通畅便捷为目标，并结合实现碳达峰、碳中和的发展目标，协同推进构建一体化物流基础设施体系、提升物流综合服务能力、打造最优物流营商环境，率先在全国构建形成世界一流的现代化高效便捷物流网络。

一是构建一体化物流基础设施体系。构建陆路物流通道一张网。优化内联外通综合运输通道，强化长三角主要运输通道能力。铁路通道上，依托以新亚欧大陆桥为主轴的国际铁路货运通道，加快提升铁路货运场站国际集装箱运输中转功能，推动集装箱国际班列发展。公路运输上，协同共建一体化配送网络，合理布局区域协同区域物流基地、配送中心设施体系，特别是在冷链物流基地、生物医药物流配送中心等设施共建共享。**打造世界级领先协同港口群。**在地区协同上，注重沿海港口功能错位，进一步协同优化，推动宁波舟山港与上海港联动发展，积极推动洋山开发合作；依托内河航道改造升级，构建发达内河水运网络；提升江海联运、海铁联运水平，加强浙苏、浙皖江海联运合作和模式创新，强化舟山江海联运服务中心与芜湖港、马鞍山港、南通港等长江沿线港口合作。在对外开放上，加强与"一带一路"沿线港口合作，支持建立跨区域港口联盟、港航联盟，拓展国际集装箱航线，加强与国际港口互联互通。**共建长三角航空物流枢纽。**准确把握长三角航空货运网络从单枢纽向多枢纽过渡，积极推进世界级机场群差异化分工。积极打造杭州国际航空物流枢纽门户，努力提升宁波、温州机场区域航空枢纽功能，加快嘉兴航空多式联运中心建设，承接上海等周边区域机场货运功能。

鼓励和支持航司开通至日韩、欧美、东南亚及港澳台地区的全货运航线，构建通达欧美、辐射亚洲的国际航空货运网络。**协同推进交通物流体系智能化。**积极推进跨省市交通信息系统"一网统筹"、交通政务服务"一网通办"、交通运行"一网统管"。加快推进长三角国家智慧交通示范项目，重点推进环杭州湾智慧高速公路项目，并以此形成一套可复制、可应用的智慧高速建设经验。赋能港口数字化转型，加快推进智慧港口建设，以宁波舟山港梅山港区为先行试点，推动传统码头智能化改造。推进长三角地区交通运输电子证照场景应用。推动浙江内河船舶"多证合一"改革试点在长三角区域互认推广。

二是提升物流综合服务能力。建设专业物流协同体系。加快推进长三角地区建成商贸物流、农产品物流、冷链物流等专业化物流系统，支持物流企业在长三角地区积极开展跨区域的物流业务对接与合作。强化大型产业基地的物流配套服务功能，形成拥有全球网络的综合型龙头物流企业和一批汽车、化工、高端制造、冷链、生物医药等行业物流骨干企业。支持物流企业构筑城市间区域配送和集中配送相结合的物流服务网络，组建战略联盟。协同支持推进高铁快运、电商快运班列发展。**提升货物多式联运水平。**大力推进设施对接，运营协同，发展铁水、江海等货物多式联运，有序发展甩挂运输，促进货运"一单制"建设。协同推进长三角地区托盘、集装箱等标准化基础装载单元推广使用和循环共用，统一交通物流各领域设施、设备、技术、操作等标准，对接工业设计和流通标准规范，支撑供应链一体化运作。提升内河运输船舶检验、登记、运输等相关证件办理便利化水平，推进内河船型标准化，促进江海直达和江海联运发展。**加快物流信息共享平台建设。**推动建立物流信息资源的共享机制，增强物流信息平台的服务功能，提升长三角地区口岸通关便利化。强化数字赋能，连通长三角地区现代物流信息平台，实现长三角地区海港、陆港、空港物流信息共享，实现物流园区、工业园区和重点商品交易市场等的物流信息联网。

三是打造一体化最优物流营商环境。推动物流降本增效。深入开展国家物流降本增效综合改革，推进物流企业清费减负，全面落实公路、内河运输及港口收费减免政策以及物流行业税收优惠政策，打破行政区划界限，实现交通运输、物流从业人员资格认定等事项"全域通办"，推动建立长三角区域货运车辆跨省异地年审和检测，进一步降低物流企业制度性成本。**提升一体化通关水平。**深化口岸合作，加强协调对接，提升通关一体化水平，实现监管资源、人员要素的有效流通，减少企业通过成本，提高通关效率。加快建设具有国际先进水平的国际贸易"单一窗口"。**注重物流标准化建设。**加强长三角地区的物流标准化合作，重点支持有关行业协会与企业率先制定化工、医药、食品冷链、农产品等物流作业、服务地方标准，并在长三角地区先行统一实施。推进内河集装箱标准船型的研制，加强信息标准化研究，促进长三角地区现代物流企业信息平台的相互联通、数据兼容和格式统一。**共建物流信用体系。**努力建成长三角地区现代物流行业信用体系，形成政府监管、协会监督、行业自律相结合的约束机制。充分发挥一市三省物流行业协会作用，通过建立行业诚信公约、宣传诚信典型、通报失信案例以及建立物流企业诚信守法等级评估互认制等。

（五）构建统一开放大市场

按照实施高标准市场体系建设行动，健全要素市场运行机制的目标要求，努力消除阻碍长三角区域市场一体化发展的行政壁垒、部门壁垒、规则壁垒，推动构建竞争有序、制度完备、治理完善的统一开放大市场体系，率先形成新发展格局的长三角示范引领。

一是完善基础制度体系。完善知识产权保护体系。推动完善知识产权保护的法律法规体系、健全知识产权执法司法保护制度、创新优化知识

产权保护机制，加强长三角地区知识产权保护协作联动，推动信息资源综合运用、公共服务资源聚集整合、人才资源共享、海外保护资源共建等方面的深度合作。**畅通市场准入退出机制。**健全市场准入负面清单动态调整机制，建立长三角区域企业注册登记、开办统一标准，建立统一的登记规范体系，推进跨区通办、一网通办；统一长三角地区企业注销标准，在长三角政务服务专区设立企业注销一网服务平台，实现注销跨区办理。实施简易注销程序，优化流程，推动实现"一次申请、全项办结、同步注销"。**全面完善公平竞争制度。**加强长三角区域执法协同力度，重点围绕增强公平竞争审查制度刚性约束、强化反垄断与反不正当竞争执法、破除区域分割和地方保护，开展对区域违法行为的协同执法、共同打击，共同维护长三角区域良好发展秩序；构建跨区域的市场监管案件移送、执法协助、联合执法机制，针对新型、疑难、典型案件，畅通会商渠道，互通裁量标准。**统一税收政策执行标准。**拓展高频次办税事项的"最多跑一次"范围，明确区域通办标准，统一发票类、申报类税务行政处罚裁量基准，统一办税流程、行政处罚尺度、政策执行口径。

二是完善市场监管机制。加强市场标准体系建设。制定出台长三角一体化标准化相关管理办法，完善区域统一研究、立项、制订、发布、实施监督的有效机制；推动建立区域认证联盟，开展绿色产品认证试点，深化推进检验检测结果互认、先进品牌互认。**加强重点商品市场价格监管。**建立部门横向沟通协作机制，形成价格政策动态抄送、监管信息实时反馈、价格工作定期会商等相关制度，推动价格监管无缝链接。建立一市三省价格执法机构交流会商、执法协助、联动查办、资源共享四大工作机制，切实强化价格监管协作，共同提升长三角区域市场价格监管效能。

三是深化数字化改革。建立大数据可视化平台。运用数据地图方法和可视化展示技术，完善

以市场主体数据为基础，以共享共用为目的的大数据平台；促进政务数据资源共享，归集整合跨区域市场准入、行政审批、投诉举报、执法监管、质量发展等相关数据，率先在长三角区域内实现政府行政监管数字化转型。**拓展电子证章应用场景**。推动商事主体在社保登记、银行开户、纳税申报、合同签订、贷款审批、招投标等各领域全面应用电子营业执照和电子印章。**推广实施数字化监管和数字化执法**。推广应用"浙江公平在线"系统，推广实施"简案快办"数字化执法模式，形成大数据监控、风险预警、调查处置的全链条监管执法闭环。**积极探索数字化维权**。加强长三角消费投诉云平台建设，探索建立信用评价机制和投诉公示机制，整合长三角消保委联盟投诉系统，简化消费争议处理程序。

四、建议事项

（一）需要一市三省共同向国家争取的政策和重大改革事项

（1）争取国家重大科技基础设施布局长三角地区，联手打造区域创新共同体，联手攻克"卡脖子"技术难题，对承担战略任务的重大研发平台，赋予人事、薪酬、科研组织、权益保障等特殊政策和灵活机制，赋予内部治理的特殊政策和灵活机制，让科学家做科学的事。

（2）推进长三角大城市户籍制度及社会保险、社会福利、教育体制改革，实现社会保险、社会福利跨地区便利转移接续、教育资源公平配置。

（3）长三角地区口岸城市跨境贸易便利化合作，深化长三角一体化通关建设，推进长三角国际贸易"单一窗口"合作共建机制。

（4）建立跨境电商海外仓等设施共享机制。围绕"一带一路"沿线国家和主要跨境电商出口目的国，进一步加大海外仓建设规模，鼓励跨境供应链龙头企业与第三方物流企业重点依托自贸区布局建

设长三角共享海外仓，搭建海外公共仓储平台。

（5）积极争取国家支持落实区域内重大交通基础设施建设涉及的新增建设用地、用海规模计划、耕地保有量、永久基本农田保护等，加强对长三角区域重大交通基础设施建设的用地指标、占补平衡等政策倾斜，保障区域内重大交通基础设施项目落地。

（6）积极争取国家财政资金支持，探索建立长三角公路、铁路、航道交通、运输等发展专项发展基金，合理利用社会资金。

（7）争取国家和省级相关部门为参与交通基础设施建设投资的社会资本提供税收、贷款、担保等方面的优惠，或给予一定的政策倾斜，充分调动社会资本积极性。

（8）建立由交通运输部牵头，地方相关部门参加的现代综合交通运输一体化标准、法规政策创新协同机制，建立长三角区域交通运输及法规联合制定、发布机制，推动实现立法协同、司法协同、政策协同，支持长三角区域内交通运输标准统一与合作，加快形成标准互认机制，加快建立区域交通运输绿色发展、智能发展一体化标准体系，促进各种交通运输方式标准协调衔接和融合发展。

（9）全面修订《价格法》，为进一步修订相关下位法提供依据，使相关条款更符合实际、易于操作、便于实施，有力支撑基层市场价格监管工作提质增效。

（10）联合行文向国家市场监管总局请示开展长三角绿色认证一体化发展先行先试。

（二）我省亟须向上争取的政策和改革事项

（1）尽早定位嘉兴国际货运枢纽的功能、辐射范围与航线网络。

（2）争取国家级高品质步行街等试点。

（3）指导支持嘉善县加强长三角生态绿色一体化发展示范区知识产权快保护平台建设，向国家知识产权局申请在示范区设立商标注册受理窗

口、商标专用权质押融资窗口，争取知识产权快保护相关中央事权下沉至嘉善分中心。

（4）建议参照上海港政策，将舟山港纳入启运港退税政策离境港，对经舟山港转运出境的集装箱货物实行启运港退税。进一步拓展启运港范围。将启运港覆盖到义乌等具有海关监管资质的铁路场站和内陆无水港，开展海铁联运启运港退税试点。并对在"中国宁波舟山港"登记从事国际运输的船舶，视同出口，给予出口退税。

（课题研究承担单位：省政府研究室、省发展改革委、省交通运输厅、省商务厅、省市场监管局）

第五编

市、县（市、区）商务发展

2021 年杭州市商务

一、国内贸易

2021 年，杭州市累计实现社会消费品零售总额 6744 亿元，同比增长 11.4%，两年平均增长 3.7%，较全省高 1.7 个百分点，位列全省第三，比 2020 年进 5 位。

突出数智特色，整合休闲购物节、消费促进月，以"数智消费·乐享生活 IN 杭州"为主题，推出全国首个"数智消费嘉年华"，开展系列促消费活动。举办各类车展促进汽车消费升级换代。2021 年，全市汽车零售额 1087.5 亿元，同比增长 16.1%。二手车交易 41.4 万辆，同比增长 18.8%。加快网点布局，全面推进便利店品牌化连锁化发展，2021 年新增 100 家社区便利店。"安心找家政"场景正式上线，以"家政+"养老、托幼、维修、快递等综合场景为载体，构建较为完整的社区家政服务网络。《杭州市老字号传承发展促进条例（草案）》上报市人大。杭州于 2021 年成功列入二手车交易登记跨省通办便利二手车异地交易试点城市。为 18 家企业申报浙江省内外贸一体化"领跑者"企业，2 个产业基地申报浙江省内外贸一体化改革试点产业基地，4 家企业申报浙江省内外贸一体化典型案例。推进全市供应链创新与应用，2021 年杭州市被评为全国供应链创新与应用示范城市，传化智联股份有限公司等 9 家杭企被评为"示范企业"。2021 年，杭州主城区评选出 45 家"菜篮子"重点商品保供稳价骨干企业（大户）组成保供队伍，全面保障杭州主城区"菜篮子"重点商品市场供应。基本完成再生资源回收体系建设，提升建设分拣中心 44 万平方米，在建 5 万平方米，回收网点 2491 个，城镇生活垃圾回收使用率 61%。编制完成《杭州市"十四五"成品油零售分销体系发展规划》，"十四五"期间，全市规划将新增 118 个加油站（其中新建 92 个站、迁建 26 个），高速公路服务区加油站 7 对。

二、电子商务

2021 年全市实现网零 9951.5 亿元，占全省 39.4%，约占全国的 9.2%，同比增长 10.7%。网络零售额、居民网络消费和网络零售顺差均继续保持全省首位。全市共有电商平台 115 个，平台网店超 1100 万家，"独角兽"企业 31 家和"准独角兽"企业 142 家。

2021 年，全市共有直播相关企业注册量超过 5000 家、直播平台 30 余家、头部 MCN 机构 11 家、知名 MCN 机构 50 家，相关从业人员超 80 万人。推动商圈、商业综合体、专业（商品）市场、大中型商场（超市）、社区商业和其他生活服务业场所进行人、货、场云化改造。94 家大型商场（综合体）和 5 家大型连锁超市建有线上服务平台和智能服务终端，超过 4000 家传统便利店通过"零售通 APP"实现数字化运营。实施"乐享数智生活"专项行动，推动生活性服务业数字化升级，数字生活新服务标杆城市创建有序推进。扎实推动全市农村电商健康发展，截至 2021 年底，已启动创建首批 110 个数字乡村样板镇（村），数字农业园区 10 个，省级数字农业工厂 17 个。创新"直播 + 短视频"模式，依托电博会、"网上年货节"、厨神争霸赛等平台和活动，积极举办各类农产品电商直播活动。

三、对外贸易

2021 年，杭州市货物进出口总额 7369.0 亿元，比上年增长 23.7%。其中：出口 4647.0 亿元，增长 25.9%；进口 2721.9 亿元，增长 20.0%。全年一般贸易出口 3869.7 亿元，增长 30.2%，占出口总额 86.8%；加工贸易出口 502.3 亿元，增长 17.0%，占出口总额 11.3%。机电产品出口 2019.7 亿元，占出口总额 45.9%；高科技产品出口 887.4 亿元，占出口总额 20.2%。对"一带一路"沿线国家出口 1430.35 亿元，增长 30.1%，占出口总额 32.1%；对 RCEP 区域国家出口 998.00 亿元，增长 22.3%，占出口总额 22.4%。杭州市有进出口实绩企业 1.45 万个，有出口实绩企业 1.23 万个。

加大全国首创的"杭信贷"融资模式（"信保 + 担保"融资）推广，发挥政策性担保融资兜底作用，持续扩大惠及面。2021 年 14 家签约合作银行累计为 53 家企业授信 3.7 亿元，为 46 户企业放款 2.9 亿元。组织 362 家企业参加 80 场浙江出口网上交易会，其中杭州主办 10 场；组织企业参加海南消博会、宁波消博会、中东欧博览会等境内主要展会。做强"海外杭州"展会平台，线上展会已吸引超过 5000 家次企业、近 26 万人次采购商。开展 2021 年度杭州市级出口名牌企业评审认定工作，认定 2021 年度"杭州出口名牌"60 个，其中新增品牌 14 个，复评品牌 46 个。推进钱塘区特殊生物制品一体化通关平台和萧山区长三角国际药品参比制剂公共服务平台建设。

四、服务贸易

根据商务部直报系统，2021 年杭州市服务贸易出口额为 152.53 亿美元，同比增长 10.18%。2021 年，新兴服务贸易出口额为 130.13 亿美元，占全市服务贸易出口额的比重为 85.32%。其中，其他商业服务成为拉动新兴服务贸易增长的主要动力，占新兴服务贸易出口额的 47.24%。2021 年，杭州对 RCEP 成员国服务贸易出口额为 56.69 亿美元，占全市服务出口的 37.16%，是第一大出口市场。2021 年杭州市技术进出口合同登记金额为 26.80 亿美元，同比增长 14.81%。其中技术出口合同金额为 9.72 亿美元，同比增长 23.61%；技术进口合同金额为 17.08 亿美元，同比增长 10.34%。2021 年杭州市承接服务外包合同签约额 159.79 亿美元，服务外包合同执行额 140.58 亿美元，其中离岸服务外包合同签约额 101.64 亿美元，离岸服务外包合同执行额 82.98 亿美元，同比分别增长 5.84%、6.82%。其中，新西兰、新加坡和老挝增长较快，分别增长 122.01%、100.95% 和 71.08%。

"创新'数智化'在线商事调解模式"，搭建中国（杭州）知识产权国际商事调解云平台，实现跨时空跨地域知识产权和国际商事纠纷调解"一次不用跑"。中国（浙江）影视产业国际合作区"以数字化新媒体为抓手推动扩大影视服务出口"模式入选国家文化出口基地首批创新实践案例。"浙江数字文化国际合作区"入选第二批国家文化出口基地，这也是全国唯一的数字文化贸易功能区。杭州市 7 家企业入选 2021—2022 年度国家文化出口重点企业，1 个项目入选 2021—2022 年度国家文化出口重点项目。2021 年认定服务贸易示范园区 5 家、示范企业 38 家和成长型企业 19 家。累计认定 25 个示范园区和 142 家示范企业、70 家成长型企业。

五、利用外资

2021年，全市新引进外商投资项目989个，实际利用外资81.71亿美元，同比增长13.46%，连续四年实现两位数增长，总量规模稳居全国第一方阵，在全国11个重点城市（GDP前11位）中，杭州实际利用外资总量规模排名第五；在全省中占比44.56%，继续保持全省首位。

2021年，全市引进投资总额3000万美元以上外资项目110个，合计投资总额188.90亿美元，合同外资81.14亿美元。引进投资总额5000万美元以上大项目78个，投资总额1亿美元以上大项目46个。高技术产业快速增长，实际利用外资40.17亿美元，同比增长64.44%，占全市总数的49.16%。其中，高技术制造业实际利用外资10.00亿美元，同比增长56.88%；高技术服务业实际利用外资30.17亿美元，同比增长67.11%，主要集中在信息传输、软件和信息技术服务业，实际利用外资26.76亿美元，同比增长70.57%。

2021年，全市共引进世界500强企业投资项目3个，分别为赛默飞投资的生物制药CDMO工厂项目、联合利华投资的商贸品牌项目以及开市客Costco投资的超市项目。截至2021年末，全市累计128家世界500强企业来杭投资225个项目。聚焦万亿产业、千亿企业、百亿投资，聚合形成十万亿级产业生态，以市级重点产业为样板，分赴各区县（市）开展走访调研和服务，指导各地厘清产业基础和发展目标，确定重点产业赛道，实施精准招商、靶向攻坚。

在原有的项目管理数据共享平台上，叠加构建"智慧投资"模块，新增盯引、签约等功能板块，形成企业盯引、项目生成、项目盯引、项目签约、项目注册落地和项目履约监管的全流程闭环管理。按照打造国际高端生产性服务性产业集聚高地的定位，梳理175家重点盯引目标企业名单，与戴德梁行、世邦魏理仕、普华永道等开展合作招商，积极推进野村证券、世邦魏理仕管理咨询、IWG集团总部、罗克韦尔东南区域总部以及霍尼韦尔工程中心项目等项目落地。参加浙澳经贸交流会、世界互联网大会、浙洽会、上海进博会、中国质量大会等活动，链接全球项目信息和资源，开拓利用外资渠道。总投资60亿元的噢麦力项目成功落地淳安县。先后与德资、英资、港资、日资等40余家在杭重点企业高管进行面对面深度交流。对549家重点外资企业开展问卷调查，一对一做好投资服务工作。

六、对外经济合作

2021年，杭州市境外企业总投资额80.45亿美元，境外企业中方投资额31.85亿美元。其中新批境外投资项目256个，总投资68.27亿美元，中方投资额24.21亿美元。新批境外投资增资项目66个，增资额7.64亿美元。全年全市国外经济技术合作营业额27.18亿美元。全年对外承包工程新签合同额22.45亿美元，完成营业额27.18亿美元。

2021年，杭州市新获认定1个省级境外经贸合作区。共有1个国家级境外经贸合作区、5个省级境外经贸合作区。至年末，泰中罗勇工业园有入驻企业165个，硅谷钱塘中心有入驻企业40个，北美华富山工业园有入驻企业15个，中柬国际农业合作示范园区有入驻企业3个。杭州市19家企业入围浙江本土民营跨国公司经营50强，居全省第一。7家企业入围2021年《财富》世界500强。

2021 年宁波市商务

一、国内贸易

2021 年，宁波市社会消费品零售总额 4649.1 亿元，比上年增长 9.7%。按消费类型统计，限额以上商品零售额 1641.1 亿元，限额以上餐饮收入额 94.9 亿元。批发和零售贸易业企业商品销售总额 46522.7 亿元，比上年增长 30.6%。其中，限额以上企业 37361.8 亿元，限额以下企业 9160.9 亿元。

初步构建"2815"商业体系，"泛三江口"商圈、东部新城商圈两个市级商圈基本形成，市六区共建成多层次特色化商圈 23 个，大型商业网点 113 个。老外滩国家级步行街试点建设稳步推进，北欧创意中心、喜悦八号米其林餐厅等项目落户。实施"十百万"消费促进活动，累计开展 800 多场消费促进活动，带动消费超 100 亿元。

海曙区、江北区被评为浙江首批省级夜间经济样板城市。开通商旅 1 号线公交专线，组织"六名"品牌评选，更新迭代消费地图。积极发展首店经济，签约引进首店品牌共计 221 个，其中全国首店 13 个，华东首店 3 个，浙江首店 72 个。出台促进直播电商经济高质量发展实施方案，培育认定 40 家"绿色直播间"，宁波（前洋）直播中心正式运营，全网直播渗透率达到 20%。创新发展老字号，认定首批 67 家宁波老字号。组织开展浙江省第二批现代商贸特色镇、商贸发展示范村认定申报工作，新增 5 个浙江省现代商贸特色镇、7 个商贸发展示范村和 2 个省级公益性农产品市场。

建成市级一刻钟商贸便民服务圈 33 个，培育宁波攸品、鄞州城投等商业品牌运营商，成为全省唯一入围国家级一刻钟便民服务圈试点的城市。获批成为全国首批供应链创新与应用示范城市，全省供应链协同创新推进工作现场会在宁波召开，太平鸟集团、贝发集团获批为全省首批省级供应链协同创新综合体单位。全年成功创建绿色商场 11 家，累计 25 家企业获得殊荣。稳步推进再生资源回收利用管理立法工作，全年回收再生资源总量 337.48 万吨，城镇生活垃圾回收利用率 67.76%，全市城镇居民小区再生资源回收网点覆盖率达 92.76%。

二、电子商务

2021 年，全市网络零售额同比增长 12.8%。农村地区网络零售额达到 1291.3 亿元，占全市比重 45.9%，比上年提升 10 个百分点，同比增长 34%。

出台《宁波市支持跨境电子商务高质量发展的若干政策意见》。开展中国（宁波）综合试验区线上综合服务平台升级改造，优化形成通关服务、综合服务、创新孵化三大模块并完成预验收。共有跨境电商企业 16530 家，2021 年以来共推动传统企业拓展跨境电商 493 家。积极开展省级产业集群跨境电商试点发展绩效评价。共有 21 个跨境电商线下产业园区，园区累计入驻企业 1024 家。全国首创跨境电商"易跨保"，提供贯穿跨境电

B2B2C 出口全链路风险保障和金融支持。举办中国（宁波）出口跨境电商博览会暨外贸商品采购会，展会意向成交额达 10.8 亿元。

三、对外贸易

2021 年，宁波市全年货物贸易进出口、出口、进口分别为 11929.2 亿元、7623.8 亿元、4305.4 亿元，同比增长 21.9%、19%、27.4%。进出口规模首破万亿元大关，成为全国第六个、全省第一个破万亿元城市。

推动贸易产业融合发展，谋划搭建"生产贸易数字一体化监测服务平台"。加快外贸新型基础设施建设，亚马逊全球开店业务前置仓等项目稳步推进，现有海外仓 213 个，总面积 271 万平方米，分别约占全国的 1/9 和 1/6。加快传统外贸转型升级，新增 4 个国家级外贸转型升级基地，国家级外贸转型升级基地增至 19 家。获批"浙江出口名牌" 83 个、"浙江跨境电商出口知名品牌" 16 个。复核申报 2020 年度外贸综合服务示范企业 13 家、新增申报外贸综合服务示范企业 1 家和外贸综合服务试点企业 4 家。宁波成为全国第三个获批新型离岸国际贸易政策先行先试地区试点。开展第二批浙江省重点进口平台申报，宁波进口商品展示交易中心等 8 个进口平台获得认定。成立中东欧商品常年展示交易中心，打造放心消费示范平台。积极参与第四届进博会，意向成交采购额 33.8 亿美元，增长 21%，居全国交易团第五位。出台促进内外贸一体化发展的政策举措，15 家企业评为全省首批"领跑者"企业。

四、服务贸易

2021 年，全市服务贸易进出口总额 1401.87 亿元，同比增长 36.78%，增速较 2020 年提高 29.11 个百分点；其中，出口 946.98 亿元，同比增长 37.87%，进口 454.89 亿元，同比增长 34.56%。运输服务，其他商业服务及电信、计算机和信息服务三大行业主体地位持续凸显，三大行业合计进出口 1159.97 亿元，同比增长 60.57%，占比达 82.75%，较 2020 年同期提升 10.77 个百分点。全年承接服务外包执行金额 526.03 亿元，同比增长 20.4%，其中，承接离岸服务外包执行金额 287.38 亿元，同比增长 25.15%。

出台《宁波市服务贸易创新发展实施方案》。将服务贸易指标纳入市政府目标管理考核，研究设立服务贸易发展专项资金。大力开拓软件研发、工业设计、工程技术等制造业服务外包业务，引导本地传统制造企业向服务型企业转型，2021 年全市制造业服务外包业务占总业务额比重超过 50%。组织企业参加服贸会等境内外展会，突出打造"宁波服务"品牌。海曙数字外贸平台入围全省数字贸易系统应用场景示范点，"易跨保"跨境电商金融服务方案入围浙江自贸区最佳制度创新案例。

五、利用外资

2021 年全市新设外资企业 564 家，比 2020 年同期增加 78 家；合同外 864060 万美元，同比增长 83.9%；实际外资 327427 万美元，同比增长 32.7%。

在全国范围内率先出台市级招商奖励政策，并整合各地招商政策内容，出台重大项目招商管理办法。建立了大项目市级统筹机制。完善外资督查考核体系，实施"月通报、季督察、年评价"制度。着力招大引强，荷兰利安德巴赛尔、美国开市客等境外世界 500 强企业新设 9 个项目。创新招商引资模式，深化推进"增资扩产"，探索 QFLP 落地流程标准化。推动利用外资向高附加值领域转型升级。出台《宁波市重大招商引资项目管理实施办法》《宁波市完善项目流转和招商载体共享机制促进全域联动招商实施办法》等政策。

六、对外经济合作

2021 年新批境外企业和机构 186 家，备案（核准）中方投资额 24.3 亿美元，同比下降 2.1%；实际中方投资额 22.5 亿美元，同比下降 23.8%；对外投资目的国家（地区）数量达到 126 个，新增危地马拉、纳米比亚和苏里南 3 个国家。截至 2021 年 12 月，全市累计备案（核准）境外企业和机构 3423 家，备案（核准）中方投资额 282.0 亿美元，实际中方投资额 194.8 亿美元。2021 年累计完成境外承包劳务合作营业额 18.8 亿美元，同比增长 6.2%，新签境外承包劳务合作合同额 8.4 亿美元，同比下降 25.3%。

制定《宁波市走出去扶持资金实施办法》，鼓励走出去企业高质量开展对外经济合作。加大本土跨国公司培育力度，继续开展"宁波市本土民营企业跨国经营 20 强"评定工作，9 家企业入围全省跨国公司 50 强。举办第六届中国—中东欧国家投资合作洽谈会，86 个中东欧项目现场对接。推进"义新欧"吉利班列工作。完善境外经贸合作区和系列站国际布局。健全境外投资政策和服务体系，发挥境外投资服务联盟作用。

2021 年温州市商务

一、国内贸易

2021 年，全市实现社会消费品零售额 3807.7 亿元、限上消费品零售额 1010.2 亿元，分别增长 8.9% 和 10.6%；批零业销售额 12495.67 亿元，增长 21.9%；全社会住餐业营业额 575.86 亿元，同比增长 33.7%。网络零售额 2199.8 亿元，增长 8.4%。

对照创建工作 24 项主要任务和 62 项具体任务，建立时间、任务、责任三张清单，率先起步区域消费中心城市创建工作。相继出台《关于促进消费升级进一步激发居民消费潜力的实施意见》等系列组合政策，专门出台《关于大力发展首发首店促进品质消费的若干政策意见》，建立了 1 亿元的"温州新消费"专项资金。

指导威马 M7、雪歌服饰夏季新品发布、华为鸿蒙生态系统等 20 场全国和浙江首发活动，亚瑟士、奈尔宝、百盛美妆等 91 个区域首店项目落地。全面启动区域消费中心城市"百场促消费活动"，开展"儿时味道"温州美食榜单评选活动，成功举办第二届长三角美食节，擦亮"瓯菜"品牌。积极打造城市新地标，乐清蝴蝶广场、瑞安新湖广场、印象城等 5 个综合体建成投用。完成 14 个重点街区、6 个专业街区和 6 个美食小吃街区改造提升，五马街（禅街）获省级高品质步行街称号。

二、电子商务

2021 年，温州市累计实现网络零售额 2199.8 亿元，在浙江省排名第四，同比增长 8.4%。温州市累计实现居民网络消费额 1546.1 亿元，在浙江省排名第三，同比增长 8.2%。截至 2021 年 12 月底，全市在重点监测第三方电子商务平台上共有活跃网络零售网店 7.7 万家，相当于当地网络零售网店总数的 35.9%，活跃网络零售网店总数在浙江省排名第 3。直接解决就业岗位 21.6 万个，间接带动就业岗位 56.8 万个。

推进瑞安、瓯海创建省级数字生活新服务样板县，平阳、苍南创建省级数字生活新服务培育县。瓯海新桥、娄桥和瑞安安阳、玉海等街道获省级数字生活新服务特色镇（街道）称号。苍南、瑞安获评 2021 年国家电子商务进农村综合示范县，瑞安还同步获评国家发展农村电子商务拓宽农产品销售渠道工作督查激励县，获评名额占全省总名额的 1/6，居全省首位。提升 29 个省级电商产业基地服务功能，新增鹿城坚士·流媒体直播基地等 10 家市级电商产业（直播电商）基地和温州质子文化传媒公共直播间等 9 家市级产业公共直播间。10 家电商交易平台列入省级平台培育名录，30 家电商服务企业列入市级重点名录。

2021 年，温州跨境电商综试区项下进出口额 162 亿元，同比增长 1276%。全年综试区交易额 359 亿元，占全省比重 10.9%，位于全省第四，仅次于宁波、杭州、金华。温州综试区在全国 105 个跨境电商综试区中排名第 25，在第四批 24 个综试区中排名第三。与温州海关签订《促进温州市外贸高质量发展合作备忘录》，联合关、汇、税共同编制《温州综试区综合宣传手册》，共同编写市委蓝皮书课题《温州跨境电商研究报告》，并在杭州海关关区率先开展跨境电商数据统计和跨境电商企业动态管理试点。围绕数字化改革"小切口、大场景"要求，打造"1+2+6+N"建设体系，规范有序推进跨境电商"一网通"线上服务系统建设，并于 12 月 14 日正式立项。2021 年底，全市共有公共海外仓 45 家，面积约 44.42 万平方米，分别位居全省第四、第三，并达成海外智慧物流平台全上线。乐清电气、苍南针织内衣、龙港礼品、经开区五金卫浴等 4 个产业集群成功获批第三批省级产业集群跨境电商发展试点，温州市共 15 个产业集群入选该试点，数量位居全省第一。建立温州市跨境电商学院，在温州理工学院、温州职业技术学院、温州科技职业学院、浙江东方职业技术学院等 4 所院校分别设立分校区，全年举办资源对接活动 256 场，完成职业技能培训 9382 人次，省厅发布的综试区建设综合评价报告显示，温州综试区人才培养评价得分排名全省第一。9 月联合省商务厅、省委组织部、省委宣传部等单位承办"之江创客"粤港澳赛区决赛暨浙江（温州）招商推介会，受到全国 30 余家主流媒体宣传报道，在积极对接粤港澳地区跨境电商优质资源的同时，展示综试区建设成效及良好形象。

三、对外贸易

2021 年，温州市实现进出口 2411.2 亿元，同比增长 10.1%。其中出口 2035.8 亿元，同比增长 8.4%，占全国出口份额达 9.37‰，首次突破 2000 亿元，创历史新高；进口 375.4 亿元，同比增长 20.3%。

深化市场采购试点全域联动，除鹿城区外各地市场采购贸易出口比重达 48%。加快软硬件设施建设，温州鞋博城入选全国百强市场，双金市场正式营业；新开通至马尼拉南北港 2 条直航线；投用瑞安、状元岙二期组货基地，合计组货出口 2500 标箱，货值 2.06 亿美元。试点全年实现出口 43.28 亿美元。

开行"鞋类号"、俄罗斯特色专列，并自 11 月起实现每月 2 列俄罗斯特色专列常态化运营。2021 年全年"义新欧"班列运量 10551 标箱、服务企业 1043 家、货值 3.4 亿美元，实际出运 102.5 列，同比增长 82.7%，运量、货值、企业数均高居全省前三。

出台 2021 年境内外重点国际性展会目录。积极组织企业参加广交会等重点展会，硕而博科技公司作为全国唯一一家中小企业获李克强总理巡视点赞。加快推动温州融入 RCEP 区域发展，印发工作方案，制定应对生效实施工作要点，全年累计组织 21 万余人次参加培训。

新获批永嘉县国家外贸转型升级基地（泵阀），截至 2021 年，全市拥有国家级外贸转型升级基地 8 家，数量居全省第三。出台 2021 年度浙闽赣进口（商品）集散中心扶持政策，完成瓯海娄桥安心公寓仓储项目主体建设，推动全球商品贸易港累计建成产品特色馆 10 个。全年核心区进口额 83.2 亿元，增长 39.1%。全力支持和服务瓯海创建国家进口贸易促进创新示范区。推动瓯海获批中国—中东欧国家经贸合作示范区联动区。

出台"3+14+14"行动方案、为外贸企业纾困解难实施方案、应对"缺箱"问题工作方案等政策措施。开展外贸企业纾困解难行动，建立外贸集装箱"绿色直通车"保障机制缓解物流难题。实施外贸主体培育和小微企业成长行动，全年新增进出口经营权备案登记企业 2637 家、外贸实绩企业 1899 家。

四、服务贸易

2021年，温州市实现服务贸易进出口总额103.8亿元，同比增长24.5%，占温州市服务和货物贸易进出口额比重4.13%；其中出口额59.3亿元，同比增长89.2%。温州市服务外包离岸合同执行额20.8亿元，同比增长39.5%，增速均列全省第三。

积极参与2021温州文博会、文化遗产日活动和首届全球数字贸易博览会。奥光动漫、乐清创意影视器材获评2021—2022年度国家级重点文化企业；温州医科大学获省级中医药服务进出口基地并积极申报国家级基地。全力创建省级服务外包示范城市，温州高新技术国际服务外包产业园获评国家级A类孵化器，进入"全国百家特色空间"复赛。

五、利用外资

全市共谋划招引百亿级产业项目26个，已落地5个。新开工入库亿元产业项目245个，其中亿元单体制造业项目171个。新招引"500强"项目30个。截至11月底，实际利用外资47040万美元，完成省定年度目标任务142.55%。

制定《进一步完善"大招商招大商"投资促进工作机制的若干意见（试行）》，坚持领导干部带头，强化招商力量保障。抽调21名优秀干部组成3个重大项目推进专班工作组，跟盯推进市领导会见交办的重大产业项目。

聚焦"5+5"主导产业编制完善招商地图。开展延链、强链、补链招商壮大产业集群。出台《温州市重大制造业项目促签约促开工促竣工工作方案》，实时梳理形成"促签约、促开工、促竣工"三张清单。加强与中国眼谷、国科温州研究院、浙大温州研究院等41个高能级创新平台的招商合作，2021年共通过各平台招引创新型项目63个。"招商云"全周期管理数字化改革应用入选全省第二批最佳改革应用。对开工纳统的重大产业项目和总部回归项目，自落地开工起设置2～3年"服务续航期"。举办粤港澳温州商会庆祝建党100周年家乡行活动，集中签约11个温商回归项目。

六、对外经济合作

2021年全市新批境外投资项目17个，增资11个，并购2个。完成境外投资备案额6.08亿美元，实现国外经济合作营业额1.5亿美元。

推动青山、正泰、华峰、人本等重大项目成功备案。超1000万美元重大项目9个，较上年度增加3个，其中华峰集团2.9亿美元并购美国化工企业为近年来最大的境外并购项目。制定"一企一策"精准培育12家省级本土跨国公司培育企业。青山、正泰、佩蒂、康奈入选全省跨国公司50强，青山、正泰进入全国跨国公司百强。培育成功百亿级跨国公司11家，10亿级跨国公司后备梯队40家，建成100家重点跨国公司培育库。纬达贝印尼工业园和塞尔维亚贝尔麦克商贸园获评全省优秀境外园区。高质量承办浙江新加坡经济贸易理事会，加快推动瑞安汽摩配与意大利国家汽车研发基地、都灵理工大学共建汽摩配海外创新孵化中心落地。积极为相关企业做好风险防控应对，成功处置涉及也门、缅甸、印尼等国的突发事件。

2021 年嘉兴市商务

一、国内贸易

2021 年，嘉兴市实现社会消费品零售总额 2275.04 亿元，同比增长 8.7%。扣除价格变动影响实际增长 5.6%。全年实现限上零售 256.5 亿元，同比增长 6.3%，保持稳定增长。其中住宿餐饮业零售额 175.30 亿元，增长 14.8%，增幅较上年同期回升 18.5 个百分点。

开展消费促进主题活动 470 余场，参与活动商家超过 40000 家。累计发放消费券或消费补贴约 8700 万元，吸引人流量超 200 万人次。重点推进汽车消费，支持举办汽车博览会、巡展等主题活动 30 余场。嘉兴月河智慧商圈成功获评首批省级示范智慧商圈，海宁银泰商圈入围省级智慧商圈培育名单。南湖区成功创建首批省级夜间经济样板城市，嘉善县和桐乡市列入夜间经济培育名单。"嘉兴月河步行街"获评省级高品质步行街。

旭辉商贸综合体改造提升及业态更新项目等 8 个项目通过省级批零改造提升试点绩效评估。新秀集团有限公司、浙江嘉昕农产品股份有限公司和浙江隆聚餐饮集团三家企业入围国家级服务业标准化试点（商贸流通专项）企业名单，总数位列全省第一（全省共 7 个）。3 个镇 3 个村获评浙江省商贸特色镇和示范村，3 个农产品市场创建成为省级公益性农产品市场。

先后培育 4 个浙江省内外贸一体化改革试点产业基地、20 家"领跑者"企业。参加浙江省"内外贸一体化"专题展览生态谷参展区域产业品牌。授予浙江禾城酒业等 10 家企业 11 个品牌第五批"嘉兴老字号"荣誉。组织开展 2020 年度成品油零售经营企业年检工作，完成 487 家成品油零售资质企业年检，将企业安全生产管理机制列入年检事项。全年累计城镇生活垃圾回收使用率 61.04%。完成绿色商场创建 5 家。

二、电子商务

2021 年，嘉兴市电子商务网络零售额 2057.6 亿元，同比增长 10.8%，列全省第五位。居民网络消费额 965.7 亿元，同比增长 12.4%，列全省第六位。全市在重点监测第三方电子商务平台上共有活跃网络零售网店 2.9 万家，相当于当地网络零售网店总数的 32.1%。直接解决就业岗位 8.4 万个，间接带动就业岗位 22.2 万个。

积极争创数字生活新服务先行市，开展数字生活新服务特色镇认定工作，2021 年共认定嘉善县西塘镇等 5 个特色镇（街道）。组织开展近百场美好生活浙播季系列直播。进一步深化中国（嘉兴）跨境电子商务综合试验区建设。率先实现 9610、9710、9810、1210 等跨境电商海关监管方式全落地。全市新增 332 家跨境电商应用企业，引进京东智能云、抖音官方直播基地、启盈集团等电商龙头企业项目。全市累计跨境电商品牌（注册商标）260 余个。组织开展跨境电商人才培训进高校系列活动。全市新增 18 个省级电子商务示范村、8 家省级新零售示范企业。平湖被确定为全国电子商务进农村综合示范县。至2021年底，全市共有1个省级直播电商基地，2个市级直播电商基地，嘉兴电子商务产业园获评国家电子商务示范基地。

三、对外贸易

2021年，嘉兴市货物贸易进出口总值为3783.8亿元，同比增长24.0%，分别高于全国(21.4%)、全省(22.4%)2.6个、1.6个百分点，创15年新高。其中出口2800.8亿元，同比增长23.3%，较2020年同期提高0.21个千分点。进口983.0亿元，同比增长26.1%，高于全国(21.5%)4.6个、低于全省(30.3%)4.2个百分点。进出口、出口、进口总值均列全省第四位。美国、欧盟、东盟、中东和日本为前五大出口市场，占全市出口总值65.0%。全市共培育省、市外贸自主品牌121家，机电产品、高新技术产品出口持续走强，同比分别增长32.5%、33.0%。一般贸易出口2336.7亿元，同比增长21.2%，占全市出口总值83.4%。

持续发力培育壮大外贸主体。全市新增出口备案企业1563家，外综服平台服务中小微企业近1600家。1—12月全市民营企业出口1902.9亿元，同比增长23.6%，占全市出口总值67.9%，进口535.7亿元，同比增长43.7%，占全市进口总值54.5%，较2020年同期增长6.7个百分点。开展企业网格大走访暨"我为企业解难题"专项行动，全覆盖走访3200多家中小微企业，搭建中小微外贸企业和船代、货代、港航等企业的对接交流平台，实现15项外贸扶持政策全部实施网上直兑。

2021年，平湖电动童车基地被新评定为国家级外贸转型升级基地，平湖箱包、海宁纺织、桐乡复合材料顺利通过复核，全市国家级外贸转型升级基地达到4家。平湖市成功创建第二批浙江省进口贸易促进创新示范区，7个平台入选浙江省重点进口平台。

四、服务贸易

2021年，嘉兴市国际服务贸易进出口总额154.7亿元，同比增长2.1%，其中出口90.0亿元，同比增长6.1%，进口64.7亿元，同比下降3.0%。全市承接服务外包合同签约金额65.9亿元，同比增长3.0%；服务外包执行金额55.7亿元，同比增长15.2%，其中离岸外包执行金额7.0亿美元，同比增长28.3%。

2021年，嘉兴市知识流程外包（KPO）执行额45.8亿元，同比增长33.8%。新增服务外包注册企业53家，累计注册企业数超770家。全市承接了来自147个国家和地区的国际服务外包业务，同比增加16个。与59个"一带一路"沿线国家发生国际服务外包业务往来，同比增加3个国家和地区，国际服务外包执行额8049.2万美元，同比增长5.9%，占嘉兴市总量的11.5%。

五、利用外资

2021年，嘉兴全年实际利用外资首次突破30亿美元，达到30.43亿美元，同比增长15%，位列全省第三。全年引进总投资超亿美元产业项目73个、世界500强企业投资项目36个，总量首次突破100个，位列全省第一。高技术产业实际利用外资占比46.5%，较2020年提高13个百分点。

举办上海·嘉兴城市推介大会、嘉洽会等活动，锚定欧盟、日韩等出台生物医药、氢能等产业政策。综合运用"云招商"、中介招商、基金招商等方式，精准开展产业链招商，引进了伟肯电气、德马吉森、湛新科技等一批产业链头部企业。率先在全省开展外商投资股权投资企业(QFLP)试点。全省外资工作会议暨"招大引强 招高引优"现场会在嘉兴召开。2021年，全市共争取国家重大外资保障用地项目5个（全省11个），数量全省第一，获得中央专项土地指标394.5亩。开展各级领导联挂超亿美元项目走访、"亲清直通车 政企恳谈会"等活动 154 次，服务企业 1689 家。开展项目落地全生命周期管理，被省商务厅列为浙江国际投资"单一窗口"应用试点市。全面落实外商投资信息报告制度和外商投资企业年度报告制度。开展外商投资法规、规章和规范性文件清理。

六、对外经济合作

2021 年，嘉兴市新批境外投（增）资备案（核准）项目 81 个，对外直接投资备案额 15.01 亿美元，同比下降 33.27%，总量居全省第三。对外承包工程和劳务合作营业额 2.64 亿美元，同比增长 43.11%，总量居全省第五。浙江华友钴业股份有限公司、振石控股集团有限公司、浙江海利得新材料股份有限公司和福莱特玻璃集团股份有限公司等 4 家企业入选"2021 年浙江省本土民营跨国公司经营 50 强"榜单。

2021 年，嘉兴市新批境外投（增）资备案项目中，制造业 37 个项目，对外直接投资额 8.45 亿美元，占比 56.3%；采矿业 5 个项目，对外直接投资额 2.56 亿美元，占比 17%。对外直接投资额在 1000 万美元以上的项目 18 个，对外直接投资额 13.74 亿美元，占比 91.6%；5000 万美元以上的项目 7 个，对外直接投资 11.14 亿美元，占比 74.2%；1 亿美元以上的项目 4 个，对外直接投资 9.14 亿美元，占比 60.9%。对外投资覆盖 34 个国家（地区），其中在"一带一路"沿线国家（不含港澳台地区）项目 27 个，占总项目数 33.3%。对外直接投资额 10.97 亿美元，占比 73.1%。在 RCEP 协议国家新批境外投（增）资 28 家，境外直接投资额 9.11 亿美元。

2021 年湖州市商务

一、国内贸易

2021 年，湖州市实现社会消费品零售总额 1556.2 亿元，同比增长 9.2%，增速居全省第六。批零住餐四大行业均实现 20% 以上较高增长，其中全口径批发业同比增长 23.9%，增速列全省第八；全口径零售业同比增长 24.4%，增速列全省第一；全口径住宿业同比增长 24.8%，增速列全省第一；全口径餐饮业同比增长 30.9%，增速列全省第七。全市实现商贸流通业增加值 551.7 亿元，同比增长 12.0%，占 GDP、服务业比重分别为 15.1% 和 33.8%，对 GDP 的贡献率为 20.0%，对服务业贡献率为 46.5%。

排出十大消费业态、百个消费场景，相继举办第二届"湖交会"等各类促消费活动 600 余场。成功创建省级夜间经济样板城市。推进老字号产业园项目建设、德沪老字号产业合作，加快浙北大厦离境退税店等便利消费载体培育。加快"5+10+15"高品质社区商业培育，打造具有湖州特色和长三角影响力的新消费品牌。

重点推进家政"安心码"使用，24 家商务部家政信用信息平台入库企业申领率达 75%。吴兴区成功入围商务部商品市场优化升级专项行动试点名单，浙北大厦集团成功入选国家级服务业标准化试点（商贸流通专项），长兴中心广场、安吉浙北等两大商圈入选首批省级智慧商试点（培育）名单，德华兔宝宝等 17 家企业、美妆等 3 个产业分别入选省内外贸一体化改革试点。组织完成市本级 320 万元"菜篮子"专项申报、验收和拨付，惠及 18 家商贸企业、25 个农产品项目。南浔浔东和长兴龙山两家农贸市场成功入选浙江省第四批公益性农产品市场，累计 11 家单位获评。长兴县泗安镇等 5 个镇、南浔区新兴港村等 7 个村成功入选第二批省级现代商贸特色镇、商贸发展示范村，全市省级现代商贸特色镇、商贸发展示范村累计数分别为 7 个和 17 个。

聚焦特色产业培育十大优势供应链集群，湖州（市本级）、长兴县和安吉县均获得 2021 年省级供应链创新与应用专项激励。累计成功培育国家级供应链试点企业 3 家、省级企业 31 家，入选数量居全省第四。天畅、超威两家企业获评国家级供应链创新与应用示范企业。

2021 年，全市 71 个商贸业重大建设项目全年实际完成投资 117.17 亿元。浙北供应链等 8 家企业获 2021 年中央服务业发展农商互联专项资金 1797 万元。全市纳统楼宇 334 幢，入驻企业 27114 家，吸纳就业人数 21.18 万人。纳统楼宇实现税收 161.03 亿元，与 2020 年同口径（214 幢）相比增加税收 78.97 亿元。

印发《湖州市成品油零售体系"十四五"规划布点批复》。推进美欣达机动车回收拆解有限公司等五家企业获批报废机动车回收拆解资质。编制出台《湖州市生活必需品"6+1+N"联保联供应急机制预案》，建立完善 30 家重点骨干流通企业、

120 个应急投放网点的应急保供网络。

二、电子商务

2021 年，湖州市实现网络零售额 966.3 亿元，占全省比重为 3.8%，同比增长 17.6%，增速列全省第四位；实现居民网络消费额 538.9 亿元，同比增长 13.5%，增速列全省第一，实现顺差 427.4 亿元。实现跨境电商进出口额达 172.2 亿元，其中 9710、9810 出口报关单模式业务量持续位列全省第一。

全省数字生活新服务现场会在湖州召开。省级数字生活新服务先行市、标杆县创建（培育）区县实现全覆盖。吴兴区、南浔区、德清县、安吉县成功入选 2021 年度省数字生活新服务样板县创建专项激励名单。承办浙江省"数字生活嘉年华"及第三届"双品网购节"浙江专场启动暨湖州市数字生活地图点亮仪式。建设吴兴数字消费街区、长兴、德清数字生活智能服务站（共配一体化及居民便利消费）应用场景。

全市已培育跨境电商实绩企业 1035 家，比 2020 年同期增加 128 家，占全市外贸出口实绩企业近 1/3；销售规模超亿元企业 38 家。拥有跨境电商注册商标 200 余个，省级跨境电商出口知名品牌 8 个。安吉、南浔、长兴、德清入围 2021 年度产业集群跨境电商发展专项激励。深入推进"承保跨境电商＋海外仓＋外综服"模式，升级"跨信融"模式，为 100 家企业提供 970 票，5433 万美元信保服务。

德清县获评 2021 年电子商务进农村综合示范县，至此湖州实现电子商务进农村综合示范县全覆盖。27 个镇入选省级电商镇（新增 3 个），132 个村入选省级电商专业村（新增 20 个）。成功引进象屿国际、贝发等平台型电商项目，落地湖州织里象屿跨境电商产业服务平台。与湖师院共建"湖州数字贸易学院"，开办紧缺急需专业新型学徒班 42 期；与湖州职业技术学院积极筹建湖州跨境电商产业学院。

三、对外贸易

2021 年，湖州实现进出口总额 1490.9 亿元，同比增长 31.8%，其中出口 1356.2 亿元，增长 32.3%；进口 134.7 亿元，增长 26.6%。进出口、出口、进口增速分别列全省第三、第一和第五位。出口占全省份额 4.5%，占全国份额 6.2‰。

2021 年全市前 50 强外贸企业合计出口 480.7 亿元，同比增长 45.1%，占全市出口总额的 35.4%。全市共新增外贸经营者备案企业 1183 家，培育进出口新实绩企业 653 家，出口新实绩企业 582 家，合计新增出口 191.1 亿元。制定 182 家全市"三转"企业清单，2021 年 182 家"三转"企业出口 175.9 亿元，增长 45.1%。

2021 年累计组织 1980 家外贸企业参加线上线下展会 220 场，达成意向成交金额约 14 亿元。举办 Walmart 内推招商会、跨境电商供应链资源对接会等各类活动。启动 RCEP 系列宣介、大数据 & 海外社媒拓市场等培训活动，累计培训企业 1100 家次。迭代升级全国首个城市线上会展服务平台湖州展览馆，超 2 万家企业入驻。

2021 年机电和高新技术产品出口增长 39.3%，高于全省 16.5 百分点，增速排名全省第一。累计创建"浙江出口名牌" 74 个、"湖州市出口名牌" 150 个，提升自主品牌产品出口占比至 15.6%，高于全省平均 1.1 个百分点。

推进湖州 (织里) 童装及日用消费品交易中心市场采购贸易方式试点招商和主体培育，累计备案主体企业 1274 家，共计 83.6 亿元。推进中国（湖州）跨境电子商务综合试验区建设，全市实现跨境电商进出口额 172.2 亿元。在美国、德国等 14 个国家（地区）布局海外仓 57 个，合计仓体面积达 69 万平方米。全国首创"承保跨境电商＋海外仓＋外综服"模式，保障金额约 5433 万美元。

四、服务贸易

2021年，湖州全市实现服务贸易进出口116.9亿元，同比增长60.2%，高于全省32.1个百分点；其中服务出口88.57亿元，同比增长75.5%；服务进口28.28亿元，同比增长25.9%。全市前20强服贸企业离岸外包执行额同比增长76.3%，占全市服务贸易总额的31.7%，拉动全市服务贸易增长22个百分点。全市服务贸易实绩企业296家，同比增长54家。服务外包执行额达105.34亿元，同比增长80.4%，其中离岸服务外包执行额达74.44亿元，同比增长68.9%，全市服务外包实绩企业256家，其中离岸服务外包执行额在千万元以上的企业数同比增长28%，达到128家。

五、利用外资

2021年，湖州市新设立及增资外资及港澳台资项目332个，合同外资54.71亿美元，完成年度目标任务的182.4%；实到外资12.14亿美元，同比增长0.6%，完成年度目标的101.2%，总量位居全省第四。人均利用外资356.29美元，高技术产业人均利用外资212.60美元。

出台《2021年湖州市稳外资专项行动计划》《2021年外资"大好高"推进方案》《利用外资百日攻坚专项行动方案》。全年新批及增资总投超3000万美元项目82个，超亿美元项目20个，分别同比增加23个和7个，其中超亿美元制造业项目7个。

全市新引进的签约固定资产投资超亿元项目中，数字产业、高端装备、新材料和生命健康等战略性新兴产业项目418个，占比为67.7%。吴兴开发区省级化妆品制造产业链"链长制"试点正式获批，产业链"链长制"实现开发区全覆盖。全省17家国际产业合作园考核中，中美（湖州）、中德（长兴）、中韩（吴兴）分列第二、三、四位。中德（德清）智能信息和高端装备国际产业合作园、中芬（湖州）高端装备制造和新材料国际产业合作园列入省级培育库名单，实现国际产业合作园区县全覆盖。中国（浙江）自贸试验区湖州联动创新区在第23届浙洽会上正式获批。

六、对外经济合作

2021年，湖州市对外投资项目35个，中方投资额3.2亿美元，同比增长25.58%。其中"一带一路"对外投资项目24个，投资额2.23亿美元，占中方投资总额的69.92%。全市人均对外直接投资额94.74美元，全市完成外经营业额11320万美元，同比增长23.93%，增幅高于全省2.4个百分点。

跟踪指导服务旺能环保、泰普森、森大竹木、天振、博烨、大东方等重点对外投资项目，6个大项目中方投资额达2.01亿美元，占全市中方投资总额的62.8%。浙江泰普森实业集团有限公司投资0.5亿美元在柬埔寨设立公司。全市4家对外工程企业服务于印度ACME光伏太阳能电池组件项目、印尼大型镍矿项目、波兰机场通信保障系统、捷克电力公司电站通信系统等23个境外工程项目。

2021 年绍兴市商务

一、国内贸易

2021 年，绍兴市实现社会消费品零售总额 2477.1 亿元，同比上升 6.7%。

制定实施《促进消费扩容提质三年行动计划》。举办"越惠悦生活·消费促进月"和"越惠悦生活·金秋购物节"促消费活动，形成"1+6+N"促消费新格局。投放消费券 3.66 亿元，核销率为 93.96%，拉动消费 11.69 亿元。鲁迅故里高品质步行街通过省级验收。评选首届夜间经济特色门店 160 家。全省首创开展老字号立法调研，认定第七批"绍兴老字号" 14 家。推进绍兴菜"五个一"配套建设，推动铁发集团"高铁热链"项目合作。浙江万风商业集团有限公司（新天地购物中心）等 4 家企业获评省级绿色商场。绍兴市越城区皋埠街道等共 7 个镇（街道）以及 10 个村入围浙江首批现代商贸特色镇和商贸发展示范村。2021 年，全市投资额 1000 万元以上的商贸流通项目共 55 个，总投资额 622.44 亿元，2021 年计划投资额 128.33 亿元，完成投资 131.9 亿元，完成投资率 102.8%。

二、电子商务

2021 年，绍兴市累计实现网络零售总额 856.5 亿元，同比增长 14.6%，增速居全省第五位；累计实现居民网络消费总额 813.5 亿元，同比增长 8.2%。

举办"绍兴味道·网上年货节"，共计 2000 余家商家参与，总销售额破亿元。举办"云购绍兴乐享生活" 2021 绍兴好物嘉年华暨"双百"行动。全国"数商兴农"暨电子商务公共服务惠民惠企走进浙江（新昌）活动在新昌举办。浙江巴鲁特服饰有限公司、浙江洁丽雅电子商务有限公司等 13 家企业入围 2021 年浙江省新零售示范企业。新增跨境电商企业 521 家，培育省级跨境电商出口品牌 6 个。成立绍兴市跨境电子商务公共服务中心。成立绍兴市跨境电商学院。

三、对外贸易

2021 年，绍兴市实现自营进出口 2993.03 亿元，比 2020 年增长 16.1%，其中出口 2756.63 亿元，增长 15.54%，进口 236.4 亿元，增长 23.1%。全市加工贸易进出口 158.42 亿元，增长 34.06%，其中加工贸易出口 122.11 亿元，增长 38.63%，占全市出口总额的 4.43%；加工贸易进口 36.32 亿元，增长 20.68%，占全市进口总额 15.36%。全市一般贸易出口 2490.25 亿元，增长 8.4%；一般贸易进口 185.69 亿元，增长 19.93%。纺织服装出口 1441.57 亿元，增长 23.55%，占全市出口总额的 52.29%。至 12 月底，有出口实绩企业 10996 家，比 2020 年同期增加 475 家，其中出口超 6500 万元企业 1004 家。

推动中国柯桥轻纺城市场采购贸易方式试点"全域化"发展，建成中国轻纺城国际面料采购中心、坯布市场等"双核"专业基地市场；推行全市"1（柯桥出口 17.8 亿美元）+5（越城区 3112 万、上虞区 7871.67 万、诸暨市 3.1 亿、嵊州市 950.83 万、新昌县 83.52 万美元）"联动发展；开创"一点两关"创新模式，开辟柯桥、诸暨海关等 2 个试点监管场所，大幅提升场站货物吞吐能力，实现日通关集卡合计 230 辆左右；推动各类市场国际化发展，出口遍布世界六大洲，148 个国家和地区。截至 2021 年底，实现采购贸易出口 22.12 亿美元，领跑全省同批试点。高水平办好第四届中日韩大会、第三届中非经贸合作发展绍兴峰会等重大活动。全年成功举办首届绍兴国际纺织机械智能制造展览会等 4 场自办展会。12 月主办"绍兴名品"系列网上交易会 7 场。诸暨佳阳供应链获评省级外综服试点企业，世纪阳光获评省级公共海外仓。

四、服务贸易

2021 年，全市实现服务贸易进出口总额 131.73 亿元，同比增长 7.236%，其中：服务出口 111.90 亿元，同比增长 8.22%；服务进口 19.83 亿元，同比增长 1.96%。服贸总额占全市对外贸易总额的比重约为 4.22%。运输服务、个人、文化和娱乐服务、旅行服务位列绍兴市服务贸易进出口总额前三位，占比分别为 50.8%、13.5% 和 11.8%。2021 年，全市承接国际服务外包离岸合同 26771.8 万美元，同比增长 8.4%。对"一带一路"沿线国家和地区服务出口总额 36.39 亿元，占全市服务出口总额的 31.56%。服务出口总额前三位的国家为印度、印度尼西亚和阿联酋，分别出口 3.755 亿元、3.271 亿元和 2.842 亿元。

五、利用外资与对外经济合作

2021 年，绍兴市新批外资项目 216 个，合同利用外资 19.42 亿美元，实到外资 7.59 亿美元，同比增长 5.3%，从全省核准数据来看，绍兴实到外资总量位居第五位。新批二产项目 23 个，合同外资 3.06 亿美元，实到外资 1.5 亿美元，新批三产项目 193 个，合同外资 16.36 亿美元，实到外资 6.09 亿美元。新批港资项目 66 个，合同外资 16.59 亿美元，实到外资 6.05 亿美元，占绍兴市全市的 79.6%。全年新批境外投资企业 28 家，增资 1 家，总投资额 50476.8 万美元，中方投资额为 34804.3 万美元，同比下降 14.13%。

成功创建自贸区联动创新区，创新经验复制推广走在全省前列，278 项经验应复尽复，基本实现市域全覆盖。绍兴综保区完成封关验收，第一时间梳理改革创新经验 32 项，完成绍兴综合保税区首单"新型离岸国际贸易"，并获评省优秀案例。开发区争先进位，3 个国家级开发区全部进入全国前 100 位行列，平均前移 46.3 位次，居全省首位，取得历史性突破。2021 年全省产业"链长制"评审中，柯桥（时尚纺织）、杭州湾上虞（新材料）、嵊州（高端智能厨电）入选"链长制"示范试点单位，袍江（集成电路）、诸暨（新汽车）、新昌（生物医药）入选"链长制"试点单位。

2021 年金华市商务

一、国内贸易

2021 年，金华市实现社零总额 2881.9 亿元，增长 10.3%，总量、增速均居全省第四位。其中批发业累计增幅 26.9%，全省第七位；零售业累计增幅 17.5%，全省第六位；住宿业累计增幅 5.4%，全省第 11 位；餐饮业累计增幅 30.9%，全省第六位。

举办"千场展会促消费"活动。全省率先出台夜间经济示范项目建设标准，建设 10 个以上夜间经济集聚区，婺城区、义乌市省级夜间经济试点通过省级验收。古子城高品质步行街通过省级验收，全市申报 13 条市级高品质步行街，建设资金超 5000 万元。金华老字号品牌馆已试运营。发放汽车、家电消费券 2.2 亿元，累计拉动消费 57.75 亿元。浙江宏伟供应链被商务部认定为"第一批全国供应链创新与应用示范企业"。东阳市、永康市获省供应链专项激励。永康内外贸融合发展创新举措获胡春华副总理、袁家军书记点赞。

二、电子商务

2021 年，金华市实现网络零售额 3955.3 亿元，占全省比重 15.7%，居全省第二位。居民网络消费 1257 亿元，同比增长 10.2%；网络零售顺差达到 2698.3 亿元。

持续推进跨境电商十大行动。连续第二年高规格召开全市跨境电商发展大会，累计培育制造业开展跨境电商企业超 1800 家，建成省级公共海外仓 9 个、公共海外仓合作体系 40 个。1—10 月全市实现直播电商交易总额 380.5 亿元，总量居全省第二。通过对上积极协调对下积极指导筹划，2021 年金华市示范创建工作取得积极成效。金华之心、义乌工商职业技术学院直播基地等两个单位被评为省级电商直播基地，金华市商务局被评为"美好生活直播季"全省三个优秀组织单位之一。菜鸟电子商务产业园已被省厅推荐为国家级电子商务示范基地候选单位。兰溪市和东阳市被评为全国电子商务进农村综合示范县。

三、对外贸易

2021 年，金华市实现进出口 5880.1 亿元，增长 20.8%，规模居全省第三位，其中出口 5326.3 亿元，增长 15.5%，规模居全省第 2 位，进口 553.7 亿元，增长 1.2 倍，增速稳居全省第一位。

大力实施外贸高质量发展三年行动，外贸综合实力列全国外贸百强城市第 18 位。推行组货人管理制度，已显化组货超 80 万票。获批外综服企业 14 家，数量居全省第二位。3 家企业、1 个项目列入国家文化出口重点企业、项目。加快推进义乌市和金义综保区进口贸易促进创新示范区建设，新获批省级重点进口平台 4 个。金义综保区大宗商品进出口交易市场建设取得初步成效，电解铜、棉纱已入库正常开张交易，1—11 月金义综保区完成大宗商品进出口额 41.4 亿美元，同比增长 5.3 倍，义乌市实现进口 243.9 亿元，同比增长 95.3%。

发挥"义新欧"班列优势，全年开行 1904 列、发运标箱 15.7 万个，同比增长 35.9%，回程 553 列、共发运 4.6 万个标箱，同比增长 112.1%。其中，义乌平台开行 1277 列、发运 10.5 万个标箱；金东平台开行 627 列、发运 5.2 万个标箱。连续第 12 年开展外经贸法律服务月活动，开展法律服务、RCEP 宣讲、汇率避险等专题培训，有效提升企业国际贸易抗风险水平。

四、服务贸易

2021 年服贸会上，金华市 4 家企业入选 2020 年度浙江省数字贸易百强榜，数量列全省第二；公布全国 100 个服务示范案例，金华市义乌合道电子商务有限公司的"RAKUMART（中文：揽贸网）"项目获中国业态创新示范案例，义乌数字港科技有限公司的"义乌数字监管的数字贸易应用案例"获中国服务实践案例，示范案例获评数量列全省第二；共有 7 家企业优选纳入浙江主宾省展区，涵盖数字技术、数字供应链、数字内容等领域。"金贸通"项目、义乌市的"数字自贸 3T 创新综合体"等 6 个项目列入全省数字贸易应用场景先行示范点。

五、利用外资

2021 年，金华市实际利用外资金额 4.29 亿美元，同比增长 31.78%，规模位列全省第八位，增速排名全省第五位。

紧盯"单一窗口"重大项目管理平台库中外资大项目，智稳指数中金华外资项目跟踪项为满分。全市共签约重大外资项目（3000 万美元以上）20 个，合同外资 12.9 亿美元。永康五金物流港项目获商务部和自然资源部 100 公顷的用地指标，为全省单个外资项目争取到的最大用地指标。6 家开发区完成新一轮整合提升。浙江中日（武义）产业合作园列入省级国际产业合作园创建培育名单。

六、对外经济合作

2021 年，全市国际经济合作完成营业额 3.27 亿美元，同比增长 4.4%。其中，对外承包工程完成营业额 3.24 亿美元。共派出各类劳务人员 321 人次，月末在外各类劳务人员 757 人，雇用项目所在国劳务人员 1842 人次。全市经备案、核准的境外企业和机构共 24 家，中方投资额 4.78 亿美元。红狮控股集团有限公司在柬埔寨马德望投资 2.95 亿美元水泥项目。全市经备案、核准设立的境外营销网络项目共 22 个，中方投资额 4.77 亿美元。截至 2021 年底，全市累计共审批、核准或备案设立境外营销网络 500 余家。金华市对"一带一路"沿线国家（地区）投资项目 9 个，中方投资额 4.6 亿美元，占全市中方投资额总额的 96.1%。对欧美国家投资项目 8 个，中方投资备案额 1043.8 万美元，占 2.18%。对非洲投资项目 3 个，中方投资备案额 361.3 万美元，占 0.76%。2021 年"义新欧"班列新开拓 3 条新路线，增开"中吉乌""中吉哈"公铁国际多式联运路线，累计开通 19 条路线，辐射 51 个国家 160 多个城市。

七、开放平台

自贸试验区金义片区立足特色优势、深化制度创新，不断创新"市场采购+"等新型贸易方式，形成 23 个全国或全省"首单""首例""首家"，6 项改革入选浙江自贸试验区制度创新最佳案例。金义片区以占全省自贸区不到 15% 的面积，贡献了 21% 的外贸进出口总额、20% 的制度创新"最佳案例"和 50% 的新增市场主体，带动全市高水平开放作用日益显现。

金义综保区（二期）、义乌综保区（一期）顺利通过国家验收，金义综保区已签约考拉海购、天猫国际等跨境电商进口企业12家，义乌综保区已签约企业53家。

中非经贸论坛升格为省部级合作项目。中欧（义新欧）班列全年开行1904列，总量居全国第三。永康获批国家级外贸转型基地（电动工具），全市总数7家，居全省前列。

八、其他工作

"金贸信融·银行外贸贷"获得市营商环境改革首创优秀案例，已累计授信额度1.76亿元，发放实际贷款8827万元。共向上争取资金7.04亿元，总量全省第一。市本级已兑现各类外经贸政策资金7896万元，受益企业1595家。

成功争取全省商务改革应用场景试点13个，3个项目列入全省重大应用一本账S1。"金华市定向销售粮食运输监管平台"成功入选首批省数字政府"供好粮食一件事"子场景。浙里探馆、小商品自贸等4个项目获评全省商务系统数字化改革优秀案例，浦慧展、金贸通等4个项目获评全省商务系统应用优秀示范。

9项市级管理事项下放或委托至金义片区。全年受理、办结政务服务事项958件，其中行政许可事项195件，"永康市建君加油点申请成品油零售经营资格续期许可"案卷获得年度市级行政执法优秀案卷。连续12年开展外经贸法律服务月活动，金华汽车及零部件行业、浦江绗缝行业被列为全省第一批贸易调整援助试点。开展成品油安全检查7次，检查企业310家，整改问题60个。

2021 年衢州市商务

一、国内贸易

2021 年，衢州市社会消费品零售总额 839.17 亿元，同比增长 11.6%，增幅位列全省第二。限上批发业销售额 812.4 亿元，同比增长 40.5%；限上零售业销售额 185.3 亿元，同比增长 16.0%；限上住宿营业额 6.5 亿元，同比增长 9.1%，限上餐饮营业额 6.3 亿元，同比增长 11.95%。

全年共举办汽车、家电和建材、消费促进月、金秋购物节、数字生活嘉年华等九大类促消费活动，实现销售额 20 亿元以上。组织发放 3 万张近 180 万元家政服务消费券。搭建本地生活消费平台，60 个品牌商家参加衢州本地家装建材展，现场成交金额超 1200 万元。举办 2 场家电惠民消费月活动，27 家企业 45 个门店销售额达 1.03 亿元。实达实集团进入全国 100 家国家供应链创新与应用试点示范企业。全市 7 家企业进入 2021 年中央农商互联农产品供应链试点。2 家企业申报公益性农产品市场。水亭门街区智慧化特色步行街，先后获评浙江省首批高品质步行街和浙江省首批示范智慧商圈。柯城区入选首批省级夜间经济样板城市。全面推广"好吃衢州"城市品牌，积极实施第二批在杭衢州餐馆城市品牌形象打造工作。

二、电子商务

2021 年，衢州市网络零售额 504 亿元，同比增长 29.6%，居全省第二，超出全省平均 18 个百分点；居民网络消费 245.9 亿元，同比增长 6.2%，网零与网络消费实现顺差 258.1 亿元。

完成网销农产品"新品质、新形象"提升工程，累计开展线上线下培训计 2500 余人次，服务企业 50 余家，检测产品批次 3031 个。完成村播培训 563 场，培训 2.26 万人次。建成村播学院 7 个、村播教学实训基地 23 个、村播直播间 511 个、村播产品分拣基地 4 个。18 个村、54 个站点新入选浙江省省级电子商务示范村、农村电商示范服务站（点）名单。全市 56 个村、13 个乡镇（街道）入选浙江省省级电子商务示范村、专业镇。

全年直播商品零售额 15 亿元，直播场次 3.18 万场。全年开展"美好生活浙播季"系列直播 202 场。"南孔直播群英·同心荟"、柯城村播分别入选省共富办、省商务厅共同富裕示范区典型案例。衢江、江山、常山入围浙江省数字生活新服务样板县创建名单。新零售社区小店增至 1442 个，无人零售网点增至 362 个。衢江区县乡一体化数字服务应用成为浙里消费跑道下属场景应用先行示范点。引进四省边际顺丰丰泰产业服务综合体、银泰"云店"、小牛凯西等一批新零售企业和项目。"享家政""跨境电商线上平台""跨境电商海外仓"等应用场景成功上线浙里办、政企通平台，"外贸大脑之风险预警应对"纳入赛道，"工业购"应用场景成为省商务厅储备项目。"享家政"成为全省数字社会"享系列"第一个上架"浙里办"应用。出台"跨境六条"政策，制定十一条金融支持政策。完成线上综合服务平台项目一期建设。走访衢州市外贸及跨境电商企业742 家，举办孵化班 9 期，实现跨境电商出口约2.5 亿元。

三、对外贸易

2021 年衢州市外贸进出口总额 491.4 亿元人民币，同比增长 36.4%，进出口增幅位列全省第二。其中出口 315.8 亿元，同比增长 24.6%，出口增幅位列全省第五；进口 175.6 亿元，同比增长64.4%，进口增幅位列全省第二。

探索"互联网 + 外贸"模式，组织动员 114家外贸企业参加线上线下广交会，达成意向订单金额 2546.26 万美元。邀请 175 家有采购意向的跨国企业对接 98 家衢州外贸企业，开展 411 场精准配对，达成意向订单额 3600 多万元。发挥巨化外经贸综合服务体系建设试点美国仓储加工基地作用，提升衢州氟硅产品在美国及其周边国家市场终端占有率。指导龙游新丝带公共海外仓（全省唯一入驻南美洲的公共海外仓）连接浙江省海外仓服务在线。推行"政 + 银 + 保 + 保""衢贸贷"贸易融资模式，共为 13 家外贸企业发放 7180万元贷款。招引全市首家外综服企业"衢州市融易通外贸服务有限公司"。

四、利用外资

2021 年，衢州市合同外资 35673 万美元，同比增长 190.73%；实际利用外资 7678 万美元，同比增长 18.87%。新设外资企业 25 家，同比增长78.57%。

全年共提供并追踪项目信息 16 个，其中桃酱、宁波萌恒、浙江音默森、杭州魔域等 7 个项目通过市级项目研判，4 个项目已成功落地或计划落地，3 个项目重点跟进中。举办 2021 衢州市国际贸易投资（上海）推介会（韩国专场）。承

办第十八届浙江省投资促进机构联席会议暨新材料产业链招商引资活动。在浙江省国际投资促进"单一窗口"系统内跟踪外资大项目 8 个（2 个已投产），其中省级重大项目 2 个，商务部外资项目直报系统内跟踪外资企业 2 家。浙洽会期间衢州推出重点招商引资项目 30 个，合计签约项目 7个，总投资 135.7 亿元，其中外资项目 3 个，总投资 10.65 亿美元。

五、对外经济合作

2021 年衢州市对外投资总额 2558.4 万美元，中方投资总额 2543.4 万美元，共涉及 8 家企业 10个项目，其中新设项目 9 个，增资项目 1 个。对外工程承包总额 7637.4 万美元，首次实现零的突破。

组织外经和外运物流企业参加"丝路鸣笛"—中欧（义新欧）班列高质量发展企业论坛、浙江本土跨国公司成长论坛等经贸活动。支持通天星集团境外工业园（柬埔寨）建设。认真落实"浙外防"工作，形成常态化打卡和管理工作机制，开展境外项目疫情通报。

六、开放平台

2021 年 6 月 7 日，中国（浙江）自由贸易试验区衢州联动创新区获得省政府授牌。7 月30 日，参加全省中国（浙江）自由贸易试验区建设新闻发布会。大力推动综合保税区申报建设，赴义乌等地学习调研，牵头起草调研报告，遴选可研编制专业团队，明确选址和建设主体，完成可研编制招标。商务、衢州海关、资规、智造新城等部门联合开展项目建设前期可行性研究，组织开展综保区建设项目前期可研编制招标工作，推动衢州海关特殊监管区力争实现"零突破"。

2021 年舟山市商务

一、国内贸易

2021 年，舟山市社会消费品零售总额同比增长 8.0%，实现全社会批发零售业销售额同比增长 12.6%，其中限上批发零售业销售额同比增长 13.1%。实现全社会住宿餐饮业营业额同比增长 12.0%，限额以上住宿餐饮业营业额同比增长 11.3%。

组织开展消费促进月、金秋购物节、惠民团车节、老字号进街区等促销活动近 200 场。出台《进一步促进消费畅通内循环工作的若干措施》，推进《舟山市城乡商业网点规划》编制，认定市级高品质步行街 6 条、市级数字化智慧商圈 3 个。打造升级版夜间经济，完成十大标志性项目考核评估。舟山国家远洋渔业基地入选国家级供应链创新与应用示范企业，新奥入选浙江省首批供应链协同创新综合体。认定首批市级供应链创新与应用试点企业 6 家。认定东港凯虹等 3 个市级绿色商场。组织舟山"一条鱼"产业主题展，举办上海、成都、重庆水产品专场产销对接推介会。舟山远洋渔业基地入选省内外贸一体化改革试点产业基地，森森集团、大洋世家等 3 家企业入选首批省内外贸一体化"领跑者"企业。舟山市"家政服务员信用信息授权书"在第二届全国信用承诺书示范性案例征集评选活动中被评为主题类示范样本。认定现代商贸特色镇 5 个、示范村 5 个。认定市级美丽乡村夜经济精品村 6 个。

二、电子商务

2021 年，舟山市实现网络零售额 106.5 亿元，同比增长 32.1%，增速高于全省平均 20.5 个百分点。居民网络消费额 207.1 亿元，同比增长 6.7%。

制定出台《舟山市数字生活新服务便民行动实施方案》，试点推进网上开店码上办、家庭服务一网通等数字化项目。嵊泗县列入省级数字生活新服务样板县培育名单，东极镇、双桥街道等 6 个镇创建数字生活新服务特色镇。打造"云商舟山"数字生活新服务平台。举办舟山跨境电商产业协同推进研修班、跨境电商企业沙龙及跨境电商线上交流会，培养跨境电商经营人才。举办舟山电商人才创业创新大赛。建立"东海渔嫂"电商培育中心、跨境电商培训基地，累计开展渔农村妇女、在校学生、社区居民等视频、直播技能培训和数字化服务 10 余期、受益 1000 多人次。举办"线上东海开渔节"活动，推出舟山电商网红TOP 打造等 9 项系列活动，推广三疣梭子蟹、舟山带鱼、嵊泗贻贝等地理标志产品。持续开展"美好生活浙播季"专项行动，累计开展抖音官方直播间、舟山特产带货直播等活动 20 余场。

三、对外贸易

2021 年，舟山市完成外贸进出口总额 2354.9 亿元，同比增长 41.8%；其中出口总额 773.9 亿元，同比增长 31.6%，进口额 1580.96 亿元，同比增长 47.5%，进出口、出口、进口增幅分别居全省第一位、第二位、第三位，进出口总额实现三年翻番，出口占全国份额 3.56‰，创历史最高水平。

谋划出台新一轮稳外贸政策"十二条"，统筹商务促进资金进行保障。对年出口额 500 万美元以下外贸企业应保尽保。拨付集装箱运费补贴 200 万元，空箱调运补贴 28.92 万元，应对国际集装箱运价上涨。举办 RCEP 专题培训及外贸企业政策培训 10 场 600 家企业 780 余人。加强大宗商品贸易枢纽政策突破研究落实，大宗商品进出口额 1962.82 亿元，同比增长 67.6%，占全市进出口比重达 83.4%，较上年同期上升近 17.4 个百分点。举办舟山出口网上交易会水产品专场日本站、东盟站、欧盟站及塑机产品中东—南亚展，意向成交超 2 亿元。建成舟山数字贸易云展会平台。搭建全球营销推广平台"舟贸通"。

四、服务贸易

2021 年，舟山市服务贸易实现进出口额（商务部口径）100.88 亿元，同比增长 3.9%。其中进口 25.30 亿元，同比增长 13.1%；出口 75.58 亿元，同比增长 1.2%。全年完成船用燃料油直供量 552.17 万吨，同比增长 16.9%。

积极对接省厅并协调外管、海关、港航等部门，成立课题组开展服务贸易统计体系研究，进一步梳理调整舟山服务贸易统计体系。围绕重点服务贸易产业领域，强化规划指导，完成舟山服务贸易"十四五"发展规划编制。

五、利用外资

2021 年，舟山市实际利用外资 5.04 亿美元，提前一个月完成市政府下达的目标任务，同比增长 25.4%。全市实到外资 1000 万美元以上项目 17 个，实到外资 4.2 亿美元，占全市实到外资 80%。

创新跨境投融资便利化措施，落地首支合格境外有限合伙人（QFLP）基金艾克思焦点私募股权投资基金。实施重点外资项目清单化管理，动态完善重点外资项目库，落实光汇石油、华润集团等重点外资工作专班。组织中东欧博览会、浙洽会、厦洽会、进博会等招商活动，瞄准油气全产业链、精细化工（新材料）、农产品等企业加强对接。积极推动舟山市开发区创建美丽园区、链长制园区试点申报全覆盖。

六、对外经济合作

2021 年，舟山市完成境外投资备案项目 19 个，同比增长 26.7%。投资总额 3147.6 万美元，同比下降 83.4%，中方投资额 2724.6 万美元，同比下降 85.3%。全年完成对外经济合作营业额 10.3 亿美元，同比增长 15.9%。其中，对外承包工程营业额 9.72 亿美元，同比增长 26.0%，对外劳务合作营业额 5895 万美元，同比下降 49.9%。

支持并重点培育浙江大洋世家申报境外经贸合作区，银美获浙江省本土民营企业跨国公司 50 强，筹建舟山境外投资企业服务联盟。拟定《处置境外经贸类纠纷和突发事件实施方案》，强化外经企业和人员境外风险防控。

2021 年台州市商务

一、国内贸易

2021 年，台州市社会消费品零售总额 2605.6 亿元，同比增长 8.7%，增速居全省第八。其中，限上社零总额 620.8 亿元，增长 15.6%，增速居全省第三。限上批发、零售、住宿、餐饮分别增长 33.3%、14.8%、15.9% 和 33.3%，居全省第五、第六、第五和第二。

首次出台《台州市推动商贸业提质扩容和促进消费的若干意见》并获省消费专班全省推广。推进"一街一圈一区"创建工作，制定实施《台州市"一街一圈一区"评价细则》，市域联动打造消费新场景，提升消费品质。临海紫阳古街获批省级高品质步行街，紫阳街商圈获批首批省级示范智慧商圈。出台全省首个夜间经济集聚区评价标准，路桥区获批省级夜间经济样板城市，临海紫阳街历史文化街区获批首批省级夜间文化和旅游消费集聚区。上线运行"浙里好家政"服务平台并获全省数字化改革最佳应用。

二、电子商务

2021 年，台州市网络零售额 1227.3 亿元，同比增长 11.1%，增速居全省第七位。跨境电商出口额实现 86.6 亿元，其中，阿里巴巴平台跨境电商出口额实现 5.5 亿美元，同比增长 77.0%，增速居全省首位。

为全力推进跨境电商发展，出台《关于促进跨境电商高质量发展的若干政策》，为跨境电商进出口业务、海外仓、人才、物流等方面提供有针对性的政策支持。2021 年新增 6 个省级产业集群跨境电商发展试点，全市基本实现全覆盖。大力发展农村电商，温岭、仙居成功入选 2021 年国家级电子商务进农村综合示范县名单，全市累计共有 4 个国家级电子商务进农村综合示范县。台州共有 376 个村、51 个镇被认定为 2021 年浙江电商专业村、电商镇。推进电商新业态发展，2021 年全市共有 13 家企业入选省级新零售示范企业，15 个镇（街道）入选首批浙江省数字生活新服务特色镇。

三、对外贸易

2021 年，台州市货物贸易进出口总额 2399.4 亿元，同比增长 26.4%，其中出口 2197.1 亿元，增长 24.8%，进口 202.3 亿元，增长 46.6%，进出口、出口、进口增速均居全省第四。出口额占全国份额 10.1‰，占全省 7.3%。

全市有进出口实绩企业 7589 家，其中有出口实绩企业 7204 家。全市累计省级出口名牌 152 家，数量居全省第二。探索形成台州特色的"物流纾困六法"，季度性出台专项物流纾困政策，搭建企业出海运力供需平台，得到省政府领导批示肯定。台州港先后开通英国利物浦、美国萨凡纳等外贸集装箱直航航线，实现台州外贸集装箱远洋物流零的突破。路桥金属资源再生基地海关监管场所 7 月正式启用，陆路施封转关形成有效集聚，市场采购贸易方式试点实现出口 129.3 亿元，拉动全市出口 7.3 个百分点。二手车出口 3785 台，出口金额 5827 万美元，数量及金额均居全国试点地区前列。台州玉环特色产业内外贸一体化服务场景得到了国务院副总理胡春华、商务部部长王文涛肯定。椒江（缝制装备）、玉环（汽摩配）两个内外贸一体化改革试点产业基地列入全省首批试点培育产业基地名单。玉环汽摩配内外贸一体化助推共同富裕、打通鲜甜三门流通全链条助力城乡共富两个项目入选首批全省商务领域共同富裕试点。黄岩区获批国家外贸转型升级基地（模塑），新增 1 家省级公共海外仓，5 家企业获评省级外综服平台，2 家企业成功申报省级进口促进服务平台和省级进口供应链平台，实现进口平台零突破。

四、服务贸易

2021 年，台州市服务贸易进出口总额 91.0 亿元，同比增长 22.6%。服务外包新注册企业 22 家，同比增长 214.3%；离岸合同额 18393 万美元，同比增长 83.1%；离岸合同执行额 16873 万美元，同比增长 110.7%。

生物医药服务外包占外包总额的 50% 以上，技术贸易近年增长快速。2021 年，台州椒江区生物医药服务外包产业园获评省级服务贸易示范性基地。台州湾新区台绣成功申报 2021—2022 年度省文化出口重点企业。2021 年，台州云展会平台、黄岩区数字供应链协同平台、路桥区"信易通"蚂蚁链赋能国际贸易信用便捷交易、仙居县跨境电商智慧贸易应用场景等 4 个项目获评全省数字贸易应用场景先行示范点。玉环市《浙江内外贸一体化服务在线》荣获全省商务系统数字化改革"示范案例"，临海市"浙里数字消费街区应用"、仙居县"数字化国际营销展示平台"、路桥区"'信易通'蚂蚁链赋能国际贸易应用"、椒江区"浙里消费（付省心）"4 个应用荣获"优秀案例"。会展业加速发展。浙江塑料交易会、台州电动自行车及零部件展览会、浙江泵与电机展览会和临海户外家具及庭院休闲用品展览会为党政机关重点办展项目。新建台州国际博览中心已于 2021 年 9 月动工，中心展馆面积 10.5 万平方米，计划建设成为集展览、会议、办公、酒店、商业等功能为一体的大型会展中心。

五、利用外资

2021 年，台州市实际利用外资 4.83 亿美元，同比增长 32.9%，占全省份额 2.6%。新设外商投资企业 81 家，同比增长 3.85%，其中总投资 1000 万美元以上的新设及增资项目共 27 项，投资总额为 114 亿美元，实际利用外资 2.13 亿美元，同比增长 169.6%，占全市实际利用外资总额的 57.7%。

组织开展第二届中国—中东欧国家博览会暨国际消费品博览会、第二十三届中国浙江投资贸易洽谈会。高能级平台创建取得历史性突破，成功获批国家级台州湾经济技术开发区和台州综合保税区，台州国家级综合性开放平台实现"零突破"和"双丰收"。椒江省级经济开发区获批设立，实现市域范围内省级开发区全覆盖。自贸试验区台州联动创新区建设加速推进，台州先后复制推广全国自贸试验区前六批改革试点经验 162 项；对标上海自贸试验区临港新片区，明确 23 项台州对标举措。浙江椒江经济开发区获批设立，实现市域范围内省级开发区全覆盖。

六、对外经济合作

2021 年，台州市新批 30 家境外投资企业，中方投资额 17916 万美元，对外经济合作营业额 8221 万美元。

出台《关于加快推进境外并购的十条意见》，加大政策宣传力度，扩大政策应用范围，推动台州企业在欧美等发达地区开展高质量海外并购。落实《加快培育浙江本土民营跨国公司"丝路领航"三年行动计划（2020—2022年）》，制定《台州市本土（民营）企业跨国经营十强培育方案》，开展"台州市本土民营企业跨国经营十强"和"跨国经营十大风云人物"培育和评选。开展义新欧中欧调研考察对接工作，做好义新欧"台州号"开通基础工作，组织企业参加义新欧中欧班列对接会等活动，帮助企业参与并应用义新欧班列。组织开展浙江开拓对外承包工程现场会暨台州首届国际工程联盟拓市交流培训会、台州—东盟经贸投资对接会等重要活动。

2021 年丽水市商务

一、国内贸易

2021 年，丽水市社会消费品零售总额 822.9 亿元，同比增长 13.1%，增幅高于全省平均水平 3.4 个百分点，省内排名第一。其中批发业销售额、住宿业营业额、餐饮业营业额、零售业销售额增幅居全省第一、第二、第三和第五。全市限上社会消费品零售总额 149.9 亿元，增长 11.2%，增幅居全省第八。

全市开展"浙丽来消费 爱尚新生活""美好生活浙播季"、消费活动月、金秋购物节、数字生活节、首届丽水咖啡文化节等促消费活动超 500 场，全力推进咖啡时尚消费，成立"咖啡学院""咖啡发展中心"和"丽水市咖啡协会"，首城发布"咖啡地图"。成功创建景宁万江商业、龙渊新天地、江泰商业等 3 个省级绿色商场，缙云五云街道、松阳西屏街道等 2 个省级现代商贸特色镇，下小溪村、松阳上安村等 2 个省级商贸发展示范村。11 家企业入选农产品供应链体系建设项目，评选丽水老字号 11 家、餐饮名店 40 家。新增省级"诗画浙江百县千碗"美食街区（镇）1 个，美食体验示范店 25 家。

二、电子商务

2021 年，丽水市实现网络零售额 591.1 亿元，同比增长 22.8%，增幅位列全省第三，高于全省平均增幅 11.2 个百分点。居民网络消费额 298.9 亿元，同比增长 8.1%。网络零售顺差 292.3 亿元，同比增长 42.6%。

举办创业创新大赛农村电商赛、"淘宝特价版"招商大会等活动。新增龙泉市、青田县 2 个电子商务进农村全国示范县，示范县总数为 5 个，排名全省地级市第二。电子商务专业村 68 个，电子商务专业镇 16 个。莲都区成功创建省级数字生活新服务标杆县，青田县入围培育名单。遂昌县建设全省首个数字乡村物流中心。全年新增丽水快手、青田石雕抖音等 16 个直播电商基地。

2021 年，丽水市实现跨境电商出口 17.8 亿元，同比增长 97.6%。全年有出口活跃网店约 1200 多家，较 2020 年底新增 360 多家。获批中国（丽水）跨境电商综试区，莲都区成功创建产业集群跨境电商省级发展试点，缙云体育休闲产品、莲都轻工时尚、云和木玩三个省级跨境电商产业集群初具规模。

三、对外贸易

2021 年，全市进出口总值 329.3 亿元，同比下降 4.1%，其中出口 287.4 亿元，同比下降 4.3%，占全省份额为 1.0%；进口 41.9 亿元，同比下降 2.4%。全市外贸出口结构进一步优化，生产型企业出口继续保持高速增长势头，全市生产型企业出口 187.8 亿元，同比增长 32.8%，占全市出口总额的 65.4%，较上年同期增长 18.3 个百分点。对美国出口 82.6 亿元，同比增长 19.8%，占丽水市出口总额的 28.7%。对"一带一路"沿线国家出口 84.2 亿元，同比下降 19.7%，比重同比下降 5.6%，占丽水市出口总额的 29.3%。

2021 年，丽水市服务贸易进出口总额 6.44亿元，同比增长 6.09%，其中出口 0.74 亿元，同比增长 99.09%；进口 5.69 亿元，同比下降0.02%。

实施外贸小微企业三年成长计划，做好"订单 + 清单"和商务运行监测，走访服务超 300 家次重点外贸企业、外贸转型升级基地、外贸预警示范点等，组织开展外贸企业法律服务月、商事法律服务培训会等活动，成功设立 3 个县级国际商事调解联络点。出口实绩外贸企业新增 29 家，培育外贸综合服务试点企业 2 家，龙泉汽车空调零部件获批国家级外贸转型升级基地。举办第四届侨博会、龙泉汽配出口网上交易会（南美站）等活动，组织企业参加广交会、进博会、网上出口商品交易会、消博会等展会，实现意向成交4000 余万美元。

四、利用外资

2021 年，丽水市新设外资企业 46 个，合同利用外资 12.8 亿美元，同比大幅增长；实际利用外资 8429 万美元，同比增长 40.4%，增速位列全省第二。

获批自贸试验区丽水联动创新区，其中梅山—青田山海协作"保税飞仓"项目被列入浙江自贸区第七批"十大"创新成果。遂昌县、庆元县、松阳县整合提升为省级经济开发区，丽水开发区生态合成革产业链、景宁幼教木玩产业链项目被认定为省开发区产业链"链长制"特色试点示范单位。丽缙高新区中德生态、丽水开发区中欧产业被列入国际合作产业园创建培育名单。在浙洽会、进博会上共签约投资项目 9 个，总投资 51 亿元。

五、对外经济合作

2021 年，丽水市新增境外投资备案项目 8 个（含增资 1 个），境外中方投资备案额 2543 万美元，同比增长 81.4%，增速位列全省第二。丽水市累计有 49 个项目分布在"一带一路"沿线国家，在越南投资项目新增 2 个，实现了对越投资零突破。2021 年境外最大独资项目 478.1 万美元，较上年增加 334.6%。

对全市的境外企业和机构开展调查和实地走访，建立动态数据库。开展 RCEP 等自贸协定的宣传。组织全市境外投资企业参加贸促系统和省商务厅组织的系列培训，学习《对外直接投资统计制度》。提供一对一境外投资备案辅导，督促企业及时填报月报、半年报，共有 52 家境外企业（机构）参加了 2020年年报报送工作，参检率100%。开展境外项目安全防范排查，督促企业在防疫、生产、消防、人员等安全防控方面，提升自主管理安全生产水平。

2021年温岭市商务

一、国内贸易

2021年全市实现社零总额735.4亿元，同比增长9.9%，居台州市第三名，较一季度前移4个位次；实现批发业和零售业销售额883.47亿元、563.31亿元，同比分别增长29%、14.7%，分别居台州市第七名、第四名，分别较一季度前移一个位次、四个位次。

大力发展商贸经济。开展"浙里来消费"等各类消费促进活动，推出温岭老字号巡礼暨温岭融媒购上线活动，"6·18"年中汽车促销1927辆、销售额37464万元。强化商贸主体培育，认定11家企业为首届温岭"老字号"企业，授予浙江钱江摩托进出口有限公司、台州奇晟贸易有限公司等30家企业为重点商贸流通企业。做大做强会展经济，2021浙江泵与电机展览会达成现场成交额5.7亿元，获评"2019—2020年度浙江省会展行业优秀品牌会展项目"。

推进商贸基础设施建设。融合城市商圈开发打造，深化省级批零改造提升试点建设，推进三和超市、工量刃具交易中心众创空间项目、星艺佳泽国商场等33个项目建设，2018—2020年完成投资12.22亿元，拨付试点补助资金1215.96万元。推动保时捷、宝龙广场、东南汽车城等一批重点商贸项目落地。鼓励综合体、大型商超等进行设施、服务、管理云化改造，打造智慧商圈。以温岭银泰作为智慧商圈试点，网订店取、互动体验等O2O新业态服务逐步成为常态，

开展喵街APP新项目定时达服务，优化消费体验。2021年，温岭市城东街道入选省商贸特色镇，横径村、箬横村、大溪村入选省第二批商贸发展示范村。

着力规范商贸行业管理。开展星级超市和星级加油站评比认定工作，发挥典型示范带动作用。完成全市54家加油站雨污分流改造、危废暂存间改造等环保设施设备的改造提升。深化法人企业预付卡源头管控，推进备案登记、检查整治、投诉处置全流程管理。加快再生资源回收体系建设，建成107家回收网点，投运松门宝岭再生资源分拣中心，推进泽国、大溪、箬横等地分拣中心建设。全面开展散装水泥行业整治，加强重点工程自拌站管理，拆除非法搅拌站18座，有序推进商品砼、预拌砂浆规划布点落地。

二、电子商务

开展示范创建，被商务部列入国家级电子商务进农村综合示范县。发展跨境电商，引入浙江国贸数字科技为温岭市跨境电商产业平台运营主体。积极招大引强，引进台州左美商贸、镏捷贸易、狮熊电子商务3家市外电商企业落户。参加台州首届伴手礼设计创意大赛，获优秀组织奖。致力繁荣电商生态，组织召开2021温岭市天猫鞋靴招商会、天猫商家电商交流沙龙、2021全球速卖通台州温岭产业带定向推荐会等。温岭市被省商务厅列为浙江省数字生活新服务样板县，城

北街道、坞根镇两地入选浙江省数字生活新服务特色镇，后陈村、楼山村等 9 个行政村被省商务厅列为省电子商务示范村，市电子商务公共服务中心被省商务厅评为县级考核优秀单位。积极打造数字消费先行区，列入全省商务领域共同富裕试点。

三、对外贸易

2021 年，温岭市外贸自营出口额 387.0 亿元，同比下降 7.8%，居全市第九。全市新增 184 家企业开展自营进出口业务，自营出口实绩企业破千家。

积极参与省自贸试验区台州联动创新区、台州跨境电商综试区建设，发挥泵与电机、鞋帽两个国家外贸转型升级基地作用，上线数字外贸公共服务平台。调整优化境内外国际性展会支持目录，支持企业参与各类线上、线下展会，组织企业参加云展会共 47 场、参展企业 304 家次。推进外贸市场保传统、拓多元、强新兴。组织企业利用宁波、海南消费品博览会开拓市场，壮大外贸出口主体，飞越、利欧、大元、鑫磊等四家企业列入省内外贸一体化"领跑者"培育名单。开展中小外贸企业成长行动计划，推进中小企业"抱团出海"。全市新增 184 家企业开展自营进出口业务，自营出口实绩企业破千家。

四、对外经济合作

依托国家走出去公共平台、省境外投资服务联盟等平台，组织宏远、曙光等建筑企业参加"联盟"拓市活动，深化与龙头浙企的对接合作，助力企业开拓国际工程市场。组织 45 家企业参加日本（静冈）境外经贸合作区推介会、第六届中国一中东欧国家投资合作洽谈会等各类投资促进活动，加强"一带一路"沿线国家投资布局，开展跨国并购。

五、其他工作

足额落实地方储备粮 7.37 万吨、储备油 100 吨、成品粮 2100 吨，储备粮晚稻比例从 25% 提升至 30%。在海宁、海盐和柳河等地代储晚稻谷和小麦约 2.9 万吨，受台风天气影响，2021 年共收购早稻谷 44796 吨，其中订单收购 34410 吨，完成订单收购的 74.2%，等外粮收购 9355 吨。全市列入"浙江粮仓"数字化平台项目首批试点，推动实现考核业务数字化、考核数据自动化。创新开展"粮食收购服务一条龙"应用项目，纳入全省第一批数字政府"一地创新、全省共享"应用项目。

2021 年慈溪市商务

一、国内贸易

2021 年，慈溪市社会消费品零售总额 700.76 亿元，同比增长 9%。市本级商品销售额同比增长 29.1%，增速居宁波各县（市、区）第五位，高于年度目标 11.1 个百分点，低于宁波平均 1.5 个百分点。市本级批发业销售额同比增长 35.8%，零售业销售额增长 16.2%。市本级限额以上批发零售业商品销售额同比增长 23.1%。市本级限额以上批发零售业企业通过互联网实现销售额 72.14 亿元，同比减少 12%。

慈溪服务业集群区发展态势良好，中心城区形成四大城市商业综合体，共计 50 万平方米商业。新城河板块综合商业正在建设。上林坊仿古商业街区、三北妇女儿童服饰街、国道精品服饰街、慈溪天元古玩街等四条街区被列入宁波市市级商业特色街区。保利若比邻街区为慈溪市首个宁波市级邻里街区。新江路上海街步行街入围宁波市 15 分钟商贸便民服务圈。实施《慈溪市加快发展夜间经济实施方案（2020—2021 年）》，爱琴海 YES 街区 2.0 版开街，吾悦杨梅里特色街区开启。举办春节网上年货展、消费促进月、中国慈溪中外名车展览会、慈溪购物季等大型展会活动，进一步挖掘消费潜力。推进"菜篮子"商品供应基地建设，落实生猪 2 万头，水产 800 吨，禽蛋 100 吨的菜篮子商品应急储备。在超市、农贸市场、菜篮子基地建立数据采集点，常态化监测分析市场运行情况，落实 330 吨冻猪肉临时性储备确保市场供应。

二、电子商务

2021 年，全市实现网络零售额 894.89 亿元，增长 15.2%，绝对额列全省各县（市、区）第九、宁波第一。实现跨境电商 B2B 试点出口总额 149.2 亿元，同比增长 24.4%。

建立完善电子商务公共服务网络。市电子商务公共服务中心有序运营，成立镇级电子商务公共服务中心，建立全市电子商务工作联络员制度。2021 年，共引进各类电商相关服务商 200 余家。截至 2021 年底，慈溪市已建成 E+E 观海卫电子商务产业园、周巷电子商务产业园和驿淘互联网产业园 3 个市级电子商务集聚区和前湾驿淘互联网产业园。宁波跨境电商综合试验区慈溪分园"一区三园"建设持续推进，跨境电商数据填报样本企业累计达到 181 家。创建"慈农优品"特色品牌，打通慈溪特色农产品线上线下销售通道。2021 年，慈溪市被省商务厅认定的电商专业村共有 143 个，电商镇 14 个，电商专业村和电商镇数量均列宁波第一。

三、对外贸易

2021 年，慈溪全市实现外贸自营进出口额 1158.7 亿元，同比增长 17.9%，其中出口 1026.7 亿元，同比增长 18.6%，进口 132 亿元，同比增长 12.6%；市级实现进出口额 904.4 亿元，增长 16.4%，其中出口 852.5 亿元，增长 17.7%，进口 51.9 亿元，减少 1.7%。新增对外贸易经营者备案登记企业 537 家，累计达 7068 家。全市自营出口实绩企业达 2569 家，比上年同期净增 141 家。出口上亿元商品 39 个，较上年增加 1 个。对"一带一路"沿线国家出口 224.9 亿元，同比增长 13.7%，占比 26.4%。

积极培育创建出口自主品牌。截至 2021 年底，慈溪市共有浙江省重点出口品牌 46 个，宁波市重点出口品牌 24 个（不含杭州湾新区），品牌数量居宁波各区（县、市）首位。顺利完成第 129 届和 130 届广交会线上线下参展管理工作，宣传推广慈溪出口家电区域品牌。积极参与第二届中国—中东欧博览会暨国际消费品博览会、深圳智能电子展、广州照明展、上海尚品展等重点展会。组织全市 45 家电子家电及汽配、工具类出口企业与尼日利亚、南非、肯尼亚等国的 40 个专业买家进行了 151 场"一对一"线上视频对接会。

四、服务贸易

2021 年，慈溪市本级实现服务贸易进出口额 106.68 亿元，同比增长 19.7%，其中出口 100.53 亿元，进口 6.15 亿元，分别增长 20% 和 14%，服务贸易进出口额和出口额规模均列宁波第四位，服务贸易在进出口、出口和进口上占对外贸易（服务贸易和货物贸易之和）的比重分别为 10.55%、10.55% 和 10.58%。全市承接服务外包执行总额 60.1 亿元，其中承接离岸服务外包执行额 48.3 亿元，分别同比增长 24.7% 和 20.3%。服务外包企业累计达 115 家，从业人员 2941 人。

五、利用外资

2021 年，市本级引进宁波市外资金 136.73 亿元，与上年持平；实现实际利用外资 1.65 亿美元，同比增长 187%；完成浙商回归到位资金 106.15 亿元，同比增长 5.76%。市本级新注册招商项目 38 个，其中，总投资 1000 万美元以上外资项目 10 个，总投资 1 亿元以上内资项目 10 个。慈溪市商务局审批外商投资项目 38 个，投资总额 3.15 亿美元；增资项目 11 个；全市实际利用外资 1.65 亿美元。

2021 年，慈溪市商务局和各产业平台联系新老客商 225 批次，组织小分队招商 101 次，接待客商 226 余批次 1200 余人次，获取新能源汽车、智能装备、生命健康、人工智能等项目 40 余个，智能物流、智能家电等外资项目 15 个。重点洽谈总投资 55 亿元的小鹏新能源汽车项目，总投资 32 亿元的三花控股集团，总投资 7.6 亿元的新能源汽车、智能空调金属结构件项目，总投资 15 亿元的韵达慈溪智慧物流中心项目，总投资 10 亿元的慈溪五金机电城项目等。4 月 26 日，慈溪市 2021 年重大产业项目集中签约仪式上共有 46 个产业项目签约，总投资额达 300.97 亿元，是慈溪市有史以来签约项目最多、质量最高的一次集中签约活动。

2021 年全市重大产业项目动态管理库在册项目 41 个（初步洽谈项目 7 个，签订意向投资协议项目 20 个，已注册项目 14 个），其中内资项目 25 个，合计总投资 397.6 亿元；外资项目 16 个，合计总投资 52.9 亿元，其中合同外资约 2.75 亿美元。

六、对外经济合作

2021 年，慈溪市新备案境外投资企业 11 家，主要分布在越南、罗马尼亚等国家及我国的香港，涉及化纤、光伏、家用电器、厨具等行业。完成中方总资额 3208.5 万美元，完成对外承包劳务合作营业额 7520 万美元，备案完成"一带一路"沿线国家境外投资项目 4 个。

2021 年诸暨市商务

一、国内贸易

全年实现社会消费品零售总额 500.54 亿元，增长 8.2%。其中限上社会消费品零售总额 151.24 亿元，增长 22.5%；限上批发业实现商品销售额 136.85 亿元，增长 34.0%；限上零售业实现商品销售额 145.15 亿元，增长 24.3%。限上住宿业营业额 3.61 亿元，增长 30.4%；限上餐饮业营业额 9.84 亿元，增长 27.5%。

健全市、镇、村三级寄递物流服务体系，完善农产品上行发展机制，解决农村电商物流"最后一公里"和农产品上行"最初一公里"问题，打造县域商业流通体系。组织开展了"美人葡萄节""我为家乡带个货""夜猫子严选团购"等农产品上行活动；通过一百、向阳、万风、米果果等本地龙头企业，围绕农产品供应链打造全链闭环体系，已完成乡村超市、社区菜店等零售终端网点 185 个。诸暨市"打造'一网两中心三平台完善县域商业体系'"入选全省商务领域共同富裕试点（第二批）。

充分发挥内外贸一体化龙头企业、改革试点产业基地示范引领作用。大唐袜业被评为浙江省首批内外贸一体化改革试点产业基地，浙江丰悦针纺有限公司被评为首批内外贸一体化"领跑者"企业。浙江海亮股份有限公司被评为第二批内外贸一体化"领跑者"企业。上海歌华展览公司在诸暨首次打造市场化"袜博会"，成效显著。

顺应消费潮流，加大数字化赋能力度，实施数字生活新服务行动，发展"智慧商圈"，推进商贸流通产业进一步转型升级。建成万风新天地为绍兴市级夜间经济集聚区；34 家绍兴市级夜间经济特色门店；飨街·越风为绍兴市级高品质步行街；万风商圈和悦朗商圈为绍兴市级智慧商圈；安华镇和大唐街道创成省级现代商贸特色镇；五泄镇十四都村和次坞镇溪埭村创成省级商贸发展示范村。

二、电子商务

全市网络零售额 263.2 亿元，增长 13.2%，总量继续保持绍兴各区（县、市）第一。

推进电子商务公共服务中心建设，为诸暨地区各平台、各品类、各渠道的电子商务企业提供一站式服务解决方案。华东国际珠宝城和星达汇两大抖音官方直播基地已建成日发 10 万单量的自动化仓储流水线，入驻企业账号达 2000 个以上，累计 GMV 突破 30 亿元。新动能直播基地运营以来，投运直播间 22 间，签约本地品牌 10 家，基地营收达 3500 余万元。利用袜业、珍珠等产品，联合亚马逊、速卖通等平台，重点推进产业带合作项目，孵化带动本地企业跨境电商能力水平提升。

诸暨市从事阿里国际站业务企业数达 428 家，从事中国制造网业务企业约 49 家，从事速卖通业务企业近 300 家，从事亚马逊业务企业近 100 家，预计净增跨境电商网店超 600 家以上。组织开展跨境电商培训和深圳跨境电商游学活动，截至12月底跨境电商从业人员培训已突破2000余人次。

诸暨市为绍兴市唯一入选全省首批数字生活新服务样板县的县（市、区）。创成2个省级数字生活新服务特色镇，2个特色产业直播间，4家省级新零售示范企业，3个社区数字生活服务中心（含农村社区）。华东国际珠宝城有限公司的"'互联网+'模式下的珠宝专业交易市场转型升级"案例，成功入选浙江省2021年数字赋能促进新业态新模式平台典型案例。

打造本地家庭生活服务平台"诸事帮"，同时建立"数字生活服务监管平台"提升行业治理水平，被确定为浙江省数字生活新服务16个重点场景应用名单之一，入选全省商务领域数字化改革优秀案例。截至12月底，平台注册激活用户已达3.4万余人次，社区覆盖率达94.0%以上。行业监管平台打通6个部门2.3万余条数据，协同集成5700余条诚信记录，智慧化监管效率提高300%以上。

三、对外贸易

2021年，全市实现进出口额616.43亿元，同比增长16.89%，出口537.97亿元，同比增长19.63%；进口78.46万元，同比增长1.01%。纺织服装及面料出口185亿元，同比增长15.70%，占比34.4%，其中，袜子出口84.97亿万元，同比增21.95%，占比15.8%；提花布出口23.87亿元，同比增长7.98%，占比4.4%。

进出口国家（地区）210个，同比持平。出口超1亿元的国家（地区）71个，比2020年同期增加7个。出口前三位的国家是美国、越南、韩国；在15个主要出口国家和地区中，增幅排在前列的分别是荷兰、印度和菲律宾，分别增长64.1%、56.4%和53.7%。

全市服务外包离岸执行额563.4万美元，同比增长63.8%；服务贸易进出口总额24.05亿元，同比增长16.78%，其中出口额20.76亿元，同比增长20.55%，进口额3.28亿元，同比下降2.54%。

谋划参与绍兴柯桥中国轻纺城市场采购贸易方式试点工作，推进诸暨海关监管场所建设。海关监管场所于8月4日正式投运，截至12月底，诸暨市累计市场采购备案企业达到23家，出口3.1亿美元。浙江佳阳供应链管理有限公司被省商务厅认定为浙江省外贸综合服务试点企业，是绍兴地区唯一一家被省里认定的外综服企业。"诸暨—宁波舟山港"海铁联运国际专线全年共承运7436标箱，同比大增154%。

推进货运"白名单"摸排工作，通过省海港集团争取调运外贸空箱，集中发布船期信息5次，支付空箱调运补助资金68.15万元。化解企业流动资金周转难题，应对汇率波动。举办金融支持外经贸企业活动2场，参加企业150多家。在"诸暨金融综合平台"上线"出口信用贷"和"外贸服务贷"模块，方便外贸企业了解金融产品，对接金融机构。全年累计组织企业参加境内线下展会82场，参展展位1611个，参展企业489家；线上展会68场，参展企业109家。诸暨是绍兴唯一一个实现100%线上兑现的县（市、区），兑现时间压缩70%以上，累计完成开放型经济政策兑现3311.5万元。创新市场采购出口政策预兑现，自9月开始实施政策部分预兑现，完成预兑现368万元，提升企业满意度和积极性。

四、对外经济合作

全市新批境外投资项目5个，投资总额8749.1万美元，其中中方投资额4358.3万美元。境外承包劳务营业额1378万美元，同比下降68.37%。

2021 年余姚市商务

一、国内贸易

2021 年，全市实现社会消费品零售总额 449.7 亿元，增长 13.2%，增幅位列宁波第一；其中，限上社会消费品零售总额 98.5 亿元，增长 32.6%，增幅位列宁波第一。商品销售总额增长 28.4%，增幅位列宁波第七，其中，限上商品销售额 887.5 亿元，同比增长 32.1%，增幅位列宁波第四。

消费促进。 开展桐江桥核心商区和万达、五彩城、众安广场等二大综合体商圈改造行动，完成胜山西路餐饮一条街、朗霞裘皮特色街区、正蒙街特色街区等三条宁波商业特色街复评，建成四明西路"红小西"党建特色示范街区和朗霞裘皮风情特色街。举办余姚购物节，发放 260 万元购物节红包撬动消费活力。开展"特别的爱给特别的你"、大型车展、"520"浪漫季等促销活动，重点监测企业销售业绩喜人。新引进中采通供应链公司、领克汽车国际销售（余姚）有限公司、车淘淘（宁波）电子商务有限公司等 3 家大型商贸企业，为余姚市新增销售额 74 亿元。

菜篮子工程。 编制完成《余姚市菜市场专项规划（2021—2035 年）》，对农贸市场进行提升改造补缺以优化余姚市农贸市场整体布局。制定"菜篮子"市长负责制考核实施方案并落实考核工作。同海吉星城农副产品批发市场等 9 家企业签署承储协议，确保菜篮子商品应急储备充足。

行业监督与管理。 余姚市商务局做好信访投诉处理工作，2021 年度共调处各类投诉 967 件。其中现场调解单用途商业预付卡群体性事件 12 次。制定出台《余姚市商务领域安全生产行业管理工作实施意见》《2021 年度余姚市商务局安全生产工作要点》，开展安全生产月、安全生产隐患大排查专项行动，推进第二轮安全生产综合治理三年行动计划，抓好沿街店铺消防安全隐患排查和燃气安全专项整治。完成 84 家成品油经营企业年检年审，45 家成品油经营企业变更登记。

消费协作。 以"三专"（专卖店、专区、专柜）、"五进"（进机关、进企业、进学校、进医院、进社区）为载体，召开企业座谈会 2 次，赴凉山州实地考察对接 3 次，举办昭觉专场农特产品展会，共有 15 家昭觉当地优质特色农产品生产商和 7 家余姚市对口帮扶企业参加此次活动。全年实现消费协作 9198 万元。

二、对外贸易

2021 年，全市实现进出口总额 1180.5 亿元，同比增长 21.2%，增幅位列宁波第三，全市占比 30.19%，其中出口 791.5 亿元，同比增长 18.9%，增幅位列宁波第一，全市占比 36.42%，进口 389.0 亿元，同比增长 26.2%，增幅位列宁波第五。机电产品出口 595.6 亿元，增长 19.58%，占全部出口比重为 75.25%；高新技术产品出口 103.6 亿元，增长 24.68%。欧美市场占出口总额的 62.15%，其中对美国、俄罗斯的出口额实现了

7.05% 和 30.96% 的增幅；非洲、亚洲、大洋洲出口额分别增长 1.44%、15.16% 和 7.48%。

全年新增对外贸易经营备案登记企业 683 家，累计达 7884 家。自营出口实绩企业 3064 家，比上年净增 199 家，其中超亿元企业 151 家。实现服务贸易进出口额 91.9 亿元，增长 24.2%。实现新增外包企业 14 家，执行总额达 64.12 亿元，同比增长 25.85%，其中，离岸执行额达 45.36 亿元，同比增长 28.53%。

推出重点境内外展会 60 个，组织 400 余家次企业参展，举办中国机电产品出口网上交易会暨 2021 余姚出口商品云展会，参加网上广交会、第二届中国—中东欧国家博览会、第四届进博会等展会，助力企业加强交流合作和供需精准对接。培育"华伦"外贸综合服务平台。吸纳企业 30 家加入余姚跨境电商出海联盟，举办交流活动 16 场。搭建"小微企业信保政策统保平台"，采用招标入围方式引入政策性和商业性保险公司的举措系全国首创，并进一步扩大统保平台覆盖面至近 100%。应用省"订单＋清单"监测预警管理系统，填报率和响应率均达到 90% 以上。巩固推进"四送一增强" 2.0 版、"深化拓展三服务、凝心聚力'十四五'"等专项行动，精准施策帮助企业纾难解困。

三、电子商务

2021 年，全市跨境电商出口额 121.9 亿元，同比增长 20.8%。新建海外仓 3 个。新增电商经营主体 106 家，培育直播基地 1 个。

赵记电器、小麦电器等规模电商直播场次超过 500 场。鲟鱼直播基地现有抖音、快手、淘宝、小红书及 B 站等直播平台，旗下中小抖音 KOL 共 1300 余人，抖音粉丝覆盖 1.2 亿人次。选送优秀电商个人和团队参加各级各类比赛，获省第十五届电商大赛暨山海协作消费帮扶新媒体营销大赛一、二等奖。引进"品艺文化——全球一站式文玩工艺品选购平台"电商项目，指导其成功申报入选"甬江引才工程"电商项目。强化电商专业村、示范村镇的培育创建，新增电商专业村 6 个，电商镇 1 个。全年新建 21 个村级服务点，行政村覆盖率达 75%。加强与"美丽四明山"电商平台合作，助力本地和消费协作对口地区农特产品销售额超过 1000 万元。

开展阿里巴巴跨境培训分享会、中国（宁波）户外园艺及电器跨境电商企业家峰会、全市跨境电商企业家峰会等 3 场大型会议，超 500 家企业参加。举办实操培训、业务沙龙 20 余场，累计 1100 余人次参加。

四、对外经济合作

2021 年，全市中方投资额 1.5 亿美元，同比增长 30.1%。境外承包工程劳务合作营业额 1.3 亿美元，同比增长 20.7%。服务贸易进出口额 91.9 亿元，同比增长 24.2%。服务外包执行总额 64.1 亿元，同比增长 25.9%。

全年新增备案企业 6 家，备案中方投资额 1.5 亿美元，同比增长 30.1%。建立境外服务码平台，组织 20 余家企业参加投资对接活动，指导境外服务联盟推进企业开展境外投资。余姚经济开发区建设投资发展有限公司在 BVI（英属维尔京群岛）设立的商务咨询服务企业，投资额 1 亿美元；宁波兴隆巨创机电科技有限公司在摩洛哥设立的电动车生产企业，投资额 160 万美元。大丰实业作为余姚市主要的承接境外工程的企业，2021 年实施的境外承包工程项目额达到 1135 万美元。

2021 年乐清市商务

一、国内贸易

2021 年，乐清市实现社会消费品零售总额 580.91 亿元，累计增速 11.7%；实现限上批零住餐销售额 745.49 亿元，累计增速 49%；限上社会消费品零售额 136.67 亿元，累计增速 23.4%；限上批发业 625.39 亿元，累计增速 52.6%；限上零售业 103.57 亿元，累计增速 31.8%；限上住宿业 3.11 亿元，累计增速 14.7%；限上餐饮业 13.41 亿元，累计增速 45.6%。

出台《建设共同富裕示范区县域标杆 大力培育发展"新品牌、新消费、新时尚" 加快打造区域消费中心城市实施方案》，强化政策保障。建立消费专班。每周召开专班例会，每半月召开一次工作例会，分析消费形势、协调解决重难点问题。引进正大、中能环球等品牌的商业亮点项目，提升消费辐射能级。以全市大型商业综合体、超市和汽车销售协会等机构为依托，推出一系列消费活动覆盖全年。

加快宝龙广场、中金广场和博科供应链物流园等重大商贸项目建设进度。伊莱科电气获省级新零售示范企业称号，正大广场获省级智慧商圈培育试点、南虹广场及乐清银泰百货获省级绿色商场称号，虹桥天元广场商业街获评温州市级商业街（区）。招引农副产品批发市场、新能源汽车产业园等项目落地，增强商品的上行能力，畅通商品流通市场体系。2021 年，乐清市被评为浙江省供应链创新与应用试点城市。正泰电器股份有限公司等 7 家企业被评选为第二批浙江省供应链创新与应用试点企业。虹桥镇和柳市镇柳江村分别获评省级现代商贸特色镇、商贸发展示范村。

二、电子商务

2021 年全市实现网络零售额 253.57 亿元，同比增长 7.5%；跨境电商出口约 5 亿元人民币，占全市出口额 3%。实现温州国家级跨境电商综试区项下出口额 7.41 亿元，完成率 135%。

调研并起草《乐清跨境电商调研报告》和《乐清市数字贸易服务体系建设方案》，出台《乐清扶持跨境电商产业发展办法》，为推动跨境电商发展提供科学依据和资金支持。建立乐清市数字生活新服务工作体系。麒麟阁正式落地乐清，开展资源对接会和跨境电商孵化班等活动 10 多场，实现乐清本地企业产品出海。2021 年在亚马逊、速卖通、欧亚、阿里国际站等平台上活跃的乐清跨境电商店铺有 2700 多家。浙江云谷联合京东云创建乐清京云跨境电商园，园区总面积约 5.1 万平方米，已签约招商 100 多家电商企业。打造京东跨境电商园区直播基地，助力电商直播带货。鼓励企业通过自建、收购、租赁、加盟等方式建设海外仓，已完成企业自用海外仓 5 个。培育浙江省电商专业村 141 个、浙江省电子商务示范村 39 个，专业村和示范村数量均居温州市第一位。

三、对外贸易

全年货物进出口总额 280.62 亿元，比上年增长 40.6%。其中出口 275.15 亿元，增长 40.5%；进口 5.46 亿元，增长 41.6%。

2021 年，乐清市商务局和中国机电商会联合主办中国电力、新能源产品出口网上交易会，全市共 40 多家企业参加交易会。共组织 200 多家次乐清企业参加系列出口商品网上交易会。推进国贸云商服务平台建设，为乐清中小企业提供报关、出口退税、收汇、信用保险等外贸综合服务，累计服务企业 260 多家。国贸云商公司获浙江省外贸综合服务示范企业奖励。鼓励乐清企业外贸集装箱通过义新欧班列运输。鼓励更多本地企业开展市场采购贸易业务，提高收汇率和本地产品占比。公开政策和办事流程，产业政策补助实行在网上申报、审核、公示，实现企业申报项目"跑零次"。在覆盖 1000

多家出口企业的工作群提供实时咨询和沟通平台，并主动接受监督。

四、对外经济合作

2021 年，全市企业境外投资额 6427 万美元，超额完成温州市下达的 3700 万美元目标任务。

浙江正泰电器股份有限公司在新加坡设立正泰国际有限公司，总投资额 5000 万美元，是历年以来乐清企业在境外投资最大的项目。推动全市营收 3 亿元以上的企业纳入本土跨国公司培育库，整合提升跨国经营能力和跨国经营绩效。完成入库浙江本土民营跨国公司培育企业 25 家。做好境外企业疫情防控指导服务，跟踪落实境外人员疫情防控措施。12 月举办 RCEP 电气行业合作会议暨 RCEP 区域电气行业合作委员会成立仪式。为全市电气产业发展导入全球资源、链接世界市场、深化国际合作搭建新桥梁。

2021 年瑞安市商务

一、国内贸易

2021 年，瑞安市实现限上批发业销售额 711.4 亿元，同比增速 30.7%；限上零售业销售额 136.5 亿元，同比增速 –0.7%；限上住宿业营业额 5.5 亿元，同比增速 11.5%；限上餐饮业营业额 9.9 亿元，同比增速 21.2%。

全年开展五一消费节、大型汽车展、"百县千碗·寻味瑞城"特色餐饮评选、月光经济幸福生活周等各类促消费活动 10 场次，吸引顾客达 10 万余人次，累计带动消费达 2.5 亿元。深入打造夜间经济品牌，落实《瑞安市关于发展夜间经济实施方案》，加快云江西街、五星级酒店、巾子山城市客厅等项目建设，加大莘塍月光经济园、塘河夜游等项目推进力度。出台《关于大力发展首发首店促进品质消费的若干政策意见》，招引首店 28 家，涵盖餐饮、服饰、汽车、家居、文创等。国庆期间忠义街累计开设首店 4 家，销售额达到 340 万元。

着手编制商业网点布局规划，精心谋划、科学布局，加强重大商贸项目建设，推动城市商圈打造。建成江南国际服装城等一批重大商贸项目，创建忠义街为省级高品质步行街试点，投运新湖广场商业综合体，瑞立、开元两家五星级宾馆建设进展顺利，统筹推进京东智慧物流等项目建设，加快建设安阳、塘下等五大商圈。

二、电子商务

2021 年，瑞安市实现网络零售额累计 314.6 亿元，同比增长 11.5%。

努力推动侨贸小镇成为国内国际双循环融合示范区。进一步搞活瑞安市、镇、村三级农村电商物流体系，已建成湖岭、马屿镇级电商物流供配中心，落地投运易达电商仓配中心；建设农村物流生态体系，已建成农村服务站点超 200 个。创成省电商示范县，培育省级电商村 82 个、电商镇 10 个；培育香海、华盛、华忠等农产品电商龙头企业，在国内重点电商平台拥有 59 个活跃农产品网店。瑞安市是全省唯一获评发展农村电子商务拓宽农产品销售渠道工作国务院督查激励县。

瑞安数字商务服务中心（瑞安跨境电商园）已入驻跨境电商服务机构 19 家、签约服务机构 84 家、入驻电商企业 44 家，打造温州领先的跨境电商数字赋能基地。加速"线上资源导入 + 线下园区孵化"等孵化模式出成效。举办各类电商培训活动超 40 场，培训人次达千人；探索电商人才"一对一"帮带模式，推动瑞安企业与温职院瑞安学院、温州商学院等院校合作，开设跨境电商专业课程，打造产教融合电商人才实训基地。2021 年 11 月，已成功与温州商学院共同开设跨境电商人才培训班，正式面向 2022 届国际贸易专业毕业生招生。

深入对接中国（温州）跨境电商综试区，深化实施省产业集群跨境电商发展试点，出台《瑞安市产业集群跨境电商发展试点专项激励资金管理实施细则》《瑞安扶持跨境电商产业发展办法（试行）》等系列政策。孵化培育本地跨境电商综试区备案企业101家。跨境电商成为疫情以来经济增长的新热点，1—12月累计综试区项下出口额超16亿元。

改造提升玉海历史文化商圈、安阳中心商圈等一批商圈智慧化程度。加快推进"网上菜场"等数字生活新服务项目建设。大力推进直播"十百万千"工程。举办瑞安云上丰收节、乐享数字生活节等直播活动。

三、对外贸易

2021年，瑞安市进出口总额累计达369.87亿元，同比增长12.5%，其中出口累计330.31亿元，位列温州第二，同比增长13.3%（其中流通性企业出口186.32亿元，同比增长-2.9%，生产性企业出口144亿元，同比增长30.13%），进口累计39.56亿元，同比增长6.4%。已开展进出口业务的企业共1809家，其中专业外贸公司583家，生产性企业1215家（包括外商投资企业11家）。出口超1亿元的企业66家，出口超6000万元企业121家。共与188个国家（地区）开展贸易关系，对欧洲市场和亚洲市场出口额分别为108.32亿元和100.97亿元，占总额的32.79%和30.57%。对"一带一路"沿线国家出口141.72亿元，同比增长6.58%。机电产品出口183.65亿元，同比增长19.77%，占比55.60%。

承办"2021中国温州—墨西哥投资环境推介会"，吸引超200家汽摩配企业参加。出台全市重点线上数字展会目录，对线上展位费给予70%的补助。全年共组织186家次企业参加28场各类展会、洽谈会。瑞安数字外贸服务平台已入驻企业118家，上架近11000多个产品，推荐买家12000多个。

全年完成市场采购贸易额达4.36亿美元，同比增长5.5%。成功打造浙南跨境货物公共集拼中心，为跨境企业市场采购提供组货拼箱服务，并于6月2日举办温州浙南跨境货物公共集拼中心现场会。积极出台市场采购及组货拼箱政策，支持中小企业开展外贸业务。

全年自主品牌备案企业45家，已备案品牌产品出口额合计2.5亿元。加大龙头企业培育力度，浙江汉博汽车传感器有限公司的汉博ABORN品牌获得"浙江省出口名牌"称号，培育瑞立、戈尔德和华峰化学等龙头企业成为"省内外贸一体化'领跑者'企业"，带动下游企业逆势突围。

推进浙南闽北赣东集散中心和侨贸进口商品中心建设。加强消费品进口龙头企业培育，积极组织本地企业参加首届中国国际消费品博览会、第二届中东欧博览会和第四届中国国际进口博览会等展会，现场对接境外贸易商，发现货源，发掘商机，达成中东欧意向采购金额2500万元。

四、利用外资

2021年，全市实际利用外资8370万美元，完成124.71%，高技术利用外资6524万美元，完成260.96%，年终考核居温州第二。2021年世界500强京东集团继续增资开发二期地块，项目涉及仓储、物流等多种业态，金地集团投资开发南滨江景观带一期地块。

全面分解落实实际利用外资目标任务，完善功能区外资考核办法，持续更新外资项目"四张清单"和外商投资项目信息库。开展重点项目跟踪服务，协助有关部门做好协调解决；针对落地困难的重大项目由分管市领导牵头，联合市有关部门，开展强力攻坚，确保项目顺利落地实施。

进一步健全外资企业投诉工作机制，瑞安市外商投资企业投诉中心设在市商务局外商投资管理科，明确了投诉受理机关、投诉事项范围、投诉受理途径和方式等，切实保护外商投资合法权益。

五、对外经济合作

2021 年共上报审批境外投资项目 4 个，中方投资总额达 3.18 亿美元。做好境外项目安全风险防范和疫情防控工作，开展境外投资企业安全生产和疫情防控自查自纠工作，强化境外中资企业安全意识和疫情防控意识。大力推动跨国公司培育计划，引导 21 家瑞安企业列入温州本土民营跨国公司重点培育名单。

2021 年义乌市商务

一、国内贸易

2021年，义乌市社会消费品零售总额1033.74亿元，同比上升9.2%。限额以上零售业零售总额213.74亿元，同比上升13.1%；限额以上住宿业营业总额1.86亿元，同比下降10.5%；限额以上餐饮业营业总额2.35亿元，同比上升6.6%。成功入选省级首批夜间经济样板城市。出台《关于进一步推动夜间经济发展的若干措施》，开展夜间经济示范街区和示范点评选。招引全国连锁百强便利店品牌罗森落地经营。各大商场综合体引进符合义乌消费需求的品牌首店53家。打响"义起来消费"系列品牌活动。春节期间，义乌累计向38.28万留义过年人员发放消费券1.9亿元，核销率高达88%，直接拉动消费4.9亿元。助推一季度限上社零实现49%的增长，高于全省平均14个百分点。组织全市各大商超综合体利用"消费促进月"、金秋购物节以及传统节庆等时间节点，累计开展各类促销活动431场次，累计拉动消费超18亿元。权重商品行业稳步发展。发放购车消费补贴，累计核销7223.1万元，拉动汽车销售21.44亿元。推动汽车4S店综合体项目建设，37个商位中已完成招商30个。

二、对外贸易

2021年，义乌市进出口总值3903.1亿元，增长24.7%（增速超过全省2.3%，超全国3.3%）；其中出口3659.2亿元，增长21.7%（增速超全省2.0%，超全国0.5%）；进口243.9亿元，增长95.3%。义乌市商品出口全球220多个国家和地区，其中年出口超10亿元的75个。从地区看，义乌市出口以中东、非洲等"一带一路"沿线国家为主，2021年对中东出口738.04亿元，同比增长0.63%，对非洲出口756.41亿元，同比增长14.14%，两地合计占全市出口比重40.84%。全市企业与156个国家（地区）有进口贸易，商品来源国数同比增长5.4%，其中109个国家（地区）进口额保持正增长。全市有进口实绩进口企业1661家，同比增长24.61%，

迭代升级市场采购贸易模式2.0，投用组货人数字化应用。2021年备案组货人企业814家，上线组货人814家，显化组货超80万票，评定80余家认证组货人。市场采购组货人制度得到时任副省长朱从玖的批示肯定。开发海运贷数字融资产品，累计放款1.5亿元。建立稳外贸综合治理工作闭环机制。联合义乌港、公安、税务等部门通过车辆智能卡口登记、车辆轨迹分析以及集体约谈、依法打击等手段，形成前、中、后端的稳外贸综合治理工作闭环机制，保障"义乌组货、义乌出口"。"市场采购+跨境电商"出口增势迅猛，1—12月实现24.7亿美元，同比增长接近翻番。率先实施市场采购预包装食品出口试点，获国家层面发文推广。升级市场采购商户信保45%、80%两档赔付比例，一般贸易小微出口信保政府统保项目入驻企业超1100家，覆盖企业数

量稳居全省县市区第一。创新推出海运贷数字融资产品，为企业授信 1.05 亿元，循环放款 316 笔 1.52 亿元。全国首创运费应收账款信用险，全年累计保障运费款约 2900 万美元。累计援助外贸主体解冻银行账户金额 16 亿元，解冻资金比例超过 60%，大额账户冻结问题得到明显改善。

形成全国首个系统性进口创新示范区建设方案，并推动省级层面下文。进口日用消费品正面清单管理制度改革获副部长任鸿斌、时任副省长朱从玖批示肯定。实现进口通路新突破。实现宠物食品进口、"数字清关"项目、水果指定口岸进口、冰鲜水产品等系列首单。创新便利化国际结算路径，推动新型离岸国际贸易境外委托加工模式成功走通。创新转口贸易新模式。开启"义新欧 + 义乌 B 保 +X（各特殊监管区）"新通道，新增 7 大类产品，实现波音飞机起落架等高价值货物转口零突破。全年转口贸易达 17.2 亿元，为 2020 年全年的 6 倍。

三、利用外资

2021 年，义乌完成重大产业项目到位资金 102.45 亿元，完成全年任务数的 113.83%；其中制造业到位资金 66.70 亿元。全市共签约引进亿元以上重大项目 95 个，计划总投资 1108 亿元。新设外资企业家数 682 家，同比增长 153.23%。

根据金华市驻外招商引才工作部署，书记办公会议专题研究推进。8 月底，完成 4 个驻外小组组建工作，并完善驻外招商引才工作机制。组织主题招商活动，举办各类重点招商推介活动 4 场，积极参与"2021 上海·金华周"系列活动。成功举办招商引资项目集中签约仪式 2 次，现场签约项目共 42 个，涵盖光伏、高端装备、商贸流通等重点产业板块。举办以"数字引领、畅通循环、创富共富"为主题的 2021 世界义乌人大会，签约项目 30 个，计划总投资 330 亿元以上，预计将带动贸易增量 300 亿元以上。举办义乌营商环境（杭州）说明会，市四套班子领导带头推介，促进项目招引。开展"两国双园"试点建设。确定俄罗斯、乌干达、巴西、美国为首批试点，拟定亚亚光电、概伟进出口、鸿发纺织品、卓雅集团为首批"两国双园"试点企业。草拟了《义乌市"两国双园"建设管理办法（试行）》。

四、对外经济合作

2021 年，义乌新批境外投资项目 10 个，投资总额 1741.54 万美元，中方投资额 1625.74 万美元，同比下降 20%。

2021 年海宁市商务

一、国内贸易

2021 年，全市实现社会消费品零售总额 508.68 亿元，比上年增长 7.1%。其中，城镇消费品零售额 471.44 亿元，增长 7.1%；乡村消费品零售额 37.25 亿元，增长 7.1%。全市第三产业增加值 484.85 亿元，增长 6%，占地区生产总值比重的 40.53%，下降 1.9%。分行业看，批发和零售业零售额 459.90 亿元，增长 5.7%，住宿餐饮业零售额 32.79 亿元，增长 24%。批发和零售业实现增加值 121.45 亿元，增长 9.5%，占全市地区生产总值的 10.2%，占全市第三产业增加值的 25.0%。

全市有限额以上批发和零售企业 394 家，零售额 459.90 亿元。年末全市有各类商品交易市场 51 个，其中成交额超亿元的市场 14 个。全年市场交易成交额 313.31 亿元。海宁中国皮革城有限公司、浙江海港超市连锁有限公司、海宁中国家纺城 3 家企业获评"十三五"浙江省商贸百强企业。

2021 年全市共举办大型线下展会活动 8 个，包括产业展 4 个，消费展 4 个。其中 4 个产业展分别是：2021 海宁中国国际皮革毛皮时装面辅料展暨 2021 海宁中国原创设计周、第二十八届海宁中国皮革博览会暨 2021 海宁中国国际皮革裘皮时装展和 2021 海宁中国国际时装周、2021 海宁中国·国际家用纺织品（春季）博览会、2021 海宁家纺采购节 – 专业买家日。4 个消费展分别是：2021 海宁第三届汽车文化节、2021 海宁春季汽车博览会、2021（第十八届）全国百强县汽车巡展海宁站、2021 海宁秋季汽车博览会。据统计，展会总面积超 69 万平方米，展出面积 4.1 万平方米，参展商 6000 余家次，观众（采购商）超 20 万人次，意向成交额超 52 亿元。受疫情影响，会展业进入冷淡期，与 2020 年相比，2021 年举办会展数量下降 47%，办展展出面积下降 41%，接待人次下降 59%。

推进内外贸一体化，畅通国内国际双循环。组织万凯新材料、晶科能源、海利得新材料、汇锋新材料等重点外贸企业积极申报浙江省内外贸一体化"领跑者"企业，组织经编园区申报浙江省内外贸一体化改革试点产业基地。

二、电子商务

2021 年全市实现网络零售额 632.67 亿元，同比增长 36.5%，总量和增速均位列嘉兴五县两区第一。全市在重点监测第三方电子商务平台上共有各类活跃网络零售网店 6820 家，相当于注册零售网店总数的 32.4%，活跃网络零售网店总数在嘉兴市排名第二，在全省排名第 22。全市现有电商专业村 12 个，专业镇 11 个，总量位列嘉兴第一。跨境电商企业约 950 家，其中 B2B 企业约 700 家，B2C 企业约 250 家。

推进国家电子商务进农村综合示范，通过商务部专家组项目现场复核。举办世界花园大会暨淘宝花园节，启动花卉园艺直播电商基地。与

"阿里国际"签订跨境电商战略合作协议，举办创业创新能力大赛、家纺产业跨境电商孵化班，大力培育新主体。全年新增通过跨境电商综试区监管方式出口企业 40 家，完成跨境电商新口径出口 15 亿元。打造"皮城严选"官方供应链平台，充实直播电商产业链、生态圈。"时尚潮城电商产业基地"成功争创省级"直播电商基地"。

三、对外贸易

2021 年，全市进出口总额 652.69 亿元，比上年增长 19.64%。其中，出口总额 595.52 亿元，增长 19.61%；进口总额 57.17 亿元，增长 19.90%。全市出口商品主要集中在机电高新、五金建材、家纺和经编产业。

全市服务外包新入库企业 9 家，服务外包合同执行金额 5.14 亿元，增长 14%；离岸外包执行金额 7126 万美元，增长 20%；在岸外包执行金额 5430.5 万元，增长 32.7%；服务贸易进出口 5579.4 万美元，增长 22.7%。全年共备案批准境外投资项目 20 余个，备案对外投资额 3.60 亿美元。

利用展会资源，开拓国际市场。组织外贸企业参加第 129、130 届中国进出口商品交易会，中国华东进出口商品交易会，第四届中国国际进口博览会、第二届中东欧博览会等各类线上线下展会。自主举办 2021 浙江海宁出口网上交易会（纺织、家居系列数字展），共计组织 42 家次企业参展，对接欧洲、北美、南美等市场（地区）采购商 56 家，意向采购额超 500 万美元。

强化企业监测，防范出口转移。依托浙江省"订单 + 清单"预警监测系统及商务运行调查监测系统，2021 年度，每月做好样板企业的订单和出口数据填报，强化对重点外贸企业的监测，根据企业数据研判全市出口形势。重点关注家具等劳动密集型企业在疫情和中美贸易摩擦双重影响下出现的问题，及时做好再就业培训和指导。连续

12 年对出口额 400 万美元以下的中小企业统一投保出口信用保险，切实发挥出口信保对全市外贸出口的保障作用。开展各类贸易救济案件跟踪服务，协助企业对双反案件进行应诉。

推进"集装箱在线系统"应用，鼓励海宁市外贸企业积极提交出运、订舱和订箱等需求，纾解企业物流难题，落实专项资金用于空箱调运补贴 122.4 万元。此外加大尖山码头和海宁港的建设力度，扩大水陆转运项目应用率，减低企业物流成本。积极推进海外仓在线工作，完成嘉兴下达 1309 家企业任务，基本实现出口企业全覆盖。

四、利用外资

2021 年新设外商及港澳台商投资企业 54 家，合同利用外资及港澳台资 8.02 亿美元，实际利用外资及港澳台资 2.62 亿美元。全年累计签约项目 166 个、总投资 700 亿元，其中引进世界 500 强项目、国际行业领先投资项目、总投资超亿美元项目 17 个。

全市新设立（增资）总投资 1000 万～3000 万美元外资及港澳台资项目 13 个，合同利用外资及港澳台资 9940 万美元。新设立（增资）总投资 3000 万～1 亿美元外资及港澳台资项目 10 个，合同利用外资及港澳台资 1.09 亿美元。新设立（增资）投资总额 1 亿美元以上外资及港澳台资项目 10 个，合同利用外资及港澳台资 7.13 亿美元。

来自新加坡、韩国、德国、英国等发达国家的合同利用外资 3.56 亿美元，占全市总量的 44.4%；实际利用外资 1.23 亿美元，占全市总量的 46.8%，主要来自荷兰、新加坡、澳大利亚等。

围绕培育"142"为主导的制造业集群，以高质量发展为主线，推进高质量外资集聚先行区建设，聚焦世界 500 强、国际行业领先企业和总投资超亿美元项目开展精准招引，应对国际经济形势及疫情对外商投资意愿的双重影响，加大稳外

资工作推进力度，提高海宁市高质量外资招引工作的水平和实效。

五、粮食购销

2021年，全市贯彻《浙江省粮食安全保障条例》，围绕确保粮食安全总目标，落实粮食安全责任制，通过了省、嘉兴市考核。年内，12个镇（街道）397户农户共签订粮食订单总量35100吨，其中市级订单27100吨，省级订单8000吨，市级订单规模较上年增加5400吨，涨幅18.2%；签订面积达128441亩，同比增幅11.8%（其中大户家庭农场、合作社302户，订单面积128112亩，订单数量35022.35吨）。

2021 年桐乡市商务

一、国内贸易

2021 年，桐乡市实现社会消费品零售总额 456.93 亿元，同比增长 8.9%。批发零售业实现零售额 404.79 亿元，同比增长 8.3%；住宿餐饮业实现零售额 37.73 亿元，同比增长 15.6%。

开展"桐你来消费"系列活动，积极组织吾悦广场、浙北大厦、新地里连锁超市等商贸龙头企业开展形式多样的促销活动。2021 年累计发放汽车消费券 800 万元，带动消费超 4 亿元。招引桐乡浙北大厦购物中心有限公司落户桐乡。2021 年新纳统入库零售企业 6 家。打造梧桐街道兴安路、广福路和崇福镇崇德中路 3 条夜间经济特色街区。指导桃园村、城南村获评浙江省第二批商贸发展示范村。编制完成桐乡市成品油零售体系"十四五"发展规划，推动内外贸一体化改革试点，桐乡玻璃纤维产业基地获评首批内外贸一体化改革试点产业基地，巨石集团有限公司、浙江恒石纤维基业有限公司、浙江华友钴业股份有限公司、浙江新澳纺织股份有限公司获评省级内外贸一体化"领跑者"企业。进一步完善商务行业管理及投诉受理体系，完成 5 家大型商超和 88 家成品油经营企业"平安创建""文明创建""垃圾分类创建"和"反恐标准化创建"工作。持续推进废旧商品回收体系建设，城镇生活垃圾回收利用率超 60%。启动生活必需品供应日报监测制度，确定 6 家重点保供企业和 28 个应急供应网点，确保生活必需品市场供应稳定有序。

二、电子商务

2021 年，全市实现网络零售额 540.3 亿元，比上年增长 2.3%，总量居嘉兴市第二位。

推进农村电商工作，推动公用品牌区域公用品牌"桐诚礼""菊物堂"可持续发展。2021 年，全市实现农产品网络零售额 19.2 亿元，比上年增长 -9.1%。累计培育濮院镇等 8 个省级电商专业镇，中夫村等 64 个省级电商专业村，屠甸镇汇丰村等 3 个行政村入选省级电商示范村。兔皇羊绒有限公司入选省级新零售示范企业。

全市实现跨境电商交易额 10.8 亿元。招引浙江国贸数字落地本市注册成立跨综服公司。开展"麒麟阁"跨境公益孵化行动，全年孵化跨境初创型企业 70 余家，申请境外商标注册 57 个。出台《桐乡市稳外贸十项举措》和《桐乡市促进电子商务高质量发展十条扶持政策》，对跨境电商主体培育、完善跨境电商产业链及海外仓等给予政策扶持。组织"云站出海"孵化行动，共举办 5 场专场培训会。

引进濮院抖音电商直播基地、跨联易购国际电商基地等配套平台，建立毛衫直播产业发展中枢。濮院抖音电商直播基地孵化本地直播商家 260 余家，供应链业务服务工厂及商家 300 余家，年度累计线上总支付 GMV 达 16.8 亿元，被评为嘉兴市直播电商基地。举办首届中国（桐乡）数字营销＋产业推广博览会。在濮院抖音电商直播基地组织"Dou濮院孵化班"，精准培育电商企业和市场档口开展品牌化自播。组织"数字生活浙播'桐'行"—2021桐乡区域优选品牌直播大赛。

三、对外贸易

2021年，全市实现进出口贸易总额509.7亿元，比上年增长31.7%；其中出口额341.4亿元，同比增长22.1%；进口额168.3亿元，增长56.9%。

全年主办香港时装节专场、RCEP国家—桐乡出口优品专场、拉美—消费品专场等三场专场网上交易会。组织100余家次企业参加50余场嘉兴和浙江出口网上交易会。举办桐乡市出口商品博览会。710多家企业投保出口信保，企业覆盖面78.5%，覆盖面增长11.6%。推进"桐贸贷"中小微外贸企业贷款支持计划，确定182家支持企业。

全市有自营进出口实绩企业1068家，比上年增加42家；其中有自营出口实绩企业955家，比上年增加27家。出口前二十强企业合计实现出口179.1亿元，上升27.7%，占全市出口总额52.5%；其中，有10家企业出口实现两位数增长，华友钴业、巨石集团、宇视科技、花神丝绸、欧美斯羊绒、永泰隆电子、龙翔经贸、新迪尚等8家企业增长超20%。纺织品仍是全市第一大出口商品类别，占全市出口总额36.7%。金属制品拉动全市进口贸易大幅增长，实现进口额168.3亿元，增长56.9%。全市与187个国家和地区开展贸易往来，各大市场出口均实现增长。全市653家企业与"一带一路"沿线国家有贸易往来，合计实现进出口199.2亿元，其中，出口145.9亿元、进口53.3亿元。

四、利用外资

2021年，全市实际利用外资38187万美元，同比增长18.7%。高技术产业实际利用外资22458万美元，占比58.8%。全年引进外资项目50个。其中，新设项目42个，增资项目8个。引进总投资1000万美元及以上项目25个；引进总投资超亿美元项目6个；引进世界500强项目2个；认定本土跨国公司5家。

进一步强化招商引资"一号工程"和"一把手工程"，集中精力开展招商"百日攻坚"。全年累计签约项目139个，总投资670.23亿元。围绕"1+3+1+X"主导产业，建立以巨石、华友、合众新能源等本地龙头企业任产业链"链主"，平台、部门主要领导任"链长"的招商工作机制，推动建立前沿材料、智能计算、智能汽车、时尚产业、智慧安防5条成熟产业链，开展绕链招商。高质量组织开展2021年世界互联网大会等驻会招商工作，组织"直通乌镇"、重点咖会等7个招商小组开展各类招商对接活动，在桐乡发布上共签约产业项目19个，总投资近100亿元。

五、对外经济合作

2021年，桐乡市新批境外投资企业12家、增资项目3个，并购项目6个，合计中方投资额8.4亿美元，同比减少44.86%，目标完成率达144.8%。21个新批、增资项目中，1000万美元以上项目9个，合计中方投资额8.14亿美元，占全市中方投资总额96.9%。2021年，对"一带一路"地区投资项目11个，合计中方投资额7.8亿美元，占全市总额的92.86%。实现境外工程承包营业额1.84亿美元，占嘉兴全市外经营业总额的63%。境外企业合计带动出口超4亿美元，比上年增长1.6%。

2021 年东阳市商务

一、国内贸易

2021 年，东阳市完成全社会消费品零售额 325.5 亿元，比上年增长 14.8%，增速列金华第一；限上批发业、限上零售业商品销售额分别比上年增长 28.9%、14.5%。

出台《关于促进商贸流通业高质量发展的若干政策意见》，围绕促进商贸项目发展、月度新增、主辅分离、特色街区培育、展会举办等重点工作，精准施策促消费，累计举办惠民车展、五一嘉年华、国庆欢乐购等促消费活动 75 场，拉动消费超 25 亿元，其中上半年开展的消费券发放活动，累计拉动消费 9.26 亿元。全年新增 44 家限上商贸企业，实现商贸流通业项目投资额 11.75 亿元。编制《东阳市成品油零售体系"十四五"发展规划》，加强成品油市场管理；持续推进商务领域燃气安全整治，燃气报警装置安装率达 100%。在疫情防控期间，扎实做好带大型商超疫情防控工作，抓好商务保供专班工作，坚持正面舆论引导，及时发布生活物资供应信息。做好单用途预付卡消费投诉协调工作，联合中国移动通过发布 2 万条预付卡消费短信提醒，已受理预付卡投诉 820 件，办结 820 件，办结率达到 100%。

二、对外贸易

2021 年，全市实现外贸完成进出口总额 317.57 亿元，比上年增长 14.39%，其中出口 288.04 亿元，比上年增长 11.72%，进口比上年增长 59.58%，出口占全国比重增加值列金华前 3。

积极应对新冠肺炎疫情及中美贸易摩擦，出台《关于进一步促进开放型经济发展若干意见》，进一步优化企业发展政策环境，宣讲会覆盖镇乡街道。以开拓市场为落脚点，积极组织企业参加首届中国国际消费品博览会、第二届中国—中东欧国家博览会暨国际消费品博览会等各类展会，鼓励企业多渠道、全方位开拓市场、挖掘订单；顺利完成第 129 届、130 届广交会，第四届进博会会务工作，召开线上线下营销会宣讲会。完成市场采购贸易方式出口 4.12 亿美元。新增对外贸易进出口获权企业 94 家，加强外贸预警监测体系建设，构建政府部门、预警监测点、外贸企业三方联动机制，"订单＋清单"填报率、响应率均实现 100%。加快外贸资金兑现进度，累计扶持外贸资金申报约 6000 多万元，拨付集装箱空箱调运补贴资金 175.06 万元。引导企业申报外贸综合服务试点企业，创新企业出口方式。成立进口物品防疫工作专班，坚决筑牢进口物品安全防线。

三、招商引资

2021 年，全市招商入库项目 308 个，总洽谈规模约 1033.22 亿元，落地项目 22 个，总投资 224.3 亿元，签约意向、框架协议项目 39 个。其中，实际利用外资 4001 万美元，完成率达到 364%。全面推进驻外招商工作，9 月初选派 28 人组建北、上、杭、深四地驻点招商团；成功在"上海—金华周"活动中签约高科技制造业—博康光刻胶项目；研究完善《东阳市招商引智领导小组办公室组织架构方案》，开展大项目招商集中攻坚实施活动，在第三届世界东阳人大会主旨大会上完成十大东阳人回归项目签约，签约额超 300 亿元。连续三个季度获得金华市招商引资攻坚争先第一名以及全市攻坚争先大比拼经济部门优秀单位。

四、电子商务

2021 年，全市实现网络零售额 137.1 亿元，比上年增长 25.7%，列金华第一，高于金华平均 15.6 个百分点。

扎实推进农村电商发展，7 月份成功入选电子商务进农村综合示范县，建成电商专业镇 7 个，电商专业村 18 个，省电子商务示范村 4 个。出台《东阳市促进电子商务高质量发展的若干意见》，就园区建设、培育企业做大做强、引进第三方平台、发展跨境电子商务、争创行业标杆等方面有针对性地完善了扶持政策。加快推进跨境电商生态体系建设，抢抓电商经济发展上行风口，充分发挥跨境电商综合服务平台"麒麟计划"作用，累计完成企业孵化 54 家，举办线上线下培训活动 145 场；新增开通阿里巴巴国际站企业 220 家，同比增长 11%。积极探索和创新跨境出口 9710、9810 新模式，7 月 18 日完成金华首单"FBA+散货＋属地报关"模式，标志着东阳市跨境电商新业态发展正式迈入新阶段。建设本地化电商平台，助推企业转型升级，推进"花园购"红木产业平台发展。联合教育局、电商协会、职教中心创办"白云电商学院"，开创电子商务人才培育新模式。

五、对外经济合作

2021 年，东阳市立足建筑大市优势，积极推进"走出去"战略，引导企业开展对外经济合作，共三家建筑企业在 7 个国家（泰国、马尔代夫、斯里兰卡、贝宁、阿尔及利亚、柬埔寨、马来西亚）开展业务，2021 年完成境外承包工程 2.8 亿美元。境外投资方面，累计完成境外投资中方金额 399 万美元。

督促企业完善疫情防控预案，保障企业在外员工的生活需要，严格防范疫情输入，对重点疫情国家、地区的境外劳务，做好思想安稳工作，杜绝疫情传播。充分发挥中国—中东欧博览会、东盟博览会等大型平台作用，鼓励各类企业参与各类国际经济合作论坛、推介会，引导企业加强对外经济合作信息采集，先走出"家门"，再走出"国门"。

六、粮食物资储备

2021 年，东阳市粮食供需平衡，粮食价格稳定，粮食流通规范有序，粮食经济稳步发展。全年市内收（采）购政策性粮食 20789.7 吨，轮换政策性粮食 14763 吨，全年销售粮食 40194.4 吨，国有粮食收储企业实现经营收入 10772.11 万元。市早稻收购实现市内全覆盖，做到应订尽订、应收尽收。

针对台风"烟花"影响，出台临时性收购政策，对受灾早稻进行保护性收购。落实储备粮油出入库、品种检测和定期检查，确保地方储备粮数量、质量和储存安全，保障粮食"储得进、管得好、用得上"。经年内轮换补库后，市级粮油储备品种、规模按照市政府要求如数储存到位。市级储备粮食本年度轮出 14763 吨，轮入 17913 吨，年末储备量 46750 吨（包含成品粮 1400 吨）；市级油动态储备 100 吨。2021 年新增 5 万元应急生活物资，应急物资储备总计 1753 件，价值 33.48 万元。为满足市场调控和应急投放需要建立常规储备，落实冻猪肉储备 260 吨。全市建成"放心粮油"加工企业 1 家，粮油配送企业 1 家，"放心粮油"示范店 25 个，覆盖 17 个镇乡（街道），覆盖率 94.4%，获评"浙江省放心粮油示范县"。自 2016 年度起已连续六年荣膺金华市政府"粮食安全责任制考核优秀县市"。

2021 年平湖市商务

一、国内贸易

2021 年，平湖市实现社会消费品零售总额 221.6 亿元，同比增长 10.3%。

定期召开消费专班工作例会，共同研究推进消费市场持续活跃的举措办法，先后举办"留平员工"消费券发放活动、春季购车补贴、"六月快乐 GO"等促消费活动 5 轮，投入活动资金 2000 余万元，直接带动消费超 4 亿元。与金山、昆山共同举办三地联动消费节活动。做好城区特色街区、商贸综合体改造提升工作，南河头历史文化街区成功创建嘉兴市级高品质步行街试点，八佰伴、新城吾悦获评省级"绿色商场"。

深入推进社零纳统工作，全面梳理排摸重点企业，逐个走访突破，1—12 月全市完成月度新增限上企业 17 家。积极引入抖音、京东等互联网平台，大力推动出口转内销，京东已入驻企业 68 家，销售额约 4.5 亿元，抖音入驻企业 300 余家，销售额超 18 亿元。加快推进内外贸一体化发展，佳佳童车等 3 家企业被列为省内外贸一体化"领跑者"企业培育试点，箱包和童车两大产业被列为基地试点，新秀集团有限公司入选国家级服务业标准化试点企业（方向为内外贸一体化）。

高质量做好《成品油零售体系发展"十四五"规划》编制工作。深入推进废旧商品回收体系建设，实现城区和农村地区全覆盖。全年新增 3 个规范化固定回收点，八个镇街道除广陈和林埭镇均已完成分拣中心建设并投入运营。严格按照综合评价办法，每月组织人员对主城区和农村地区开展不少于 2 次的检查督查，制定 36 类可回收物回收指导目录，全市回收利用率达 63%，较 2020 年同期提升近 10 个百分点。

定期对大型商超、加油站开展监督检查，重点做好平安护航建党百年油（气）安全督导工作，累计检查商加油站、商场超市等贸企业 320 家发现各类问题 35 条，及时提醒并督促整改。开展沿街餐饮行业瓶装燃气安全整治工作，累计检查店铺 160 家。

二、电子商务

2021 年全市实现网络零售额 192.3 亿元，同比增长 8.2%。全年完成跨境电商出口额 6.4 亿元，新增跨境电商企业 41 家。

全年共组织举办跨境电商企业沙龙、平湖跨境游学、跨境电商资源对接会等 11 场跨境培训和活动，参与人数超 500 余人次，组织 18 家企业抱团参展亮相广州跨交会。在箱包跨境集群试点的基础上，指导童车行业申报省级跨境电商集群试点，以产业抱团发展做大平湖电动童车海外市场。探索社交电商、直播带货、生鲜电商等互联网新经济行业。通过资源对接、调研考察、政策扶持等方式，为电商直播基地的培育建设提供支持。抖音电商直播基地获评嘉兴电商直播基地。抖音电商直播基地累计销售额超 18 亿元。

以申创国家级电子商务进农村综合示范县为抓手，制订方案，成立领导小组，完善农村电商公共服务体系、县乡村三级物流配送体系、农村现代商贸流通体系、电商带动创业就业体系四大体系，成功获评 2021 年国家级电子商务进农村综合示范县。全市 24 个村获评电商专业村，电子商务专业镇 7 个，小营头村获评 2021 年度嘉兴市电商示范村，3 个村获评省电商示范村。

平湖数字经济产业园积极申创 AAA 级园区，平湖国际电商产业园获浙江省电子商务园区 AAAA 等级评定，成为嘉兴唯一 AAAA 级园区。浙江飞灵飞逊服饰有限公司、平湖米麦智能科技有限公司成功申创第七批浙江省电子商务实践基地。浙江银座箱包有限公司成功获评省级新零售示范企业。

三、对外贸易

2021 年，全市实现进出口总额 521.48 亿元，同比增长 16.65%。其中出口首次突破 300 亿元，达到 316.35 亿元，同比增长 14.73%；进口 205.13 亿元，同比增长 19.74%。

做好促进政策宣讲兑现工作，全年累计兑付各级商务促进资金 5396 万元。先后组织开展 6 次政策培训，涉及企业 300 多家，组织 RCEP 相关培训 3 次，涉及企业 160 多家，举办信保业务和国家（地区）风险分析专场培训会 2 场，参与企业 150 余家次。主动向上对接缓解物流困境，帮助企业申报货运白名单 6 家。先后组织 120 多家次企业参加广交会、中东欧博览会、中国国际消费品博览会等境内重要展会，争取展位 200 多个，其中广交会品牌展位 48 个，数量居嘉兴首位。组织企业参加上级网上交易会 13 场，主办 3 场，涉及企业 200 余家次，主办场次和实效位居嘉兴前列。加大出口信保扶持力度，全市出口信保覆盖面 54.12%，承保金额 55.18 亿元。

成功获评平湖箱包、平湖电动童车两个国家外贸转型升级基地、全省第二批进口贸易促进创新示范区，其中浙江独山能源进口平台、浙江卫星能源有限公司进口平台获评省级重点进口供应

链平台。与商务部配额许可证事务局签订发展合作协议，开展贸易数字化试点工作。货物贸易内外贸智能协同应用场景建设 [原中小企业（箱包）订单资源共享平台] 入选全省数字政府双循环应用首批列入培育库。积极向上申报出口品牌，全市浙江出口名牌数量达 9 个、嘉兴出口名牌 16 个。"订单 + 清单"系统填报准确率、填报企业数占比、填报完成度指标均实现 100%，排名保持嘉兴第一。平湖市县级监测点和箱包行业监测点被评为省级优秀监测点。

四、利用外资

2021 年，全市共新增合同外资项目 47 个，其中新设项目 26 个，增资转股项目 21 个。合同外资完成 70528 万美元，同比增长 2.78%，完成平湖市级下达任务的 88.16%。实际外资 41227 万美元，同比增长 5.66%，完成嘉兴目标任务的 108.5%；市级目标任务的 103.1%。

深入实施开展全市招商引资大竞赛暨利用外资"开门红"专项行动、利用外资百日攻坚行动，及时研究修改 2021 年招商引资考核办法，持续推进周晾晒、月通报、季竞赛机制，全年发布招商引资大竞赛通报 12 期，召开招商引资工作例会 5 次。围绕化工新材料、先进装备制造、数字经济等重点产业，不断补链、延链、强链，全年引进 1212 重点产业项目 22 个，合同外资 4.18 亿美元，其中二产重点项目合同外资占比达 77.7%，高技术实际利用外资占比达 62.2%。紧盯日本、欧美两大重点引资方向精准发力，日本、欧美发达国家合同外资占比达 41.3%，浙江中德（平湖）产业合作园入选省国际产业合作园创建培育名单。

积极组织招商主体参加嘉洽会、浙洽会、乌镇互联网峰会开展驻会招商，成功举办上海投资环境推介会，首次采取"现场参会 + 视频连线"形式举办西瓜灯文化节经贸签约仪式，主会场和日本分会场累计签约金额达 312 亿元，再创新高。

持续开展"云洽谈""云签约",全年举办"云洽谈"12场。全年商务窗口共计完成各类办件业务512件,60%办件实现"跑零次",即办率达到100%。深入外资、外经企业开展走访服务,全年累计走访外资、外经企业100多家次,累计为122家企业964名外籍高管、专家申请商事活动入境邀请函,以良好的营商环境助推以商引商,增资项目合同外资占全市比重达50%。用好"浙江境外服务码管理平台",平湖市24个入库的境外项目红码率始终控制在4%以下。

五、对外经济合作

2021年,全市备案境外项目和机构共4家,其中增资一家,境外投资总额850万美元。全市经审批核准或备案的境外企业和机构共计98家,累计对外直接投资额7.9亿美元,分布于东南亚、欧美、大洋洲、非洲等地的20多个国家和地区。1—12月,全市对外承包工程营业额312.20万美元,对外劳务合作营业额81.8万美元。

走访景兴纸业、恒业电子、华悦包装、宝绿特、宜兰汽配、百翎劳务等20余家重点外经企业,建立全市外经企业工作微信群,及时发布外经方面最新政策文件,督促落实外经企业月报、半年报、年报,督促做好涉外疫情防控各项工作。组织参加嘉兴市对外投资合作业务和统计工作培训培训、嘉兴市对外投资说明会及政策宣讲会、对外投资交流座谈会、全省对外承包工程业务培训、"丝路护航"行动暨企业外派员工安全技能培训等各类活动、培训10场。

2021 年玉环市商务

一、国内贸易

2021 年，玉环市实现限上批发额 209.75 亿元，增长 52.6%，增速居台州第三位，实现限上零售额 57.86 亿元，增长 41.5%，增速居台州第一位，实现限上社零 56.46 亿元，增长 40%，增速居台州市第一位。

深挖消费潜力，先后开展"榴玉环·享红包""暖心购车季""6.18 年中汽车促销""2021 玉环金秋购车狂欢节"等四场大型促销活动，累计完成交易约 1.4 万笔，直接拉动消费约 5.55 亿元。联合多部门、多维度筛选具有月度新增潜力的企业，全年已有 16 家企业新增入统。全面推进限上商贸企业培育工作，商贸龙头企业全年分别拉动限上批发和限上零售增长 23.8 个百分点和 36.4 个百分点。成功举办第 14 届玉环机械展、第 18 届中国（玉环）国际机床展，累计吸引 6.2 万人次观展，现场成交 6.5 亿元，其中中国（玉环）国际机床展展区面积达 4 万平方米，展位数 1800 多个，参展企业 700 多家，现场成交 4.86 亿元，意向成交 7.25 亿元，成为台州市十大重点特色展会之一和华东地区机床行业的代表性展会。

二、对外贸易

2021 年，玉环市实现进出口总额 378.75 亿元，增长 39.1%，增速居台州市第三位，其中实现出口总额 367.17 亿元，增长 39.1%，总量居台州第二位，增速居台州第三位。

投入运营全省首幢外贸经济大楼，首批入驻 10 余家贸易型外贸企业，将形成"20 亿元楼宇"示范效应，打造数字化外贸新地标。引进中非经贸港服务玉环中小企业出口。大力推动"云展会"新模式，组织近千家外贸企业参加玉环机床专场、中东非—水暖阀门专场等各类云展会 28 场，实现意向成交金额突破 3 千万美元；组织企业参加第 129 届、130 届广交会，意向成交金额达 3518.44 万美元，丰华铜业、环日洁具、苏泊尔斩获 CF 奖，获奖数占全台州的一半；主办 8 场玉环市出口网上交易会，累计促成 1500 多次对接，意向金额达 3000 多万美元。

在全国率先出台内外贸一体化扶持政策《关于支持汽摩配产业内外贸一体化发展的八条意见（试行）》，以 1.2 亿财政资金助力"双循环"畅通。修订完成《关于支持稳外贸促发展的九条意见》，推出"玉贸贷 2.0"，帮助企业解决融资难题。落实中小微外贸企业出口信保政府统一投保工作，为全市一千多家中小规模外贸企业统一购买出口信用保险，强化出口风险防范。

打造内外贸一体化服务在线平台，持续推进场景开发，从汽摩配企业需求出发，设置风险防范、银行融资、政策支持、品牌培育、供应链服务、市场开拓六大功能模块，重塑"全贸易环节"业务流程。该场景 6 月被列入全省数字政府双循环工作的重点推进类场景，11 月被纳入全省数字化改革重大应用"一本账 S1"数字经济系统下的

"浙里数字贸易服务应用"。

代表台州市参加第二届中国—中东欧博览会，在一体化之"魂"区域品牌展区搭建台州市玉环汽摩配展位，展位面积105平方米，分内外贸一体化服务场景演示区、全息投影展示区、吉利汽车CMA模块架构展示区、玉环汽摩配优秀产品展示区等4个区域，首次上线内外贸一体化服务在线，国务院副总理胡春华、商务部部长王文涛、浙江省委书记袁家军等领导莅临参观指导。

玉环市内外贸一体化改革试点产业基地入选全省内外贸一体化改革试点产业基地，华龙巨水和双环传动分别入选全省首批内外贸一体化"领跑者"培育企业和内外贸一体化典型案例。

三、电子商务

2021年，玉环市实现网络零售总额92亿元，增长159.7%，增速居全省第一位。

在杭州建立全省首家电商飞地——杭州电商运营中心，项目总投入约700万元，总面积约1350平方米，首批电商入驻企业14家，正式投用后预计三年内跨境电商销售额可达8亿元，孵化销售额达到5000万元以上企业5家。获评"省级第三批产业集群跨境电子商务发展试点（汽摩配和水暖阀门）"，玉环市楚门镇获评首批浙江省数字生活新服务特色镇，浙江洪福堂医药股份有限公司获评2021年浙江省新零售示范企业，浙江华龙巨水科技股份有限公司获评省级跨境电商出口名牌。

四、粮食收储

2021年完成4.8万吨原粮、2310吨大米、75吨食用油储备任务。强化基础建设，推动粮食收储能力提档升级，建设完成台州市县级最大的3000平方米救灾物资库。专班推进玉环市中心粮库扩建工程，并顺利完成1.3万吨仓容扩建工程"结顶"工作。

2021年嘉善县商务

一、国内贸易

2021年，全县完成社会消费品零售总额260.6亿元，同比增长10.6%，增幅列嘉兴市第一。限上住宿和餐饮业实现营业额5.63亿元，同比增长29.6%，高于全市12.3个百分点，列全市第一。

2021年，以"五五购物节"为契机，通过与青浦、吴江等地联动开展系列促消费活动，促进沪苏浙三地资源更深入对接共享，打造长三角消费节点城市。打造夜购、夜宴、夜读、夜跑、夜游、夜旅、夜赏、夜演、夜宿、夜学等"十大夜间经济新业态"。2021年，西塘西街、梅园大酒店、东方大厦成功入选嘉兴市夜间经济特色街区和特色名店。2021年歌斐颂食品有限公司、嘉兴友享食品有限公司2家企业成功入选省新零售示范企业。嘉善县罗星街道、西塘镇、姚庄镇三个乡镇入选2021年度嘉兴市数字生活新服务特色镇（街道）。扶持万联城、银泰百货等创建智慧商圈。鼓励重点传统流通企业和农业龙头企业建立完善的供应链。推进大型商贸综合体无障碍设施和母婴室的改造提质工程。推进庆元和九寨沟电子商务山海协作和中西部扶贫。

二、电子商务

2021年，全县实现网络零售额114.77亿元，同比增长11.5%，列全市第二，其中农产品网络零售额达4.8亿元，并成功入围浙江省数字生活新服务样板县创建名单。在重点监测第三方电子商务平台共有各类注册零售网店4223家，直接解决就业岗位3880个，间接带动就业岗位10220个。

抢抓嘉兴市国家跨境电商综合试验区获批机遇，探索建立与青浦、吴江海关特殊监管区域经济发展协作机制，在全国第五批跨境电子商务综合试验区46个城市中，率先成功实施了首票实单测试。2021年建成保税跨境贸易电子进口（1210）场站并完成海关验收，10月18日凯云供应链首票通关成功，实现了1210模式在嘉善"零"突破。建成"嘉兴综保B区跨境贸易数字化服务平台"，招引跨境电商服务企业国贸云商，联合综保区B区开展跨境电商务孵化业务，联手启动"麒麟阁"计划。

三、利用外资

2021年，全县合同利用外资共11.32亿美元，同比增长35.37%；实际利用外资6.29亿美元，同比增长17.61%。累计签约项目100个，总投资623.24亿元，其中外资项目26个（总投资14.53亿美元）。超100亿项目2个，超10亿项目8个，超亿美元项目9个。代表项目有华进半导体先进封装项目、胜科纳米项目、瑞昱环保电芯项目、大革智能科技项目等。

嘉善县连续19年获全省利用外资十强县市区。推进招商引资"一号工程"，着力开展驻点招商、活动招商、中介招商以及以商引商，构建政府、中介、企"三位一体"协同招商机制。统筹办好全县招商引资重大活动、完成新一轮驻点产业招商的部署、谋划国际国内招商代表处的设立、提升国家级和省级开发区的能级。在 2021 年浙江省政府办公厅印发通报中嘉善县获评推进稳外贸稳外资工作成效明显的县（市、区）。4 月，省政府办公厅正式复函同意嘉善开展外商投资股权投资企业试点工作，这标志着嘉善县开启了省内 QFLP 试点之先河。制定新一轮开放型经济政策，在十八个方面全面鼓励和扶持企业，2021 年预计兑付 2020 年度稳外贸稳外资奖补资金，拟奖补金额达 5800 多万元，涉及企业 295 家次。

四、对外贸易

2021 年，全县进出口 568.62 亿元，同比增 14.5%，其中出口 445.58 亿元，同比增 21.3%，进口 123.03 亿元，同比 -4.8%。进出口、出口总量皆位列全市第二。机电和高新技术出口同比增 35.71%，占比达到 69.48%，为全市最高。实现跨境电商监管模式全突破，跨境电商监管模式出口额达到 10.41 亿元，同比增 209.45%，规模位列全市第一。

对重点外贸出口企业、电商企业实施组团式精准服务，建立外贸企业联系人制度，安排局领导和业务科室工作人员联挂重点外贸企业，定期到外贸企业走访调研。2021 年分 12 组走访重点

企业 86 家次。全县"订单＋清单"系统上线企业 955 家，基本实现外贸出口企业全覆盖。开展"订单＋清单"优惠贷款服务，2021 年累计为 34 家外贸企业发放 3.59 亿元贷款。联合金融办、出口信保推出"善贸贷"政策。指导企业首创区域内国际海运租船运输的物流模式。推动省商务厅海外仓智慧物流平台运行，嘉善出口超 10 万美元以上外贸企业在平台中注册上线数 714 家，贯通率达 100%。2021 年组织 156 家次企业参加省、市网上展会 30 多场，开展直播活动近 500 场，实现线上意向成交额近 5000 万美元。

五、粮食储备

2021 年，政府原粮储备规模 32900 吨，成品粮大米储备 900 吨。修订了嘉善粮食安全应急预案，重新确立 2 家应急定点加工企业、2 家应急配送企业、19 个应急供应网点、1 个应急配送中心，形成了"供给稳定、调控有力、运转高效"的粮食安全保障体系。做好应急物资保障工作。民用口罩总入库约 156 万只，总发放约 137 万只，总库存约 19 万只；持续做好县级医学隔离观察点生活物资的保障工作，2021 年以来，累计采购配送各类生活物资 4.87 万件，总金额 65.07 万元。政府储备 19 项防疫后勤保障物资（面向全县大规模核酸检测）总计 6145 件，政府储备 3 大类 51 项应急救灾物资（救灾帐篷、冲锋舟、折叠床等）总计 4.8 万件，全部在库，储备安全。

2021 年萧山区商务

一、国内贸易

2021 年，萧山区实现社会消费品零售总额 813.43 亿元，同比增长 14.4%，增幅排名全市第三。

组织开展第十三届萧山购物节、2021 网上年货节等系列节展活动，参与品牌超 2000 个，直播活动超 1000 场，单场销售额超 10 亿元。第二届家居装饰博览会，共签单 2761 件，销售额约 6100 万元；春秋两季媒体汽车展，共销售汽车 1476 辆，销售额超 2.5 亿元。SKP 项目、开市客（Costco）浙江首店等国际高端商贸综合体落户萧山，奥体汇德隆印象城、德信天空之城、银泰百货萧山店先后开业。世纪城、湘湖、瓜沥等平台、镇街，汇德隆奥体印象城创新打造夜间街区、夜景夜游等夜间经济项目，"一心两翼多点"夜经济布局体系初步构建。加快构建"15 分钟便民生活服务圈"。以全省首家"全国标准化社区商业中心示范单位"——香悦奥府配套一站式社区商业中心为样板，先后打造前湾友时光社区商业中心、音悦港湾邻里中心等社区商业中心。打造再生资源"萧铃铛"品牌，建成再生资源回收分拣中心 9 万多平方米、建设回收网点 515 个，回收再生资源 37 万吨。编制完成萧山区成品油零售体系"十四五"发展规划，获评市级"平安加油站" 2 家。做好单用途商业预付卡管理工作，处理相关投诉 2146 件。参与开展"平安护航建党百年"等安全隐患大排查大整治行动，发现隐患 38 处，整改率 100%。

二、电子商务

2021 年，全区累计实现网络零售额 1363.7 亿元，排名全省第四、全市第三，同比增长 5.5%。截至 12 月底，全区在重点监测第三方电子商务平台上共有各类活跃网络零售网店 20543 家，相当于注册零售网店总数的 27.7%，活跃网络零售网店总数排名全省第三、全市第一。

出台《杭州市萧山区关于加快现代商贸流通业发展的实施细则》，针对直播电商、夜间经济、新零售等新业态、新模式展开扶持，推动全区商贸经济高质量发展。继 2020 年中国 TOP 直播电商产业园在萧山开园后，无忧传媒、聚匠星辰、缇苏文化等有影响力的头部直播机构纷纷落户萧山。金扇子、全尚科技等 6 家企业入选 2021 年省级重点培育电商平台企业名单。2021 年全区 30 个村、4 个镇入选浙江省电商专业村、电商镇，累计 19 个镇、112 个村入选，数量居全市第一、全国前列。戴村镇沈村村、瓜沥镇梅林村等 24 个村荣获 2021 年浙江省电子商务示范村。24 个村、12 个服务站（点）入选省级电子商务示范村、示范服务站（点），新增总量全省第一。

成功创建为首批全省数字生活新服务样板区。瓜沥镇、所前镇获评首批省级数字生活新服务特色镇，数量全省前列、全市第一。益农镇、城厢街道等 8 个镇街入选 2021 年杭州市数字生活新服务特色镇（街道）创建和培育名单，数量全市第一。英树生物科技、九州通医药等 11 家企业入选省市新零售示范企业。

参加 2021 中国（杭州）国际电子商务博览会，并设萧山展馆，区内 9 家重点电商园区、企业参展。2021 年，阿里巴巴萧山产业带新增入驻企业 157 家，累计入驻 1777 家，实现销售额 15.44 亿元，同比增长 8.75%。2021 年通过"直播＋实地培训"相结合的方式开展各种电子商务培训班共 18 期，累计培训 800 多人次，内容涵盖抖音带货、拼多多、直播等。

三、对外贸易

2021 年，全区实现进出口总值 1027.07 亿元，同比增长 29.75%，同比增幅分别高于全国 8.4 个百分点，高于全省 7.4 个百分点，高于全市 5.3 个百分点；其中，出口总值 788.42 亿元，同比增长 29.16%，同比增幅分别高于全国 8 个百分点，高于全省 9.5 个百分点，高于全市 2 个百分点；进口总值 238.64 亿元，同比增长 31.73%。出口排名前 6 位商品为：机电产品、纺织品、羽绒及其制品、家具、服装、化工。2021 年，出口额在 1000 万美元以上的 249 家（较上年增加 63 家），3000 万美元以上的 66 家（较上年增加 19 家），5000 万美元以上的 30 家（较上年增加 7 家），1 亿美元以上的 12 家（较上年增加 6 家）。

四、服务贸易

2021 年，全区服务贸易出口额 12.8 亿美元，同比增长 9%。其中，服务外包离岸执行额 7.7 亿美元，同比增长 31.9%；数字服务贸易达 9.1 亿美元，同比增长 16.8%；工业设计和信息软件技术服务等行业占服务出口比重高达 84.9%。

2021 年，新增商务部服务贸易重点监测企业 40 家，累计 171 家；新增服务外包业务管理系统备案企业 36 家，累计 176 家。离岸执行额在 100 万美元以上的服务外包企业有 51 家，占全区离岸执行额的 99.6%。其中，离岸执行额在 1000 万美元以上的服务外包企业有 27 家，离岸执行额为 6.82 亿美元，占全区离岸执行额的 88.2%。2021 年，服务外包离岸执行额中，知识流程外包 (KPO) 合同接包执行额为 69569.6 万美元，占总执行额的 90.1%。

2021 年对 RCEP 成员国服务贸易出口额为 2.77 亿美元，占全区服务贸易出口额的 21.6%，排名前三的国家为韩国、日本、泰国，分别占 RCEP 成员国服务贸易出口额的 32.8%、16.9%、13.6%。

五、对外经济合作

2021 年，全区报经国家和商务部门核准的境外投资项目 36 个，其中增资项目 7 个，中方协议境外投资总额 1.33 亿美元。全区企业对欧美国家境外投资项目共计 12 个，对香港的投资项目共计 12 个，占投资项目数的比例达 66.67%。

2021 年，新增境外投资"一带一路"沿线项目 10 个，包括 5 个新设项目和 5 个增资项目，主要集中于基本设施建设、汽车制造业等传统行业和专业技术服务业类别等新兴行业。完成中方协议投资额 3050.51 万美元，占全区全年境外投资中方协议投资总额的 23.3%。

2021 年余杭区商务

一、国内贸易

2021 年，全区实现社会消费品零售总额 676.29 亿元，同比增长 22.7%。全区限额以上单位零售额 529.3 亿元，同比增长 30.25%，占社零总额的 78.3%。全区有 43 家企业列入亿元以上社零骨干企业名录库，全年零售额 491.8 亿元，占全区社零总额的 72.7%，同比增长 33.24%。

举办 2021 未来城市·数智消费 IN 余杭暨"完美生活节"活动，现场发布杭州数智生活发展指数。参与企业超 1000 家，消费者线下逛展近 30 万人次，在线观看活动直播超 700 万人次，获中央和省市主要媒体报道点赞。举办 2021 年余杭区"内外贸一体化展"暨"外贸优品"对接活动，区内 25 家外贸企业共参展 41 个展位。

绿汀路万象城、城北万象城、宝龙星创数娱综合体等重点商贸项目稳步推进，云城综合体项目正式开工。闲林埠老街改造提升后正式开街。以未来科技城为中心、良渚新城为副中心的"一主一副"双中心商业布局初步形成。截至 2021 年底，余杭区共有持证农贸市场 31 家，在建农贸市场 8 家，全区农贸市场体系进一步完善。

"家政一键通"应用场景上线"浙里办"APP，解决老百姓找家政难、安心消费无保障、售后维权无渠道等问题。"一键回收"数智低碳应用场景上线"浙里办"APP，实现居民端一键下单呼叫回收、企业端一键点击上门回收、政府端一屏显示碳减排量，构建碳排放"一网监管"体系，助力"双碳"目标实现。

二、电子商务

2021 年，余杭区网络零售额 1521.14 亿元，同比增长 35%，分别高出省（11.6%）、市（10.7%）23.4 和 24.3 个百分点，增量位列全省第一，规模全省第二。实现跨境电商交易额 10.4 亿美元，其中跨境出口 5.69 亿美元，同比增长 21.48%。引进跨境电商、直播电商产业链企业各 40 余家。近年来，余杭跨境电商交易额平均年增长超 40%，跨境电商综试区余杭园区入驻率超 90%，新增跨境电商企业数年平均增长超过 16%，余杭产业集群跨境电商发展试点在多个年度获评省级 A 级试点及示范类第一档等荣誉。

建设中国（杭州）直播电商基地，已入驻维妥科技、面朝信息等优质企业。成功引进杭州淘宝直播综合体项目入驻中国（良渚）数字文化社区先导区。在未来科技城正式挂牌成立全国首个"中国青年电商网红村"，落地十二仓供应链、中凰数科等一批优质供应链、数据服务和 MCN 机构。三大园区内集聚直播电商产业链相关企业已超 600 家。

积极组织直播电商、跨境电商等电商企业开展政策申报，200 余家企业享受超 2000 余万元各类政策扶持。常态化开展跨境电商"线上＋线下"培训、沙龙。全年累计举办 40 余场活动，惠及企业近 300 家，2.7 万人次。深化政校企合作，实施"全球速卖通 7+30 千里马"项目，为高校培养 300 余名跨境电商实战人才，为区内跨境电商企业输送 160 名高素质人才。截至 2021 年末，余杭区累计认定各类电商人才 55 名。

三、对外贸易

2021 年，全区实际利用外资 11.51 亿美元。货物贸易进出口总额 348.58 亿元，同比增长 34.3%，其中进口 23.57 亿元，同比增加 17.97%，出口 325.01 亿元，同比增长 35.6%，高于杭州市 8.4 个百分点，高于浙江省 15.9 个百分点，高于全国 14.4 个百分点。出口占全国、省市份额保持稳定。实现服务贸易出口总额 6.43 亿美元，同比增长 47.95%。

2021 年，高新产品出口 34.13 亿元，同比增长 33.89%。机电产品累计出口 142.01 亿元，同比增长 25.49%；纺织品累计出口 40.32 亿元，同比增长 12.02%；化工医药累计出口 87.41 亿元，同比增长 134.24%，带动全区出口增长 12.8 个百分点；家具休闲用品累计出口 43.06 亿元，同比增长 46.52%。全区对美国、欧盟等传统市场分别出口 58.67 亿元和 132.20 亿元。对 "一带一路" 沿线国家出口 90.97 亿元，同比增长 31.13%。

全年组织企业申报国家进口贴息项目 87 个。组织 13 家企业参与省市两级出口名牌认定，其中 4 家新获得省级出口名牌认定，1 家新获得市级出口名牌认定，其余均通过复核。组织企业参与广交会 70 余家次，参与 2021 浙江出口网上交易会 100 余家次。"一键达海外仓" 数字化改革应用场景在 "浙里办" APP 上线，"一站式" 解决企业海外仓业务各类问题。为区内出口企业签发一般原产地证 5372 份，同比增加 5.83%；优惠区域类型原产地证累计 2796 份，同比增加 22.2%。

四、利用外资

2021 年，全区累计签约项目 225 个，总投资超 1090 亿元。

常态化开展 4 次季度 "双集中" 签约活动。坚持一把手招商，区主要领导带队赴北京、上海、成都等地开展敲门招商 30 余次。全年举办多场产融云洽会招商活动，宣传推介余杭营商环境，共举办项目路演 6 场、项目融资集市活动 2 场，参与企业近千家。在第二十三届中国浙江投资贸易洽谈会之江论坛主会场，阿诺医药项目正式签约。各平台招商小分队参加第二十一届中国国际投资贸易洽谈会，推介余杭营商环境。参加生物医药、ICT、航空航天专班等招商培训活动提升招商队伍专业化水平。

五、对外经济合作

2021 年，全区办理境外投资项目备案 39 个，新增境外投资额 1.19 亿美元。完成 "一带一路" 投资项目 20 个，涉及境外投资额 3920.10 万美元；完成并购项目 5 个，涉及境外投资额 2877.56 万美元。完成服务外包离岸执行额 4.41 亿美元、同比增长 49.1%。新认定服务外包企业 13 家。

六、粮食流通

2021 年，余杭区对小麦和稻谷的收购继续实行浙江省最低收购价格政策，实行订单粮食价外补贴和奖励政策。全年收购订单粮食 6.458 万吨、订单外粮食 0.62 万吨，落实各类粮食收购和补贴奖励共 2.19 亿元。做好种粮大户粮食预购定金发放工作，向 64 户种粮大户发放政府贴息粮食预购订金共 310 万元。2021 年，余杭区区级储备粮 3.8423 万吨。按照 "一符（账实相符）、三专（专仓储存、专账记载、专人管理）、四落实（数量、质量、品种、地点）" 的工作要求，储备轮换公正、公平、公开。

2021 年富阳区商务

一、商贸流通

2021 年全区实现社会消费品零售总额 417.43 亿元，同比增长 9.2%。

修订富阳区商贸服务业扶持政策，明确品牌首店、商业特色街、餐饮等方面的扶持政策，鼓励传统商贸行业消费提质升级。举办"新消费 醉杭州 乐游富阳"消费券、老字号地铁广告宣推、"越夜越精彩 乐享 IN 富阳"2021 富阳数智夜生活节、"精彩钜惠 乐购富阳"2021 富阳富裕生活节等系列促消费活动。

完善全区再生资源回收体系，培育惠众、富伦、申奇等龙头企业，打造"创新模式、智能运营"回收模式。全区共建成再生资源回收站点 145 个，其中农村固定站点 117 个，小区智能回收设备站点 28 个，2021 年完成回收量 20 万吨，完成年度任务的 133%。

依托安全生产、疫情防控责任制的层层落实、防疫科室包干、日常检查结合特殊节点检查、本级检查结合联合检查等机制，较好落实了商贸领域安全生产、疫情防控、文明创建、平安创建、国卫复评、垃圾分类等商贸行业管理工作。完成中石化真佳溪加油站等成品油经营项目的综合验收，指导 83 家加油站点开展成品油年检工作。

二、电子商务

2021 年全区累计实现网络零售额 174.3 亿元，同比增长 6.2%，增速列杭州 11 个考核县市区第四位。

招引和培育数字新零售产业服务商，吸引产业项目、总部企业集聚，构建具有富阳特色的产业链协同体系。以开发区银湖科技城为主平台，引进一批数字技术服务商、品牌运营服务商、视频内容生产商和新零售创业者赋能平台，形成一批代表项目集群入驻。以"生活富裕、生命阳光"为主题，完成第八届中国（杭州）国际电子商务博览会富阳馆展示展览项目。3 个乡镇（街道）列入杭州市数字生活新服务特色镇街创建项目名录和培育名录，东洲街道被列入省级名录。指导推荐 2 家园区参加省市直播基地创建申报。

与浙江外国语学院、浙江长征职业技术学院、杭州科技职业技术学院、区职教中心开展校企接洽，帮助约 20 家企业对接院校人才资源，举办跨境电商人才招聘会富阳专场活动 2 场。全年举办线上线下相结合的电商培训、平台对接活动 10 场，累计服务 500 余名企业人员与社会创业人员。

三、利用外资

2021 年，富阳区新设外资企业 36 家，增资企业 7 家，新增合同外资 3.15 亿美元。实到外资 33897 万美元，完成杭州市下达指标任务 3.3 亿美元的 102.71%，实现增速 9.06%。其中高技术产业实际利用外资 10093 万美元，完成杭州市下达指标任务 6600 万美元的 152.92%，占比 29.54%。全区招引产业项目 187 个，总投资 580 亿元。其中，高新产业项目 138 个，固投亿元以上项目 67 个（制造业项目 37 个）；固投 10 亿元以上产业项目 11 个；"152 工程"项目落地 5 个。

发挥全区招商工作"一盘棋"统筹作用。每月召开一次由区委书记、区长两位"一把手"亲自参加的重大产业项目专题研究会议。落实区主要领导常态化项目洽谈机制与每月例会制度，建立重大项目推进专班、督查考核制度。围绕光电通信、生物医药、智能装备等主导产业链，主攻产业链布局重点区域，梳理确定重点靶向企业。充分发挥驻外招商作用，设立杭州、北京、上海、深圳等驻外招商组，着力引进一批带动能力强、产业链高端的大项目和好项目。2021 年全区对接重大产业项目 85 个，其中全年盯引项目 17 个，签约项目 29 个，在建项目 39 个。

组织 171 家外资企业参加年报，全区外资企业 2020 年合计实现销售（营业）收入 173.3 亿元，纳税总额 8.34 亿元，利润总额 14.28 亿元；进口额 7356 万美元，出口额 33153 万美元；研发投入 2.58 亿元；带动就业 9306 人，其中外籍职工 77 人。贯彻落实商务部《外商投资企业投诉工作办法》成立富阳区外商投资企业投诉处理协调小组，主动服务企业，全年实现零投诉。

四、对外贸易

2021 年，全区累计完成货物贸易进出口总额 401.59 亿元，同比增长 33.5%。排名第三。全年完成服务贸易出口总额 5.15 亿美元，完成杭州下达目标任务的 100.1%，同比增长 2.8%。

"数智通关"场景应用列入省数字化改革数字经济组新一批应用项目示范试点单位名单，并被评为第一批优秀应用。该应用以安防产业自建保税仓为样板，赋能"未来工厂"建设。鼓励企业数字化参展，推动企业拓展国内国际两个市场实现订单多元化。充分利用 RCEP 自贸协定，加大"一带一路"沿线国家市场开拓步伐。全年共参与各类线上线下展会 30 多场，覆盖企业 135 家。共有省市出口名牌企业 34 家，其中省级 11 家，杭州市级 23 家。省重点进口平台 1 家。外贸综合服务体 1 家。全年自办或参与专题 RCEP 培训 5 场以上，覆盖企业达 400 多家。多措并举为富阳外贸企业解决海运物流难的问题。加大"杭信贷"金融政策支持，激发企业内生力。

五、粮食安全

推动保粮手段科学化，中心粮库绿色储粮比例达 95% 以上。优化储备结构，提升储备与本地消费的匹配度，储备粮中早稻占比 23.18%，小麦占比 17.06%，晚稻占比 59.76%。建立储备粮轮换绩效管理激励机制，轮出储备粮全部通过省内粮网拍卖销售。中心粮库继续保持省"四星级"粮库和市规范化管理优秀单位荣誉称号。杭州市粮油仓储工作年度考核获得地区第三名成绩。

加强粮食市场信息的监测预警工作，建立健全粮食流通监管联动机制，建立"双随机"抽查事项清单和名录库，开展粮食市场联合执法检查，检查企业 38 家次。推进放心粮油工程，新增省级示范企业 2 家，市级示范店 6 家。推进"五优联动"工作，引导种植优质粮食 3.2 万亩。累计与本地种粮单位签订粮食订单 2.16 万吨，比上年增长 26.3%；实际收购粮食 2.17 万吨，比上年增长 29.2%。抓好粮食收购收储。落实省外粮源基地 4 个（面积 4 万亩），落实早稻粮源 2929 吨。

2021 年临安区商务

一、国内贸易

2021 年，全区实现社会零售品销售总额 212.68 亿元，同比增幅 11.4%，增幅居全市第六。批发、零售、住宿、餐饮的增幅分别达到 17.2%、17.0%、5.5%、23.7%。全年完成限上单位培育 50 家。

组织各大型商场、超市、汽车、家电、餐饮等市场主体开展促销活动。全年开展"好家风 百笋宴""板桥杨梅节""天目山小香薯节""太湖源丰收节"等特色商贸活动 32 场次，推进产业链、供应链、价值链资源连接整合，拉动消费 1.5 亿元。会同锦南管委会、滨湖新城指挥部等单位，开展商贸项目三服务对接活动，加快锦南宝龙、锦南公交综合体、滨湖新天地等商贸项目推进，奔驰 4S 店投入运营。完成全区夜经济规划，青山湖、苕溪夜经济项目一期投入运营。标准化建设再生资源体系，已完成 1 个分拣中心、1 个数据中心和 88 个回收网点建设并已投入区域一体化运营。持续抓好商贸特色镇、村创建工作，已上报高虹镇、一都村、龙上村、太阳村、石门村等相关创建评审材料。不定期开展商贸企业消防设施、疏散通道状态、值班值守和疫情防控等安全生产检查，建立市场运行监测日报告制度，全力做好保供稳价工作。全局共出动检查企业 532 家次，人员 205 人次，发现问题隐患 11 处，整改率 100%。

二、电子商务

2021 年，全区实现网络零售额 98.5 亿元，同比增长 4.9%，增幅居全市第七。全区跨境电商出口额 5.5 亿美元，同比增长 20%。临安"电子商务促进共同富裕"入选全省商务领域共同富裕试点项目。

临安区电商公共服务中心改造提升投入运营，白牛电商大楼正式启用，建成山核桃大数据中心，全年组织培训 20 场、助农直播 5 次，年交易额达 1.1 亿元。太湖源镇竹笋产业园结合传统市场与直播销售，逐步转型为线上线下结合的新型电商直播园区。与区农业农村局、区供销总社共同打造京东官方旗舰店，通过提高准入门槛优化旗舰店产品品质。引导电商企业与头部主播合作，全区累计开展直播活动 76 场，邀请淘宝主播开展网红卖货、短视频带货，销售额达 1.5 亿元。组织企业参加电博会、食博会，打响"临安馆"知名度。累计培育 4 个省级电商镇、27 个省级电商专业村、16 个省级电子商务示范村，建成 33 个省级农村电商示范服务站。推进标准化建设，鼓励企业参评"品字标""浙江省名特优作坊"等称号，临安区逸口香食品等电商企业荣获"浙江省名特优作坊"。依托区域内职教中心、浙江农林大学、杭州电子科技大学等教育资源，加强院校合作，建设农村创业人才培训基地。共开展培训 152 场，累计培育电商人才 3000 人次，其中，参加直播带货培训达 1200 人次。制定产业集群跨境电商试点专项激励实施细则，持续开展"一镇一带""送课下乡"等活动，与浙江农林大学、河南郑州商学院等高校开展深度合作，吸引 41 名郑州商学院学生到跨境园就业。开展业务三板斧、"亚马逊专班"等培训、路演等活动 32 场次。累计在阿里巴巴国际站、亚马逊等平台新开店铺 52 个。

三、对外贸易

2021 年，全区累计实现货物进出口总额 244.43 亿元（其中出口额 164.85 亿元，增幅 25.3%；进口额 79.58 亿元，增幅 50.7%），同比增长 32.6%，增幅位于 12 区县市第四。

全力推进"一键找订单"应用场景开发，帮助企业精准对接海外客户，完成订单跟踪和交付，实现外贸全流程闭环智慧化管理，成为浙江省"数字贸易服务在线"数字场景的主要应用，跻身数字经济系统第一批优秀省级重大应用，已实现浙里办和浙政钉两个门户上线。局班子带队重点对 5000 万美元以上出口重点企业予以动态跟进和上门精准服务，实行订单每周预报，建立预警响应机制，确保龙头企业实现"带头跑"。已促成全区 6 家企业的外贸数据回归。成功招引杭叉集团的产业链配套企业宏力机械落户临安，全年贡献外贸出口额 1.5 亿元。调整外经贸扶持政策，新增货物进口、海外投资险、线上展会、国际物流等内容。组织区级公用保税仓和安吉上港码头构建"库港联动"服务模式，缓解企业"用箱难"问题，11 家企业通过保税仓清关入库，累计金额超 1.2 亿元。通过"亲清直通车""贸促课堂"、沙龙等形式，就 RCEP 优惠、国际商事认证、汇率避险等内容开展业务培训，提升"三服务"成效。

四、利用外资

2021 年，全区引进 10 亿元以上制造业项目 6 个，完成率 150%；亿元以上制造业项目 38 个；引进实际利用外资 2.63 亿美元，完成率 138.4%；新引进项目工业固投 21.53 亿元，完成率 102.5%。截至 2021 年底，共引进重大产业项目 49 个，总投资 502.27 亿元。其中 10 亿元以上项目 10 个，总投资 136.5 亿元；10 亿元以上签约注册项目 11 个，总投资 241.5 亿元；10 亿元以上开工在建项目 7 个，总投资 75.43 亿元。

坚持"双招双引"一号工程。建立招商引资指挥部，由书记任总指挥，区长任第一副总指挥兼办公室主任，下设精密仪器（微电子）等六大工作专班，统筹部门、平台强推进。建立招商引资项目招引规范流程，从项目洽谈、评估、现场考察、评审、决策、落地、投产建立全流程闭环管理。实行"双周例会"、区领导领衔项目推进、项目分色管理晾晒、定期督察通报等机制。聚焦微电子（精密仪器）、生物医药、新材料等重点产业，排定敲门招商方案按图索骥。出台"双招双引 20 条政策"，将微电子、精密仪器、生物医药、新材料等作为重点支持和培育产业在招引政策中给予倾斜。科技城与通过嘉实资本与 iqvia 洽谈组建 10 亿元子基金，与复星锐正、武岳峰、IDG、越秀基金等未来微电子（精密仪器）头部基金洽谈合作。经济开发区成立 5 亿元生物医药基金，与财政、经信、新锦集团对接，筛选 7 家头部基金公司，逐家对接，加强招引。

五、粮食储备

全面推进省级"五优联动"示范县（区）创建工作，开展促销活动 15 场，打响"天目好味稻"区域品牌，区级储备任务全面落实到位，承办杭州市粮食安全应急演练。全力配合区委巡察组开展涉粮问题专项巡察工作，按照清单制抓实问题整改。全面夯实粮食物资应急工作基础，形成分布 18 个镇（街）设有 34 家粮油应急供应店、3 家粮食应急加工厂和 40 个粮油信息监测点的应急保障体系。

2021 年鄞州区商务

一、国内贸易

2021 年，全区社会消费品零售额 964.3 亿元，总量规模继续扩大，增长 9.7%。区本级社会消费品零售额 836.2 亿元，增长 10.3%，高于全市 0.6 个百分点，其中限额以上社会消费品零售额增长 15.5%，高于全市 0.4 个百分点。

陆续兑现疫情防控期间消费促进相关政策，面向 2232 家企业及 417 个人共兑现 2981 万元，帮助中小型商贸企业快速复工复产。成功举办"潮起甬尚·盛世东来"宁波东部新城商圈宣传推广系列活动、"鄞州夜市"、消费促进月、购物节等一大批促消费活动。完成《鄞州区夜间经济发展"十四五"规划》，以鄞州区夜间经济试点入选"省级夜间经济培育城市"、宁波东部新城商圈和南部新城商圈列入"全省重点建设夜坐标"为契机，联合恒太商业打造"鄞州之夜"2.0 版，引进来自上海、杭州等 100 余个创意机构及独立品牌，现场还增设宁波对口九大地区风物快闪店吸引市民选购，开市首日客流超 3 万人次。落地各类主题夜市 60 场，累计招募摊主 8000 余家。制定《宁波市鄞州区特色街区打造专项行动总体方案》，开展"699"特色街区打造行动，其中韩岭古市入选宁波首批"最靓特色街区"，并位列首位。宁波阪急作为日本百货巨头阪急阪神在中国的首家阪急百货项目，独家集聚全国首店 12 家、浙江首店 60 余家、宁波首店 70 余家。全球零售商巨头美国 Costco（开市客）浙江首店顺利落户鄞州区。

按照 15 分钟商贸便民服务圈要求，推动社区商业运营管理模式创新。基本形成"统一规划、统一招商、统一管理、统一运营"的"邻里中心"发展模式，打响社区商业的"鄞州品牌"。鄞州区已拥有以社会资本为代表的"攸品邻里"和政府平台为代表的"悦邻汇"两大邻里中心建设运营品牌。以万达商圈和东部银泰城商圈为试点，开展智慧化商圈改造。按照消费扶贫年度目标，进一步细化完善消费扶贫工作方案，加强与盐源、木里消费协作的针对性。2021 年认定了 38 家线下消费协作企业，举办供销对接活动 1 场，完成东西部消费协作四川商采购金额 2.06 亿元，盐源和木里 1.04 亿元，山海协作采购金额 995 万元，均超额完成全年目标。

二、电子商务

2021 年全区网络销售额 468 亿元，同比增长 10.1%，跨境 B2B 出口 38.1 亿美元，同比增长 17.7%，总量分别位列全市第二、第一。

2021 年重点推动企业开展跨境电商 979810 报关出口，已完成备案企业 78 家，已有出口实绩企业 35 家。全区开展跨境电商总数已达 1500 家，世贸通、中基惠通、一达通等加快拓展跨境出口综合服务业务，3 个平台合计服务跨境出口额达到 8 亿美元。五金工具、汽车零部件等 2 个省级跨境产业集群试点获评宁波市唯一跨境产业集群示范第一档区县。全区已有 42 家企业开展海外仓服务，海外仓面积约 150 万平方，占全市 1/3，乐歌、中基、发现物流、美航物流等 4 家企业获评省级海外仓示范企业。

已认定的市级以上电子商务园区 12 个，其中，2021 年新增荣安大厦、易芽跨境供应链园区、恒创产业园等 3 个市级跨境电商园区。全区电商园区总面积达 40 万平方米，园区内集聚国内电商企业 241 家，跨境电商企业 126 家，园区实现电商零售总额 12.3 亿元，跨境出口额 11.2 亿美元。2021 年初确定数字生活新服务重点工作任务 16 项，重点领域项目建设 14 项，已有 8 项工作任务和 6 个重点项目完成或基本完成。跨境电商金融服务在线平台列入省数字贸易应用示范项目。

全区约 2000 家电商企业 90% 以上已开展网店直播业务，直播销售占电商销售总额超过 10%，并建成了 7 号梦工场直播基地、无界直播孵化基地 2 个首批省级直播基地（宁波市仅 2 个），众百华腾、云裳谷时尚产业园等 2 个市级直播基地。蓝云网红小镇、龙腾大厦的月光宝盒直播基地投入运营，鄞州区的艾优控股（洗护用品）获评省级新零售示范企业，大朴家居（家纺家居）、姬存希（美妆）、菲莫智能（美容仪）等成为线上线下一体化的新零售知名品牌。

三、对外贸易

2021 年，鄞州区实现进出口总额 2455.65 亿元，同比增长 15.8%；其中出口 1829.9 亿元，同比增长 18.5%，进口 625.7 亿元，同比增长 8.7%。

2021 年机电及高新技术、消费品、机械及装备等主要出口产品（按美元计）均已实现 20% 以上的增长，特别是机电产品出口额实现 132 亿美元，占全区比重 53.31%，同比增长 34.83%，高新技术产品出口额实现 12.3 亿美元，同比增长 31.39%。

鄞州区五大国家外贸转型基地出口各显特色。纺织服装基地出口实现 44.48 亿美元，同比

增长 3.76%，汽车零部件、餐厨用品及消费类电子产品出口分别实现 7.41 亿美元、13.66 亿美元、30.07 亿美元，同比增长 35.96%、38.53% 和 23.62%。鄞州区主要出口市场为美国和欧盟，占全区比重将近 50%（45.67%），近年来，接连受中美贸易摩擦和新冠疫情双重打击，美国和欧盟出口增长仍呈两位数增长，分别为 27.78% 和 29.14%。巴西、印度、俄罗斯等新兴市场饱受疫情冲击，出口大幅下降。

四、对外经济合作

2021 年，全区新批备案境外企业 28 家，同比增长 47.4%，核准中方对外投资额为 2.9 亿美元，实际对外投资额 4.2 亿美元，同比增长 9.9%；境外承包工程劳务合作营业额 2 亿美元，同比增长 3.03%。

新批 28 个项目中，项目核准中方投资额 1000 万美元以上项目 5 个，分别为香港影谱互动有限公司两次增资 2658 万美元、4623 万美元，力勤镍铁（哈马黑拉）有限公司增资 5719 万美元，中基宁波集团有限公司增资 2000 万美元，宁波力勤资源科技股份有限公司新设核定中方投资额 9250 万美元。主要投资国家、地区为美国、新加坡等传统区域，赴“一带一路”沿线国家的投资势头有较大减弱。为购买租赁海外仓库而拓展跨境电商业务发展的对外投资势头猛烈。全年新批项目中有近 10 个项目主要从事海外仓业务，特别是如无忧达（宁波）物流科技有限公司相继在加拿大、德国和美国新设（增资）物流科技有限公司，以开展仓储、库存管理、一件代发等海外仓相关业务。

五、服务贸易

2021 年，区本级服务贸易进出口总额 161.77 亿元，其中出口额 129.35 亿元，同比分别增

12.49%、11.82%，分别完成市局任务的91.65%、93.13%。

做好服贸会、软交会等组织工作。组织区内七家企业参加于2021年9月举行的第二届中国国际服务贸易交易会。参展企业涉及港航运输服务、信息科技服务、管理咨询服务、文化贸易服务、跨境电商服务等五大领域。鄞州区有二个案例参加组委会举办的全国服务示范案例评选，最终乐歌公共海外仓创新综合服务项目获评业态创新示范案例。

先后培育鄞州区9家企业成功获得服务外包企业资质。在做好区级服务外包产业扶持资金保障的同时，组织区内企业申报上级有关扶持资金。2021年，鄞州区共有34个项目获得区级扶持，组织鄞州区13个项目获得2020年度中央外经贸（服务贸易）资金扶持。筹建区服务贸易协会，增强与优势区域、上下游产业链的互动，缓解出口企业"缺仓""缺箱"难题，缩短产业链、供应链环节，为企业降本增效提供应有的服务。

2021 年柯桥区商务

一、国内贸易

2021 年，柯桥区全年社会消费品零售总额 383.62 亿元，比上年增长 8.3%。其中，批发零售业零售额 340.22 亿元，增长 7.3%；住宿餐饮业零售额 43.39 亿元，增长 16.6%。全年批发零售业商品销售额 4498.52 亿元，增长 34.0%。轻纺城市场群实现成交额 2338.88 亿元，同比增长 8.1%。

组织以"坐一元地铁 享醉美柯桥"为主题轨道交通开通促消费活动。举办以"畅享消费 美好柯桥"为主题的 2021 柯桥城市购物节系列促消费活动 15 场。开展网上年货节专项活动。10 个重点商贸服务业建设项目完成投资 27.0 亿元。出台重点商贸流通企业招引培育政策，招引供应链企业入驻柯桥，当年新增批发销售额 100 亿元以上。建成"一轴两标三镇五夜"的基本格局，推动夜间经济培育区发展。重点监测的 24 家限上汽车销售企业销售汽车 21521 台，实现销售额 49.16 亿元。4 家备案二手车市场完成二手车交易 39999辆，实现成交额 12.1 亿元。全年销售成品油 30.91 万吨，同比增长 14.5%，其中汽油 22.05 万吨，增长 11.2%；柴油 8.85 万吨，增长 23.5%。全年共完成鑫发加油站改扩建、万里加油站改造 2 个项目审批。全区有成品油经营企业（点）55 家、油库 1 家，其中加油站 48 家、民营加油点 6 家、管理公司 1 家。做好再生资源回收体系建设和投入运行站点的监管考核工作，全年完成农村 106 个站点、城镇 6 个站点的民生实事工程建设任务。

二、电子商务

2021 年，柯桥区实现网络零售总额 109.95 亿元，增长 14.2%，轻纺城网上交易额 701.68 亿元，增长 15.6%。实现跨境电商监管方式出口 1.77 亿美元，其中 9610 方式出口 8876 万美元（结关 7613 万美元），9710 方式出口 8394 万美元，9810 方式出口 451 万美元。

全年新增 B2B 平台本地新签店铺 269 个，"deconovo""subrtex""miulee""jinchan"四个品牌入选 2021 年度浙江跨境电商出口知名品牌。柯桥区跨境电商公共服务中心进一步完善跨境电商服务体系，全年举办跨境电商培训活动 31 场，累计开店 173 个，成功孵化企业 30 家，其中 5 家线上交易额超 20 万美元。举办"2021 绍兴柯桥跨境电商直播季暨跨境电商出口业务培训推广会议"，引进落地深圳市跨境电子商务协会绍兴城市运营中心项目，借助深跨协海内外分站、分会资源，为柯桥跨境电商提供服务资源链接。强化跨境电商人才培训，探索"一课双师""暑期实训班""主题讲座"等人才培养模式。在《2021 年鼓励支持开放型经济发展若干政策》中加大对跨境电商提高扶持力度。推动传统企业通过抖音、快手等新平台开展直播带货，打造多看看等大型直播基地，全区全年直播场次达 5133 场。

三、对外贸易

2021年，柯桥区实现自营进出口1111.80亿元，同比增长24.5%，其中出口1088.49亿元，同比增长25.9%，增速分别高于全国、全省、全市4.7、6.2、10.4个百分点，总量、增速位居全市首位，出口占全国份额为5.01‰；进口23.31亿元，同比下降19.2%。纺织品出口862.63亿元，同比增长36.1%，占全区出口总额的79.2%。

全区有对外贸易进出口实绩企业5142家，其中有出口实绩企业5016家，同比增加291家。出口实绩企业中，贸易型出口企业4255家，同比增加298家，累计出口902.84亿元，同比增长25.9%。

出台"2021年度境内重点展会目录"鼓励企业开拓国际国内市场。共组织316家企业参加第129、130届广交会，近400家企业参加中国国际纺织面料及辅料（春夏）博览会，累计成交额4100万美元。101家企业参加中东欧国家博览会暨国际消费品博览会。77家次企业参加44场次2021浙江出口网上交易会。首次尝试线上线下联合举办美国拉斯维加斯国际服装及面料展，国内参展企业以线上参展为主，美国本土企业线下参展，展会共展示产品3000余款，浏览量8万余次，对接客户1200余次，累计意向成交额481万美元。

出台《2021年鼓励支持开放型经济发展若干政策》，加大政策补助力度。围绕扩大出口、参展拓市、化解贸易风险等方面开展政策支持，全年累计兑现2020年外贸各项政策资金约6250万元，惠及企业3995家。实施小微企业出口信用政府联保项目，对出口额300万美元以下的3279家小微企业投保出口信用保险，实现政府全额补助。累计走访外贸企业300余家次，组织1200家次企业参加线上线下培训25场次，协调解决企业实际困难。

通过法律咨询、经贸摩擦应对、商事争议解决、商事法律培训等多种方式，为企业开展国际贸易投资提供专业指导和精准服务。首次成功协调省国际商会为外贸企业开具出口信用证不符点不成立证明。优化线上新企业注册指导服务，一对一现场指导帮办，点对点远程指导跟踪办，特殊人群全程代办，累计线上注册351家，占新注册企业总数的96%，同比提升12个百分点。优化原产地证自主打印功能申请流程，实现全链线上办。累计签发一般原产地证书68587份，比上年增长29.6%，其中自主打印66549份，占总量的97%，同比提升20个百分点。

2021年，柯桥区建成有主体备案、组货装箱、出口申报、免税申报等功能的中国轻纺城联网信息平台，覆盖市场采购贸易全流程。全年通过市场采购贸易方式出口19557票，累计货值17.80亿美元。至年底，中国轻纺城联网信息平台已备案区内市场主体1738家，其中供货商1589家、外贸公司132家、报关行17家。

四、服务贸易

2021年，全区实现服务贸易进出口额43.32亿元，同比增长6.8%，其中服务贸易出口额41.07亿元，同比增长7.9%。服务贸易总额占对外贸易总额的比重为3.8%。运输、旅行、个人文化娱乐服务列服务贸易进出口前三位。承接国际服务外包离岸合同4172.90万美元，完成服务外包离岸执行额4108.49万美元，同比增长0.7%。

积极开拓国际市场，组织9家企业参加中国国际技术进出口交易会、中国国际数字和软件服务交易会、中国国际服务贸易交易会等服务贸易展会4场次；举办2021中国绍兴柯桥国际纺织贸易服务展览会，53家金融、物流、质检等5大板块服务企业通过展览、论坛等方式，与货物贸易企业实现精准对接。组织86家企业参加全市国际服务贸易及数字贸易业务培训、全省 2021 年数字服务贸易领域系列培训等 6 场次。8 个服务贸易创新发展项目获 2021 中央外经贸发展专项资金支持，其中精工工业的钢结构深化设计项目获技术出口资金支持（全市唯一），9 家服务外包企业获柯桥区商务经济高质量发展政策支持。

五、利用外资

2021 年，柯桥区实到外资约 2.57 亿美元，同比增长 23.6%。

以外资项目为抓手，瞄准生物医药、集成电路、高端新材料等战略性新兴产业开展外资项目招引。对外引资引才与对内挖潜相结合，积极开拓外资引进渠道、提高外资质量。全区上报新签约总投资 5 亿元以上外资项目 9 个，高端装备及新兴产业项目约占项目总数的 70%，其中总投资 25 亿元的豪微科技 Nanolab 泛半导体制造项目和总投资 100 亿元的宇越新材料（光学薄膜制造项目）等两个计划利用外资 1 亿美元以上项目在省级重大活动上签约，宇越新材料（光学薄膜制造项目）被列入省领导联系的重点外资项目。加大外资项目招引洽谈力度，美国新宜、艾比奥生物科技、丝棠高端纺织供应链、豪微科技等项目实现了当年签约、当年注册、当年到资。

2021 年，柯桥区接待临时出入境外商 27344 人次，同比增长 15.8%；办理居留许可 2127 人，同比增长 5.9%。增加国（境）外企业常驻代表机构 17 家，累计 1584 家；增加外商投资商业企业 75 家，累计 1072 家。商务、教体两个部门联合审核外籍子女入学 49 人，同比增长 75%。邀请 50 余名外商参加 2021 世界布商大会主题论坛、IN KEQIAO 栏目采风、柯桥纺博会、绍兴印象—国际友人美丽乡村行等各类政务活动。依托柯桥区涉外调解委员会，区商务局联合区法院签署涉外商事纠纷诉调对接机制合作备忘录，聘请新一期外籍调解员 6 名（韩国、也门、阿富汗、印度、巴基斯坦 5 个国家）。

率先在全市商务系统出台疫情防控期间外国人来华入柯邀请函初审核准办法。柯桥区进一步畅通邀请函办理快捷通道，确保急需入境返岗的外国人应返尽返，全年办理邀请函 96 人（次），其中启动特殊类情况办理程序 1 次，为 1 名韩商的 3 位家属办理邀请函，为全市商务系统首份面向普通类外国人家属转报核签的邀请函。进一步放宽外国人延长居留许可有效期限资格条件。商务部门和公安部门联合完善境外人员居留许可延期工作，全年签发居留许可延期建议联系单 321 人（次），同比增长 7.4 倍。

六、对外经济合作

2021 年，全区累计获批（备案）的境外投资企业 517 家，分布于 68 个国家和地区。其中新批（备案）境外投资企业 7 家，总投资 1507 万美元，其中中方投资额 1507 万美元，同比增长 27.0%。实现对外承包工程实际营业额 4390 万美元，同比增长 49.0%。柯桥区企业新拓展香港、印度尼西亚两大境外工程市场，完成工程营业额 1224 万美元，实现较大突破。

摸排 23 家外经企业入库，并根据省、市、区疫情防控要求每周一次督促企业开展"境外码"疫情打卡，修订并制作了柯桥区处置境外经贸类纠纷和突发事件应急预案操作手册，召集 12 个相关部门和华舍街道举办了处置境外经贸类纠纷和突发事件应急演练桌面推演。组织 100 余家企业参加日本静冈推介会、驻沪领事访问团座谈会、第二届中非经贸博览会、第三届中非经贸合作发展绍兴峰会、第四届浙江国际工程联盟拓市对接会等线上线下活动 10 场次。

2021 年越城区商务

一、国内贸易

2021 年，全区实现社会消费品零售总额 722.6 亿元，同比增长 3.2%；限上批发业销售额 1190.5 亿元，同比增长 42.1%；限上住宿业营业额 9.8 亿元，同比增长 28.6%；限上餐饮业营业额 17.6 亿元，同比增长 44.6%。

全面开展全市商贸服务业提升试点，通过"摸、控、引、逼、联"等措施，探索商贸服务业指标提升的突破路径。上半年全社会消费品零售总额达 408.8 亿元，增速 18.2%，列全市第二；主体培育全市领先，已完成"产转法" 2 家，"主辅分离" 16 家，下升上 38 家，完成全市首家规模企业（开元名都）的"产转法"，"产转法"工作在全市商贸服务业提升工作推进会上作典型发言。

再生资源、楼宇经济、智慧街区三个应用入选古城保护利用应用体系，再生资源智慧管理列入全省商务系统"双循环"重点培育应用，获全区应用场景谋划大赛复赛第一名，全市数字社会应用场景路演第二名，顺利纳入全省"一本账"的无废城市应用跑道，并入选全区数字化改革门户最佳应用。

二、电子商务

2021 年，全区实现网络零售额 138.6 亿元，累计同比增长 42.7%。

加快推进六个"网上市场"建设，打造便利消费新模式，1—9 月份全区网络零售额增速达

到 51.1%。完成银泰、颐高商圈数字化改造，积极争创省、市级智慧商圈，全力打造鲁迅故里步行街智慧街区。举办消费促进月、金秋购物节等系列促销活动，"十一"期间重点企业营业额合计 10703 万元，同比增长 8.4%。正式运营越城（滨海）跨境电商园，一季度实现跨境电商出口额 9.92 亿元，占比位居全市第一。高质量建设"浙里办"越城专区，完成"越回收"等 11 项越字系列应用打造，全区"浙里办"注册和日活用户均位列全市第一。

三、对外贸易

2021 年，全区实现自营进出口共计 664.89 亿元，同比增长 8.5%，其中，出口 5880348.2 万元，同比增长 3.8%，全国占比万分之 27.1。

依托"1+X"外贸服务联盟品牌优势，成立越城区外贸服务中心，开展"稳外贸服务季"活动，聚焦外贸"一件事"改革，构建"一站式""全链条"服务，直接服务企业已近千家，与 11 家外贸服务商建立"三服务"协同机制，持续推进 200 家外贸企业开展独立站营销，开展"三服务"联盟培训、调研服务活动 10 场次。依托"订单＋清单"，开展常态化订单监测，指导全区 294 家企业建立跨境营销独立站，为 24 家企业申报省级货运白名单。引导、指导企业开展市场采购贸易，市场采购贸易外贸企业主体备案 10 家，完成出口 3500 万美元。

出台《越城区促消费、扩内需 畅通"双循环"

行动方案》，积极推进医卫行业"三同"企业培育，指导绫丰、浪登等多家外贸企业创立国内自主品牌，苏泊尔等3家企业成为全省内外贸一体化领跑者企业。开展"一码找订单"境外代参展行动，搭好"线上＋线下""国际＋国内""优进＋优出"三大平台，助企业抢订单、拓市场，组织"越时尚·越世界"抱团展11次，专场线上活动6场、外贸优品"六进"活动6场，《重集成、创品牌、拓市场，越城区积极探索内外贸一体化发展新路径》被省政府第531期专报录用。

2021 年上虞区商务

一、国内贸易

2021 年，上虞区实现社会消费品零售总额 402.15 亿元，增长 8.0%，其中限上社会消费品零售总额 98.91 亿元，增长 2.3%。批发零售业实现销售额 985.16 亿元，增长 18.2%，其中限额以上单位销售额 473.57 亿元，增长 20.0%；住宿餐饮业实现营业额 50.96 亿元，增长 21.4%，其中限额以上单位营业额 11.92 亿元，增长 9.6%。

精心举办第十三届浙东新商都（上虞）购物节、"越惠悦生活·消费促进月"活动、汽车文化博览会、石狮家装节、消费券发放等系列消费促进活动。"消费进社区"新模式被 CCTV1 综合频道、人民日报等多家全国主流媒体报道；200 万元购物节（11 万张）消费券发放活动，惠及上虞区限上商超、餐饮、住宿企业和广大市民。以列入省级首批夜间经济培育城市为契机，加大夜间经济培育力度。累计举办 11 期次风情街夜市，推进数创广场、观澜里步行街两个市级夜间经济集聚区建设，获评首届绍兴市夜间经济特色门店 27 家。

以全区百强工业企业和二十强建筑业企业为重点，通过"建库分类引导""奖补提标扩面""服务优化简化"等系列举措推进"主辅分离"工作。全年共有 10 家企业通过"主辅分离"新设立批发贸易企业，其中 8 家实现"下升上"，新增企业累计实现销售额 24.07 亿元，拉动全区限

上批发业增长近 7.9 个百分点。探索推进农贸市场统一收银模式，确立滨江农贸市场为"智慧收银"试点单位，成立统一收银主体企业舜汇贸易，11 月成功实现"下升上"新增，全年实现销售额 7213 万元。新疆峻新化工贸易总部完成签约，大型酒吧连锁俱乐部（H-Club 嗨吧）落地数创广场。

二、电子商务

2021 年，全区新增（跨境）电商主体 231 家，全年实现网络零售额 85.87 亿元。快递业务量和业务收入分别增长 23.2% 和 4.8%。

抓好农村电商发展。依托大通电商开展农产品网络销售和电商扶贫等工作，1—10 月线上农产品销售 970.3 万元。会同汤浦镇举办"品质汤浦，云启未来"2021 汤浦童装电子商务直播大赛，吸引 12.5 万人次的流量观看。汤浦镇连续 2 年被评为淘宝镇，道墟街道韩浜村等 11 村入选淘宝村，数量居绍兴市第二位。汤浦童装城电商产业园和上虞驿淘互联网创业园被评为市级优秀平台。推动跨境电商发展。召开融入绍兴市"三大开放平台"动员大会暨跨境电商业务培训会，开展"外贸新业态、跨境新机遇"数字化营销专场培训，组织企业参加 2021 中国（宁波）出口跨境电商博览会和 2021 绍兴跨境电商直采大会。指导麒麟阁开展亚马逊孵化班 2 期，进阶班 3 期，虾皮孵化班 1 期，线下专题活动近 30 场，

孵化企业 94 家。麒麟阁荣获浙江省 3A 级产业基地、第七批浙江省电子商务培训机构和浙江省电子商务实践基地。

三、对外贸易

2021 年，全区对外贸易保持稳定增长，进出口总额 353.85 亿元，同比增长 13.8%，其中出口总额 302.17 亿元，同比增长 8.6%，进口总额 51.68 亿元，同比增长 58.0%。

以"订单+清单"系统为依托，持续做好全区外贸企业监测预警工作，每月实现填报率 90% 以上。深入走访外贸企业，召开政企恳谈会，了解企业出口面临的困难和问题，做好出口监测分析，商务运行监测点获 2020 年度省级优秀单位。扎实做好第 130 届广交会和第四届进博会参展组织工作，指导企业积极报名参加香港秋季灯饰展及浙江出口商品交易会等展会，协助上虞区童装企业协会对接中非桥项目，帮助童装企业开展南非营销中心建设。做强开放型大平台拓展文章，积极融入"三大平台"建设，专题组织召开动员大会和相关培训会议。有序推进海外仓工作，浙江阳光照明电器股份有限公司成功获批省级和市级公共海外仓。走出去工作稳步推进，全省外经工作座谈会及跨国公司调研活动在上虞区召开，龙盛、卧龙、阳光、金科等企业进入全省拟培育本土民营跨国公司名单。

四、服务贸易

2021 年 1—12 月，全区实现服务进出口总值 14.39 亿元，占全区服务和货物进出口的比重为 3.91%，同比增长 6.25%。

强化政策保障，组织企业开展各项资金申报工作。一方面，根据《关于鼓励支持开放型经济发展的若干政策》（区委办〔2020〕50 号）文件精神，经企业申报、中介审核、部门意见征询、社会公示，在一季度完成了区级服务贸易奖励资金的兑现，共计兑现金额 148 万元。另一方面，积极协助企业申报 2021 年中央外经贸发展专项资金服务外包离岸执行额贴息项目，兑现金额 4.27 万元。加强宣传指导，鼓励企业做好系统入库申报和线上参展。与外管局、e 游小镇等单位定期进行沟通交流，对新增和潜在的服贸企业进行及时的走访和联系，指导开展外包及服贸监测系统的注册备案工作。累计注册服务外包企业 28 家。

五、利用外资

2021 年，全区完成合同外资 7.9 亿美元，实到外资 1.95 亿美元，完成绍兴目标任务的 86.7%。新设外资企业 20 家，增资项目 20 个，引进 1000 万美元以上项目 7 个。外资实绩居绍兴各县市区第二位。

推进重点外资项目建设，投资 4940 万美元的绍兴欧力—卧龙振动机械有限公司项目、1.33 亿美元的绍兴市上虞信鸿贸易有限公司项目均已审批落户并到位实到外资。开展外商投资企业联合年报，根据《商务部 财政部 税务总局 统计局关于开展 2021 年外商投资企业年度投资经营信息联合报告工作的通知》，结合上虞区实际情况，于 2021 年 4—7 月开展外资企业联合年报工作，上虞区实际参加年报的有 382 家。发放外来投资者"服务卡"，根据《上虞市外来投资者"绿卡"服务制度实施办法》，努力营造亲商、安商的投资环境，继续实施外来投资者"绿卡"服务制度。全年审核办理绿卡 15 张。办理疫情防控期间企业来华人员商务邀请函，在疫情防控期间，2021 年积极协助企业申办外籍人员来华邀请函 47 人次，为企业克服疫情困难、开展正常生产经营活动出力谋划。

六、对外经济合作

2021 年，全区实现境外投资额 1274.35 万美元，完成目标任务的 12.74%。实现境外工程营业额 6000 万美元，完成目标任务的 100%。

卧龙、龙盛、阳光、金科等 4 家企业入围"2021 年浙江本土民营企业跨国公司拟培育名单"。总投资 1.16 亿美元的浙江阳光照明电器集团股份有限公司舒塞尔医疗并购项目获批，为当年最大外经投资项目。5 月 19 日全省外经工作座谈会在上虞召开。

第六编

开发区发展概况

2021 年杭州经济技术开发区发展概况

1993 年 4 月，国务院正式批准设立杭州经济技术开发区。2009 年，杭州市委、市政府作出加快大江东区域一体化发展的战略部署，大江东"撤镇设街"，采取"城街合一，以城带街"的运行模式，江东新城、临江新城正式挂牌。2012 年 10 月，杭州大江东产业集聚区管委会正式挂牌。2015 年 1 月 1 日，大江东产业集聚区正式实体化运作。2020 年 4 月 9 日，杭州市宣布设立钱塘区。规划控制总面积 531.7 平方公里，其中陆域面积 436 平方公里、钱塘江水域面积约 95.7 平方公里。空间范围包括原杭州大江东产业集聚区和原杭州经济技术开发区，下辖下沙街道、白杨街道、河庄街道、义蓬街道、新湾街道、临江街道、前进街道等 7 个街道。

2021 年，杭州经济技术开发区在全国 217 家国家级经济技术开发区中位列第九，连续两年跻身全国前十，也是全省唯一进入全国前十的经开区。地区生产总值首次突破 1200 亿元，达 1218.23 亿元，同比增长 6.6%。规上工业总产值首次突破 3000 亿元大关，达 3169.11 亿元，增长 7.3%，规上工业增加值 677.17 亿元，增长 6.5%。全年新设外商投资企业 115 家，新增合同外资超 11 亿美元。引进外资结构持续优化，制造业利用外资年均占比在 45% 以上，高技术产业实际利用外资占比达 40%。

体制机制

一是凝聚工作合力。结合行政区的设立，对全区的组织机构的工作职责、运行机制等进行了优化提升，对工作流程、考核规则等进行了系统重构，进一步促进平台、街道、部门、国企条块联动，形成齐心协力促发展的工作格局。**二是浓厚工作氛围**。组织召开钱塘历史上的首次党代会和"两会"，听取各方意见建议、向社会各界报告钱塘工作；开展各层面"我们都是钱塘人"大讨论，提振信心、营造氛围。**三是提升工作能力**。实施干部素质能力提升"风鹏计划"，通过人事制度改革进一步强化了实干实绩导向，畅通平台、国企、科研院所各领域人才流通渠道，干部队伍素质得到进一步提升。

产业能级

全区围绕经济高质量发展目标，全力提升产业发展能级，2021 年全省开发区综合考评排名第一，入选全省首批 7 家高能级战略平台培育名单，高端生物医药获省万亩千亿产业平台全省第四、全市第一，航空航天万亩千亿平台全省前十。

一是提升打造产业平台能级。在原有医药港、大创小镇、综合保税区、钱塘芯谷、临江高科园、前进智造园六大平台基础上，又优化设置了江海之城、钱塘科学城、美丽云城三大新平台，全年实到制造业外资、152 项目数、工业用地出让量、工业投资、新增市场主体增长率均位居全市第一，研发投入强度位列全市第二。

二是强化产业链招商。紧紧围绕"链长制""九个一"工作机制,实施"一链一平台"发展战略,开展"产业链+集群"精准招商,持续推进芯智造、生物医药、汽车产业链等三条浙江省"链长制"试点示范。各平台全年盯引项目超 100 个,签约落户总投资亿元以上项目 70 余个,其中生物医药产业项目 26 个,集成电路产业项目 12 个,汽车产业项目 15 个,合计总投资近 600 亿元。签约落地英诺湖生物、零跑新能源汽车和士兰微电子 12 英寸芯片等总投资 30 亿元以上项目,带动上下游产业链重组,进一步巩固特色产业链优势。

三是加大科技创新驱动力。聚焦科技项目招引,重点引进拥有自主知识产权或掌握核心技术项目,积极培育"专精特新""隐形冠军",新增境内外上市企业 4 家,国家高新技术企业、省级科技中小型企业分别将达 800 余家和 1900 余家,区研发经费支出占比全市名列前茅,高新技术产业投资增长 36%,新增企业发明专利授权量增长 44%,省级以上孵化器和众创空间、院士专家工作站等创新载体加快培育,"未来工厂"入选市级培育数、认定数均位列全市第二,区域创新能力不断提高。

四是推进绿色集约高效。"双碳"目标提前布局,优化调整能源结构。积极推动格力园区钱塘氢电耦合项目、和达综合能源低碳示范基地项目等重点低碳项目建设;前进智造园成功申报杭州市首批低碳园区。深化"亩均论英雄",全面提升土地集约节约利用水平,获评省级"亩均效益领跑者";建立小微企业园商业配套联审机制,"三年百园"建设初见成效,省五星级小微企业园实现零突破。

开放型经济

积极响应中央、省市扩大对外开放部署,加快融入国内国际双循环等国家战略,进一步提升对外开放水平,全力打造标志性战略性改革开放大平台。

一是稳外资促发展。通过引进外资实现引产业、引技术、引人才、引要素,引进外资质量稳步提升,产业结构不断优化。制造业利用外资年均占比在 45% 以上;近三年的高技术制造业利用外资占高技术利用外资比重超 60%。

二是稳外贸促循环。充分发挥自贸试验区叠加综保区政策优势,探索保税+"未来产业"延伸布局,与海关建立推进自贸试验区在通关便利化方面的突破,全面打造自由贸易制度新高地。外贸进出口总额预计突破 1000 亿元大关,增长 12%。全区货物贸易进出口总额前 30 强中,外资企业占 17 席,外资制造业企业进出口额在总额中占比 60%;民营企业表现亮眼,出口增幅超 30%,对稳外贸起到了积极作用。

三是强开放促合作。新加坡科技园一、二期项目入驻率达 90%,累计引进百草味食品、微念科技(李子柒品牌公司)、花西子等入驻企业近 800 家,集聚各类高端人才约 11000 人;三期项目(总建筑面积 23 万平方米)即将投用,围绕信息研发、电子商务、文化创意、现代服务等产业加大项目招商,项目整体完成后,预计将吸引入园企业 300～500 家,实现销售产值 400 亿元以上。持续推动浙非服务中心以及硅谷钱塘中心建设,谋划推进以日本静冈为核心的亚太区域中心,以德国杜塞尔多夫为核心的欧洲区域中心建设,提升国际投资合作和全球资源整合能力。

四是围绕共同富裕目标,全面加快区域发展。强化与中西部地区国家级经开区合作共建,深化落实山区 26 县开放平台共建、山海协作、东西部协作等工作。与开封经济技术开发区成立合作共建载体,与龙游经济开发区签订合作协议,与四川省甘孜州理塘县持续深入开展帮扶对接,积极推进江山市和淳安县 3 个乡村振兴点建设。主动接轨长三角一体化,推进 2021 年 8 个省、市长三角重点项目建设；推动杭嘉一体化、杭甬双城记。

数字化改革

积极落实省市关于数字化改革的统一部署，以"两化融合"为主线，以数字化改革撬动各领域改革，激发数智发展"增长极"。

一是加快政府数字化转型。区无纸化办公程度全市领先，多个数字化改革项目列入省级、市级试点，在全市率先开发"大会塘""钱总督"微应用，实现办会、督查减负增效；推动内部"最多跑一次"改革，办件量全市第一。

二是深化数字经济改革。"一键找园"多跨应用场景和生物医药产业大脑纳入全省数字化改革重大应用，"亲清钱塘""投资之家""净地一件事""文产云""全域智治"等数字化改革成果发挥成效，基层治理下沉式、网格化、数字化成果不断显现。在开放合作上创造了多个"全国首创""全国第一"，自贸区、综保区、跨境电商综试区持续输出开发区模式和经验。

三是推动企业数字化改造。持续推进制造业企业数字化改造工程。组织企业实施技改、数字化攻关、工厂物联网、企业上云等数字化项目，实现规上工业企业数字化改造全覆盖，完成数字化改造攻关项目60余个。四是深化数字经济基础建设。加快推进新一代数字经济基础设施建设，建设5G基站279个。

营商环境

坚持以营商环境建设为核心，深化"最多跑一次"改革，以一流环境吸引一流人才、打造一流产业。

一是推进集成改革。以浙江省当前唯一的省级优化营商环境集成改革试点为契机，围绕企业政务服务和生物医药产业"双线集成"改革，最大限度将突破性改革成效转化为市场主体活力和产业链竞争力。

二是优化企业服务。推进政务服务"去中心化"，深化"放管服"改革。探索"分钟制"改革及商事登记确认制改革应用场景市级试点建设，优化营商"软环境"，全区新增市场主体同比增长超70%，增幅居全市第一；实行"703020"产业项目推进流程再造，制造业项目用地出让后半年内开工率提升50%以上。

三是强化政策扶持。开展全区1+4+X政策体系修订工作，启动起草高质量发展百条新政。从产业发展、创新驱动、人才引育、招商选资、开放合作等多个方面，为企业打造最优发展环境。优化人才扶持，全面落实"人才安居乐业一件事"，更新出台"人才新政25条"，建立科研人才高校院所—企业联合培养机制，实现资源共享、人才共育。

四是做优公共服务。深入开展亚运城市行动，环境综合整治提升和美丽乡村建设扎实推进，学校、医院、大剧院、安置房居家养老服务中心等民生工程加快实施，着力打造共同富裕示范区钱塘样板。

党风廉政建设

一是贯彻上级决策部署坚决有力。聚焦贯彻落实中央、省市委决策部署，全力抓好行政区划调整的组织实施，改革发展"两手抓、两促进"，保障政令畅通和工作推进，做到"两个维护"。**二是管党治党责任体系不断健全。**细化制定加强对"一把手"和领导班子监督"五张清单"，层层压实各责任主体管党治党责任，形成齐抓共管局面。**三是省委巡视整改有效落实。**强化省委巡视配合及巡视反馈问题整改、监督工作，明晰"四张清单"，逐项对账销号。四是清廉钱塘建设系统推进。出台《关于纵深推进清廉钱塘建设的实施意见》，建立"1+8+N"工作体系，党员干部 3 万余人次参加清廉教育。五是政治生态环境不断优化。大力支持纪检监察工作，常态化对区委一把手和班子成员开展政治画像，建立并动态更新区管干部廉政档案，持续优化政治生态环境。

生产安全

一是完善基层应急管理责任体系。将安全生产职责融入各行业部门三定方案，进一步健全区安全生产联防联控机制。二是完善应急管理组织体系。各副区长担任各专委会主任，建立更完善的安委会"1+12"安全生产责任体系。三是完善应急指挥调度体系。集中资源强化企业应急救援站、应急救援队建设，扶持 7 支社会公益应急救援队伍。"1+7+N"基层应急管理救援体系已初步形成。四是推进重点行业领域专项整治。以三年行动方案为总纲，通过"月月有专项"，打赢"遏重大"攻坚年攻坚战。五是全面提升社会安全素养。开展"钱塘安全大讲堂"活动，完成安全生产社会化服务 7700 余家次，举办两期应急干部能力培训，通过多种形式强化干部安全生产责任意识。

（杭州经济技术开发区管委会）

2021 年嘉兴经济技术开发区发展概况

1992 年 8 月，嘉兴经济技术开发区经浙江省政府批准设立为省级经济开发区。2010 年 1 月，设立嘉兴国际商务区，规划面积 40 平方公里，依托沪杭高铁开发建设，与开发区合署办公。2010 年 3 月，经国务院批准升级为国家级经济技术开发区。2010 年 6 月，以开发区、国际商务区为重要组成部分的嘉兴现代服务业集聚区获省政府批准，规划面积达 110.3 平方公里，与开发区、国际商务区合署办公；2014 年 2 月，经整合提升，嘉兴经开区（国际商务区）由核心区块和嘉兴工业园区、嘉兴秀洲经开区、嘉兴港区等组成，规划面积达 284.8 平方公里。

2021 年，嘉兴经济技术开发区（以下简称嘉兴经开区）紧紧围绕庆祝建党百年的工作主线，深入实施"创新驱动、开放带动、制造强区、产城融合"四大发展战略，团结带领全区广大干部群众加快推进"三个先行地"建设，全面开展"五个奋进年"活动，经济社会各项事业呈现稳中向好、蓬勃向上态势。全区全年 GDP 可比增长 6.1%，完成固定资产投资 186.8 亿元，合同外资 6.6 亿美元，实到外资（部口径）4 亿美元，完成一般公共预算收入 32.6 亿元，同比增长 8%。完成规上工业增加值 161.2 亿元、同比增长 15.5%，规上工业利润总额 49.3 亿元、同比增长 53.1%。嘉兴经开区已经连续 8 年在全省国家级经济技术开发区考核中名列第二，成功入围首批浙江省高能级战略平台培育名单，并在综合发展水平、对外贸易、利用外资三项榜单均获全省年度先进开发区。成功入围首批浙江省高能级战略平台培育名单。高铁新城片区总控和各专项规划编制稳步推进，与胡润百富共同发布民营企业世界 500 强榜单并举办高峰论坛，进一步提升了平台影响力。

开放型经济

招商引资逆势上扬，北、上、深驻点招商全面运作，引进了美国奥复、雅斯科总部，意大利欧尼贝耐，瑞士礼的乐活植物基食品，海天调味品等一批先进制造业项目，美国沃尔玛集团山姆会员店，法国铂尔曼酒店，丹麦生活空间乐园，新加坡凯德集团总部园区等一批现代服务业项目落户高铁新城，全年完成合同利用外资约 6.6 亿美元，完成实到外资 4 亿美元。高质量成功举办第七届国际经贸洽谈会，签约 34 个项目和 3 个战略合作协议，总投资达 315 亿元，实现了"一届比一届更精彩"。高端人才加速汇聚，"一楼一园"引才效应进一步显现，累计引育高层次人才 357 名和人才项目 30 个。重点项目加速推进，香港合景泰富、福斯特光伏、东明不锈钢等 26 个超亿元产业项目开工，德国采埃孚商用车基地、意大利佐帕斯等 20 余个超亿元项目竣工，超亿元产业项目开工、竣工率均列全市第一。营商环境不断优化，"企业服务直通车"问题解决满意率达到

100%，全年兑现各类补助资金 6.1 亿元。

产业转型升级

坚持先进制造业和现代服务业两业并举，产业结构不断优化，服务业增加值占 GDP 比重达50.7%。楼宇经济效益提升，培育千万楼宇 31 幢，其中亿元楼宇 8 幢。北部区域转型倍增全面启动，2021 年以来完成拆迁评估 39 家，涉及土地面积970.14 亩，新签订拆迁协议 20 家，涉及土地面积569.21 亩。全区整治"低散乱污"企业（作坊）55家，腾退低效用地 607 亩。能耗双控推进有力，累计腾退用能 1.4 万吨，规上工业增加值能耗下降2.8%。企业培育成果丰硕，5 家企业成功入围第三批专精特新"小巨人"企业名单，上榜数量全市第一；和达科技成功科创板上市，储备培育拟上市企业 25 家。数字化改革深度发力，总门户和五大综合应用门户顺利上线运行，在全市先行先试网络餐饮治理"一件事"集成改革工作，"平安数智楼宇""智慧园区"等应用成效显著。

城市建设

平台能级显著提高，嘉兴先进制造业国际创新园二期项目基本建成，金融广场二期项目开工建设，马家浜健康食品小镇正式被命名省级特色小镇。城市框架不断拉伸，开禧大桥主线桥合龙，城南路全面贯通，三环南路精品示范道路全面完成，累计年度投资超 25 亿元。绿化景观不断呈现，新增绿地 50 公顷，马家浜考古遗址公园、嘉兴·蔬彩园顺利建成开园，姚家荡片区成功创建省级"美丽河湖"，九里港—长水塘绿道成功创建"嘉兴市最美绿道"。土地要素保障有力，全年预计供地总量 2500 余亩，盘活存量建设用地 1100亩、消化转而未供土地 754 亩。生态环境品质提升，全区行政交接断面考核结果为优秀，贯泾港饮用水源地水质首次达到 II 类，空气质量连续两年突破性达到国家二级标准；率先启动全市首个工业危废"点对点"资源再综合利用试点，辖区内地块安全利用率 100%，生态环境质量公众满意度持续提升。

民生保障

基层医疗机构规范化标准化建设成效明显，嘉北、塘汇街道社区卫生服务中心二期项目加快推进，凯宜医院正式开业。圆满完成"大病无忧"参保任务。省市民生实事项目高质量完成，公共服务优质供给，全面推动"双减"落实，课后服务实现全覆盖，顺利完成 4 所民办新居民子女学校的举办权回购工作，姚家荡中小学、绿城育华双溪湖实验学校等项目有序推进，杭师大经开附小丰园校区等 5 所学校已启用开学，作为全省唯一功能区接受省政府教育督导并获得"B"等。智慧医养结合服务三级平台实现互联互通，"三位一体"智慧养老体系不断完善。婴幼儿照护指导服务网络、"健心客厅"实现街道全覆盖，在全省率先实现全域农贸市场五化提升全覆盖。全面提升退役军人服务保障体系。对口协作取得实效，新结对阿坝州松潘县，预计全年累计完成消费帮扶3 亿元，到位产业投资额 2.8 亿元。平安稳定筑牢基石，高标准圆满完成了建党百年大庆、世界互联网大会等重大活动维稳安保任务；全面打响全区工业企业"大排查、除隐患、保平安"百日攻坚战，已闭环整改 1675 项；全力推进信访积案化解和重复信访治理，28 件省级重复信访事项全部化解；深化全民反诈，电诈发案数、案件损失数成功实现"双下降"，平安考核持续保持全市第一。

党建工作

高质量开展党史学习教育，深入开展"六讲六做"大宣讲活动，第一时间学习传达党的六中全会精神，持续深化区党工委理论学习中心组成员基层理论宣讲联系点机制，实现基层党史宣讲全覆盖。精心谋划建党百年系列活动，举办全区庆祝中国共产党成立100周年表彰大会，全力配合市级部门高效完成快速路、有轨电车、南湖大道等"3+X"主要道路沿线以及嘉兴高铁南站、运河新区等"1+6"重点区域的环境整治提升工作，以全区"洁齐美"献礼建党百年。深入开展"守根脉、保平安、办实事"网格大走访，实现居民、企业走访全覆盖。及时处置各类重大涉稳事项219起，确保大庆期间社会面平稳可控，成功助力嘉兴在建党百年的高光时刻大放异彩。

开展"七讲七比、争先攀高"党建高地创建行动，全面构建党建统领的整体智治体系。扎实推进"红动禾城·品质经开"基层党建全域提升行动，高质量打造"一街一品""一社一品"。全市首推居民小区"睦邻党建"，建设启用区级党群服务中心，实现两新组织党务红领100%覆盖。全覆盖开展全区领导班子和领导干部考察工作，选优配强街道领导班子。注重年轻干部能力培养，选派年轻干部50余人次参与中心（专班）工作。推动清廉经开建设走深走实，以清廉单元示范点创建为抓手，全域推动八大清廉单元齐头并进；高质量推进巡察全覆盖，完成第二轮12个单位巡察，并对2020年已巡察的27个社区全部开展回访检查，推动全面从严治党向纵深发展。组建人大工作联络工委，挂牌建成区代表联络站。

（嘉兴经济技术开发区管委会）

2021 年宁波经济技术开发区发展概况

宁波经济技术开发区位于浙江省宁波市东部的北仑区。1984 年 10 月，经国务院批准设立，规划面积 3.9 平方公里，为全国首批 14 家国家级开发区。1992 年 10 月，面积扩大到 29.6 平方公里，同时撤销原北仑港工业区，并统一纳入宁波开发区管理。2002 年底，宁波开发区与北仑区实行"一套班子、两块牌子"的管理体制。北仑区陆域面积 615 平方公里，海域面积 258 平方公里，常住人口 92 万。2002 年底，两区合并后，宁波经济技术开发区管辖面积为北仑全域。

宁波经济技术开发区（北仑区）依托港口优势和开发优势，经过 35 年多来的发展，形成以汽车、装备、石化、钢铁、能源等为主体的临港产业集群，以集成电路、高端装备、新材料等新兴产业。拥有吉利、申洲、海天等一大批实力企业，规上工业企业 784 家，产值超百亿元企业 11 家、超 10 亿元企业 58 家，境内外上市公司 18 家。2020 年 9 月，中国（浙江）自由贸易试验区宁波片区落户北仑。

2021 年，宁波经济技术开发区围绕忠实践行"八八战略"，奋力建设"重要窗口"，担当起锻造世界一流强港硬核力量的战略使命，打造一流强区，建设现代化滨海大都市高能门户。2021 年实现财政总收入 505.26 亿元、增长 28.2%，一般公共预算收入 254.98 亿元、增长 24.7%，规上工业总产值 3750.85 亿元、增长 18.9%。北仑区全年外贸进出口总额（2001.33 亿元）创历史新高，同比增长 24.2%。

稳增长促消费

顶住复杂国际形势和疫情冲击，积极稳妥处置"8.10"港口疫情，常态化落实海港口岸闭环管理、冷链物流监管、高风险地区输入管理等关键环节，坚决守住宁波东大门。大力帮扶企业，"工业集聚区社区化管理和服务规范"成为省级地方标准。全面提振消费，打造"首店经济""直播经济""夜间经济"，运营全省首个"保税展示＋直播"展示中心。

产业转型升级

加快两业融合、两化融合，入选全省产业集群新智造试点，模具、文体行业进入省首批"揭榜挂帅"项目，东方电缆、贝发入选国家级、省级"两业融合"试点。更强定力打造高能级平台，芯港小镇成功入选省级特色小镇创建名单。更大力度培育高成长企业和创新人才，结合自贸试验区建设迭代升级"青年北仑"人才政策，全年新增国家级单项冠军企业 5 家、专精特新"小巨人"企业 15 家，入选市"大优强"企业数量全市第一。全力推进高耗低效整治行动，深化"亩均论英雄"改革，线上对工业企业进行全流程综合评价管理，以协商回购、增资技改、引导转让、转型升级等方式盘活闲置土地，相关做法获彭书记批示肯定，"建管并重"整合小微企业园，大碶高档模具及汽配产业基地创成省五星级小微企业园。

开放型经济

加快自贸试验区建设，新型离岸国际贸易发展试点、跨境贸易高水平开放试点、QFLP和QDLP试点等5个国家级改革试点示范落地，7项制度创新案例入选省级30个最佳案例，复制推广全国试点经验219项，引进总投资2000亿元的64个签约重点项目，投产产值约260亿元的35个重大产业项目、营收超2000亿元的66个服务业项目。巩固外贸领先优势，预计全年实现进出口总额3925.1亿元，继续保持全省第一，3家企业入选国家级重点文化出口企业。

体制机制改革

高质量发展建设共同富裕示范区，抓住全省首批试点契机，落实"四张清单"，开工总投资175.7亿元的17个项目，全国首创工业社区管理服务省级地方标准，入选全国首个基层民族工作标准化试点。加大数字化改革，深化数字政府综合应用门户建设，数据共享需求满足率达99%，打造"青年安居""平安水域""撬装加油监管""区块链赋能环保码创新应用"等特色应用，全省率先探索政务服务网红直播，两业融合数字政府应用场景入围全国首批20个"两业融合"试点区域。

民生保障

关爱"一老一小"，运行全市首个"医养结合综合体"，试点"居家养老智慧监管系统"，创建全国义务教育优质均衡发展区和学前教育普及普惠区，建成国家级示范性老年友好型社区，荣膺全国首个儿童友好型城区。试点培育住房租赁市场，争取央补资金2.3亿元，新建、改建、盘活房源5869套，在全市做经验交流。创新推出冷链企业新冠病毒精密防控系统、营养健康农贸市场，为全民健康保驾护航。

（宁波市经济技术开发区管委会）

2021 年余杭经济技术开发区发展概况

1993 年 11 月浙江省余杭经济开发区设立。1997 年 7 月底，余杭开发区与余杭市下沙经济区合并，组成新的余杭开发区。2002 年 3 月 27 日，杭州经济技术开发区临平园区、余杭开发区、余杭高新技术产业园区三大区块合并为"杭州临平业区"并揭牌。2002 年 7 月 19 日杭州临平工业区与余杭开发区合二为一，建立中共杭州临平工业区工作委员会和杭州临平工业区管理委员会。2004 年 10 月 10 日，余杭经济开发区与临平街道合署办公。2006 年 1 月 1 日，杭州经济技术开发区临平园区更名为杭州钱江经济开发区，同时保留杭州工业新区名称。2012 年 7 月 30 日，经国务院批准，余杭开发区升级为国家级经济技术开发区，定名为余杭经济技术开发区。2015 年 11 月，整合杭州余杭经济技术开发区和杭州钱江经济开发区，成立杭州余杭经济技术开发区 (钱江经济开发区)。开发区托管东湖街道，下辖 38 个村（社区）和 1 个社区公共服务站，总面积 76.94 平方公里。

2021 年，开发区积极把握临平区开启高质量发展新征程的重大战略机遇，咬定"千亿"目标，聚焦聚力制造业和数字经济"双引擎"驱动，抓项目、盯招商、优服务、提能级，经济社会发展呈现向上向好的良好态势。实现规模工业总产值 1061.77 亿元，首次突破千亿大关，同比增长 23.2%；实现规上工业增加值 313.69 亿元，增长 16.8%。实现规模高新技术产业增加值 272.87 亿元，增长 17.2%；实现有效投资 155.64 亿元，增长 46.7%，其中工业投资 59.15 亿元，增长 24%；实现财政总收入 66.6 亿元，同比增长 21.9%；实现地方财政收入 35.2 亿元，同比增长 16.6%。引进固定资产总投资亿元以上制造业项目 32 个，10 亿元以上制造业项目 4 个；引进外资总额 1.146 亿，其中高技术外资占比 74%。开发区在商务部 2021 年国家级经开区综合考评中名列第 24 位，成功进入国家级开发区第一方阵。

产业发展

强化数字经济和制造业"双引擎"，聚焦重点产业、重点企业，加快推进产业能级跃升。全年完成新升规 61 家、"净增规" 33 家，规上工业企业突破 355 家，总量创历史新高。新增上市企业 2 家（杭汽轮、百诚医药）。微策、本松、福斯达、西奥更新等"扎根项目"新增用地全部开工，5 个项目共落实土地 247 亩。成功创建以"未来工厂—数字化车间—数字化产线"为主线的省级新智造区域示范，西奥电梯入选省"未来工厂"；新希望乳业入选省智能工厂（数字化厂间）；老板电器、春风动力入选杭州市"链主工厂"（全市仅 5 家）；运达风电获国家科学技术进步二等奖、浙江省政府质量奖和浙江省创新型领军企业；本松、麦乐克入选第三批国家专精特新"小巨人"；万通智控获省"隐形冠军"；西奥电梯、运达风电、老板电器获全省制造业"亩均效益领跑企业"。

招商引资

围绕招优引强，立足主导产业，聚焦创新医药、高端医疗器械和医疗服务三大生物医药产业链，先后引进百强药企成都倍特药业投资的创新药和高端仿制药生产项目、纽安津生物科技总部项目、科创板拟上市企业联赢医疗总部项目，全球第二大 CRO 公司艾昆纬、临平生物医学工程创新中心等项目顺利签约。聚焦细分领域龙头企业和科创板上市企业，先后招引江丰电子、新西奥、燕麦科技等装备制造头部项目。围绕全省首批开发区智能制造"链长制"试点，依托求是半导体等"链主"企业，引进中为光电、晶创自动化、科盛智能、慧翔电液等一批补链延链项目。深耕基金招商，先后引进璞睿科技、神州医疗项目、英术科技等一批科技型、成长型项目。加强与高校科研机构联系合作，成功引进飞仕得、博源润生等7 个高校系项目。

创业创新

打造高能级平台矩阵，工信部服务型制造研究院建成启用；浙大高端装备研究院入驻徐工研究院、雪浪云等平台；省级家纺产业创新服务综合体签约落地理工大临平家纺产业技术转移中心；中国（浙江）卫生健康科技研发与转化平台、省医疗器械检验研究院开发区院区、浙大基础医学创新研究院先后开园并投入运营。成功创建省级双创示范基地，新增创新空间载体9 个，累计打造48 个；新增创新空间 61.5 万平方米，累计建成创新空间 300 万平方米。创建省级"杭州未来智造工程师协同创新中心"（全省 14 家），打造未来智造工程师协同创新产业园，共新增 F 类以上特色人才 520 名；引进海外高层次人才 60 名，引进或培育海内外高层次人才项目 57 个。新引进顶尖人才 3 名，国家级领军人才 16 名，培育省级领军人才 4 名。

配套建设

抓重点区块规划建设，市民广场项目正式开工，小林高科地块成功出让。深入推进"腾笼换鸟"，加快老工业区块连片提升改造，老板电器、恒生印染、双林化工、鸿辰化纤等 15 个项目已开工。抓重点项目建设，加快推进浙江理工大学临平校区、红丰幼儿园、胡桥幼儿园等学校项目；加快实施老城区有机更新、禾丰港整治、重点道路改造提升等"靓城行动"项目；玉架山考古遗址公园正式开工并入围第三批省级考古遗址公园。抓征迁攻坚，东湖街道全年完成泉漳、李家桥等区块征地 1019.56 亩，签约农户 563 户；水享、微策、倍特等 19 个产业项目地块净地交付；星光街整治、横塘安置房地块已实现"征迁清零"，完成运河二通道、红丰沿街商铺等项目征迁，临和家苑等安置房项目建成交付，工农、红旗、胡桥三个社区 360 户家庭安置房交付分房。

2021 年湖州经济技术开发区发展概况

湖州经济技术开发区由浙江省人民政府于 1992 年批准设立，2010 年 3 月被国务院批准为国家级经济技术开发区。2000 年省政府批准设立浙江省湖州高新技术园区；2010 年省政府批准设立湖州南太湖产业集聚区核心区。2010 年省政府批准设立湖州南太湖产业集聚区度假区分区；2012 年省政府批准设立湖州太湖旅游休闲集聚区。2019 年 4 月，湖州南太湖新区经省政府正式批复，按照"一个平台、一个主体、一套班子、多块牌子"体制架构成立新区管理机构，保持原有两块国家级牌子不变，同步撤销省级以下产业平台牌子。新区继续保留并管理湖州经济技术开发区、湖州太湖旅游度假区。湖州经济技术开发区规划控制总面积 225 平方公里。包括湖州南太湖产业集聚区核心区，湖州太湖旅游度假区全部区域，湖州市吴兴区环渚街道 5 个村，以及长兴县境内的部分弁山山体。

2021 年，湖州经济技术开发区坚决贯彻落实习近平总书记"一定要把南太湖建设好"的重要指示精神，扎实开展聚力"三服务""五战"开新局、项目大突破活动，坚持以项目大突破为主线，聚焦聚力 75 项重点工作，经济社会发展呈现良好态势。入选全省首批高能级战略平台培育名单（全省 7 家、全市唯一）。在全省 2020 年度省级新区综合考评中位列第二，获评优秀单位。湖州经济技术开发区在全省 2020 年度国家级经济开发区综合考核中位列第六，较 2019 年上升 3 位。2020 年度市对区县综合考核一等奖。完成地区生产总值 282.4 亿元，增长 9.5%；财政总收入 73.5 亿元，增长 22.4%；地方财政收入 45.7 亿元，增长 30.1%；完成固定资产投资 292.3 亿元，增长 25.6%；完成规上工业增加值 69.9 亿元，增长 12%。

招大引强

深入实施招大引强攻坚行动，在项目招引落地和服务推进上精准靶向发力，奋力跑出项目双进的"开发区速度"。

一是瞄准产业集聚抓招引。聚焦"3+1"主导产业，锁定北京、上海、深圳等城市，驻点招商、精耕细作、精准发力，2021 年以来新引进亿元以上项目 91 个（其中 50 亿元 2 个，20 亿元 4 个），总投资 611.9 亿元，完成世界 500 强直投项目 2个（DHL 和吉利）。强化产业链招商，做好补链、延链、强链文章，吉利商用车、天能新能源产业园、蜂巢能源、卫蓝电池等一批大好高项目落地建设。

二是健全工作机制抓推进。采取"一项目一领导一牵头部门一专员"的专班模式，坚持周协商、月例会制度，累计召开项目推进协调会 142 次，为 89 个在建项目提供"一对一"精准服务。严格执行"2345+ 节能减排"项目准入标准，借力数字化赋能，打造"项目全生命周期管理"应用场景，对项目招引落地、建设推进、竣工验收、投产达产等环节进行全过程履约监管，让项目建设搭上"云快车"。全年新开工亿元以上项目43个，竣工40个，其中3亿元以上项目分别为19个和12个。

三是锻造双进铁军抓攻坚。持续深化全委招商一盘棋格局，全面落实"两个70%"的工作要求，以驻沪工作部为试点开展全员竞聘，抽调爱招商、有拼劲、懂经济的年轻干部充实到招商一线。连续2年举办专业招商培训班，着力打造一支能招商、会招商、善招商的专业队伍。推进审批制度改革，加快项目前期，强化项目代办，缩短审批时间1/3。23名服务专员全程跟踪服务项目建设，及时化解矛盾困难，实地走访2000余次，解决问题500多项。

四是破解要素制约抓保障。通过申报省重大项目、开展土地综合整治等，积极向上争取土地指标，入选省重大产业项目6个、省重点项目13个，争取土地指标2403亩。加快推进国有公司市场化转型，创新片区开发模式，多方筹措资金，提高使用效率，稳步化解政府隐性债务。

平台建设

始终把打造高能级平台作为重中之重，把握新发展形势，赋予平台新的时代内涵，创新方式、更新思路，努力建成引领和支撑湖州未来发展的战略支点。

一是南太湖未来城快速推进。征地拆迁和土地整治全部完成，基础设施建设全面铺开，总投资300亿元、总建筑面积300万平方米的40幢产业大楼集中开工，南太湖CBD、绿色金融中心"一街一镇一大厦"、总部园40幢产业大楼等一批项目进入主体施工，完成总投资的34.3%，南太湖未来城形象基本成型。

二是湖州科技城框架成型。核心区15平方公里布局基本完成，累计完成投资198.47亿元，2021年完成投资42亿元。南太湖科技创新综合体等6个平台建成并投入使用。电子科技大学长三角研究院（湖州）、浙江大学湖州研究院两个重量级平台签约落地，累计引进院（校）地合作平台25个、众创空间28家，引进院士专家10人，引育国家级人才78人、省级人才118人。入选2021年省级"大众创业、万众创新"示范基地。

三是产业园区效益显现。生物医药产业园基本建成，康山分区、黄芝山西拓区两个万亩大平台基础设施全面完成。铁公水综合物流园入选第三批省级示范物流园区，被列为浙江省2021年度物流园区提质增效试点名单，唯品会销售收入拉动全省社会消费品零售总额增长0.2个百分点（拉动全市社会消费品零售总额增长1.8个百分点），湖州首个B型保税物流中心正式运营，进出货值居全省第二，申报综保工作正在有序推进。四是滨湖旅游招牌更靓。突出高端度假、湖光山色品牌，加速招引高端文旅项目，鑫远健康城、风帆酒店等18个项目加快落地建设。高标准通过国家级旅游度假区复核验收，国际滨湖度假大会永久会址落户开发区。连续举办20届全国极限运动大赛、16届帆船赛、11届环太湖国际公路自行车赛，年接待游客突破1000万，旅游收入超120亿元。

产业升级

聚焦高质量绿色发展，坚持先进制造业和现代服务业双轮驱动，积极构建"3+1+N"现代产业体系。

一是产业集聚得到新提升。主导产业加快集聚，新能源汽车及关键零部件、数字经济、生命健康三大产业产值占比从2018年的43%提升至54.7%。城市经济新业态发展良好，新增纳统楼宇9幢，实现入库税收22.6亿元，较2020年同期增长54.2%。共有纳统楼宇51幢，千万税收楼宇30幢。南太湖科研设计服务集聚区获评省级评价同类第一名，数字文旅现代服务业创新发展区入选全省第一批名单。

二是企业培育迈上新台阶。出台推动制造业高质量发展实施意见，84家签订培大育强协议的企业，2021年实现产值130.6亿元，同比增长40.3%。永兴材料连续四年蝉联市"金象"企业，辛子精工被列为"金象金牛"培育试点，微宏动力是全市唯一一家"独角兽"企业，并于2021年7月27日在美国纳斯达克上市，久盛电气于10月27日在深圳创业板上市。

三是提质增效取得新进展。树牢提质就是扩容的理念，扎实推进工业土地全域治理，大力实施腾笼换鸟，滚动排定两批81家低效整治清单，累计盘活土地4159亩。标志性的项目有恩驰汽车盘活引进吉利商用车、白银小镇盘活建设绿色金融小镇、邀优动力盘活引进天能锂电池、特瑞思引入战略投资者上市企业珍宝岛药业。

城市建设

始终坚持以人民为中心，积极探索"两山"实践转化，建设美丽宜居新城区。

一是绿水青山本底更实。高标准打造生态绿廊示范带，投入近3亿元实施岸线治理、渔民上岸、生态修复等工程，持续用力治水治气治污，率先在全市完成中央第二轮环保督察反馈问题整改。围绕"两山"转化规划纲要，排定8大行动、107项重点任务抓好攻坚，打造"两山"示范区城市版的目标更加坚定，路径更加清晰。组建"碳达峰"专班，全面启动《二氧化碳排放达峰行动方案指南》编制工作。高标准推进能耗"双控"工作，抓实"两高"和低效D类企业错峰生产，稳定保持80%和30%左右产能。

二是社会事业全面发展。坚决打赢疫情防控攻坚战，实现了零病例、零疑似、零确诊。高品质建设公共服务配套，南太湖医院、鑫达医院、华师大附属中学、滨湖高中等建成投运。义务教育"双减"工作平稳顺利，辖区内营利性学科类

培训机构压减数44家，压减率100%。在全市率先实现街道级幸福邻里中心、居家养老服务中心"全覆盖"。顺利通过"基本无违建区"验收，深入推进"无欠薪"创建，高标准推进城市精细化管理，高质量创建文明典范城市，着力打造"美丽中国国际会客厅"。

三是营商环境不断优化。深化"最多跑一次"改革，94%事项实现"网上办""掌上办"。狠抓数字化改革，聚焦制度重塑、流程再造，坚持务实管用的原则，全力打造项目全生命周期管理、黄金湖岸生态联勤、长东片区智慧城市等多跨场景，争取省级试点4个。"绿源智治"多跨场景在全省法院系统作交流发言，在全省推广；"黄金湖岸生态联勤"多跨场景在全市作交流发言。惠人才、惠企业的政策力度大、兑现及时、阳光便捷。

四是基层治理稳步提升。实施基层治理集中补短板攻坚行动，率先在全市探索应急救援社会化服务，以"和事坊"为品牌的矛调中心建成并投入使用。实行委领导包案，加大历史遗留问题处置，一大批社会不稳定问题得到化解。持续推进"双排查双见底"行动和"遏重大"专项整治，圆满完成重大时点维稳安保，社会大局总体平安和谐稳定。

党建工作

一是强化政治担当。常态化抓好习近平总书记在浙江和湖州考察时的重要讲话精神学习，高标准推进党史学习教育，举办庆祝建党100周年暨党史学习教育文艺演出，郎部抗日纪念馆获评省级党员教育培训基地。组织党员干部在疫情防控、项目建设、征地拆迁、招商引资、综治维稳中锤炼党性，进一步增强"四个意识"，坚定"四个自信"，做到"两个维护"。

二是建强铁军队伍。大力选拔敢担当、能力强的优秀年轻干部，全年调整配备科级干部93人次。创设南太湖大讲堂，高质量举办干部轮训班，

提升干部素质和能力。规范提升编外人员管理，组织驻沪工作部全员竞聘。持续抓好"双创双全"组织力提升，全域全面打牢基层基础，打造4条特色党建示范带，6名党组织书记入选省、市"担当作为好支书"。

三是锤炼优实作风。坚持实干实绩导向，聚焦经济社会发展、项目双进双产、招才引智等工作，每年排定全区重点事项工作清单，采取"月例会、月督查、月排名、月公示"机制，以重点工作的突破推动全区整体工作落实，比学赶超的氛围进一步浓厚。

四是深化党风廉政建设。贯通"四责"协同，持续深化清廉机关、清廉村居、清廉企业等清廉单元示范建设，推动清廉开发区建设走深走实，持续提升基层治理水平。驰而不息纠"四风"，弘扬新风正气。

2021 年绍兴柯桥经济技术开发区发展概况

绍兴柯桥经济技术开发区（简称柯桥经开区、经开区）是 1993 年 11 月经浙江省人民政府批准成立的第一批省级经济开发区。2012 年 10 月，开发区被国务院正式批准升级为国家级经济技术开发区。2018 年结合体制机制调整的契机进行第三次深化整合提升，2020 年 10 月省政府批复同意本次整合提升。第三次整合提升后开发区区域北至征海路以南，南至 104 国道线，东至曹娥江，西至杭州市萧山区，总规划面积约为 198.7 平方公里，下辖马鞍、齐贤、安昌、柯桥、华舍、钱清六个街道。

柯桥经济技术开发区经过二十多年发展，已拥有全国生产规模最大、产业链最完整、市场销量最大和设备最先进的大纺织产业集群，基本形成了 PTA（化纤）、纺织印染、新材料（薄膜、碳纤维）、金属制造和环保能源等五大主导产业。先后荣获：国家火炬计划产业基地、中国绿色印染研发生产基地、中国新型化纤研发生产基地、长三角最具投资价值开发区等称号。

2021 年，柯桥经济技术开发区实现规上工业总产值 1766 亿元，同比增长 10.97%；限上批零销售额 1044.85 亿元，同比增长 35.93%；固定资产投资 178.53 亿元，同比增长 12.35%，其中工业投资 134.68 亿元；规上工业增加值 424.43 亿元，同比增长 22.5%；财政总收入 149.11 亿元，同比增长 17.1%；自营出口 754.04 亿元。辖区内入驻企业达 4.4 万多家，其中规模以上工业企业 789 家，国家重点扶持的高新技术企业 378 家。荣获 2020 年度综合发展水平年度先进开发区和对外贸易年度十强经济开发区，荣获浙江省制造业高质量发展三星级园区，荣获中国绿色印染研发生产基地，通过市级绿色园区评审，通过 2021 年省级先进制造业和现代服务业融合发展试点。

招商引智

紧紧抓住项目这一"生命线"、"牛鼻子"，突出招引大项目、好项目，为柯桥经开区可持续、高质量发展注入强劲动能。**一是全力以赴招大好优项目。**经开区 2021 年已集中签约引进 36 个项目，其中 100 亿以上项目 1 个（光学薄膜项目）、50 亿以上项目 1 个（轻纺城物流），20 亿以上项目 3 个（宏华数码、百布总部项目、一汽四环），10 亿以上项目 6 个（鹰游碳纤维、百特电器、金道科技、中中纺织、WWT 纺织、远威科技）、5 亿以上项目 24 只（包括深圳良机、领蔚生物、晨旭机器人项目等）。**二是对标对表抓项目进度。**2021 年新开工现代产业项目 4 个，新竣工 7 个，特别是旗滨新材料、新宜中国 2 只项目成功列入 2021 年市县长项目，其中旗滨新材料已完成桩基施工，新宜中国于 5 月 27 日土地摘牌，已完成规划总图设计，已于 6 月底进场开工。同时，上海深迪半导体、武汉滨会生物总部成功进驻柯桥。**三是不折不扣完善项目服务。**实行项目"一对一"

全生命周期管理服务，全力全速推进项目建设，紧跟项目招引步伐，双管齐下不脱节。

产业集聚

加快新旧动能转换、加速印染集聚提升，进一步推动开发区产业集聚升级。**一是持续优化产业链。**围绕柯桥区"5+3+4"现代产业体系建设，坚持传统产业改造提升与新兴动能培育壮大两手抓。以"绿色高端、世界领先"为发展目标，进一步完善产业链"链长制"。在已有"PTA—聚酯—化纤—纺纱织造—印染—服装"为核心的时尚纺织产业链基础上，结合"九个一"工作机制，通过充盈大、好、优项目攻坚项目进度实现"强"链、"补"链、"建"链。**二是有效推进印染集聚升级。**深化全市"一盘棋"理念，柯桥区承接越城印染产业跨区域集聚提升的五大组团六只项目全部开工，已有5只项目完成试生产，进入设备调试阶段。相关配套方面，供电、供水、供气、排污等各类配套设施项目同步推进。"宝纺印染""红绿蓝纺织""迎丰科技"三家企业荣登全国印染企业30强。**三是正式启动产业飞地建设。**江山—柯桥飞地产业园正式成立，并经柯桥区政府第55次常务会议研究，决定"产业飞地"选址位于柯桥经开区马鞍区块，总规划面积1588亩，实行一次规划，分期建设。积极争取申报"省重点产业项目"，全力保障落户项目建设要素，力争打造"飞地经济"示范区，已签约落户100亿元以上项目1只。

科技创新

实施"项目＋人才"双激计划，建成壹迦产业园、东盛慧谷等一批民营科技园和科创综合体，并投入运营。大力实施"凤凰行动""雄鹰计划""雏鹰行动"，进一步做大做强做优龙头骨干企业。迎丰科技成功上市，成为国内印染"第一股"，另有金道科技IPO已过会，万丰化工、优创材料、乐高实业、长华科技已在浙江证监局辅导备案，还摸排出捷众科技、昕欣数码、大爱创世、迅实科技等有股改意向的企业，经开区辖区内有上市企业达10家；科技园孵化器获评2020年国家级科技企业孵化器，并获评2021年省级五星级小微企业园；精工控股集团列入全省第二批"雄鹰行动"培育企业名单。越剑智能装备列入省智能化纤装备产业链上下游企业共同体，墙煌新材料被认为省级企业技术中心，浙江宝旌炭材料有限公司被认为省级工程研究中心。常态化开展各类招才引智，共引进高层次人才124人，市海内外英才134人，省级科技型中小企业982家，综合试点重点企业研究院5家。

城市更新

着力完善基础配套设施，加速融杭接沪发展步伐。高标准编制柯北区域控制性规划，完成亚运攀岩场馆地块拆迁，启动建设亚运配套项目羊山区块及上方山大道环境综合提升工程。加快建设柯北上方山大道（金柯桥大道—绍齐公路）、镜水北路（镜水大桥北坡—柯海公路）等路网，全面构建融杭发展、内联外畅的大交通格局。围绕"3+X"城市发展，推动钱江彩虹府、彩虹墅、宝龙杭越府等高品质住宅项目和柯北、马鞍、蓝印时尚小镇等中心商圈建设，城市配套不断完善，城市品质明显提升。

（柯桥经济技术开发区管委会）

2021 年富阳经济技术开发区发展概况

富阳经济技术开发区（以下简称开发区）是富阳经济发展的主平台、主阵地、主战场，成立于1992年5月，是经浙江省人民政府批准的首批省级开发区之一。2012年10月，经国务院批准，升级为国家级开发区，并定名为富阳经济技术开发区，为杭州市四个国家级开发区之一。2021年综合实力列全国217家国家级经开区第64位、全省20家国家级经开区第七位。开发区直接管辖银湖、东洲、场口、新登、金桥鹿山五个新区，规划面积106平方公里。五个新区组团开发、特色鲜明，不同业态产业在五大新区内即可实现梯度布局，整体上形成了"一主两翼两新区"的发展格局。

截至2021年底，区内实际经营企业共有7739家，规模以上工业企业340家，占全区的52.8%；共有主板上市企业4家、拟上市培育企业36家，产值百亿级企业2家，十亿级企业10家。现已集聚安防行业龙头大华股份、电商龙头企业京东集团、中国领先的原料药生产企业海正药业、中国民营企业竞争力500强富通集团和富春江集团等一批大企业；爱科机器人、图南电子、爱新凯科技、朗鸿科技、雄迈集成等一批高成长创新型企业。

2021年，富阳经济技术开发区（简称开发区）牢牢把握融杭、融圈、融廊主线，奋力开展"产值冲千亿"、"工业腾千亩"等系列专项行动，持续打好招商引资、项目推进、迎展行动、百日攻坚等硬仗，各项工作有力推进、成效明显。开发区被评为浙江省制造业四星级园区，在国家级开发区综合考评中排名大幅提升，综合实力列全国217家经开区第64位、全省20家经开区第7位。

主要经济指标

坚持班子带队、分片包干、专班服务，切实营造抢时争效的良好氛围。经济指标明显回升。富阳经济技术开发区（简称富阳开发区）"四上企业"（规模以上工业企业、资质等级建筑业企业、限额以上批零住餐企业、国家重点服务业企业）实现营业收入2074.7亿元，比上年增长19.4%。实现规模以上工业总产值1003.1亿元；规模以上工业增加值191亿元，增长18.5%；高新产业增加值144.7亿元，增长20.8%。制造业投资额30.6亿元，高新产业投资额25.6亿元。入库税收收入44.2亿元（不含房地产、建筑业、金融业企业税收），其中，制造业企业入库税收31.5亿元。

双招双引

全力聚焦主导产业、聚焦招大引强，瞄准智能物联、新能源和智能汽车、基础新材料、数字新零售、生命大健康等重点领域，坚持以商引商、乡贤招商、基金招商相结合，以大项目构建产业链、推动大发展。项目招引有力度。全年实际利用外资 1.56 亿美元，其中高技术外资 2564 万美元。2021 年累计招引生物医药体外诊断项目 8 个，数字新零售总部 20 个，银湖科技城累计集聚各类梯队上市培育企业 14 家。共招引产业项目 61 个，其中高新产业项目 54 个，固投亿元以上项目 35 个，固投亿元以上制造业项目 24 个，10 亿元以上产业项目 4 个，落地佰赛时（杭州）生物技术有限公司体外诊断设备及试剂盒研发生产项目和杭州鹏成新能源科技有限公司年产 6GWh 非道路车辆锂电池 PACK 生产基地建设项目等 2 个"152"项目。招才引智有成效。新落地应急、银江等创新创业研究院 4 个，落地"5110"项目 31 个，引进硕士及以上研究生 550 人，共有科技孵化器 8 家，其中国家级 1 家，省级 1 家、市级 6 家；有众创空间 12 家，其中国家级 2 家、省级 3 家。银湖科技城办公人员达到约 1.3 万人。

项目建设

聚焦重点项目、瞄准关键节点、加强要素保障，着力完善重大项目全周期服务保障机制，做到前期项目抓开工、在建项目抓投产、在库项目抓前期、投产项目抓产出。迎展项目抓速度，23 个迎展项目总体进展顺利，野东站和银湖站项目完成土地出让准备，虎啸杏站和受降站骨干路网开工建设，地铁沿线环境整治和亚运环境整治快速推进、初见成效。产业项目抓进度。全年开工煌龙医药、利诺仪表、中控技术、鹏成新能源等项目 36 个，其中工业项目 29 个、服务业项目 7

个。16 个项目提前开工，平均提前 3 个月。全年续建项目 73 个，其中工业项目 62 个、服务业项目 11 个。全年完成智帛科技、美易膜科技等竣工项目 27 个，其中工业项目 26 个、服务业项目 1 个。全年实际推进产业项目共计 109 个，总投资 209.23 亿元。

营商环境

城市发展日新月异。2021 年共实施政府投资项目 118 个，其中续建项目 64 个，新建项目 54 个。高桥幼儿园、阳坡湖小学、东洲三小、省中区医院新院区、银湖人才房、东洲人才房、场口公共租赁房、新登公共租赁房等一大批公建配套项目动工建设，硅谷小学建成交付，银湖集装箱餐饮街开街营业；密切与公交公司和园区企业交流，园区公交进一步优化完善，2021 年新开通银湖公交站—梦想小镇 592 路公交线路、东洲公交内环线、银湖站 647M 地铁接驳线、高新园区定制公交专线等 4 条公交线路，优化 641 环线，建设 2 处公交配套。

助企服务不断提升。开发区企业综合服务中心 3 月底正式对外开放，已累计服务企业 533 家次。同时联合区级部门、乡镇街道、协会、优质服务商等单位为企业开展丰富有效的定制化活动，内容包括企业培训、医疗健康、法律、财税、政策宣讲、项目对接等，共举办活动 16 场次，服务人数近 3000 人次。2020 年以来企业服务累计走访企业 1017 家次，收集企业问题需求 1071 个。

2021 年义乌经济技术开发区发展概况

1992 年 8 月，义乌经济技术开发区正式挂牌，1994 年 8 月经浙江省人民政府批准成为省级经济开发区，2012 年 3 月经国务院批准升级为国家级经济技术开发区，核准面积 9.17 平方公里。2014 年 10 月，实施第二批深化整合提升，面积达 126.72 平方公里，其中开发范围约 92 平方公里，涵盖义乌西南部 6 个镇街。2020 年 12 月，启动义乌经济技术开发区与义乌信息光电高新技术产业园区整合提升。

2021 年 5 月，经浙江省人民政府批准同意，将原国家级义乌经济技术开发区和省级义乌信息光电高新技术产业园区进行整合，设立新的义乌经济技术开发区（义乌信息光电高新区技术产业园区）（以下简称"义乌经开区"），规划面积 108 平方千米，涵盖佛堂、苏溪、上溪、大陈、义亭、赤岸、稠城、福田、江东、稠江、北苑、后宅、廿三里、城西 14 个镇（街道）。2021 年，经开区整合提升区内拥有规模以上企业 654 家、国家高新技术企业 173 家，完成固定资产投资 95.1 亿元，其中工业投资 74.4 亿元；招引企业实现规上工业总产值 605.6 亿元，同比增长 172.8%。

2021 年，义乌经济技术开发区围绕打造高能级产业平台和实现高质量发展的目标，认真落实打好智造牌的部署要求，坚持以党史学习教育为引领，抓牢闯点、鼓足闯劲，积极应对疫情影响和国内外经济形势变化，稳妥高效开展机构整合提升和体制机制改革，扎实有力推进数字化改革、招商引资、项目建设、科技创新、产城融合、营商环境优化等重点工作，各项主要经济指标保持较快增长。

主要经济指标

严格按照市委、市政府的统一部署，统筹做好经开区和高新区整合提升工作，加快释放两区融合叠加效应。2021 年义乌经开区本级完成固定资产投资 95.1 亿元，其中工业投资 74.4 亿元；引进内资 46.87 亿元，同比增长 55.35%。招引企业实现规上工业总产值 628.9 亿元，占全市规上工业产值比重 52.2%，同比增长 206.5%。

项目投资

坚持项目为王，全力奔跑招商，并针对疫情防控和形势变化，及时调整招商策略、拓展招商领域、创新招商方法，实现了招商工作新突破。累计赴外招商 480 多次，接待客商来访考察超过 600 批次，已签约亿元以上项目 38 个，协议总投资超 600 亿元，其中 10 亿元以上项目 19 个、100 亿以上项目 2 个，涉及新能源光伏、高端芯片、医疗器材和新材料等多个领域。同时，还储备了 50 多个优质项目，其中多个项目已达成合作意向。

主导产业

始终把项目开工建设和投产达效作为推动高质量发展的主要抓手，全力以赴落实要素保障，抢干快上，持续强力推进项目建设。已完成爱旭六期、晶澳二期、瞻芯科技等 9 个项目供地、面积达 696 亩；指导协助爱旭新世代、天合二期等 7 个项目入选 2021 年第一批省重大产业项目；推动爱旭六期、彩易达、宏禧科技等 15 个项目开工建设，爱旭科技四五期、天合光能二期、东方日升二期、威克新材料一期、卓然包材等 9 个项目实现投产。

平台能级

义乌智能显示材料产业平台正式入选浙江省第三批"万亩千亿"新产业培育平台并授牌，绿色动力小镇成功命名并获省政府正式授牌，光源科技小镇完成 3A 景区创建；国家技术标准创新（义乌）基地正式获国家市场监管总局批复同意，成为全国第 11 个、浙江首个获批基地；以"一区三园"方式和金华高新区共建的国家级高新区获科技部发函确定列入 2021 年度以升促建调研名单，循环化改造试点通过省发改委专家评审。

技术创新

全面落实创新驱动发展战略，着力加强产业链之间协同创新，推动全球光电工程师协同创新中心正式投入运营，正积极联合光电光伏企业开展行业技术攻坚；义乌信息光电产业创新服务综合体通过省科技厅绩效评价专家组现场考评。大力支持企业研发平台建设，全球光伏联合创新中心已集聚硕士及以上人才 129 人，拥有授权专利 569 项；浙江省第三代半导体材料与器件重点实验室集聚硕士及以上人才 54 人，拥有授权专利 345 项，其中发明专利 320 项。积极开展省部级及以上高层次人才申报工作，累计排摸申报国家级高层次人才 13 名、省部级高层次人才 26 名，申报人数居各镇街、平台第一，创历史新高。

城市建设

以完善城市功能为核心，加快推进交通、文体、娱乐、教育、住房保障等生产和生活基础配套设施建设。全年实施市政基础配套建设项目 42 个，其中新建 32 个、续建 10 个，完成基础建设有效投资 1.4 亿元，其中铜山路、深塘防汛抢险道路一标等 10 个项目已完工，实现通车里程约 12 公里、绿化面积超 10 万平方米。武德水厂实现投用运营，高新区小学、育才学校和义亭中学改扩建工程，以及久府西侧集聚地块、江湾集聚项目、金麟二、三期等新社区集聚工程按计划稳妥有序推进。

2021 年长兴经济技术开发区发展概况

长兴经济技术开发区成立于 1992 年，1994 年经省政府批准为省级开发区。2010 年被国务院列为浙江省首家设在县域的国家级经济技术开发区。2021 年 5 月，经省政府批准，长兴经济技术开发区核心区实施整合提升，与原南太湖产业集聚区长兴分区、长兴新能源装备高新技术产业园进行整合。整合后，长兴经济技术开发核心区面积 101.25 平方公里。2021 年，长兴经济技术开发区入选全国"十四五"重点支持的县城产业转型升级示范园区、浙江省开发区绿色低碳产业链"链长制"试点单位、浙江省现代服务业创新发展区，长兴新能源装备高新技术产业园区获评长三角 G60 科创走廊产融结合示范园区，系湖州市唯一。

2021 年，全年完成税收 107.9 亿元，同比增长 19.6%；固投完成 231.7 亿元，同比增长 0.13%；工投完成 134.4 亿元，同比下降 5.09%；规上产值完成 1216.1 亿元，同比增长 8.9%；高新技术产业产值完成 821.2 亿元，同比增长 29.5%。2021 年，核心区规上企业 322 家，其中上市企业 4 家、新三板上市企业 10 家，有金象企业 4 家，县"50 强"企业 27 家，2021 年，新增金牛企业 1 家、金象企业 1 家。

产业集群

长兴经济技术开发区全力打造以智能汽车及关键零部件为标志性产业链，以新能源、智能装备、生物医药和数字产业为主的"1+4"产业集群。**智能汽车及关键零部件产业**：按照"整车带动、配套驱动"发展路径，形成以整车为引领，控制系统、驱动系统、汽车底盘、车身等关键零部件为配套，集研发、设计、制造、贸易和运营为一体的产业集群。2018 年 2 月，引进总投资 326 亿元的吉利智能汽车整车项目及变速器项目，已正式运营投产。吉利智能汽车整车项目于 2021 年 6 月 30 日正式量产，当年被认定为工信部首批"5G＋工业互联网"示范工厂、浙江省"未来工厂"。**新能源产业**：形成涵盖电池研发、生产组装、原辅材料加工、零配件制造、销售以及废旧电池回收等较为完善的产业链，拥有天能、超威、捷威、浙能（氢能项目）、爱康、太湖能谷、柯锐世等一批国内外知名蓄电池品牌，建成"天能国家级技术中心""超威电源研究院""天能动力电池及材料研究院"等三个省级以上研发平台。2021 年，引进总投资 67 亿元的捷威项目，主要从事新能源电池生产，产品主要应用于储能与动力市场，项目建成达产后可形成 18GWh 的年产能。**智能装备产业**：涉及基础材料、智能仓储、电子信息、数控机床等方向，拥有诺力机械、八环轴承、海信空调、吉祥铝业、德玛克科技、中德机械、天衣机械等细分行业龙头企业。**生物医药产业**：生物医药、医疗器械、功能保健食品等大健康产业重点领域项目均已突破，早期入驻的长兴制药、艾格生物和金巴开等代表性企业运行良好，近年来新引进的同源康生物医药、三叶草生物医药项目、生物制药研发检测平台均已投入运营。**数字产业**：重点围绕电子元器件、软件应用服务（电子商务、嵌入式软件）、数据的存储与处理（大数据与云服务），大力发展有园区特色的数字产业，重点企业有集迈科、中晶科技、太湖远大、合利光电、华普永明等，主要下游客户有上海电气、飞利浦照明、欧普照明、美的照明、海尔、海信等。

招商引资

一是聚焦主导产业，紧盯高科技项目、高端人才项目及优质外资项目开展选商引资，进行建链、延链、补链，努力从源头上提高供给端的质量和层次。重点补齐利用外资短板，鼓励区内企业被先进国家企业股权收购，探索通过外资并购实现"内转外"外资招引的新途径，2021年已有1家企业签订并购协议。**二是**制定开发区工业项目准入管理办法，严格落实"345+1.5"标准，并上浮20%执行。突出抓好土地、资金、用工、能耗等全要素资源的清单化梳理，确保资源要素与招商引资项目的高效匹配。1—12月，新增签约固投亿元以上项目109个，总投资约649.6亿元；20亿元以上项目5个，50亿元以上项目3个。

产业发展

一是育强主导产业。坚决落实"四招三不招"要求，围绕做大做强开发区"1+4"主导产业，制定"产业链招商图"，紧盯头部企业、单项冠军、隐形冠军、专精特新"小巨人"企业开展精准招商，不断加快建链、补链、强链进程。注重发挥好已投产企业家的示范效应，通过项目合作、投资入股、联合重组等方式吸引和带动更多投资。**二是**做实做优金融服务。抓住多层次资本市场发展机遇，引导企业通过资本运作实现创新驱动发展，关注好主板、创业板、港板等重点挂牌上市企业进展情况，及时协调企业在股改上市中遇到的问题，紧密对接县金融办，发挥大中型银行"头雁"效应，设计多种优质优惠融资产品，争取增加制造业中长期贷款和信用贷款，尽力保障资金良性循环和降低融资成本，助推制造业高质量发展。

项目推进

一是持续优化项目推进全周期闭环管理，落实"一个项目、一名领导、一张作战图、一个团队"的项目推进机制，及时协调解决项目落地过程中的各类问题。1—12月，新开工重点项目40个，新竣工重点项目49个。豪斯特、帅福得等重大产业项目顺利开工，吉利整车于6月30日竣工投产，并于11月月产量首次突破万辆。**二是**强化落实"项目签约即移交"运行机制，完善重大产业项目审批绿色通道，对重大项目实行联席审批一揽子服务、零距离服务、全过程跟踪服务；同时，将投资审批服务延伸至运营证照办理服务上，定期走访关注已投产运营项目的日常涉审事项。1—12月，共纳入审批考核库项目57个（含上年度结转项目4个），其中暂缓项目1个，终止项目8个，结转至亿元以下5个，已完成审批32个。

营商环境

一是结合国土空间规划和新地块开发需求，通过建改结合进一步完善园区平台基础设施及配套建设，平台承载能力进一步提升。1—12月，共实施县重点基础设施建设项目8大项，完成投资2.93亿元，完成计划总投资的106%；完成规划设计工程项目24余项。**二是**牢固树立"实体强则园区强，企业好则园区好"的意识，营造支持民营企业发展、尊重民营企业家的良好社会氛围。加强争资立项，理直气壮地带着企业跑，领着企业争，让园区企业享受更多各级资金支持与政策关爱。突出解难题，落实涉企事项协同推进制度，对企业反映的问题及时会商并反馈办理结果，对压着不办、拖着不办的要追究责任。

体制机制改革

一是推动平台公司转型发展。加快成立经开集团，理清市场化转型、化债、高效经营的思路，澄清底子，盘活资产，让资产转化为资本，实现增值增效。要打好化债攻坚战、重点项目攻坚战，实现平台转型平稳过渡。构建现代化企业制度，规范人力资源管理、规范工程管理，推动企业高效运转。**二是**推动政策兑现监督数字化改革。以探索推进开发区项目优惠政策兑现公权力监督数字化改革为契机，落实好一企一档，将每个项目涉及的协议、会议纪要、补充说明等与企业政策相关的资料进行一企一档归类，及时完成数字化录入，畅通项目信息平台内共享。根据开发区发展变化及上级有关考核要求，定期更新法律文件模板，优化营商环境的同时更好维护开发区权利，降低政府风险。**三是**推动人事体制改革。科学配置内设机构职责，转变职能，形成适合开发区实际的、扁平化的、服务下沉型的组织格局。发挥专业人才的作用，将人力资源向经济工作主战场倾斜。优化干部管理和考核办法，建立人员能进能出、岗位能上能下、待遇能高能低的灵活机制，用好实绩考核"指挥棒"，激发干部干事创业、建功立业的活力动力。

2021年嘉善经济技术开发区发展概况

嘉善经济技术开发区位于嘉善县的东南部，是1993年11月经浙江省人民政府批准成立首批省级经济开发区。1999年2月，经省政府批准设立全省首个台商投资区。2011年6月，经国务院批准嘉善经济开发区升格为国家级经济技术开发区，2020年获评国家级绿色园区，连续15年被评为"浙江省利用外资十强开发区"。辖区总面积65.5平方公里，其中核心区面积30平方公里。嘉善经济技术开发区坚持创新驱动，立足接轨上海，主动融入长三角。2021年，开发区（惠民街道）综合实力显著增强。

主要经济指标

经济发展质量高，全区（街道）实现地区生产总值（GDP）175.5亿元，GDP增速16.5%，完成规上工业产值664亿，同比增长37.7%。完成固定资产投资87亿元，同比增长47.6%，完成实际利用外资达2.07亿美元；连续三次获得县流动红旗奖；浙江中荷（嘉善）产业合作园荣获省"一带一路"建设先进集体荣誉称号。

招商引资项目多，先后落地青山·兰钧新能源、正创大健康、禾芯集成电路、中科冠腾等重大产业项目，签约项目总投资超200亿元。招大引强项目9个，其中超亿美元项目3个，全球行业龙头企业6个。完成实际利用外资达2.07亿美元。

项目建设进展快，完成工业投资38.6亿元，同比增长32%。25个县重点工业项目已完成投资超24.2亿元，新建项目开工率超87%。

产业转型升级

传统产业加快升级。在集成电路、电力电子等数字产业发展壮大和木业家居、装备制造等传统行业数字化改造提升的带动下，全年完成数字经济核心产业制造业增加值59.12亿元，同比增长72.18%。扎实推进企业股改上市工作，完成股改企业21家，其中规上企业12家。梦天家居成功登陆上交所主板。

科技创新日益增强。完成高新技术产业增加值112.84亿元，同比增长45.15%，实现高新技术产业投资30.06亿元，同比增长40.84%。

要素保障全面强化。启动总规划面积4500亩的工业园区全域有机更新，全区（街道）已累计签约企业346家，腾退企业194家，腾退面积超1223亩。

现代农业不断壮大。完善土地流转补偿机制，新流转土地127亩，推进农业适度规模经营。

城乡统筹

加快美丽城镇乡村建设，枫南（未来）社区建设提速，展示中心、华师大二附中嘉善实验学校投入使用。美丽城镇项目竣工 28 个，竣工率达 90% 以上；征迁安置全面推进，拆迁攻坚项目 33 个完成清零；乡村振兴不断迈进，建立省级晚稻示范基地 500 亩、旱粮示范基地 120 亩。制定乡村振兴示范创建项目 6 个，完成省市级创新赋能项目申报 2 个和 1 个。

民生事业

环境面貌全面改善，空气优良率居全县前列；社会保障更加健全，残疾人就业率 94.4%，村（社区）无障碍设施改造率达 100%，健康流动服务车服务完成率居全县各镇（街道）第一；社会事业全面进步，举办"歌颂百年"企业职工合唱大赛等文体活动 50 余场次，大型活动 7 场；社会治理不断加强，全年受理群众诉求 400 件，已办结完成 370 件，受理并完成调解矛盾纠纷 158 件；安全生产常抓不懈，深刻吸取"9.3"较大事故教训，深化开展雷霆行动，低散乱污整治。累计出动检查 24558 人次，排查企业 1086 家次，消除隐患 2748 处。横泾桥老工业园区已签约腾退企业 303 家，土地面积 1214.88 亩，完成 179 家企业腾空。

党建工作

健全基层组织，设立 14 个工业社区，将全体机关干部编入 14 个工业网格，每个工业网格至少配备 3 个专职网格员，并在租赁企业中建立微网格，实现工业网格实体化运作；优化干部结构，开展年轻干部培养计划，开办"青春国开、菁英成长"青年干部培训班。完成中层干部调整，85 后、90 后中层干部占比分别提升 8% 和 7.2%。推进党风廉政建设，严格履行全面从严治党主体责任，遵守政治规矩，严格政治纪律，深入推进党风廉政建设和反腐败斗争。

2021 年萧山经济技术开发区发展概况

萧山经济技术开发区创建于 1990 年 5 月，1993 年 5 月经国务院批准为国家级经济技术开发区。开发区开发建设范围经历多次调整，包括市北、桥南、科技城、益农拓展区和宁围（除钱江世纪城区域）、新街、三江创智小镇，面积近 150 平方公里，是对外开放的主平台、招商引资的主力军、经济发展的主引擎。开发区有注册企业 1 万余家，有规上工业企业 185 家，规上服务业企业 192 家，工业产值超亿元企业 81 家，国家高新技术企业 162 家，上市企业 23 家。

科技创新

研究出台开发区新一轮人才科技专项扶持政策。新增上市企业 3 家，新认定省科技型中小企业 178 家、市雏鹰计划企业 34 家。1 家企业入围国家科技进步二等奖，5 家企业入围省科学技术进步奖。杭州湾信息港、传化国际科创园成功入选杭州市 2021 年高新技术孵化成果转化园。

自贸建设

开发区板块"率先完成首笔新型离岸转口业务"和"开市客浙江首店落户自贸区"两项成果入选浙江自贸第五批"十大"标志性成果，"线上知识服务＋线下成果展示"——全球跨境电商知识服务中心打造杭州跨境电商"第一站"入选自贸杭州片区优秀案例，"一企一策、一事一议"为新型

离岸国际贸易发展率先"探路"入选了 2021 年第二批中国（浙江）自由贸易试验区制度创新案例。

双招双引

成功招引一批有市场前景、发展潜力的亿元以上项目，包括全球第二大零售商、世界 500 强企业、总投资 1.6 亿美元的美国开市客（Costco）项目，是全国第五家、全省第一家开市客会员门店，总投资 30 亿元的华擎半导体项目，央企牵头、总投资 30 亿元的美满芯盛智能传感器与 5G 芯片制造项目，总投资 1 亿美元的云合以太网交换核心芯片项目，总投资 10 亿元的希瑞新材料导电涂层项目，国内唯一提供全球临床药理服务、总投资 2 亿元的安渡生物总部项目。新引进院士专家 2 人，国家级领军人才 7 人，省级领军人才 4 人，自主培养市级领军人才 5 人；注册落

地"5213"计划等人才项目 29 个，签约落地加州大学伯克利分校研究院。

重点项目

6 个项目列入省重大项目，3 个项目列入省市县长"152"项目，62 个项目列入萧山区"4286"产业载体项目。新增 2 家企业入选 2021 杭州独角兽榜单，7 家企业入选 2021 杭州准独角兽榜单。通过深化重点项目闭环管理机制、问题清单化管理机制，加大项目全周期跟踪协调力度，全力推动项目建设发展。形成了"落地一批、开工一批、投产一批"的良好态势。

创新载体

信息港小镇信息港六期及杭州市集成电路产业园全面竣工并投入使用，信息港七期 2023 年交付使用。机器人小镇 15 万平方米产业配套综合体和生活服务综合体即将投入使用。科技城加快建设近 200 万平方米的"三谷一园一基地"创新载体。三江创智新城实施重大建设工程 9 项。绿色智造产业新城"三纵五横"路网体系加速成型。浙大国际科创中心顺利完成启动区块一期、二期改造，新建区块 COMS 平台主体结顶。西电杭州研究院过渡区块成功开园，9 月第一批研究生顺利入学。

2021 年温州经济技术开发区发展概况

1992 年 3 月，国务院正式批准在龙湾出口工业区的基础上设立国家级温州经济技术开发区，规划面积 5.11 平方公里，为全国第一批 32 个国家级经济技术开发区之一。2000 年 4 月 26 日，省人民政府批准成立温州经济技术开发区滨海新区（园区），规划面积 35 平方公里。2014 年 2 月，温州经济技术开发区深化整合提升，就近整合园区 3 个（瓯飞园区、塘下园区生活配套区），异地整合园区 1 个（瑞安园区）。整合后形成一区七园的发展格局，区域总面积为 262.98 平方公里，已建成面积 75.23 平方公里，实际可用面积 187.75 平方公里。

开发区辖区工业企业超 5000 家，其中，规上企业 487 家、高新技术企业 222 家、省科技型企业 985 家、上市企业 4 家、世界 500 强 5 家。近年来，先后获得国家生态工业示范园区、浙江省先进开发区、外贸十强开发区、产业集聚区创新驱动奖、省级特色品牌园区、全省产城融合十大示范新城等荣誉称号，在全国 219 家国家级开发区排名保持前 1/4，入围长三角地区营商环境十佳政务机构（园区）、排名第二。

产业转型升级

2021 年，核心区 GDP 同比增长 8.9%，居全市第三；规上工业总产值总量首次突破 600 亿元、居全市第三；规上工业增加值同比增长 13.7%、全市第三。引进亿元以上产业项目 11 个，其中签约 10 亿元以上制造业项目 5 个、超 50 亿元制造业项目 1 个，2000 亩瑞浦新能源项目意向落地。新增市场主体同比增长 10%，企业"净升规"84 家，新增企业上市报会 3 家，产值超亿元企业达 131 家。奔腾激光 3 万瓦高功率激光切割机入选"国际首台(套)"，石化阀门认定为省级首台(套)。入选全国民营 200 强企业 4 家、国家级专精特新"小巨人"3 家、市级"两型"工业企业 36 家。全国单体最大的 550 兆瓦渔光互补顺利并网发电。

科技创新

R&D 经费占比、高新企业密度和高新产业增加值占比均居全市第一，规上企业研发费用覆盖率达 76.7%、取得历史性突破。新增市级创新型领军（瞪羚）企业 4 家、高新技术企业 65 家、省科技型企业 182 家。"鲲鹏计划"、国家科技进步奖取得零的突破，入选"国家引才计划"2 名。瓯飞一期北片工程获鲁班奖和大禹奖，海创园一期工程获钱江杯。

空间拓展

深化"腾笼换鸟、凤凰涅槃"行动，整治高耗低效企业 161 家，规上亩均税收同比增长 19.8%。完成"批而未供"项目 1189 亩、处置"供而未用"土地 637 亩、盘活存量 918 亩、低效用地再开发 890 亩，完成率均居全市前列。加快瓯飞起步区用海项目审批，390 亩工业用海出让方案通过省自然资源厅审核，286.65 亩工业用海正组织用海公示。盘活 10 万平方米交通枢纽中心，精准招商引入县域商业综合体。

营商环境

成立营商环境建设和重大改革工作委员会，制定出台《单体制造业项目入园管理实施办法（试行）》《已供地工业项目双合同管理"回头看"行动实施方案》，推出 32 项营商环境举措，建立企业难题"不见面"闭环化解机制。积极探索"最多 15 个工作日"和"拿地即开工"为主的"极简审批"改革试点，"最多 80 天"项目全过程审批用时完成率 100%，稳步推进"一件事""证照分离"等集成改革，深化"五心"红色代办服务，进一步擦亮一流营商环境"金名片"。

体制机制改革

对标数字化改革"1+5+2"工作体系，完善"1+7"工作组织架构，建立区级一体化智能化公共数据平台，数字污水零直排平台获国家地理信息产业优秀工程项目银奖，迭代升级"掌上幸福宝"数字平台，实现"民生服务＋社会治理"双重功能。省级产教融合示范基地正式挂牌，构建金海匠谷实践育人平台和"金海量子云"在线大学，新增高技能人才 2079 名。成功发行一批政府债、公司债，其中瓯飞公司债创全市 AA 主体无担保发行利率最低。

疫情防控

建立"一办十三组""四队三单"疫情防控体系，区街干部入网入格，精密智控全市排名领先。疫苗接种跑出经开区速度，18 周岁接种进度全省第一，3—11 岁、60 周岁、加强针接种率均居全市前列。率全省之先打造数字化集中监管第一仓，成功打造"冷链防控全覆盖、操作流程全规范、智能监控全透明、食品安全全可溯"的数字化监管仓温州样板。

2021 年宁波杭州湾经济技术开发区发展概况

2001 年 11 月，经浙江省政府批准设立为省级开发区（原名浙江慈溪经济开发区）；2010 年 2 月，经省政府批复设立宁波杭州湾新区，与经开区一套班子运作；2014 年 9 月，经国务院办公厅批准升格为国家级经济技术开发区，规划面积 10 平方公里，授权管辖面积 235 平方公里。2015 年 4 月，经商务部批准更名为宁波杭州湾经济技术开发区。2019 年 9 月，经省政府批复设立宁波前湾新区，规划总面积 604 平方公里，按照"一个平台、一个主体、一套班子、多块牌子"的体制架构，保持宁波杭州湾经济技术开发区牌子不变。

开发区拥有国家级综合保税区、国家级产城融合示范区、国家级众创园、国家级湿地公园等国家级名片，以及省级名片浙江省美丽园区示范区、浙江省产业链"链长制"试点示范单位。2021 年宁波杭州湾"汽车产业链"获评浙江省开发区产业链"链长制"示范试点单位。2021 年度全国国家级经济技术开发区综合考评排名中宁波杭州湾经开区位列 51 位，其中地区生产总值、进出口总额、营业收入 30 亿元以上制造业企业数量、年度发明专利 4 项指标位列全国前 30 强。

主要经济指标

2021 年，宁波杭州湾经开区实现地区生产总值 1474 亿元，同比增长 16.6%；实现规上工业总产值 3774 亿元，同比增长 28.9%；实现固定资产投资 480.7 亿元，同比增长 31.9%；实现外贸进出口总额 747.9 亿元，同比增长 28.4%。

招商和项目推进

坚持"发展围绕项目、一切服务项目"，持续推动一大批项目早引进、早落地、早建设、早见效。全年共落户各类项目 148 个，总投资 395.2 亿元，其中制造业项目 39 个，总投资 278.1 亿元，占比达 70% 以上，主要分布在汽车零部件、数字经济、新材料、高端装备等领域。抢抓"后疫情时代"的发展大变局，加大对世界 500 强、行业龙头企业等标志性项目招引力度，引进超亿元项目 53 个，超 10 亿元项目 11 个，超 50 亿元项目 2 个。聚力攻坚外资招引，全年新设外资企业 22 家，实现合同外资 9.7 亿美元，同比增长 70.2%，绝对值和增幅均创新区历史新高。

主导产业

宁波杭州湾经开区形成了以汽车整车及关键零部件制造、高性能新材料、高端装备、智能电器、生命健康等为主的产业集群，其中汽车产业已成为首个千亿级主导产业。坚持抓好产业链补链强链，加快构建产业发展新格局。全力以赴稳汽车，全年汽车制造业实现产值 1014.4 亿元，同比增长 7.6%，智能汽车产业平台在全省"万亩千亿"平台综合考核中蝉联第一。大力培育数字经济新产业，数字经济产业园成功入选省小微企业园，实现规上数字经济核心产业增加值 19.1 亿元、增长 64.1%，增速宁波市第一；实现软件与信息服务业收入 129.1 亿元，增长 43.36%，增速宁波市第二。

体制机制创新

宁波杭州湾经开区以数字化改革为总牵引，以重要改革工程为突破口，注重制度重塑，突出效率变革，扩大对外开放，着力塑造发展新优势。

聚焦聚力抓好数字化改革。按照"1+5+2"工作体系，谋划实施数字化改革重点任务，省市部署的整体智治、数字政府、数字社会综合集成门户页面均已点亮，工业地图、警企社 2.0、未来社区等特色化应用场景快速推进，特别是未来工厂等数字经济领域的改革成效明显。深化山海协作工程，丽水工业园（飞地）项目成为全省最先建成的工业飞地。数字赋能优化营商环境。围绕打造"营商环境最优区"，创新项目服务机制，制定出台产业项目全生命周期服务监管办法，全面应用投资项目在线审批监管平台 3.0，通过流程再造、提前介入、并联审批、合理容缺等方式，缩减事项、缩短时间，100% 实现项目审批"最多跑一次、最多 80 天"，平均审批时间 70 天。

2021 年绍兴袍江经济技术开发区发展概况

绍兴袍江经济技术开发区位于杭州湾南岸、绍兴市北部，是绍兴全面融入长三角一体化发展和杭绍甬一体化示范区建设的桥头堡。经开区成立于 2000 年 7 月，2010 年 4 月经国务院批准升格为国家级经济技术开发区，核准面积 33.69 平方公里，托管面积 29.4 平方公里，下辖斗门街道、马山街道、孙端街道。2018 年 6 月，绍兴市委、市政府决定将袍江经开区并入越城区，实施政区合一发展模式。2019 年 11 月与滨海新区合署。2020 年 10 月，袍江经开区从原来的三个镇街扩大到绍兴滨海新区的 10 个街道和越城区的 7 个镇街，整合提升后，行政区域面积为 538.6 平方公里。2021 年底绍兴综合保税区通过国家八部委联合验收，正式封关运行，标志着袍江经开区在开放型经济发展中迈出重要一步。

2021 年，袍江经开区完成地区国民生产总值 1182.53 亿元，同比增长 8.8%，财政收入 154 亿元、固定资产投资 780 亿元、工业投资 100 亿元、规上工业总产值 1599 亿元、高新技术产业产值 901.2913 亿元、利用外资 13174 万美元。在商务部公布的 2021 年 217 家国家级经济技术开发区综合发展水平考核中排名第 77 位，袍江经开区首次进入全国前 80 强。

招商引资

袍江经开区始终坚持招商引资"一号工程"不放松，以招商引资为引领，以项目建设为抓手，围绕集成电路、生物医药、智能制造、现代服务业四大主导产业，实行全员、全域、全过程招商，创新实施"隔离招商"。高规格举办了"大健康·新未来"2021 中国（绍兴）生物医药产业创新发展闭门会、中国·绍兴集成电路产业联盟启动大会、第十届中国医药生物技术论坛暨第二届绍兴生命健康产业峰会等大型活动，为经开区集成电路、高端生物医药两大"万亩千亿"新产业平台高质量发展注入新的活力。

2021 年，袍江经开区以集成电路和高端生物医药两大省级"万亩千亿"新产业平台为依托，共招引签约项目 53 个，协议投资额累计 750 亿元。其中，50 亿元以上项目 4 个，20 亿元～50 亿元项目 6 个，10 亿元～20 亿元项目 20 个。集成电路招引中芯二期、美新半导体等 10 亿元以上项目 8 个，总投资 249 亿元。生物医药招引金康普、永泰生物等 10 亿元以上项目 12 个，总投资 204 亿元，谋划打造细胞治疗谷、创新医药谷、智能康复谷、营养健康谷等"四个特色产业谷"。

产业发展

聚焦集成电路、生物医药、智能制造、现代服务业四大主导产业。成功创建集成电路产业链链长制，产业链涵盖了设计、制造、封装测试、装备制造等多个领域。2021 年集成电路产值（营收）突破 400 亿元。集成电路和高端生物医药两个产业平台已列入省级"万亩千亿"新产业平台培育名单，集成电路产业集聚了以豪威、中芯、长电为代表的产业链企业 99 家，区域 IDM 初具雏形；生物医药产业先后落地建设了浙江医药、歌礼药业、德琪制药、越海百奥等一批国内知名创新药企，规划建设国际生命健康新城，着力打造集产业、科技、文化等一体的大健康产业"航母"基地。2021 年，经开区"四上"企业共 1974 家，其中，规上工业企业 653 家。国有企业累计完成融资 464.06 亿元，已落地专项债券 11 亿元。

项目推进

入选第一批省重大产业项目 6 个，总投资 39.4 亿元，用地面积 525.9 亩，列全市第一（除市本级的 8 个化工搬迁项目外）。入选 2021 年市县长项目工程 7 个，计划总投资 317 亿元，列全市第一，6 个项目已开工建设并统计入库。全年审批项目 127 个，开工项目 108 个，竣工项目 25 个。

营商环境

加快公共配套优化完善，累计实施基础设施建设项目 150 余个，总投资达 140 亿元，完成 29 条主要道路环境综合整治提升工程，引进中国科学院大学附属肿瘤医院绍兴院区、浙江金融职业学院绍兴校区、杭州电子科技大学绍兴校区、上海虹桥国际学校等一批高端城市功能项目。

出台建设全市首位度营商环境实施意见 30 条，创造了重大产业项目从拿地到开工仅 22 天的开发区新纪录。深入推进投资项目"一个机制、一网审批、一刻印章""三个一"审批改革工作，进一步优化涉企审批服务流程，探索完善"正面清单"制度，实现一张清单"管到底""办事不出区"。推进投资服务"一件事"改革，落实项目管理清单制、企业事项飞单制、攻坚事项周报制，持续推动投资服务工作体系化、系统化。

2021 年，累计兑现奖补资金 22.6 亿元，减税降费超过 150 亿元。

体制机制改革

组建由绍兴市常务副市长担任经开区党工委书记的领导机构，以正面工作清单的形式理清袍江经开区与越城区之间部门职能边界，持续深化信息互通、政策互用、资源同享、业务交流，优化完善投资服务等事项联席会议制度，适时对经开区招商引资和开发建设"头部"职能 46 项正面清单作"增量"优化，保障绍兴综保区、绍芯实验室、健康新城建设运营，推进规划建设、投资服务各项机制高效运行。

2021年平湖经济技术开发区发展概况

平湖经济技术开发区前身为平湖工业园区，成立于1996年8月。2000年7月，经浙江省政府批准为省级经济开发区。2013年1月，升级为国家级经济技术开发区。2013年12月，平湖经济技术开发区进行深化整合提升，以平湖经济技术开发区为核心，整合吸纳独山港、新埭、新仓、曹桥工业园，构建"一区四园"的发展格局。2020年10月，以平湖经济技术开发区为核心实施市本级开发区（园区）整合提升。由平湖经济技术开发区、当湖工业区、曹桥工业区、新埭工业区、新仓工业区、独山工业区共同组成，总面积约104平方公里。

平湖经济技术开发区是全省唯一经省政府批准的日商投资园、省级外商投资新兴产业示范基地、全省开发区深化重点领域改革试点、浙江中日（平湖）产业合作园，以及获工信部批准的中德（嘉兴）中小企业合作园、国家（嘉兴）机电元件产业园、国家火炬计划平湖光机电产业基地、长江经济带国家级转型升级示范开发区。

2021年，平湖经济技术开发区（钟埭街道）对照国家级开发区升级版总要求，奋力构建高质量发展先行高地，推动全区经济社会发展再上新台阶。经开区全年实现GDP203.6亿元，增长13.7%；实现财政总收入36.86亿元，同比增长25.3%；248家规上工业企业实现产值611.91亿元，同比增长27.5%，实现工业增加值138亿元，同比增长17.4%，再攀新高。

产业发展

产业结构转型加速。42家汽车制造业企业实现产值约205亿元，同比增长43%，其中长城汽车5个月整车产量过万、产值破十亿，预计全年产值28亿元。45家智能制造企业实现产值114亿元，同比增长46%。40家数字经济企业实现产值212亿元，增长24%，总量约占市本级的70%。

招大引强再结硕果。共报批内外资项目69个，完成合同外资2.1574亿美元，上报实到外资1.95亿美元，占全年任务的100%，其中高技术产业占比达到50%以上；实到市外内资19.76亿元，完成全年任务的104%。成功签约总投资150亿元的航天平湖产业基地项目，引入全球数控机床领导者德马吉项目，助力高端装备制造业加速起飞。认定招大引强项目13个，其中超亿美元项目5个、500强项目1个、行业龙头项目4个、总部型1个、功能性机构2个。签约人才项目4个，总投资9.4亿元，其中博格隆是全市首个超亿美元投资人才项目。

科技创新大步前行。新增国家高新技术企业24家，国家级专精特新"小巨人"企业1家，累计培育省隐形冠军企业4家，新认定省级企业研究院 3 家、省高新技术企业研究开发中心 7 家，新增嘉兴"领军"企业 1 家、嘉兴瞪羚企业 2 家。新增上市后备库企业 7 家，累计 24 家。加快推进长城汽车研发中心、智创园二期、杭电平湖研究院、中标长三院分院、智能网联汽车云平台等科创平台建设。

城乡建设

基础配建再提档。高标定位优化规划布局，重点推进产城融合核心区城市设计、乡镇级国土空间规划及控规一张图编制，启动凤栖园城市设计。全年新建、续建及前期项目共 81 个，总投资 50.7 亿元，当年完成投资 28.4 亿元，加速推进房建、市政、水利、绿化等在建项目。

生态环境再提级。全力推进国家生态工业示范园区建设，完成规划方案初步框架编制。"污水零直排区"示范街道通过省专家组验收，全年主要河流水质保持三类。辖区环境空气质量优良率预计超 94%，创历史最优。"钟溪棹歌·隐世田园"精品线在嘉兴市比拼赛中荣获第一，省 AAA 级景区村庄实现 3 个行政村全覆盖。

秩序面貌再提标。整治"两高一低"企业 28 家、"低散乱污"企业 109 家，腾退低效用地 422 亩。完成建设用地复垦 165 亩，完成率 150%。

实现 71 个居民小区垃圾分类全覆盖，全年辖区内生活垃圾总量基本实现零增长。创新开发环境整治"钟溪云"平台，实现"全域环境一图统揽"治理新格局。引入全省首个"田管家"，探索农田物业化管理。

民生保障

民生保障不断加码。夯实常态化疫情防控体系，累计接种疫苗超 16.3 万剂次。完成第二批农房提前搬迁安置，197 套现房安置已到位。完成 4 个居家养老服务站建设，成功创建省五星级食安办。

公共服务不断优化。全面启动睦邻三级网络 2.0 版建设，完成 3 个睦邻会客厅建设，成功承办嘉兴市现场会。加快打造"15 分钟体育生活圈"，职工活动中心项目年内开工。经开客运站投入使用，试点氢能公交线。嘉兴学院平湖师范学院揭牌，中心幼儿园新园正式启用，耘庐幼儿园加紧前期，世外经开小学迁建项目方案通过评审。

平安高地不断巩固。完成维稳安保任务，开展安全生产大排查大整治，全年未发生亡人事故，其他安全生产、消防事故数同比下降 40%。重点推进危化品运输停车场建设，实现化工集聚区安全风险分类提档升级。

2021 年丽水经济技术开发区发展概况

1993 年 3 月批准设立为省级开发区；2001 年 12 月经省政府批准调整扩大规划范围；2009 年 7 月，省政府批准丽水开发区整合提升方案，总面积扩至 109.3 平方公里；2014 年 10 月，丽水开发区经国务院办公厅批准升格为国家级经济技术开发区；2021 年 4 月进行整合提升。2021 年 4 月，以丽水开发区为核心实施市本级开发区（园区）整合提升，总面积约 217.24 平方公里。

2021 年，丽水经济技术开发区大力实施"双招双引发力年、项目推进提速年、扩大税源突破年、数字改革攻坚年、城乡发展提质年"的"五个年活动"，加快构筑以半导体全链条、精密制造、健康医药、时尚产业、数字经济"五大产业集群"为引领的经济社会新增长级，实现跨越式发展。

2021 年，全区实现 GDP 增长 19.8%；完成规上工业产值 329.4 亿元，增长 39.5%；规上工业增加值 65.5 亿元，增长 23.2%；规上工业企业研发费用增长 31.1%；省内建筑业产值增长 73.3%；完成固定资产投资 70.9 亿元，增长 46.5%；工业投资增长 73.1%；高新技术产业投资增长 71%；实现财政总收入 25.7 亿元，增长 27.3%；一般公共预算收入 16.2 亿元，增长 27.2%。

招商引资

深入长三角、珠三角等重点区域开展精准招商，创新基金招商、飞地招商、研究院招商、产业链招商、链主型企业招商等招商模式。全年共招引项目 220 个，增长 85%；引进 10 亿元项目 4 个、20 亿元项目 3 个；实际利用外资 5892 万美元，增长 104.6%。

一是实施基金招商。组建 30 亿元的绿色产业基金，成功引进意芯半导体、江丰电子、航迅信息、中欣晶圆、珬芯微电子、晶睿电子和旺荣半导体等 11 个项目，总投资达 207.62 亿元，实现半导体全链条产业"从有到优"。

二是创新飞地招商。在上海张江核心区设立"科创飞地"，引进各类企业和研究院 12 家，形成"研发在上海、生产基地和销售总部在丽水"的模式，致力于打造全市首家跨省域国家级孵化器。搭建数字经济创新赋能中心、中小企业（中德）国际合作园和国家级植物原料提取基地等平台，推进与上海松江国家级经开区、宁波高新区、宁波石化国家级经开区、宁波杭州湾新区的"山海协作"。以"侨"为桥，在美英法德等国设立海外授权联络站和海外人才驿站。

三是聚焦研究院招商。落地全市首家诺贝尔专家工作站，引进中科院半导体研究所、复旦大学光电子研究院、杭州电子科技大学丽水研究院等科研机构。创新"才聚浙丽·科创未来"联合行动，推进人才服务综合体、人才驿站、人才公寓、人才码、同心园等创新举措，全年引进博士 187 人、硕士 413 人、大学生近 5377 人、技能型人才

2811 人，青年人才净流入量逐年递增。

四是建立数字化招商。上线招商项目全生命周期管理系统，搭建招商管理系统云平台，261 个项目纳入系统管理。创建生态合成革产业大脑，获评全省首批省级新智造产业集群、全省首批数字经济系统多跨应用场景、全省首批行业产业大脑建设试点，入围全球工业互联网专题赛 20 强。

项目建设

全年共发行债券项目 11 个，争取资金 17.7 亿元，增长 39.4%，项目入选率、财评过审率、项目推进率领跑全市。中欣晶圆、晶睿电子、珬芯微电子等一批重大产业项目落地建设；丽水国际会展中心、浙西南科创产业园、产业创新服务综合体、人才创业创新基地等一批重大产城融合项目加快推进。江丰电子同创科技年产 400 吨超高纯钽项目成功投产，成为我国首个电子级超高纯钽材料产业基地。

营商环境

率先在全省出台营商环境标准，政务服务事项 100% 实现"最多跑一次"，企业事项"零成本"4 小时内办结。推行工业项目"拿地即开工""拿地即通电"等服务，实行窗口受理职业化改革。全年共兑现企业扶持资金 9 亿元，增长 57.9%。新增规上企业 71 家，新增亿元以上企业 17 家，创成全省首批"双链长制"省级试点，入选"浙江省服务企业最佳实践案例"、中国经济营商环境十大创新示范区。

2021 年衢州经济技术开发区发展概况

1992 年 9 月，衢州经济开发区成立；2002 年 6 月，衢州高新产业园成立；2011 年 10 月，衢州经济开发区升格为国家级衢州经济技术开发区；2012 年 8 月 14 日，衢州绿色产业集聚区、经济技术开发区、高新区术产业园区"三区合并"，同年 10 月 15 日，衢州绿色产业集聚区正式授牌；2020 年 8 月，绿色产业集聚区（衢州经济技术开发区、衢州高新技术产业开发区）在现状平台基础上，整合衢化片区、柯城东港工业园区、衢江经济开发区以及高家镇、石室乡部分区域，整合成立衢州智造新城。

2021 年，衢州智造新城（衢州经济技术开发区）实现规上工业总产值 1340.56 亿元，占全市的 53.7%，同比增长 33.6%；六大标志性产业链规上工业总产值 878 亿元，占智造新城的 65.5%；规上工业增加值 256 亿元，占全市的 49.5%，同比增长 14%；实现固定资产投资 107.9 亿元，同比增长 20.7%，其中制造业投资 79.6 亿元，同比增长 32.1%；实现入库税收 55.8 亿元，同比增长 39.4%；进出口总额 316.5 亿元，同比增长 63%，其中出口总额 165.8 亿元，同比增长 54%，取得历史最优成绩。

项目引进

一是项目总量大。全年新引进项目 48 个，其中亿元以上项目 42 个，10 亿元以上项目 10 个，20 亿元以上项目 5 个，100 亿元以上项目 1 个，项目协议总投资 794.84 亿元。1—12 月，累计到位资金 80.26 亿元，实际利用外资 6845 万美元，利用外资额连续五年全市排名第一。**二是项目质量优。**成功推动华友、金瑞泓、一道等龙头企业扩产增能，精准引进拓烯、致合、国泰、挚达等特色"链主"企业，产业韧性进一步提高。浙江时代锂电项目成功列入省长工程、省重大产业项目，有望成为推动衢州工业经济高质量发展的里程碑项目。**三是项目储备足。**计划总投资约 110 亿元的圣钘新能源新锂盐项目、总投资约 25 亿元的隆基乐叶组件扩产项目、总投资约 20 亿元的国泰超威二期项目、总投资约 19 亿元的晓星薄膜项目、总投资约 11 亿元的三时纪集成电路先进封装和 5G 通讯用电子新材料、总投资约 6 亿元的航天发展第三代半导体等一批优质项目有望签约。

项目建设

聚焦项目建设，一切围绕项目转，一切盯着项目干，实行专班化例会制，清单化销号制，扎实推进项目落地工作。**一是签约项目抓落地。**落实市委领导挂联重点项目制，集中攻坚近 2 年新签约项目落地，实行"交办、督查、反馈"闭环管理。列入服务推进的 63 个项目已开工 46 个，其中投产 25 个。九维电子等 4 个项目实现当年签约当年投产，时代锂电等 10 个项目实现当年签约当年开工。**二是重大项目抓保障。**突出省市重点项目支撑作用，精准匹配要素供给，4 个省重点项目完成年度投资计划的 150%，10 个省"六个千亿"项目完成年度投资计划的 131%，83 个市重点项目完成年度投资计划的 119%。特别是浙江时代锂电项目从签约到开工仅用时 60 天，干出了新时代的"衢州速度"。**三是固定资产抓结构。**聚焦主责主业，持续激发制造业、民间投资活力，投资的有效性、引领性不断增强。1—12 月，工业投资 85.6 亿元、同比增长 29.3%，民间投资 71 亿元、同比增长 40.2%，高新技术产业投资 50 亿元、同比增长 32%，新增技改项目 178 个，完成技改投资 46.2 亿元。

配套建设

聚焦集约节约、功能复合，加快扩空间、补短板、强功能。**一是功能布局不断优化。**完成《智造新城国土空间分区规划》编制，精准开展用地底数、产业空间、风貌管控等 7 大专题研究，高质量推进高新化工园区规划、高新园区消防用水调蓄及事故污水处置、彩虹幼儿园控规等 27 个规划研究，科学布局道生天合等 86 个产业项目选址。**二是综合配套显著增强。**聚焦园区功能、生产配套等短板，累计实施政府投资项目 104 个，完成投资 4.1 亿元。浙大衢州"两院"实训基地如期交付使用，慧谷工业设计创新园年底基本建成。**三是发展要素全力保障。**全面摸清征地、指标、出让、熟地、拟用地等底数，建立与"两区"征迁联席会议制，累计完成征地 7238 亩，平整土地 7615 亩，支付房屋征收及房票等各类补偿款 9.55 亿元，有效缓解项目建设资金不足压力。

体制机制改革

大力实施"模块化、扁平化、社区化"管理新模式，将管理层级从 7 个减少到 3 个，建立岗位赋分、业绩评分、专项计分"三维考评"制度，进一步激发干事创业内生动力。扎实推进"两专工程"，"一人一表"制定"两专"个性清单，积极开展"两专"干部储备、导师传帮带等系列活动，加快建设变革型组织。

建立企业社区网格化服务体系，全员编入 17 个企业社区网格，配置 52 名专职网格员，融合"营商环境清障""我为企业办实事"等行动，推动干部深入一线开展企业服务。建立"企业点单、中心赋色、部门报到"工作机制。

深化政府数字化转型，简化办事流程，提高办事效率，形成整体智治系统基本框架。开发"企业服务在线"应用系统，建立政企沟通系统化、数字化、可视化新渠道，实现"企业服务一件事一次办"。创新建立"小微入驻一件事"云平台，实现电商创业线上选址、线上签约、线上入驻，并入围首批"政企通"试点。建立园区水电气管网配套设施提前介入服务"一件事"联办机制，变"企业等水电气"为"水电气等企业"，成功列入 2021 年全市优化营商环境 10 大创新案例之一。

2021 年台州湾经济技术开发区发展概况

台州湾经济技术开发区以浙江头门港经济开发区 7.12 平方公里为核心区（经国务院批准的核准规划面积），整合临港新城、南洋、北洋、红脚岩等托管区块，辐射带动临海经济开发区、医化园区椒江区块等拟托管区域发展。2017 年 3 月 31 日，头门港经济开发区被省政府确定为省级经济开发区；8 月 9 日，浙江头门港经济开发区正式挂牌成立。2021 年 6 月 17 日升级为国家级经济技术开发区，定名为台州湾经济技术开发区。2021 年 12 月 9 日，经国务院批复设立台州综合保税区。

2021 年，台州湾经济技术开发区充分发挥"港口 + 腹地"资源禀赋、集疏运条件完善、地理区位优异、产业基础雄厚、"四区"叠加等独特优势，以"海上丝路新门户、数字智造新高地、临港新城大花园"为发展目标，创建 RCEP 高水平开放合作示范区、智能制造示范区、产城融合示范区，建设世界一流新材料基地、世界一流原料药基地、世界一流汽车及零部件制造基地。2021 年开发区主要经济指标稳定向好，完成工业总产值 440 亿元；完成规上工业总产值 416.3 亿元；完成工业性投资 48.5 亿元，同比增长 64%；完成税收 24.8 亿元，同比增长 36.2%。

RCEP 高水平开放合作示范区建设

经开区抢抓《区域全面经济伙伴关系协定》(RCEP) 正式生效历史机遇，围绕"一中心四区"（一中心：RCEP 临港特色产品集散中心；四区：RCEP 临港产业集群发展样板区、RCEP 进口贸易创新示范区、RCEP 跨境电商先行区、RCEP 区域金融服务集聚区），努力建成贸易便利、服务开放、投资自由、监管安全、影响力大、辐射性强的台州湾 RCEP 高水平开放合作示范区，已列入全省 RCEP 工作清单。

平台方面

"四区一开放"工作有序推进，承接 RCEP 开放合作效应。**国家级经济技术开发区**于 2021 年 6 月 17 日获批，正在围绕三个重大工作（重大政策、重大改革、重大项目）要求，进一步理顺工作体制机制，完善要素保障。**台州综合保税区**于 2021 年 12 月 9 日获批，正在加快综合服务中心一期及口岸作业区工程、巡逻通道与围网工程、海关监管设施及智能信息化工程三个国家验收项目建设，争取 2022 年底通过验收并正式封关运作。**自贸区联动创新区**围绕 RCEP 中 170 多项软性义务推动改革，构建开放、公平、透明、便利的营商环境。**跨境电商综试区**紧抓 RCEP 生效带来的机遇，为跨境电商企业提供扶持。线上综合服务平台已在综保区内落地，已有 3 家拟入区跨境电商企业（浙江云动力电子商务有限公司、浙江爱购电子商务有限公司、浙江中非国际经贸港服务有限公司）。**口岸开放**于 2020 年 7 月获批，正在加快推进涉及开放验收的项目，争取 2022 年年底通过国家口岸办组织的验收并正式开放。

港口工作

全年完成吞吐量 613.21 万吨，同比增长 63%。基础设施不断完善，台金铁路正式联通头门港，二期码头完工验收，一期进港航道疏浚、铁路上岛、码头三期工程、疏港公路复线等项目前期工作有序推进。与省海港集团合作不断深化，进出口贸易不断扩大，引进了红狮水泥 500 万吨进口水泥中转站项目。义新欧班列"台州号"于 2022 年 2 月 28 日正式开通。

智能制造示范区建设

经开区现有四上企业 131 家，上市公司及上市公司全资子公司 24 家，过会企业 1 家，国家级高新技术企业 43 家。形成了医药化工、汽车制造两大支柱产业，以塑造产业竞争新优势为目标，发展具有国际竞争力的创新型产业集群，建设世界一流新材料基地、世界一流原料药基地、世界一流汽车及零部件制造基地。新增上市企业 1 家（本立科技），已上会企业 1 家（联盛化学），正在培育企业 5 家（宏元药业、江北南海、海洲制药、朗华制药、达辰药业）。**产业布局不断优化**，台州新材料产业园加快建设，省"万亩千亿"新产业平台申报工作有序推进，荣盛台州湾新材料项目取得阶段性成果，2022 年 2 月 7 日台州市已与荣盛签订了战略投资合作协议。**数字化改革不断深化**，开发区列入浙江省首批化工产业大脑试点，化工园区安全智控平台在省级数字化改革中"揭榜挂帅"。**招商引资取得成效**，全年共完成鲲宝物流、海正一期聚乳酸、奥翔药业等 10 个项目签约，计划总投资 146.5 亿元。

产城融合示范区建设

坚持产城融合发展，以白沙湾、金沙湾为核心，现代化滨海新城初具雏形。头门港站建成投用，汽车文化综合体、洲际酒店、万人公寓、白沙湾公园、北洋大道以西河道整治及景观绿化项目等高品质城市配套设施项目加快推进。生态环境建设实现新突破。提前 6 个月完成长江经济带突出生态环境问题销号，2021 年长江经济带生态环境警示片将临海"环保倒逼转型，以转型促进问题解决"作为正面典型案例，予以了充分肯定。

2021年宁波保税区（宁波北仑港综合保税区）发展概况

1992年11月19日，国务院批准设立宁波保税区，是浙江省最早设立的保税区。2002年6月21日，国务院批准增设浙江宁波出口加工区，是我国第二批出口加工区。2020年4月，国务院批复同意宁波出口加工区原址原面积转型升级为宁波北仑港综合保税区。2020年9月，宁波北仑港综合保税区全域列入浙江自贸试验区宁波片区范围。根据2020年宁波保税区、宁波出口加工区及其配套区控制性详细规划（修编）文件，全区规划面积包括宁波保税区东区、西区、南区、北仑港综合保税区及其配套区，总规划面积716.1公顷。宁波保税区与宁波北仑港综合保税区，两区实行"两块牌子，一套班子"。

2021年，实现地区生产总值同比增长10%；财政收入86.4亿元、同比增长17.8%，限上商品销售额2925亿元，同比增长24%；固定资产投资20亿元，同比增长28.3%。外贸进出口首次居全市第二，进出口额1550亿元、同比增长23.8%，其中出口480亿元、同比增长29.1%，进口1070亿元、同比增长21.6%，进口居全市第一。跨境电商继续保持优势，前三季度跨境电商进出口210亿元，增长29.7%，其中进口销售额141.4亿元，占全市81.4%，2021年"双11"跨境进口零售25亿元，继续居全国单个试点园区第一。

平台建设

百度云智基地企业突破300家，获评"中央外经贸服务贸易公共服务平台""宁波市信息消费体验中心"金融科技产业园入驻企业近180家。航天云网（浙江）公司搭建的"浙江汽配工业互联网平台"获评"2021年度省级工业互联网平台"，是全市唯一一家，省内企业上云9000余家。易豹数字化平台全年报关量有望突破120万单，累计服务外贸企业6.6万家。

2021年出台了自贸试验区保税区块行动方案，提出20项重点改革任务，复制推广全国自贸区最新改革创新成果20余项，开展自主改革创新

10余项，如跨境易货贸易创新、跨境电商出口模式创新、新型离岸国际贸易创新、大宗商品云仓平台建设等，跨境电商（9810）模式新增海外仓34个；探索跨境服务贸易发展，开发外贸航运报价服务平台，以促进航运保险服务进口替代；落地非特化妆品宁波备案点，上线全国首个进口美妆防伪溯源平台，打造"甬妆链"平台；参与建设国内首个进口商品消费维权跨区域协作机制，形成了一批首创性制度创新案例。加快创新监管模式，开展跨境投资贸易高水平开放、长三角海关特殊货物检查作业一体化改革、赋予企业增值税一般纳税人资格（新增10家企业）等试点，拓展"跨境电商＋新零售""网购保税＋线下自提"、

跨境电商组合销售业务等新模式。跨境电商信用监管应用平台入选省自贸区态势感知中心多跨场景应用"揭榜"项目。

项目建设

按照专班服务机制,做好大项目建设服务,促进群创光电车联网大屏项目和Mini-LED项目早日量产。海天年产4000台压铸机及其核心部件制造生产基地项目、群志年产3030万套液晶模组智能化车间技术改造项目、海伯精工厂房扩建项目、艾尔希年产700万件安全气囊发生器等项目建成投产;科宝、中集数字化车间改造项目、环球云链新建自动化供应链仓库项目、高新货柜大宗贸易全链路数字化服务平台等项目开工建设;宁波航天智慧科技城、群创光电车联网大屏和Mini-LED项目、苏宁电商华东枢纽、艾美荣安病毒疫苗产业化基地、象屿—南光供应链等项目加快建设;宁波国际商业航天发射中心项目列入省"十四五"重大工程和2021年市重大项目前期计划。

营商环境

商事登记改革稳步推进,率先开展"股权转让一件事"集成服务改革、经营范围规范化登记试点、"进口源头地"放心消费示范区建设,企业获得感不断增强。稳步推进"两步申报"和进口提前申报工作,实现一线转关全程无纸化作业。持续推进减税降费工作,创新纳税服务举措,提升纳税服务满意度。美丽园区建设有新成效,园区交通整治和有机更新稳步推进,生态环境质量明显改善。平安园区建设推进有力,社会治安形势整体平稳。

2021 年金义综保区发展概况

金义综合保税区于 2015 年 10 月经国务院批复设立，规划面积 1.79 平方公里（其中围网内面积 1.26 平方公里），按"一次规划，分期建设"原则，一期围网内 0.73 平方公里，于 2016 年 1 月开工建设，2017 年 6 月正式封关运营。二期围网内 0.53 平方公里，2020 年 7 月正式开工建设园区内市政、围网等基础设施，2021 年 6 月通过海关验收。

2021 年，金义综合保税区提前实现"连续四年翻番增长"的目标，截至 12 月 31 日，进出区总货值超 70 亿美元（同比增长 2.02 倍），其中进口货值占金华关区（义乌关除外）的 75% 以上、金东区的 95% 以上，征收关税超 21 亿元（同比增长 1.6 倍），跨境邮包出区超 1925 万个（同比增长 1 倍）。在全国 150 个海关特殊监管区域最高排名第 57 位，增幅居全国第 12 位。

改革创新

以金义综保区为有效载体，有力推动国贸改革、自贸区联动创新、跨境电商综试区等改革举措的快速落地。**一是深化通关改革**。大力推进"全国通关一体化"和"两步申报"改革业务试点，创造了 0.16 秒每单、30 秒每车的"金义通关速度"，全省领先；实行"先出区后报关"的通关模式，过境货物可运抵宁波舟山港后再行报关，进一步压缩通关时效，提升贸易便利化水平；畅通"中欧班列＋综保区＋海铁联运"国际中转业务，可为企业减少近一半的物流时间和运费。**二是着力改革创新**。综保区涉及海关可复制推广改革经验 58 条（已复制推广 24 项，正在推进 3 项）；结合"仓储货物按状态分类监管"政策，首创大宗商品"保税＋非保"同场存放，同时采用"批次进出，集中申报""两步申报，两段准入""四自一简"等监管便利化举措便捷进出区，实现大宗商品按需灵活内销；获批一般纳税人资格试点，区内企业既可以享受综保区原有的政策优势，也可以参与国内增值税抵扣，有助于企业有效利用国内国际两个市场。**三是跨境业务快速发展**。2020 年在全国率先跑通了"9710"跨境电商出口、申报、退税全流程；在全省率先跑通了"9810"跨境电商出口、申报、退税全流程。2021 年在全省率先跑通跨境电商航空转关出口申报，实现了金义综保区和杭州萧山机场联动发展的新路径；截至 11 月中旬跨境小包出区 1668 万个（同比增长 1.2 倍），位居全国第三批跨境电商综试区前列。**四是探索区港联动**。通过区港联动的保税功能辐射，2020 年 6 月实现了中欧班列返程"零"突破，2020 年 8 月基本实现了"中欧"班列去返程同频，有效降低金华市"中欧"班列运行成本。《推进以金义综保区为中心的大宗商品交易和分拨中心建设》获评 2021 年第二批中国（浙江）自由贸易试验区制度创新 20 个案例之一。

主体培育

出台综保区扶持政策，重点招引"贸易商、物流商、金融配套企业及下游生产型企业"四大主体。园区内已累计落地企业 165 家（每年末将清退低效企业，2020 年清退 15 家）。**平台入驻**：天猫、京东、小红书、抖音、拼多多等国内知名电商平台均已入驻金义综保区，并吸引了代塔、易镭、宏硕、妮仓、德瑞、安驿能等物流公司落户。**保税加工**：已招引中瑞众果、阿凡达、港龙、云玥、海盈等 6 家保税加工企业入驻，2021 年加工产值预计可达 3 亿元～ 5 亿元。**企业落户**：招引了厦门建发（世界二百强企业）、浙江海亮（世界前五百强企业）、宁波宏硕、兰溪博远、瑞云等行业龙头企业入驻，与新加坡莱佛、GKE、有色金属网、欣旺达等企业在对接招引中，争取"十四五"期末区内外关联企业达 500 家。

服务地方

一是金义综保区大宗商品交易中心建设获省、市关注，省发改委已明确支持金义综合保税区建设大宗商品交易中心。2021 年大宗商品进出区货值已突破 30 亿美元（是 2020 年同期的 10 倍），其中，电解铜服务周边 60% 以上的规模企业，棉纱服务兰溪 80% 以上纺织规模企业，纸浆服务衢州（龙游）30% 以上造纸规模企业，为相关企业降本增效超 3000 万元。**二是探索开展"跨境商品新零售"业态模式创新**，让百姓大众日常生活都能实实在在享受到"自贸区"带来的红利。自 2021 年 2 月金义综保区进口商品直购中心开业，现已与省交投、金农好好、市区机关事务局、旅投等达成战略合作，已在金华市区布点 11 个，金华高速服务区、萧山高速服务区进口商品直购中心已开业。**三是积极推进供应链配套服务**。根据综保区及周边产业实际需求，制定了"项目授信、公司代采、第三方担保、政策兜底"的供应链配套服务运作模式。已与区内多家企业签订服务协议，合同标的累计超 5000 万元，进一步降低企业资金占用、缩短资金周转周期、提升企业盈利点。

（金义综合保税区管委会）

2021 年杭州综合保税区发展概况

2000 年 4 月，国务院批准设立杭州出口加工区，2018 年 2 月，国务院批准出口加工区升级为综合保税区，2019 年 6 月杭州综合保税区正式封关运行，规划面积 2.007 平方公里。目前已形成笔记本电脑、汽车配件、家用电器为主导，保税加工、加工制造、保税物流、跨境电商为依托的全产业链格局。

2021 年，杭州综保区实现工业总产值 106.9 亿元，同比增长 10.6%；实现规上工业增加值增速 8.4%；实际利用外资 700 万美元（高技术 700 万美元）；新招引落地项目 8 个（贡河农业、松下 EP、道铭微电子、立昂微研发总部、隅田川咖啡、德意志尚玻尿酸、来酷科技、新毛利洗护），其中，总投资亿元以上项目 6 个（贡河农业、松下 EP、道铭微电子、立昂微研发总部、隅田川、来酷科技），固投亿元以上项目 2 个（松下 EP、道铭微电子）；新招引总部企业 1 家（贡河农业）；新增规上服务业企业数 2 家；固定资产投资总量 8.43 亿元（其中工业投资 3.65 亿元）。全区跨境电商出口交易额 63.76 亿人民币，同比降低 5.73%；进口交易额 115 亿人民币，同比降低 9.37%。新招引跨境电商企业 84 家。

制度创新

一是畅通跨境电商出口新通道。针对区内企业发展"9610"出口模式的诉求，联合海关创新完成适合"9610"出口模式业务开展的软硬件设施建设。在园区内中心监管仓设有 5000 方的仓库平台，并配备了三条查验线设备，日监管跨境电商货物可达 10 万件。1—10 月，跨境 9610 包裹出口达到 1.15 亿美元，助力泰瑞机械等制造业企业通过 9710 报关出口达到 4185 万美元，跨境新模式 9610、9710 出口同比增长 850%，跨境电商赋能区内制造业企业出口的优势进一步彰显。**二是赋能制造业"品牌出海"。**着力加快凯西国际、顾家家居等企业参与海外仓布局建设，以海外仓全球布局织就国内外物流网络，与凯西国际探索 9710 保税中心仓集货＋海外仓联动模式，已覆盖美国、日本、德国等全球 15 个国家和地区，服务客户超过 500 家。积极参与省商务厅"一键海外仓"外贸数字化应用场景建设，鼓励海外仓企业对接国内外电商平台，将跨境物流、国际仓储与供应链流通服务相结合，不断优化和创新海外仓增值服务能力，助力中国品牌出海。**三是优化跨境电商生态圈。**依托高教园区，加强在校大学生培养，与浙江工商大学共建的全国首个跨境电商学院，深化打造钱塘区产教融合、区校合作的示范样板，2021 年 6 月，学院首届来自 15 个国家和地区的 87 名学生正式毕业，为钱塘区跨境电商产业发展注入了新鲜血液。启动考拉海购、淘宝全球购保税直播基地。互联网法院跨境贸易法庭已受理跨境电子商务类案件 100 余件。

项目建设

一是跑出项目落地新速度。松下 EP 智慧家电项目，从拿地到获得施工许可证仅用了 22 天时间（含公示 10 天），成为钱塘区 703020 新开工节点要求的示范项目，基础以上已进入施工期，有望在明年三月底前竣工投产。明德生物、菜鸟二期、泰谷诺石英三期等三个项目建成投用。**二是创新易货贸易新模式。**在完成海关 0130 项下易货贸易浙江自贸区块首单闭环交易测试的基础上，深化 0130 海运试单，积极对接国贸云商等外综服企业。依托中非民间商会资源，做好重点项目（如传音、曦腾等）的招引工作。已与中国商业联合会就杭州国际数字易货贸易园区项目签订合作备忘录，积极探索并推动数字易货贸易综合平台建设。**三是拓展跨境电商进口新赛道。**延长跨境进口产业链，加速布局"保税进口＋零售加工"模式。已招引马来西亚正典燕窝、隅田川咖啡、德意志尚玻尿酸、JOLIYOYO 功能糖果、新毛利洗护用品等 5 个"新世界工厂"项目落地，新世界工厂企业集群初具雏形，全力扶持正典燕窝 1 家潜力企业小升规。预计新世界工厂模式能为跨境零售进口带来 1 亿～ 2 亿增量。

（杭州综合保税区管理办公室）

2021 年嘉兴综合保税区 B 区发展概况

2010 年 1 月，获国务院批准在西塘镇设立嘉兴出口加工区 B 区，是省内第四个出口加工区，2015 年 1 月升格为嘉兴综合保税区 B 区，成为浙江省第一个由出口加工区成功转型为综合保税区的范例，正式封关运行面积为 1.013 平方公里。

嘉兴综合保税区 B 区坚持"稳固基础、注重创新、营造生态"的思路，在 2020 年度全国 134 家综合保税区发展绩效评估排名第 27 位、全省第三的基础上，持续推进本区域的迭代升级，成为高质量发展和对外开放的主战场。2021 年，全区实际利用外资 10168.32 万美元，同比增长 45.26%；固定资产投入 8.36 亿元，同比增长 127.8%；基础设施投入 2830 万元；实现产值 84 亿元，同比增长 7.8%；实际进出境总额 10.5 亿元，同比增长 17.6%，其中出口 1.26 亿元，进口 9.24 亿元。

平台建设

不断完善基础设施建设，提升服务平台。已完成跨境电商专用监管场站建设，跨境电商 1210 监管场站于 2021 年 5 月下旬建设完成。B 区管委会投入逾 5000 万元资金，对原有 1 万多平方米保税仓库、2000 余平方米的监管场站设施进行全面改造和数字化升级。同时新建红菱七期项目，包含 B3、B5、B6 厂房共计 73521.83 平方米。与浙江物产中大集团合作，建成"嘉兴综保 B 区跨境贸易数字化服务平台"，为企业开展跨境业务提供数字化服务支撑。引进电商直播、智能仓储、跨境物流等优质企业主体，真正形成跨境电商产业生态圈，打造一体化示范区内跨境进出口功能最为齐备的跨境产业平台。

招商引资

成功招引凯云供应链、美奕供应链等优秀成长型跨境电商企业，投资建设跨境进口专用仓库和仓储、销售系统，共同探索跨境电商进口零售业务，当年实现跨境进口零售额目标，迅速在区内形成跨境进口零售新业态新模式；引进了世界 500 强物产中大集团投资项目—嘉兴物产安橙科技有限公司、中国五百强企业—浙江省国际贸易集团有限公司全资子公司浙江国贸云商控股有限公司，2021 年实现近亿元跨境出口量。

产业发展

携手浙江国贸数字科技有限公司，对嘉善当地企业开展跨境电商孵化培训班。经过努力嘉善当地已有 40 多家企业孵化成功，其中 30 多个当地品牌顺利出海，助推当地传统产业发展，累计出口额 200 万美元以上，逐步形成当地跨境生态圈中小企业"铺天盖地"的良好态势。浙江富申科技有限公司实现重大突破，其总部已迁至综保区，将成为综保区首个上市企业。富鼎电子科技（嘉善）有限公司成为浙江省高新技术企业创新能力百强企业，浙江省高新技术企业新技术新材料技术领域 10 强企业。

制度创新

嘉兴综合保税区 B 区跨境电商企业首票 1210 模式保税进口的国际一线护肤品通关成功，实现了 1210 模式在嘉善"零"突破，成功跑出 815 单。该模式落地，将进一步发挥嘉善作为嘉兴跨境电商综试区核心区之一的积极作用，带动更多优质进口商品进入长三角市场。

2021年浙江海宁经济开发区发展概况

海宁经济开发区于1992年成立,位于海宁市东片,主导产业为泛半导体、新能源新材料、航空航天等,为省级开发区、长江经济带国家级转型升级示范开发区。2021年,海宁经济开发区完成地区国民生产总值599.4亿元,同比增长14.4%;实现财政收入146.9亿元,税收收入142.4亿元;完成固定资产投资300亿元,其中工业投资123.9亿元;实现规上工业总产值1776亿元,其中高新技术产业产值1299亿元;完成规上工业增加值301.9亿元,其中高新技术产业增加值200.7亿元;"四上"企业营业收入2961亿元,"四上"企业利润总额1066亿元;规模以上工业企业科技活动经费支出56.7亿元;全年实际利用外资1.8亿美元。

招商引资

围绕重点优势产业,聚焦上下游产业链,以"基金＋平台＋产业"的模式强化招商。全年共签约泛半导体项目22个,总投资85.94亿元;共签约新能源、新材料项目23个,总投资232.02亿元。全年完成合同外资4.68亿美元,实到外资1.8亿美元;新增工业用地备案238.37亿元。引进世界500强、超亿美元项目5个。国家级人才、省级人才申报获评11人;省级海外工程师申报获评18人。

产业发展

全年新增规上工业企业94家,现有规上企业1131家;新认定高新技术企业38家,省科技型中小企业72家。华生股份实现主板上市,成为辖区内第十家主板上市企业;明士达入围工信部第三批专精特新"小巨人"名单。实现规上工业企业营业收入1928亿元,同比增长23.6%;实现利税142.6亿元,同比增长32.3%,利润98.1亿元,同比增长42.9%。

全年完成数字经济核心产业增加值91亿元,同比增长7.7%,实现传统制造业增加值244.2亿元,同比增长10%,战略性新兴产业增加值100.5亿元,同比增长1.6%,

项目推进

全年审批项目103个,开工项目106个,竣工项目76个。主要项目为:

万物工场项目: 原为深梦皮革,2018年亩均产值133.5万元,亩均税收1.38万元。于2019年3月收储,2019年7月重新出让建设万物工场,包括研发实验室、测试中心、柔性生产线、万物商城等设施,同时导入数个已经有明确产品方向的泛智能终端和新零售智能产品项目,总投资30亿元,项目于2019年11月开工建设,2021年8月建成交付,万物工场已有意向入驻企业15家,租用率已达80%以上,大部分企业已开始入驻装修，预计引进项目全部达产后首年产值可达 10 亿元，税收 4900 万元。

芯能科技产业园项目：原为瑞星皮革用地，2018 年亩均销售 118.7 万元，亩均税收 3.65 万元。2019 年底签订收储协议，腾退后引进"芯能科技绿色能源产业园"项目，用地面积 120 亩，建筑面积 17.5 万平方米，计划建设研发中心、智能自动化工厂、CNAS 检测实验中心三部分，总投资 5.13 亿元。项目建成后，年产光伏组件 500MW，储能变流器、并网柜 5000 套，年产值 10.2 亿元，利税 1.8 亿元。目前桩基完成，地下基础施工中，2023 年 10 月建成投产。

精测产业园项目：原为大众皮业和上元皮革，2018 年亩均销售 76.2 万元，亩均税收 7.46 万元。2019 年 4 月签订收储协议。2021 年 5 月重新出让，腾退后引进"精测产业园"项目，用地面积 168 亩，主要从事 OLED 面板制造工艺的关键耗材—精密金属掩膜版、有机发光材料的研发、生产和 DHT 高端设备研发及产业化，容积率从 0.5 提升至 2.0。项目总投资 20 亿元，预计项目达产后年产值 50 亿元。2021 年 8 月开工建设，计划 2023 年底竣工投产。A 区块厂房已完工，下半年设备进场；其他区块桩基施工中。

立昂东芯项目：原为红狮电梯和嘉联电梯，2018 年亩均销售 143 万元，亩均税收 5.08 万元。腾退后引进"年产 36 万片 6 英寸微波射频集成电路芯片项目"，项目总用地 204.6 亩，建筑面积 24 万平方米。引进光刻机、干法/湿法刻蚀机、化学气相沉积等设备设施 785 台（套），项目总投资 50.1 亿元。项目建成后，年产 6 英寸微波射频集成电路芯片及激光器产品 36 万片，销售收入 29.8 亿元，利润总额为 6.9 亿元。桩基工程完成 50%

左右，预计 2024 年 7 月竣工投产。

营商环境

完善基础设施配套。实施杭州湾大道（新城路至东海桥）、潮起路（杭州湾大道至安江路）及枕江路（凤凰路至新城路）提升改造工程。由拳路（海宁大道—文苑路）通过浙江省建设厅评审，荣获海宁唯一省级"绿化美化示范路"称号，规范化农村道路路口改造省级现场会在湖桐公路召开。高标准推进公共文化阵地建设，建成全市首家镇（街）馆店一体书房，看山楼成为集镇文化新地标。泛半导体产业园已完成总建设面积超 81.2 万平方米，总投资超 24 亿元，全年实现产值 35 亿元，增长 16.7%。园区引入数字可视化 AI 项目，并配套综合服务中心及各类生活服务场所，专业化、智能化、社区型产业园管理体系已初现成效。东区智慧港"凤凰涅槃"，精测产业园、硅密芯镀产业园等项目相继动工，万物工场一期已建成并交付使用。航空产业园建设被列入省航空航天产业发展"十四五"规划，一期启动区块项目 17.2 万平方米标准厂房已结顶。阳光科技双百产业园正式投产使用，列入省级小微企业园名单，已入驻企业 33 家，入驻率 65%。

全力服务企业发展。共组织 128 家企业参加了面辅料（春秋两季）博览会、家纺（春秋两季）博览会、大湾区博览会等 8 个展会项目。服务企业财政奖励申报 680 家（次）。建成投用 10 万平方米人才公寓。进一步扩容政务服务中心审批事项至 753 项，大力推进"市民之窗""云上税务大厅"等服务向村（社区）基层延伸。

2021 年乐清经济开发区发展概况

1993 年 11 月，乐清经济开发区经浙江省政府批准设立，是全省首批 19 个省级开发区之一。1994 年，开发区管委会成立，作为乐清市人民政府的派出机构，管委会享有同级政府经济管理权限，代表乐清市人民政府对开发区规划范围内进行统一建设、统一配套、统一管理。2001 年，乐清市委、市政府将中心工业园区纳入经济开发区，并将中心工业园区管委会并入乐清经济开发区管委会。2014 年，乐清经济开发区规划制定了"一区六园"的发展格局定位，总面积约 158 平方公里。

2021 年，乐清经济开发区坚持创新引领发展，持续培养培育壮大综合实力，在 2020 年度省级开发区综合评定中首次在省级开发区中位列第二，连续 9 年获评浙江省优秀省级开发区荣誉称号。

招商引资

一是夯实招商基础，完善制度，激励引导。先后出台了《印发关于加快战略性新兴产业发展的若干政策》《关于进一步促进总部经济发展的若干意见》，配套出台了《乐清市重大产业项目"一事一议"实施办法》《乐清市企业投资项目全流程高效率审批实施办法》，进一步完善项目代办制、模拟审批制。二是构建网络，充实力量。在全国 36 个省（直辖市、自治区、单列市）设立乐商回归与引进工作联络处，成立 28 家异地乐清商会，负责牵线落实乐商回归和引进项目等工作。

2020 年以来，从全市干部中分两批挑选合计 95 人次，经过严格的招商业务培训，分别赴北京、上海、深圳、武汉等经济发达、产业特色明显、科技人才集中、乐商资源丰富的区域进行驻点招商。以驻点为支点，以点带面，拓宽招商区域，形成大平台合作共建、大项目集群落户。各招商组共走访了 1000 多家企业，上报有效项目信息 345 条（10 亿元以上项目信息 84 条）。经考察研究，确定拟供地项目 30 多个；已供地项目 7 个，其中已开工项目 4 个。

产业发展

一是打造高端电气产业集群。围绕乐清传统优势产业，不断做大产业集聚规模，提升产业核心竞争力。2021 年 1—11 月，开发区实现规上工业总产值 1622.6 亿元，同比增长 25%；进出口总额 163.8 亿元，同比增长 16.2%；规上工业增加值 335.4 亿元，同比增长 25%；二是强化省"152"项目谋划盯引。2021 年共申报省"152"项目 10 个，成功入列省"152"项目清单 7 个，已落地开工 3 个，省"152"项目入列数、落地开工数均居温州前列。三是有序推进项目前期工作。编制实施 2021 年度开工和启动前期政府类投资项目计划，77 个年度计划开工项目，已开工 21 个。

科技创新

一是加强高能级创新平台建设。提升科技孵化器、智能装备科技加速器等平台能级，完善电气、物联网传感器、精密模具三个省级产业创新服务综合体，构建更加系统、完备、高效的科技创新平台体系；二是强化企业创新主体地位。整合企业优势创新资源，建设一批创新联合体，实现国家级创新平台新突破；三是推进科技金融融合改革。发挥好"人才科技贷"的撬动作用，持续为科技型、高成长型中小企业提供低利率无抵押信用贷款，创新技术产权证券化等科技信贷产品。

建设成效

2021 年，电气产业成功获评国家先进制造业集群 25 强；"碳均论英雄"获得全省数字经济系统应用场景大赛一等奖。乐清智能电气小微园入围国家小型微型企业创业创新示范基地、省五星级小微园，浙江树创科技有限公司入选首批国家工业设计研究院，乐清湾电力科技小镇被命名为省级特色小镇，乐清·南翔科创合作基地获评浙江省第二批省级数字经济"飞地"示范基地。

2021年桐乡经济开发区发展概况

桐乡经济开发区成立于1992年7月，1993年11月经省政府批准为首批省级经济开发区。2017年8月，与高桥街道实施"区街合一"。经济开发区（高桥街道）面积93.3平方公里，下辖（含托管）25个行政村（社区），连续五年跻身全省省级开发区综合考评前三位，连续15年位居省级经济开发区"十强"。

2021年，全区实现地区生产总值243.3亿元，同比增长13.6%；规上工业总产值671亿元，同比增长45.1%；规上工业增加值167.4亿元，同比增长19.6%；固定资产投资111.4亿元，同比增长26.4%，其中工业生产性投入70.4亿元，同比增长47.0%。

平台建设

在持续提升浙江省工业循环经济示范园区、浙江省知识产权示范园区、浙江省外商投资新兴产业基地、浙江省开发区特色品牌园区、国家级玻璃纤维出口示范基地等基础上，明确"一区四园五中心"的功能布局，加快建设智能装备产业园、前沿材料产业生态园、高铁产业新城、高桥农业科技产业园"四大园区"，以及数字经济双创中心、新能源汽车智造中心、湾谷健康医疗创业中心、视觉物联创新中心、桐乡科创中心"五个中心"。通过坚持建设与整治并举，生态文明建设不断向前推进，已经成为省级生态化建设与改造示范园区、浙江新型城镇化（产城融合）示范区、省环境竞争力十强开发区、省开发区产业链"链长制"优秀示范单位。

产业集群

紧紧围绕以先进制造业为核心的实体经济，大力发展以汽车汽配为主的高端装备制造业、前沿材料、数字经济和现代服务业四大重点产业开展招商选资和产业培育，2021年实现高端装备制造业产值162.5亿元，数字经济核心制造业产值146.8亿元，新材料产业产值331亿元；实现37个市级重大项目全部开工建设，投资额达73亿元，完成年度计划的159.5%，双环传动成功申报2021年第一批省重大产业项目。

开放型经济

发挥全市对外开放"主阵地"和窗口作用，按照"引龙头、强链条、促集聚"原则，大力开展精准招商，引进了包括合众新能源、双环传动、宇视科技、华友浦项等一批总投资超过10亿元的成长性好、带动力强的优质项目。2021年共签约项目39个，总投资370亿元，包括百亿项目1个，超亿美元和10亿元项目11个。

产城融合

为进一步加快推进开发区（高桥街道）由建

设开发为主向建管并重、产城融合转变,着力打造产业更加繁荣、设施更加完善、生活更加便捷、生态更加优美的南部新城区,引进平安养老养生、绿地智慧城等现代服务业项目;着力推进中小学、卫生院等教育卫生事业基础设施的改造提升。加强数字经济双创中心建设,建立数字经济产业社区,至2021年底共完成注册企业285家,已实际入驻企业102家,获评省级众创空间、省级科技孵化器。

2021年浙江安吉经济开发区发展概况

安吉经济开发区成立于1992年，1994年8月经浙江省人民政府批准为省级经济开发区，从2008年起连续12年跻身省级开发区十强。2017年2月，开发区启动新一轮体制调整，递铺街道、孝源街道纳入开发区统筹管理，实行"一区二街道"新体制。开发区区域面积287平方公里。开发区现有工业企业1300余家，其中规上企业300家，产业特色鲜明，现已形成"1+3"产业发展体系，其中绿色家居为主导产业，规上总产值达258亿元，占区工业总量的60.28%；此外，装备制造占比14.31%，生命健康占比13.82%；电子信息占比8.55%。

2021年，安吉经济开发区核心开发区区域完成财政收入51.4亿，同比增长31.8%；完成规上工业总产值523.6亿元，同比增长27.6%；规上工业增加值增速高于全市平均9.7个百分点，连续11个月超过全市平均增速。

招商引资

坚持招大商、选好商，紧紧围绕生命健康、精密制造、电子信息及绿色家居等主导产业，盯大项目、拼好项目、争创新项目。排出重点项目清单，组建工作专班，开展百日攻坚，按月分批集中签约。全力突破旧思维束缚，积极开拓招商新渠道、新方式，打出"资本实力＋政策优势＋服务品牌"组合拳，开启"基金招商＋金融招商＋人才招商＋链式发展"新模式、新路径，与康桥资本和复星集团双百亿基金投资合作项目洽谈基本完成。坚持项目落地快推快进，持之以恒抓好重点项目"清单化"推进，挂图作战、逐项销号，全力突破项目落地建设瓶颈，1—10月份，亿元以上工业项目累计开工入库36个、竣工投产23个，完成工业投资31.4亿元、增长67.9%；富特科技项目在全市第一次区县"互看互学互比"活动中获得第一名。

园区建设

围绕园区建筑风貌优化、园区环境再提升、园区配套更完善的目标，多方位、多角度推进"美丽园区"提标、平台能级提升。大力推进基础设施建设，浦源大道、古鄣路沿线环境整治加快推进，第四初中、英特十二年一贯制学校建设启动实施。大力拓展发展空间，生命健康产业园、椅艺标准厂房加快推进，绿色家居小微产业园启动建设。

党建工作

扎实推进党史教育，通过党史读书会、党史知识周周练、主题党日等活动，引导和教育全体党员干部以史为镜，以革命先烈为榜样，力求在全面从严治党、招商引资、项目建设、企业服务上实现新突破。严格履行第一责任人职责，把党要管党、从严治党的要求和任务落到实处，深入开展廉政风险点排查，加强岗位风险防控；每月推进机关效能督查，通过正风肃纪不断推进干部作风建设。

改革创新

搭建创新创业平台。持续做优"一中心一院两地"，健全上海交通大学—浙江安吉生命健康联合研究中心、安吉县中科数字智造与量子应用产业化研究院以及上海、合肥两大"飞地"长效运营。已有 12 个优质人才项目入驻"飞地"。积极探索高校研发—园区孵化—地方产业化全链条的科技成果转化路径。与中国医学科学院、苏州大学、电子科技大学等高校在生命健康、电子信息以及量子应用等领域开展了校地合作。**打通招商招才体系。**建立招商招才一体化运行机制，推进双招双引深度融合、高效转化。已通过高层次人才引进优思达生物等优质项目 10 个。设立"以投代补"的开发区人才专项基金，以"研究院 + 孵化器 + 基金"全方位服务，打造从管理服务到经营场地再到资金保障的全链条式创新创业扶持体系，解决了优质人才项目引进难、锁定慢、启动难问题。**拓展创新资源供给。**畅通企业与优质人才项目沟通渠道，鼓励引导企业以合建基金、投资入股等方式参与项目培育。5 家本土企业有意参股人才项目，预计投资约 5000 万元。以校地合作带动校企合作，推动企业与高校院所合作拓面升级。

2021年浙江南浔经济开发区发展概况

　　1992年7月成立湖州市南浔经济开发区；1993年11月，经省政府批准为省级经济开发区，成为浙江首批省级经济开发区之一，更名为浙江省南浔经济开发区；2006年1月更名为浙江南浔经济开发区；2015年6月浙江南浔经济开发区（南浔华侨投资区）管理委员会和湖州南太湖产业集聚区南浔分区管理委员会实行合署办公。2020年7月，行政区划调整后，开发区管辖面积75平方公里。开发区已形成了电梯、电机、绿色家居等三大传统优势产业以及光电通信、新能源汽车核心零部件等两大特色产业。

　　2021年，全区实现财政收入69.48亿元，固定资产投资521.22亿元，工业投资57.49亿元，规上工业总产值1073.32亿元，规模以上工业增加值163.86亿元，合同外资50224.58万美元，实到外资2558.57万美元，进出口总额141.85亿元。

招商引资

　　一是转变思路提升招商格局，变"求量"为"求质"，千方百计在"招大、引强、选优"上下功夫，着力引进国企、央企和世界500强行业龙头企业。坚持"主动招商"与"借力招商"并重，深耕企业家资源优势，创新"企业顾问"招商机制，开展以商引商和产业链招商。二是谋划产业厚植发展优势，围绕"一城四园"布局规划，通过持续性的专业化招引，充分发挥南浔开发区作为全区项目招引的前沿阵地、创新高地的作用。三是多方联动促成项目落地，整合驻外招商局、国有平台公司、产业园区等招商源头信息以及投资基金、中介平台推送项目信息，打造可信赖项目信息库。完善人才库、土地资源库、产业地图等，与项目落户形成即时互动的图库，指导服务项目精准对接、加快落地。

　　全年累计签约亿元以上项目86个，计划总投资573亿元。其中固投3亿元以上项目43个，含5亿元以上项目33个，百亿元项目1个。签约落地项目包括正威集团华东总部制造基地项目、旭升股份年产50万件汽车模具及核心零部件项目、泰鼎智能新建2GWH锂电池及锂电池包制造基地项目、上海华合年产10000吨锂电池隔膜新材料项目等。

产业发展

　　2021年区内现有各类企业16748家，其中外商投资企业193余家，规模以上工业企业1041家，新升规企业82家。紧紧围绕创建"实力、现代、富裕、美丽"的国家级经济开发区的目标，高水平谋划打造"2+1"未来产业新格局（"2"即光电通信产业与高端汽车核心零部件制造产业，"1"即传统电梯、电机、电磁线、木地板产业的迭代升级）。

以正威集团、东通光网为龙头的光电通信产业。计划通过五年的开发建设，全力打造万亩千亿光电湾，引进液晶面板、液晶组件、半导体、彩色滤光片、驱动 IC、偏光板、背光源组件等上下游光电配套企业，实现投资和产值超 1000 亿、税收超 100 亿的光电产业集群，推动光电产业链向高端化、核心化延伸，有效促进光电产业资源集聚和共享，实现上下游产业有效联动、共同发展的良性循环。

以巨人通力、沃克斯迅达、怡达快速等为代表的电梯产业。现有整机和配件企业 162 家，其中规上企业 67 家，年产整机约 8.5 万余台，整机产销量约占浙江的 50%、全国的 10% 左右，规上企业年产值超百亿元，是全国三大电梯生产集聚地之一和国家高端装备制造业标准化试点。

以越球、南洋和伟康等为代表的电机业。现有企业 45 家，其中规上企业 22 家，年产各类电机 7000 余万套，占国内市场的 15%，其中洗衣机电机占国内市场的 70% 以上，是全省首个国家级出口电机产品质量安全示范区。

以世友木业、南星家居等为代表的绿色家居产业。现有企业近 900 家，其中规上企业 433 家，木地板产量约占全国的 35%，其中实木地板产量约占全国的 60%，是"中国木地板之都""中国木门之都"和"中国整木定制之都"。

以旭升股份、宏旭智能为代表的新能源汽车核心零部件产业。开发区整合资源优势，加大新能源汽车核心零部件项目招引，着力打造长三角汽车核心零部件生产基地，已累计招引相关产业项目 6 个，投产后预计实现年产值超 80 亿元，税收超 4 亿元。

项目推进

对工业项目开展全生命周期管理，建立高效顺畅的项目推进模式，提高项目推进效率，促进项目早签约、早开工、早竣工、早投产、早达产。

实施项目投资"一件事"服务，开展领导班子领办制，对重大签约项目审批事项开通"绿色通道"，并联审批、特事特办，办事时间平均压缩 20%。三是以时间换效益，结合"新升规""破五未"等，实现项目签约即开票、拿地即开工、投产即上规。全年审批工业项目 236 个，实现 54 个亿元以上工业项目顺利开工入库，77 个项目竣工投产。新增省重大产业项目 5 个，其中特别重大产业项目 2 个；列入省级生产制造方式转型示范项目 2 个。

正威集团华东总部制造基地项目，由深圳正威（集团）有限公司投资。项目计划总投资 118 亿元，固定资产投资 80 亿元。项目分两期建设，其中一期用地 522.81 亩，建设内容主要包括电子级纳米铜系列产品及上下游光电一体化新材料生产线。

年产 50 万件汽车模具及核心零部件项目，由宁波旭升汽车技术股份有限公司投资。项目计划总投资 25 亿元，固定资产投资 21.68 亿元，拟用地 542 亩（一期 283.1 亩），将形成年产 47000 吨挤压件和 33000 吨压铸件的产能规模，全部达产后预计实现年产值 30 亿元，税收 1.73 亿元。

年产 2GWh 聚合物锂离子电池项目，由苏州泰鼎智能科技有限公司投资。项目计划总投资 12 亿元，固定资产投资 10 亿元，拟用地 117 亩。项目投产后预计实现年产值 20 亿元，税收 3510 万元。

营商环境

开发区东迁区块强园路、迁中路、富园西路全线贯通，"一横两纵"框架路网基本形成。220KV 泰嘉变电站建设完成，成为全市唯一一个 220KV 非电力部门投资建设运营的变电所。强势推进頔塘北岸改造，盘活土地 7000 余亩，为建设美丽繁华江南"小上海"腾出发展空间。以"牛刀工作法"建设万亩大平台，投资 100 亿元，强势推动 1.4 万亩现代工业园区建设，南浔长三角"光电湾"已初步形成。

成立东迁街道，下设 7 个内设机构、2 个公益一类事业单位，优化剥离卫生医疗、城市管理等 78 项职能，由原有的双线交叉管理转变为单线专职负责，实现专业的人做专业的事。

深化行政审批制度和综合服务窗口改革，推动"互联网＋政务服务"改革，坚持一站式受理，一站式办结，确保"即到即办，一次办结"，提高线下办事大厅的便捷度和舒适度。

持续深化新城集团市场化机制改革，加快资产整合成立新开集团，以市场化手段解决项目建设的"后顾之忧"。新开集团资产已突破 400 亿元，新开集团顺利完成 2A+ 信用评级，完成银行授信额度 75 亿元，为开发区发展提供了坚实的资金保证。

2021 年浙江诸暨经济开发区发展概况

诸暨经济开发区位于诸暨城西、北承杭州，南接义乌，东临宁波，是长三角南翼、环杭州湾 "V" 型地带的中心地带。诸暨经济开发区于 1992 年 7 月成立，2021 年 4 月，开发区与诸暨现代环保装备高新技术产业园区有效整合，形成 "一个机构、两块牌子" 的运行管理模式，新的区域规划正在优化调整中。

现拥有规上工业企业 860 家，其中产值超亿元企业 184 家，高新技术企业 308 家，有浙江富润、海越股份、海亮股份等上市公司 11 家，拥有绍兴地区唯一的世界 500 强企业，涵盖机械制造、纺织服装、汽车零部件等传统支柱产业及智能制造、环保装备、生物医疗、电子信息、新材料、航空航天等新兴产业。

2021 年，诸暨经开区财政收入 118.9 亿元；固定资产投资 285.7 亿元，同比增长 30.8%；制造业投资 103.2 亿元，同比增长 30.3%；基础设施投资 26.3 亿元，同比增长 31.5%；全年实现规模以上工业总产值 1040.9 亿元，占全市的 74%，同比增长 124.85%；规模以上工业增加值 230.5 亿元，同比增长 102.3%；高新技术产业产值 462.5 亿元，同比增长 107.9%；出口总额 283.2 亿元，同比增长 26.1%。

招商引资

坚持围绕产业链精准招商，重点聚焦数智安防、新材料、生命健康、航空航天等战略性新兴产业项目招引。全年新引进项目 61 个，总投资超 250 亿元，其中 50 亿元以上项目 1 个，10 亿元以上项目 10 个，科技型项目 30 个，总投资 15 亿美元的新宜中国数字装备智慧产业园项目签约落地。实际到位内资 32.32 亿元，实到外资 3506 万美元，引进合同外资约 2.3 亿美元。人才引育方面，入选 "诸暨英才" 人才计划人才 14 名，申报绍兴 "名士之乡英才计划" 人才 30 名，申报国家引才计划人才 2 名、省级引才计划人才 10 名，申报入选省级海外工程师 2 名，引进落地国家级、省级重点人才计划人才创业项目 15 个。

产业发展

进一步优化产业布局，完善现代产业结构体系，深化实施产业链 "链长制"，以延链、补链扶强纺织服装、水暖汽配、机电装备、精密铜材等支柱性传统产业，以建链、强链壮大智能视觉、半导体、生命健康、航空航天等战略性新兴产业，全年规上企业新增 114 家，努力形成优势企业集聚、特色产业集群发展的格局。新汽车产业链 "链长制" 建设深化实施，工业总产值达 168.5 亿元。重点谋划建设了智能视觉 "万亩千亿" 新产业平台。平台总规划面积 6.65 平方公里，主要围绕智能感知关键技术，聚焦核心技术研发和关联设备制造环节，延伸发展数字安防、半导体、新一代人工智能等 "万亩千亿" 主导产业。通过近两年培育，平台已形成一定的规模集聚效应，2021年总产值达52.7亿元，同比增长142%。平台已集聚落户28个重点项目，总投资约400亿元，与华为、高新兴、海康威视等头部企业建立合作关系。

项目推进

围绕"一核一廊五园"建设，重点推动数智安防、半导体、生命科学、航空航天等新兴产业集群发展。一年来，共有在建工业及服务业项目98只（其中新建44只，续建54只），智能制造、节能环保、生命科学、半导体等新兴产业集聚园区建设稳步推进，新开工亿元以上项目30余只，8个项目参加全省高质量发展建设共同富裕示范区重大项目集中开工，开工率达100%，建成投运帕瓦新能源、犟肯新材料、至美环境等一批重点项目，新宜中国、篮球中心、国际商业航天飞控中心、零碳工厂装备制造基地等一大批新项目开工建设，新增县市长项目4个、省级笼子项目4个，数智安防产业基地被评为省二季度"红旗"项目。

融杭接沪

坚持扩大对外开放，强化区域联动，推进共同富裕示范区建设，通过在杭州、上海等地设立"诸暨岛"，在本地建设"杭州港"，承接沪杭都市区溢出效应，破解人才招引难题，推动两地人才创新创业、共同富裕，形成"异地研发孵化—本土转化生产"的产业协同发展模式。一年来，飞地模式进一步深化，中韩科创中心建成投运，上海、深圳"诸暨岛"成功落地运行，各飞地平台累计新引进人才科技项目26个，诸暨岛—杭州港区域联动创新园成功申报为2021年杭州都市圈共同富裕先行示范创新样本，"诸暨岛—杭州港"创新园已汇聚两地企业80多家、省级以上人才22名，带动两地就业1000余人。

营商环境

坚持产城一体化融合发展理念，全力推进"杭绍同城"，以七大城市客厅建设为主抓手，加大基础设施投资，完善城市功能配套。一年来，累计完成基础设施投资超15亿元，开通运营诸暨至上海南绿巨人通勤列车，建成投运宝龙广场、华夏金石学馆、人力资源服务产业园等一批城市地标项目，实施篮球中心、崇真初中、温德姆二期等一批高端配套项目，区内生产、生活、生态环境明显改善，商贸、居住人气快速持续集聚。同时，以全市优化营商环境先行区、示范区的定位，深化"最多跑一次""最多跑一地""标准地＋承诺制"改革理念，提档升级开发区行政服务中心，率先在政务服务标准化方面予以突破。

2021 年浙江嵊州经济开发区发展概况

浙江嵊州经济开发区创建于 1992 年,规划面积 3.15 平方公里。1994 年 7 月被批准为省级经济开发区。2014 年 3 月,按照市委、市政府的部署,开发区与浦口街道合署办公,实行两块牌子、一套班子统一管理。2020 年 5 月 15 日,开发区核心区块进行整合提升,将浦口街道、三江街道 (不包括高铁新城管委会区域) 和剡湖街道城北工业区并入,区域面积约为 233.11 平方公里,核心区域面积 138 平方公里,拥有规上企业 336 家。2021 年 5 月 19 日,三界镇的高新工业园区并入嵊州经济开发区,整合成为浙江嵊州经济开发区 (增挂嵊州高新技术产业园区),总面积 223 平方公里,核心区域包括核心区和三界片区,面积 171 平方公里。

2021 年,核心区域完成规上工业产值 360.2 亿元,同比增长 14%;固定资产投资 80.1 亿元,同比增长 87.6%。现有工业企业 2386 家,规上企业 346 家,上市公司 6 家 (迪贝电气、昂利康制药、帅丰电器、亿田智能厨房、新中港热能和盛泰服饰),核心区域规上工业产值占嵊州全市的 70% 以上,形成了领带服饰、厨房电器、机械电机 3 大主导产业和数字 5G、新材料、高端装备制造、生物医药 4 大新兴产业双翼驱动的产业体系。

招商选资

开发区 (高新园区) 始终坚持"招商选资"一号工程,着力招大引强、增量提质。近五年共引进招商项目 67 只,包括工业项目 64 只,商贸地产类项目 3 只,累计总投资约 893.77 亿元。其中 50 亿元以上项目 5 只,20 亿元以上项目 10 只,10 亿元以上项目 12 只,亿元以上项目 40 只。累计引进市外境内资金 108.08 亿元,引进合同外资 2.16 亿美元,实到外资 8662.36 万美元。2020 年乡贤招商得到省委书记袁家军的点赞,开发区招商团队获得市"创新发展奖"—市长奖。特别是成功落户总投资 160 亿元的比亚迪动力电池项目,致力于打造全国有影响力的新能源动力电池战略

基地,全部达产后预计年产值 210 亿元人民币。一家企业就能远超嵊州现有任何一个产业。该项目也将加快推进万亩千亿通道产业园建设,必将大幅提升嵊州的工业能级。开发区 (高新园区) 已引进比亚迪、晶越半导体、长鸿高科、贝达药业等一批龙头企业,以点带面逐步形成百亿级的 5G、新能源、新材料、生命健康全产业链,有效提升园区产业的核心竞争力。

产业概况

开发区从创建之初以领带、针织服装、电机电器、厨房用具、机械链轮、电声配件、汽摩配件、精制名茶、生物医药、精细化工为主的十

大产业发展到以领带服装、机械电机、电器厨具为主导产业的三大产业集群，再到重点聚焦特色产业园区，形成以领带服饰、厨电电器、机械电机3大主导产业和数字5G、新材料、高端装备制造、生物医药4大新兴产业双翼驱动的产业体系。

智能厨电产业链。 以打造"中国智能厨房"为目标，以省级"链长制"改革试点为抓手，推动形成以亿田、帅丰、森歌等智能厨电龙头企业为核心，中小企业配套协作的行业格局。嵊州厨具电器行业作为国内三大厨具产业集群之一，集成灶产销量占全国65%以上，参与了3个国际标准、21个国家标准、23个行业标准的制修订工作。拥有上市企业2家，规上企业104家，2021年工业总产值105亿元，是国内唯一被授予"中国厨具之都"称号的县（市、区）。

智能电机产业集群。 以打造"中国电机之城"为目标，以小功率电机为主，有高效节能电机、特种电机等100多个系列，1000多个品种，生产占全国30%，是"全国小功率电机生产基地"、"浙江省微特电机高新技术特色产业基地"及国内电机冲片、定子、转子专业生产基地。拥有上市公司1家，规上企业238家，国家级高新技术企业48家，省级技术（研发）中心22家。2021年工业总产值179.49亿元。已形成以迪贝电气、万丰锦源等为代表的一批龙头上市企业。

领带服饰产业集群。 以打造"中国丝高地"为目标，以巴贝工厂化养蚕为主要切入点，拓展上下游领域，构建"蚕茧—缫丝—面料—成品"完整产业链；对接沪杭甬等地时尚创新资源，提升个性化定制和设计能力，加强自主品牌建设，实现"设计—品牌—制造"三位一体生产方式转型。园区内1000多家企业实现年产领带3亿多条，占全国90%、世界60%。领带服饰拥有规模以上企业125家，2021年规上企业产值97.97亿元，已有盛泰服饰、巴贝集团等一批龙头企业。

新能源、新材料产业链。 推动比亚迪新能源动力电池生产基地、科元精化ABS新材料产业园和长鸿全生物降解新材料产业园等项目建设，以生物新材料、纳米材料和环保新材料等为重点，加快推进关键核心技术研发和科技成果产业化市场化，重点与宁波对接建立跨区域产业链，力争打造长三角特色新材料产业基地。拥有规上企业51家，2021年规上企业总产值40.2亿元，初步形成以巴贝工厂化养蚕、长鸿生物、定阳新材料等前沿新材料企业。已引进比亚迪刀片电池、科元ABS新材料等新材料、新能源。

数字5G产业链。 以5G万亩千亿产业园为基地，聚焦数字5G、人工智能等领域，大力开展项目招引和企业孵化培育。推进5G基础设施建设，实现在医疗、教育、交通和警务等社会民生领域深度融合，推广工业5G应用，以龙头企业为核心构建企业级开放式工业互联网平台。拥有规上企业37家，2021年规上企业总产值24.1亿元，涵盖第三代半导体材料、5G终端应用等产业，致力于上下游5G产业协作配套。已引进晶越半导体、金达视讯、阿尔法智联等一批5G配套企业。

生物医药产业集群。 以生命健康产业园为基地，重点培育贝达药业、来益生物等重点项目，加快创新型原料药、创新型制剂和生物制剂等研发生产，努力打造百亿级生命健康产业园。拥有规上企业16家，2021年规上企业总产值31.3亿元，已经形成了以昂利康、康牧药业为代表的生物医药企业。已引进贝达药业、双鹤药业多肽产业园、浙江医药等龙头企业。

高端装备制造产业集群。 依托粉碎机械、弹簧机械、冷链设备、锻压机械等机械细分行业既有优势，加快推进企业设备智能化和生产自动化改造，承接宁波相关产业溢出，打造专业优势明显的全国细分领域的装备及机械零部件产业基地。拥有上市企业1家，规上企业48家，2021年规上企业总产值 37.9 亿元，已形成了以旭昌昇装备、海威汽车等为代表的先进智能制造装备和战略性新兴产业企业。已引进联甬产业园、浙江一丰精工等高精尖企业。

对外交流

近年来，开发区（高新园区）致力于加强对外交流合作。**一是**嵊州经开区与上海漕河泾开发区签署战略合作协议，将以园区合作共建为纽带，建立漕河泾开发区嵊州分区，通过项目推介、经验交流、人才互动、资源对接等举措，实现长期、稳定、全面的友好合作。**二是**嵊州经济开发区与青田经济开发区完成结对签约，建立合作共建的结对关系，致力于打造一体化平台，实现项目共引、产业共建。**三是**与上海东方美谷签署战略合作协议。**四是**与安徽省怀远县签署战略合作框架协议。以上合作将为嵊州融入为长三角区域一体化战略发展激发"强劲活跃增长极"。

项目建设

2021 年共实施重点工业项目 69 个，基础设施项目 18 个，商贸项目 1 个，完成投资 80.1 亿元，同比增长 87.6%。2022 年在 2021 年增长 87.6% 的基础上再增长 100%。**一是**长鸿生物作为近年来嵊州乡贤回归的代表项目之一，从对接投资意向到一次性腾空项目用地，到正式签约，仅用了 21 天，从土地摘牌到 2021 年 9 月正式点火试运行，仅用 10 个月不到时间。**二是**总投资 13.5 亿元的联甬产业园成功落户。项目自 2021 年 2 月签约、5 月土地摘牌、8 月开工、11 月便有入园企业率先完成厂房结顶，用时仅 110 天。**三是**比亚迪新能源动力电池项目自对接投资意向到 8 月 19 日正式签约仅用时 30 多天，用时 23 天便完成项目一期 591 亩用地政策处理工作，项目签约到一期土地挂牌仅用 20 天，9 月 29 日便完成土地摘牌即开工。开发区"一站式"服务保障项目签约落地获得嵊州市 2021 年第三批"奔跑奖"。

2021年浙江吴兴经济开发区发展概况

2015年12月，在原吴兴工业园基础上整合毗邻的埭溪分区后设立了浙江吴兴经济开发区，核准开发面积为19.35平方公里。规划为"一区两片"发展格局，其中织里分区面积为11.35平方公里，埭溪分区面积为8平方公里。2020年10月进行整合提升，形成总面积42.78平方公里的区域。开发区自成立以来加快产业集中集聚，大力拓展平台空间，已形成了智能装备、现代纺织、化妆品、童装等优势主导产业。

2021年，吴兴经济开发区完成规上工业总产值438.9亿元，增长34.3%；规上工业增加值88.15亿元，增长13%；规上工业企业利润总额31.01亿元，增长59.8%；财政收入32.67亿元，增长14.8%；固定资产投资122亿元，增长31.5%；合同外资2.68亿美元，增长8.9%；进出口总额94.46亿元，增长47.6%，其中出口总额75.18亿元，增长64.8%，进口总额19.28亿元，增长4.9%。

产业发展

产业结构持续优化。全面融入全省先进制造业集群建设，已形成时尚美妆、现代纺织、智能制造等重点产业集群，辖区内已拥有东尼电子、德马科技等多家上市公司。高新技术产业增加值达75亿元，占规上工业增加值的85.1%，较2020年度提升12个百分点；战略性新兴产业产值295.1亿元，占规上工业总产值的67.2%，较2020年度提升5.1个百分点。

创新驱动有效激发。聚焦产才融合，立足现代纺织、化妆品等重点产业，紧盯上市公司、重点工业企业人才引进需求，本土育才和外地引才双管齐下，加速拓宽招才引智途径，全年累计引进国家级和省级人才28人。大力培育研发机构、创新载体，全年新申报国家高新技术企业14家，申报省级企业研究院4家，新增省级科技型中小企业51家。中国童装学院正式签约落地，车创科技园成功开园，吸引百余家国内优秀科创企业前来洽谈。

产业转型显著提速。持续保持"织里童装"集群产业核心竞争力和区域品牌影响力，深入传统童装产业数字化改革，以"产业大脑+未来工厂"为核心架构，建成服装（童装）产业大脑并入选全省第一批行业产业大脑建设试点"揭榜挂帅"项目，首批接入省产业大脑底座，推动童装企业进行数字化车间改造，童装企业已开通线上应用场景15个，参与企业2691家，整体产能利用率提升20%以上，童装规模企业增至42家，预计全年销售收入700亿元。织里镇也已成功争取新型城镇化集成应用综合改革试点。

绿色制造深化推进。经开区累计获评国家级绿色工厂9家、省级绿色工厂1家、国家级绿色设计产品14个、国家级绿色供应链管理企业2家。珍贝羊绒获评国家工业产品绿色设计示范企业。经开区获评市级绿色低碳园区。

要素资源保障

项目建设动能强劲。健全项目全生命周期管理服务，开展"白色抓开工、绿色抓验收、蓝色抓上规、黄色抓冲刺、橙色抓破难、红色抓盘活"六色动态分析处理，推动项目建设提速提效。首创"三单六库"工作机制抓项目全生命周期服务管理，扎实开展"设备为王"绩效行动，根据"好项目、优装备、高产出、大贡献"的逻辑链条，开展对标行业领先准入、第三方智能化诊断、以设备为核心的"标准地"验收等相关工作。全年新引进亿元以上项目 40 个，亿元以上工业项目开工入库 44 个、竣工 51 个，申报省重大产业项目 3 个，获评市"大好高"项目 17 个。

空间布局趋于完善。全域统筹整合各类资源，整体谋划产业布局，拉高标杆、科学谋划，聚焦竞争力、高质量、现代化，高标准打造埭溪东林片区万亩大平台，推动园区整合提升，大态势推进平台拓展，不断提升平台承载能力。加大土地盘活力度，有力保障了大批制造业项目落地。全年低效土地收储突破 2353 亩，完成平台拓展提升 3900 亩。

小微园区全面提质。持续深化小微企业园"标准房"制度改革，切实推动园区提质扩规，积极打造升级版小微企业园，推动小微企业和小微企业园高质量发展。开发区已有省认定小微企业园 6 家，其中织里童装产业示范园区已成功创建国家小型微型企业创业创新示范基地和省"四星级"园区。

融资畅通提档升级。以吴兴区民营和小微企业金融改革服务试点、绿色金融改革试点"双试点"为契机，设立科技银行，推出科技型企业"白名单"，简化放贷流程、提高风险容忍，已为 42 家"白名单"企业发放纯信用贷款 6300 万元，预计贴息后年利率降至 4%，最低可达 2.5%，大大降低企业资金成本和融资风险。

平台建设

时尚品牌持续唱响。加快推进化妆品产业链"链长制"建设，打造阳山"时尚谷"，创设绿色智造、特色美妆、时尚新经济三大产业平台，切实发挥时尚谷"小区域大集聚、小载体大创新、小平台大产业、小空间大贡献"的支撑作用。入驻项目 11 个，开工 6 个。推动贤才居等 16 个基础设施项目建设，已开工 8 个，其中下沈港流域整治提升一期完成 80%，二期完成规划设计。美妆小镇荣获全省首个国家药监局高级研修学院教学基地、省级高质量发展特色小镇的荣誉称号，并在特色小镇年度考核评定为优秀。成功获批全省化妆品产业链"链长制"试点。

国际合作效益凸显。以浙江中韩（吴兴）产业合作园作为拓展国际合作的抓手，加强国际交流，精准引入优质项目，韩国第三大化妆品企业韩佛、韩国最大化妆品包材企业、全球前十化妆品包材企业衍宁、英国皇室品牌泊诗蔻、香精界的龙头老大法国乐尔福、国内美容院线知名品牌喜美恩等多个美妆相关企业及项目已落户。检测研发中心、科技孵化园等 5 个项目竣工。

贸易试点稳中有升。以"国家级市场采购贸易试点＋国家级跨境电商综试区"双试点为契机，成立象屿跨境电商产业平台和市场采购贸易服务中心，首创跨境电商与市场采购两种贸易方式同时监管的吴兴织里港，年度预计试点总出口业务量可达 100 亿元，直接拉动全市出口增长 9.5 个百分点。

新业态经济培育。成功举办第四届国际玫瑰文化旅游节和"绿色生活节"，成功创建 AAA 级旅游景区，并签约 8 个项目，总投资 6.5 亿元。推出首批工业旅游示范点，首发 3 条特色工业旅游线路；开展"微改造精提升"示范点工作，培育等级民宿 7 家。

园区建设

城市能级全面提升。 加快推进城市功能完善、交通路网畅通，全面启动湖杭高速建设，全力保障湖山大道、沪苏湖高铁、104国道改线等省市重点工程无障碍施工，加快大港路、阿祥路道路提升工程。已完成104国道改建完成工可审查，沪苏湖高铁道场山隧道比要求工期提早49天贯通。美妆国际会展中心投入运营，新建7个"口袋公园"，40个港湾式公交停靠站。

乡村振兴提质增效。 坚持绿色低碳发展思路，全力打造太湖南岸最美风景线、最优产业带和新时代美丽乡村样板片区，实现市级美丽乡村全覆盖。打造义皋、陆家湾、上村村等一批美丽乡村精品村，成为新一代网红打卡点。做好美丽乡村和美丽产业转化文章，打造神农百草园、青芜有机农场、稻丰现代农业、宇恒现代牧业等大好高农业项目7个，农业标准地3家，成功引进星光农业万亩产业园、湖星特色农业综合体、白鹭飞等多个农旅产业项目。

人居环境持续改善。 深入实施"蓝天、碧水、净土"三大保卫战，开展"污水零直排"回头看和治气治水"利剑"专项行动。首推垃圾智能化收集，建成垃圾分类智能化驿站，成功创建无废城市细胞。

2021年浙江永康经济开发区发展概况

永康经济开发区于2002年8月经浙江省批准设立，集聚工业企业5000多家，其中规上企业1154家、亿元企业230家、上市公司5家，已建成模具中心、质检中心、物流中心等"十大中心"，形成车业、门业、杯业等五金"八大行业"的产业分布格局。2021年，永康经济开发区成功入选浙江省先进制造业和现代服务业融合发展试点名单，金华唯一；被评为省级先进开发区；永康市实施产业链精准招商的主要做法获金华市主要领导批示肯定。

经济指标

1—11月，全区共完成规上工业总产值269亿元，同比增长26.8%。完成研发费用8.53亿元，同比增长31%；完成固定资产投资8.65亿元，其中工业投资7.4亿元，服务业投资1.25亿元。1—10月份，实现乡镇税收19.1亿元，同比增长35.7%，其中工业税收11.5亿元，同比增长17.8%。完成自营出口额69.2亿元。"小升规"经济活力提升，新增小升规企业实现产值17.5亿元，同比增长72%，增速高于规上工业平均39个百分点。新经济动能加速集聚，全区规上工业高新技术、装备制造、战略性新兴产业和数字经济核心制造业分别实现产值119、146、21和7.3亿元，同比增长39%、34%、38%和36%。

重大项目

以实施"12345工程"为主体，全力完成了"五攻坚四清单双承诺"工作清单阶段目标，工作清单共13项，涉及50多项具体工作。整合提升调研和应急中心、矛调中心升级改造已完成，堰头小微园暨堰头区块老工业区改造、电子信息产业园暨西朱小微园、科技产业孵化园暨万事达区块资产包处置等工作，万达广场、泊康科技、王力安防、博士龙、千禧龙等重大产业项目均顺利推进，取得了明显进展。年内完成技改项目立项43个，其中3000万以上7个。完成企业基本建设项目投资备案报批16个，总投资56800万元。完成堰头小微园道路项目工程等政府项目报批5个，总投资6750万元。

企业培育

定期组织小升规企业、成长型、科技型企业召开工业经济政策解读培训会，并搭建经信、市场监管、科技、开发区多部门联合的助企平台，进行政策解读和业务指导，精准对接一系列扶持奖励政策，为企业创新转型提供思路和方向。鼓励企业积极开展研发投入，技术创新，新增国家高新技术企业预申报32家，省科技型中小企业申报58家。培育"精美工厂"企业12家，培育"精益车间"124个。3家企业获评国家第三批专精特新"小巨人"企业。完成"千帆计划"企业培育入库、"放水养鱼"企业培育入库、"青春期"工业企业用地情况调查。

零供地招商

占地 4.6 万平方米的西朱村返还地小微园开发模式创全市先河。村民自主筹资，政府统一租赁，既不改变工业用途，又发展壮大村集体经济，有效拓展发展空间，统一建成电子信息产业园，招引 7 个强链补链项目落地。实现"零供地招商"，走在金华市前列。

园区建设

年内完成政府投资约 2550 万元，有序开展九鼎路道路提升工程、酥溪左岸绿化提升工程等政府投资项目及其他各项工程建设项目。新增"美丽工厂"培育企业 35 家，淘汰落后产能 5 家，低散乱危整治 92 家。完成开发区五金涂装企业情况摸底，明确深度治理名单 118 家，并逐步开展治理工作，完成 voc 源头替代年度考核任务 15 家。

党建引领

以"四个深度结合"为主线，扎实推进了"立信义 弃陋习 扬正气"专题教育整治。重点围绕建党百年，全面开展党史学习教育，创新推出红色之旅、演讲比赛等"十个一"活动载体，进一步激发党员干部干事热情。深入开展"万名党员干部进万家"活动，加强基层走访，提升服务水平。三级联动发力，密织全民反诈防护网，电诈发案明显下降，反诈宣传效果初步呈现，获金华市反诈督导组充分肯定。立足应急服务中心，运用大数据、人工智能等数字技术手段进行赋能，通过精准智治、上下联动，提高重大风险感知的灵敏性、研判的准确性和预警的及时性，实现闭环管理、应急联动。

2021 年浙江建德经济开发区发展概况

2002 年 5 月，浙江省建德经济开发区批准设立。2019 年采取就近整合的模式，形成"一区一园两分区"的格局，即一区（建德开发区核心区）；一园（杭州建德高新技术产业园）；两分区（乾潭、大同）。整合提升后形成总面积共 117.66 平方公里的区域。2021 年 5 月 7 日，建德设立两个省级开发区（园区）平台，分别是浙江建德经济开发区、建德功能性新材料高新技术产业园区。

作为建德经济发展的主平台，建德经济开发区已逐步形成通用航空、水产业、新材料、水泥建材、医药化工等新兴产业和传统产业的发展格局。2020 年度，建德经济开发区在全省 62 家省级经济开发区综合考评中排名第 20 位，在东北片 29 家开发区中位列第 14 位。2021 年度，开发区规模以上企业实现工业总产值 578.42 亿元，同比增长 29.5%，规模以上工业增加值 138.84 亿元，同比增长 14.98%，实际利用外资 1.3 亿美元，进出口总额 85.73 亿元，其中出口总额 77.94 亿元，同比分别增长 5.55% 和 4.94%。

招商引资

始终坚持招商引资"1 号工程"，不断增强开发区发展后劲。**坚持核心定位。**紧盯航空小镇核心区域的通航产业的全产业链招商不放松，落地了包括总投资 5 亿元的野马飞机制造项目、总投资 5 亿元的涡轮发动机研发制造项目、总投资 1 亿元的特种环保水性新材料项目、总投资 1 亿元的新能源电池梯次利用项目、总投资 1.5 亿元的翔宇航空实训基地项目和总投资 1 亿元的航空用纳米传导新材料生产制造项目，形成了包括固定翼、无人机、发动机、航空材料等横向的通航全产业链和设计、研发、制造、装配、销售、维修、培训等纵向的通航全产业链。**拓宽招引视野。**转变产业招引思路，坚持核心产业定位的同时，积极争取太平洋石英、明峰医疗、宁德时代等一批

更具领军性的龙头企业和更具经济性的智能制造、新材料等项目落地开发区平台。**加大推介力度。**疫情背景下，开发区坚持"重大项目不按暂停键、招商引资联系不断线"，主要领导带队多达 46 余次。积极参加珠海航展、AOPA 通航产业论坛等活动，承办建德高层次人才创业大赛，受到了包括央视新闻在内的十余家主流媒体的集中采访、报道，航空小镇在最近一次浙江特色小镇传播力指数榜排名中，首次以 100 分满分跻身全省首位。

产业发展

提升主导产业首位度。强化创新链、产业链、生态链分工协作和深度融合，推动产业集聚向产业集群转型升级。建德开发区（高新园）聚焦先进制造（通用航空产业等）、生物医药、新材

料三大主导产业。通航产业依托航空小镇，发挥省级通航产业创新服务综合体，省级通航重点实验室作用，重点发展航空配件、航空材料、航空电子、无人机等航空制造业，打造全省通航产业样板和国家级通用航空产业综合示范区。生物医药依托福斯特、澳赛诺、易联生物医药产业基地以及万洋生命健康产业园等，重点发展生物医药、医疗器械、医药原料药和医药中间体研发等相关产业，完善研发转化服务体系，打造国家重要的生物医药生产基地。新材料以东方雨虹、新安迈图等龙头企业为引领，依托杭师大新安硅谷研究院等科研平台，重点发展有机硅、纳米新材料等相关产业，加快亿联高新材料产业园、赛肯年产3万吨有机硅新型材料项目等重大项目建设，打造杭州西部新材料产业基地。

强化龙头引领带动。助力农夫山泉、青岛啤酒、红狮水泥、新安化工、中策橡胶等大制造业龙头企业做大做强，培育一批具有全球竞争力的一流企业、隐形冠军、单打冠军企业。发挥龙头企业的引领带动作用，招引一批产业链上下游企业集聚发展，加强企业间协同制造、协同创新，破解制造业产业链协同与效率低下难题，消除企业间数据孤岛弊端，借助信息化手段帮助企业实现转型升级、降本增效。大力实施新制造业计划，加快企业上市，推进数字化转型，大力推广"互联网＋制造"新模式，深入开展"机器换人""工厂物联网""企业上云"专项行动，打造一批数字化园区。

聚焦特色小镇建设，引领开发区转型升级。建德航空小镇作为开发区核心区的高能级平台，积极贯彻省委省政府通航产业发展战略部署，以"通航产业浙江样板、国家级通航产业综合示范区、国际知名通航休闲旅游目的地"为发展定位，以发展航空运营和航空主题乐园等服务业为切入点，通过传播航空文化，营造航空氛围，形成通航人气集聚，从而逐步发展并形成通航制造、通航服务和通航休闲旅游等通航全产业链。小镇已

集聚一批以省通航公司、华奕航空科技、新联航空文旅等为代表的优质通航企业。

营商环境

持续推进"放管服"改革，提升服务能力，充分激发市场活力。围绕企业全生命周期，系统推进优化营商环境行动。以"审批事项最少、办事效率最高、政务环境最优、群众和企业获得感最强"为改革目标，持续深化项目审批代办制。进一步优化代办服务，做到"审批不出区、办事不出门"，实现政府核心业务"掌上办事""掌上办公"全覆盖。

完善"平台管理机构＋公司"运作模式。建德经济开发区（高新园）管委会下设国有公司，下属国有公司受平台管理机构直接领导，公司主要负责人为平台领导班子成员。下属国有公司负责基础设施建设、资金筹措、土地开发等开发运营职能，力争做大公司资产规模，增强市场竞争力，实现集团化运作，平台管理机构及国资办依法对其实施监督和管理。支持独立的开发运营市场主体承担开发区特定区块的开发建设、产业培育、投资运营等专业化服务职能，与平台管理机构实行政企分开、政资分开。建立收益回报和风险分担机制，支持龙头企业以组建企业联盟等方式对开发区（高新园）特定区块实行整体性建设运营。积极支持符合条件的开发区（高新园）开发建设主体通过上市、发行债券等方式融资。加强投融资管理，年度投融资计划由开发区（高新园）主管部门确定，对所属区域的资产进行整合。

落实浙江省、杭州市关于推进产业平台高质量发展实施意见，推动各类要素向整合后的开发区（高新园）集聚。重大产业项目、省市县长"152"项目优先布局，重大产业项目奖励指标重点用于整合后的建德开发区（高新园）建设，各相关单位要积极争取上级各类土地指标、专项资金等用于开发区（高新园）建设。加快盘活存量

工业用地。出台人才创业扶持政策。

体制机制改革

按照"一个平台、一个主体、一套班子、多块牌子"的体制架构,推动平台管理机构精简整合,撤销建德市高铁新区经济发展中心。开发区(园区)整合后,建德经济开发区管委会加挂建德功能性新材料高新技术产业园区管委会牌子,统一管理两个片区。坚持优化协同高效原则,精简整合管委会内设机构。优化编制资源配置,实行编制分类管理,人员统筹使用。

建德经济开发区原有省级牌子保持不变,将建德功能性新材料高新技术产业园区(省级高新技术产业园区)纳入开发区范围,现有两个省级平台合并组成新的建德开发区(高新园),空间范围原则上相对集中连片。整合各类资源要素,重塑产业发展格局,集中精力做大做强省级产业发展平台。

建德经济开发区创新探索"一专三限"企业服务机制,知企意、悉企情、纾企困、解企难。"一专",即所有企业项目安排一个服务专员。"三限"即将问题分为三个层面,管委会层面能解决的问题,需一日之内给予企业答复;涉及其他部门的,一周之内给予答复;涉及市级部门层面解决难度相对较高的,则在一个月之内给予答复。一年来,启动"一专三限"服务机制项目20余个,帮助企业解决杆线迁移、职工住宿等问题67个,问题解决率达98%以上。

2021年浙江德清经济开发区发展概况

2019年4月，浙江德清经济开发区设立。2020年1月20日挂牌运行，辖新市、钟管、禹越、新安四个区块，批复面积8.89平方公里，经整合提升，管辖面积拓展到76.71平方公里。德清开发区核心区块新市园的前身为德清工业园，2001年5月由德清县计经委立项批准建立。2006年8月通过国家发展和改革委员会审核并确认为省级工业园区，命名为浙江德清工业园区，规划面积4.86平方公里。其中，新市区块规划面积4.07平方公里，整合提升拓展至45.12平方公里，所在新市镇是德清县副中心城市。钟管区块规划面积1.81平方公里，整合提升后拓展到23.46平方公里。禹越区块规划面积2.33平方公里，整合提升拓展到4.07平方公里。新安区块规划面积0.68平方公里，整合提升后拓展到4.06平方公里。

产业基础

德清开发区围绕高新材料、高端装备、电子信息三大主导产业，加大精准选商引资力度，产业发展呈现集聚化、高新化、智能化发展态势，与德清县内湖州莫干山高新区、莫干山国际旅游度假区形成三大平台错位发展格局。2021年，德清开发区完成规上工业总产值320.02亿元，同比提升15.41%；完成亿元以上项目签约72个，同比提升12.5%，其中20亿元以上项目3个；亿元以上产业项目开工49个，其中3亿元以上项目17个；亿元以上产业项目竣工46个，其中3亿元以上项目9个。完成对外贸易进出口总额31.75亿元；实际利用外资13840万美元。

平台建设

近年来，德清开发区不断完善基础配套，做好"腾笼换鸟"和"筑巢引凤"。2021年，启动老旧工业园区改造提升1273.76亩，新增建筑面积130.26万平方米，占全县新增建筑面积的52%；完成老旧工业园区改造1480.07亩，新增建筑面积66.44万平方米，占全县新增建筑面积的54.83%。同时，德清开发区对标高能级平台，找差距、补短板，不断提升平台承载力，电子信息装备制造产业链再次获批浙江省开发区**产业链"链长制"试点；浙江中德（德清）产业合作园**成功入选"2021年浙江省国际产业合作园创建培育名单"；经开区产业人才创新中心正式开园。

科技创新

德清开发区坚持科技引领、人才支撑，不断集聚创新资源要素，厚植高质量发展后劲。截至2021年，德清开发区共有高新技术企业95家，拥有各类人才6.7万人，累计组织核心技术攻关项目4个。2021年，德清开发区完成规上工业企业科技活动经费支出 7.42 亿元，引进青年博士 41 人，引进大学生 2237 人，引进外国人才 5 人，完成发明专利质押 170 件。

数字化治理

积极争创数字化转型示范（试点）园区，加快政府数字化转型，不断推动治理能力和治理体系现代化，成功启用全省首个基层数字园区"云治理"中枢，通过对园区项目和企业的"云管理、云跟踪、云服务"，实现从"线索—洽谈—签约—落地—竣工—上规"的全生命周期闭环管理，相关做法获评浙江省"第二届县域高质量发展创新案例"，正在建设 2.0 版本并申报全省开发区数字化改革应用试点。

产城融合

德清开发区立足小城市定位，协同城镇、乡村建设，加快展现整体大美的新形象。2016 年开始，德清开发区投资 100 多亿，陆续打造高规格文体中心、运河公园、教育卫生机构等；2018 年，银河城城市综合体正式运营，成为辐射桐乡、南浔的商贸中心；2020 年，新市古镇认定为国家 4A 级旅游景区，同年，在古镇区域内的三个半岛上投资 9 亿元，打造具有新市特色的高端民宿酒店、商业文创中心等；2021 年，总投资约 6 亿元占地面积 80846 平方米的三级乙等综合性医院——杭州师范大学附属德清医院（德清县中西医结合医院）竣工投用。同时，高质量举办新市蚕花庙会和羊肉黄酒节，加速打造产城融合发展的亮丽名片。

2021 年浙江江山经济开发区发展概况

江山经济开发区成立于 1988 年 7 月，1994 年 8 月经省政府批准设立的省级经济开发区，2013 年与绍兴市柯桥区共建成立"江山—柯桥山海协作产业园"。园区规划面积为 57.8 平方公里，完成开发面积 28.5 平方公里，形成城南工业园、莲华山工业园和江东工业园"一区三园"发展格局。

2021 年，江山经济开发区全年实现规上工业总产值 246.5 亿元，同比增长 29%；完成固定资产投资 27.29 亿元，同比增长 36.51%，其中工业投资完成 20.99 亿元，同比增长 36.22%；规上服务业销售额 53.99 亿元，同比增长 22.58%；实现税收收入 16.5 亿元，同比增长 28%，其中工业企业税收收入 15 亿元，同比增长 26.76%；新增国家高新技术企业 12 家、小升规企业 33 家；规上工业企业研发经费 6.81 亿元，同比增长 39.3%，占规上工业营业收入比重达 2.56%。2021 年，开发区有工业企业 920 家，其中供地企业 523 家，规上企业 211 家，亿元以上企业 59 家。服务业企业 489 家，限上（规上）服务业企业 46 家。

获评浙江省产业链"链长制"示范试点单位。江山—柯桥山海协作产业园考核连续 5 年获得浙江省一等奖，实现"五连冠"。

平台能级

编制完成开发区产城融合规划和城南核心区城市设计及控规，加快推进江东化工园区控规和整体发展规划编制工作。完成江东化工园区"园中村"444 户征地拆迁、江贺经济走廊土地有机更新和整治提升方案编制，产业邻里中心、双创中心、江东污水处理厂等一批基础配套和功能性配套项目基本完成各项前期工作。

招大引强

全年共招引项目 38 个，协议总投资 108.8 亿元，固定资产投资 92.5 亿元，新增用地 2172 亩，创历史新高。研一二期、碳一新能源、金石资源、吉成智能制造产业园等一批 10 亿元以上项目的落地，为开发区高质量发展注入强大动力。

体制机制

深入贯彻落实浙江省、衢州市开发区（园区）整合提升要求，积极推进园区系统性重构、创新性变革。推动市委、市政府制定出台了《江山市开发区（园区）整合提升方案》和《关于剥离江山经济开发区管委会社会管理事务实施方案》，理顺开发区管理体制机制。

重点项目

全年项目开工率达 90% 以上，力促研一新型锂盐、欧派特种门窗产业园、科润高端装备、天际未来工厂、省重点 S315–S316 连接线工程等 54

个项目快推快建，研一一期、交科设施产业园、澳宇、汉宝等 36 个项目竣工或投产投用，在全市重大项目推进"互看互比互学"活动中荣获"金牛奖"。

产业培育

全年重点推进 57 个智能制造试点和提质扩面项目，累计完成投资 6 亿元、完成验收项目 28 个。全力推动企业股改上市和创新研发，天际互感器入选工信部首批重点"小巨人"，加快股改进程；科润智控入选工信部第三批专精特新"小巨人"，上市申报材料即将上报北交所。

要素保障

如期完成研一二期、洪干山区块、江东污水厂等项目约 350 亩土地农转用报批组件，有序推进碳一新能源、下份水库、礼贤区块等 24 个区块约 2600 亩土地报批组件。超额完成全市"十类地"处置，全年消化批而未供建设用地 1573.51 亩，完成率达 145.94%。

2021年浙江百步经济开发区发展概况

百步经济开发区（百步镇）区域面积59.25平方公里，下辖10个行政村，1个居委会，总人口5.3万（常住人口3.3万，新居民2万），是全国重点镇、国家卫生镇、国家生态镇、省级经济开发区、省级文明镇、省级特色小镇创建镇、省级小城市培育试点镇。

2021年，浙江百步经济开发区完成规上工业总产值300亿元，同比增长11.9%。合同外资9353万美元，同比增长5.8%。实际外资5588万美元，同比增长25.4%。固定资产投资56.16亿元，同比增长3.3%。财政收入13.2亿元，同比增长18.9%。规上工业增加值52.19亿元，同比增长23.4%。规模以上工业企业利润总额11.4亿元，同比增长26.7%。

经济发展

工业经济争先创优，深化企业培大育强，完成15家企业小升规工作，入选嘉兴市"放水养鱼"行动计划优质企业培育2家。加快淘汰落后产能，完成腾退低效用地302亩，超额完成年度目标。鼓励企业建立现代企业制度，完成股改企业10家。

招强引优

2021年以来，开发区锚定"大好高"项目持续发力。累计签约亿元以上产业项目10个、外资项目3个、科创项目14个。引进世界500强项目1个（中车智慧谷），超亿美元项目1个（EXETER智能创新产业园），全球行业龙头企业项目2个（金达天晟、冠宇锂电池）。

科技创新

全面实施科技创新专项行动，加强创新主体培育，新增高新技术企业6家，科技型中小企业20家。强化研发投入攻坚，企业科技研发经费投入10.5亿元。加快推进数字化建设，积极引导企业实施机器换人，建成企业级工业互联网平台2个，打造数字工厂（车间）5个。浙江友邦集成吊顶股份有限公司列入省级新一代信息技术与制造业融合发展试点示范企业。

营商环境

项目推进体现"百步速度"。开发区坚持以"店小二"精神，专人专班服务项目，从项目洽谈到项目落地持续跟踪。中顶产业园提前一年竣工，萨克森工业提前2个月开工，租赁项目和昌从签约到投产仅13天，充分体现"百步速度"。

2021 年浙台（玉环）经贸合作区发展概况

2012 年 11 月 2 日，浙台（玉环）经贸合作区经浙江省人民政府批准设立。2013 年 4 月，成立浙台（玉环）经贸合作区管理委员会。2021 年 12 月，浙台（玉环）经贸合作区获评 2020 年度全省浙台经贸合作区考核优秀单位，成为省内唯一连续七年获评考核优秀的单位。同月，受到中国开发区协会表彰，荣获"特色对台经贸合作示范园区"称号，是全国唯一获得该荣誉的对台经贸合作区。

拓宽对台市场

开辟"黄金水道"，拓展对台海上直航。借政策的东风，浙台（玉环）经贸合作区积极发挥对台交流合作主平台作用，放大对台海上直航渠道优势，主动服务，积极对接对台市场采购出口货源。以路桥市场采购贸易试点获批为契机，开展市场采购贸易方式出口等新业务，为东海鱼仓现代渔业有限公司提供"三服务"，推动玉环本土干制海产品对台出口。2021 年台州市以市场采购贸易方式经大麦屿港对台出口额约 4 亿元。持续推动本地企业弃陆走水，与 11 家台州本地企业签订直客合作协议，进一步提升服务质量，优化客户结构。2021 年对台海上货运直航集装箱吞吐量 1.1 万标箱、同比上升 183%，出口贸易车辆 394 台、同比上升 110%。

加速对台合作

整合青创资源，搭好交流"会客室"。依托"一基地 +N 中心"的青创模式，整合既有青创资源，搭建海峡两岸青年会客室，帮助台湾创业青年对接大陆企业，力争打造独具特色的国家级海峡两岸（玉环）青创基地。已成立梦工场青创中心、台胞陆医诊疗中心、艾迪西青创实操中心、跨界自造融创园青创中心、亿工场跨境电商产业园、两岸小微园区孵化园、东沙青年文旅中心等 7 个青创中心。

放大特色产业，孵化玉台"产业园"。以工程机械、数控机床等传统优势产业为基础，招引承接台企产业转移，大力推进半导体等新兴产业合作，引进台湾研发人才，全力打造两岸高端制造产业园，先后引进了浙江艾迪西流体控制、浙江班尼戈智慧管网等一批注册资金达上亿元的涉台企业。从服务业合作出发，落地永辉超市、"台宝我家"台湾商品集市等品牌商贸，探索台湾产品销售社区便利店模式，首推"台宝驿站"，进一步挖掘两岸消费互动新亮点。

优化对台服务，当好台胞"代跑员"。全面落实落细惠台政策，开设对台经贸服务中心"一站式"服务台胞窗口，优化"零跑代办"服务，通过网络沟通、资料邮寄等方式，为台胞台企提供惠台政策介绍、业务咨询等服务，协助台商破解营业执照落地难、办证难等问题，并增设网上申报远程指导服务，助力疫情防控期间无接触办理，打通服务台胞台企"最后一公里"。受益"零跑代办"服务的台资企业 11 家，累计注册资金过亿元。

经济文化交流

秉持"两岸一家亲"对台工作理念，参加第二十一届中国国际投资贸易洽谈会，成功举办浙台玉环经贸合作区直航台湾推介会。以特色主题活动营销为手段，依托两岸"云洽谈"、台青周末集市、仙玉"山海合作"商品展、"台湾青年带台货"等活动体载体，为两岸经贸往来搭建合作平台。

围绕"端午节""中秋节"等中国传统节日，通过文化联结，以中华民族传统文化为纽带，开展诗友会、朗诵会、交友会等交流活动，热络两岸人文交流往来。2021 年以来，共组织传统文化相关活动 10 余场，促进两岸青年在交流中互动互学，增进友谊。

港区建议

依据大麦屿港区发展现状，主动谋划"浙东南集装箱枢纽港"，编制完成《大麦屿港区规划》《大麦屿港区（核心区块）景观概念性规划设计》和《"一带一路"海峡两岸黄金水道建设研究课题》，进一步优化港区布局和资源配置。2021年 8 月，玉环市海上溢油应急处理服务中心项目累计投资约 1900 万元，完成项目建设并通过竣工验收。台州港大麦屿港区进境水果指定监管场地项目占地面积 3.2 万平方米、累计投资约 1200 万元，已由海关总署远程验收通过，并于 2021 年 12 月底正式公告获批。计划于 2022 年上半年正式启用大麦屿进境水果指定监管场地，开展"RCEP 港口贸易合作暨大麦屿港区进境水果业务"首航仪式。

平台建设

以申报海峡两岸（玉环）经贸合作区为契机，统筹推进海峡两岸（玉环）青创基地、进境台湾水果指定口岸等平台建设。通过聚焦大中小平台联动创建，不断提升对外开放水平，努力把合作区建设成为展示共同富裕示范区和开发开放的重要窗口之一。2021 年以来，在上级领导的带领下，多次赴国台办、商务部、省台办、省商务厅等有关部门进行专题汇报，得到上级部门和领导的高度重视和大力支持。海峡两岸（玉环）经贸合作区申创工作取得阶段性成果，该项目已列入省部重点合作框架协议。

2021 年杭州钱江经济开发区发展概况

杭州钱江经济开发区于 2019 年经区位调整后挂牌成立，是浙江省政府批准成立的省级经济开发区，位于杭州市余杭区仁和境内，整体规划面积 56.94 平方公里，其中重点开发的核心区规划范围 12.1 平方公里，是连接杭州城东智造大走廊和杭州城西科创大走廊的重要节点。以智能制造为主攻方向，大力发展新材料、新装备、新能源产业，聚焦电子产品与集成电路、智能制造（高端装备）、生命健康、新一代信息技术、碳中和等五大赛道，打造"一智三新五链"产业体系。

成功集聚了阿里巴巴数据中心、菜鸟物流、摩根士丹利乐坤杭州仁和国际产业园、中金环境、杭州比亚迪汽车、华光焊接、米格电机等一批发展基础好、技术水平高、市场空间大的大中型产业头部企业，先进制造业的规模效益日渐成型。钱江经济开发区已聚集规上工业企业 105 家，高新技术企业 179 家，已拥有上市企业 4 家（南方中金环境、华光新材、大地海洋、和顺科技）。

2021 年，钱江经济开发区设立八个工作专班（大党建、规划建设、"双招双引"、"三服务" 2.0、项目推进、产业发展、招商引税、征地拆迁），明确任务书、时间表、路线图，统筹推进，为跻身省级经济开发区第一方阵奠定了扎实基础。

经济发展

全年实现规上工业产值 179.85 亿元，同比增长 9.5%，规模工业增加值 38.36 亿元，同比增长 8.6%，规模高新技术产业增加值 31.33 亿元，同比增长 4.4%；完成有效投资 26.47 亿元，同比增长 30.01%，其中工业投资 12.01 亿元，同比增长 51.26%，高新技术产业投资 11.5 亿元，同比增长 84.89%，民间投资 8.83 亿元，同比增长 109.24%；财政总收入 13.38 亿元，同比增长 39.44%，经常性财政收入 6.89 亿元，同比增长 38.93%；实到外资 5800 万美元，同比增长 4.5%；引进 20 亿元以上项目 6 个，其中 50 亿元以上项目 4 个。

招商引资

2021 年，累计签约润丰氢能源、杭州·心血管医疗科技全球创新中心总部基地、强新科技、台湾精发半导体、仁和里·长三角数智经济产业园等 50 个重点产业项目，总投资 514.23 亿元，占全区重大项目签约总投资额的近一半，其中 50 亿元以上项目 4 个，20 亿元以上项目 6 个，涵盖新能源、新材料、集成电路、人工智能、生物医药等多个尖端行业领域。引资质量进一步提高，立足开发区对外开放主平台的定位，积极对接和落地海纳智能化未来工厂项目，计划总投资约 1 亿美元；引进签约台湾精发半导体项目。

产业升级

全力推进新装备产业链补链、强链、优链工作，积极构建"未来工厂—智能工厂—数字化车间—数字化生产线—智造单元"新智造企业梯度培育体系，推动产业转型升级。2021年，重点推进南方泵业、大地海洋、卡涞新材3家企业的未来工厂建设。实施杭州市数字化改造攻关项目15家，12家企业入选杭州市数字化改造攻关项目库，南方、普晶、顿力、米格四家企业入选2021年杭州市数字化车间培育，大地海洋入选2021年省级智能工厂（数字化车间）项目，南方泵业获得工信部制造业单项冠军。建立"小升规"培育库，新增"小升规"企业14家。

园区建设

基本完成南部片区城市设计，完成南片区（LZ15单元）控制性详细规划评审稿编制，完成六个专项规划编制，实现核心区控规全覆盖。持续跟进新一轮市区国土空间总体规划编制工作，抢抓"三区三线"试划窗口期，完成线性基础设施项目占用稳定耕地的举证工作，积极向上反馈发展空间诉求。高效推进产业项目落地，完成中典、慧博云通、达海建设、华元、金创等共计4个亿元以上项目和1个10亿元以上项目落地认证工作，集中签约项目综合落地率达98.5%。会同

仁和街道，围绕开发区项目建设和产业发展空间需求，梳理征地拆迁项目11个。与仁和街道做好每月会商，协调解决征迁中的问题，仁和街道成立征迁工作领导小组，分解落实征迁项目，每周召开征迁工作例会，狠抓工作推进。2021年，完成农户评估235户，签约234户，完成征地1464亩，拆迁企业12家。

创新发展

创新平台加快建设。新增智能制造创新中心、美鸿智造产业园、紫之众创空间等6个孵化载体，拓展新增创新空间19.48万平方米，新增引进各类科技型企业120家。2021年，钱江经济开发区被认定为省级双创示范基地。

高端人才持续引育。累计举办高性能复合材料国际论坛等人才创新创业服务活动35场，其中重点开展10场招聘引才活动，签约人才项目18个，已落地项目15个，在谈项目9个。2021年，新增顶尖人才2名，海外高层次人才28个，市区级高层次人才63名，博士、博士后等领军人才47名，全球名校毕业生等青年人才97名，高技能人才500名，各类高校毕业生等储备人才2000余名。

创新能力持续提升。积极推进国家高新技术企业培育和申报，新认定42家。不断引导企业加大研发投入，完成专利授权1609件，已有13家企业起草制定42项国家标准。

2021年浙江仙居经济开发区发展概况

2015年12月，仙居经济开发区设立。规划面积11.67平方公里，下辖核心区块（现代、永安、下各）、白塔区块、工艺品城区块、横溪区块老区块、横溪区块新区块。浙江仙居经济开发区为仙居工业经济发展的主平台，先后入选"中国最具投资潜力开发区""浙江省十大最具投资价值工业园区"浙江省开发区产业链"链长制"试点示范单位等荣誉。

2021年，仙居经济开发区完成固定资产投资24亿元，完成工业性投资13.17亿元；实际利用外资金额837.2万元；区内企业实现销售178.34亿元，同比增长15.57%；税收入库9.21亿元，同比增长21.54%。其中规模上工业企业实现销售154.01亿元，同比增长15.2%；税收入库8.73亿元，同比增长23.29%。累计进出口额40.12亿元，同比减少0.56%，其中累计出口额39.49亿元，累计进口额0.63亿元。

招商引资

开发区共赴杭州、上海、深圳、北京等地40多次，共有29个项目落地，计划总投资约41.62亿元。一是大项目招商。紧盯颐高数字经济智慧谷项目和科顺建筑防水材料项目，积极推进落地谈判。二是产业加资本加平台招商。充分发挥仙居蓝湾生命健康产业招商基金作用，以生物制药、高端医疗器械等产业为主攻方向，已基本完成3亿元产业基金投资，共引进项目20个，正在开展基金扩大及成立百联蓝湾大健康基金相关工作。三是推进科创飞地建设。杭州海智中心飞地已完成协议签订，已完成初步运行方案及装修平面布置图设计。四是开展以赛招商。成功举办第四届全球医疗器械创业创新大赛总决赛，共有19个优质的高端人才项目进入总决赛。五是注重平台搭建。举办了医疗器械产业创新发展论坛暨上海理工大学技术转移中心仙居分中心授牌，完成了第一场"医疗器械法规政策现状与趋势介绍"专家培训。

平台能级

一是推进省级高新园区创建。系统推进规划编制、体制改革、布局优化，拓展发展空间，提升园区能级，创建申报方案已上报省科技厅，省科技厅已征求省级相关部门意见，针对省级各部门意见进行了修改。二是推进特色小镇建设。小镇已成功入选第七批省级特色小镇创建对象名单。三是推进智慧园区建设。完善智慧园区系统功能，并更新企业基本数据，党建数据，行业、区块销售和税收等基本数据，重新开发智慧园区数据直报系统，并对企业进行培训。四是完成省级循环化改造示范试点、省级双创基地验收工作。组织开展了"汇聚双创活力，创响经济动力"活动周，完成仙居医疗器械企业创新培训会。

三园改造

白塔区块以创成省医械小镇为目标，对标特色小镇创建要求，一是高标准谋划小镇规划。完成了医械小镇创建规划编制，重点排出空间使用计划，会同白塔镇研究制订了医械小镇周边村庄搬迁计划和村庄搬迁选址，协同自然资源局梳理过渡阶段开发边界，尤其是对永农调整更精准化，约600亩的永农调整范围已上报。二是加快推进基础设施改造，行政服务中心外立面改造基本完成，小镇客厅主体已验收，永安大道、经七路、经六路、吴帝路路面改造、绿化基本完成，彩虹桥桥墩完成，桥面部分安装完成。三是加快推进低效用地处置，已完成九州通20.16亩及中黄工贸18.63亩土地收储。

现代医化园区以完成医化园区整治验收为目标，致力于打造环保整治的"正面典型"。将医化园区整治作为推进"开发区突破口"的中心工作，明确要求统筹环保整治、低效用地腾退、企业优化整合，实现园区大整合、大重构、大提升。一方面，全力推进整合优化。按照"整治提升一批、推倒重建一批、关停淘汰一批"的思路，倒逼低效用地企业腾退出清，腾退并收储8家非医化企业和5家医化企业，共收储土地431.5亩。同时，通过推进"两村"搬迁，腾出约1800亩用地空间。第一批仙药高端制剂、蔚坦CDMO平台等10个

总投资80亿元的优质项目已于2021年6月开工，得乐康、肯特催化、车头制药等一批拟上市企业的募投项目用地得到了解决。第二批项目共9个，总投资52亿元已明确用地，正在推进前期工作，争取年底开工。另一方面，着力做全基础配套。污水处理厂一期提升改造、危废焚烧、公共管廊、危化品停车场等项目有序推进。

张店片区以打造东部工业新城核心区为目标，一是推进道路等基础设施建设。力争形成"一纵一横"主干道，张店至污水处理厂的污水管网已完成建设，污水泵站正在推进。二是谋划南北两岸规划衔接，张店区块南连朱溪港、创新片区，北接北岸永安、现代。谋划推进永泰路大桥建设，布局交汇处300亩商住地块开发。

项目建设

紧盯投资和形象进度，建立"一个项目、一名领导、一张作战图、一个联系人"的项目推进制度，紧盯重大工业性投资项目开工率和竣工投产率，重点抓好32个重点建设项目，制定项目推进"线路图"，逐一细化项目投资计划和形象进度，倒排工期，挂图作战。其中新建项目17个，仙琚制药高端制剂国际化建设项目、仙居医械小镇（一期）项目、得乐康募投项目等12个项目已开工；续建项目15个正在有序推进。

2021年浙江常山经济开发区发展概况

常山县经济开发区（以下简称经开区）位于衢州市常山县，起步于2002年，是全县工业经济的主战场、主平台。2019年园区整合后，开发区下辖新都片区、金川片区、辉埠片区和生态工业园区4个片区，规划总面积37.58平方公里，建成区面积22.83公里。2020年11月，开发区升级为省级经济开发区，2021年12月列入省级高新技术园区创建名单，生态工业园区被评为合格园区。

2021年，经开区共实现"四上"营业收入205亿元，实现税收10.8亿元。当年培育规上工业企业19家，实现规上工业总产值157.7亿元。累计完成固定资产投资33.6亿元，进出口总额19.5亿元，实际到位外资1575万美元。

招商引资

聚焦装备制造、新材料、大健康等重点产业，集中优势资源加大培育力度，促进产业发展壮大。2021年，园区重点产业实现规上工业产值148.13亿元，占比提高到94.05%。瞄准重点产业延链补链强链环节，深化产业招商、以商招商、"一把手"招商等模式，全年累计招引落地项目55个，其中亿元以上项目15个，成功引进大和热磁二期、小乔科技产业园、耐实轴承等一批优质项目。

核心产业

加强产业基础研究，编制轴承产业发展研究报告，指导今后五年产业发展方向。搭建产业创新平台，编制完成精密基础件产业创新服务综合体建设运营方案，筹建精密基础件检测中心。深化亩均论英雄改革，以新都片区为试点，开展提质转型"腾笼换鸟"专项行动，为新项目落地的腾出发展空间，同时建设装备制造、"两柚一茶"小微园，促进园区产业集聚。

平台建设

谋划专项债项目，多元化争取建设资金，加大基础设施投资，提升园区整体形象。全年投入资金4.3亿元，实施工业水厂、主次干道改造提升等县重点基础设施项目15个。按照产城融合的理念，推进实施科创中心、府城公馆、小微服务综合体等项目，提升园区生活服务配套。申报生态特色产业平台，拓展发展空间，着力构建扩大税源和促进就业增收的发展平台。

山海协作

依托山海协作共建共享机制，在慈溪滨海新区规划1平方公里的"产业飞地"，积极招引项目落地，成为全省首个实现项目开工的"产业飞地"。持续加快"常山－慈溪"山海协作产业园建设发展，全县新引进项目17个，当年到位资金13.7亿元。开工动建基础配套工程，打造以城市活力廊的景观水面为核心，涵盖商业综合体、生态住区、滨水商业街、行政中心等8大功能为一体的城市综合体。

营商环境

采取点线面相结合的方式，实行包干式、网格化服务，建立"1+N"企业服务机制，即每个网格1个部门挂联服务，挂联部门主要领导挂帅负责，挂联部门选派"N"名干部到挂联企业开展"双百"专项行动。安排精干力量，向每家企业安排驻企干部，确保每家企业有专人联系、专人指导、服务到位。统筹优化"八八组团""组团联企"等服务载体，组建专业小分队，创新打造"产业＋行业＋属地"的服务企业新机制，集成优化7个"一件事"办理流程，着力构建起部门与企业合力破解问题的良性机制。

第七编

省级商务研究、服务机构工作概况

2021年浙江省散装水泥发展中心工作概况

简介

浙江省散装水泥发展中心（以下简称散装中心）为浙江省商务厅所属公益一类事业单位，机构规格为正处级。主要职责是：

（一）负责散装水泥、预拌混凝土、预拌砂浆和水泥预制构件行业管理的辅助工作。参与拟订行业发展规划，并协助实施。

（二）承担全省预拌混凝土和预拌砂浆生产项目、散装水泥中转配送站项目、水泥预制构件项目规划管理的辅助工作。承担全省水泥生产项目散装发放能力管理的辅助工作。

（三）承担全省禁止现场搅拌混凝土、砂浆，以及禁止建设工程使用袋装水泥和袋装普通干混砂浆的辅助工作。承担行业的清洁生产、资源综合利用、节能减排等的辅助工作。

（四）承担全省散装水泥专用车辆安全共治系统运维工作。承担相关专用车辆驾驶人员从业培训管理工作。

（五）承担行业的技术创新、科技成果的推广应用，协同相关部门制定行业标准、规范等。承担行业现代物流体系建设的辅助工作。

（六）完成浙江省商务厅交办的其他任务。

工作概况

2021年全省水泥散装率85.38%，同比提升1.32个百分点，创历史新高，居全国各省区第二位。全省散装水泥供应量为10670万吨，下降5.93%；预拌混凝土供应量为3.26亿立方米，增长5.74%，居全国各省区第三位；预拌砂浆产量1940万吨，增长22.47%，居全国各省区第四位。

全省散装水泥发展和应用领域共实现节约标准煤611万吨，节约水泥用量1346万吨，减排水泥粉尘107万吨、二氧化碳480万吨、二氧化硫0.36万吨，综合利用工业固体废弃物5873吨；综合经济效益48亿元。为绿色建材行业"碳达峰、碳中和"做出了积极贡献。

一、推进专用车辆交通安全共治

散装中心高度重视数字化改革工作，多次邀请专家、监理、中标单位等反复研究推进（一期）系统终验，完成了系统上云等保测试等工作，积极推动（二期）系统迭代升级。

2021年1—11月，全省专用车辆发生35起致人死亡交通事故，致人死亡35人，同比下降31.4%。全省专用车辆交通事故致人受伤619人，同比减少257人，同比下降29.3%。专用车辆交通安全保障方面的数字化改革取得了良好成效。

二、推动散装水泥清洁化生产

散装中心开展了为期 3 个月的混凝土行业清洁生产专项督查行动，截至 11 月，共赴 11 市 20 县（市、区）实地督查 42 家企业，提出 108 条意见，整改落实 40 条。推动地市级行业管理机构同步检查了 400 余家行业企业，覆盖面超 50%。通过督查，进一步巩固深化混凝土行业清洁生产成效。根据《浙江省预拌干混砂浆行业清洁化生产实施方案》精神，分别于 5 月 26 日、11 月 19 日，邀请省环保厅、省能源局、杭州造价站、浙江工业大学等单位的专家学者，在杭州召开全省砂浆行业清洁生产推进会，要求各市年底前全面完成预拌砂浆清洁化工作。

三、健全完善行业发展的制度规范

参与编制《浙江省散装水泥、预拌混凝土和预拌砂浆"十四五"发展规划》。本规划于 4 月 25 日由省商务厅、省发改委、省经信委、省自然资源厅、省生态环境厅、省建设厅 6 部门联合发布，提出到 2025 年浙江散装率要提高 4 个百分点达到 88% 的目标。

第三次完善修订《散装水泥工作条例》，加大了处罚力度，为推动全省散装水泥发展和应用提供法规依据。

推动建立新的散装水泥统计制度。省商务厅联合省统计局出台了《浙江省散装水泥使用、供应和主要设施装备统计调查制度》，为全国其他省市提供了样板。

四、多跨协同推动散装水泥发展应用

召开全省散装水泥工作会议，总结"十三五"及 2020 年全省散装水泥发展和应用工作，部署"十四五"和 2021 年工作重点，推动我省散装水泥事业高质量发展。

开展"平安护航建党百年"安全隐患大排查专项行动，分别赴 11 市、33 县，抽查企业 105 家，425 台车辆，排号除消除各类安全隐患、维护群众生命财产安全，为建党 100 周年创造安全环境。

组织砂浆实验室主任、预拌砂浆行业高级人才、统计人员、政策法规等 9 期培训班，培训 1360 人次。组织行业专家，开展浙江省预拌砂浆"技术服务下企业"活动，服务了 48 家企业，解决了 5 个共性问题，33 个个性问题，提升全省行业技术水平。

2021 年浙江省商务研究院工作概况

简介：

　　浙江省商务研究院 (ZAC) 成立于 1987 年，是浙江省商务厅直属正处级事业单位，加挂浙江省世界贸易研究咨询中心牌子，是浙江省"一带一路"智库联盟发起单位和新型智库培育单位、浙江省推进长三角一体化重要新型智库、浙江省自贸区（港）研究主要智库，致力于为各级政府与社会各界提供商务经济政策和决策咨询、战略研究及发展规划，为省内外企业提供高质量的智力支持和信息服务。

　　历年来，承担浙江省委省政府重大课题、省哲学社会科学规划重大招标课题、省人大政协重点课题100 多项，承担浙江省商务厅、各市、县 (市、区)、国家级和省级开发区等委托课题及发展规划 600 多项。有 100 多项研究成果曾获中央和省委、省政府领导同志批示，并转化成为重要政策，50 多项研究成果获省级以上奖项，100 多项学术成果在国内外核心期刊上公开发表。

主要职能：

　　1. 承担商务发展理论和政策研究，开展国内外贸易、外商投资、对外投资、开发区、消费流通等领域规划和研究服务。

　　2. 开展"一带一路"建设、长三角一体化、自贸区 (港) 等重大研究服务，推动智库建设。

　　3. 开展新型贸易方式研究，为国际、国内市场运行数据整理和监测分析提供服务。

　　4. 开展 WTO 和国别经济研究，提供咨询服务。

　　5. 开展商务扶持政策绩效评价和评估服务，汇集、整理、出版、宣传商务领域信息及研究资料。

　　6. 组织开展商务领域学术交流、宣传合作等活动。

工作概况：

　　2021 年，浙江省商务研究院严格按照厅工作部署要求，积极推进省厅领导课题研究，谋划商务领域前瞻性、战略性研究，完善科研管理工作。紧扣年度各项目标任务主题主线，各项工作任务都取得了较好的进展。共完成 190 多篇研究报告、形成最终成果 200 多万字，获省领导批示 38 个，其中省主要领导肯定性批示 11 个。

一、党建引领，牢筑队伍政治本色

　　一是强化党建提升，推进支部建设。院支部把深入学习贯彻习近平新时代中国特色社会主义思想作为首要政治任务，持续强化理论武装，严格执行"三会一课"制度，加强学习型党组织建设，持续推进支部党建提升工程，被评为 2020 年度"五星级党支部"。开展清明祭英烈等主题党日活动和"我为群众办实事、我为企业解难题、我为基层减负担"专题实践活动调研。组织 7 次"做红色义工，铸党建联盟"党员志愿服务活动。

二是强化党史教育，增强责任担当。 院支部积极开展党史学习教育活动，组织召开全院党史学习教育动员大会，督促党员干部开展党史学习教育活动；协助组织开展全省商务系统和厅系统"新时代大学习·跟着总书记读好书"讲书大赛暨青年理论宣讲大赛等活动。

三是强化党团共建，激发团员活力。 召开共青团浙江省商务研究院第二次团员大会，完成团支部换届选举。组织召开了 15 次青年干部例会、12 次主题类培训会、19 次新进人员培训；先后举办多场青年干部文体生活，不断提升青年干部思想道德素质和业务能力水平，增强集体凝聚力和向心力；做好推优入党工作。

四是强化自查自纠，做好"查""改"文章。 院支部结合自身实际，严格按照厅党组统一部署与要求，坚决贯彻落实全面从严治党要求，持续正学风、改文风、转作风、树新风。加强重点岗位、关键环节等方面的廉政风险点自查自纠工作，全力配合巡视组开展巡视整改活动。

二、攻坚克难，提升商务研究水平

（一）切实做好重点课题研究工作

积极落实推进内外贸一体化课题工作。多次召开课题组会议，调研多家企业，与相关单位沟通联系课题推进工作，形成《浙江推进内外贸一体化调研报告》，并被《国办信息专报》录用；形成《浙江省内外贸一体化发展白皮书》。积极落实厅领导要求，大力开展"双循环"、"双链长制"、中国—中东欧国家经贸合作示范区拓区等研究任务，获得时任厅长盛秋平肯定性批示。**推进全省商务系统"十四五"规划研究及汇编工作。** 承担并完成《浙江商务高质量发展"十四五"规划》等五项重点规划研究任务，协助完成《浙江省商务领域"十四五"规划文件汇编》。

（二）强化突出数字化改革、自贸区、招商引资等相关研究

参与厅数字化改革重点工作。积极参与数字贸易子系统专班。"服务贸易驾驶舱"在杭州市复制落地，"数字贸易服务在线"入选经济系统省级优秀重大应用。牵头数字贸易理论制度组工作，参与起草数字贸易领域的全国首个标准。首次提出了"贸易大脑 + 未来市场"的概念定义，并被编入全省数字化改革教材；谋划数字贸易"单一窗口"；参与厅"八八战略"对内对外开放评估、双循环应用建设系统等专班工作，形成共同富裕思维导图等研究报告；研究编制浙江省及各市开放指数指标体系，对浙江省及 11 个地级市开放指数进行测算；配合做好国际投资单一窗口的工作。**进一步完善浙江自贸试验区五大功能定位"四大体系""四梁八柱"建设研究。** 按照省领导及厅领导指示，全面总结浙江自贸试验区扩区后阶段性建设成就，编制《中国（浙江）自由贸易试验区扩区一周年建设成效评估报告》；再深化自贸试验区研究，形成《进一步深化大宗商品资源配置基地建设研究》等五项重大课题；撰写了《中国自由贸易试验区发展报告（2020）解读及对浙江的启示》等 10 多篇报告，其中 1 篇获时任副省长朱从玖批示。**协助做好厅招商引资工作。** 参与向省主要领导汇报增资情况的研究等材料、《浙江省人民政府关于进一步加强招商引资工作的指导意见(代拟稿)》《全省招商引资"赛马"思路》等撰写工作，其中《浙江省外商投资企业增资情况分析》一文获时任省长郑栅洁批示。

（三）持续开展国际经贸规则、中美经贸摩擦、经贸时事热点等研究

开展 CPTPP、RCEP、中欧全面投资协定等国际经贸规则研究。形成《以中欧全面投资协定为契机深化浙欧经济循环》等 37 篇研究成果，其

中两篇被省政府办公厅《每日要情》录用、两篇获时任副省长朱从玖肯定性批示。**持续跟踪中美经贸摩擦动态。**两篇成果获时任省长郑栅洁、朱从玖副省长肯定性批示。

（四）深化落实共同富裕、商贸流通、服务贸易重点领域研究

积极推进共同富裕建设研究。做好青田、文成跨越式高质量发展研究，完成文成县一县一策和《文成县跨越式发展五年行动计划》，以及《以侨为桥　打造世界超市畅通双循环》等研究成果。**开展消费高质量指标体系研究。**完成指标体系的搭建并开始运用指标体系做好市场分析，配合中科院做好消费高质量指标体系的继续深入研究等。**开展国际消费中心城市研究。**围绕国际消费中心城市建设，完成《杭州建设国际消费中心城市的思考》，获袁家军书记批示。**做好消费市场运行分析。**协助商贸处做好月度、季度、年度消费市场运行分析等相关工作。配合做好清明、五一、端午、国庆等假期消费市场运行分析等工作。**做好市场运行监测工作。**定期开展生活必需品、生产资料、重点流通企业系统数据催报和分析；做好春节、清明、端午、五一以及国庆假期期间市场运行监测分析，完成新闻稿、周报、月报、季报等各类监测分析材料；做好商务预报信息媒体发布。全年共发布生活必需品和生产资料价格走势、工作动态、监测分析、地方信息、促消费动态等分析预测信息3600余条。**常态化做好服务贸易统计监测与分析。**完成服务贸易发展报告，包括2021年以来浙江省服务贸易月度分析报告和季度子报告，共计12篇总报告、24篇子报告。

（五）纵深推进"三服务"工作

充分开展"三服务"，深入基层企业调研次数共计101次，参加人次182人次。继续做好地方商务发展、招商引资"十四五"规划研究，做好地市规划研究工作；服务杭州市、嘉兴市开展对接虹桥开放枢纽推进沪杭协同和南向拓展带发展研究；服务嘉兴完成《嘉兴数字贸易创新发展区建设方案》；服务金华、衢州完成扩大进口、外贸创强研究；继续与舟山、衢州等地开展运行监测服务合作。服务重要平台发展，做好浙澳（安吉）经贸合作区规划研究；开展国际产业合作园和美丽园区创建、整合提升等多维度全面开展我省高能级开放平台研究；承担第二批浙江自贸试验区联动创新区评审组织工作及建设总体方案修改工作；服务地方数字化改革，联系滨江区、临安区、义乌市等两批共7个数字贸易应用场景试点，助力基层更好地参与数字化改革。

三、联动协同，深化交流强化宣传

（一）组织开展多个高端论坛峰会

做好全省贸易高质量发展大会、"美好生活共同富裕峰会"筹备工作。落实全球数字贸易博览会会议论坛相关工作。组织召开浙江自贸试验区国际咨询委员会及高端智库专题研讨会、中国（浙江）自由贸易试验区国际咨询委员会第四次会议、中国（浙江）自由贸易试验区智库合作联盟第一次工作会议等重要会议。**承办"服务RCEP落地 共享全球发展新机遇"系列活动。**

（二）推进"一带一路"新型智库及省国际经济贸易学会平台建设

做好"一带一路"新型智库年度总结及现场评估相关工作，通过2020年度智库建设终期评估。**发挥学会专家学者集聚优势，**成立了数字贸易、跨境电商、"一带一路"、国际商务、自贸区（港）、外贸综合服务等六个专业委员会。先后组织开展了"RCEP等国际规则对浙江商务发展影响""商务领域数字化改革应用场景""第十三届国际经济贸易研究"等征文活动，编印《2020国际经济贸易研究报告集》。继续承担省商务厅年度对策类课题的认领、评审等组织工作，为政府决策提供智力支持。6月在浙江财经大学召开了数

字贸易、跨境电商专委会研讨会，12月在线上召开"对外贸易高质量发展与共同富裕示范区建设"浙江省国际经济贸易学会第十三届年会暨第十三届国际经贸论坛，对外影响力不断提升。

（三）紧密与国家部委、兄弟省市学习交流以及与高等院校开展合作联系

加强省内外相关部门走访交流，对接商务部、商务部研究院，多次开展对外交流；赴海南、青岛调研海洋经济，完成《兄弟省市海洋经济对浙江的启示》并获时任省长郑栅洁批示；赴苏州工业园调研服务贸易统计监测工作，完成《苏州工业园区服务贸易统计方法调研报告》；赴四川省参加数字服务贸易和会展业调研工作，完成《借鉴四川省做法经验 推动我省贸易及会展业快速发展》调研报告，获得时任省长郑栅洁和朱从玖副省长批示；赴安徽郎溪、合肥等地开展自贸试验区（联动创新区）打造改革开放新高地调研。**推动与全国高端智库、高等院校合作交流。**继续加强与浙江大学、浙江工商大学、中国计量大学等高校的合作交流，与嘉兴学院经济学院建立合作关系。

（四）强化科研成果对外宣传

汇编《国际经贸规则对浙江商务影响报告集》，并在"服务 RCEP 落地 共享全球发展新机遇"启动仪式进行发布；撰写《浙江省内外贸一体化发展白皮书》、研究编制 2020 年度浙江开放指数研究成果，分别在中国—中东欧博览会内外贸一体化馆开馆仪式和浙江开放指数与商务"十四五"规划媒体通气会上进行发布；完成编印《浙江商务》杂志 12 期，共发行 36000 册；编辑出版《浙江商务年鉴（2020）》；编报《浙江商务（研究建议）》52 期，其中执笔或参与研究成果 39 期，获得省领导批示 20 个，多篇信息被国办和省政府信息平台录用；完成编印《商务研究 2020》合订本；在主流媒体发布信息等近 60 条，利用浙江商务、浙江商研微信公众号发布周报信息等 110 多条，接受浙江卫视、天目新闻等媒体采访 3 次；承担厅北一楼展示大厅宣传布置、讲解接待工作，接待了陈金彪常务副省长等多位领导。

2021 年浙江省对外贸易服务中心工作概况

简介

浙江省对外贸易服务中心（以下简称外贸中心）是浙江省商务厅直属事业单位，主要从事全省外贸数据的运营维护、数据分解、分析研判等工作；承担浙江省外贸数字化转型工作；组织开展各类外贸业态、外贸主体、品牌商品的国际市场拓展和对外宣传推介活动；开展与境外贸易促进机构的合作交流，组织开展贸易洽谈和对接等促进工作；承担全省境内外综合性展览会、洽谈会和博览会的统计、分析、评估工作；组织开展外贸新业态的培育发展工作等。

工作概况

2021 年，外贸中心认真贯彻落实厅党组关于稳外贸防风险、数字化改革等工作部署，围绕年度重点工作和目标任务，以党史学习教育为引领，推进外贸运行研判分析、贸易促进与持续优化内部管理、干部能力提升共同发展，为全省外贸高质量发展提供有力支撑。

一、抓好基层党建工作

一是抓好党史学习。制定印发了《省外贸中心党史学习教育实施方案》，排定了全年学习计划。认真学习贯彻习近平总书记重要讲话和重要指示批示精神，坚决做到"两个维护"。邀请厅领导、中心老党员、支部书记讲党课。组织全体人员赴中国共产党杭州历史馆等地开展红色教育。在"浙江省对外贸易服务中心"微信公众号上发布老党员访谈等系列宣传。召开党史学习专题组织生活会，组织开展服务企业蹲点调研，结合国际物流纾困做好企业服务。**二是抓好支部建设。**年初对中心支部进行了改选，新进党员 1 名。严格执行"三会一课"制度，全年共召开支部会议 15次。**三是抓好党风廉政建设。**严格执行民主集中制，建立了主任办公会议决策制度。广泛开展谈

心谈话，主要领导与分管领导、内设机构主要负责人经常性开展谈心谈话，运用好监督执纪"四种形态"，经常性征求党员和群众的意见建议。**四是开辟党建园地。**展示入党誓词、党的纪律、党的宗旨、党员义务、党员权利等内容，营造浓厚的红色氛围。

二、抓好外贸运行研判

（一）提升外贸数据分析水平

一是抓"订单 + 清单"监测预警系统建设及订单填报、预警响应工作。依托系统，全年印发《浙江省外贸"订单 + 清单"监测预警分析报告》12 篇、地市分析报告 20 篇，完成"订单 + 清单"二期周报 19 篇。**二是加强对海关数据的维护和挖掘，**强化信保、融资、海关等数据共享，升级

预测模型，提高形势研判能力。三是完善并依托"极速版""聚焦版""全面版"监测体系，发布月度问卷 12 份及临时性问卷 27 份，撰写专题分析报告近 70 篇，其中国务院领导批示 1 次、国办和商务部约稿 9 次、省领导批示 7 次、省政府办公厅录用 22 次。

（二）加强监测预警工作体系建设

进一步加强对全省 96 个监测点的工作指导和联系，组织 2020 年监测点年度考核，评选并通报年度优秀监测点及优秀工作人员，顺利开展 2021 年全省商务系统运行监测工作会议，组织召开全省外贸运行监测培训会及工作座谈会。建立常态化交流机制，分别组建面向各市商务局处长及监测工作负责人、面向重点及典型外贸企业业务负责人的工作交流群；利用问卷调查、电话回访、实地调研、地市交流等多渠道全面及时摸排全省外贸发展情况，获取企业一手数据，了解企业当下主要困难及诉求。

三、抓好对外贸易促进

（一）配合做好政策制定和落实

一是参与浙江省应对国际集装箱运价过快上涨专项行动工作专班。二是配合财务处与海港集团做好外贸集装箱空箱调运政策支持工作。三是配合贸发处梳理确定"出口企业货运白名单"。

（二）做好物流资源整合及供给

一是走访中远海运、长荣、万海等班轮公司及普洛斯、圆通等物流资源方，推动外贸企业长约签订。二是联合省交通厅，协调海港集团加快空箱调运。三是建设国际集装箱"一件事"场景应用，推动在线供需匹配。截至 2021 年底，已上线 5.3 万家外贸企业，引入 41 条航班共 3752 个舱位资源。国际集装箱"一件事"已被商务部许可证局列为贸易数字化转型样本。

（三）与地方联动服务外贸企业

一是与台州市签订战略合作协议，谋划和推

动外贸创新中心、RCEP 等工作落地。举办台州、仙居两场物流专场对接会，组织 500 余家外贸企业与物流资源方开展对接。二是联合金华市开展物流纾困解难工作，举办金华、永康两场物流专场对接会，支持义乌开展物流集采集供。三是支持绍兴市大力拓展物流渠道。在嵊州举办物流专场对接会，并推动嵊州开通义新欧班列首趟"茶叶专列"。

（四）加强跨部门协同

一是联合宁波市海事法院，开展"国际物流纾困·海事纠纷化解百日攻坚"专项行动，加快海事纠纷防范化解。二是协同省市场监管局、中国货代协会，规范行业秩序。三是与省信用合作联社推动"外贸掌中贷"，加大对外贸企业的金融支持力度。

（五）落实好各项公共服务

一是配合贸发处推进品牌、基地、海外仓等工作。完成 2020 年度"浙江出口名牌"认定，启动 2021 年度"浙江出口名牌"申报材料审核；撰写《浙江省十三五外贸发展解析》品牌篇内容；完成第六批公共海外仓认定和海外仓复审，配合开展海外仓系统建设、调研和材料报送；完成 2021 年国家外贸转型基地材料初审，定期向商务部报送基地数据；完成 2021 年外综服企业评定工作，顺利完成本年度认定工作。二是配合贸易救济局开展法律服务月等工作。日常维护精准服务平台；承办 2021 年法律服务月启动仪式，做好法律服务月后勤保障工作；调研贸易调整援助试点地区。三是配合贸管处举办进博会配套活动。摸排各交易分团签约项目，承办浙江省交易团进口采购成交集中签约仪式。四是配合服贸处参与全球首届数字贸易博览会筹备工作。五是延伸地方商务局公共服务项目，完成嘉兴市、富阳区、西湖区等地中小项目审核。六是做好出口专班和消费专班简报的采编工作，全年共采编出口专报 91 期，消费专报 82 期。七是配合贸发处牵头起草浙江省《外贸综合服务企业服务规范》地方标准编制并推动其顺利发布。

2021 年浙江省国际投资促进中心
（浙江省驻外商务机构服务中心）工作概况

简介

浙江省国际投资促进中心（浙江省驻外商务机构服务中心）于 2001 年经浙江省政府批准设立，是浙江省商务厅下属的事业单位，主要承担推介浙江省投资环境和产业政策，吸引外商投资，推动浙江企业“走出去”等职能，开展双向投资促进，负责浙江驻外商务代表处的协调联络和服务保障。

近年来组织承办了由省领导带队的美国、韩国、日本、中国澳门特别行政区、俄罗斯、法国、新加坡“浙江周”及在德国、澳大利亚、新西兰、日本、保加利亚、克罗地亚、尼日利亚、土耳其、埃及、新加坡、马来西亚、印度尼西亚、中东、捷克、北美北欧、中东欧、中国台湾地区等国家和地区举办的重大经贸活动，积极承办、参与“浙洽会”“厦洽会”等省内外重大商务活动，同时与境外商务和投促机构合作举办了多个国家的投资环境说明会、企业洽谈会、行业对接会等各类投资促进交流活动。

中心推行“一家受理，全程服务”的新型服务体系，下设综合部、行政部、外资促进部、对外投资部、国际联络部、浙江省外商投资企业投诉中心（投诉调解部）、浙江省国际投资服务中心、浙江省商务人力资源交流服务中心等 8 个部门及直属单位，并承担浙江驻新加坡（东南亚）商务代表处、驻德国（欧洲）商务代表处、驻美国（北美）商务代表处、驻日本（东北亚）商务代表处、驻阿联酋（中东）商务代表处、驻南非（非洲）商务代表处（筹）等 6 个驻外商务代表处的协调联络和服务保障工作。

业务特色

（1）承担全省开放型经济、投资环境、利用外资政策和重点产业宣传工作，开展引资、引技、引智相关服务。

（2）开展全省企业境外投资、参与国际经济技术合作、提高国际竞争力相关服务。

（3）参与拟定投资促进战略、规划和指导意见。组织开展境内外双向投资促进活动。

（4）开展外商投资和对外投资项目的跟踪、协调、考察、咨询等全程服务。

（5）承担与驻外使领馆、各国驻华使（领）馆、政府部门、商协会等机构的联系拓展，构建商务服务网络。配合调解处置所在国家和周边国家的经贸类突发事件和纠纷。

（6）承担“引进来”与“走出去”工作网络和信息库的建设工作。

（7）承担驻外商务代表机构建设、服务联络和工作人员的日常管理。

（8）指导全省投资促进机构开展项目推进及投资促进活动。

（9）承担外商投资企业及其投资者投诉受理的辅助工作，参与全省外商投资企业投诉事项调研相关工作。

工作概况

2021年，浙江省国际投资促进中心紧紧围绕全省商务中心工作和重点目标任务，扎实推动党史学习教育与业务工作同频共振，重点做好"四个一"，即做好一次教育、落实一项管理、优化一个环境、抓好一场改革。

一、慎终如始开展党史学习教育

一是落实制度抓好学习教育。2021年，中心党支部严格按照规章制度，加强思想政治和党员先进性教育，做好支部建设，围绕党史主线做好学习教育。切实加强**党风廉政教育**，防范化解廉政风险。结合工作实际做好**保密教育**，签订保密责任书。全年召开党员大会9次，组织理论学习20次，主题党日活动13次，党课11次，支委会29次，组织生活会2次，组织红色义工7次，近80人次参与。顺利完成中心团委换届，组织开展2次团日活动。

二是对照检查完善部门管理。在党史学习教育过程中，认真开展对照检查，加强人员管理、制度约束、流程优化。开展新员工入职及全体人员系列培训，严格执行各项管理制度和财经纪律，做好综合、行政、财务、人事工作。下属企业根据巡视整改反馈意见，努力抓好整改落实，按照上级部门和厅机关统一部署，做好企业分类处置，实现规范发展。

三是不折不扣抓好队伍建设。在厅党组的关心下，2021年中心提拔了3名处级干部，中心内部提拔了3名中层干部，通过交流调动和公开招聘充实了5名工作人员，选派轮换驻外各代表处干部4名，队伍结构进一步优化，战斗力进一步增强。

二、积极有为做实项目招引全过程闭环管理机制

（一）积极拓展客商资源

中心主要领导亲自带队拜访商务部外资司、外国驻华使领馆、相关机构和商协会，以及壳牌公司、通用电气、杜邦等世界500强和跨国龙头企业；中心各部门和驻北京、上海商务代表处利用节会、大型活动、上门招商等机会，赴北京、上海、深圳等地拜访机构和企业，拓展客户渠道和资源，与商协会、律所、会计师事务所、咨询机构、浙商代表等保持紧密联系，**累计新增客户300余家，接待40余批次境外机构和企业来访。**各驻外商务代表处克服疫情不利影响，通过线上活动、网络拜访等形式累计新增联络驻外使馆、外国政府部门、境外机构和商协会及境外企业等157家。**今年已促成省商务厅、中心或代表处与相关机构及企业签署5份合作备忘录。**

（二）全力做好项目招引工作

中心聚焦重点产业，针对生物制药、智能制造、新材料、新能源等全省投资重点领域，通过勤上门、搭平台、促对接等方式，全力做好项目招引。全年协助跟进省级外资重大项目166个，其中10亿美元以上项目11个，起草项目专报22篇，获省政府领导批示4次。挖掘、促进项目40余个，其中世界500强或跨国龙头企业项目30个，**落地项目7个。**签约项目2个，促成杭州拱墅区与北京京东世纪贸易有限公司和普华永道签署战略合作备忘录。

（三）精心做好企业服务工作

协助企业考察项目选址、争取人才和税收等支持政策，力促项目落地。在日常对接中主动关心客户在浙诉求，并予以积极协调，累计协调企

业对接省发改委、省经信委等部门 20 余次。在服务企业过程中，创新形式，形成"一企一群"的有效做法，及时解答客商提出的问题，避免多头联系以及因信息不对称而给客商造成困扰的情况。协助企业解决问题 26 个。规范投诉机制，持续为外资企业做好服务。

三、多措并举宣传良好营商环境，助推双向投资

（一）全力筹办重要经贸推介活动

2021 年，中心先后承办或参与筹办大型活动 23 场，包括浙洽会之江论坛暨第六届中国浙江欧洲数字经济和高新技术产业高峰对接会、全球健康产业合作大会暨中国—中东欧医药健康创新发展峰会、浙江自贸试验区与跨国公司对接会（海口）、浙江省现代服务业对外开放投资合作交流会（北京）、浙江—非洲共建"一带一路"经贸合作对接会（长沙）、浙江—澳门经贸交流会、浙江省新材料国际投资合作对接会（上海）等。

组织开展"跨国企业浙江行"系列活动，全年开展 8 期，陪同 100 多名外商实地考察杭州、宁波、嘉兴等地，受到有关市县和外商的一致好评。协助法国、加拿大、南非等国在浙江召开专场推介会，打造浙江对外投资重要策源地的良好国际形象。各海外代表处支持浙江企业赴德国、日本、墨西哥、新加坡、缅甸等境外市场开展投资经营，加快全球产业链布局。

（二）努力构建双向投资新格局

对照"高层次对外投资策源地"和"高水平对外开放新高地"的工作新要求，做好外经企业服务、境外园区提升、国内国际市场相互促进等工作。走访俄罗斯、韩国、日本、卢森堡、墨西哥等国驻华使领馆、商协会等机构，建立工作联系。

上门服务爱闻格环保、中亚机械、绿华环境、富春江集团、杰克缝纫机、中策橡胶等 30 家企业，为其赴境外投资发展牵线搭桥。密切关注境外市场形势和政策变动，了解企业困难和需求，及时报送有关部门。收集企业诉求，形成《缅甸政局变化对我省境外投资风险影响分析及应对举措》，作为省商务厅专报报送省政府。

用足用好我国参与的经贸协定安排，重点宣传推广 RCEP 投资贸易规则，专题举办"丝路护航 RCEP 区域风险防范"专场活动，全年策划 31 期"RCEP 国别投资信息每周一览"，及时推送给企业，受到企业好评。

积极履行浙江省境外经贸合作园区发展联盟秘书处职责，宣传我省境外经贸合作园区，更新《浙江省境外经贸合作区风采展示》宣传画册，充分展示 16 家省级园区"丝路合作金名片"的整体风貌。

（三）统筹资源形成投促合力

组织召开第十八届全省投资促进联席会议，传达省委省政府和省商务厅关于内外资统筹招引的部署。

按照省商务厅部署，在南非、北京和上海新设商务代表处，完善机构和人员设置，建立工作机制和联系渠道，开展信息收集和项目招引工作。各驻外商务代表处进一步完善和充实省地共建，做好与杭州、台州、嘉兴等地方政府的合作共建，推进项目招引。

根据省财政厅、省商务厅的部署，开展服务中心和人力中心的分类处置工作，确保业务正常开展和人员稳定。

在宣传推介方面，打造融媒体平台"浙江国际投资"微信公众号，全面展示活动风采、投资环境、政策举措等。完成《中国浙江》（2021 版）10 个语种的编、译、印、结工作。编辑《浙江招商（简报）》，搜集汇总全省各地招商动态、项目进展和政策信息，报送给省级领导，并下发至各地市。针对境外国家（地区）市场的形势变化和政策变动，先后报送调研报告十余篇，其中多篇

报告受到省领导和厅领导的肯定和批示。

（四）坚定不移抓好数字化改革

一是增设新部门专项负责数字化改革。设立**数字化部**，配置人员，紧紧围绕数字化改革和大项目跟踪两大工作重点，夯实中心信息化数字化建设水平。

二是打造数字化改革精品项目。在牵头部门统一部署下做好**浙江国际投资单一窗口项目跟踪系统**，结合全省统筹内外资招引、山区 26 县共建发展、海洋产业招引培育等重点工作，梳理完成项目报备模块优化需求；谋划数据展示模块提升，参照驾驶舱模式，梳理模块优化需求。

三是着力建设客商信息库。优化提升**中心客商资料库**，将中心和各驻外代表处的客商资源全部入库，完成客商资料库优化需求征集和梳理，逐步实现数字化管理和维护，已完成客商资料库优化需求征集和梳理。

2021年浙江省自由贸易发展中心工作概况

简介

浙江省自由贸易发展中心（简称自贸中心）是浙江省商务厅直属公益二类事业单位。

作为我省自贸试验区领域的专门研究机构，直接服务于浙江省自贸试验区工作领导小组办公室，主要承担自贸试验区建设投资便利与贸易自由的研究工作；开展自贸试验区制度创新和政策起草、课题调研、统计分析等工作；承担自贸试验区的复制推广、交流研讨、学习考察等工作；开展自贸试验区建设宣传展示推介，自贸协定的研究、咨询、宣传等服务；开展援外培训、商务系统培训和商务认证等服务。

工作概况

2021年，自贸中心以习近平新时代中国特色社会主义思想为旗帜，以党建为统领，奋力攻坚，圆满完成了各项目标任务，主要有四个方面。

（一）党建引领，打造新时代自贸工作战斗堡垒

一是抓好党史学习教育，坚定理想信念。 系统组织学习习近平新时代中国特色社会主义思想、认真学习贯彻习近平总书记"七一"重要讲话精神和党的十九届六中全会精神，邀请分管领导胡真舫副厅长讲授专题党课3次，召开党支部集中学习扩大会议12次。**二是深入开展党日活动，加强支部建设。** 组织主题党日活动13次，赴浙江革命烈士纪念馆祭奠英烈、赴陈望道故居重温信仰味道、赴安吉余村学习"绿水青山就是金山银山"等，积极推进"做红色义工，助党建联盟"主题实践活动2.0版建设，开展红色义工26人次、三服务5次。**三是强化党风廉政建设，培育清廉氛围。** 严格按照厅党组全面从严治党等各项工作部署安排，贯彻落实"六张责任清单"，积极配合省纪委的2021年党风廉政检查。

（二）守稳主业，扎实推进"三机制"

在自贸区处牵头下稳步落实"三机制"，有关做法作为典型案例被国务院自贸试验区部际联席会议专报刊登。**一是常态化开展信息发布。** 高质量完成简报、通报、经济运行分析等材料，其中第5期通报获时任省长郑栅洁的批示。**二是有效开展制度创新评估推广。** 分别在3月、9月组织浙江自贸试验区制度创新评选，形成两批共30项最佳制度创新案例，在全省自贸试验区高质量推进大会上由时任副省长朱从玖专门发布。指导推动地方创新成为全国示范，2项入选国务院自贸区联席会议最佳实践案例，2项入选长三角自贸试验区年度最佳案例。**三是积极落实重大项目推进。** 建立并动态更新重大项目库，滚动推进项目建设，定期跟踪报道重大项目进展情况。**四是高效推进统计监测。** 起草、完善并印发统计监测工作实施方案，定期汇总统计指标数据，形成月度《数据手册》与统计季度《运行监测分析》，其中《浙江自贸试验区2020年经济肖像》专报与《2021

年半年度自贸试验区经济运行分析》获时任省长郑栅洁"有成效"等批示。

（三）拥抱改革，全力鏖战数字化

一是全力承接浙里自贸。积极推动自贸试验区内数字化改革，推进保税商品登记系统、小商品数字自贸、江海联运等场景建设；自贸区国际船油加注智能调度服务作为全省数字化改革首批5个重大应用成果新闻发布会上发布；"数字自贸"入选数字政府系统最佳应用；起草撰写的保税商品登记系统相关汇报材料获时任副省长朱从玖的批示。**二是谋划建设态势感知。**设计制度创新、数字地图、龙虎榜、五大功能定位、自贸协定等界面，实现自贸试验区"一屏尽览"，应用一期已于8月底上线，正在不断迭代升级。**三是积极探索培训工作在线化。**在全国率先开发了援外在线培训系统，受邀在全国援外培训工作会议上作经验分享；运营开发商务云校系统，实现全省开放型经济和自贸试验区建设专题研讨班的在线直播。

（四）服务大局，做好重大会议活动的综合配套

一是全面梳理自贸试验区扩区成果。设计制作2021年浙江自贸试验区宣传片，于12月16日在高质量推进中国（浙江）自由贸易试验区建设大会上作为正式议程播放，得到各级领导一致好评；策划设计2021年浙江自贸试验区成果画册和全国自贸论坛成果展板。**二是协调推动中国（浙江）自贸试验区展示中心建设。**密切联系杭州市自贸委、萧山自贸办和参展龙头企业，打磨展示内容，沟通经费保障，各项工作进展顺利，拟于2022年3月开馆。

2021 年浙江省电子商务促进中心工作概况

简介

浙江省电子商务促进中心于 2015 年 3 月成立，是浙江省人民政府批准设立的省级电子商务促进服务机构，隶属浙江省商务厅。中心按照"贯彻执行全省电子商务发展政策、服务全省电子商务企业、促进电子商务产业发展"的宗旨，坚持"服务创造价值、数据创造未来"的发展理念，通过提供商务大数据探索应用、构建电商服务资源对接体系、搭建互联网创业创新平台、推动浙江电商标准和品牌服务输出、参与电商国际化进程，打造电子商务"数据中心、理论中心、服务中心、合作中心"，为浙江建设"国际电子商务中心"和"新型贸易中心"提供有力支撑，助力我省"数字经济"建设。

主要职能

（1）承担浙江省电子商务和数字贸易发展趋势及相关理论研究。

（2）承担浙江省电子商务法规、规划、政策及有关标准起草的辅助工作。

（3）承担浙江省电子商务行业统计和监测的具体工作，负责电子商务管理和公共服务平台的日常维护。

（4）承担企业电子商务应用促进工作，开展电子商务国际交流与合作。

（5）负责跟踪、对接电子商务领域的投资项目。

（6）承担厅机关智慧政务服务平台工作。

工作概况

2021 年，浙江省电商促进中心继续以"把准定位、理顺关系、夯实基础、创新品牌"为指导思想，紧紧围绕商务中心工作，结合国内外和我省电商发展新形势、新任务和新要求，加强载体谋划、资源整合、队伍建设和工作协同，各方面工作扎实推进，中心的资源集聚能力、整体协同能力和专业服务能力不断增强，综合效应逐步显现。

一、电商行业数据统计监测工作稳中有进

（一）国内网零统计监测不断完善

做好全省电商行业数据统计监测具体实施工作和日常工作，修订完善电商统计报表制度，升级全省电商统计系统，扩大重点样本企业数量。对全国 16 个重点电商平台、1500 多万家网店、800 余家重点样本企业、2.8 亿件有销量的商品实

现按月采集、清洗和统计数据。对"618""双 11"等重大购物节、节假日以及重点电商平台疫情防控期间保供情况等进行专项监测，快速响应各方需求。加强直播电商新业态数据监测分析，对全省和重点省市直播电商数据进行监测，实现分平台、分地区、分行业数据按月采集、归集和统计分析。

（二）跨境电商全口径统计合力攻坚

根据跨境电商发展情况以及助推跨境电商综试区建设工作等需要，多方联合、加强调研，积极推动跨境电商全口径统计工作。**一是调研先行**，多次赴金华、宁波、上海等地进行专题调研，实地走访城云、PINGPONG、连连等企业，对跨境电商数据来源及其可获得性进行核实和确认。**二是加大投入和技术攻关**，指导督促大数据基地加大对亚马逊、速卖通等跨境电商重点平台的数据采集。三是积极参与国家统计局专题调研，与杭州海关加强沟通和联系，积极推动以试点方式破题，对海关总署跨境电商全口径统计监测方案提出意见建议。

（三）数据应用与分析服务能力不断提升

加强数据应用信息系统建设，搭建集线上线下、内贸外贸、中央地方等三方数据为一体的电子商务数据信息查询系统，及时做好更新维护。及时响应厅各专项、应急统计监测需求，为各方工作评估和决策提供数据支持。撰写多篇分析报告，获省政府领导重视和批示，对推进相关工作起到了积极作用。为地方商务部门提供大数据分析服务，以数据服务助推工作落实。如，协助县（市、区）将网络零售额区分到乡镇、街道、开发区等。组织开展电商统计培训，提高全省电商统计工作水平。

二、电子商务公共服务载体建设开端良好

针对全省电商公共服务工作抓手缺乏，市、县（市、区）对接优质电商服务资源信息渠道欠缺等问题，着力补短板，谋划推出电商公共服务"百场公共服务下基层、百个电商项目对接招引"行动（简称"双百"行动）。充分发挥电商中心省级平台的效能，加强省内外优质服务商资源开发，密切工作联系，组建"数商兴农"专家服务团、跨境电商独立站全链条服务商资源库等，为各地精准提供专家咨询、资源匹配、项目对接、人才培训等公共服务，切实提升电子商务公共服务共建能力、普惠能力和服务水平。7月底正式启动"双百"行动以来，已在省内 30 个市、县（市、区）开展近 40 场电商公共服务下基层活动，累计服务企业 500 余家，达成对接签约项目近 20 个，较好的以公共服务激发了市场"化学反应"，受到地方和服务商双方普遍欢迎。

三、"之江创客"全球电子商务创业创新大赛扩容增效

"之江创客"继续加大创新，进一步调整优化省内赛区，调整设立供应链赛区；推进大赛与浙川电商东西部协作和对口支援工作相结合，省外新设西南赛区；创新模式，省外赛区首次尝试以"赛 + 会（招商推介会）"形式举办，扩大综合效应；克服疫情影响，调整形式，海外赛区（北美赛区、欧洲赛区、中东赛区）和总决赛暨颁奖典礼以"线上线下相结合"的方式举行。2021 年，之江创客大赛共设置了省内、省外和海外 3 大赛区，8 个分赛区：农村电商赛区、跨境电商赛区、供应链赛区、西南赛区、粤港澳赛区、欧洲赛区、中东赛区、北美赛区。吸引了几十个国家和地区的创业者们参与，累计征集项目 2000 余个，涵盖了电子商务、人工智能、物联网、供应链等多个领域，初步形成了集项目挖掘、创新展示、创业辅导、服务对接等电商"双创"特色服务体系。

2021 年浙江省国际经济贸易学会工作概况

简介

　　浙江省国际经济贸易学会成立于 2009 年 4 月，是由浙江省商务厅主管，省民政厅和省社科联监督指导，由全省从事外经贸工作和国际经济贸易科学研究的政府职能部门、高等院校、科研机构、社会团体及企事业单位的科研与实际工作者组成，专门从事国际经济与贸易研究与交流的群众性学术组织。秘书处设在浙江省商务研究院。2019 年被评为 5A 级社团组织。

主要职能

　　（1）结合我国、我省对外开放发展状况，以及外经贸体制改革实际，积极开展学术科研活动，探讨国际经济贸易理论与实务，总结交流研究成果和先进经验。

　　（2）组织会员开展学术研讨与报告。学会每年举办一次较大规模的学术年会，以国际经济与贸易发展与我省外经贸中的热点、重点问题为议题，进行学术交流。编辑《浙江省国际经济贸易学会年会优秀论文汇编》，并进行评选表彰。

　　（3）建立政府、学界和企业的沟通渠道。学会将不定期接受省商务厅等部门的委托，组织相关人士就对外经济与贸易领域的热点与难点问题进行研讨，为外经贸政策提供建议，并将学者和企业的意见建议反映给政府有关职能部门。

　　（4）应会员需要提供服务。应学会会员需要，组织和协调学会内部和外部的各种专题研讨和培训，为机关、企事业单位外经贸工作者提供业务培训和组织学习考察等服务。提供外经贸法律政策咨询服务。

工作概况

　　2021 年，浙江省国际经济贸易学会围绕建设智库型学会的发展要求，积极开展课题研究、科研交流、论文评选、论坛宣传、人才交流等工作，努力提高学会服务政府决策、服务会员发展的综合能力，取得了良好成效。

一、开展课题研究

　　2021 年，学会发挥专家集聚优势，先后组织开展了"RCEP 等国际规则对浙江商务发展影响""商务领域数字化改革应用场景""第十三届国际经济贸易研究"等征文活动，共收到征文约70篇，评选出优秀成果20余项，部分研究成果已汇编入《国际经贸规则对浙江商务影响报告集》，部分获奖作者将在第十三届年会平行分论坛上进行研讨交流。同时，学会继续承担省商务厅年度对策类课题的认领、评审等组织工作，为政府决策提供智力支持。2021年，各大高校、全省商务系统、科研机构的国际经贸研究工作者共认领课题项目达到120项，经组织专家评审，确定77项课题成果符合要求，准予结题；评选出优秀课题33项，课题数量质量都创新高。

二、积极咨政建言

学会注重对研究成果的宣传和推广，秘书处将征文的优秀成果进行收集整理，编印成《2020国际经济贸易研究报告集》《国际经贸规则对浙江商务影响报告集》等，寄送至省内各市、县（区）商务局，以及部分省外商务部门，供领导决策参阅。学会与省内多个地方商务部门建立课题合作关系，服务基层能力不断夯实。同时，积极邀请学会专家参加"十四五"规划专家论证会、全省商务领域共同富裕试点评审会、数字贸易子系统场景路演预演会等会议，服务政府决策的能力与水平有明显提升。

三、举办学术活动

召开2021年度学会第一次理事会暨数字贸易、跨境电商专委会研讨会。杭州电子科技大学经济学院院长李晓钟，浙江大学中国数字贸易研究院房超、郭雪瑶，浙江师范大学经济与管理学院经济学系主任郑小碧、嘉兴学院经济学院国际经济与贸易系主任王焕祥等学者就数字经济、跨境电商等议题开展专题研讨。

召开对外贸易高质量发展与共同富裕示范区建设论坛暨浙江省国际经济贸易学会第十三届年会。邀请浙江省社科联、省商务厅领导出席年会开幕式，邀请知名专家学者在论坛发表主旨演讲。

学会秘书处积极转发由中国国际贸易学会等单位组织的《区域全面经济伙伴关系协定（RCEP）》线上公益讲座、由商务部国际贸易经济合作研究院组织的海关特殊监管区域与国际贸易"单一窗口"创新发展专题研修班等活动的通知，不断增强桥梁与纽带的作用。

四、健全工作制度

根据《浙江省国际经济贸易学会章程》第四章第二十九条规定，学会根据工作需要，可以专业委员会或分会的形式设立分支机构。经2021年度第一次学会理事会审议通过，学会秘书处于今年6月印发《浙江省国际经济贸易学会专业委员会管理办法》，并陆续成立了数字贸易、跨境电商、"一带一路"、跨境电商、自贸区（港）、外贸综合服务等六个专业委员会。在2021年度学会年会上，各专委会以平行分论坛的形式开展相关专题研讨。

第八编

重大会展、活动概况

2021 年首届中国国际消费品博览会浙江参展情况

2021 年 5 月 7 日至 10 日，首届中国国际消费品博览会（以下简称"消博会"）在海南国际会展中心成功举办。浙江省坚决贯彻中央和省委省政府决策部署，扛起"重要窗口"使命担当，提高站位、精心谋划、有力组织，积极承接消博会溢出效应，取得了显著成效，得到国务院、商务部和兄弟省市领导的充分肯定。

一、首届中国国际消费品博览会总体情况

消博会是全国首个以消费精品为主题的国家级展会，与广交会、进博会、北京服贸会、东盟博览会并列五大国家级展会。习近平总书记专程发贺信，深刻阐述了举办中国国际消费品博览会的重要意义，向国际社会发出了深化交流、共谋合作的倡议，明确中国愿发挥海南自由贸易港优势，促进生产要素自由便利流动，深化双边、多边、区域合作，同各方携手共创更加美好的未来；中共中央政治局委员、国务院副总理胡春华出席开幕式并巡馆。首届消博会共计 1505 家企业、2628 个消费精品品牌参展，来自 70 个国家和地区（含中国）；各类采购商和专业观众数量超过 3 万人，进场观众超过 23 万人次；全国 31 个省区市、新疆生产建设兵团以及大连、厦门两个计划单列市组团参展。

二、浙江积极参与首届消博会取得显著成效

（一）全面展示浙江形象

本届消博会浙江主题馆以"灵秀浙江"为主题，占地面积 500 平方米，位置紧邻海南、优于上海，是国家领导人巡馆驻足参观的五个点之一（其他 4 个点为：山东，广东，海南，江西）。主题馆设置浙江省整体介绍、自主品牌企业展销、重点进口平台及示范区推介三大板块，采用图文并茂、实物、视频展示、专题片播放等形式，结合茶艺表演、丝绸展示、绍兴黄酒酒道演示等现场互动环节，全面呈现浙江省深厚的人文底蕴，以及国际化、多元性的营商环境。浙江主题馆得到了国家和各省市领导的高度关注和认可，分别接待了中央政治局委员、国务院副总理胡春华一行；商务部党组书记、部长王文涛一行；海南省委书记、省人大常委会主任沈晓明一行；海南省委副

书记、省长冯飞一行；海南省副省长沈丹阳一行；海南省人民政府副省长、党组成员王斌一行；湖北省副省长赵海山一行；黑龙江省委常委、副省长，省政府党组成员王永康一行等诸多领导的巡馆，浙江"重要窗口"作用凸显。

（二）招展招商走在前列

1. 招展方面。

精心组织邀请"海康威视""雅戈尔""巨星控股""哈尔斯""凯喜雅""龙泉青瓷"等18家行业龙头品牌企业以及"中国小商品城""杭州综合保税区""温州全球商品贸易港"等7家重点进口平台在浙江主题馆集中展示，展现品质浙货和浙江经贸平台的高品质形象与服务。特别是曾作为G20元首礼的龙泉天工青瓷双耳瓶和凯喜雅锦绣礼盒，备受国内外嘉宾青睐。开展首日，龙泉青瓷就与一经营高端茶叶的进出口商谈成意向合作，为其茶叶定制多款配套茶具。展会期间，18家参展企业累计意向成交金额641.4万元，进口平台意向成交金额427万元，客商主要来自中国、法国、美国、日本、波兰、荷兰等。

2. 招商方面。

本届展会浙江共组织145家采购企业、415位采购代表，累计意向采购订单10132.5万元，主要涉及时尚家居生活用品、高端食品和保健品等。如宁波立得购电子商务有限公司在此次展会上找到了一批小众的国际精品，为公司拓宽了产品线；义乌商城集团旗下的爱喜猫进口供应链管理有限公司与海南一家企业达成合作协议，准备开展以进口宠物食品为主的供应链服务，将更多投资海南的国际品牌引入义乌。

（三）有效承接溢出效应

1. 举行了启动仪式及意向合作项目签约仪式。

5月7日上午，浙江主题馆启动仪式暨意向合作项目签约仪式圆满举行，时任浙江省人民政府副省长朱从玖、海南省人民政府副省长王斌、时任浙江省人民政府副秘书长高屹、时任浙江省

商务厅厅长盛秋平、浙江省委宣传部副部长赵磊、时任浙江省商务厅副厅长、一级巡视员韩杰、浙江省商务厅副厅长胡真舫、海南省商务厅副厅长荣延松、海南省教育厅党委副书记吕治国、海南省教育厅副厅长黎岳南、海南国际经济发展局副局长姬国辉等相关领导出席启动仪式暨意向合作项目签约仪式。共达成25个意向合作项目签约，意向合作项目签约金额为609亿元，其中投资金额599亿元、贸易金额10亿元。在合作项目签约仪式上，浙江省和海南省两地政府有关部门签约3个框架协议，明确提出自贸试验区、自贸港联动发展。两地企业达成的合作项目也将纷纷落户海南自贸港和浙江自贸试验区，如浙江青田进口商品城与海南胡润投资有限公司将在海口共同打造集进出口展示、贸易批发、仓储、物流、海关商检等功能于一体的一站式服务酒类投资交易中心。

2. 举办了浙江自贸试验区与跨国公司对接会。

对接会共邀请了60余家知名跨国企业、80余位中外客商参会，其中包括强生、苏伊士等10余家世界500强企业，飞利浦、多特瑞等20余家国际日用消费品行业龙头企业，普华永道、美国奥尔布赖特石桥集团、法国欧瑞泽基金集团等10余家跨国投资咨询机构。对接会上，时任副省长朱从玖致辞，盛秋平厅长推介中国（浙江）自由贸易试验区，杭州、宁波、嘉兴、绍兴、金华、湖州等地分别推介了当地营商和投资环境。普华永道公司分享了在浙江"定制化招商"经典案例，为浙江良好的投资环境和政府周到优质的服务"点赞"。

3. 把握消博会平台机遇，加强调研学习。

海南省是中国最大的经济特区、最大的自由贸易试验区和唯一的中国特色自由贸易港。为深入学习借鉴海南自由贸易港的先进经验，推动浙江自由贸易试验区与海南自贸港联动合作，展会期间，时任副省长朱从玖带队调研海南省公安厅

社会管理信息化平台；盛秋平厅长带队赴博鳌、三亚调研海南自贸港相关情况，学习博鳌乐城国际医疗旅游先行区的医疗旅游产业制度集成创新有关情况，中国科学院深海科学与工程研究所的深海科学研究和探测情况，以及三亚海南自贸港建设先导项目的整体规划和推进情况。

4. 组织了开发区招商引资工作。

浙江省商务厅组织湖州、嘉善、柯桥、袍江、杭州湾上虞、衢州、丽水、青田、缙云等9家经济开发区25位招商人员赴海南开展招商对接活动，与近200家参展企业、客商和60家跨国公司代表交流洽谈，发放招商资料。如法国欧瑞泽基金集团表示在生物医药产业、新能源汽车领域等方面将准备赴浙江开展深入考察，了解更加全面的浙江开发区全貌；缙云开发区与香港大地御泉有限公司，袍江经济技术开发区与韩国新华休颜妆、德国保镖药房公司等通过洽谈进一步建立了合作关系。

（四）媒体宣传反响热烈

4月25日，浙江省商务厅作"全力做好浙江省参加首届消博会筹备工作"的新闻发布。展会期间，浙江卫视、浙江之声、浙江日报、浙江在线、天目新闻等省级新闻媒体记者驻点海南开展现场宣传。同时，浙江参与首届消博会主场活动得到了新华网、中国新闻网、东方财富、人民网等20余家主流媒体平台同步推送，营造了浓厚热烈的舆论氛围。

三、浙江参与首届消博会的主要做法

浙江省交易团在任务重、时间紧的情况下积极开展首届消博会筹备工作，全力抓谋划、抓推进、抓落实，省级部门横向协同、省市县纵向联动，全省上下精心组织、有力保障，取得了突出成效。主要做法如下：

（一）领导重视，亲自谋划

郑栅洁省长在海南省省长冯飞的亲笔邀请信上批示"要高度重视，应大力支持"。时任副省长朱从玖出席首届中国国际进口博览会开幕式和浙江馆启动仪式，考察"灵秀浙江"主题馆，见证意向合作项目签约，出席浙江自贸试验区与跨国公司对接会，并走访了国际馆泰佩思琦、施华洛世奇、强生集团等重点跨国企业展位。盛秋平厅长多次听取工作汇报，韩杰副厅长亲自带队赴海南做展前调研，从充分利用海南自贸港政策优势角度出发，深化浙琼两省商务领域合作为目的，以期达到品牌宣传、市场拓展、增加订单和创造合作新机遇的效果。

（二）周密部署，挂图作战

浙江是全国最早开始参与消博会筹备、最早启动消博会报名、最早组织采购商、组织采购商最多的省份。2021年1月和3月，浙江省商务厅召开浙江参与首届消博会的部署会议和动员大会，浙江省交易团团长韩杰提出了落实好省领导参会各项安排要求、做好浙江省主题馆的形象展示、组织好配套活动、做好后勤保障、强调工作纪律等五点要求。2021年3月印发《浙江省参与首届中国国际消费品博览会总体工作方案》，梳理了60项工作任务，成立8个工作小组，项目制、清单化推进。盛秋平厅长专程听取工作进度汇报，韩杰副厅长主持召开三次协调会，省交易团牺牲了周末和五一节假日，夜以继日、加班加点，每周至少召开三次工作例会，对各项工作层层抓落实，确保工作进度。

（三）省级协同，市县联动

一是省级部门密切协同。省纪委积极参与开展党建、纪检和党史学习教育工作；省委宣传部积极组织省级新闻媒体记者驻点海南开展现场宣传，提升浙江影响力。出口信用保险、进出口银行、中国银行、建设银行等部门共同参与。二是地市主管部门密切配合。各地市共同参与招展、招商工作，杭州、宁波、绍兴、金华、舟山、台州、丽水、义乌市商务局主要负责人带队赴海南考察对接，全力做好组织配合工作。三是重点企业主动对接和参与。省国贸集团、阿里天猫国际等企业积极参与，充分发挥龙头骨干作用，有效促进浙琼两省深度合作。

（四）展前对接，放大成效

一是高规格组织参展企业。精心组织了 18 家品牌外贸企业，7 家重点进口平台，进行现场展示和洽谈，力争做到有成效。二是高质量组织采购商队伍。组织重点零售企业、零售商贸企业、实体商超、商业地产企业、消费品电商、奢侈品电商、进口贸易、批发、物流及上下游企业、各类高端直播平台等，积极参与采购和合作洽谈。三是提前排摸签约项目。组织各地市商务主管部门及重点企业提前排摸意向合作项目，力争项目落地。四是提前部署浙江自贸试验区与跨国公司对接会。主动对接首届消博会集聚的大量高端展商资源，积极与参会头部品牌企业和有关机构取得联系，尽力促成外贸、外资合作项目。

（五）党建引领，凝心聚力

展会期间，浙江省交易团成立临时党支部，充分发挥战斗堡垒作用，明确了"五个一"工作措施，即成立一个坚强的支部班子、打好一场消博会攻坚战、参观一次红色教育基地、组织一次党史学习教育、开展一次党建工作交流。在消博会现场，浙江省商务厅和海南省商务厅机关纪委就重大商务活动中的党建和纪检监督工作，以及开展党史学习教育作了面对面交流，起到了相互学习、相互借鉴、相互提高的作用；派驻纪检监察组有关同志也参加了现场交流。在临时党支部的坚强领导下，广大党员干部鼓足干劲、积极工作、奋力拼搏，圆满完成预期任务。

（六）安全第一，做好保障

浙江省交易团严格做好展会安全稳定工作，制定《浙江省交易团参与首届中国国际消费品博览会突发公共事件应急预案》《浙江省交易团新冠疫情防护指南》，落实消博会组委会和海南省的安全管理、疫情防控要求，充分运用"大数据＋网格化"管理，深化点穴式防控，坚持突发应急处置和适时动态调整相统一，科学合理统筹做好疫情防控和安全管理工作。

第二届中国—中东欧国家博览会暨国际消费品博览会、第二十三届中国浙江投资贸易洽谈会浙江参会情况

2021年6月8日至11日，第二届中国—中东欧国家博览会暨国际消费品博览会、第二十三届中国浙江投资贸易洽谈会（以下简称"三会"）在宁波成功举办。国家主席习近平向第二届中国—中东欧国家博览会致贺信。"三会"以"构建新格局、共享新机遇"为主题，围绕贯彻习近平主席在中国—中东欧国家领导人峰会上的主旨讲话精神，落实《2021年中国—中东欧国家北京活动计划》（以下简称《北京活动计划》）中明确的重点工作任务，举办了会议论坛、经贸合作等20项活动及系列贸易展览。

一、浙江省参与"三会"的主要工作及成效

省委、省政府高度重视"三会"特别是中国—中东欧国家博览会工作，于2020年9月就启动了筹备工作。省委书记袁家军、省长郑栅洁多次听取汇报，联名致函邀请兄弟省市参加博览会。省委常委会、省政府常务会议先后专题研究，提出要提高站位，精心筹备，举全省之力完成习近平总书记赋予浙江的战略任务。省长郑栅洁两次赴京联系对接，并与商务部部长王文涛共同主持召开省部组委会会议，省委常委、常务副省长陈金彪、时任副省长朱从玖多次召开专题会议，全力抓好统筹协调，指导具体推进，省委常委、宁波市委书记彭佳学专题召开宁波全市动员大会，省委常委、秘书长陈奕君把关具体活动方案，做了大量协调工作，其他省领导对"三会"工作也给予大力支持。

"三会"期间，胡春华副总理出席第二届中国—中东欧国家博览会开幕式和中国—中东欧国家联合商会第六次会议，巡视了中国—中东欧国家合作成果展、中东欧特色商品展、企业展和内外贸一体化展等展览。袁家军书记出席第二届中国—中东欧国家博览会开幕式并致辞，提出了浙江省将努力打造中国—中东欧国家经贸合作的中心枢纽、打造中东欧国家进入中国市场的重要桥梁、打造中国—中东欧国家多层次交流的重要窗口等三方面目标。郑栅洁省长主持第二届中国—中东欧国家博览会开幕式，并出席中国—中东欧国家联合商会第六次会议，提出希望与中东欧国家共享机遇、共赢发展。彭佳学、陈奕君、李学忠、高兴夫、卢山、徐文光、陈铁雄、马光明、裴东耀等省市领导也分别参加了有关活动。国务院副秘书长高雨、商务部部长王文涛等国家部委领导和海南省省长冯飞等兄弟省（市、自治区）领导先后出席了相关活动，对博览会表示充分肯定。安徽省作为主宾省参与了活动。

浙江省第一时间以实际行动贯彻落实习近平主席贺信精神，精心办好会议论坛，全力抓好展会成交，大力促进国际投资，取得了预期成果。

（一）服务国家总体外交大局作用充分发挥

"三会"开幕式上，主宾国捷克总统泽曼、塞尔维亚总统武契奇通过视频方式发表致辞，表达了扩大友好交流、坚定支持中国—中东欧国家合作的愿望；波黑轮值主席团主席多迪克致贺信；波兰、斯洛伐克、斯洛文尼亚三国副总理和匈牙利、希腊、黑山等国经济部长在视频中都表示，中国—中东欧国家合作机制框架始终是中国—中东欧国家合作的重要渠道。"三会"期间，举办了中国—中东欧国家合作论坛、海关检验检疫合作对话会和市长论坛等 8 项涉及领导人峰会和《北京活动计划》的机制性活动，新成立和上线了中国—中东欧国家动植物卫生检疫措施工作组、中国—中东欧国家教育交流网、"侨链国际"数字贸易平台等机制性合作平台。妥善处理了立陶宛涉展突发事件，在斗争中求团结、求合作。宁波作为中国—中东欧合作机制性活动最集聚城市地位进一步确立，正在成为名副其实的中东欧商品进入中国市场的首选之地、中国与中东欧双向投资合作的首选之地、中国与中东欧人文交流的首选之地。

（二）国家级经贸合作平台地位更加凸显

举办了中国—中东欧国家联合商会第六次会议、中国—中东欧国家"丝路电商"发展高峰论坛、"丝路鸣笛"—中欧（义新欧）班列高质量发展论坛等 8 项重要会议论坛。为主宾国量身打造若干专场对接活动，还举办了浙江—欧洲数字经济和高新技术产业高峰对接会、舌尖上的相遇—中东欧美食与浙江"百县千碗"等一系列经贸对接和人文活动。活动期间，商务部等国家部委发布了《中国电子商务报告 2020》等行业发展报告，"金华—布达佩斯"与"春力号嵊州茶叶"两趟特色班列首发，"义新欧"中欧班列的特色服务和产业带动效应更加显著，宁波—布达佩斯国际货运航线也借"三会"实现了首飞。

设置了 3 个贸易展览板块，分别为中东欧展、国际消费品展以及进口商品常年展，展览面积约 20 万平方米，展位 3000 多个，既全方位展示了 2012 年以来中国与中东欧国家在经贸合作、基础设施、互联互通、携手抗疫、地方交流等领域的合作成果，又展示了中东欧国家特色商品和优势产业，还集中展示了浙江进出口贸易和内外贸一体化、数字贸易等领域的成果。一大批首发和先进技术、产品纷纷亮相，包括捷克国宝级厨具、佩卓夫钢琴等高端品牌，斯洛文尼亚蝙蝠飞机、波兰游艇、罗马尼亚房车等高端消费品，华大智造的火眼实验室，华为的最新 AI 产品等。内外贸一体化展集中了 80 家代表性企业，展示了浙江从产品、产业、服务、渠道等方面推进"三同""六衔接"落地的探索与实践，提供了内外贸融合、双循环驱动、一体化发展的典型范例。数字贸易馆汇聚了速卖通等 34 家代表性企业，集中展示贸易领域数字化改革成果。国际进口商品海淘汇集聚了 33 个国家和地区的优质消费品，10 个进口创新示范区和 54 个进口平台展现了浙江进口贸易体系建设的成果。6 位中东欧外交官直播推销本国商品成为一大亮点。

首发了一批中国—中东欧合作的最新实践案例、最新研究报告。发布了中国—中东欧国家贸易指数、中国—中东欧国家联合商会宁波倡议、中国—中东欧国家地方合作年度报告（宁波蝉联第一）和中东欧国家交通运输国别报告，成为观察中国—中东欧合作趋势和热点的国家级平台和最佳风向标。集中展示了吉利领克汽车、东方基因、中捷合作的万丰直升机、万向一二三捷克公司、敏实集团塞尔维亚工厂、塞尔维亚贝尔麦克商贸物流园、索菲亚中国文化中心等一批与中东欧合作的典型案例。

此外，省市联动采取"1+11"的模式举办浙洽会，全省各地先后开展了 61 场投资促进活动，特别是举办山区 26 县开放平台共建发展对接会，为推动高质量发展建设共同富裕示范区贡献开发区力量。

（三）务实合作成果取得了重大突破

据统计，"三会"期间，进口采购成交意向达到107.8亿元，是上一届的5.6倍，其中从中东欧进口采购意向为74.6亿元。

签约项目97个，总投资182.1亿美元。外商投资项目89个，总投资额160.1亿美元，包括阿诺生物医药等生命健康项目、DHL公司库存智能优化网络等数字经济项目、滩涂光伏发电等海洋经济项目；落户中国—中东欧国际产业合作园外资项目4个；签约对外投资项目8个，总投资22.0亿美元，其中敏实集团在捷克投资5190万美元建设汽车零部件项目。

在人文交流领域，成立了宁波侨界贸易促进服务联盟、华侨文化交流基地、塞尔维亚工商会代表处、中国（浙江）自贸试验区中东欧青年创业创新基地、浙江—中东欧国家教育智库联盟等。

（四）重量级嘉宾和专业客商云集

"三会"期间，到会团组128个，参会人员超过2.3万名，包括2041名参展商和7468名专业采购商，线上参会外宾500多名。

国外嘉宾方面，以"政要线上致辞+大使线下到访"的方式举行，共有来自52个国家（中东欧国家13个）和联合国工发组织的123位外宾代表到会，其中大使32人、临时代办3人、总领事9人（中东欧国家大使4人、临时代办3人、总领事7人）。

国内嘉宾方面，19个国家部委、27个省（自治区、直辖市）和进出口银行、中国银行、工商银行、中国医药、中国远洋、华为、中兴、阿里巴巴、科大讯飞等一批央企名企代表团到会，副部级以上领导41位（含线上3位）、厅局级领导239位。

跨国公司方面，有美国强生、霍尼韦尔、日本欧力士、法国苏伊士、德国思爱普、印度塔塔等83家世界500强和跨国公司线下参会，超过280名全球健康领域的跨国公司高管和科研机构负责人在线上参会。

（五）吸引了全国全球的目光聚焦浙江

共有156家中外媒体的603名记者报名参会（其中央媒154人），进行了全方位的报道或直播连线，共刊播活动信息1.1万条。其中，央视总台派出4路记者同时驻扎宁波，浙江广电派驻43名记者实时报道，《求是》和新华社连发3篇评论文章；近千家海外媒体转载重点活动报道，访问量超5000万人次；新媒体传播3000余条，中国日报的"云逛展"直播覆盖粉丝1.4亿；外交部组织了德国、波兰等国际记者进行现场报道，发言人华春莹在推特上连发三条推介博览会；浙报集团系列vlog以记者体验互动的方式生动呈现了展品。"三会"还为唱好杭州、宁波"双城记"搭建了重要平台，宁波市利用老外滩、天一阁等重要文化地标，举办了系列文化活动，展示宁波书藏古今、港通天下的深厚底蕴和中西方文化交汇交融的独特魅力，增强了参会客商和广大市民的获得感，提高了宁波都市区的国际化水平。

（六）借势推进中国—中东欧经贸合作示范区建设

"三会"的成功举办，推动了中国—中东欧经贸合作示范区、浙江自贸试验区宁波片区等开放平台联动发展，取得了"1+2＞3"的效果。1—4月，浙江与中东欧贸易增长迅猛，进出口额354.7亿元，同比增长33.2%，其中进口40.7亿元，同比增长117.2%，特别是宁波自中东欧进口同比增长两倍。"三会"期间，中东欧国家特色商品常年馆开馆，一期面积1.6万平方米、展示单品4000多种，成为全国中东欧元素最集聚、中东欧商品进口成交最活跃的核心区。宁波市成立了中东欧商品采购联盟，创新推出"采购贷""采购保""品质保"等金融产品，为企业采购中东欧商品提供保障。位于余姚的中东欧国际产业园项目落地加快。宁波还积极争取实现相关政策和成果在示范区、自贸区范围内优先复制、自动适用。浙江自贸试验区也借"三会"成功争取到新型离岸贸易和跨境投资便利化两项国家试点。

在"三会"筹备工作中，部、省、市三方紧密联动，组委会各成员单位、各地市密切配合，形成了工作协同机制。组委会首次组团赴北京、上海、江苏等 11 个省市开展中国—中东欧国家博览会招商路演推介，组织小分队赴中东欧进口百强企业开展敲门招商，为招展招商打下了良好基础；各成员单位主动参与，为成功举办形成了良好氛围。省外办积极协调中东欧国家使领馆，争取更多的中东欧企业参展和邀请大使团参会；省教育厅、农业农村厅、文旅厅、药监局、团省委、贸促会、宁波海关等部门积极协调国家部委，将涉及领导人峰会明确的国家级机制性活动落在宁波举办；省科技厅协同做好浙江形象展布展工作；省国资委积极组织省属企业采购；省经信厅、市场监管局、工商联、侨联发挥职能优势，积极参与相关活动；省委宣传部统筹做好宣传，开好在国新办的新闻发布会，扩大"三会"影响力；省卫健委全程指导疫情防控工作，展会期间没有出现一例感染。宁波市会同组委会各成员单位，紧密配合，确保了嘉宾接待和服务保障等工作落到实处。

二、下一步工作举措

认真贯彻落实习近平主席贺信精神，按照增进中国市场对中东欧商品了解、扩大中东欧国家对华出口、克服新冠肺炎疫情带来的挑战促进经济复苏"三个有利于"的要求以及胡春华副总理的指示，重点推动六项工作，加快打造中国—中东欧国家经贸合作的中心枢纽、加快打造中东欧国家进入中国市场的重要桥梁、加快打造中国—中东欧国家多层次交流的重要窗口。

（一）全力抓好签约协议的跟踪落实

"三会"让国内外客商看到了中东欧和浙江双方市场的巨大潜力，一批中东欧企业通过"三会"建立了在华销售网络，一批浙江企业抢抓中东欧市场机遇，实现了跳出浙江发展浙江。真正让"三会"签约协议落到实处，组委会将建立签约

项目"回头看"工作机制，定期通报进口和国际投资协议履约情况；同时，加强国际传播能力建设，讲好中国故事，根据疫情发展，适时组团赴中东欧国家对接，充分发挥民间交流合作机制的特殊作用，"以商引商"，不断积累展商客商资源，以务实的经贸合作成果不断提高中东欧国家的参与率和广大客商的获得感，真正让广大客商从"要我来"变成"我要来"。力争"十四五"期间，浙江进口中东欧商品 200 亿美元，农产品进口额翻番，为习近平主席提出的"十四五"期间从中东欧国家进口 1700 亿美元多作贡献。

（二）继续争取更多《北京活动计划》项目落地浙江

领导人峰会《北京活动计划》后续事项共 55 项，除去已明确由兄弟省市或中东欧国家主办的事项外，浙江可争取或参与的相关工作有 45 项。本届博览会期间已落地或明确的事项有 19 项，下一步需密切关注或积极争取的事项还有 26 项。为此，建议相关责任单位继续加强省部对接，争取更多的《北京活动计划》机制性活动在浙江落地。组委会将会同承办机制性活动的各有关单位，进一步固化机制，取得更多标志性成果。同时，组委会将把省部组委会、新闻宣传、外交联动等行之有效的工作机制固化下来，突出高标准专业化，不断提升活动的市场化水平，利用好中东欧平台讲好中国故事。

（三）进一步加快全省域中国—中东欧国家经贸合作示范区建设

以宁波为核心示范区，以"一核多元"的方式全省域建设中国—中东欧经贸合作示范区。全力打造宁波中东欧国际产业合作园、宁波中东欧商品常年展、杭州中东欧跨境电商和智慧城市合作、温州全球经贸港、绍兴并购回归产业园、义乌进口贸易促进创新示范区等平台，重点引进一批环保、新材料、生命健康、智能网联汽车、空天一体化装备制造等中东欧国家具有国际竞争力的"单打冠军"企业。支持浙江企业加大对中东欧

国家投资力度，建设好捷克站、塞尔维亚商贸物流园等境外经贸合作区，进一步提升"义新欧"中欧班列开行水平，使之成为中东欧国家进口和贸易平衡的示范班列。"十四五"期间，力争与中东欧国家的双向投资达到15亿美元。

（四）全力申办全球数字贸易博览会

密切与商务部沟通对接，协调对口单位积极争取全国清理和规范庆典研讨会论坛活动工作领导小组（国清组）各成员单位支持，全力推进报批工作。围绕"打造全球数字贸易中心展示平台、浙江全面展示数字化改革成果平台"的定位，制定推进计划、责任清单，统筹推进招商招展、宣传推广和配套服务等筹备工作，确保全球数字贸易博览会顺利举行。积极统筹省内与数字贸易相关的优质展会资源，密切与世界互联网大会互动互联，共同做大做强展会品牌。通过全球数字贸易博览会加强与中东欧国家在数字经济、数字贸易领域的合作。以全球数字贸易博览会举办为契机，向国家争取数字贸易先行示范区建设试点。

（五）放大"三会"效应推动全省展览业高质量发展

"三会"进一步提升了浙江举办国家级重大展会的能力。"十四五"期间，将对标德国南部展览城市群发展经验，围绕打造长三角南翼国际展览城市群，发挥长三角会展联盟作用，加强优势互补和资源共享，建设"会展长三角"。落实全省展览业发展"十四五"规划，实施浙江展览业高质量发展三年行动计划，加快推进杭州、宁波、温州等地会展场馆建设，提升金义等地展馆软硬件设施水平，不断提高浙江展览业市场化、专业化、国际化、品牌化、数字化水平，带动展览业整体实现数字会展时代的"换道超车"。

（六）积极争取内外贸一体化改革国家试点

浙江正在大力推进内外贸一体化改革，围绕"法律法规、监管体制、经营资质、质量标准、检验检疫、认证认可"等方面进行改革创新，通过自主品牌培育、产业集群创新、知识产权保护、金融保险信用服务等措施，特别是支持探索国内贸易政策保险，加快形成一批内外贸一体化经营主体，一批内外贸一体化市场服务主体，一批有市场竞争力的内外贸一体化"三同"产品，一批内外贸一体化产业基地。建议争取全国内外贸一体化试点省份，支持在标准互认、供应链金融、国内贸易信保等领域开展创新探索。

第四届中国国际进口博览会浙江省参展情况

2021 年 11 月 4 日至 10 日，第四届中国国际进口博览会（以下简称进博会）在上海举办。11 月 4 日晚，国家主席习近平以视频方式发表主旨演讲，[1] 国家副主席王岐山宣布开幕，国务院副总理胡春华主持，中央政治局委员、上海市委书记李强出席。本届进博会展出面积 36.6 万平方米，有 58 个国家和 3 个国际组织参加国家展，127 个国家和地区的 2900 多家企业亮相企业展，举办了"对外开放里程碑合作共赢新篇章——中国加入世界贸易组织 20 周年"专题展和中国加入世界贸易组织 20 周年高层论坛。

2021 年恰逢建党 100 周年和我国加入世界贸易组织 20 周年，高质量参与第四届进博会具有非同寻常的意义。袁家军书记高度重视浙江参与进博会工作并作出指示；王浩省长专门听取浙江参与第四届进博会工作汇报并提出要求；时任副省长朱从玖担任浙江交易团团长，强调要"品牌化、特色化、精品化"做好筹备工作。展会期间，王浩省长出席了第四届进博会开幕式，时任副省长朱从玖、商务部副部长任鸿斌等省部领导参加了 2021 中国浙江国际数字经济高峰会和全省重大外资项目集中签约仪式等重要活动。在省委、省政府的坚强领导下，在商务部的大力支持下，浙江参与第四届进博会富有成效。

一、疫情防控严密到位

牢固树立"疫情防控一票否决"的底线思维，科学统筹疫情防控和参与进博会工作，成立疫情防控专班，制定《浙江省保障第四届中国国际进口博览会新冠肺炎疫情防控工作方案》。进博会期间，省卫生健康委派出防疫专家驻点团部，全程指导交易团疫情防控工作。严格落实健康自查、核酸检测、专车接送等措施，做到全方位、全过程、全领域防控闭环管理，实现交易团"零感染、零疑似、零确诊"目标。

二、参展规模稳中提质

本届进博会，浙江共举办 40 场配套活动，1.4 万家企业、3.7 万名采购商参加洽谈采购，采购商人数约占全国 11.6%，涵盖服务贸易、汽车、技术装备、消费品、医疗器械及医药保健、食品及农产品等六大类行业。由浙江省主办的 2021 中国浙江国际数字经济高峰会暨第七届中国（浙江）—欧洲数字经济和高新技术产业对接会，吸引了西门子、亚马逊、谷歌、IBM、SAP、埃森哲等 51 家世界 500 强和行业头部企业高管参会，与 120 多家浙江省数字经济、高新技术领域代表企业负责人展开深入交流。期间，作为数字化改革浙里营商的重要场景，省商务厅发布并上线了浙江国际投资"单一窗口"数字化改革多跨场景应用，为跨国企业到浙江投资提供"一条龙"线上服务；德勤中国发布了中国（浙江）自贸试验区投资环境报告。与此同时，省委宣传部、省经信厅、省科技厅、省财政厅、省教育厅、省卫生健康委、省文旅厅、省医保局、省国资委、省驻沪办等省级部门各司其职，全力配合，主动承担，为浙江参与进博会作出积极贡献。

三、经贸合作成效明显

深入推进"十百千万"工程，克服因疫情防控导致国企、杭州、嘉兴交易团不能入馆采购影响，推动其他地市加大采购力度，进博会期间全省进口意向采购金额71.9亿美元。进口采购质量不断提升，技术装备交易额14.0亿美元，占比19.4%，服务贸易交易额7.6亿美元，占比10.6%。如宁波中基与全球最大的肉类供应商之一巴西JBS签订优质牛肉进口协议，意向金额63.9亿元；杭州汽轮机股份有限公司与西门子能源签订价值6.1亿元的购买产品和服务协议。项目招引展现活力，举办投资促进活动100余场，共有600余名招商人员进馆洽谈、邀请考察，签约外资项目64个，总投资116.7亿美元，其中，世界500强和行业龙头企业项目24个，与通用电气、碧迪等国际企业建立合作关系。抢抓RCEP机遇，加大日韩等成员国投资促进工作，韩国大邱生命健康产业集群总部项目落户杭州，总投资250亿元，成为本届进博会"展商变投资商"的最大亮点，持续引发央视等主流媒体关注。举办2021浙江省重点进口平台推介会，4个重点进口平台与来自丹麦、美国、韩国等国际知名企业签订合作协议。省医保局、省卫生健康委、省经信厅与省商务厅联合举办浙江省国际医疗物资意向采购签约会，签约金额达102.2亿元。台州等市组织了800多家中小企业对接创新孵化展区，学习国际先进经验。

四、溢出效应稳步释放

进博会已经成为带动浙江开放合作、贸易发展、投资促进的重要平台，让展品变商品，让展商变投资商。第三届进博会签订的进口意向采购整体履约率超94%，推动了宁波、义乌2个国家

进口贸易促进创新示范区建设，创建了9个省级进口贸易促进创新示范区和80个省级重点进口平台，有效带动全省进口。第三届进博会签约的61个外资项目，落地50个，揭牌的阿斯利康区域总部，发挥龙头效应，吸引了一批数字健康产业链关联企业落地浙江。自贸试验区赋权扩区效应进一步放大，进口保持高速增长，1—9月自贸试验区舟山片区、金义片区分别增长41.2%、126.5%。本届进博会期间，与新加坡托克、淡水河谷、路易达孚签订的采购协议总额超过72亿元，有力助推自贸试验区大宗商品储运基地建设；在2020年落地杭州片区强生"眼视科创新链"基础上，强生眼力健与中国眼谷共同宣布在自贸试验区温州联动创新区建立"强生眼谷创新链"，带动了浙江眼视光产业创新资源集聚。

11月10日，第四届世界油商大会举行，袁家军书记专门发贺信，时任副省长朱从玖现场致辞，商务部副部长王受文视频致辞，国务院研究中心副主任隆国强视频主旨演讲，包括埃克森美孚、BP、壳牌、道达尔等国际知名油气企业、油气贸易商和咨询机构280多位嘉宾参会。统计数据显示，2020年舟山港保税船用燃料油加注量达472万吨，位居全球第六大加油港，跃居东北亚第一。

五、浙江特色充分彰显

以"灵动浙江"为主题的综合形象展，擦亮"共同富裕"底色，精心展示了非遗和老字号精品、国家级步行街、浙江文化旅游特色等专题，展出面积共720平方米。重点展示在"八八战略"指引下，浙江经济、科技、文化和对外开放的发展成就，集中展示近100家企业精品，多角度呈现海宁皮影戏、长兴百叶龙等浙江文化，向中外友人展示"重要窗口"形象。进博会期间，浙江还举办了第19届亚运会筹备情况新闻发布会，宣传介绍2022年杭州亚运会品牌形象，吸引进博会参展企业和客商参与亚运商务合作。据不完全统

计，包括央视、中新社等央媒在内的主流媒体推出"浙江省参与进博会"相关报道超 1.5 万条，其中，央视特别报道阿斯利康从展商变投资商的案例，引发持续关注。

注释：

[1] 习近平：《让开放的春风温暖世界——在第四届中国国际进口博览会开幕式上的主旨演讲》，《中国经济评论》2021 年第 11 期，第 6-7 页。

第129届"广交会"浙江交易团参展情况

为统筹推进疫情防控和经济社会发展，第129届广交会于2021年4月15—24日在线上举办。按16大类商品分设50个展区，展位总数约6万个，境内外参展企业近2.6万家，上传产品超过270万件，展品数量再创新高。本届广交会为参展企业提供展商展品信息展示、即时沟通、预约洽谈、贸易配对、直播等服务并重点完善了供采对接、云展厅管理、客户服务等模块和功能，进一步提升用户体验。

一、参展情况

浙江省（包括浙江、宁波、杭州三个交易团）共有参展企业5409家，展位11965个，约占全国展位总数20%。其中，浙江交易团共有展位7140个，参展企业3331家。浙江交易团的参展数据与上届相比，略有提高。据初步统计，本届广交会浙江交易团累计成交（含意向）约3.5亿美元（不含杭州、宁波）。据对100家参展样本企业进行监测，展会期间累计接待3205个客商，其中新客商2096，占比65.4%；老客商1109，占比34.6%，累计接待客商数与128届相比下降45.8%，与127届相比下降72.1%。接待客商数呈逐届下降趋势，需加大境外采购商邀请力度。

二、主要做法

浙江交易团积极统筹协调，充分发挥好广交会为浙江外贸企业接订单、拓市场的平台作用。

（一）展前筹备扎实有效

一是成立了129届广交会浙江交易团临时党委，统筹协调广交会的各项工作。二是加强宣传推广，全期在采购商登录页的显眼位置投放宣传广告，直接链接到浙江企业页面，切实提高企业曝光率。三是扎实落实筹备工作，多次召开广交会工作筹备会议，举办40余场展前培训会，发布落实大会通知90余份（含网上），签订参展责任书1万余份，完成广交会问卷调查近1.2万份，审核直播和线上洽谈1万余人。四是建立知识产权保护工作小组，安排知识产权机构专家全程进驻，切实维护参展秩序。五是建立展期10×24小时全天候值守制。充分的展前工作有效保障了浙江省企业的顺利参展。

（二）展中推动力促成交

一是调研座谈服务外贸企业。4月20日下午，韩杰团长邀请省级相关部门和参展代表企业，召开第129届广交会线上巡展暨外贸形势座谈会，调研企业参展、当前面临的主要困难等情况，省级部门对企业反映的问题进行了回应，事后以商务专报上报省政府。二是举办供采专场对接会。与广交会产品设计与贸易促进中心（PDC）合作，邀请广交会VIP采购商按照家电机械、纺织服装类分两场，专门为浙江企业发布采购需求，与我省外贸企业进行"云端"精准配对，参加企业反映较好，有一定成效。

（三）展后不断总结完善

一是认真总结 3 届网上广交会参展经验，分析解决企业参展所遇到的堵点，要加大境外客商邀请力度、将直播间搭建到车间、制作 3D\VR 展厅等，通过直播、虚拟展厅展示"浙江制造"形象。二是聚焦企业服务，总结企业反馈出口所遇到的问题，将会同相关部门统筹用好各项政策，并向省政府提出下步工作建议，稳住当前外贸发展的良好态势。

三、主要成效

本届广交会对浙江交易团参展的 3000 余家企业进行了 100% 全覆盖的问卷调查，问卷结果显示：一是关于全年形势预判，53.59% 的企业认为 2021 年出口同比呈增长趋势，32.48% 的企业认为基本持平，13.93% 的企业认为出口同比下降；42.25% 的企业在手出口订单金额同比增长，19.62% 同比下降，其余持平。二是关于全年的出口订单，50.70% 的企业预计全年对美出口额基本持平，30.7% 的企业预计有所增长，其余持平；47.94% 的企业认为没有回流订单可以转为长期订单，52.07% 的企业认为可转为长期订单。

在问卷结果中了解到，广交会多数企业除了受疫情原因直接影响外，还集中反映了以下问题：86.44% 的企业认为**原材料成本上涨**是当前出口面临的主要困难，致使产品利润下降，企业竞争力减弱；70.06% 的企业认为**汇率因素**加大出口的不确定性；52.16% 的企业认为**跨境物流运费上涨、运力不足**问题突出，短期内难以改善；48.41% 的企业认为用工难、用工贵导致**劳动力成本**继续上涨，人才引进困难，房价和消费水平较高，导致高端人才难以留住。

（一）从客商询盘来看

根据 100 家参展样本企业统计，本届广交会接洽新客户占六成以上，广交会上新客户浏览询盘次数增多。企业表示通过广交会结识了不少新客户，但客户对国际市场预期较为谨慎，为避免损失，以浏览询盘为主，后续意向采购需求不强，接单主要以邀约老客户为主。如浙江美高电气科技有限公司在开展首日邀请 10 余家老客户线上观展。通过直播形式详细展示并介绍产品细节、品牌优势，并为客户从研发到生产提供整套最佳方案，提升客户自主生产享受当地国家惠利等，首日意向总成交金额逾 80 万美元。

（二）从商品结构来看

疫情非但没有阻挡反而加快了企业增强自主创新能力，提高综合竞争力的步伐。浙江永昌电气股份有限公司本次广交会发布多款环保节能、安全型交流感应电机及直流变频电机，积极宣传环保节能产品，开展首日，线上对接 20 余人次采购商，意向采购金额约 60 万美元。浙江亚特电器有限公司面向全球首发具有自主知识产权的"智能割草机"及全新的锂电池电动园林工具，以环保为卖点增强出口欧美市场竞争力，在参展的前两日，就收到了不少客商的青睐，已累计询盘 80 余次。

（三）从市场结构来看

"一带一路"和 RCEP 地区市场不断拓展，接单量持续增加，如皇冠投资集团有限公司针对"一带一路"市场进行精准二次研发、发展核心技术等，在很大程度上提升了参展效果。已收到 500 台便携式高压清洁机的 20 万美元订单，累计十多个询盘，多数来自利比亚、沙特等"一带一路"国家，订单产品主要是常规的电钻、角磨、锂电产品，约 5 万台，意向金额达到 110 万美元。

四、下一步工作

（一）大力帮助企业拓市场

组织企业精准参展。受疫情影响，主要还是线上参展为主。除了线上广交会外，为浙江外贸企业搭建"一国一品一展"网上交易会，充分发挥疫情控制相对较好国家优势，按照线上线下融合，

"代参展"模式积极组织企业参加线下自办展，帮助外贸企业开拓国际市场提振市场信心。

（二）大力培育外贸新业态

做大市场采购出口增量。推进市场采购贸易方式试点工作，加快配套基础设施建设进度，推动试点"全域化"发展，增强市场采购贸易吞吐能力；加大外综服企业引进和培育力度，打造外贸综合服务平台，带动普通中小企业开展外贸业务。

（三）大力提升参展水平

认真梳理总结网上广交会参展经验，学习借鉴优秀交易团的好经验、好做法，提升我团工作水平。积极探索"传统展会＋互联网"的新模式，从形势来看，秋广交会大概率恢复线下展，浙江交易团要认真做好线上线下联合参展的各项准备，不断提升企业参展水平，更好地完成广交会各项工作。

第 130 届 "广交会" 浙江交易团参展情况

第 130 届广交会于 2021 年 10 月 15—19 日首次线上线下融合在广州举办。本届广交会按 16 大类商品分设 51 个展区，线下着力打造品牌精品展，推动国内国际双循环；线上展保持原有约 6 万个展位，继续为 2.6 万家企业和全球采购商提供线上贸易合作交流平台。

一、参展情况

本届广交会，浙江交易团线上展共有展位 7115 个，参展企业 3100 家；线下展共有展位 2960 个，参展企业 940 家。浙江交易团线下展位中，品牌企业数占比 41.3%，展位数占比 68.3%。

据大会统计，本届广交会浙江交易团（不含杭州、宁波）累计成交（含意向）约 2.86 亿美元。据对 100 家样本企业采购商接洽情况进行监测统计，展会期间累计接洽 3457 个客商，其中新客商 2573，占比 74.43%；老客商 884，占比 25.57%。本届采购商采购趋势呈现三大特点：一是绝大部分采购商依然采取观望的态度，有交流但下单较少；二是有意向订单的以小客商为主，单品类数额较小；三是境内采购商采购意向有所上升。展位整体缩减，境外客商整体下降，国内采购商比例有所上升，客商洽谈人数以及意向成交金额均大幅下降，但不少企业表示仍好于预期。

二、主要工作

浙江交易团积极统筹协调，充分发挥好广交会为浙江外贸企业接订单、拓市场的平台作用。

（一）省领导带队参加第 130 届广交会开幕式

第 130 届中国进出口商品交易会暨珠江国际贸易论坛开幕式于 2021 年 10 月 14 日下午在广州举行。国家主席习近平致贺信，李克强总理发表主旨演讲并宣布广交会开幕，胡春华副总理主持开幕式。秘鲁总统卡斯蒂略、俄罗斯总理米舒斯京、匈牙利总理欧尔班、马来西亚总理伊斯迈尔、科特迪瓦总理阿希以及联合国贸易和发展会议秘书长格林斯潘以视频方式致辞。100 多位外国政府和国际组织代表、跨国公司负责人线上参会。时任浙江省政府副省长朱从玖带队，省商务厅厅长盛秋平、浙江省土产畜产进出口集团有限公司董事长张斌（"老广交"代表）一起参加第 130 届广交会暨珠江国际贸易论坛开幕式。

（二）组展工作稳中有进

多次召开广交会工作筹备会议；举办展前培训会 60 余场；发布落实大会通知 80 余份（含网上）；签订参展责任书 1 万余份；完成广交会问卷调查约 9000 份；审核直播和线上洽谈 5000 余人；办理工作证、参展商证、参展代表证、筹撤展证等各类证件近 5000 张，发放展品放行条 3000 余张；推荐广交会专业化宣传重点企业 125 家、亮点展品 294 件、产业基地 15 个；审核一般性展位数量安排 5000 余个，线上资料未完善企业、资料更新企业 2000 余家，申请企业资料 3000 余家，"两创"展位企业 250 家；推荐新能源展区企业 32 家、宠物用品展区企业 38 家等。

（三）防疫工作做法得到肯定

主动联系浙江省卫健委、浙江省疾控中心，邀请 2 名专家全程驻会，制定疫情防控方案及应急预案；各分团均有当地卫健委派专家全程驻会。每日汇总分团上报所属参展参会人员健康监测情况，制作《浙江交易团第 130 届广交会参展参会人员健康监测数据表》，于广交会期间在团部办公室每日滚动播放，获商务部外贸司司长李兴乾和广州外贸中心（商务部负责广交会执行机构）主任储士家高度称赞。同时，采购口罩、酒精消毒液、酒精棉片、额温枪等相关防疫物资，排版制作防疫手册下发分团企业。全方位织密织牢疫情防控网，实现了"零病例""零感染"。

（四）招商工作顺利推进

多次召开第 130 届广交会境内招商工作推进会，对浙江省境内招商工作进行多次动员部署，细化分解招商任务。据大会统计，全省注册报名人数 4089 人（浙江团 1649 人、杭州团 2103 人、宁波团 337 人），实际到会人数 2942 人（浙江团 1509 人、杭州团 614 人、宁波团 819 人），排名全国第二。浙江地区（含杭州宁波）提交申请的采购代表（包括外资企业和境外企业驻华机构）共有 760 人，排名全国第四。

（五）海外智慧物流平台全国首发

李克强总理在第 130 届广交会开幕式主旨演讲中提出，"加快发展海外仓等新业态，推动建设海外智慧物流平台"。2021 年 10 月 15 日下午，由商务部指导、浙江省商务厅建设的海外智慧物流平台在珠江国际贸易论坛之分论坛二上，作为外贸新业态新模式的优秀数字化应用场景举行首发仪式，向全国推广，引起很大反响。

（六）CF 奖名列前茅

2021 年 CF 奖浙江收获颇丰，全国获奖企业 90 家，获奖产品 135 件，其中浙江交易团共有 14 家获奖企业，19 件获奖产品（金华、台州各 6 件，湖州 3 件，省直公司 3 件，嘉兴 1 件）。浙江交易团连续 9 年获得最佳组织奖。2020 年、2021 年浙江省 CF 奖获奖企业数、产品数均列全国第二，擦亮"品质浙货"金招牌。

（七）宣传工作走在前列

利用广交会平台展示资源，在展馆主要出入口、人流聚集地、电瓶车身、线上采购商登陆结果页等地投放多幅平面广告，开展"品质浙货"的宣传。举行第 130 届广交会浙江出口名牌企业精品走秀，吸引了上百名境内国际采购商观摩，反响热烈。同时，邀请浙江卫视、浙江之声、浙江日报、国际商报等多家主流媒体现场采访，进行了全方位专题报道。

（八）知识产权维护有序

建立知识产权保护工作小组，安排知识产权机构专家全程进驻，提前进馆对展品进行全面筛查，为参展企业提供知识产权指导服务。根据大会反馈，本届广交会共有 4 家企业，4 件产品涉嫌侵权（温州 1 家、金华 1 家、台州 2 家），各分团要继续加大企业知识产权保护工作，切实维护参展秩序。

三、企业参展成效及困难

（一）从客商询盘来看

根据 100 家参展样本企业统计，本届广交会接洽新客户占七成以上，主要以境外驻华采购代表、境内大型商超为主。如金华洁灵家居用品有限公司，产品以沐浴、清洁及地毯为主，在疫情的背景下，研发上更加注重抗菌、防霉、环保等方面。展会期间，全天候摊位人流较满，有 30% 的入摊位人员坐下长谈了解企业的商品，已有多位新的国外采购代理商达成意向，其中波兰、英国的两位客商开发潜力较大，意向订单预计 300 万美元。

（二）从商品结构来看

家用类产品采购商人数较为集中，疫情非但没有阻挡反而加快了企业增强自主创新能力，提高综合竞争力的步伐。如台州丰华铜业有限公司一直坚持原创设计，遵循"实用美学、时尚科技"的设计理念。本届广交会丰华的"净水厨房龙头"获得 CF 奖金奖。开展以来，丰华展台累计接待人次 500 余人，有效对接洽谈 60 余次，意向成交订单 80 万美元。

（三）从市场结构来看

企业开启国内外"同线同标同质"双循环驱动，国内外市场不断拓展，接单量持续增加。如嘉兴良友进出口股份有限公司通过全产业链发展强链补链延链，国内外创建的自主品牌"大艺术 / ATree"地板品质得到了全球三大顶级环保认证机构的共同认可，在本届广交会上，络绎不绝地接待了境内采购商 40 余人，境外客商 12 余人，意向成交额近 20 万美元。

在调研中了解到，多数参展企业对当前制约出口的困难集中反映在以下五个方面：一是国际贸易形势面临不确定性。二是国际物流依然影响较大。三是原材料价格上涨严重。四是人民币汇率波动较大。五是能源双控拉长外贸订单交货时间。

2021 浙江消费促进月活动情况

根据浙江省委省政府和商务部统一部署，浙江省商务厅于 4 月 30 日至 5 月 31 日举办 2021 浙江消费促进月活动，以"奋进新时代 爱尚新生活 浙里来消费"为主题，推出"春浓、春晖、春潮、春醉、春惠"系列活动，通过多跨场景应用，持续唱响"浙里来消费"。全省 40 多个行业、100 多条商业特色街、4 万多家企业参与，举办近 500 场系列促消费活动。据监测，五月上旬参与企业实现营业（销售）额 53 亿元，同比增长 27%。中央电视台、人民网、浙江卫视、浙江日报等国家级、省级主流媒体对省级启动仪式以及杭州、绍兴等地特色活动累计报道 100 多次，阅读量超过 2000 万，总曝光量达 6000 万次。

一、"以街带市"举办全省启动仪式

4 月 30 日晚，时任浙江省副省长朱从玖、时任浙江省政府副秘书长高屹、时任浙江省商务厅厅长盛秋平等领导与企业代表、消费者代表共同点亮"奋进新时代 爱尚新生活"，正式启动 2021 全国消费促进月·浙江站活动。通过"以街带市"，在杭州星光大道步行街精心打造"爱尚浙里"消费新时代专列主题展区，献礼建党百年"火车头"，带领消费者观看红色电影，五节车厢满载老字号潮品、外贸精品、新能源汽车等品质好物，谱写"爱尚新生活"新篇章，活动 3 天共吸引 33 万人次参与，星光大道步行街实现 2000 万销售额，同比增长 30%，活动成效明显。杭州、宁波、湖州、绍兴、舟山、衢州、台州等地同步开启，正式拉开"红五月"促消费序幕。

二、"以节旺市"刺激假日消费增长

"五一"假期"五春"让利，"浙里来消费"萌发双重推动力，催生"爆发式"消费高峰。**红色**文旅成为主旋律。嘉兴南湖推出"百年征程 红船启航"新线路，假期接待量同比增长 488%；金华推出"真理的味道非常甜"主题红色研学游、红歌唱响古城系列活动。**商圈消费成为主阵地。**杭州抢滩"五一"新消费，据全市样本企业监测情况，累计实现销售（营业）额 20.01 亿元；宁波天一银泰、二百等 8 家百货、购物中心在假日期间累计实现销售额 1.9 亿元，同比增长 38.8%；湖州爱山商圈等八大商圈的监测企业累计实现销售额 1.41 亿元。**品质消费成为主力军。**假期旅游拉动餐饮、老字号消费，五一期间据全省监测餐饮样本企业实现营业额 18.7 亿元，同比增幅达到 49.2%。舟山在 520 幸福街举办老字号进街区活动，汇集方回春堂、张小泉等 60 家国家级和省级老字号企业参与，推出茶、酒、丝绸、宣纸等数百个产品，5 天吸引人流 8 万人次，销售额达 107 万元。

三、"以智兴市"带动消费提质升级

搭乘数字化改革东风，各地鼓励线上线下商

家各方让利，5月共将举行50多场春晖数字嘉年华活动。**杭州**启动首届数智消费嘉年华，推出十大数智主题活动，举办百场以上各具特色的消费促进活动；**绍兴**数字生活嘉年华首场活动邀请知名主播直播推介绍兴特色产品、优势产品，26种绍兴好物吸引近20万观众观看，交易总额达31.25万元；**台州**·椒江消费促进月暨数字生活嘉年华推出伴手礼展、优品展、特色美食文化节、糖果嘉年华等系列活动，6天吸引超50万人次参与；**衢州**生产主体在网上农博平台开设品柑橘、尝小吃、看直播、逛专区，推介当地优质农特产品；**丽水**"四季网红"春之茶直播、"景宁600"产品系列直播走上云端。

四、"以爱聚惠"政企银携手齐让利

响应消费促进月，各地、各企业纷纷推出让利促销活动。绍兴依托线上平台发放17500个线上消费券包；湖州通过线上平台累计发放1800万电子消费券；衢州通过三衢味网上商城100多家授权企业持续一周发放三衢味消费券；台州临海发放1000万元家庭乘用车消费券；浙江银联在全省范围内投入3000万元支持全省优质消费场景优惠补贴；网易严选超千个"中国制造"好货低至5折让利消费者；美团投入超过30亿元营销及促销资源推出五一聚惠节、老字号嘉年华、5.1游玩种草站等活动。

第二十一届中国国际投资贸易洽谈会
浙江省代表团参展情况

第二十一届中国国际投资贸易洽谈会（以下简称"投洽会"）于2021年9月8—11日在福建厦门举办。中共中央政治局委员、国务院副总理胡春华出席开幕式并致辞。本届投洽会以"新发展格局下国际投资新机遇"为主题，设置中心展区、投资促进馆、投资服务馆、金砖国家新工业革命展等4个馆，面积10万余平方米。期间，聚焦"十四五"规划、"一带一路"共建、双向投资促进，以及数字经济、绿色经济、碳达峰碳中和、工业互联等热点趋势，共举办30多场重要的会议论坛，有近100个国家和地区、800多个经贸团组、5000多家企业、逾5万客商通过线上线下参会。

一、胡春华副总理在开幕式上的讲话精神

在9月8日晚上举行的开幕式上，胡春华副总理强调，中国政府将立足新发展阶段，实施更大范围、更宽领域、更深层次对外开放。**一是**充分发挥外资在构建新发展格局中的积极作用，进一步放宽市场准入，加快打造高水平开放平台；**二是**持续拓展"一带一路"合作广度和深度，加强同沿线国家在各领域的务实合作；**三是**在稳定传统领域与外资合作的同时，大力开辟投资合作新领域、新空间。**四是**将全面对接国际高标准市场规则体系，健全准入前国民待遇加负面清单管理制度，持续提高外资服务保障工作质量和规范化水平，打造让外资企业安心发展的营商环境。

二、浙江参加投洽会主要成果

全省共组织各市、县（市、区）商务部门、投促机构，以及开发区（园区）和企业，共500余人的代表团参加了本届投洽会，主要参加展览展示和各类会议论坛，开展招商活动。

（一）展览展示，全面宣传投资营商环境

浙江综合形象展区总面积160平方米，以"构建新格局，共享新机遇"为主题，全面展示浙江形象，营商环境。形式上继续运用多媒体和灯光效果，将图片、文字和视频有机融合，内容上加强了各地市个性化展示，大力宣传浙江品牌和形象。浙江省商务厅与浙江省开发区研究会组织的**浙台经贸合作区展区**全新亮相。（台州玉环、舟山普陀）展区面积为198平方米，在展区布置上，通过蓝、白色为主色调的海洋元素，整体形象设计突出直航特色，辅以渔文化、佛文化等元素，体现出浙台互联互通，各领域合作稳步推进，人文交流密切，精美的资料、热情的接待和专业的讲解人员给参观人士留下深刻印象，合作区优越的投资环境和广阔的发展前景吸引了不少参展嘉宾和厦门当地企业前来洽谈。**衢州市衢江区**设

置 600 平方米展位，重点展示文化、旅游、工业等内容，重点地推出一批招商项目。投洽会期间，浙江省的展区共吸引了近 800 批次客商前来接洽，现场发放浙江省情宣传册、招商项目册和各县市区、浙台经贸合作示范区投资指南等资料 6000 余份，全方位多角度宣传浙江投资环境。

（二）主动出击，掀起招商引资工作热潮

浙江抓住投洽会机遇，锻炼招商队伍，加大招商引资力度。通过"云上投洽"小程序平台推出 200 余个招商项目，涉及智能装备制造、汽车零部件、生物医药、孵化器、文化旅游、现代服务业等多个领域。全省招商人员通过参加各类论坛研讨会、项目路演、推介会等活动，增进了对宏观经济形势和相关行业发展大趋势的了解，拓展了国际视野，拓宽了招商信息渠道，促进队伍整体素质的提升。

杭州市共 67 人重点参加了投资商投资计划发布会、商务部投资促进事务局并购项目发布会、日韩驻华机构代表对接交流会、生物医药创新项目合作推介会、集成电路产业投资与创新发展大会等专场论坛研讨活动，为本区域的投资及产业引进提供参考。共接待了厦门信息集团、海能达通信、加拿大中国商会等 20 余家客商。县市开展小分队敲门招商，走访了厦门创新园管理有限公司等企业和福建浙江商会等机构。**温州市**代表团派出各县区招商机构骨干，以小分队形式开展主动、专业、有针对性的招商对接活动，与科大讯飞等 50 家单位和企业投资专家开展沟通交流，发放招商名片 200 余张，邀请各家企业来温投资考察。**湖州市**代表团在本届投洽会期间签署意向协议合同 9 个，总投资 58.9 亿元，其中外资项目 5 个。实地拜访人本集团等企业，力争结识一批新客商，促进一批新投资，挖掘一批新的项目线索。**嘉兴市**围绕本地优势产业实现精准对接。海盐县围绕节能环保（新材料、新能源）产业，与波兰投资贸易局驻华办事处、德国工商会有限公司、东莞企业的新型显示项目进行积极对接；桐

乡市招商人员共洽谈企业 20 余家，涵盖再生资源无水着色、医疗技术服务、救援无人机等 10 余类项目；嘉善拜访客商 8 家，对接了韩国新材料基地项目，拜耳基因治疗项目 2 个；嘉兴市投促中心参加 8 场对接活动，与新材料项目、海上电站项目、股权投资基金、电子科技项目等多家客商建立联系和对接交流。**金华市**重点对接高新技术代表企业、冷链物流龙头企业、投资公司等机构，并邀请有意向投资的企业来金实地考察，进一步深入洽谈对接。**舟山市**积极推介浙江自贸区投资环境，围绕油气全产业链、先进制造业、石化行业等领域，展示舟山特色产业，并赴厦门浙江商会进行深入交流。**丽水市**组织了莲都、遂昌、云和等县（市、区）的招商部门人员 33 人赴厦门参加了此次投洽会，参加了央视《对话》、菲律宾投资环境、丝路海运国际投资环境、中资企业投资国别发展报告，集成电路产业投资与创新研讨会，双循环新格局消费发展论坛等多场论坛活动。

（三）开展活动，促进产业地区交流合作

9 月 7 日，以"大力推进生态文明建设，努力实现绿色发展目标——共建新平台、共创新生态、共享新成果"为主题的**第六届中国国际绿色创新发展大会**上，衢州市衢江区获得"绿色低碳发展地区"称号，嘉兴经济技术开发区获得"绿色低碳示范园区"称号，展示浙江绿色低碳发展风采。同日，**绍兴市**主办的 **2021 绍兴市新兴产业推介会**隆重举行。市委人才办、市商务局等部门领导，厦门电子信息、生物医药、高端装备等领域的企业家，以及商会代表、厦门大学专家共同参与了本次活动，部分企业家和专家对其优良营商环境表达了赞许，对绍兴在高端装备、半导体领域开展合作表示了极大兴趣。

9 月 8 日，由浙江省商务厅、玉环市人民政府、中国开发区协会主办，浙江省人民政府台湾事务办公室协办的**"浙台（玉环）经贸合作区直航台湾推介会"**成功举办。会议共吸引了 42 家台商、企业代表及政府机关、开发区和商协会代表，

共计 100 余人。本次推介会以"协同合作，共赢发展"为主题，全方位展示浙台（玉环）经贸合作区对台经贸取得的成绩。同日，**第十五届两岸经贸合作与发展论坛**隆重举办，论坛以"分享新合作机遇，融入新发展格局"为主题，邀请两岸业界学界代表畅谈如何分享大陆新发展格局带来的机遇，共谋两岸经贸交流新发展。商务部副部长兼国际贸易谈判副代表王受文先生出席论坛并致辞。宁波、湖州、嘉兴三地共 8 家台企代表受邀出席论坛。

三、下一步工作

在统筹全省招商引资工作大框架下，进一步发挥好重大展会活动的平台作用，加大招商引资力度，久久为功，推动项目落地。

引导市县持续跟踪投洽会对接洽谈成果。投洽会上达成的合作协议和重大项目、重点客商的对接情况纳入《浙江招商》信息简报，持续跟踪，正向激励，强化以项目落地为目标的工作导向，营造展会活动招商氛围。

利用好展会平台机遇谋深谋实招商活动。积极承接世界互联网大会、进博会、数博会等重大展会溢出效应，谋划举办投资促进活动。为提高活动成效，将重点围绕全省重点产业布局，谋划开展产业链精准招商活动；围绕海洋经济、碳达峰碳中和，谋划产业集聚平台招商活动；围绕跨国公司龙头企业，开展产业生态圈招商。接下来，将重点把"进博会招商"作为重中之重，继续组织"千人招商进博行"活动和项目集中签约。

探索建立展会平台招商工作机制。对招商活动工作进行系统性谋划，以积累客商资源，推介产业平台、促进项目招引、宣传营商环境为目标，建立从活动谋划、客商挖掘与邀请、产业平台选择与推介、项目对接跟踪、活动成效的评估等全过程的规范化，切实提升活动成效。

2021年中国国际服务贸易交易会浙江参展情况

2021年中国国际服务贸易交易会以"数字开启未来，服务促进发展"为主题，于2021年9月2日至9月7日在北京举办。中国国家主席习近平在2021年中国国际服务贸易交易会全球服务贸易峰会上发表视频致辞。本次交易会展览面积13万平方米，共有153个国家和地区参展参会，注册企业1.2万余家，比上届增加52%，举办全球服务贸易峰会等6场高峰论坛以及193场论坛会议和推介洽谈活动，是年内全球唯一的服务贸易综合展会。

浙江省是本届服贸会唯一的主宾省，于2020年底启动前期筹备工作，向服贸会组委会递交担任主宾省的申请报告。2021年5月17日收到服贸会组委会同意批复后，浙江省商务厅迅速成立工作专班，全面展开筹备工作。浙江省委、省政府高度重视筹备工作，袁家军书记、郑栅洁省长分别作出指示批示，朱从玖副省长担任浙江交易团团长，多次专题研究，部署相关工作。省委宣传部、省地方金融监管局等省级单位积极参与、通力合作，各市全力以赴，克服种种不确定因素，圆满完成了参展参会工作。

一、参展规模显著扩大

本届服贸会浙江省共有889家企业通过线上线下参展参会，比上年增长1倍多，其中浙江展区以"浙江服务，服务全球"为主题，展示面积304平方米，较2020年扩大近3倍，设置国家级平台、跨境电商、数字技术、数字通讯、数字内容、数字金融、数字供应链和数字医疗八大板块。韩正、胡春华、蔡奇等党和国家领导人在峰会前专程到浙江展区莅临指导，朱从玖副省长和盛秋平厅长就2021年浙江省参展参会、企业亮点、数字化改革以及打造全球数字贸易中心等情况作汇报。在由杭州湖西云百生科技研制的全球首台全自动鼻咽拭子采样机器人展台前，韩正副总理详细询问并观摩了演示。商务部王文涛部长、俞建华副部长、任鸿斌副部长等领导先后考察浙江展区，并与参展企业互动交流。

二、主题活动丰富

9月3日，在国家会议中心举办的浙江主宾省活动日，商务部王炳南副部长、朱从玖副省长、北京市卢映川副市长出席活动并致辞。商务厅与中关村智科服务外包产业联盟签署共建全球数字贸易博览会合作机制的框架协议，与泰国数字经济促进局签署促进泰浙数字经济产业及服务贸易战略合作备忘录，并举行项目集中签约仪式。9月3日下午，以"数智时代，会展先行"为主题，举办全球展览北京论坛，来自德国、美国等国家和地区的500余名代表线上线下同时参会，朱从玖副省长、国务院参事室特约研究员姚景源等出席活动并致辞。

三、放大溢出效应

抢抓服贸会客商云集的机会，全力开展招商引资活动。组织全省投资促进机构、山区26县和驻京招商人员300余人到服贸会现场与企业开展对接访谈。展会期间，朱从玖副省长等专程拜访GE中国总部，就在浙江省建设数字航空创新中心开展招商；拜会了爱尔兰、南非、卢旺达等国大使及联合国工发组织，就支持浙江举办全球数字贸易博览会等进行洽谈。举办浙江省现代服务业对外开放投资合作交流会，朱从玖副省长出席并致辞，200余家企业参会，包括通用电气、西门子、现代汽车、奥多比等64家参展服贸会的世界500强及跨国龙头企业，努力使展商成为浙江省的投资商。

四、浙江影响力不断提高

在浙江展区，大屏循环展示浙江数字化改革成果，浙江外卖在线、海外仓在线等多跨场景应用，持续吸引观众前来观展。钱塘数字贸易研究院等发布了2020年度浙江省数字贸易百强榜。萤石等一批行业领军企业和国家级平台参展，如：杭州古珀医疗科技积极探索"健康大脑+智慧医疗"，为进博会、火神山医院建设提供数字化服务，受到汪洋主席、袁家军书记肯定；阿里巴巴首次设立数字服务专题展区，举办全球供应链新趋势高峰论坛，发布"钉钉未来制造"数字化协同解决方案等；连连数字发布泰国一站式综合支付解决方案，充分展现浙江省服务贸易企业实力。据不完全统计，截至9月4日，浙江省参与服贸会相关报道超1800条，央视新闻、新华社、中新社等中央主流媒体聚焦报道浙江数字化改革成果，进一步提高了浙江的对外影响力。

第二届中国—非洲经贸博览会浙江省代表团活动情况

2021 年 9 月 26 日至 29 日，第二届中国—非洲经贸博览会在湖南长沙成功举办。浙江作为本届中非经贸博览会的主题省之一，积极承接博览会溢出效应，先后举办了浙江—非洲共建"一带一路"经贸合作对接会，参与了博览会开幕式、主题省形象展示、《中非经贸合作案例方案集》《中国与非洲经贸关系报告（2019—2020 年）》发布会暨中非经贸合作研究院揭牌仪式等系列活动，凸显了浙江忠实践行"八八战略"，奋力打造"重要窗口"和共同富裕示范区的开放精神和积极搭建浙非经贸往来友好桥梁的奋进姿态，得到了商务部和兄弟省市领导的充分肯定。

一、浙江作为主题省参与第二届中国—非洲经贸博览会的总体成效

（一）活动规格高

中非经贸博览会是由商务部、湖南省人民政府共同主办的国家级、国际性的经贸合作平台，活动整体规格高。参加人员包含党和国家领导杨洁篪，卢旺达、塞内加尔、阿尔及利亚等非洲国家元首及大使等。浙江作为中非经贸博览会主题省之一，全面参与了"会、展、谈"三大板块活动。**在浙江主题馆展示上**，中共中央政治局委员、中央外事工作委员会办公室主任杨洁篪，商务部、外交部、湖南省人民政府等领导巡馆；**在博览会开幕式上**，杨洁篪主任出席并致辞，时任副省长朱从玖出席会议并致辞；**在浙江—非洲共建"一带一路"经贸合作对接会上**，时任浙江省人民政府副省长朱从玖、湖南省人民政府副省长何报翔出席并致辞，埃塞俄比亚贸工部部长、塞拉利昂贸工部部长、阿尔及利亚公共工程和交通部长现场视频致辞，南非、卢旺达驻华大使作线上投资环境、优势政策推介。时任省商务厅厅长盛秋平就浙江与非洲经贸往来合作情况进行推介，浙江省人民政府副秘书长陈重参会，时任省商务厅副厅长韩杰主持会议。

（二）活动成效实

在浙江主题馆展示上，中央政治局委员杨洁篪听取了盛秋平厅长关于浙非经贸合作情况以及浙江馆布展情况的汇报，并表示赞誉，商务部领导更是直言"**浙江的主题馆内容全场最实、布展全场最优、介绍全场最佳**"。海康威视、巨石集团、华友钴业、华立—昆药集团、中策集团、正泰新能源、浙商中拓集团等数十家浙非合作优秀企业代表在浙江主题馆集中精彩亮相，例如海康威视的微影热成像测温仪、巨石集团带来的玻璃纤维沙团、华立昆药集团研发改制的抗疟药——蒿甲醚等等产品，向世界展现了浙非合作的"智慧结晶"，彰显了"中国力量"。**在中非经贸博览会开幕式上**，时任副省长朱从玖介绍了近年来浙非发展成果，向世界展现了浙江对外开放的成就。**在浙江—非洲共建"一带一路"经贸合作对接会上**，

现场签约了 6 个浙非经贸合作项目，分别为拉非客战略合作项目、对非合作服务机构战略合作项目、南非红酒采购项目、巨石埃及年产 12 万吨玻纤投资项目、贝宁农业合作项目以及坦桑尼亚农产品采购，涉及非洲产品采购、人才交流、创业创新、产能合作等多个领域。发布了 20 个"十三五"浙非合作经典案例，涵盖教育合作、产能合作、商贸服务、设施联通等四大领域。举办了中非经贸博览会浙江馆启动仪式、中非供应链研究院授牌仪式、中非桥"好望计划"启动仪式。金华市副市长现场介绍金华与非洲的经贸文化交流和推介 2021 中国（浙江）中非文化合作交流周暨中非经贸论坛。贝宁中心、阿里巴巴分享对非经贸投资合作经验。**在《中非经贸合作案例方案集》发布会上**，盛秋平厅长出席并致辞。在全国 4 9 个案例中，浙江案例入选 6 例，数量居全国第三。

（三）活动影响面广

活动期间，各级电视媒体、纸质媒体、网络媒体纷纷就中非贸易博览会浙江相关活动进行报道。截至 29 日，共有新华社、国际商报、中国日报、学习强国、中国网、凤凰新闻、中国新闻网、浙江新闻等 20 余家主流媒体，发布了 50 余篇新闻通讯稿，例如：新华社发布了"浙非共建'一带一路'经贸合作推动高质量发展"，中国新闻网发布了"浙江—非洲共建'一带一路'经贸合作对接会举行 共商发展"等新闻，多家主流公众号、微视频、网络直播等新媒体广泛宣传、转发，浙非合作引起广泛关注和热烈反响，进一步提升浙江在中非合作交流中的知名度和影响力。此外，浙江—非洲共建"一带一路"经贸合作对接会吸引了浙江相关省级单位、各市商务主管部门、浙非合作重点企业等 200 多位代表和 40 余家在华非洲客商参会，现场座无虚席，规模空前盛大，齐聚长沙共商浙非经贸合作，共绘中非发展蓝图。

二、活动成功举办的经验与启示

（一）活动架构主题清晰

为办好本次活动，浙江省商务厅成立了专门的工作筹备组，从项目立项开始，筹备组多次召集各处室（单位）专题讨论，从活动单元的设计，到活动主题的确定，再到活动主体的实施，都力求体现"高质量、针对性、有实效"工作要求以及"会、展、谈"全面协作的工作思路。在对接会内容安排上，考虑了嘉宾邀请、经贸案例评选、签约项目筛选、合作需求对接、对非合作推介及经验分享等因素，充分体现了"浙非湘聚 共赢未来"的主题，旨在全方位拓展浙江与非洲国家合作领域，进一步促进浙江与非洲国家良好互动交流与经贸往来合作；在主题馆内容呈现上，围绕"开放活力、合作活力、人文活力"三大板块，以浙江经济、人文形象、对非合作优势及重点项目为展示内容。其中"开放活力"以时空隧道的形式展示浙江省情及浙非领导互访等活动往来，展现浙江作为开放大省，以友好、包容之心拥抱非洲，双方展开多元化交流互动；"合作活力"展示贸易非洲、投资非洲、建设非洲、数字非洲的典型案例和经典项目，四个单元以浙江优秀企业代表体现浙非经贸往来活力；"人文活力"充分彰显浙江"授人以鱼不如授人以渔"的真诚合作和深厚的人文底蕴。

（二）嘉宾邀请重点明确

在外宾邀请方面，一方面考虑到与浙江长期友好、贸易往来密切等历史因素；另一方面，阿尔及利亚、埃塞俄比亚、卢旺达、南非又是本届博览会主宾国，综上考虑邀请了埃塞俄比亚贸工部部长密斯加努·阿加·默奇、塞拉利昂贸工部长桑迪、阿尔及利亚公共工程和交通部长卡迈勒·纳赛里、卢旺达共和国驻华大使詹姆斯·基莫尼奥、南非共和国驻华大使谢胜文参会并致辞、推介；

在领导邀请方面， 时任浙江省人民政府副省长朱从玖、湖南省人民政府副省长何报翔的出席，架起了浙湘两省友谊的桥梁，开启了浙湘对非合作交流新征程；**在客商邀请方面，** 精准锁定华友钴业、金帝联合控股、兄弟科技股份等在非投资"主力军"以及对非投资意向企业，推动浙企关注非洲、了解非洲、走进非洲、扎根非洲、融入非洲，为非洲发展增添更多的"浙江活力"；**在机构邀请方面，** 邀请了浙江师范大学非洲研究中心和浙江工商大学中非桥这类高校智库，也邀请了浙非服务中心、达之路集团等一批与非洲各国保持良好合作关系的"民间友好大使"。嘉宾邀请重点明确，从而有效确保了活动出席嘉宾的高精度、高规格、高档次。

（三）活动筹备细致高效

本次活动从立项、组织到实施，历时 5 月有余。省商务厅领导高度重视，严格要求。时任厅长盛秋平多次批示要充分体现浙江高水平参展参会工作。朱军总经济师牵头多次召开筹备会议，确保各项工作有序推进。5 月，朱军总经济师与湖南省何报翔副省长交流浙江省参会参展有关事项。6 月，朱军总经济师召开中非经贸合作浙江方案工作推进会，听取各有关方面对非合作情况、部署浙非经贸合作案例（方案）征集工作，商讨第二届中非经贸博览会浙江主题省活动。并带队赴长沙开展工作对接，主要围绕组好团、布好展、办好会三项任务与湖南省商务厅、中非经贸合作研究会等进行具体对接，落实了主题馆展位、专场活动会议场地、外宾邀请等事宜。7 月，朱军总经济师牵头召开浙江省参加第二届中非经贸博览会筹备工作会议，讨论参会工作方案并作了部署，参会人员报名工作同步启动。8 月，朱军总经济师牵头召开第三次筹备会议，听取了各单位有关对接会、主题馆、人员邀请等筹备情况的汇报；9 月，朱军总经济师在党校封闭学习的情况下，仍抽空牵头召开第四次专题协调会，落实行程安排、湖南对接机制等事宜。各相关处室、单

位分工明确、通力合作、配合顺畅。外经处牵头抓总，认真做好总体协调；办公室负责省、厅领导参会工作；综合处负责宣传和有关材料审核工作；外联处负责展馆文字英文校对以及外宾大使接待工作；财务处保障活动预算并指导合理使用经费；投促中心负责中非经贸论坛的承办、博览会报名、对接会实施工作；贸发处会同远大公司负责浙江主题馆布展工作。各处室（单位）各司其职、各尽其责，秉着"坚持精准、精细、精益求精"工作态度，形成合力确保了各项工作严谨、细致、有序推进。

（四）面对变化处置得当

在活动筹备过程中，疫情不可控等原因衍生了人员调整、会议行程调整等不确定因素，也给筹备组带来了更多难题挑战。例如，中非博览会召开前期，厦门疫情的突然暴发，导致部分工作人员和参会人员的隔离，工作人员如何调整，对接会疫情该如何防控？再如，会议前 1 天临时得到组委会通知，因疫情因素原定出席对接会的所有非洲大使均无法到场，如何保证该对接会活动质量，会议议程该如何调整？再如，活动期间得知 1 名受邀嘉宾发烧，如何妥善处理保证活动平稳进行？筹备组面对突发状况，启动应急预案、加码疫情防控参会要求；联系大使由线下推介改为视频推介，连夜进行视频制作；将发烧嘉宾单独隔离后紧急送医，待核酸检测结果无异常后予以解除隔离……沉着冷静，各个击破。确保对接会上各项议程有条不紊无差错执行，体现了良好的应急处理能力、协调能力、敬业精神和专业的执行能力。

三、以扩大中非经贸博览会成果为契机推进下一步工作举措

下一步，我们以巩固和扩大本次博览会为契机，进一步夯实博览会的合作成果，以高质量为引领，全力推动浙非合作走深走实。

（一）进一步扩大对非投资合作

在做强中国（浙江）中非文化合作交流周暨中非经贸论坛、中非经贸合作发展绍兴峰会等对外开放平台的基础上，通过"政府搭台、企业参会"这种模式，针对性挖掘更多的浙非合作机会，以开展"丝路护航"行动为载体，聚焦非洲自由贸易区建设，加强对非投资指导，促进浙非产能合作。促进贝宁合作园区提升发展，支持华立集团、万邦德等布局非洲园区，将中国的项目、技术、标准在非洲落地。积极推进设立浙江省驻非洲代表处，进一步加强浙非全方位交流合作；筹划"一带一路"非洲站，建设浙江省企业和机构在非洲发展的海外驿站。

（二）进一步扩大对非贸易联络

继续扩大对非洲商品特别是非资源类产品的进口，推动对非出口商品从轻工产品为主向工业制成品和成套设备并重转变，会同相关部门提高对非进出口贸易便利化程度。支持浙非贸易云上平台建设，邀请非洲国家线上参加"中国国际进口博览会""中国义乌进口商品博览会"等活动；鼓励更多浙江企业通过主流电商平台在非洲开展业务，同时在辐射力强的非洲国家试点设立浙江品牌非洲展销中心，让非洲客商或在非浙商在非洲市场推广浙江优质产品、优质品牌，促进浙非贸易发展。在疫情可控情况下，鼓励和支持浙江企业在非洲举办各种展销会、博览会和洽谈会。

（三）进一步办好浙江省对非活动

借鉴湖南省他山之石，发挥浙江对非经贸合作优势，整合全省力量，在贸易、投资、工程建设、援外培训、人文交流、对非研究等领域，全方位打造浙江对非合作交流大平台，办好11月召开的中非经贸论坛、中非经贸合作发展绍兴峰会等活动，进一步打响品牌、扩大影响、拓展空间。

第 27 届中国义乌国际小商品（标准）博览会情况

第 27 届中国义乌国际小商品（标准）博览会（以下简称义博会）在商务部、浙江省人民政府、国家标准化管理委员会、中国国际贸易促进委员会、中国轻工业联合会、中国商业联合会等主办单位的大力支持下，在义乌市人民政府及全体参会人员的共同努力下，取得了圆满成功。

一、本届展会基本情况

（一）展会基本情况

本届义博会于 2021 年 10 月 21—25 日在义乌国际博览中心举行，结合线上线下举办的外贸大型综合展会。由商务部、中国国际贸易促进委员会、国家标准化管理委员会、浙江省人民政府、中国轻工业联合会、中国商业联合会主办，以"面向世界、服务全国、全球采购、义乌风向"为主题，设国际标准展位 4000 个，涵盖五金工具、日用品、建筑五金、机电机械、电子电器、体育及户外休闲用品、玩具、服帽针纺、文化办公、工艺装饰品等 10 大行业，并设有标准主题展区、RCEP 展区等特色展区。

本届义博会展览面积达 11 万平方米，吸引了全国 18 个省（市、自治区）的 2300 余家企业参展，累计到场参观 10.5 万人次，同时举办线上义博会，平台及直播的关注浏览量达 207 万人次。在疫情安全严控下，五天累计到会采购商 5.79 万名，同比增长 24.6%。

展会期间，中国国际贸易促进委员会张少刚副会长就探讨 RCEP 与中国对外开放新机遇的相关问题发表主旨演讲。同时，还举办了国际经贸代表团浙江行"走进义乌"对接会、国家技术标准创新基地工作现场会、第十七届长三角贸促机构联席会议、第十二届中国商品市场峰会、首届全国巾帼助农创业浙江基地直播大赛等数 23 项配套活动，相比 2020 年增加了 4 项，有效提升展会经贸成效，进一步凸显义博会的前瞻性和引领性。

（二）展会管理自查情况

严格按照《关于同意举办第 27 届中国义乌国际小商品（标准）博览会的通知》（国清组函〔2021〕27 号）要求，做好招商招展、宣传推介等筹备工作，义博会组委会深入贯彻党中央、国务院关于做好新冠肺炎疫情常态防控工作的决策部署，全面落实认真贯彻"安全第一、预防为主"的方针，层层压实防控责任，要求参加人员提供健康码与行程卡，其中外省来义人员需额外提供核酸阴性证明，制定疫情防控工作和应急预案，科学评估，严格落实各项防控措施，未邀请国内外疫情中、高风险地区人员来义参加义博会及配套活动，展会期间未发生疫情情况；成立现场办公室，严格展会综合管理，展会期间未发生群体性事件；成立现场知识产权保护办公室，做好维权工作，未发生侵犯知识产权行为；加强食品安全管理，未发生食品安全事故；推进节能降耗技术应用，推广绿色环保装修材料，推行垃圾分类，严格执行有关部门加强塑料污染治理的意见要求，禁止使用不可降解塑料袋，广泛采用新媒体、新技术手段、保护生态环境。严格执行中央八项规定和中央关于厉行勤俭节约反对铺张浪费的规定，注重节俭办展，提升办展实效。在贵宾邀请上，实行总量控制。优化活动内容，保留经贸实效性强、实际效果好的配套活动。对涉台参展商、展品、展台广告，坚持一个中国原则，严格按照涉台规范要求操作。

二、展会亮点及成效

（一）首设 RCEP 展区，搭建经贸合作桥梁

为抢抓《区域全面经济伙伴关系协定》红利，本届展会首设 RCEP 展区，共设展位 395 个，进出口日本、韩国、印尼等等 RCEP 相关国家的意向成交额达 3147.22 万元。参展企业涵盖玩具、体育及户外休闲用品、文化办公、跨境电商等与 RCEP 相关联主体，展示质量高、创意新、价格佳的优质产品，为义博会参展企业和采购商架设与 RCEP 地区开展经贸合作的桥梁。

（二）首设跨境电商展区，助力企业跨境出海

现场有阿里巴巴、亚马逊等综合跨境平台，虾皮、Lazada、B2W 等独立站平台，天木国际、马帮云仓等 22 家跨境综合服务商参展。并通过各平台邀约跨境电商卖家到会采购，为现场参展企业提供跨境电商贸易机会，配套举办跨境电商生态服务大会，提供更全面的服务。

（三）推出"百场"直播，开创展会销售新渠道

本届义博会现场搭建直播间，举行"百场"直播活动，明星网红倾情加盟，为参展企业直播带货、线上贸易洽谈对接提供服务，为传统企业拓展渠道搭建平台。

举办"数字赋能 百万妇女同奔富裕路"系列活动之一首届全国巾帼助农创业浙江基地直播大赛，现场开展助力对口协作 26 县共同富裕地区企业进行走播采访，从实战的形式进一步促进百名巾帼主播的带货能力，引导并帮助广大女性在助力乡村振兴、共同富裕等方面发挥更大作用。

（四）依托海外网红资源，提高展会国际知名度

借助盛行的网络红人营销模式及其带来的强大效应，邀请常驻中国的国际商务型网红至展会现场逛展并拍摄义博会宣传视频，在国内外社交媒体平台对义博会进行推广，进一步塑造义博会的专业贸易展形象，提升其海外曝光量和品牌知名度。

（五）持续深化标准特质，引领商品质量提升

本届义博会持续深化"标准"特质，亮标率达 51.2%，覆盖全部 10 大参展行业。展会设标准主题馆，聚焦"绿色""数字"两大主题，绿色产品"双碳"主题公共展区集中展示"双碳"概念绿色产品、节能产品以及相关标准制度，并打造以绿色低碳领跑理念为主的整体家居展示馆。"品字标"浙江制造主题展区集中展示质量在线等市场监管领域数字化改革成果以及浙江省各地市品字标引领产业提升示范项目。

其间，发布了 34 项重要国家标准，主要涉及化妆品、饰品及皮革、绿色产品、品牌评价、纺织服装等领域。同时发布了全省会展业首个绿色展览运营管理地方标准:《绿色展览运营管理规范》浙江省地方标准，推广义乌绿色办展经验。举办第四届中小企业标准化（国际）大会暨 2021 年世界标准日浙江主题活动、国家标准发布会、国家技术标准创新基地工作座谈会等多场标准相

关主题活动，集中发布一批浙江省碳达峰碳中和领域、可持续发展领域标准化成果。

三、下一步工作

（一）及早筹备下届展会，打响"义博会"金字招牌

分析总结本届展会成功经验及存在的不足，充分利用参展商、采购商、合作机构等资源，进一步充实参展商、采购商大数据库，优化招展招商重点行业及对象。及早启动下届筹备工作，为下届义博会的成功举办夯实基础。全面启动第28届义博会展区规划、收费标准及优惠政策、下届义博会展位预订等工作。

（二）深化 RCEP 经贸合作，助力双边贸易发展

《区域全面经济伙伴关系协定》将于2022年1月1日生效。这标志着当前世界上人口最多、经贸规模最大、最具发展潜力的自由贸易区正式启航。作为迄今为止我国开放程度最高的自贸协定，RCEP 的生效将对我国产业升级、推动经济高质量发展产生重大利好，也必将给义乌的外贸发展、产业结构调整、双向投资带来新的机遇。充分发挥好义博会的优势，积极抢抓 RCEP 生效带来的宝贵机遇，提高与 RCEP 协约国之间的合作效率，促进互联互通，服务构建"双循环"发展新格局。

（三）紧盯市场贸易变化，进一步深挖客商资源

以采购商需求为导向，深挖外贸客商资源，以常驻国内外商、华侨、外贸公司、跨境贸易卖家为目标，重点围绕"一带一路"沿线国家、RCEP 协定和非洲市场贸易需求，强化数字技术应用精准招引外贸客商。国内客商以二、三线市场为目标导向，动态挖掘新兴消费群体采购需求，以精准服务结合展场联动，形成展会+市场的全维度的供应链资源综合服务体系，与国内专业展形成差异化的竞争优势。

（四）提升展会标准化水平，推动产品国际化发展

围绕"标准城市"建设，继续深挖义博会的标准特质，增加标准化元素体现，继续优化亮标形式，提高亮标比率，扩大绿色布展的范围，用标准来推动展会和参展商品的提档升级。深化与 ISO、IEC 等国际标准化组织的合作，引入一批拥有先进标准的优质产品及企业，开发及培育一些具有市场潜力的新兴行业。加强与国家标准委等上级部门的对接，策划和设计载体，推动更多产品从义博会走向国际，带动更多"中国标准"走出去。

第九编

商务表彰榜

2021年浙江省落实有关重大政策措施真抓实干成效明显的地方名单

一、推动高质量发展建设共同富裕示范区成效明显的市、县（市、区）

杭州市、嘉兴市，杭州市余杭区、淳安县、义乌市（按行政区划排列，下同）

二、推进数字化改革成效明显的市、县（市、区）

杭州市、温州市，杭州市富阳区、诸暨市、义乌市、江山市、仙居县

三、深度融入长三角一体化高质量发展成效明显的设区市

湖州市、嘉兴市、台州市

四、推进"一带一路"重要枢纽建设工作成效明显的县（市、区）

杭州市钱塘区、宁波市北仑区、义乌市

五、推进碳达峰碳中和工作主动、成效较好的设区市

杭州市、湖州市、衢州市

六、加快发展海洋经济工作主动、成效明显的设区市

宁波市、金华市、台州市

七、全面推进大湾区大花园大通道大都市区建设成效明显的市、县（市、区）

杭州市、宁波市、金华市、丽水市，文成县、长兴县、常山县

八、推动山区高质量发展工作有力、成效明显的县（市、区）

江山市、开化县、缙云县

九、实施低收入农户基本同步现代化行动成效明显的县（市、区）

嘉善县、兰溪市、衢州市衢江区、天台县、缙云县

十、实施乡村振兴战略、高水平推进农业农村现代化成效明显的县（市、区）

杭州市余杭区、象山县、泰顺县、永康市、玉环市

十一、实施数字经济"一号工程"2.0版，深化数字经济系统建设，大力发展数字经济成效明显的县（市、区）

宁波市江北区、乐清市、嘉兴市秀洲区、义乌市、衢州市柯城区

十二、推动工业稳增长和技术改造，加快传统制造业转型升级，培育"单项冠军"企业成效明显的县（市、区）

余姚市、温州市龙湾区、诸暨市、岱山县、丽水市莲都区

十三、深化"亩均论英雄"改革工作有力、成效明显的县（市、区）

杭州市钱塘区、宁波市镇海区、平湖市、武义县、台州市黄岩区

十四、打造三大科创高地、发展高新技术产业和推进关键核心技术攻关成效明显的设区市

温州市、湖州市、绍兴市

十五、推进促消费工作成效明显的县（市、区）

杭州市上城区、宁波市海曙区、温州市瓯海区、嘉兴市南湖区、东阳市

十六、推进稳外贸稳外资工作成效明显的县（市、区）

杭州市滨江区、乐清市、湖州市吴兴区、舟山市定海区、玉环市

十七、推进未来社区建设工作成效明显的县（市、区）

杭州市上城区、宁波市鄞州区、绍兴市柯桥区、衢州市柯城区、台州市椒江区

十八、落实投资新政、实施省市县长项目、优化投资结构等工作成效较好的县（市、区）

杭州市富阳区、平阳县、湖州市吴兴区、绍兴市越城区、遂昌县

十九、推进综合交通运输建设发展工作成效突出的设区市

杭州市、宁波市、温州市

二十、水利建设投资项目落实、美丽幸福河湖建设和水库系统治理（除险加固）工作成效明显的县（市、区）

长兴县、海宁市、诸暨市、开化县、临海市

二十一、财政预算执行、财政存量资金盘活、国库库款管理、预算公开等财政管理工作完成情况较好的市、县（市）

杭州市、温州市、丽水市，淳安县、建德市、瑞安市、泰顺县、海盐县、东阳市、温岭市、临海市、龙泉市、青田县

二十二、实施全域土地综合整治与生态修复工程，节约集约利用土地、批而未供土地消化利用、闲置土地处置，推进永久基本农田集中连片整治工作成效较好的市、县（市、区）

金华市，桐庐县、乐清市、湖州市吴兴区、湖州市南浔区、海盐县、桐乡市、东阳市、义乌市、衢州市柯城区、江山市

二十三、实施融资畅通工程、"凤凰行动"升级版，防范化解金融风险成效明显的市、县（市、区）

湖州市、台州市，杭州市上城区、余姚市、嘉善县、新昌县、天台县。

二十四、深化商事登记制度改革，加强事中事后监管工作成效明显的县（市、区）

温州市龙湾区、台州市路桥区、松阳县

二十五、推进质量和知识产权保护工作成效明显的县（市、区）

杭州市滨江区、宁波市鄞州区、海盐县、新昌县、温岭市

二十六、城乡风貌整治提升工作成效明显的县（市、区）

桐庐县、海宁市、绍兴市柯桥区

二十七、生态环境保护工作成效显著、环境指标优良的设区市

杭州市、嘉兴市、金华市

二十八、传承发展浙江优秀传统文化工作积极主动、成效明显的县（市、区）

象山县、兰溪市、台州市黄岩区

二十九、推进县域医共体建设工作成效明显的县（市、区）

慈溪市、平阳县、嘉善县

三十、实施学前教育提升行动计划成效明显的县（市、区）

杭州市西湖区、乐清市、金华市婺城区

三十一、落实养老服务业支持政策、完善养老服务体系表现优异的县（市、区）

杭州市萧山区、平阳县、长兴县

三十二、落实鼓励和支持就业创业政策力度大、提高就业创业服务水平成效明显的县（市、区）

杭州市拱墅区、温州市龙湾区、嵊泗县

三十三、督查中发现落实有关重大政策措施成效明显、创造典型经验做法的市、县（市、区）

宁波市、温州市、绍兴市，杭州市临安区、宁波市北仑区、宁海县、安吉县

商务部、工业和信息化部等8部门公布首批全国供应链创新与应用示范城市和示范企业（浙江）

第一批全国供应链创新与应用示范城市：杭州、宁波

第一批全国供应链创新与应用示范企业名单

浙江省		
序号	企业名称	所在地市
1	超威电源集团有限公司	湖州
2	传化智联股份有限公司	杭州
3	汇孚集团有限公司	杭州
4	农夫山泉股份有限公司	杭州
5	实达实集团有限公司	衢州
6	物产中大集团股份有限公司	杭州
7	云集共享科技有限公司	杭州
8	浙江宏伟供应链集团股份有限公司	金华
9	浙江吉利控股集团有限公司	杭州
10	浙江明日控股集团股份有限公司	杭州
11	浙江天畅供应链管理有限公司	湖州
12	浙江天轮供应链管理有限公司	杭州
13	浙商中拓集团股份有限公司	杭州
14	中外运物流宁波有限公司	宁波
15	舟山国家远洋渔业基地建设发展集团有限公司	舟山

浙江省商务厅公布全省商务领域共同富裕试点项目

第一批

1. 德清 "县域共配一体化"，构建共享新体系

2. 萧山 数字赋能、城乡联动，构建 "五新" 消费体系

3. 嘉兴 聚力平台协作促进山海共富

4. 龙泉 升级商贸流通体系，聚力城乡共富

5. 柯城 村播让乡村更美好

6. 吴兴 童装跨境贸易新业态助力城乡共富

7. 宁波 一刻钟便民生活服务圈，"圈" 共富新生活

8. 上城 社区商业标准化打造共富基本单元

9. 玉环 汽摩配内外贸一体化助推共同富裕

10. 遂昌 数智农村电商 2.0 加速城乡共富

11. 衢江 数商兴业 共富衢江

12. 浦江 消费品供应链新服务助力县域共富

13. 三门 打通鲜甜三门流通全链条助力城乡共富

14. 武义 搭建电商综合服务新体系 实现从 "个富" 到 "共富"

第二批

1. 舟山 畅通进口农产品供应链，助力共享共富

2. 临平 产业富民，力推家纺内外贸一体化

3. 富阳 数智赋能外贸企业，助推产业共富

4. 临安 临安区电子商务促进共同富裕

5. 建德 传统产业转型电商新业态助力共富

6. 文成 夯实侨旅型商贸基础，助力城乡共富

7. 南浔 打造预付卡服务场景，推动实现共富

8. 安吉 畅通县域流通网络，助力城乡共富

9. 诸暨 打造 "一网两中心三平台"，完善县域商业体系

10. 龙游 联金通甬助力区域共富

11. 常山 乡村振兴特色产业园助力乡村共富

12. 江山 聚力双招双引，助推共同富裕

13. 天台 农货进城无忧，农享生活更优

14. 仙居 电商赋能农特产品，跑出共富"加速度"

15. 温岭 打造数字消费先行区

16. 黄岩 模塑双循环电商园赋能共富

17. 云和 深耕木玩电商发展，着力共同富裕城乡并进

18. 缙云 外贸赋能，跑出共同富裕建设"加速度"

19. 嘉兴经济技术开发区 共建"飞地"园区，助推共同富裕

20. 丽水经济技术开发区 "产业大脑"数贸一体化，创建共富新园区

浙江省商务厅等7部门公布首批
省级夜间经济样板城市

序号	所在地市	区（县、市）名称
1	杭州	上城区
2		拱墅区
3	宁波	海曙区
4		江北区
5	温州	鹿城区
6		瓯海区
7	湖州	长兴县
8	嘉兴	南湖区
9	金华	义乌市
10		婺城区
11	衢州	柯城区
12	舟山	普陀区
13	台州	路桥区

（排名不分先后）

浙江省商务厅等 11 部门
公布第二批浙江省高品质步行街名单

（排名不分先后）

1. 杭州星光大道电影文化步行街

2. 温州瑞安忠义街

3. 嘉兴月河步行街

4. 湖州南浔东大街

5. 绍兴鲁迅中路步行街

6. 台州临海紫阳古街

浙江省商务厅发布 2021 年度浙江省
供应链创新与应用专项激励名单

第一档：长兴、杭州；

第二档：东阳、瑞安、永康；

第三档：庆元、湖州（市本级）、舟山、衢州、安吉、乐清、温州。

根据《通知》规定，试点城市第一档、第二档、第三档，分别给予 700 万元、400 万元和 200 万元的专项激励资金。

浙江省商务厅公布首批浙江省示范智慧商圈名单

（排名不分先后）

杭州湖滨智慧商圈

杭州武林智慧商圈

杭州城西银泰智慧商圈

宁波泛老外滩智慧商圈

温州五马智慧商圈

湖州长兴中心广场智慧商圈

嘉兴月河智慧商圈

衢州水亭门智慧商圈

舟山杉杉普陀天地智慧商圈

台州临海紫阳街智慧商圈

浙江省首批内外贸一体化"领跑者"企业培育名单

（排名不分先后）

1. 浙江春风动力股份有限公司
2. 杭州海康威视数字技术股份有限公司
3. 顾家家居股份有限公司
4. 杭州东华链条集团有限公司
5. 浙江华达新型材料股份有限公司
6. 浙江大华技术股份有限公司
7. 杭州豪悦护理用品股份有限公司
8. 柳桥集团有限公司
9. 杭州泛亚卫浴股份有限公司
10. 杭州富源华彩钢有限公司
11. 杭州艾柯塞斯品牌管理有限公司
12. 海正药业（杭州）有限公司
13. 浙江同富特美刻家居用品股份有限公司
14. 杭州翔天供应链管理有限公司
15. 浙江省纺织品进出口集团有限公司
16. 浙江国贸轻工业品贸易有限公司
17. 杭州热联集团股份有限公司
18. 浙江悦和实业有限公司
19. 康奈集团有限公司
20. 浙江正泰电器股份有限公司
21. 温州意华接插件股份有限公司
22. 科都电气股份有限公司
23. 瑞立集团瑞安汽车零部件有限公司
24. 浙江戈尔德智能悬架股份有限公司
25. 华峰化学股份有限公司
26. 浙江豪中豪健康产品有限公司
27. 方正阀门集团股份有限公司
28. 浙江康乐药业股份有限公司
29. 宁波市龙嘉摩托车有限公司
30. 宁波市慈溪进出口控股有限公司
31. 卓力电器集团有限公司
32. 环驰轴承集团有限公司
33. 浙江中环赛特光伏科技有限公司
34. 月立集团有限公司
35. 新海科技集团有限公司
36. 浙江三禾厨具有限公司
37. 宁波旭升汽车技术股份有限公司
38. 宁波宁兴控股股份有限公司
39. 乐歌人体工学科技股份有限公司
40. 广博集团股份有限公司
41. 宁波喜尔美厨房用品有限公司
42. 奥克斯集团有限公司
43. 东方日升新能源股份有限公司
44. 浙江德马科技股份有限公司
45. 浙江贝盛绿能科技有限公司
46. 湖州南洋电机有限公司
47. 微宏动力系统（湖州）有限公司
48. 浙江泰普森实业集团有限公司
49. 德华兔宝宝装饰新材股份有限公司
50. 浙江优全护理用品科技股份有限公司
51. 诺力智能装备股份有限公司
52. 浙江中山化工集团股份有限公司
53. 嘉瑞福（浙江）家具有限公司
54. 恒林家居股份有限公司
55. 浙江金元亚麻有限公司
56. 巨石集团有限公司

57. 浙江众成包装材料股份有限公司
58. 浙江佳佳童车有限公司
59. 浙江恒石纤维基业有限公司
60. 嘉兴捷顺旅游制品有限公司
61. 浙江晶科能源有限公司
62. 万凯新材料股份有限公司
63. 加西贝拉压缩机有限公司
64. 浙江三花智能控制股份有限公司
65. 浙江绍兴苏泊尔生活电器有限公司
66. 振德医疗用品股份有限公司
67. 喜临门家具股份有限公司
68. 浙江宝纺印染有限公司
69. 浙江捷昌线性驱动科技股份有限公司
70. 浙江阿克希龙舜华铝塑业有限公司
71. 浙江国邦药业有限公司
72. 浙江凯利新材料股份有限公司
73. 浙江丰悦针纺有限公司
74. 浙江好易点智能科技有限公司
75. 横店集团东磁股份有限公司
76. 浙江联宜电机有限公司
77. 浙江中国小商品城集团有限公司
78. 义乌华鼎股份有限公司
79. 义乌易开盖实业有限公司
80. 正阳科技股份有限公司
81. 浙江飞哲工贸有限公司
82. 浙江三锋实业股份有限公司
83. 浙江炊大王炊具有限公司

84. 浙江南龙工贸有限公司
85. 浙江飞剑工贸有限公司
86. 浙江三美化工股份有限公司
87. 浙江博来工具有限公司
88. 浙江今飞凯达轮毂股份有限公司
89. 浙江开化合成材料有限公司
90. 浙江开化元通硅业有限公司
91. 浙江永和制冷股份有限公司
92. 浙江通天星集团股份有限公司
93. 森森集团股份有限公司
94. 浙江大洋世家股份有限公司
95. 平太荣远洋渔业集团有限公司
96. 利欧集团浙江泵业有限公司
97. 浙江大元泵业股份有限公司
98. 鑫磊压缩机股份有限公司
99. 浙江飞越机电有限公司
100. 浙江星星冷链集成股份有限公司
101. 杰克缝纫机股份有限公司
102. 浙江水晶光电科技股份有限公司
103. 浙江华海药业股份有限公司
104. 浙江金龙电机股份有限公司
105. 浙江车头制药股份有限公司
106. 浙江吉鑫祥叉车制造有限公司
107. 浙江华龙巨水科技股份有限公司
108. 浙江天喜厨电股份有限公司
109. 浙江青山钢管有限公司

浙江省首批内外贸一体化改革试点产业基地培育名单

（排名不分先后）

1. 浙江省杭州市临平区内外贸一体化改革试点产业基地（家纺）
2. 浙江省杭州市萧山区内外贸一体化改革试点产业基地（纺织）
3. 浙江省温州市瓯海区内外贸一体化改革试点产业基地（眼镜）
4. 浙江省温州市龙湾区内外贸一体化改革试点产业基地（中国眼谷）
5. 浙江省湖州市吴兴区内外贸一体化改革试点产业基地（时尚美妆）
6. 浙江省湖州市德清县内外贸一体化改革试点产业基地（绿色家居）
7. 浙江省嘉兴市海宁市内外贸一体化改革试点产业基地（经编）
8. 浙江省嘉兴市桐乡市内外贸一体化改革试点产业基地（玻璃纤维）
9. 浙江省嘉兴市平湖市内外贸一体化改革试点产业基地（箱包）
10. 浙江省绍兴市诸暨市内外贸一体化改革试点产业基地（大唐袜业）
11. 浙江省金华市永康市内外贸一体化改革试点产业基地（五金）
12. 浙江省衢州市江山市内外贸一体化改革试点产业基地（蜂业）
13. 浙江省舟山市内外贸一体化改革试点产业基地（远洋水产品）
14. 浙江省台州市玉环市内外贸一体化改革试点产业基地（汽摩配）
15. 浙江省台州市椒江区内外贸一体化改革试点产业基地（缝制装备）

浙江省商务厅公布 2021 年浙江省绿色商场名单

地市	序号	企业名称	门店名称
杭州	1	杭州宜家家居有限公司	杭州宜家家居有限公司
	2	杭州高庆房地产有限公司	杭州余之城生活广场
	3	杭州富阳银泰百货有限公司	银泰百货杭州富阳店
	4	杭州全程商业零售有限公司	杭州大厦 501 城市广场
	5	杭州银耀百货有限公司	银泰百货杭州文化广场店
	6	杭州利星百货集团有限公司	利星名品
	7	杭州联华华商集团有限公司	世纪联华新塘路店
	8	杭州余杭万达广场商业管理有限公司	杭州余杭万达广场
	9	杭州临平银泰百货有限公司	银泰百货杭州临平店
	10	杭州湖滨环球商业发展有限公司上城分公司	杭州湖滨银泰 in77
	11	淳安千岛湖银泰置业有限公司	千岛湖银泰城
	12	杭州联华华商集团有限公司	世纪联华丰庆路店
	13	杭州联华华商集团有限公司	世纪联华滨江江晖路店
	14	杭州联华华商集团有限公司	世纪联华江城店
	15	杭州联华华商集团有限公司	世纪联华庆春店
	16	杭州联华华商集团有限公司	世纪联华运河广场店
	17	杭州中大银泰城购物中心有限公司	银泰百货杭州中大店
	18	杭州联华华商集团有限公司	世纪联华萧山南环路店
	19	杭州联华华商集团有限公司	世纪联华航海路店
	20	浙江银泰百货有限公司	银泰百货杭州武林店
	21	杭州银泰世纪百货有限公司	银泰百货杭州庆春店
	22	杭州之江银泰商业有限公司	银泰百货之江店
	23	华润新鸿基物业管理（杭州）有限公司	杭州万象城
	24	桐庐大润发商业有限公司	桐庐大润发商业有限公司
	25	云创商业管理（杭州）有限公司临平分公司	杭州临平银泰城
	26	银泰商业管理有限公司杭州第一分公司	杭州城西银泰城
	27	浙江天虹百货有限公司	杭州天虹购物中心

续表

地市	序号	企业名称	门店名称
宁波	28	宁波佳源商业管理有限公司	银泰百货宁波镇海店
	29	宁波城市广场开发经营有限公司国购分公司	国际购物中心
	30	宁波家乐福商业有限公司北仑店	家乐福北仑店
	31	宁波奉化万达广场商业管理有限公司	宁波奉化万达广场
	32	余姚万达广场商业管理有限公司	宁波余姚万达广场
	33	宁波城市广场开发经营有限公司酷购分公司	酷购商城
	34	慈溪银泰商业管理有限公司	银泰百货宁波慈溪店
	35	银泰百货宁波鄞州有限公司	银泰百货宁波鄞州店
	36	银泰百货宁波海曙有限公司天一广场分公司	银泰百货宁波天一店
	37	慈溪爱琴海商业管理有限公司	慈溪爱琴海购物公园
	38	昆山润华商业有限公司宁波北仑分公司	大润发北仑店
温州	39	温州万达广场商业管理有限公司	温州龙湾万达广场
	40	温州万达广场商业管理有限公司平阳分公司	温州平阳万达广场
	41	浙江温州银泰百货有限公司	银泰百货温州世贸店
	42	温州市清和商业管理有限公司	乐清南虹广场
	43	浙江乐清银泰百货有限公司	银泰百货温州乐清店
	44	温州大西洋银泰城购物中心有限公司	银泰百货温州瓯海店
	45	泰顺人本超市有限公司	泰顺人本超市
嘉兴	46	平湖新城吾悦商业管理有限公司	平湖吾悦广场
	47	嘉兴经开万达广场商业管理有限公司	嘉兴龙鼎万达广场
	48	嘉善银润商业有限公司	银泰百货嘉善店
	49	嘉兴万达广场商业管理有限公司	嘉兴南湖万达广场
	50	平湖八佰伴商业管理有限公司	平湖八佰伴
湖州	51	湖州银信置业有限公司	银河城购物中心
	52	湖州银东购物中心有限公司	湖州东吴银泰百货
	53	湖州新城吾悦商业管理有限公司	湖州吾悦广场
绍兴	54	浙江万风商业集团有限公司	万风新天地购物中心
	55	浙江宜佳向阳超市有限公司	诸暨山下湖店
	56	浙江诸暨一百购物中心有限公司	诸暨第一百货
	57	浙江上百集团有限公司	万和城购物中心
金华	58	东阳市崇光百货有限公司	第一百货东阳购物中心
	59	东阳银泰城商业管理有限公司	东阳银泰城
	60	义乌银泰百货有限公司	银泰百货义乌伊美店
衢州	61	衢州市龙游东方广场商贸有限公司	龙游东方广场
	62	衢州市衢江东方广场商贸有限公司	衢江东方广场
	63	开化东方商厦有限公司	东方商厦开化购物中心
舟山	64	舟山新城凯虹广场商业管理有限公司	舟山新城凯虹广场

地市	序号	企业名称	门店名称
台州	65	温岭银泰购物中心开发有限公司	银泰百货台州温岭店
	66	仙居新城吾悦商业管理有限公司	台州仙居吾悦广场
	67	耀达集团有限公司	耀达百货大厦店
	68	台州奥特莱斯购物中心有限公司	台州奥特莱斯广场
	69	台州路桥润福商业有限公司	大润发路桥店
	70	玉环大润发商业有限公司	大润发玉环店
丽水	71	景宁万江商业管理有限公司	景宁东方江泰广场
	72	浙江江泰商业管理有限公司	江泰国际广场
	73	龙泉博思置业有限公司	龙渊新天地

2021 年浙江省新零售示范企业名单（87 家）

地市	企业名称	类型
杭州	农夫山泉股份有限公司	传统商贸零售转型升级型
	桐庐大润发商业有限公司	传统商贸零售转型升级型
	杭州高浪控股股份有限公司	线上企业布局线下新零售型
	浙江热选科技有限公司	线上企业布局线下新零售型
	杭州市艾柯塞斯品牌管理有限公司	线上线下全渠道发展型
	浙江国贸云商控股有限公司	线上线下全渠道发展型
	建德市朝美日化有限公司	线上线下全渠道发展型
	浙江艺福堂茶业有限公司	线上线下全渠道发展型
	浙江安厨大数据技术有限公司	新零售配套服务型
宁波	宁波沙马家居进出口有限公司	线上企业布局线下新零售型
	宁波咕咚创意科技有限公司	线上企业布局线下新零售型
	雅戈尔服装控股有限公司	线上线下全渠道发展型
	广博集团股份有限公司	线上线下全渠道发展型
	宁波华百汇网络科技有限公司	线上线下全渠道发展型
	宁波中哲慕尚电子商务有限公司	线上线下全渠道发展型
	宁波市宝敏瑞贸易有限公司	线上线下全渠道发展型
	宁波中哲文墨电子商务有限公司	线上线下全渠道发展型
	宁波艾优生物科技有限公司	线上线下全渠道发展型
	宁波亮剑互娱影视文化有限公司	新零售配套服务型
温州	浙江温州银泰百货有限公司	传统商贸零售转型升级型
	浙江人本超市有限公司	传统商贸零售转型升级型
	浙江舒活连锁食品有限公司	传统商贸零售转型升级型
	温州市永鲜电子商务公司	线上企业布局线下新零售型
	乐清市伊莱科电气有限公司	线上企业布局线下新零售型
	奥康国际电子商务有限公司	线上线下全渠道发展型
	温州掌尚通讯设备有限公司	线上线下全渠道发展型
	浙江童库儿童用品有限公司	线上线下全渠道发展型
	瑞安市火蝶信息科技有限公司	新零售配套服务型
	浙江国技互联信息技术有限公司	新零售配套服务型

地市	企业名称	类型
绍兴	诸暨市一百超市有限公司	传统商贸零售转型升级型
	浙江万风商业集团有限公司	传统商贸零售转型升级型
	绍兴越王珠宝有限公司	传统商贸零售转型升级型
	绍兴市智创超市有限公司	传统商贸零售转型升级型
	绍兴上虞万达广场商业管理有限公司	传统商贸零售转型升级型
	绍兴香溢投资发展有限公司	传统商贸零售转型升级型
	绍兴鹏润国美电器有限公司	传统商贸零售转型升级型
	浙江震元医药连锁有限公司	线上线下全渠道发展型
	浙江丰岛食品股份有限公司	线上线下全渠道发展型
	浙江亿田智能厨电股份有限公司	线上线下全渠道发展型
	浙江淘工供应链技术有限公司	线上线下全渠道发展型
	浙江洁丽雅电子商务有限公司	线上线下全渠道发展型
	浙江巴鲁特服饰股份有限公司	线上线下全渠道发展型
嘉兴	嘉兴八佰伴商业管理有限公司	传统商贸零售转型升级型
	浙江五芳斋实业股份有限公司	传统商贸零售转型升级型
	兔皇羊绒有限公司	传统商贸零售转型升级型
	歌斐颂食品有限公司	线上企业布局线下新零售型
	嘉兴友享食品有限公司	线上线下全渠道发展型
	浙江银座箱包有限公司	线上线下全渠道发展型
	嘉兴蔚来汽车销售服务有限公司	线上线下全渠道发展型
	嘉兴汇智软件有限公司	新零售配套服务型
湖州	湖州银东购物中心有限公司	传统商贸零售转型升级型
	农夫山泉（安吉）智能生活有限公司	线上企业布局线下新零售型
	永艺椅业科技（浙江）有限公司	线上线下全渠道发展型
	浙江永裕家居股份有限公司	线上线下全渠道发展型
	比芭（浙江）护理用品有限公司	线上线下全渠道发展型
	湖州庙港人水产有限公司	线上线下全渠道发展型
	安吉县龙威家具有限责任公司	线上线下全渠道发展型
	帕罗羊绒制品有限公司	线上线下全渠道发展型

续表

地市	企业名称	类型
台州	浙江路桥中国日用品商城股份有限公司	传统商贸零售转型升级型
	浙江方林二手车市场有限公司	传统商贸零售转型升级型
	台州华联超市有限公司	传统商贸零售转型升级型
	浙江洪福堂医药股份有限公司	传统商贸零售转型升级型
	浙江济公缘药业有限公司	传统商贸零售转型升级型
	临海市东方永安电子商务有限公司	线上企业布局线下新零售型
	浙江古茗科技有限公司	线上线下全渠道发展型
	浙江大美十网络技术有限公司	线上线下全渠道发展型
	中盛联科机电有限公司	线上线下全渠道发展型
	仙居牛选网络科技有限公司	线上线下全渠道发展型
	浙江味老大工贸有限公司	线上线下全渠道发展型
	浙江宝惠婴儿用品有限公司	线上线下全渠道发展型
	台州市保济新医药连锁有限公司	线上线下全渠道发展型
金华	浙江银泰百货（金华）有限公司	传统商贸零售转型升级型
	浙江东阳中国木雕文化博览城有限公司	传统商贸零售转型升级型
	浙江炊大王炊具有限公司	线上线下全渠道发展型
	金华虾笨网络科技有限公司	线上线下全渠道发展型
	浙江巴赫厨具有限公司	线上线下全渠道发展型
	浙江文博日用品有限公司	线上线下全渠道发展型
	浙江万鹏商贸有限公司	线上线下全渠道发展型
	浙江金指数投资管理股份有限公司	线上线下全渠道发展型
衢州	龙游不亦乐乎电子商务有限公司	线上企业布局线下新零售型
	赢家时尚（江山）电子商务有限公司	线上线下全渠道发展型
	浙江艾佳果蔬开发有限责任公司	线上线下全渠道发展型
	浙江江山健康蜂业有限公司	线上线下全渠道发展型
	浙江吉恒家具有限公司	线上线下全渠道发展型
	衢州三衢味品牌发展有限公司	线上线下全渠道发展型
丽水	浙江百兴食品有限公司	线上线下全渠道发展型
舟山	浙江冠素堂食品有限公司	传统商贸零售转型升级型

浙江省商务厅公布 2021 年电子商务
进农村综合示范县名单

一、农村电商基础较好的县（市）

温岭市、苍南县、平湖市、桐庐县、德清县、龙泉市、青田县、仙居县、兰溪市、新昌县、东阳市

二、国务院典型激励县

瑞安市

浙江省数字生活新服务工作联席会议办公室发布
首批浙江省数字生活新服务先行市、样板县名单

先行市：杭州市、湖州市

样板县：杭州市上城区、杭州市萧山区、桐庐县、宁波市海曙区、宁波市鄞州区、温州市瓯海区、湖州市南浔区、德清县、长兴县、诸暨市、衢州市衢江区、常山县、仙居县、丽水市莲都区

浙江省商务厅公布 2021 年度浙江省数字生活新服务样板县创建专项激励名单

杭州市：上城区、萧山区、桐庐县

温州市：瓯海区、瑞安市

湖州市：吴兴区、南浔区、德清县、安吉县

嘉兴市：嘉善县、桐乡市

绍兴市：诸暨市

金华市：浦江县

衢州市：衢江区、江山市、常山县

台州市：椒江区、仙居县

丽水市：莲都区、遂昌县

浙江省数字生活新服务工作联席会议办公室公布

浙江省数字生活新服务特色镇名单

地市	县（市、区）	镇（乡、街道）	创建领域
杭州	上城区	湖滨街道	数字出行
		钱塘智慧城	数字商贸
	拱墅区	天水街道	数字商贸、数字出行
	西湖区	翠苑街道	数字商贸
	滨江区	长河街道	数字出行、数字健康
	萧山区	所前镇	数字政务
		瓜沥镇	数字政务、数字学习
	余杭区	余杭街道	数字商贸、数字文旅
	临平区	星桥街道	数字政务
	富阳区	东洲街道	数字政务
	临安区	太湖源镇	数字政务、数字文旅
	桐庐县	莪山乡	数字政务、数字教育
		分水镇	数字政务
	淳安县	枫树岭镇	数字政务
	建德市	梅城镇	数字文旅
宁波	海曙区	古林镇	数字政务
		集士港镇	数字商贸
	镇海区	九龙湖镇	数字文旅
	北仑区	春晓街道	数字文旅
	鄞州区	姜山镇	数字政务
		东吴镇	数字健康
温州	瓯海区	新桥街道	数字商贸
		娄桥街道	数字商贸
	瑞安市	安阳街道	数字商贸
		玉海街道	数字商贸
		曹村镇	数字文旅

地市	县（市、区）	镇（乡、街道）	创建领域
湖州	吴兴区	爱山街道	数字商贸、数字政务、数字社区
		织里镇	数字商贸、数字政务
	南浔区	南浔镇	数字商贸、数字文旅、数字健康、数字社区
		菱湖镇	数字政务、数字农业、数字健康
	德清县	莫干山镇	数字商贸、数字出行、数字文旅
		新市镇	数字商贸、数字文旅、数字健康
	长兴县	李家巷镇	数字商贸
		吕山乡	数字政务、数字商贸
	安吉县	昌硕街道	数字商贸
		灵峰街道	数字文旅
嘉兴	嘉善县	罗星街道	数字商贸
		西塘镇	数字文旅
		姚庄镇	数字文旅
	桐乡市	梧桐街道	数字商贸、数字政务
		濮院镇	数字商贸
绍兴	越城区	塔山街道	数字商贸
	柯桥区	华舍街道	数字商贸
	上虞区	百官街道	数字商贸
	新昌县	镜岭镇	数字文旅
	诸暨市	山下湖镇	数字商贸
		大唐街道	数字商贸
金华	婺城区	新狮街道	数字商贸
		西关街道	数字商贸
	浦江县	蒲南街道	数字文旅
		黄宅镇	数字文旅
衢州	衢江区	廿里镇	数字政务
		杜泽镇	数字商贸
	龙游县	溪口镇	数字商贸
	江山市	贺村镇	数字商贸
		虎山街道	数字商贸
	常山县	青石镇	数字商贸、数字文旅、数字健康、数字政务
		球川镇	数字政务、数字商贸

续表

地市	县（市、区）	镇（乡、街道）	创建领域
台州	椒江区	葭沚街道	数字商贸、数字学习、数字出行、数字文旅、数字健康、数字政务
		海门街道	数字商贸、数字健康、数字政务
	黄岩区	南城街道	数字商贸、数字学习、数字出行、数字文旅、数字健康、数字政务
		院桥镇	数字商贸、数字文旅、数字政务
	路桥区	路北街道	数字商贸
	临海市	古城街道	数字商贸、数字学习、数字出行、数字文旅、数字健康、数字政务
		杜桥镇	数字商贸、数字学习、数字出行、数字文旅、数字健康、数字政务
	温岭市	城北街道	数字商贸
		坞根镇	数字文旅
	玉环市	楚门镇	数字商贸、数字学习、数字出行、数字文旅、数字健康、数字政务
	天台县	白鹤镇	数字商贸、数字文旅、数字政务
	仙居县	白塔镇	数字出行、数字文旅
		安洲街道	数字商贸、数字学习、数字出行、数字健康
	三门县	海游街道	数字商贸、数字出行
	台州湾新区	三甲街道	数字商贸、数字学习、数字出行、数字文旅、数字健康、数字政务
舟山	嵊泗县	嵊山镇	数字文旅
		菜园镇	数字文旅
	定海区	双桥街道	数字商贸
		干览镇	数字商贸
丽水	莲都区	碧湖镇	数字健康
		大头港镇	数字文旅
	遂昌县	胡山乡	数字文旅
		妙高街道	数字商贸

注：排名不分先后。

2021 年度浙江跨境电商出口知名品牌名单

（排名不分先后）

序号	出口品牌名称	企业名称（中文）	地市
1	WORKPRO	杭州巨星科技股份有限公司	杭州
2	Grand Patio	杭州中艺实业股份有限公司	杭州
3	wantdo	杭州安致电子商务股份有限公司	杭州
4	RANDALL	杭州瑞丰汉艺纺织品有限公司	杭州
5	Sunon	圣奥科技股份有限公司	杭州
6	Central Park	杭州旺尚家纺有限公司	杭州
7	JOYOUNG	杭州九阳小家电有限公司	杭州
8	Frap	杭州富瑞浦电子商务有限公司	杭州
9	GAPPO	杭州富瑞浦电子商务有限公司	杭州
10	BOURINA	浙江宏都寝具有限公司	杭州
11	HILAND	久祺股份有限公司	杭州
12	KUKA	顾家家居股份有限公司	杭州
13	RELIFE	杭州镇涵运动器材有限公司	杭州
14	KMC	杭州凯特电器有限公司	杭州
15	Dellytop	浙江子不语电子商务有限公司	杭州
16	Runcati	浙江子不语电子商务有限公司	杭州
17	Imily Bela	浙江子不语电子商务有限公司	杭州
18	HORUSDY	杭州圣德义塑化机电有限公司	杭州
19	BOTTLE BOTTLE	浙江同富特美刻家居用品股份有限公司	杭州
20	Goodyo	杭州谷优进出口有限公司	杭州
21	Hi-Spec	杭州山姆进出口有限公司	杭州
22	Easeland	浙江爱斯基摩人科技有限公司	杭州
23	SPECIAL MAGIC	杭州翔天供应链管理有限公司	杭州
24	EPICORD	建德市勇华电器有限公司	杭州
25	TEKAMON	杭州星阳商贸有限公司	杭州
26	PAWZ Road	杭州宠恒电子商务有限公司	杭州
27	Mostplus	杭州均冠信息技术有限公司	杭州
28	SY COMPACT	建德市天时伞业有限公司	杭州

续表

序号	出口品牌名称	企业名称（中文）	地市
29	XCAN	杭州旭川贸易有限公司	杭州
30	hanflor	杭州瀚亨实业有限公司	杭州
31	Flexispot	乐歌人体工学科技股份有限公司	宁波
32	HOMCOM	遨森电子商务股份有限公司	宁波
33	OUTSUNNY	遨森电子商务股份有限公司	宁波
34	costway	宁波豪雅进出口集团有限公司	宁波
35	deli	宁波得力进出口有限公司	宁波
36	TRUSTECH	宁波东曜电器有限公司	宁波
37	ATEM POWER	浙江威路越野汽车用品有限公司	宁波
38	SAN HIMA	浙江威路越野汽车用品有限公司	宁波
39	EUDEMON	宁波市攸曼儿童防护用品有限公司	宁波
40	X-BULL	宁波特甘仕贸易有限公司	宁波
41	NATUREHIKE	宁波市有思有行国际贸易有限公司	宁波
42	GIGALUMI	宁波黑米信息科技有限公司	宁波
43	Timechee	浙江天齐国际贸易集团有限公司	宁波
44	U MAX	宁波优远进出口有限公司	宁波
45	OC Orange-Casual	宁波欧陆创意家居有限公司	宁波
46	DAPU	宁波明舟进出口有限公司	宁波
47	iRest	浙江豪中豪健康产品有限公司	温州
48	VLAND	浙江鼎韵信息技术有限公司	温州
49	ZOY	中源家居股份有限公司	湖州
50	NOBLELIFT	诺力智能装备股份有限公司	湖州
51	Portal	浙江泰普森实业集团有限公司	湖州
52	BUGAO	浙江中山化工集团股份有限公司	湖州
53	MIZUDA	浙江美欣达纺织印染科技有限公司	湖州
54	Volkslift Schindler	沃克斯迅达电梯有限公司	湖州
55	VANBOW	安吉万宝智能家居科技有限责任公司	湖州
56	Yose Power	长兴德立科技有限公司	湖州
57	NEWCOM	新秀集团有限公司	嘉兴
58	OROLAY	嘉兴子驰贸易有限公司	嘉兴
59	+MD	华尔科技集团股份有限公司	嘉兴
60	FKG	嘉兴福可吉精密机械有限公司	嘉兴
61	E ENERGETIC LIGHTING	浙江阳光照明电器集团股份有限公司	绍兴
62	JINCHAN	浙江金蝉布艺股份有限公司	绍兴
63	MIULEE	绍兴沐澜贸易有限公司	绍兴
64	Subrtex	浙江元一家居用品集团有限公司	绍兴
65	Deconovo	浙江沐家家居科技股份有限公司	绍兴
66	LOVE STORY	嵊州市恒丰工艺品有限公司	绍兴
67	Crown	皇冠投资集团有限公司	金华
68	Flashforge	浙江闪铸三维科技有限公司	金华
69	GALAX PRO	浙江开创电气股份有限公司	金华

序号	出口品牌名称	企业名称（中文）	地市
70	TECHSPORT	浙江天鑫运动器材有限公司	金华
71	WDF	金华万得福日用品股份有限公司	金华
72	CaROTE	浙江卡罗特工贸公司	金华
73	CHICIO	永康骑客智能科技有限公司	金华
74	Giraffe Tools	永康市海力实业有限公司	金华
75	Ohuhu	义乌市千岸电子商务有限公司	金华
76	Maxlander	浙江三锋实业股份公司	金华
77	ROCKBROS	义乌洛克体育用品有限公司	金华
78	Adisputent	义乌夏歌信息科技有限公司	金华
79	8seasons	义乌夏歌信息科技有限公司	金华
80	ELC	龙游华润旅游用品有限公司	衢州
81	INTENERGY&PERLIGHT	浙江瀚辰创新科技发展有限公司	台州
82	bison	台州市椒江柏森机械有限公司	台州
83	MRCM	浙江美日智能装备有限公司	台州
84	V&G	浙江华龙巨水科技股份有限公司	台州
85	Abba Patio	浙江正特股份有限公司	台州
86	IUNNDS	浙江康莱宝体育用品股份有限公司	台州
87	SOJOY	浙江新族汽车用品股份公司	台州
88	DikaSun	浙江明丰实业股份有限公司	台州
89	HYNAWIN	浙江海纳云集电子商务有限公司	台州

浙江省电子商务工作领导小组办公室公布
2021—2022 年度重点培育电商平台企业

（共 132 家，排名不分先后）

一、综合性电商平台企业（20 家）

杭州联华华商集团有限公司（联华鲸选）

浙江银泰百货有限公司（喵街银泰 APP）

浙江国美电器有限公司（真快乐 APP）

杭州时趣信息技术有限公司（蘑菇街）

浙江格家网络技术有限公司（斑马会员）

物产中大云商有限公司（物产生活）

杭州网易严选贸易有限公司（网易严选）

无线生活（杭州）信息科技有限公司（微店）

浙江集享电子商务有限公司（云集）

浙江天猫技术有限公司（天猫）

杭州盒马网络科技有限公司（盒马鲜生）

好衣库（杭州）网络科技有限公司（好家云店）

宁波中基惠通集团股份有限公司（中基惠通外贸综合服务平台）

浙江唯品会电子商务有限公司（唯品会）

浙江农信互联电子商务有限公司（农信商城）

浙江义乌购电子商务有限公司（义乌购）

义乌绿禾电子商务有限公司（绿禾网）

浙江舟山国际农产品贸易中心有限公司（"远洋云 +"供应链服务平台）

仙居牛选网络科技有限公司（仙居牛选）

浙江顺联网络科技有限公司（顺联动力）

二、跨境电商平台企业（13 家）

杭州顺为合创信息科技有限公司（VTN）

阿里巴巴（中国）网络技术有限公司（全球速卖通）

杭州联络互动信息科技股份有限公司（Newegg、TTCHIC）

杭州集酷信息技术有限公司（KiKUU）

浙江保宏境通供应链管理有限公司（保宏境通）

遨森电子商务股份有限公司（AOSOM.COM）

乐歌人体工学科技股份有限公司（flexispot）

海库（温州）供应链管理有限公司（HKECM）

浙江妮素网络科技股份有限公司（唯妮海购）

浙江出海数字技术有限公司（出海智投）

台州市海猫科技有限公司（海猫跨境）

浙江领聚数字技术有限公司（领聚云）

浙江聚秀网络科技有限公司（聚立方）

三、农村农产品电商平台企业（20 家）

宁波海上鲜信息技术有限公司（海上鲜交易平台）

宁波瓜瓜农业科技有限公司（美菜商城）

温州市永鲜电子商务有限公司（永鲜社区团购平台）

浙江润物网络科技有限公司（婆婆妈妈生活网）

瑞安市好派多农业科技有限公司（好派多网上菜场）

浙江愚公生态农业发展有限公司（E 桌美味）

长兴元素农业发展有限公司（长兴鲜）

绍兴越淘网络技术有限公司（越淘网）

金华虾笨网络科技有限公司（"虾笨鲜生"互联网生鲜商城）

金华微乐电子商务有限公司（微乐园）

浙江宗泰农业发展股份有限公司（龙游飞鸡）

浙江城城联电子商务有限公司（城城联电商平台）

舟山市晨民蔬菜配送有限公司（晨民配送）

浙江厚米农业发展有限公司（厚米生活）

台州家门口无人菜场配送科技有限公司（无人菜场）

台州石塘小鱼村电子商务有限公司（浙东石塘小鱼村）

临海市东方永安电子商务有限公司（大田公社）

浙江赶街电子商务有限公司（赶街网）

浙江赶街电子商务有限公司（赶街村货）

龙泉市银启电子商务有限公司（龙泉农产品供销 e 城）

四、服务业电商平台企业（29 家）

咪咕数字传媒有限公司（咪咕阅读）

杭州新东方培训学校有限公司（新东方杭州学校微服务）

三替集团有限公司（三替好生活）

浙江生活三六五集团有限公司（96365 生活服务平台）

宁波联合天易通信息技术有限公司（天易通）

宁波世贸通国际贸易有限公司（世贸通外贸及跨境电商综合服务平台）

浙江吉博教育科技有限公司（麦能网）

宁波易到互联科技有限公司（啾啾救援）

宁波宁电南方国际贸易有限公司（宁电云）

浙江易港通电子商务有限公司（宁波舟山港电商平台）

宁波佳联网络科技有限公司（测库）

宁波小遛共享信息科技有限公司（小遛共享）

宁波虫家网络科技有限公司（小 6 买菜）

浙江易辰物流科技有限公司（国内物流网零担豹）

温州红秀招信息科技有限公司（红秀招 APP）

浙江天畅智运科技有限公司（"天畅智运"智慧物流平台）

湖州百驴旅游科技有限公司（百驴旅游）

浙北大厦集团有限公司（浙北汇生活）

浙江新绿传媒科技有限公司（游视界网）

嘉兴聚水潭电子商务有限公司（聚水潭 SaaS ERP）

浙江横店影视城有限公司（横店"智慧旅游"）

衢州市桔子花开商贸有限公司（桔子花开云团）

江山找块田电子商务有限公司（小白菇）

驰骋控股集团股份有限公司（萝卜白菜）

衢州蜂窝电子商务有限公司（乡村鲜生）

舟山大舟网络科技股份有限公司（大舟山）

舟山市高通智能信息技术有限公司（云商舟山）

金网运物流科技（舟山）有限公司（驮鸟物流平台）

台州市奥尚科技有限公司（奥尚 e 生活社区联盟服务平台）

五、行业及垂直电商平台企业（43 家）

杭州微拍堂文化创意有限公司（微拍堂）

开望（杭州）科技有限公司（亲宝宝）

浙江金扇子网络科技有限公司（开元官网、开元悦选、扇子商旅等）

顾家家居股份有限公司（顾家官方商城）

杭州次元岛科技有限公司（魔筷星选）

杭州捷配信息科技有限公司（捷配）

华东医药股份有限公司（华东医药商务网杭州）

浙江英特药业有限责任公司（英特药谷）

杭州洋驼网络科技有限公司（海拍客）

浙江华瑞信息资讯股份有限公司（中国化纤信息网、中国棉纺织信息网、华瑞国际网、石化资讯网）

浙江珍诚医药在线股份有限公司（zc511）

浙江网塑电子商务股份有限公司（浙江塑料城网上交易市场）

得力集团有限公司（集什商城）

宁波搜布信息科技有限公司（搜布网）

浙江捷贸通电子商务有限公司（找煤网）

浙江海派医药有限公司（海派医药网(www.zjhpyy.com)/ 海派医药 APP）

浙江东经科技股份有限公司（东经易网 APP）

浙江通通科技有限公司（童库网(www.tkvip.com）/ 童库 APP）

瑞安市易达网络科技有限公司（易达购商城）

浙江双琪电子商务有限公司（八米网）

浙江湖州永翼实业有限公司（淘淘猫童装电商平台）

湖州大风车网络科技有限公司（大风车商城）

浙江兔宝宝易采网络科技有限公司（云兔易采）

浙江欧诗漫集团有限公司（易妆网）

天能电池集团有限公司（小电驴商城）

安吉星号电子商务有限公司（安吉购）

浙江金蚕网供应链管理有限公司（金蚕网）

平湖相伴宝产业链信息科技有限公司（相伴宝产业互联网）

海宁中国皮革城网络科技有限公司（皮城云批、皮城会员）

肉掌门网络科技有限公司（肉掌门）

浙江优艾电子商务有限公司（优艾城）

浙江红狮供应链管理有限公司（红狮 MRO 商城）

东阳花园红木家具开发有限公司（花园购）

浙江汉固达网络信息技术有限公司（汉固达）

浙江宏伟供应链集团股份有限公司（天马平台）

浙江巨化信息技术有限公司（中国化工云商网）

浙江实达实工业购科技有限公司（实达实·工业购）

浙江艾美家居有限公司（SaaS 睿售平台）

浙江东阁电子商务有限公司（东阁钢铁网dggtw.com）

森森集团股份有限公司（森森之家 APP）

温岭市鼎轩网络技术有限公司（刀具联盟）

三门联捷电子股份有限公司（易联购）

龙泉市剑瓷产业发展有限公司（龙泉青瓷宝剑商城）

六、专业市场 O2O 融合平台企业（7 家）

温州进口商品贸易港有限公司（全球商贸港）

浙江汇超网络科技有限公司（浙江汇超）

长兴网库信息技术有限公司（中国化纤布产业网）

浙江网联毛衫汇科技股份有限公司（毛衫汇）

浙江中国轻纺城网络有限公司（全球纺织网/网上轻纺城）

衢州东方粮食电商产业园运营有限公司（东方网上粮食市场）

浙江浙南茶叶市场有限公司电子商务分公司（浙南茶叶市场网上商城）

2021年度省级直播电商基地名单

序号	地市	基地名称	运营单位
1	杭州	现代优选直播电商基地	杭州现代数字科技有限公司
2	杭州	遥望直播电商产业园	杭州绿岸商业服务有限公司
3	杭州	财通直播文化产业园	浙江生命制药有限公司
4	杭州	星汇直播基地	杭州平定投资有限公司
5	宁波	宁波民和电商直播基地	宁波亮剑互娱影视文化有限公司
6	宁波	宁波智尚国际服装产业园直播基地	宁波嘉乐投资控股有限公司
7	宁波	鄞州大学生创业园直播基地	宁波鄞州鄞创大学生创业园管理有限公司
8	宁波	宁波抖音电商直播基地	浙江九点星悦数字产业发展有限公司
9	温州	浙瓯直播基地	浙瓯文化传媒有限公司
10	湖州	顾奈直播基地	湖州顾奈品牌管理有限公司
11	湖州	悦米直播基地	君越企业管理咨询（湖州）有限公司
12	湖州	水晶晶南浔直播基地	湖州南浔常裕科创产业发展有限公司
13	嘉兴	飞逊电商直播基地	浙江飞逊科技有限公司
14	嘉兴	濮院轻纺城直播基地	嘉兴市濮院轻纺城网络科技有限公司
15	绍兴	华东国际珠宝城珍珠产业电商直播基地	诸暨华东国际珠宝城有限公司
16	绍兴	星达汇直播基地	浙江星达汇电子商务有限公司
17	绍兴	浙江多看看直播基地	浙江多看看信息技术有限公司
18	金华	恒大电商直播基地	金华西岸传媒有限公司
19	金华	佳钓尼网红垂钓直播基地	金华市美晨商贸有限公司
20	金华	美联荟直播基地	浙江美联荟电商园运营管理
21	衢州	中国TOP直播电商产业园龙游基地	浙江广电集团
22	衢州	江山市直播电商基地	江山市一诺网络科技有限公司
23	台州	星星直播	星星电子商务发展有限公司
24	台州	执到宝传媒	台州力求力贸易有限公司
25	台州	杰毅直播	台州杰毅网络科技有限公司
26	丽水	丽水数字经济双创园	丽水数梦产业运营有限公司

2021 年度"浙江出口名牌"名单

总序号	行业序号	出口品牌名称	企业全称（中文）	属地	新增/复核
			机械电子		
1	1	HILAND	久祺股份有限公司	杭州上城区	新增
2	2	WINMAXTOOLSAUTOMOTIVE	杭州伟图科技开发有限公司	杭州萧山区	新增
3	3	德萨 DELSRH	浙江铁流离合器股份有限公司	杭州临平区	新增
4	4	AQUILA 游艇 AQUILA YACHTS	杭州华鹰游艇有限公司	杭州富阳区	新增
5	5	杭叉 HANGCHA	杭叉集团股份有限公司	杭州临安区	新增
6	6	蓝野 Runyes	宁波蓝野医疗器械有限公司	宁波江北区	新增
7	7	LITESUN	宁波利特舜电气有限公司	宁波余姚市	新增
8	8		宁波思明汽车科技股份有限公司	宁波海曙区	新增
9	9	鼎业 DINGYE	浙江鼎业机械设备有限公司	温州瓯海区	新增
10	10	合兴 CWB	合兴汽车电子股份有限公司	温州乐清市	新增
11	11	汉博 ABORN	浙江汉博汽车传感器有限公司	温州瑞安市	新增
12	12	欧维克 OVK	欧维克集团有限公司	温州永嘉县	新增
13	13	科福龙 KOFLOW	科福龙阀门集团有限公司	温州永嘉县	新增
14	14	新德宝 NewTop	浙江新德宝机械有限公司	温州平阳县	新增
15	15	LT	温州蓝天能源科技股份有限公司	温州经开区	新增
16	16	威泰 WEITAI	浙江威泰汽配有限公司	湖州长兴县	新增
17	17	泛邦照明 FANBOR	长兴泛亚照明电器有限公司	湖州长兴县	新增
18	18	ED	浙江中力进出口有限公司	湖州安吉县	新增
19	19	佑美 UMAY	浙江荣顺科技有限公司	金华金东区	新增
20	20	诺和 NOVAWINCH	浙江诺和机电股份有限公司	金华开发区	新增
21	21	makute	永康市晓诚电器有限公司	金华永康市	新增
22	22	巴萨格 Berserker	浙江德硕科技股份有限公司	金华永康市	新增
23	23	立久佳 LIJIUJIA	浙江立久佳运动器材有限公司	金华永康市	新增
24	24	clever	凯丰集团有限公司	金华永康市	新增
25	25	天鹰 TEYIN	浙江天鹰机车有限公司	台州路桥区	新增
26	26	凌本 LINGBEN	浙江铃本机电有限公司	台州路桥区	新增
27	27	光陆 GUANGLU	光陆机电有限公司	台州温岭市	新增
28	28	MARKERS	浙江青霄科技股份有限公司	台州温岭市	新增
29	29	广涛	浙江广涛卫厨有限公司	台州温岭市	新增
30	30	unicorn add autoparts	浙江正裕工业股份有限公司	台州玉环市	新增

总序号	行业序号	出口品牌名称	企业全称（中文）	属地	新增／复核
31	31	Chaoqian	浙江超前通信科技股份有限公司	台州天台县	新增
32	32	欧凯 OKAI	浙江欧凯车业有限公司	丽水缙云县	新增
33	33	海康威视 HIKVISION	杭州海康威视数字技术股份有限公司	杭州滨江区	复核
34	34	士兰 Silan	杭州士兰微电子股份有限公司	杭州滨江区	复核
35	35	SHINING 3D	先临三维科技股份有限公司	杭州萧山区	复核
36	36	JohnTools	杭州一楠五金工具有限公司	杭州余杭区	复核
37	37	HAMATON	万通智控科技股份有限公司	杭州临平区	复核
38	38	鸿世 SWE	杭州鸿世电器股份有限公司	杭州富阳区	复核
39	39	方园 FANGYUAN	杭州方圆塑机股份有限公司	杭州富阳区	复核
40	40	云泰克 WINTECH RACING	浙江华鹰控股集团有限公司	杭州富阳区	复核
41	41	美科斯 maximal	海斯特美科斯叉车（浙江）有限公司	杭州富阳区	复核
42	42	天屹牌 TIANYI	浙江万马天屹通信线缆有限公司	杭州临安区	复核
43	43	固特好 GOLDHORN	杭州天恒机械有限公司	杭州临安区	复核
44	44	亿太诺 E·MC	浙江亿太诺气动科技有限公司	宁波奉化区	复核
45	45	新乐 Xinle	宁波新乐电器有限公司	宁波奉化区	复核
46	46	海歌 HEIGER	宁波海歌电器有限公司	宁波慈溪市	复核
47	47	奥博尔 aoboer	宁波奥博尔电器有限公司	宁波慈溪市	复核
48	48	环驰 HCH	环驰轴承集团有限公司	宁波慈溪市	复核
49	49	CIE	宁波慈溪进出口控股有限公司	宁波慈溪市	复核
50	50	吉盛 AGSUN	宁波吉盛电器有限公司	宁波慈溪市	复核
51	51	公牛 GONGNIU	公牛集团股份有限公司	宁波慈溪市	复核
52	52	更新 KINSING	宁波更新电器实业有限公司	宁波慈溪市	复核
53	53	慈星 CIXING	宁波慈星股份有限公司	宁波慈溪市	复核
54	54	华裕 HUAYU	华裕电器集团有限公司	宁波慈溪市	复核
55	55	凯迪利 Kedly	宁波凯迪利电器有限公司	宁波慈溪市	复核
56	56	赛耐比 SNAPPY	宁波赛耐比光电科技有限公司	宁波高新区	复核
57	57	贝士达 NBBEST	慈溪市贝士达电动工具有限公司	宁波杭州湾新区	复核
58	58	辰佳 CHANGER	宁波辰佳电器有限公司	宁波杭州湾新区	复核
59	59	方太 FOTILE	宁波方太厨具有限公司	宁波杭州湾新区	复核
60	60	宁波 NB	宁波水表（集团）股份有限公司	宁波江北区	复核
61	61	恒达高 EF	宁波恒达高智能科技股份有限公司	宁波鄞州区	复核
62	62	木子 Muzi	宁波李氏实业有限公司	宁波鄞州区	复核
63	63	富贵家 RICHOME	宁波华彩电器有限公司	宁波鄞州区	复核
64	64	欣达 XINDA	宁波欣达（集团）有限公司	宁波都州区	复核
65	65	江丰 KFMI	宁波江丰电子材料股份有限公司	宁波余姚市	复核
66	66	丰茂 FED	浙江丰茂科技股份有限公司	宁波余姚市	复核
67	67	天瑞 TALLER	宁波天瑞电器有限公司	宁波余姚市	复核
68	68	奥晟 AOSHENG	宁波奥晟机械有限公司	宁波余姚市	复核
69	69	富佳 FURJA	宁波富佳实业股份有限公司	宁波余姚市	复核
70	70	灏钻 HIDROTEK	宁波灏钻科技有限公司	宁波镇海区	复核
71	71	福特	宁波福特继电器有限公司	宁波海曙区	复核

续表

总序号	行业序号	出口品牌名称	企业全称（中文）	属地	新增/复核
72	72	东海 DHDONGHAI DH	宁波东海集团有限公司	宁波海曙区	复核
73	73	博菱 BORINE	宁波博菱电器股份有限公司	宁波北仑区	复核
74	74	华联 HUALIAN	华联机械集团有限公司	温州瓯海区	复核
75	75	CZT	温州意华接插件股份有限公司	温州乐清市	复核
76	76	VECAS	温州华嘉电器有限公司	温州乐清市	复核
77	77	常安 Chanan	常安集团有限公司	温州乐清市	复核
78	78	SORL	瑞立集团瑞安汽车零部件有限公司	温州瑞安市	复核
79	79	伯特利科技 BOTELI	浙江伯特利科技股份有限公司	温州永嘉县	复核
80	80	球豹 QIUBAO	球豹阀门有限公司	温州永嘉县	复核
81	81	益坤 YIKUN	温州益坤电气股份有限公司	温州平阳县	复核
82	82	利浦尔 Liper	浙江利浦尔照明科技股份有限公司	温州经开区	复核
83	83	越球 YUEQIU	湖州越球电机有限公司	湖州南浔区	复核
84	84	森赫 SRH	森赫电梯股份有限公司	湖州南浔区	复核
85	85	美高 MAXGE	美高电气科技有限公司	湖州德清县	复核
86	86	长虹	安吉长虹制链有限公司	湖州安吉县	复核
87	87	昱能 Apsystems	昱能科技股份有限公司	嘉兴南湖区	复核
88	88	CSB	浙江长盛滑动轴承股份有限公司	嘉兴嘉善县	复核
89	89	ZOB	浙江双飞无油轴承股份有限公司	嘉兴嘉善县	复核
90	90	天通 TDG	天通控股股份有限公司	嘉兴海宁市	复核
91	91	永泰隆	浙江永泰隆电子股份有限公司	嘉兴桐乡市	复核
92	92	豪庭灯饰 HT	浙江豪庭灯饰有限公司	嘉兴桐乡市	复核
93	93	京马 JEAMO	京马电机有限公司	嘉兴桐乡市	复核
94	94	TBM	浙江双鸟机械有限公司	绍兴嵊州市	复核
95	95	XCc	浙江五洲新春集团股份有限公司	绍兴新昌县	复核
96	96	SLING	浙江斯菱汽车轴承股份有限公司	绍兴新昌县	复核
97	97	SHENGYANG-FORTREX	浙江盛洋科技股份有限公司	绍兴越城区	复核
98	98	晨辉 CH	晨辉光宝科技股份有限公司	绍兴上虞区	复核
99	99	盛虎 SHENG HU	金华亚虎工具有限公司	金华金东区	复核
100	100	百途 BD	浙江华丰电动工具有限公司	金华金东区	复核
101	101	今飞无	浙江今飞凯达轮毂股份有限公司	金华开发区	复核
102	102	波速尔 BSE	浙江波速尔运动器械有限公司	金华武义县	复核
103	103	KXD	浙江硕智工贸股份有限公司	金华武义县	复核
104	104	RFZ	浙江阿波罗运动科技股份有限公司	金华武义县	复核
105	105	X-tai	浙江天泰机械有限公司	金华武义县	复核
106	106	KYT	永康市开源动力工具有限公司	金华永康市	复核
107	107	PIGEON	正阳科技股份有限公司	金华永康市	复核
108	108	TOPSUN	浙江中坚科技股份有限公司	金华永康市	复核
109	109	<ED00	浙江星月实业有限公司	金华永康市	复核
110	110	开山 KAISHAN	开山控股集团股份有限公司	衢州智造新城	复核
111	111	尤尼威 UNIV	浙江尤尼威机械有限公司	衢州智造新城	复核
112	112	新西帝 CCT	浙江龙游新西帝电子有限公司	衢州龙游县	复核

总序号	行业序号	出口品牌名称	企业全称（中文）	属地	新增/复核
113	113	森森 SUNSUIN	森森集团股份有限公司	舟山定海区	复核
114	114	龙源四方 SIFANG	浙江龙源四方机械设备制造有限公司	舟山定海区	复核
115	115	宝宇 BAOYU	浙江宝宇缝纫机股份有限公司	台州椒江区	复核
116	116	欧森 OUSEN	浙江欧森机械有限公司	台州椒江区	复核
117	117	信质 XINZHI	长鹰信质科技股份有限公司	台州椒江区	复核
118	118	德库玛 DKM	西诺控股集团有限公司	台州黄岩区	复核
119	119	凯华 Kaihua	浙江凯华模具有限公司	台州黄岩区	复核
120	120	绿田 Lutian	绿田机械股份有限公司	台州路桥区	复核
121	121	永源 JONWAY	永源集团有限公司	台州路桥区	复核
122	122	安露 ANLU	浙江安露清洗机有限公司	台州路桥区	复核
123	123	亿利达 YILIDA	浙江亿利达风机股份有限公司	台州路桥区	复核
124	124	富士特 FST	富士特有限公司	台州路桥区	复核
125	125	丰收 HARVEST	浙江三鸥机械股份有限公司	台州路桥区	复核
126	126	科马动力 KEMAGE	浙江科马动力机械有限公司	台州路桥区	复核
127	127	BAOLIGHTEN	浙江宝利特新能源股份有限公司	台州温岭市	复核
128	128	跃岭	浙江跃岭股份有限公司	台州温岭市	复核
129	129	颐顿 eDON	浙江颐顿机电有限公司	台州温岭市	复核
130	130	佳迪 JD	台州佳迪泵业有限公司	台州温岭市	复核
131	131	五福 WUFU	浙江瑞丰五福气动工具有限公司	台州温岭市	复核
132	132	博民	浙江博民机电股份有限公司	台州玉环市	复核
133	133	塔罗斯 Talos	塔罗斯科技股份有限公司	台州玉环市	复核
134	134	西格迈 CNXGM	西格迈股份有限公司	台州三门县	复核
135	135	欧林达 OLINDA	台州航宇塑胶有限公司	台州湾新区	复核
136	136	凯锋 KUNFUN	台州凯锋塑钢有限公司	台州湾新区	复核
137	137	吉鑫祥 GO0DSENSE	浙江吉鑫祥叉车制造有限公司	台州湾新区	复核
138	138	dragonfly	浙江万维机械有限公司	丽水缙云县	复核
139	139	山蒲	浙江山蒲照明电器有限公司	丽水缙云县	复核
140	140	华洋	浙江华洋赛车股份有限公司	丽水缙云县	复核
纺织服装					
141	1	Central Park	杭州旺尚家纺有限公司	杭州萧山区	新增
142	2	奥华 AOHUA	杭州奥华纺织有限公司	杭州萧山区	新增
143	3	格兰贝恩 Globon	浙江三星羽绒股份有限公司	杭州萧山区	新增
144	4	KELIDA	杭州柯力达家纺有限公司	杭州余杭区	新增
145	5	琪瑶 Qiyao	杭州琪瑶纺织有限公司	杭州临平区	新增
146	6	SING-RUI	温州森瑞国际贸易有限公司	温州龙湾区	新增
147	7	Kelly Clark	浙江全美服装科技集团有限公司	湖州吴兴区	新增
148	8	谱拉歌世 POLAR GOOSE	谱拉歌世服饰有限公司	湖州南浔区	新增
149	9	柯兰宝 CORANBO	浙江辰鸿纺织品科技股份有限公司	湖州德清县	新增
150	10	KING	浙江凯瑞博科技有限公司	湖州长兴县	新增
151	11	王金	浙江王金非织造布有限公司	湖州长兴县	新增
152	12	舒可奇	浙江优全护理用品科技股份有限公司	湖州长兴县	新增

续表

总序号	行业序号	出口品牌名称	企业全称（中文）	属地	新增/复核
153	13	长兴宏峰	浙江宏峰科技股份有限公司	湖州长兴县	新增
154	14	梦迪 MENGDI	梦迪集团有限公司	嘉兴南湖区	新增
155	15	欧美来 AUMERRY	浙江欧美来纺织科技有限公司	嘉兴桐乡市	新增
156	16	LZM	浙江蓝之梦纺织有限公司	金华兰溪市	新增
157	17	华鼎锦纶 Huading	义乌华鼎锦纶股份有限公司	金华义乌市	新增
158	18	夜光明股份 YGM	浙江夜光明光电科技股份有限公司	台州湾新区	新增
159	19	ZFC	浙江省粮油食品进出口股份有限公司	省属	复核
160	20	保俶塔 BAO CHU TOWER	浙江省纺织品进出口集团有限公司	省属	复核
161	21	帝凯 DIKAI	杭州帝凯工业布有限公司	杭州萧山区	复核
162	22	金迪 GOLDEA	浙江金迪控股集团有限公司	杭州萧山区	复核
163	23	迪欧达 Deodar	柳桥集团有限公司	杭州萧山区	复核
164	24	A-PLUS	宁波先锋新材料股份有限公司	宁波海曙区	复核
165	25	天雪 TI SNOW	维科控股集团股份有限公司	宁波海曙区	复核
166	26	兴洋 KoYo	维科控股集团股份有限公司	宁波海曙区	复核
167	27	德赛 Desai	德赛集团有限公司	温州瓯海区	复核
168	28	美欣达 MIZUDA	浙江美欣达纺织印染科技有限公司	湖州吴兴区	复核
169	29	蝶莉莎 Dielisha	浙江彩蝶实业股份有限公司	湖州南浔区	复核
170	30	CXSILK	浙江省长兴丝绸有限公司	湖州长兴县	复核
171	31	纳尼亚	湖州纳尼亚实业有限公司	湖州长兴县	复核
172	32	青松 QINGSONG	浙江青松轻纺股份有限公司	湖州长兴县	复核
173	33	凤鸣 FENGMING	新凤鸣集团股份有限公司	嘉兴桐乡市	复核
174	34	Cashfeel	浙江新澳纺织股份有限公司	嘉兴桐乡市	复核
175	35	同辉	浙江同辉纺织股份有限公司	嘉兴桐乡市	复核
176	36	RGB	浙江红绿蓝纺织印染有限公司	绍兴柯桥区	复核
			轻工工艺		
177	1	适达 CHITA	浙江顾家梅林家居有限公司	杭州钱塘区	新增
178	2	白桦林 BIRCHWOODS	白桦林（临安）休闲用品有限公司	杭州临安区	新增
179	3	COSTWAY	宁波豪雅进出口集团有限公司	宁波保税区	新增
180	4	丽安黛 Libby&Dylila	宁波慈溪进出口控股有限公司	宁波慈溪市	新增
181	5	美食每刻 MSMK	宁波金象厨具有限公司	宁波慈溪市	新增
182	6	赛嘉 seago	宁波赛嘉电器有限公司	宁波江北区	新增
183	7	alamaid	宁波利时日用品有限公司	宁波鄞州区	新增
184	8	sunfree	宁波利洋新材料股份有限公司	宁波鄞州区	新增
185	9	五谷 WUGU	宁波五谷金属制品有限公司	宁波余姚市	新增
186	10	户外阳光 OUTSUNY	遨森电子商务股份有限公司	宁波镇海区	新增
187	11	思逸倍欣 ZENITH PASSION	宁波思逸倍欣进出口有限公司	宁波北仑区	新增
188	12	中胤 ZOENN DESIGN	浙江中胤时尚股份有限公司	温州鹿城区	新增
189	13	SORBO	浙江硕而博科技股份有限公司	温州瓯海区	新增
190	14	宇狮 YUSHI	浙江宇狮包装材料有限公司	温州苍南县	新增
191	15	华旭 HUAU	浙江华旭实业有限公司	温州龙港市	新增
192	16	椅乐	浙江安吉恒昌椅业有限公司	湖州安吉县	新增

总序号	行业序号	出口品牌名称	企业全称（中文）	属地	新增/复核
193	17	悠客 NEWCOM	新秀集团有限公司	嘉兴平湖市	新增
194	18	海象 WALRUS	浙江海象新材料股份有限公司	嘉兴海宁市	新增
195	19	JSPL	浙江锦盛新材料股份有限公司	绍兴越城区	新增
196	20		美特集团有限公司	金华武义县	新增
197	21	BOPIN HOUSEWARE	浙江朗厨厨具有限公司	金华武义县	新增
198	22	特美 TECHMAY	浙江特美新材料股份有限公司	衢州龙游县	新增
199	23	赛瑞	台州赛瑞工贸有限公司	台州临海市	新增
200	24	雕牌 DIAO	纳爱斯集团有限公司	丽水开发区	新增
201	25	UNIVERSE	浙江省土产畜产进出口集团有限公司	省属	复核
202	26	普仕达 PROSTAR	杭州普仕达进出口有限公司	杭州拱墅区	复核
203	27	B.I.PACKAGING	浙江晶岛实业有限公司	杭州西湖区	复核
204	28	顿力 dunli	顿力集团有限公司	杭州余杭区	复核
205	29	诺邦 NBOND	杭州诺邦无纺股份有限公司	杭州临平区	复核
206	30	酷特适 Quties	杭州可靠护理用品股份有限公司	杭州临安区	复核
207	31	三禾 SANHO	浙江三禾厨具有限公司	宁波慈溪市	复核
208	32	Memoris-Precious	宁波兆生文具有限公司	宁波高新区	复核
209	33	Treasure Garden	宁波万汇休闲用品有限公司	宁波鄞州区	复核
210	34	伊司达 EAST	宁波伊司达洁具有限公司	宁波海曙区	复核
211	35	OFFISTAR	宁波祥丰进出口有限公司	宁波北仑区	复核
212	36	嘉美可 Giameco	宁波可逢日用品制造有限公司	宁波北仑区	复核
213	37	凯越国贸 MARKET UNION	宁波凯越国际贸易有限公司	宁波北仑区	复核
214	38	美博 MASCUBE	宁波美博进出口有限公司	宁波北仑区	复核
215	39	餐宝 Chinbull	温州汇顺达工贸有限公司	温州瓯海区	复核
216	40	LHCN	温州龙华日用电子有限公司	温州乐清市	复核
217	41	金石 KINGSTONE	浙江金石家居用品有限公司	温州瑞安市	复核
218	42	育才 YUCAI	育才控股集团股份有限公司	温州永嘉县	复核
219	43	ishuai 帅帅	浙江帅帅电器科技有限公司	温州平阳县	复核
220	44	中源	中源家居股份有限公司	湖州安吉县	复核
221	45	龙威家具	安吉县龙威家具有限责任公司	湖州安吉县	复核
222	46	联丰	安吉富和家具有限公司	湖州安吉县	复核
223	47	大东方 GOC	浙江大东方椅业股份有限公司	湖州安吉县	复核
224	48	HG	浙江昊国家具有限公司	湖州安吉县	复核
225	49	鼎星	浙江五星家具有限公司	湖州安吉县	复核
226	50	万氏昌	浙江万昌家具股份有限公司	湖州安吉县	复核
227	51	晟旭	浙江百之佳家具有限公司	湖州安吉县	复核
228	52	恒林	恒林家居股份有限公司	湖州安吉县	复核
229	53	爱微宝 Available	平湖陈达仓储办公股份有限公司	嘉兴平湖市	复核
230	54	贝瑞佳 BeRica	浙江佳佳童车有限公司	嘉兴平湖市	复核
231	55	浩大 HAODA	浙江浩大科技有限公司	金华武义县	复核
232	56	隆达 LONGDA	浙江隆达园艺家具制造有限公司	金华武义县	复核

续表

总序号	行业序号	出口品牌名称	企业全称（中文）	属地	新增/复核
233	57	圣澜 SUNLN	浙江圣雪休闲用品有限公司	金华武义县	复核
234	58	百润 BAIRUN	浙江百润厨房用品有限公司	金华武义县	复核
235	59	旭光 ZEGO	永康市新多杯业有限公司	金华永康市	复核
236	60	中信 Z0NSIN	浙江中信厨具有限公司	金华永康市	复核
237	61	DM Reflective Material	道明光学股份有限公司	金华永康市	复核
238	62	LONG YARD	浙江荣亚工贸有限公司	金华永康市	复核
239	63	南龙 nanlong	南龙集团有限公司	金华永康市	复核
240	64	先行 CENSUN	浙江安胜科技股份有限公司	金华永康市	复核
241	65	画都 Wadou	浙江画之都文化创意有限公司	金华义乌市	复核
242	66	绿意	浙江鑫鼎塑业股份有限公司	台州椒江区	复核
243	67	鑫亚 XINYA	浙江恒源洁具股份有限公司	台州临海市	复核
244	68	临亚 LINYA	浙江临亚股份有限公司	台州临海市	复核
245	69	朵纳 TONA	浙江朵纳家居股份有限公司	台州临海市	复核
246	70	东海龙威	龙威集团(临海)有限公司	台州临海市	复核
247	71	SunGiant	浙江三杰工艺品有限公司	台州临海市	复核
248	72	勤达伞业 QINDA UMBRELLA	浙江勤达旅游用品有限公司	台州临海市	复核
249	73	尚莱 Sunlike	临海市尚莱休闲用品有限公司	台州临海市	复核
250	74	华贸 Huamao	台州华茂工艺品股份有限公司	台州温岭市	复核
251	75	自游人 Me natural	浙江大自然户外用品股份有限公司	台州天台县	复核
252	76	明筑 Minzo	浙江明筑新材料股份有限公司	台州天台县	复核
253	77	森川家具 senchuan furniture	浙江森川家具有限公司	台州湾新区	复核
		建材冶金			
254	1	永杰铝 YJL	永杰新材料股份有限公司	杭州钱塘区	新增
255	2	goodyo	杭州谷优进出口有限公司	杭州萧山区	新增
256	3	沃坦科	浙江沃坦科水暖设备有限公司	杭州萧山区	新增
257	4	埃美柯 AMICO	宁波埃美柯铜阀门有限公司	宁波镇海区	新增
258	5	泰坦木 TITANWO0D	湖州新峰木塑复合材料有限公司	湖州德清县	新增
259	6	荣泰 Glory mica	浙江荣泰电工器材股份有限公司	嘉兴南湖区	新增
260	7	菲格尔 VAGUEL	浙江菲格尔卫浴有限公司	台州路桥区	新增
261	8	WFK	台州芮迪阀门股份有限公司	台州玉环市	新增
262	9	康尼 CONNE	浙江康意洁具有限公司	台州玉环市	新增
263	10	苏尔达 SUERDA	浙江苏尔达洁具有限公司	台州玉环市	新增
264	11	奔越 BENYUE	浙江九环洁具有限公司	台州三门县	新增
265	12	舒奇蒙 STREAM	杭州福莱特塑料开发有限公司	杭州萧山区	复核
266	13	FIT	宁波慈溪进出口控股有限公司	宁波慈溪市	复核
267	14	三环 Sanhuan	宁波兴业盛泰集团有限公司	宁波杭州湾新区	复核
268	15	华之杰 HUAZHIJIE	华之杰塑料建材有限公司	湖州德清县	复核
269	16	兔宝宝 TUBA0	德华兔宝宝装饰新材股份有限公司	湖州德清县	复核
270	17	鹦鹉地板 PARROT	浙江裕华木业股份有限公司	嘉兴嘉善县	复核
271	18	明士达 MSD	浙江明士达股份有限公司	嘉兴海宁市	复核
272	19	中达 ZHONGDA	中达联合控股集团股份有限公司	嘉兴海盐县	复核

续表

总序号	行业序号	出口品牌名称	企业全称（中文）	属地	新增/复核
273	20	巨石 JUSHI	巨石集团有限公司	嘉兴桐乡市	复核
274	21	精大	浙江精工钢结构集团有限公司	绍兴柯桥区	复核
275	22	耐乐 NAILE	浙江耐乐铜业有限公司	绍兴上虞区	复核
276	23		浙江飞哲工贸有限公司	金华永康市	复核
277	24	伟星	浙江伟星新型建材股份有限公司	台州临海市	复核
278	25	菲时特 FANSKI	菲时特集团股份有限公司	台州玉环市	复核
279	26	丰华 FLOVA	台州丰华铜业有限公司	台州玉环市	复核
280	27	环日 ROUNDSUN	浙江环日洁具有限公司	台州玉环市	复核
281	28	CNXD	浙江鑫东洁具有限公司	台州玉环市	复核
化工医药					
282	1	ECoTEST	杭州安旭生物科技股份有限公司	杭州上城区	新增
283	2	奥泰 ALLTEST	杭州奥泰生物技术股份有限公司	杭州钱塘区	新增
284	3	朝阳 CHAOYANG	中策橡胶集团股份有限公司	杭州钱塘区	新增
285	4	传化 Transfar	浙江传化华洋化工有限公司	杭州萧山区	新增
286	5	隆基 CLUNGENE	杭州隆基生物技术有限公司	杭州余杭区	新增
287	6	信凯化工 TRUST CHEM	浙江信凯科技集团股份有限公司	杭州余杭区	新增
288	7	Verifine	普昂（杭州）医疗科技股份有限公司	杭州余杭区	新增
289	8	微策 Vivachek	杭州微策生物技术股份有限公司	杭州临平区	新增
290	9	安杰思医学 AGS MEDTECH	杭州安杰思医学科技股份有限公司	杭州临平区	新增
291	10	美诺华 MENOVO	宁波美诺华药业股份有限公司	宁波高新区	新增
292	11	卫星 STL	卫星化学股份有限公司	嘉兴南湖区	新增
293	12	京新	浙江京新药业股份有限公司	绍兴新昌县	新增
294	13	金康 Kin-Kong	浙江金华康恩贝生物制药有限公司	金华开发区	新增
295	14	圣效 SHENGXIAO	浙江圣效化学品有限公司	衢州衢江区	新增
296	15	顺毅 Synwil1	顺毅股份有限公司	台州椒江区	新增
297	16		浙江海洲制药有限公司	台州临海市	新增
298	17	Aurisco	奥锐特药业股份有限公司	台州天台县	新增
299	18	元创 YACHO0	元创科技股份有限公司	台州三门县	新增
300	19	EASTSEA	浙江省三门县东海橡胶厂	台州三门县	新增
301	20	FLAPERSE	杭州福莱蒽特股份有限公司	杭州钱塘区	复核
302	21	瑞特赛 Rightsign	杭州博拓生物科技股份有限公司	杭州余杭区	复核
303	22	H&H	杭州海虹精细化工有限公司	杭州余杭区	复核
304	23	XAJ	浙江新化化工股份有限公司	杭州建德市	复核
305	24	宁钛 NingTi	宁波新福钛白粉有限公司	宁波镇海区	复核
306	25	艾科 IC0OL	中宁化集团有限公司	宁波海曙区	复核
307	26	聚峰 JUFENG	浙江华峰新材料有限公司	温州瑞安市	复核
308	27	BUGAO	浙江中山化工集团股份有限公司	湖州长兴县	复核
309	28	兄弟科技 Brother	兄弟科技股份有限公司	嘉兴海宁市	复核
310	29	双箭 DOUBLE ARROW	浙江双箭橡胶股份有限公司	嘉兴桐乡市	复核

续表

总序号	行业序号	出口品牌名称	企业全称（中文）	属地	新增/复核
311	30	振德 ZD	振德医疗用品股份有限公司	绍兴越城区	复核
312	31	闰土 RUNTU	浙江闰土股份有限公司	绍兴上虞区	复核
313	32		浙江华海药业股份有限公司	台州临海市	复核
314	33	际喜	浙江沙星科技有限公司	台州临海市	复核
315	34	圣达生物 SDM	浙江圣达生物药业股份有限公司	台州天台县	复核
316	35	君业药业	浙江仙居君业药业有限公司	台州仙居县	复核
			农副产品		
317	1	willinger	浙江省土产畜产进出口集团有限公司	省属	新增
318	2	GF 及图	浙江省土产畜产进出口集团有限公司	省属	复核
319	3	达利 DALI	浙江省粮油食品进出口股份有限公司	省属	复核
320	4	狮峰 SHIFENG	浙江省茶叶集团股份有限公司	省属	复核
321	5	ToYOSHIMA	丰岛控股集团有限公司	杭州拱墅区	复核
322	6	卡露伽 KALUGAQUEEN	杭州千岛湖鲟龙科技股份有限公司	杭州淳安县	复核
323	7	大洋世家 OCEAN FAMILY	大洋世家（浙江）股份公司	舟山定海区	复核
324	8	兴业 XINGYE	浙江兴业集团有限公司	舟山定海区	复核
			其他类		
325	1	SANHUAMC	杭州三花微通道换热器有限公司	杭州钱塘区	新增
326	2	SAC	浙江三花汽车零部件有限公司	杭州钱塘区	新增
327	3	珍琦 SUNKISS	浙江珍琦护理用品有限公司	杭州富阳区	新增
328	4	雅艺科技 LAVA STAR	浙江雅艺金属科技股份有限公司	金华武义县	新增
329	5	华友 HUAYoU	华友新能源科技（衢州）有限公司	衢州智造新城	新增
330	6	POCKET	浙江海伦园艺股份有限公司	台州天台县	新增
331	7	圣奥 Sunon	圣奥科技股份有限公司	杭州萧山区	复核
332	8	世家 MR.SIGA	宁波世家戴乐斯清洗用品有限公司	宁波奉化区	复核
333	9	MYBABY	慈溪摩尔顿国际贸易有限公司	宁波慈溪市	复核
334	10	日安 RIAN	宁波日安阀门有限公司	宁波宁海县	复核
335	11	大叶 DAYE	宁波大叶园林工业股份有限公司	宁波余姚市	复核
336	12	凯旋 kxfire	宁波凯旋消防器材有限公司	宁波余姚市	复核
337	13	欧伦泰 Orientx	浙江欧伦泰防火设备有限公司	宁波余姚市	复核
338	14	海伯 HAIBO	宁波海伯集团有限公司	宁波北仑区	复核
339	15	劳达斯 RODDEX	温州鸿升集团有限公司	温州经开区	复核
340	16	艾力斯特 iRest	艾力斯特健康科技有限公司	嘉兴南湖区	复核
341	17	恒石基业 HENGSHI FABRICS	浙江恒石纤维基业有限公司	嘉兴桐乡市	复核
342	18	联洋 LINTEX	浙江联洋新材料股份有限公司	嘉兴桐乡市	复核
343	19	公元 ERA	浙江公元太阳能科技有限公司	台州黄岩区	复核
344	20	邦强 TOPSUN	浙江双友物流器械股份有限公司	台州玉环市	复核
345	21	TAO MOTOR	浙江涛涛车业股份有限公司	丽水缙云县	复核
346	22	创优 ZJCXAAC	浙江创新汽车空调有限公司	丽水龙泉市	复核

浙江省商务厅等 9 部门公布
第二批浙江省进口贸易促进创新示范区和重点进口平台

第二批浙江省进口贸易促进创新示范区

序号	所在地市	示范区名称
1	嘉兴	平湖市

第二批浙江省重点进口平台

序号	平台名称	主体名称	属地	平台种类
1	宁波进口商品展示交易中心	宁波进口商品展示交易中心有限公司	宁波保税区	进口交易平台
2	浙江省国际贸易集团进口供应链平台	浙江省国际贸易集团供应链有限公司	省属	进口供应链平台
3	浙江省纺织品进出口集团有限公司进口供应链平台	浙江省纺织品进出口集团有限公司	省属	进口供应链平台
4	杭州热联集团股份有限公司进口平台	杭州市实业投资集团有限公司	杭州拱墅区	进口供应链平台
5	浙江省科学器材进出口有限责任公司进口平台	浙江省科学器材进出口有限责任公司	杭州西湖区	进口供应链平台
6	宁波太一进出口贸易有限公司进口平台	宁波太一进出口贸易有限公司	宁波保税区	进口供应链平台
7	中航国际钢铁贸易有限公司进口供应链平台	中航国际钢铁贸易有限公司	宁波大榭开发区	进口供应链平台
8	浙江前程投资股份有限公司进口平台	浙江前程投资股份有限公司	宁波高新区	进口供应链平台
9	日出实业集团有限公司进口平台	日出实业集团有限公司	宁波北仑区	进口供应链平台
10	宁波龙利钜能新材料有限公司进口平台	宁波龙利钜能新材料有限公司	宁波北仑区	进口供应链平台
11	宁波亿泰控股集团股份有限公司进口供应链平台	宁波亿泰控股集团股份有限公司	宁波北仑区	进口供应链平台
12	宁波联合集团进出口股份有限公司进口供应链平台	宁波联合集团进出口股份有限公司	宁波北仑区	进口供应链平台
13	北新国际木业有限公司华东运营中心进口平台	浙江长兴北新林业有限公司	湖州长兴县	进口供应链平台
14	中基嘉实国际贸易有限公司进口供应链服务平台	中基嘉实国际贸易有限公司	嘉兴经济技术开发区	进口供应链平台
15	嘉兴综合保税区保税物流中心供应链平台	嘉兴综合保税区保税物流中心有限公司	嘉兴港区综合保税区	进口供应链平台
16	浙江西克传感器进口平台	浙江西克传感器有限公司	嘉兴港区综合保税区	进口供应链平台

续表

序号	平台名称	主体名称	属地	平台种类
17	浙江独山能源进口平台	浙江独山能源有限公司	嘉兴平湖市	进口供应链平台
18	浙江卫星能源有限公司进口平台	浙江卫星能源有限公司	嘉兴平湖市	进口供应链平台
19	浙江联洋新材料股份有限公司进口平台	浙江联洋新材料股份有限公司	嘉兴桐乡	进口供应链平台
20	中国巨石股份有限公司进口平台	中国巨石股份有限公司	嘉兴桐乡	进口供应链平台
21	海客来进口供应链平台	义乌易镭电子商务园区开发有限公司	义乌市	进口供应链平台
22	爱喜猫进口供应链平台	浙江义乌中国小商品城进出口有限公司	义乌市	进口供应链平台
23	宥畅进口生鲜智慧供应链平台	浙江吉纳物流有限公司	义乌市	进口供应链平台
24	台州德信国际物流有限公司进口供应链平台	台州德信国际物流有限公司	台州椒江区	进口供应链平台
25	"义新欧"金华进口服务平台	浙江海港国际联运有限公司	金华	进口促进服务平台
26	浙江中非国际经贸港进口服务平台	浙江中非国际经贸港服务有限公司	台州	进口促进服务平台

续表

序号	平台名称	主体名称	属地	平台种类

2021 年浙江省贸易调整援助试点地区

湖州市（市本级）

金华市（市本级）

余杭区

安吉县

嵊州市

新昌县

浦江县

浙江省商务厅公布 2021 年度浙江省开发区产业链 "链长制" 评审名单

2021 年度浙江省开发区产业链"链长制"优秀示范单位

序号	开发区名称	产业链名称
1	杭州经济技术开发区	芯智造
2	杭州经济技术开发区	生物医药
3	宁波经济技术开发区	集成电路
4	杭州湾上虞经济技术开发区	新材料
5	南浔经济开发区	光电通信
6	桐乡经济开发区	前沿新材料
7	衢州经济技术开发区	化学新材料
8	丽水经济技术开发区	滚动功能部件及特色机器人

2021 年度浙江省开发区特色产业链"链长制"试点单位

序号	开发区名称	产业链名称
1	大榭开发区	化工聚氨酯
2	安吉经济开发区	绿色家居
3	嘉兴经济技术开发区	健康食品
4	嵊州经济开发区	高端智能厨电（厨具电器）
5	瓯海经济开发区	眼镜
6	武义经济开发区	电动工具
7	江山经济开发区	木门
8	仙居经济开发区	甾体医药
9	丽水经济技术开发区	生态合成革
10	景宁经济开发区	幼教木玩

2021 年度浙江省开发区产业链"双链长制"试点单位

序号	开发区名称
1	龙游经济开发区—杭州经济技术开发区
2	缙云经济开发区—富阳经济技术开发区
3	云和经济开发区（筹）—宁波经济技术开发区
4	丽水经济技术开发区—宁波石化经济技术开发区
5	青田经济开发区—南浔经济开发区
6	江山经济开发区—绍兴柯桥经济技术开发区

2021 年度浙江省开发区产业链"链长制"示范试点单位

序号	开发区名称	产业链名称
1	杭州经济技术开发区	芯制造
		生物医药
		汽车
2	萧山经济技术开发区	高端装备制造业
3	杭州余杭经济技术开发区	智能制造
4	富阳经济技术开发区	5G 产业（光通信）
5	桐庐经济开发区	电子安防
6	宁波经济技术开发区	集成电路
7	宁波杭州湾经济技术开发区	汽车
8	宁波大榭开发区	化工聚氨酯
9	宁波石化经济技术开发区	绿色石化
10	浙江余姚经济开发区	新材料
11	温州经济技术开发区	先进装备制造
12	浙江瓯海经济开发区	眼镜
13	浙江乐清经济开发区	现代化电气
14	湖州经济技术开发区	新能源汽车
15	浙江南浔经济开发区	智能装备制造
16	长兴经济技术开发区	新能源智能汽车及零部件
17	浙江安吉经济开发区	绿色家居
18	嘉兴经济技术开发区	健康食品
19	浙江海盐经济开发区	环保新材料
20	浙江海宁经济开发区	泛半导体
21	桐乡经济开发区	前沿新材料
22	绍兴柯桥经济技术开发区	时尚纺织
23	杭州湾上虞经济技术开发区	新材料
24	浙江嵊州经济开发区	高端智能厨电（厨具电器）
25	金华经济技术开发区	健康生物医药
26	浙江武义经济开发区	电动工具

续表

序号	开发区名称	产业链名称
27	衢州经济技术开发区	化学新材料（电子化学品）
28	浙江江山经济开发区	木门
29	舟山绿色石化基地	绿色石化
30	台州湾经济技术开发区	医药化工
31	浙江黄岩经济开发区	模具
32	浙江仙居经济开发区	甾体医药
33	丽水经济技术开发区	滚动功能部件及特色工业机器人
		生态合成革
34	浙江景宁经济开发区	幼教木玩

2021 年度浙江省开发区产业链"链长制"试点单位

序号	开发区名称	产业链名称
1	杭州钱江经济开发区	新装备制造
2	浙江临安经济开发区	高端制造装备
3	浙江桐庐经济开发区	医疗器械
4	浙江淳安经济开发区	水饮料
5	浙江建德经济开发区	航空产业
6	浙江前洋经济开发区	港航物流
7	浙江奉化经济开发区	新能源汽车
8	浙江慈溪滨海经济开发区	精品厨具
9	浙江宁海经济开发区	汽车零部件及模具
10	浙江象山经济开发区	临港装备制造业
11	浙江瑞安经济开发区	汽摩配
12	浙江平阳经济开发区	装备制造
13	浙江吴兴经济开发区	化妆品制造
14	浙江德清经济开发区	电子信息装备制造
15	乍浦经济开发区	化工新材料
16	浙江南湖经济开发区	新能源汽车零部件
17	浙江秀洲经济开发区	智能装饰
18	嘉善经济技术开发区	通信电子
19	平湖经济技术开发区	新能源汽车
20	浙江独山港经济开发区	新材料
21	浙江海盐经济开发区	电子信息
22	浙江百步经济开发区	集成家居
23	绍兴袍江经济技术开发区	集成电路
24	浙江诸暨经济开发区	新汽车
25	浙江新昌经济开发区	生物医药
26	金华经济技术开发区	新能源汽车

序号	开发区名称	产业链名称
27	浙江兰溪经济开发区	时尚纺织
28	浙江东阳经济开发区	新材料
29	义乌经济技术开发区	先进装备制造业
30	浙江永康经济开发区	五金智造
31	浙江浦江经济开发区	绗缝时尚
		光伏光电
32	浙江普陀经济开发区	水产加工
33	浙江路桥经济开发区	智能制造装备
34	浙江临海经济开发区	时尚休闲用品
35	浙江温岭经济开发区	整车制造
36	浙江玉环经济开发区	汽车及零部件
37	浙江天台经济开发区	大车配
38	浙江三门经济开发区	新材料
39	丽水经济技术开发区	阀门和旋塞制造
40	浙江龙泉经济开发区	五金汽配
41	浙江青田经济开发区	时尚（鞋服）
42	浙江缙云经济开发区	运动休闲文化

2021 年国际产业合作园创建培育名单

浙江中芬（南浔）产业合作园

浙江中德（德清）产业合作园

浙江中英（秀洲）产业合作园

浙江中德（平湖）产业合作园

浙江中英（海宁）产业合作园

浙江中韩（桐乡）产业合作园

浙江中日（武义）产业合作园

浙江中德（丽水）产业合作园

浙江中德（缙云）产业合作园

2021 年全省境外经贸合作区年度评价结果

一、评价优秀园区

1. 泰中罗勇工业园

2. 印尼纬达贝工业园

3. 北美华富山工业园

4. 杭州硅谷协同创新中心

5. 塞尔维亚贝尔麦克商贸物流园

二、评价良好园区

1. 越南龙江工业园

2. 乌兹别克斯坦农林科技农业产业园

3. 中柬国际农业合作示范园区

4. 浙江海亮股份有限公司（美国）工业园区

5. 华立柬埔寨农业园

6. 百隆（越南）纺织园区

7. 贝宁中国经济贸易发展中心

8. 乌兹别克斯坦鹏盛工业园

三、评价合格园区

1. 大摩拉岛石油炼化工业园

2. 捷克（浙江）经贸合作区

3. 俄罗斯乌苏里斯克经贸合作区

2021 年全省境外经贸合作区新申报园区评价结果

认定印尼 OBI 产业园、迪拜义乌中国小商品城为省级境外经贸合作区。

2021 年浙江本土民营跨国公司经营 50 强名单

序号	地市	公司名称
1	杭州	浙江吉利控股集团有限公司
2	温州	青山控股集团有限公司
3	嘉兴	浙江华友钴业股份有限公司
4	杭州	万向集团公司
5	绍兴	海亮集团有限公司
6	嘉兴	振石控股集团有限公司
7	宁波	宁波均胜电子股份有限公司
8	宁波	乐歌人体工学科技股份有限公司
9	杭州	杭州巨星科技股份有限公司
10	宁波	东方日升新能源股份有限公司
11	杭州	浙江大华技术股份有限公司
12	湖州	恒林家居股份有限公司
13	温州	正泰集团股份有限公司
14	绍兴	三花控股集团有限公司
15	金华	红狮控股集团有限公司
16	杭州	华立集团股份有限公司
17	温州	佩蒂动物营养科技股份有限公司
18	宁波	博威集团有限公司
19	绍兴	卧龙控股集团有限公司
20	杭州	金帝联合控股集团有限公司
21	绍兴	浙江阳光照明电器集团股份有限公司
22	衢州	开山集团股份有限公司
23	绍兴	浙江盛泰服装集团股份有限公司
24	杭州	杭州海兴电力科技股份有限公司
25	宁波	狮丹努集团股份有限公司
26	宁波	百隆东方股份有限公司
27	台州	浙江华海药业股份有限公司
28	杭州	浙江健盛集团股份有限公司
29	杭州	亿帆医药股份有限公司
30	绍兴	浙江龙盛集团股份有限公司
31	杭州	杭州启明医疗器械股份有限公司
32	杭州	浙江日发控股集团有限公司
33	湖州	诺力智能装备股份有限公司

续表

序号	地市	公司名称
34	杭州	浙江荣盛控股集团有限公司
35	宁波	宁波申洲针织有限公司
36	杭州	杭州东华链条集团有限公司
37	宁波	宁波金田铜业（集团）股份有限公司
38	绍兴	万丰奥特控股集团有限公司
39	杭州	浙江恒逸集团有限公司
40	温州	康奈集团有限公司
41	杭州	贝达药业股份有限公司
42	台州	浙江永强集团股份有限公司
43	杭州	华东医药股份有限公司
44	杭州	富通集团有限公司
45	台州	联化科技股份有限公司
46	嘉兴	浙江海利得新材料股份有限公司
47	宁波	奥克斯集团有限公司
48	杭州	杭州泰格医药科技股份有限公司
49	嘉兴	福莱特玻璃集团股份有限公司
50	舟山	舟山银美汽车内饰件有限公司

续表

序号	地市	公司名称

浙江省商务厅发布 2021 年浙江省对外承包工程完成营业额超亿美元榜

序号	企业名称	完成营业额 / 亿美元
1	中国电建集团华东勘测设计研究院有限公司	12.47
2	浙江省建设投资集团股份有限公司	9.90
3	中国水产舟山海洋渔业有限公司	9.72
4	中国能源建设集团浙江火电建设有限公司	2.44
5	浙江省邮电工程建设有限公司	1.89
6	东方日升新能源股份有限公司	1.70
7	中地海外水务有限公司	1.68
8	浙江华友钴业股份有限公司	1.68
9	杭州之江市政建设有限公司	1.62
10	浙江交工集团股份有限公司	1.38
11	青山控股集团有限公司	1.35
12	浙江省东阳第三建筑工程有限公司	1.32
13	杭州海兴电力科技股份有限公司	1.30
14	中交第三航务工程局有限公司宁波分公司	1.27
15	西子奥的斯电梯有限公司	1.27
16	龙元建设集团股份有限公司	1.14
17	宁波尤利卡太阳能科技发展有限公司	1.03
18	浙江正泰太阳能科技有限公司	1.02
19	浙江大华科技有限公司	1.00
20	中天建设集团有限公司	1.00

协 办 单 位

杭州钱塘新区

宁波经济技术开发区

杭州余杭经济技术开发区

绍兴柯桥经济技术开发区

湖州南太湖新区

富阳经济技术开发区

宁波杭州湾经济技术开发区

丽水经济技术开发区

台州湾经济技术开发区

舟山高新技术产业园区

杭州钱江经济开发区

浙江海宁经济开发区

浙江乐清经济开发区

桐乡经济开发区

浙江安吉经济开发区

浙江南浔经济开发区

浙江诸暨经济开发区

浙江嵊州经济开发区

浙江海盐经济开发区

浙江吴兴经济开发区

浙江永康经济开发区

浙江建德经济开发区

浙江德清经济开发区

浙江江山经济开发区

百步经济开发区

浙江普陀经济开发区

浙江仙居经济开发区

中国电建集团华东勘测设计研究院有限公司

浙江上虞曹娥江经济开发区

浙台（玉环）经贸合作区

浙江常山经济开发区

杭州钱江经济开发区

杭州钱江经济开发区位于杭州市余杭区仁和境内，整体规划面积 56.94 平方公里，其中重点开发的核心区规划范围 12.1 平方公里，是连接杭州城东智造大走廊和杭州城西科创大走廊的重要节点。

杭州钱江经济开发区于 2019 年经区位调整后挂牌成立，是浙江省政府批准成立的省级经济开发区，是杭州市十大重点平台之一，是余杭区唯一的制造业主平台，是余杭打造未来产业引领地的重要载体。钱江经济开发区坚持"环境立区、科技兴区、智造强区"的发展理念，致力于打造长三角智能智造示范区、长三角创新发展总部基地引领区、杭州产城人文融合发展样板区。

在坚持新制造业和数字经济"双引擎"发展基础上，钱江经济开发区以智能制造为主攻方向，大力发展新材料、新装备、新能源产业，聚焦电子产品与集成电路、智能制造（高端装备）、生命健康、新一代

仁良路景观节点 智慧之脑

2021 年 3 月
钱开区智荟
动力公园

信息技术、碳中和等五大赛道，打造"一智三新五链"产业体系。着力打造长三角智能智造示范区、长三角创新发展总部基地引领区、杭州产城人文融合发展样板区。

通过双招双引、产业培育，目前杭州钱江经济开发区已成功集聚了阿里巴巴数据中心、菜鸟物流、摩根士丹利乐坤杭州仁和国际产业园、中金环境、杭州比亚迪汽车、华光焊接、米格电机等一批发展基础好、技术水平高、市场空间大的大中型产业头部企业，先进制造业的规模效益日渐成型，进一步提升智能化水平的脚步蓄势待发。

产业大脑

卡涞科技复合材料
自动化生产车间

开发区核心区高新产业林立

管委会大楼

截至目前，钱江经济开发区已聚集规上工业企业 105 家，高新技术企业 179 家，已拥有上市企业 4 家（南方中金环境、华光新材、大地海洋、和顺科技）。2021 年实现规上工业产值 179.85 亿元，彰显出蓬勃的生机和活力。

开发区入城口路网交织

北部园区核心区俯瞰

浙江海宁经济开发区

浙江海宁经济开发区成立于1992年8月，1997年12月被浙江省人民政府批准为省级经济开发区，2009年与上海漕河泾新兴技术开发区合作建立漕河泾海宁分区，为浙沪首个国家级开发区合作项目，规划面积15平方公里，致力打造高新技术产业新城。2013年，海宁经济开发区被中国纺织工业联合会授予"时尚品牌产业基地"称号。2014年，被列为第一批产业集群区域品牌建设试点单位、全国首批分布式光伏应用示范基地。2016年，被命名为长江经济带国家级转型升级示范开发区。连续多年被评为浙江省年度先进开发区、年度对外贸易十强开发区、年度利用外资十强开发区，2020年度位列省级开发区综合考评第一。

全区区域面积131.75平方公里（其中规划控制范围100.96平方公里），共有规上企业1131家，主板上市企业10家。2021年，实现地区生产总值599.4亿元，增长14.4%；规上工业总产值1776亿元，其中高新技术产业产值1299亿元；完成规上工业增加值301.9亿元，其中高新技术产业增加值200.7亿元；"四上"企业营业收入2961亿元，"四上"企业利润总额1066亿元；规模以上工业企业科技活动经费支出56.7亿元；全年实际利用外资1.8亿美元；新增工业用地备案238.37亿元。

近年来，随着漕河泾海宁分区、泛半导体产业园、东区智慧港、航空产业园等区域性平台建设发展，开发区产业不断"强链、延链、补链"，产业规模进一步扩大，科技水平进一步提升，综合竞争实力进一步增强。特别是以泛半导体、新材料、新能源、新厨电等为核心的战略性新兴产业得到大力发展，已形成产业集聚优势，汇集了晶科能源、正泰新能源、万凯新材料、海利得新材料、海象新材料、火星人厨具、美大实业、卡森实业、长海包装、天通控股、晨丰科技、芯能科技、安正时尚、红狮宝盛、日本鐡三角、宝捷机电、立昂东芯、博菲电气等一批世界500强和行业龙头企业。

海宁经济开发区以创成国家级开发区为总目标，坚持工业强区不动摇，以扩容提质、转型发展、产城融合，打造"杭州湾时尚产业基地，智能制造高地和高质量外资集聚地"，全面建设高品质产业新城，朝着更高质量园区、更高品质城市不断前进！

泛半导体产业园工业（产业）社区现场发布仪式

海宁经济开发区部分区域鸟瞰

海宁（中国）泛半导体产业园服务中心

海宁经济开发区"万亩千亿"平台

海宁（中国）泛半导体产业园四期、五期

海宁（中国）泛半导体产业园一期

海宁（中国）泛半导体产业园二期

海宁（中国）泛半导体产业园夜景（一期、二期、四期）

海宁（中国）泛半导体产业园全景

浙江乐清经济开发区

1993 年 11 月，浙江乐清经济开发区经浙江省政府批准设立，是全省首批 19 个省级开发区之一。1994 年，开发区管委会成立，作为乐清市人民政府的派出机构，管委会享有同级政府经济管理权限，代表乐清市人民政府对开发区规划范围内进行统一建设、统一配套、统一管理。2001 年，乐清市委、市政府将中心工业园区纳入经济开发区，并将中心工业园区管委会并入乐清经济开发区管委会。2014 年，乐清经济开发区规划制定了"一区六园"的发展格局定位。"一区"即乐清经济开发区，"六园"为乐清高新技术产业园、柳市新型电工电器产业园、北白象智能电器和新材料产业园、乐清湾港区现代临港

产业园、虹桥电子信息产业园、雁荡山旅游文化创意产业园。

2006 年 4 月，乐清经济开发区经国土资源部核准规划面积 5.95 平方公里。2011 年末，经第一轮整合提升和行政区划调整后，规划面积扩展为 46 平方公里。2014 年，乐清经济开发区再次调整规划，总体发展格局定格为"一区六园"，总面积约 158 平方公里。

依托全国唯一一个以县域为主导的先进制造业集群——乐清电气产业集群，乐清经济开发区聚焦数字赋能抢先机、兴实体，聚焦改革创新探路子、增活力，通过开展工业全域治理和腾笼换鸟，通过招引大好优项目和开展人才密度、低碳等新亩产论英雄评价，助推集群

不断长高长壮。特别是 2020 年以来，企业上市步伐明显加快，天正、新亚、合兴等 3 家企业成功上市，全区 A 股上市企业达到 11 家。截至 2020 年，全区共有工业投产企业 6293 家（规上工业企业 1485 家），国家高新技术企业 545 家，实现规上工业总产值 1492.93 亿元，占全市的 90% 以上，其中，前三主导产业占比超过 70%，特别是第一主导产业——电气机械和器材制造业占比超过 50%，产业集聚效应明显；共有限上服务业企业 419 家，实现限上服务业单位营业收入 166.37 亿元，占全市的 40.8%；实现税收收入 140.17 亿元，实现财政收入 148.98 亿元。

2020 年以来，乐清经济开发

电力小镇之夜

区以现代化电气产业链"链长制"创建工作为契机，以建链、补链、延链、融链、强链为主线，不断完善电气产业全产业链。

做强做优传统低压电气优势领域。基于乐清低压电器产业规模大、产业链高度集聚等优势，重点开展电力、建筑、冶金、石化、矿山等大众市场领域用低压电器产品的功能和技术指标提升。

谋划布局电气产业新兴领域。结合乐清产业集群基础，重点提升电动汽车及充电设施、移动通讯设施、数据中心、轨道交通、风力发电系统和光伏发电系统等专业细分市场领域用低压电器产品的研发及产业化能力。

拓展培育产业整合应用领域。面向国内外市场，开展智能制造及工业互联网等共性技术在低压电器行业中的应用研究，推动低压电器产品向数字化、网络化、智能化发展。

乐清湾电力科技小镇

园区日出

桐乡经济开发区

桐乡经济开发区成立于1992年7月，1993年11月经浙江省人民政府批准为浙江首批省级经济开发区，经国家发改委等审核并公告，核准面积7.23平方公里。2014年10月，经浙江省人民政府同意，桐乡经济开发区深化整合提升方案，总规划面积为152.34平方公里，总体空间架构为"一核两翼三区"，即以桐乡经济开发区为核心区，延伸推进振东新区和高桥新区，辐射带动梧桐工业园区、临杭经济区和崇福经济区。2017年8月，与高桥街道实施"区街合一"，坚定不移地打造"先进制造集聚区、创新驱动示范区、产城融合新城区"。调整后的经济开发区区域总面积93.31平方公里，下辖22个行政村、3个社区，其中已开发28平方公里，成为地处上海一小时经济圈和杭州半小时经济圈，拥有高速、高铁"双门户"的开放窗口。

桐乡经济开发区连续五年跻身全省省级开发区综合考评前三位，连续15年位居省级经济开发区"十强"。2021年实现地区生产总值243.3亿元，同比增长13.6%；规上工业总产值671亿元，同比增长45.1%；规上工业增加值167.4亿元，同比增长19.6%;固定资产投资111.4亿元，同比增长26.4%，其中工业生产性投入70.4亿元，同比增长47.0%。

开发区管委会

开发区夜景

合众汽车

浙江安吉经济开发区

浙江安吉经济开发区成立于 1992 年，1994 年 8 月经浙江省人民政府批准为省级经济开发区，后历经多次体制、区域调整，安吉经济开发区不断发展壮大，从 2008 年起连续 12 年跻身省级开发区十强。2017 年 2 月，开发区启动新一轮体制调整，递铺街道、孝源街道纳入开发区统筹管理，实行"一区二街道"新体制。

开发区管委会

开发区区域面积 287 平方公里，占全县的 1/7，管辖面积 275.33 平方公里，其中经国家核准面积 4.42 平方公里。开发区包括高新技术产业园区、教科文新区、绿色家居产业园区三大核心产业园区，高新技术产业园区规划面积 31 平方公里，教科文新区区规划面积 36.9 平方公里，绿色家居产业园区规划面积 24.9 平方公里。

开发区是安吉经济发展的主平台规上工业企业数量、工业增加值、财政收入均占全县一半以上。开发区现有工业企业 1300 余家，其中规上企业 300 家，产业特色鲜明，现已形成"1+3"产业发展体系，其中绿色家居为主导产业，规上总产值达 258 亿元，占区工业总量的 60.28%；此外，装备制造占比 14.31%，生命健康占比 13.82%；电子信息占比 8.55%。

2020 年，开发区规模以上企业完成工业总产值 451.48 亿元、工业增加值 115.64 亿元，同比分别增长 20.6%、9.6%；完成财政收入 48 亿元，同比增长 20%；全年新签约亿元以上项目 60 个，其中 5-10 亿元项目 11 个，10-50 亿元项目 5 个，50-100 亿元项目 1 个，100 亿元以上项目 1 个，完成合同外资 2.6 亿美元，实到外资 8309 万美元；全

开发区夜景

开发区新貌

浙 江 商 务 年 鉴
2 0 2 2

年亿元以上项目开工入库43个、竣工投产25个，工业投资22亿元，同比分别增长104.8%、56.3%、0.4%。

绿色家居产业。 以椅业为重点，打造集群规模壮大、产业链齐全、品类齐全、产品丰富、人才集聚、品牌知名、龙头引领的产业高地。打造中国椅艺小镇，打造"世界椅·安吉造""安吉椅业"区域品牌。大力发展绿色智能家居制造业，向健康、智能、服务等新兴领域拓展，提升安吉智能家居在"浙江制造"、"浙江精品"体系中的影响力；积极向研发设计、家装工程等上下游延伸拓展，构建产业链配套协作体系完备的集群生态。

生命健康产业。 以生命健康产业细分领域为切入点，把医疗器械产业作为发力点和主攻方向，以生物制药和生物技术为两翼，以医药融合为补充，打造"1+2+N"发展模式，把安吉建设成为长三角地区特色鲜明、优势突出的生命健康产业高地，全国一流的生命健康大数据基地和世界一流的诊断试剂产业集聚区。

现代物流产业。 大力发展临港物流，发展冷链物流、智慧物流、国际物流等专业物流，加强信息技术、物联网技术和先进适用设备的普及应用，推动物流社会化、专业化、信息化、规模化发展，构建智能化的现代物流体系。主要是以安吉港为核心打造安吉现代物流产业集聚发展区，着力打造"1+N"发展格局。"1"指新建的安吉数字物流港，从根本上扭转物流园区建设不充分问题，支撑安吉物流业高质量发展；"N"指以物流总部、专业物流园区等形式引进一批由国内外知名物流企业自建自营的物流与供应链项目，主要包括安吉上港国际物流园、中国物流浙江（安吉）现代物流园、安吉开发区工业码头预留区块以及其他新引进的物流项目。

开发区新貌

浙江南浔经济开发区

浙江南浔经济开发区位于浙江省北部湖州市南浔区，管辖面积75平方公里，主要开发区块包括东迁区块、塘北区块、塘南区块、江蒋漾区块、洋南区块、白米塘西区块等。1992年7月，湖州市委、市政府成立湖州市南浔经济开发区；1993年11月，湖州市南浔经济开发区经省政府批准成为浙江首批省级经济开发区之一，更名为浙江省南浔经济开发区；1999年被国务院侨办确定为国家级华侨投资区；2006年1月通过国家发改委审核保留为省级开发区，并更名为浙江南浔经济开发区；2015年6月浙江南浔经济开发区（南浔华侨投资区）管理委员会和湖州南太湖产业集聚区南浔分区管理委员会实行合署办公；2020年9月，成立新城集团，将开发区管委会梳理出的开发建设、资本运作、公用事业等15项运营职能剥离给新城集团。2021年3月，成立东迁街道，将开发区管委会的社会事务和城市管理职能剥离给东迁街道。

经过多年发展，浙江南浔经济开发区已形成了电梯、电机、绿色家居等三大传统优势产业以及光电通信、新能源汽车核心零部件等两大特色产业。2021年实现财政收入69.48亿元，固定资产投资521.22亿元，工业投资57.49亿元，规上工业总产值1073.32亿元，规模以上工业增加值163.86亿元，合同外资50224.58万美元，实到外资2558.57万美元，进出口总额141.85亿元。历年来获得了"国家火炬计划特色产业基地""长三角最具投资价值开发区""浙江省省级产业示范基地（电梯产业园）""湖州市优秀特色产业工业园（电梯产业园）"、"平安南浔十连冠""2021年度浙江省开发区产业链'链长制'优秀示范单位"等荣誉。

文化地板产业

产业平台

沪苏湖高铁建设

智能电梯产业

人才项目孵化平台

传统产业转型升级

开发区水晶晶公园

浙江诸暨经济开发区

浙江诸暨经济开发区位于诸暨城西、北承杭州，南接义乌，东临宁波，是长三角南翼、环杭州湾"V"型地带的中心地带。诸暨经济开发区于 1992 年 7 月成立；1994 年 8 月，诸暨市经济开发区经省政府批准列为省级经济开发区，更名为浙江省诸暨市经济开发区（以下简称经开区），核定面积为 14.22 平方公里；2003 年 3 月，经开区挂牌城西工业新城建设管理委员会办公室，整合诸暨经济开发区、大唐袜业园区和三都家纺园区为城西工业新城，规划面积 112 平方公里，其中一级规划管理区 42 平方公里；2010 年 7 月，经开区被省政府列入全省第二批开发区（园区）整合提升名单，授权管理总面积 122.48 平方公里；2021 年 4 月，开发区与诸暨现代环保装备高新技术产业园区有效整合，形成"一个机构、两块牌子"的运行管理模式，目前新的区域规划正在优化调整中。

诸暨经开区是省级十强开发区、省美丽园区示范单位、省开发区产业链"链长制"试点单位，拥有绍兴市唯一的省级军民融合产业示范基地、省级双创示范基地等多块牌子。经开区最新省级综合考评位列第 7 名，上升 16 位。经开区现拥有规上工业企业 860 家，其中产值超亿元企业 184 家，高新技术企业 308 家，有浙江富润、海越股份、海亮股份等上市公司 11 家，

诸暨经济开发区

拥有绍兴地区唯一的世界 500 强企业，涵盖机械制造、纺织服装、汽车零部件等传统支柱产业及智能制造、环保装备、生物医疗、电子信息、新材料、航空航天等新兴产业。

2021 年，诸暨经开区财政收入 118.9 亿元；固定资产投资 285.7 亿元，同比增长 30.8%；制造业投资 103.2 亿元，同比增长 30.3%；基础设施投资 26.3 亿

诸暨经济开发区俯瞰

人力资源服务产业园

诸暨岛

鸟瞰总部大楼

元，同比增长 31.5%；全年实现规模以上工业总产值 1040.9 亿元，占全市的 74%，同比增长 124.85%；规模以上工业增加值 230.5 亿元，同比增长 102.3%；高新技术产业产值 462.5 亿元，同比增长 107.9%；出口总额 283.2 亿元，同比增长 26.1%。

华夏金石学馆

杭州港

厂区远景

浙江嵊州经济开发区

浙江嵊州经济开发区创建于 1992 年，成立嵊县经济贸易开发区管理委员会，规划面积 3.15 平方公里。1994年 7 月被批准为省级经济开发，总规划面积为 5.87 平方公里，包括城东、城北、城西工业三部分。2014 年 3 月，按照市委、市政府的部署，开发区与浦口街道合署办公，实行两块牌子、一套班子统一管理，集中办公，开发建设的重心向浦口转移，把城北划到剡湖街道、三江街道三塘继续并入开发区，由三江街道委托给浦口街道，规划总面积近 100 平方公里，拥有规上企业 234 家。2020 年 5 月15 日，开发区核心区块进行整合提升，将浦口街道、三江街道(不包括高铁新城管委会区域)和剡湖街道城北工业区并入，区域面积约为 233.11 平方公里，核心区域面积 138 平方公里，拥有规上企业 336 家。

2021 年 5 月 19 日，三界镇的高新工业园区并入嵊州经济开发区，整合成为浙江嵊州经济开发区(增挂嵊州高新技术产业园区)，包括核心区、三界片区、异地整合区域(甘霖、长乐、崇仁、黄泽、石璜、仙岩、金庭)，总面积 223 平方公里。

开发区(高新园区)是长三角开发区协同发展联盟理事会成员，浙江省数字化示范园区、浙江省美丽园区示范园区。嵊州高端智能厨电集群产业链入选浙江省开发区产业链"链长制"试点示范单位。核心区块城北化工园区成功认定为省级化工园区。开发区在 2020 年度浙江省经济开发区考评中排名全省第七，2021 年获评省级先进开发区。

嵊州经济开发区风貌

　　2021 年，核心区域完成规上工业产值 360.2 亿元，同比增长 14%；固定资产投资 80.1 亿元，同比增长 87.6%。现有工业企业 2386 家，规上企业 346 家，上市公司 6 家（迪贝电气、昂利康制药、帅丰电器、亿田智能厨房、新中港热能和盛泰服饰），核心区域规上工业产值占嵊州全市的 70% 以上，形成了领带服饰、厨房电器、机械电机 3 大主导产业和数字 5G、新材料、高端装备制造、生物医药 4 大新兴产业双翼驱动的产业体系。

嵊州经济开发区风貌

浙江吴兴经济开发区

浙江吴兴经济开发区2015年12月21日经省政府批准，在原吴兴工业园基础上整合毗邻的埭溪分区后设立，核准开发面积为19.35平方公里，规划为"一区两片"发展格局。其中，织里分区面积为11.35平方公里，埭溪分区面积为8平方公里。

2020年10月12日，经省政府批准进行整合提升，此次整合提升在原织里分区11.35平方公里的基础上就近新整合9.42平方公里区域，原埭溪分区8平方公里基础上就近新整合1.46平方公里区域。同时，新增东林分区共9.44平方公里、道场分区3.11平方公里，整合提升后形成总面积42.78平方公里的区域。从区块上分为A区块和B区块：A区块东至外环东路、北至道场工业园、西至小羊山、南至下沈河，总面积22.01平方公里，包括东林分区9.44平方公里、埭溪分区9.46平方公里、道场分区3.11平方公里。B区块包括织里分区，总面积20.77平方公里，东至城市绿廊、西至大港路、北至三环北路、南至318国道。

吴兴经济开发区地处长三角经济圈、环杭州湾产业带和环太湖经济圈黄金腹地，紧邻湖州市主城区，南靠318国道，北临湖织大道，长湖申航道沿区顺势而流，申嘉湖高速和申苏浙皖高速为园区产业发展提供了便捷陆路交通。以150公里为半径，园区可以覆盖上海港、宁波港和乍浦港三个大型港口，以及虹桥机场、浦东机场、萧山机场等几大重要航运中转中心。同时，开发区至湖州高铁站仅20公里，随

吴兴经济开发区 绿色新村

吴兴经济开发区 日出

吴兴经济开发区远眺

着湖苏沪城际铁路的规划建设，园区至上海用时将不到 1 小时。得天独厚的区位交通优势，以及公、铁、水、航空立体化交通网络的形成，为园区产业发展提供了夯实的基础条件。

自 2015 年成立以来，开发区各区块基础设施建设快速推进，区域承载力进一步增强，经济保持持续快速发展态势，经济规模总量进一步扩大；转型升级步伐加快，产业结构进一步优化，已成为湖州临港产业带、国家生态文明先行示范区建设及浙北区域开发主要组成部分。2015 年以来，已形成了现代纺织、智能装备、化妆品、童装等优势主导产业。2015 年，织里童装电商产业园成功入选省级电子商务示范基地和省 4A 级电商产业基地；2017 年 10 月省级中韩产业园正式由省政府批准成立，"化妆品行业领袖峰会"永久会址落户美妆小镇。2021 年，吴兴经济开发区完成规上工业总产值 438.9 亿元，增长 34.3%；规上工业增加值 88.15 亿元，增长 13%；规上工业企业利润总额 31.01 亿元，增长 59.8%；财政收入 32.67 亿元，增长 14.8%；固定资产投资 122 亿元，增长 31.5%；合同外资 2.68 亿美元，增长 8.9%；进出口总额 94.46 亿元，增长 47.6%，其中出口总额 75.18 亿元，增长 64.8%，进口总额 19.28 亿元，增长 4.9%。成功列入国家绿色产业示范基地、省级美丽园区示范；织里童装产业示范园区成功创建国家小型微型企业创业创新示范基地。

贝盛光伏

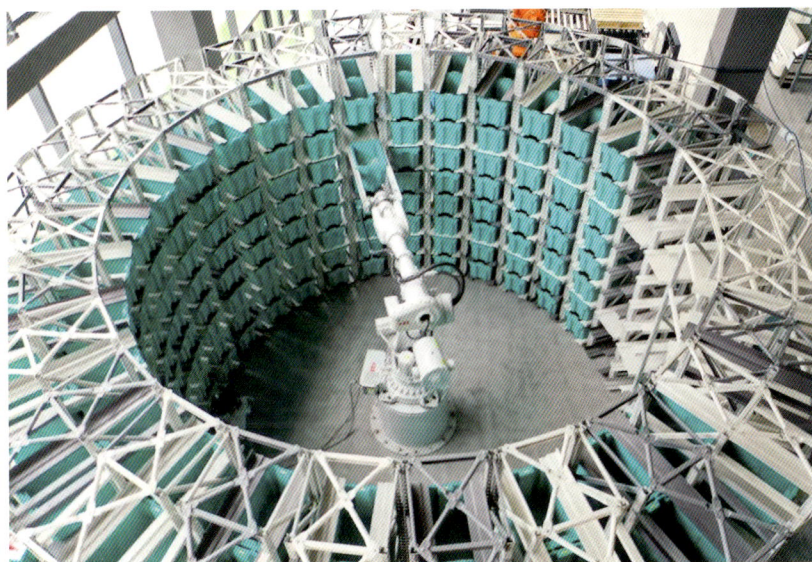

德马

珀莱雅

东尼电子

浙江建德经济开发区

浙江建德经济开发区位于建德市西南部，2002年5月经浙江省人民政府批准设立，经过多轮扩容提升，面积及规模不断扩大，2019年，根据《浙江省商务厅关于开发区深化整合提升的指导意见》要求，结合建德实际，建德经济开发区采取就近整合的模式，形成"一区一园两分区"的格局：一区（建德开发区核心区）；一园（杭州建德高新技术产业园）；两分区（乾潭、大同）。整合提升后形成总面积共117.66平方公里的区域。目前该整合提升方案已于2020年10月13日通过省政府批复。2021年5月7日，省政府办公厅印发《浙江省人民政府办公厅关于公布浙江省开发区（园区）名单的通知》（浙政办发〔2021〕27号），建德将设立两个省级开发区（园区）平台，分别是浙江建德经济开发区（面积为89.44平方公里）、建德功能性新材料高新技术产业园区。

作为建德经济发展的主平台，建德经济开发区已逐步形成通用航空、水产业、新材料、水泥建材、医药化工等新兴产业和传统产业的发展格局。2020年度，建德经济开发区在全省62家省级经济开发区综合考评中排名第20位，在东北片29家开发区中位列第14位。2021年度，开发区规模以上企业实现工业总产值578.42亿元，同比增长29.5%，规模以上工业增加值138.84亿元，同比增长14.98%，实际利用外资1.3亿美元，进出口总额85.73亿元，其中出口总额77.94亿元，同比分别增长5.55%和4.94%。

浙江省低空飞行服务中心

新航站楼

建德航空小镇飞行广场

野马飞机

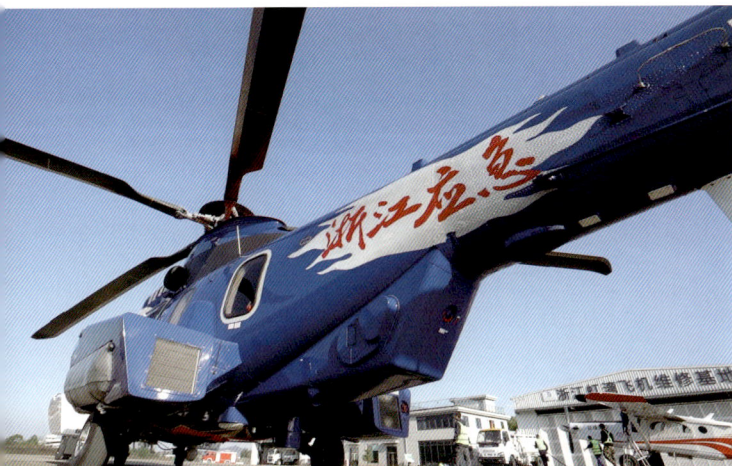

航空应急救援演练

核心区块依托省级特色小镇（航空小镇）创建，打响了航空小镇通航特色品牌。建德航空小镇坐落于开发区内，规划面积3.57平方公里，实际控制面积10平方公里。建德航空小镇在2016年1月被列入浙江省特色小镇创建名单，2019年完成创建验收。建德经济开发区和航空小镇合署办公，推进平台发展各项事宜，几年来相继获得首批国家级青年信用小镇、国家第一批低空旅游示范区、国家第一批航空飞行营地示范工程、第二批国家级特色小镇及浙江省军民融合产业示范基地、浙江省数字化园区、浙江省开发区链长制试点单位等多项荣誉。

庆祝建德—温州短途运输航班试飞任务圆满成功

热烈祝贺 建德—温州 短途运输航班试飞任务圆满成功

浙江德清经济开发区

浙江德清经济开发区（以下简称"德清开发区"）于2019年4月经浙江省政府批复设立，2020年1月20日挂牌运行，辖新市、钟管、禹越、新安四个区块，批复面积8.89平方公里，经整合提升，管辖面积拓展到76.71平方公里。开发区位于长三角腹地，是杭州、湖州、嘉兴三地的地理中心，已形成铁公水空立体交通格局。开发区距离德清县高铁站35分钟车程；申嘉湖杭高速公路在新市、新安设立互通，杭州绕城西复线（"杭州二绕"）已于2020年底建成通车，并在新市、钟管设立互通，湖杭高速德清段已于2020年开工建设，途经钟管、新市、新安，设新安枢纽；黄金水道京杭大运河穿园而过；距离德清县内通用航空机场40分钟车程，距离杭州萧山国际机场和上海浦东国际机场1~2小时车程。

在省、市、县委政府的坚强领导下，德清经开区（新市镇）坚持"区镇合一"发展模式，主动对标"精品窗口"建设，在大战大考中奋楫破浪，在攻坚克难中砥砺前行，迈出了蓄势腾飞的强健步伐。2021年，经开区（新市镇）完成规上工业总产值186亿元，同比增长21%；完成固定资产投资27.1亿元，同比增长17%；财政收入首次突破11亿元。县对镇综合考核连续三年跻身全县一等，工业经济高质量发展连续两年排名全县第一。完成亿元以上项目签约28个，其中3亿元以上项目14个、5亿元以上项目12个，均为去年全年的1.7倍以上。完成亿元以上项目开工22个，竣工19个，"新进规"7个，三次产业"大好高"项目认定12个。电子信息、

经开智库——湖州德清深圳飞地

浙北网红经济园

装备制造、高新材料三大主导产业产值占比达60.6%。国家高新企业数从2018年的12家增加至32家，高新增加值占规上工业增加值比重突破60%，研发投入强度超过3.8%。申报国家引才计划14人、省引才计划15人，南太湖精英计划创业项目6个，连续4年有国家和省引才计划专家入驻。

科创园改造后效果

基础设施改造效果

数字园区

新市古镇——国家级 AAAA 旅游景区

浙江江山经济开发区

浙江江山经济开发区成立于1988年7月，1994年8月经省政府批准设立的省级经济开发区，2013年与绍兴市柯桥区共建成立"江山—柯桥山海协作产业园"。先后获评省级数字化示范园区、省级美丽园区示范园区、省级绿色低碳工业园区和国家应急产业示范基地，连续第六年荣获省级山海协作综合考核一等奖，实现"六连冠"。

园区规划面积为57.8平方公里，完成开发面积28.5平方公里，形成城南工业园、莲华山工业园和江东工业园"一区三园"发展格局。

2021年，开发区有工业企业920家，其中供地企业523家，规上企业211家，亿元以上企业59家。服务业企业489家，限上（规上）服务业46家。主导产业主要为以欧派、名雅居、王牌家居、百源建材、百家万安为骨干的门业产业，以申达电气、科润智控、天际互感器、科力车控、永利百合链传动为骨干的装备制造产业；以健盛集团、娃哈哈、恒亮蜂业、航宇文体、为康制药为领军的健康生活产业；以超亿消防、援邦消防、辉煌消防、宇安消防为支撑的应急消防产业，以研一新材料、金石资源、捷尔世阻燃、同景新能源、雷士照明为重点的新能源、新材料产业，重点聚焦发展锂电新能源主导领域，着力打造千亿级新能源新材料产业园。

浙江江山经济开发区风貌

浙江江山经济开发区公共服务中心

浙江江山经济开发区风貌

百步经济开发区（百步镇）

百步经济开发区（百步镇）区域面积 59.25 平方公里，下辖 10 个行政村，1 个居委会，总人口 5.3 万（常住人口 3.3 万，新居民 2 万），是全国重点镇、国家卫生镇、国家生态镇、省级经济开发区、省级文明镇、省级特色小镇创建镇、省级小城市培育试点镇。2021 年，百步实现地方生产总值 38.72 亿元，增速 10.5%，税收总收入 5.3 亿元，其中一般公共预算收入 2.8 亿元，农村居民人均可支配收入达到 48430 元，增速 11.4%。

友邦云馆

百步位于长三角城市群中心地带，与沪、杭、苏、甬四大城市距离均在 100 公里左右，形成 1 小时交通圈。嘉绍高速、省级航道杭平申线穿境而过，形成了四通八达、快捷便利的水陆交通网。作为全省最年轻的省级经济开发区之一，拥有本土上市企业 2 家，亿元企业 17 家，规上企业 95 家。百步是中国集成吊顶原发产业基地，国内市场占有率 40% 以上，被誉为中国集成吊顶第一镇。经过多年发展，百步已形成智能集成家居、装备制造、纺织新材料等特色产业。2021 年成功引进百亿项目 -- 冠宇动力锂电池，下一步将重点聚焦新能源、新材料、高端制造等符合百步产业培育方向的"大好高"项目，积极培育百步发展新动能。

园区夜景

从 7000 年前的马家浜文化走来，出土了千年历史的涂朱彩绘陶器和国内首次发现的崧泽文化时期的玉

背象牙梳。百步深化产城融合，是宜业宜居的乐活新城，建有 AAA级景区和省级工业旅游示范点（格莱美），总部商务、文 化旅游等功能设施完善；幼儿园、中小学、卫生院、康养中心等 生活配套一应俱全，美丽乡村、美丽河湖、美丽厂区、美丽田园 等一批美丽建设让百步这座小镇焕发出新的生机。深化平安创建，

园区风貌

突出抓好安全生产、疫情防控、信 访维稳，健全风险防控机制，完善 安全应急预案，守牢社会稳定底线。

作为最年轻，也是最具活力的 省级经济开发区之一，百步将坚持 以更高标准、更高水平、更高质量 打造产业特色鲜明、生态环境宜居、 民生福祉普惠、历史文脉清晰、治 理水平高效的市域有影响力的中心 镇、杭州湾现代产业强镇、浙北富 裕乐活美镇，争当共同富裕示范样 板排头兵，奋力书写"重要窗口" 最精彩板块海盐样板的百步新画卷。

园区全景

浙江普陀经济开发区

　　浙江普陀经济开发区成立于 1991 年 6 月，原称为浙江省普陀东港经济技术开发区。1993 年 11 月经浙江省政府批准为省级经济开发区。2006 年 3 月更名为浙江普陀经济开发区。整合提升后的核准面积为 93.54 平方公里，范围包括：六横、虾峙高端制造业和现代物流业区（61.97 平方公里）；沈家门综合服务业区块（6.9 平方公里）；东港现代商贸服务业区块（17.8 平方公里）；展茅临港产业区块（6.87 平方公里）。

　　2021 年实现财政收入 38.4 亿元，同比增长 4.5%；规上工业总产值 209.4 亿元；规上工业增加值 61.2 亿元，同比增长 3.12%；实际利用外资 5640 万美元；出口总额 349.5 亿元，同比增长 4.2%；实现规上企业研发经费支出 3.9 亿元，同比增长 1.2%。全年签约落地的亿元以上项目 15 个，其中 10 ~ 20 亿级重大产业项目 3 个。

普陀招商

舟山中远

普陀正山科研中心

普陀万洋众创城

浙江仙居经济开发区

2000年，仙居县工艺礼品加工园批准为省特色工业园区，并列入省重点工程项目。2002年2月，仙居县党政联席会议研究明确工艺品城（高新技术园区）、现代工业园区、城南工业小区由城关镇负责建设和管理，同年4月，仙居县城关镇工业园区管理委员会正式成立。2003年5月，仙居县委、县政府设立仙居县工业园区，负责全县工业园区建设的宏观管理、监督、检查、指导和资金筹集及规划的制定等，管理机构为仙居县经济开发区管理委员会。2006年4月核准为省级工业园区；2009年8月，成立仙居县经济开发区，管理机构为仙居县经济开发区管理委员会（仙居县工业园区管理委员会）；2015年12月，经省政府批准，整合提升设立省级仙居经济开发区，成立浙江仙居经济开发区。规划面积11.67平方公里，下辖核心区块（现代、永安、下各）、白塔区块、工艺品城区块、横溪区块老区块、横溪区块新区块。

浙江仙居经济开发区为仙居工业经发展的主平台，先后入选"中国最具投资潜力开发区""浙江省十大最具投资价值工业园区""领跑'中国制造2025'浙江省示范开发区"，被评为浙江省生态化建设与改造示范区、浙江省循环化改造示范试点园区、浙江省重点文化产业园区、浙江省双创区域示范基地、浙江省开发区产业链"链长制"试点示范单位、台州市十大创业创新服务平台、台州市"500精英计划"创业创新园。

2021年，开发区完成固定资产

横溪工业园区

杨府经济开发区

白塔工业园区

投资 24 亿元，完成工业性投资 13.17 亿元；实际利用外资金额 837.2 万元；1—12 月区内企业实现销售 178.34 亿元，同比增长 15.57%；税收入库 9.21 亿元，同比增长 21.54%。其中规模上工业企业实现销售 154.01 亿元，同比增长 15.2%；税收入库 8.73 亿元，同比增长 23.29%。

中国电建集团华东勘测设计研究院有限公司

中国电建集团华东勘测设计研究院有限公司（以下简称"华东院"）1954年建院，是世界500强中国电力建设集团的直属子公司。华东院总部设在杭州，在国内设有东南、华南、西南、华东、华北、东北、浙江等区域总部，在亚太、欧亚、东南非、中西非、美洲、中东北非设有六大区域总部，覆盖70多个国家和地区。业务范围包括水电与新能源、城乡建设、生态与环境等领域，努力打造具有工程全过程智慧化服务能力的一流国际工程公司。

作为国家大型综合性甲级勘测设计研究单位，多年来一直名列中国工程设计企业20强、中国承包商80强、中国勘察设计综合实力百强单位、中国监理行业十大品牌企业。华东院是国家高新技术企业、国家级工业化与信息化"两化"深度融合示范单位、中国对外承包工程业务新签合同额百强企业、住建部首批全过程工程咨询试点企业、全国实施卓越绩效模式先进企业、电力行业首批卓越绩效标杆AAAAA企业、浙江省工程总承包试点企业、浙江省"一带一路"建设示范企业和浙江省规模最大的勘测设计研究单位。2017年荣获第五届全国文明单位称号，2019年荣获全国五一劳动奖状。

华东院持有工程设计综合甲级资质、工程勘察综合甲级资质、工程咨询甲级综合资信和城乡规划编制单位甲级等工程建设领域国家最高等级的资质资信，以及城市规划、建筑、市政公用、水土保持、环境影响评价、工程总承包、海洋环评等十余项最高等级资质证书，具有建筑工程施工总承包一级资质、市政施工总承包一级资质。设有3个国家级研发中心以及10多个省部级以上的专业技术研发中心。

华东院现有员工约5000人，持有国家各类注册执业资格证书

四川白鹤滩水电站项目

长龙山抽蓄电站项目

华东院西溪院区

阿曼益贝利 607MW 光伏项目

杭州亚运会"乒乓球、霹雳舞"馆

香港机场 BIM 项目

启东海上风电项目

新加坡大士污水处理项目

成都轨道交通 18 号线项目

新加坡裕廊线交通项目

2200 余人次。取得 1000 余项国家和省部级科技成果奖，3300 余项有效专利，和 870 余项软件著作权。设有博士后工作站，在院博士后 140 余人；全国工程勘察设计大师 2 人，省级工程勘察设计大师 15 人享受国务院特殊津贴专家、国家百千万人才、国家有突出贡献中青年专家等 20 余人；发改委、商务部、水利部、浙江省等省部级及以上各类专家 1000 余人次。

浙江上虞曹娥江经济开发区

浙江上虞曹娥江经开区规划面积为 23.25 平方公里，分江西（6.77 平方公里）、江东（10.25 平方公里）、虞东（6.23 平方公里）三个区块，涉及百官、东关、道墟、梁湖、崧厦、小越、丰惠 7 个乡镇街道。为进一步加强对原九大工业园区统筹管理，将章镇、上浦、永和、驿亭和谢塘 5 个乡镇的工业园区按照集中托管模式，由曹娥江经开区进行一体化管理。本区域产业基础坚实，集聚规上工业企业 422 家，2021 年规上工业产值约 454 亿，占全区比重达 23.7%。

曹娥江经济开发区紧紧围绕园区统筹整合和产业优化升级，主动融入全区"北都市、南花园"城市发展格局，充分发挥已形成的产业基础优势，大力发展高端装备、都市产业和应用型新材料三大主导产业，集聚发展风机、伞业、环保设备、仪器仪表、人工智能、电子制造、智能家居等 7 个特色产业，积极布局一批未来产业，构建形成"3+1"的现代产业体系。

江东片区

包含城区双创产业园、崧厦时尚伞艺产业园、虞东高端装备产业园等 3 个园区。

双创产业园位于百官街道，以机械设备、电子电器和包装印刷等制造业为主，商贸流通、数字信息、科技创新等现代服务业正蓬勃兴起，经过多年发展，集聚浙江圣光电器有限公司、浙江尧亮照明电器有限公司、浙江科成电气有限公司、浙江自立股份有限公司等一批大型规上企业，其中工业企业约 500 家，规上企业 36 家。

崧厦时尚伞艺产业园位于崧厦街道，以伞业为主，配套发展了五金机电、包装印刷、纺织服装等产业，经多年发展，集聚了浙江友谊菲诺伞业有限公司、浙江天玮雨具有限公司、浙江海洲伞业有限公司、绍兴市金鼎伞业有限公司等大型规上伞业企业，目前现有企业约 250 家，其中规上企业 35 家。

虞东高端装备产业园涉及谢塘镇、小越街道和驿亭镇，以机械设备、日用品和家居建材为主，配套发展五金机电、照明灯具、电子电器等产业，目前共有企业 800 余家，规上企业 112 家，集聚了浙江阿克希龙舜华铝塑业有限公司、浙江金盾压力容器有限公司、浙江格洛斯无缝钢管有限公司等一批大型规上企业，品牌知名度较高。

江西片区

包含道墟产业园、竺可桢智创产业园、上浦风机装备产业园、章镇现代机械产业园等 4 个园区。

道墟产业园位于道墟街道，曾经作为上虞区两大化工产业集聚区之一，培育了浙江龙盛、闰土股份等化工龙头企业，随着化工产业整体搬迁并入杭州湾经济开发区，园区逐渐形成了以仪器仪表为特色的产业格局，五

城区双创产业园—城东工业区

崧厦时尚伞艺产业园——伞艺工程师协同创新中心

竺可桢智创产业园——东关万里科创园

金机电（含仪器仪表）和家居建材是园区当前的主要产业，配套发展了纺织服装、机械设备、包装印刷等产业，园区内共有企业 100 余家，其中规模以上企业 25 户，现有土工仪器、鑫辰机械、华南仪器设备、银钛制冷设备等一批规模以上企业。

竺可桢智创产业园位于东关街道，以机械设备、家具建材和五金机电为主，配套发展了照明灯具、纺织服装、电子电器、新材料等材料，目前拥有浙江华晨环保有限公司、绍兴上虞万里汽车轴承有限公司、浙江中建路桥设备有限公司等大型规上企业。园内共有企业 340 余家，其中规上企业 36 家。

上浦风机装备产业园位于上浦镇，以风机块状行业为主导，以五金机电、电子电器、家具建材、纺织服装等为辅的产业格局。拥有企业 116 户，其中规模以上企业 19 户，形成了上风实业、双阳风机、荣文风机等一批大型规上企业。

丰永休闲时尚产业园——浙江康隆达特种防护科技股份有限公司

章镇现代机械产业园位于章镇镇以专用设备、汽车部件、新材料等为主导产业，目前拥有亚厦装饰、金盾风机等上市公司，上能锅炉、万杰制冷、永祥合成材料、全球管业等 22 家规上企业，园区共有企业约 150 家，园区紧邻章镇中心镇区，基础设施完善、配套服务齐全，企业经济效益持续稳步提升。

梁湖产业园－金顺小微企业园

虞东片区

包含梁湖产业园、丰永休闲时尚产业园等 2 个园区。其中梁湖产业园位于梁湖街道，以五金机电和机械设备为主导，照明灯具、纺织服装、电子电器、包装印刷等为配套的产业体系，培育了锋龙电器、创新电机等龙头企业，共用企业 200 余家，其中规模以上企业 34 家。丰永休闲时尚产业园涉及丰惠镇和永和镇，具有坚实的产业基础，总体以轻工家纺、机械装备等产业为特色，集聚浙江康隆达特种防护科技股份有限公司、绍兴市上虞三立铜业有限公司、浙江华泰铜业有限公司等大型规上企业，品牌知名度较高。目前，园区形成了以纺织服装和五金机

道墟产业园——浙江龙盛

电为主导，包装印刷、家具建材、摄影器材、电子电器、新材料等为配套的产业格局，共有企业 200 余家，其中规模以上企业 34 家。

章镇现代机械产业园——金盾风机股份有限公司

浙台（玉环）经贸合作区

2012 年 11 月 2 日，浙台（玉环）经贸合作区经浙江省人民政府批准设立。合作区位于海西经济区和长三角经济区的交会点，距离温州机场 60 公里，台州机场 42 公里。近年来，合作区管委会以打造两岸产业融合、民心相通、合作机制创新示范区为目标，充分发挥对台直航先发优势，加快基础产业项目建设，全力推进两岸交流合作，致力创建国家级海峡两岸（玉环）经贸合作区。

抓好平台申报创建

合作区各项工作走在全省前列，2021 年 12 月获省商务厅 2020 年度考评优秀单位，成为省内唯一一个连续七年获评浙台经贸合作区考核优秀的单位。为抢抓机遇，加速发展，合作区管委会进一步提出打造海峡两岸"1+3"平台，即以创建海峡两岸（玉环）经贸合作区为引领，同时申设台湾商品免税市场、进境台湾水果指定口岸和海峡两岸（玉环）青创基地，目前台州港大麦屿港区进境水果指定监管场地已由海关总署远程验收通过，并于12 月底正式公告获批。合作区正朝着国家级对台经贸合作平台不断迈进，2021 年 12 月受到中国开发区协会表彰，荣获"特色对台经贸合作示范园区"称号，是全国唯一获得该荣誉的对台经贸合作区，当前正在积极申创国家级海峡两岸（玉环）经贸合作区。

建设多功能口岸

以规划为引领，编制完成合作区"十四五"规划和"一带一路"海峡两岸黄金水道建设课题。充分发挥对台直航优势，不断完善基础设施，先后推进建设对台直航客货滚装码头、海峡两岸商品交易物流中心（旅检大楼）、大麦屿进境水果指定监管场地等项目。其中，台州港大麦屿港区进境水果指定监管场地项目占地面积 3.2 万平方米、累计投资约 1200 万元，已于 2021 年 12 月底正式公告获批。2022 年与中外运普菲斯战略合作，招引台州恒普鑫、台州普跃落户玉环，推动进境水果产业链建设，实现了 RCEP 港口贸易合作暨大麦屿港区进境水果业务常态化。

深化对台海上直航

大麦屿港距离台湾基隆港仅 163 海里，是大陆第二个常态化运营对台客货运航班的港口。自 2009 年启动对台海上直航以来，已稳定运行十一年，累计运送旅客超 20 万人次，是两岸往来的黄金水道。2014 年 11 月正

对台直航新旅检大楼

海峡两岸（玉环）商品交易物流中心

浙江省对台跨境电商（9710）首单出口

两岸青年交流

式启动对台货运直航，目前吞吐量正稳步增长，进出口货物从台州本地拓展到金华、义乌、江苏等地。近两年来，面对疫情冲击和挑战，合作区积极化"疫情之危"为"转型之机"，启动对台跨境电商（9710）业务，开拓市场采购贸易方式出口等货运新业务，2021年货运业务实现爆发式增长，对台海上货运直航集装箱吞吐量突破一万标箱（进出口额近60亿元），同比增长183%，创下历史纪录。2022年大力纾困物流企业，继续执行对台物流补助政策，对接对台进出口企业，围绕企业在货代、拖车、报关等物流链方面存在的问题，给予提柜、报关、装船等"一条龙"服务。2022年1—6月对台直航集装箱吞吐量实现逆势上扬，进出口货物集装箱4199标箱、同比增长9%。

推进两岸交流交往

我们将宗亲文化作为联心纽带，热络两岸基层交流往来，高频率开展形式多样的交流活动。组织首届"海峡杯"浙台青少年棒垒球公开赛、2021玉台少年端午云诵读活动、玉台青年中秋交友会等活动，促进两岸青年在交流中互动互学，增进友谊。举办浙台（玉环）经贸合作区直航台湾推介会、浙江·台湾合作周玉环专场、台青周末集市开市等活动，进一步推动玉台两地多领域交流合作，提升合作区知名度与美誉度。2018年11月，出台《玉环市促进对台交流合作30条政策措施》，是全国首个县级惠台政策。同时，深化对台经贸合作服务中心职能，开设"一站式"服务台胞窗口，帮助台企、台胞解决落地难、办证难等问题。累计服务台胞台商近千人次，共吸引22家台资企业（个体工商户）落户玉环，注册资金过亿元人民币。

台商台企服务月活动

浙江常山经济开发区

常山县经济开发区（以下简称经开区）位于衢州市常山县，起步于 2002 年，是全县工业经济的主战场、主平台。2019 年园区整合后，开发区下辖新都片区、金川片区、辉埠片区和生态工业园区 4 个片区，规划总面积 37.58 平方公里，建成区面积 22.83 公里。2020 年 11 月，开发区升级为省级经济开发区，2021 年 12 月列入省级高新技术园区创建名单，生态工业园区被评为合格园区。

2021 年，经开区共实现"四上"营业收入 205 亿元，实现税收 10.8 亿元。当年培育规上工业企业 19 家，实现规上工业总产值 157.7 亿元。累计完成固定资产投资 33.6 亿元，进出口总额 19.5 亿元，实际到位外资 1575 万美元。

招商引资

聚焦装备制造、新材料、大健康等重点产业，集中优势资源加大培育力度，促进产业发展壮大。2021 年，园区重点产业实现规上工业产值 148.13 亿元，占比提高到 94.05%。瞄准重点产业延链补链强链环节，深化产业招商、以商招商、"一把手"招商等模式，全年累计招引落地项目 55 个，其中亿元以上项目 15 个，成功引进大和热磁二期、小乔科技产业园、耐实轴承等一批优质项目。

核心产业

加强产业基础研究，编制轴承产业发展研究报告，指导今后五年产业发展方向。搭建产业创新平台，编制完成精密基础件产业创新服务综合体建设运营方案，筹建精密基础件检测中心。深化亩均论英雄改革，以新都片区为试点，开展提质转型"腾笼换鸟"专项行动，为新项目落地的腾出发展空间，同时建设装备制造、"两柚一茶"小微园，促进园区产业集聚。

柚香谷

哲丰新材料

平台建设

谋划专项债项目，多元化争取建设资金，加大基础设施投资，提升园区整体形象。全年投入资金 4.3 亿元，实施工业水厂、主次干道改造提升等县重点基础设施项目 15 个。按照产城融合的理念，推进实施科创中心、府城公馆、小微服务综合体等项目，提升园区生活服务配套。申报生态特色产业平台，拓展发展空间，着力构建扩大税源和促进就业增收的发展平台。

山海协作

依托山海协作共建共享机制，在慈溪滨海新区规划 1 平方公里的"产业飞地"，积极招引项目落地，成为全省首个实现项目开工的"产业飞地"。持续加快"常山－慈溪"山海协作产业园建设发展，全县新引进项目17 个，当年到位资金 13.7 亿元。开工动建基础配套工程，打造以城市活力廊的景观水面为核心，涵盖商业综合体、生态住区、滨水商业街、行政中心等 8 大功能为一体的城市综合体。

营商环境

采取点线面相结合的方式，实行包干式、网格化服务，建立"1+N"企业服务机制，即每个网格 1 个部门挂联服务，挂联部门主要领导挂帅负责，挂联部门选派"N"名干部到挂联企业开展"双百"专项行动。安排精干力量，向每家企业安排驻企干部，确保每家企业有专人联系、专人指导、服务到位。统筹优化"八八组团""组团联企"等服务载体，组建专业小分队，创新打造"产业＋行业＋属地"的服务企业新机制，集成优化 7 个"一件事"办理流程，着力构建起部门与企业合力破解问题的良性机制。

利安隆科润新材料　　　　　　　　　　　　　　　　　　　　　　　　常山大和热磁产业园